U0573015

让 我 们 一 起 追 寻

战争的余烬〔上〕

EMBERS OF WAR:
The Fall of
an Empire and the Making of
America's Vietnam

〔美〕弗雷德里克·罗格瓦尔
（Fredrik Logevall）/ 著

詹涓 / 译

法兰西殖民帝国的灭亡及美国对越南的干预

社会科学文献出版社
SOCIAL SCIENCES ACADEMIC PRESS (CHINA)

出版说明

　　《战争的余烬》是美国哈佛大学历史学教授、普利策奖得主弗雷德里克·罗格瓦尔的一部研究越南战争的重要学术著作。客观来看，这是一部严肃的学术著作，作者综合了来自美国、法国、越南和中国的诸多历史书籍、论文、口述史、回忆录及新近解封的外交文献，对法国在印度支那殖民统治的覆亡、美国不可避免地干预越南事务，提供了坚实有力的阐述。

　　然而，由于作者与我们的政治制度背景和思维方式存在着显著差异，他在部分历史事件的看法上显然与中国学者存在着不同。我翻译此书，并不表示我完全赞同作者书中的所有观点和结论，而是想通过翻译和出版该书，让中国读者可以更广泛、更全面地了解国外学者对越南战争的看法和思路。因此，我建议读者在阅读此书时，可以带着批判的思路加以理解。

詹涓

2017 年 5 月

本书获誉

对于法国殖民秩序摇摇欲坠、一连串美国领导人一步步探向全面战争的道路，这本历史著作做出了平衡而深入的研究。

——2013 年普利策奖评语

这本有关当代史的伟大著作融合了强有力的叙事推力、深厚的学术权威和淡定的阐述自信。

——2013 年弗朗西斯·帕克曼奖评语

出类拔萃……极具洞察力……《战争的余烬》是令人惊叹的跨国研究结晶，写作清晰而又全面。全书提供了有说服力的分析视角……一部杰作。

——《华盛顿邮报》，戈登·戈德斯坦（Gordon Goldstein）

弗雷德里克·罗格瓦尔的精彩著作《选择战争》（*Choosing War*, 1999）记录了美国在 20 世纪 60 年代早期对越战争如何逐步升级。而《战争的余烬》是一本更加令人钦佩的作品，它讲述的是法国在越南的冲突以及美越战争的开始……这是对该时期刻画得最翔实的历史作品。……他有力地描绘了这场可怕而又徒劳的法国战争，美国人从中并未吸取多少教训，而是一点点滑向在越南的战争深渊。

——《纽约时报书评》（编辑之选），艾伦·布林克利（Alan Brinkley）

对（越南）1940～1960年这个关键的形成阶段的盖棺论定之作……清晰而生动……随着美国在越南干涉日甚，在越南战争问题上极受推崇的学者兼记者伯纳德·福尔写道，美国人"做着跟法国人不同的梦，走的却是同样的道路"。弗雷德里克·罗格瓦尔有力地解释了这句话的来由。

——《旧金山纪事报》，加里·R. 赫斯（Gary R. Hess）

关于法越战争、美国卷入以及美国主导的这场战争的起源，《战争的余烬》是目前最翔实的专著……本书令人信服地讲述了两场越南战争中极度不道德的故事，比此前其他所有书都更为全面。由于其他很多同主题书籍（其中有些成书于50多年前）已经十分出色，这本书堪称成就斐然。

——《纽约书评》，梅兆赞（Jonathan Mirsky）

在《战争的余烬》中，弗雷德里克·罗格瓦尔讲述了越南在20世纪的悲剧，从1919年巴黎和会遭到漠视，到1945年被法国重新占领，再到20世纪60年代不可避免地成为冷战祭坛上的牺牲品。这则史诗般的传奇论及的是错失的机会、自我中心与无谓的消耗，它指出的是愚蠢而非邪恶在人类历史事件进程中发挥的作用。《战争的余烬》深入详尽、笔法老辣，充满戏剧张力，是个强有力的警世故事。

——入围2013年莱昂内尔·盖尔伯奖（Lionel Gelber Prize）决选名单，评审团评语

简短的书评无法表达本书如此众多的绝妙之处……任何主要的争论焦点都无法逃脱罗格瓦尔的分析，尽管读者们也

许会对他的部分观点持不同见解（我就是其中一位），但他们也不禁为他在分析问题时所持的公平持正态度所折服，这些问题充满争议，每一个都能衍生为一个可以写出大量专著的主题……本书不仅仅是所有想要了解法属印度支那帝国陷落、美国在越南长期战争之起源的人的必备书籍，它也是文学的饕餮盛宴。

——《外交史》，塞斯·雅各布斯（Seth Jacobs）

引人入胜的皇皇巨著……罗格瓦尔的写作带着雄心勃勃的视野和挖掘适当细节的直觉……如果说罗格瓦尔早期的作品是在一众著作中有其自身地位的话，《战争的余烬》一书就堪称一览众山小……如果当年能强制肯尼迪和他的政策制定者们阅读此书，将会发生什么？

——《国家利益杂志》

全面、清晰地回顾 40 年的历史，美国在东南亚的冒险最终不可避免……罗格瓦尔的语句洗练、逻辑紧凑、口吻严厉、视野深远，同时又不乏同理心。

——《越南杂志》

我们是那么轻易地忘记了这一切是如何开始的。事件不断累积，每天有新的战役打响，随时需要做出新的决定——很快，一切都开始加速发展。康奈尔大学历史学家弗雷德里克·罗格瓦尔从边缘后退了一步：不同于大多数越战研究将核心放在肯尼迪和约翰逊政府上的做法，他一直回溯到二战，为美国如何设想自身加入越战提供了一幅新颖的画卷……《战争的

余烬》为大量越战论著中只用几句或几段匆匆带过的论述骨
架增添了丰富的血肉……非常惊人。

——《越战老兵杂志》

笔法精妙，对我们在越南的悲惨经历做出了全新诠释，有
理有据。

——《书单》

罗格瓦尔巧妙地呈现了这场战争的根源，那就是美国对法
国的殖民经历做出了自己的回应。

——《出版人周刊》（星级书评）

弗雷德里克·罗格瓦尔搜集了大量美国、法国和越南的
文献资料，精彩地讲述了法国在印度支那的九年战争，以及
在此期间美国的议员们何以放任这个国家一点点地深陷泥
潭。

——《闪亮的谎言》（*A Bright Shining Lie*）作者、普利策
奖和美国国家图书奖得主尼尔·希恩（Neil Sheehan）

在这个充斥着正在发生且可能久拖不决的战争的世界里，
弗雷德里克·罗格瓦尔的《战争的余烬》显然是一部重要的
著作，它照亮了那条我们步入越南泥沼的漫长而蜿蜒的道路。
同样让我震惊的还有罗格瓦尔的写作质量。他拥有小说家的视
野、出色散文家的文字韵律，以及电影工作者对故事的直觉。
《战争的余烬》不仅是一部重要的历史书，同时还绝对是一部

引人入胜的佳作。

——《奇山飘香》（*A Good Scent from a Strange Mountain*）作者、普利策奖得主罗伯特·奥伦·巴特勒（Robert Olen Butler）

弗雷德里克·罗格瓦尔是出色的作家兼历史学家。在这本讨论美国在越南的战争之源起的新作中，他从法国人、越南人和美国人的视角出发，对法越战争及其后果做了精彩而生动的描绘。罗格瓦尔从此前未解封的文献入手，运用其对外交史的丰厚了解，展现了美国深陷越战的毁灭性结果。

——《湖中之火》（*Fire in the Lake*）作者、普利策奖和美国国家图书奖得主弗朗西斯·菲茨杰拉德（Frances FitzGerald）

《战争的余烬》是一部不折不扣的不朽杰作。通过优雅的语句、对众多迷人角色的生动描摹，以及对多个参与国野心与策略的非凡洞察力，罗格瓦尔巧妙地引领我们拨开第一次印度支那战争的繁复面纱，展露出美国在越南战争的冲突基础。

——《美国最长的战争：美国与越南，1950~1975年》（*America's Longest War：The United States and Vietnam，1950 – 1975*）作者乔治·C. 赫宁（George C. Herring）

在这部笔触生动、层次丰富的历史著作中，弗雷德里克·罗格瓦尔推翻了多年来令众多美国人执迷的谎言，那就是认为越南战争是莫名其妙地冒了出来，并给20世纪60年代蒙上了一层血色。而现在，我们得到了一个完整的背景故事——是法国与美国之间不那么痛快的合作为这场史诗般的惨剧铺平了道路。《战争的余烬》是权威之作。

——《华盛顿规则：美国通向永久战争之路》（*Washington Rules: America's Path to Permanent War*）作者安德鲁·巴塞维奇（Andrew J. Bacevich）

在这部关于美国如何进军越南的石破天惊之作中，弗雷德里克·罗格瓦尔将印度支那战争、法兰西殖民帝国崩溃和美国干涉越南置于分析的核心。这从观点和时期划分来说都是革命性的转变，而其基础是令人赞佩的文献研究、对未经开发的回忆录的精心挖掘，以及对本领域最新成果无与伦比的掌握。同时，它对 20 世纪一个重大但甚少为人所了解的冲突做出了极具可读性的描摹。对于那些想要了解第一次印度支那战争，以及美国卷入其中的原因和方式的读者来说，没什么比罗格瓦尔这部宏伟的《战争的余烬》更适合作为入门之选的了。

——魁北克大学蒙特利尔分校（Université du Québec à Montréal）国际关系学教授克里斯托弗·戈斯查（Christopher Goscha）

长期以来，美国人在探讨越南战争时都把它当成一场起源于 20 世纪 60 年代的战争。而弗雷德里克·罗格瓦尔在《战争的余烬》一书中强有力地证明，美国人早在 20 世纪四五十年代就已经卷入越南的一团乱麻中。这部研究充分、文笔优雅的书将必然一跃而成为典范性著作，帮助人们认识这一此前所知甚少，却在国际史中拥有决定性意义的事件。

——《越南战争：一部国际简史》（*The Vietnam War: A Concise International History*）作者马克·劳伦斯（Mark Lawrence）

这是美国在过去半个世纪中最重要的问题：为什么我们要卷入这场对越南的战争？在弗雷德里克·罗格瓦尔这部关于我们在印度支那宿命般的冲突的早期起源的全景式著作中，答案一目了然。罗格瓦尔通过回溯到早期，从二战迁延至 20 世纪 50 年代，证明了美国人从一开始就深入参与到法国的"黄昏战争"中，但很遗憾，美国并没有从法国的惨败中吸取任何教训。相反，傲慢、天真、理想主义和膨胀的全球野心导致美国领导人一心一意地相信，他们可以在别人失败的地方获胜。这部敏锐，同时在研究工作上做得无可挑剔的书是真正的大师之作，而作者也是最具想象力和才华的历史学家之一。如果你对美国为何总是喜欢干涉别国事务感兴趣，那么，这将是一本必读的书。

　　——《苦涩的自由之路》（*The Bitter Road to Freedom*）作者威廉·I. 希区柯克（William I. Hitchcock）

中文版序

　　持续时间长达 30 年的越南战争可谓 20 世纪最重大的军事冲突之一。它甚至一度吸引了全世界各方的力量，其中两股力量——最初是法国，之后是美国——意欲压制由胡志明领导的越南革命势力，但都未取得成功。对于法国来说，铩羽而归标志着它的殖民帝国最终走向终结，而对美国来说，战争给它的身体带来了一道深深的伤口，时至今日仍未能愈合。

　　在本书中，我试图阐释这场令世人瞩目的战争何以开始，又缘何结束。为此，我参考了多国新近解封的外交文件，同时遍阅已出版的文献资料。全书的开场是 1919 年一战后的凡尔赛和会，年少气盛的胡志明向美国总统伍德罗·威尔逊递交要求越南独立的请愿信。而全书的结尾放在了 40 年后，第二次印度支那战争开始，美国做出了宿命般的决定，想要在法国人一败涂地的地方打个翻身仗，一举挫败越南革命。在这期间，是年复一年的政治、军事和外交谋略与误算，各方领导人都使了一系列的昏着，最终导致一场显然可以避免的斗争演变成血腥而冗长的现实。

　　尽管表面上看，这貌似一场双边冲突——一方是决意夺回对印度支那殖民统治的法国官员，另一方是决心以全新的后帝国主义秩序重新定义这个国家的越南革命人士——但它实际上从一开始就属于国际事务。美国和英国在早期支持法国的求战准备方面起到了关键作用，而在 1949 年，随着中国内战结束，中国成为胡志明领导下的越南民主共和国的重要盟友。在1950 年年初，中华人民共和国和苏联均给予胡志明政府外交承认；其后不久，中国进而向越盟提供了武器、顾问，并帮助其训练军队。越盟虽不再需要依赖在丛林敲敲打打生产或从战场上缴获的武器，胡志明和他的同僚们也不再需要完全依靠他们自己有限的资源和设施用于训练军队，但与此同时，他们此时得接受中方在军事策略和计划方面与日俱增的影响力，因为中方希望通过对越盟的扶持，用以提升本国在亚洲的国际形象，同时夯实其南部疆界的安全。

1949～1950 年的这些事态发展，使得斗争逐步成为亚洲冷战政治的核爆点。这样一来，第一次印度支那战争既是殖民主义冲突，同时也是冷战角力。然而，尽管美国对法方的物资援助一直远高于中国和苏联对越盟的支持，运气仍旧慢慢从法国和它那由保大统治的越南代理政府一边溜走。1951年，在让·德·拉特尔·德·塔西尼将军领导下，法国取得了一些战术上的胜利，但这些胜利还不足以重挫越盟的军力。到了 1953 年春天，随着战争进入第七年，而且看起来根本没有尽头，法国国内的反战情绪在显著抬头。而在主流政治谱系的另一端，也开始涌现出及早撤出印度支那的提案，但提案被驳回。于是，战争继续如火如荼，而美国也在不断提高其物资援助的级别，到了 1954 年年初，美国的纳税人已经要承担法国四分之三的军事支出。轰炸机、运输机、海军舰队、坦克、货车、自动化武器、小型武器和弹药、无线电台、医院及工程设备，以及经济援助源源不断地大量涌入印度支那。1950～1954 年，美国在印度支那战争中的投入总计达 30 亿美元左右。

　　事实证明，这 30 亿打了水漂。1954 年 5 月 7 日，借助中方的援助与智囊团，武元甲将军的军队重整旗鼓，在奠边府大举攻下法军要塞。已经在日内瓦展开的和谈把冷战主义者和民族主义者——美国、苏联、英国、中华人民共和国、老挝、柬埔寨，以及由保大和胡志明领导的这两个格格不入的越南政权——拉到了一起。法国和胡志明的越南民主共和国共同签署的 1954 年日内瓦协议，以北纬 17 度为界，暂时将越南分割成两部分；胡志明政府占据北部，保大政权退守南部。起初谈判并不顺利，但中国和苏联担心美国会在未能缔结协议的情况下干预越南事务，故受到中苏施压的胡志明政府这才同意让步。北纬 17 度线充当的是军事停火线的作用，而非国家疆界，此外，和谈还定下时间表，定于 1956 年举行统一大选。

　　美国深信日内瓦协议最终意味着共产主义的胜利，因此从早期就做好了颠覆和破坏的准备。在越南南部，美国帮助吴庭艳架空保大，建立越南共和国。吴庭艳身在一个佛教国家，却笃信基督教，他是一个坚定的国家主义者和反共人士，但缺少民意支持。当胡志明和国际共产主义社会中的一些人力促遵循日内瓦协议精神、举行全国大选时，吴庭艳和美国总统德怀特·D. 艾森豪威尔却无意于此，他们担心越盟领导人会在选举中获胜。就这样，一场新的越战已经搭好了舞台，一伺时机合适就将开场。在 20 世纪 50 年代晚期，南越开始爆发暴乱，行动得到了河内政府的支持与指引，到了 60 年代初，美国着手直接加入军事斗争。

　　美国人当时并未明明白白地认识到一点，那就是法国人曾经在他们之前遭遇到的很多问题，他们也终将遭遇。当然不会是所有问题都碰上,但问题之多,已经足以令著名作家伯纳德·B. 福尔在后来说,在 60 年代晚些时候,美国人"做着跟法国人完全不同的梦,走的却是同样的路"。

　　本书旨在做一次尝试,描述和阐释这一切何以发生,以及它对我们理解越南长期且血腥的冲突而言意味着什么。

目　录

（下）

第四部分　坩埚，1953～1954年

第五部分　某种形式的和平，1954年

第六部分　紧握火炬，1954～1959年

中国

缅甸

高平

老街

莱州

红河

北圻

谅山

奠边府

黑水河

安沛

河内

北宁

孟夸

海防

北部湾

红河三角洲

海南

湄公河

琅勃拉邦

清化

石缸平原

老挝

荣市

海

万象

湄公河

他曲

洞海

广治

顺化

安南山脉

泰国

蒙河

巴色

土伦

曼谷

安南

昆嵩

波来古

安溪

归仁

暹粒

中央高地

洞里萨湖

柬埔寨

邦美蜀

芽庄

大叻

金边

湄公河

西宁

边和

里兹平原

西贡

河仙

美萩

芹苴

交趾支那

金瓯

湄公河三角洲

南海

泰国湾

法属印度支那

0   150英里

0   150公里

100°

105°

20°

15°

10°

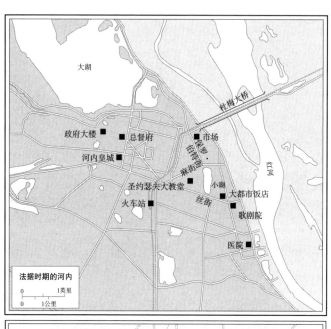

大湖

杜梅大桥

政府大楼　　总督府　　　　市场
　　　　　　　　　　　　　　彩罗

河内皇城　　　　　　伯梓街

　　　　　　　　麻街

　　　　　　圣约瑟夫大教堂　　　小湖

　　　　　　　　　　　丝街　　大都市饭店

火车站　　　　　　　　　　　　歌剧院

红河

　　　　　　　　　　　医院

法据时期的河内

0　　　　1英里
0　　　　1公里

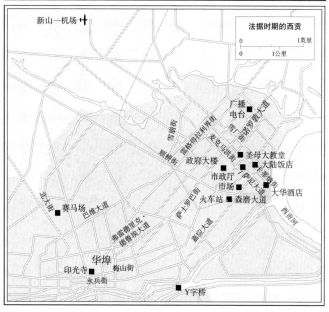

新山—机场

法据时期的西贡

0　　　　1英里
0　　　　1公里

　　　　　　　　　　　　　　广播
　　　　　　　　　　　　　　电台

　　雪铜街

　　顺桥街　雷格德拉利界街　阮广诺罗数大道

　　　　　　　　　　　　　麦克马洪街

　　　　　　　政府大楼　　　　圣母大教堂

　　　　　　　市政厅　　　　　大陆饭店

　　　　　　　　市场　　萨尼大道　嘉隆街

北大街　　　　　　　　　　　　　　大华酒店

赛马场　　　　　火车站　　森磨大道

巴维大道　　　　　　　　　　西贡河

　　弗雷德里克・
　　德鲁埃大道　　萨上罗巴街

华埠　　　　　　　　　嘉位大道

印光寺　　梅山街

　　水兵街

　　　　　　　Y字桥

前 言

这里是西贡，位于越南南部，地处法属印度支那殖民地的
中心。1951 年 10 月，一个天气晴好的秋日，年轻的马萨诸塞
州众议员约翰·菲茨杰拉德·肯尼迪（John Fitzgerald Kennedy，
以下简称 JFK）乘机抵达该市的新山一机场（Tan Son Nhut
airport），同行的还有他弟弟罗伯特和妹妹帕特丽夏。34 岁的
肯尼迪苍白、消瘦，正遭受着暗疾折磨。他本意是通过这次为
期 7 周、距离长达 4 万公里的亚洲和中东之旅给自己的外交履
历镀上一层金，好为来年的参议员竞选做准备，没料想一种叫
爱迪生氏症（Addison's disease）的病在行程尾声差点要了他
的命。[1] 除了印度支那，他到访的地方还包括以色列、伊朗、
巴基斯坦、印度、新加坡、泰国、马来亚、韩国和日本。

肯尼迪格外期待行程中的这一站。他知道，印度支那正处
在一场激烈的斗争之中：得到美国支持的殖民国家法国和其印
度支那的盟友，对抗得到中国和苏联支持、由胡志明（Ho Chi
Minh）领导的越南独立同盟（Viet Minh，以下简称"越盟"）。
在过去近五年间，斗争越演越烈，结束遥遥无期。一开始时，
它主要是法国人和越南人之间的问题，其起源是法国领导人意
欲重建二战前就已存在的殖民地国家和国际秩序，而越南民族
主义者决意要用后殖民秩序重新定义这个国家。而今，这场危
机正逐步发展为亚洲冷战政治的焦点，且这位众议员深知，它
将会在美国的外交政策中地位日显，也会相应地影响到他本人
的政治生涯。

在飞机刚刚落地，肯尼迪兄妹三人走下舷梯时，附近突然
传来一阵枪声。肯尼迪问道："这是怎么了？""小规模交火，"
有人回答说，"又被越盟袭击了。"三人很快发觉，西贡（旅
游作家们喜欢老生常谈地称它为"东方巴黎"）呈现给游客的
繁华外表无非一层薄薄的伪装，掩饰着紧张与不安定。咖啡馆
里确实挤满了人，面包房里堆着法棍面包，时髦的卡蒂纳街
（rue Catinat，旧日法文街名）一派生意兴隆的景象。但餐馆
的露台上罩着防御手榴弹的护网，空气中弥漫着可以感知的焦
躁气氛。这里正在打仗，尽管主战场是在北方的北圻地区①，
但西贡同样地处战火纷飞的乡间。越盟的根据地距离这里不到
40 公里，而且他们频繁对西贡附近的农村实施进攻——这类
行动往往可以用肆无忌惮来形容。2

肯尼迪一行被告知，他们不能坐车离开西贡城。尽管白天
法国人控制着市区道路，但到了黄昏之际，权力便移交给了起
义军，而且日落后身处荒郊野外总归会有危险。所以兄妹仨一
直待在室内，他们很清楚，就算身处市中心，偶尔也会碰到手
榴弹袭击、绑架和暗杀。他们在河畔的大华酒店（Majestic
Hotel）四层的露台酒吧里度过了在西贡的第一夜，看着西贡
河对岸法军的炮火时时闪现，希望它们能击中越盟的迫击炮阵
地。（小说家格雷厄姆·格林 ［Graham Greene］后来凭借他的
经典著作《文静的美国人》 ［*The Quiet American*］，令这场战
争载入史册，在本书适当的时候我们将谈到这位同样住在此家
酒店的客人。）"因为有游击队，现在没法出城，"26 岁的罗伯

---

① Tonkin，指越南北圻地区，在法国人控制了越南北方以后，便以这个名字
指代以河内为中心的整个越南北方地区。也有人将其译作东京。（本书所
有页下注皆为译者注。）

特在他的日记中写道，"随着夜幕降临，能听到枪声。"[3]

第二天下午，杰克（即 JFK）一个人冒险出了门，他去的是邻近的沙内大道（Boulevard Charner），美联社分社的社长西摩·托平（Seymour Topping）就住在这条大道的一幢小公寓里。"我就来叨扰一小会儿，"站在门口时，肯尼迪这样说道。结果他停留了两个多小时，向这位记者提出了有关战争方方面面的问题。答案令他警醒。托平告诉杰克，法国在节节败退，而且看起来不大可能反败为胜，原因很简单：胡志明获得了越南民族主义运动的领导权，而且他的军队似乎可以源源不断地招募新兵。胡志明还控制了通往中国的山路要塞，而中国的领导人毛泽东在向越盟提供武器、帮助训练。肯尼迪问托平，越南人怎么看美国。不怎么样，托平回答道。在 1945 年太平洋战争将要结束时，美国人的地位至高无上，因为他们打败了日本，也因为刚刚过世的富兰克林·德拉诺·罗斯福（Franklin Delano Roosevelt）坚定不移地反对殖民主义，所以他们在东南亚相当受欢迎。此后，他们又承诺要让菲律宾获得独立，因此获得的声望更是看涨。但是，时过境迁。现在，因为美国强烈支持法国的殖民战争行径，很多越南人都开始讨厌甚至憎恨美国。[4]

托平冷峻的分析给肯尼迪留下了深刻印象，而美国公使馆年轻参赞埃德蒙·格利恩（Edmund Gullion）跟托平说的话如出一辙，这进一步说服了他。肯尼迪随后听取了美国公使唐纳德·希思（Donald Heath）和法国高级专员兼法军总司令让·德·拉特尔·德·塔西尼（Jean de Lattre de Tassigny）将军的简报，提出了一系列尖锐的问题。他问希思，为什么要指望广大越南民众加入这场战争，让自己的国家继续作为法兰西帝国

xiii

领土的一部分？他们的动机何在？这些问题激怒了身为头号亲
法分子的希思。而在跟这位议员会面后，德·拉特尔的脸色也
没有好看多少。这位法国人魅力无穷，在这一年早些时候击溃
了越盟的三次重要进攻，展现出了他在战略和战术方面的远见
卓识。他刚从美国载誉而归，记者们赞美他是"法国的麦克
阿瑟"，高层官员强调他的使命对于更为广泛的冷战具有至关
重要的意义。他发誓说，现在雨季即将结束，是时候跟敌军决
一死战了；还跟肯尼迪打保票说，法国一定会战斗到底。而肯
尼迪在听到托平和格利恩的说法后，却对这位将军持怀疑态
度。德·拉特尔对此有所觉察，向希思正式去函表达不满，不
过他还是安排肯尼迪一行三人走访了北部的河内，参观守卫红
河三角洲的防御工事。⁵

　　"在民众的眼中，我们越来越向殖民主义者靠拢，"肯尼
迪在旅行日记中写道，"因为所有人都认为我们把持着联合
国，而且我们的财富好像取之不尽，如果不按照他们〔新兴
国家〕的要求来做，我们就罪该万死。"美国应当避免走江河
日下的英国和法国的老路，而应证明敌人并不仅仅是共产主
义，还有数以百万计的亚洲人和阿拉伯人每天都要面临着的
xiv　"贫穷匮乏"、"病痛不适"以及"不公正和不平等"。

　　11月底回波士顿时，肯尼迪在电台发表讲话和在对波士
顿商会发表演讲时，继续谈论这个主题。"在印度支那，我们
将自己跟法国苦苦紧握帝国残余的绝望之战捆绑在一起"，他
宣称，"越南政府没有赢得这一地区人民的广泛支持"，因为
"它是一个傀儡政府"。每一个中立的观察者都相信，"一次自
由选举……将对胡和他的共产主义者们有利"。⁶

　　鲍比·肯尼迪（即罗伯特·肯尼迪）的观点如出一辙。

他在给父亲的信中写道，法国"遭人唾弃"，美国由于跟它联盟、对其战争行为施以援手，结果同样不得人心。"我们的错误在于未能坚持要求法国对当地人实施彻底的政治改革，而这是提供任何援助的先决条件。现在有一点很清楚：我们被卷进了这场战争，而且越卷越深，泥足深陷。"他总结说："前景看来不算光明。"[7]

确实如此。在肯尼迪一行离开后，尽管美国不断提升其援助级别，但法国的运气仍然急转直下，直至1954年年中，它在奠边府（Dien Bien Phu）战役中惨败。在这场堪称当代最重大的军事行动结束后，法国战败。艾森豪威尔政府此时为这场战争投入的努力已经甚于法国自身，他们一度积极考虑过要进行军事干涉——这项备受争议的秘密计划有可能涉及战术核武器，它拥有一个不祥的代号，叫"秃鹫计划"——以此来挽救法国的地位，而且该计划落实的可能性远超人们通常的猜想。不过，无论是德怀特·D. 艾森豪威尔总统还是美国国会，都不希望在没有盟友，尤其是英国介入的情况下展开进一步行动，而伦敦的温斯顿·丘吉尔政府在参与行动方面需要抵制强烈的行政压力。在日内瓦签署的一项和平条约规定，以北纬17度线为界，将越南一分为二，原定于1956年的全国大选也因此延期。胡志明的民主共和国政府控制了界线以北的地区，首都定为河内；而南部由信仰基督教的民族主义者吴庭艳（Ngo Dinh Diem）领导。吴逐渐在南越巩固了自己的政权，并在华盛顿的坚定支持下绕过了大选。他一度看起来将大获成功，包括约翰·F. 肯尼迪参议员在内的美国官员都大声讴歌所谓的"艳奇迹"（Diem miracle）。但这种表象是会骗人的。在20世纪50年代末，一场由河内政府支持的起义（起初胡志

xv

明政府对此犹豫不决）在南越埋下了深深的祸根。

到 1959 年时，一场争夺越南的新战争爆发了，这场战争后来被越南人称为"美国战争"。这年 7 月，两位美国军人——戴尔·比伊斯（Dale Buis）少校和切斯特·奥夫南（Chester Ovnand）军士长——在西贡以北 32 公里处接近边和县的一个基地遭到叛军突袭而丧生。他们的名字后来被铭刻在华盛顿的越战纪念碑黑色大理石墙面上，在他们后面，还有超过 5.8 万个阵亡美军士兵的名字。

在当代史中，甚少有题材受到研究、分析和探讨的程度超过了越南战争。这场漫长而血腥的战争导致 300 多万越南人丧生，摧毁了越南、老挝和柬埔寨的大部分地区，并成为大量图书、文章、电视纪录片和好莱坞电影，以及学术研讨会和大学课程的灵感源泉。考虑到这场战争巨大的人力和物资代价，以及它给美国政治和文化所带来的深远而持久的回响，有理由相信这个题材的作品所形成的湍流不会在短时间内减缓。可是值得注意的是，我们至今没有一部作品完整且全面地介绍这个故事如何开始；没有一本书带我们从一战尾声——此时欧洲殖民帝国的未来貌似仍然确定无比——一直跨越二战，然后到法国 – 越盟战争和它戏剧化的高潮，再到美国灾难性地决定建立并捍卫南越。[8] 本书是对这部分历史的一次尝试。它讲述的是这样一个故事：一个西方国家在印度支那失势，另一个国家随后到来；在面临巨大挑战的情况下，革命军在 1954 年令人震惊地夺取胜利，以及这样的胜利最终未能成功为越南带来持久的和平。[9] 换句话说，这个故事讲的是戴尔·比伊斯和切斯特·奥夫南为什么在这个众多同胞完全不知道的遥远之地驻扎下来，并最终与命运之神不期而遇。

　　然而，越南战争的早期阶段之所以值得我们去注意，并不仅仅是因为它是美国在越南惨败的序曲。法国－印度支那战争横跨 20 世纪中叶，是 20 世纪驱动国际事务的各股政治力量的交叉点。[10]因此，印度支那在 1945 年到 1954 年间的经历，与二战以及冷战的爆发和升级所带来的充满变革的影响，尤其与美国一跃成为亚洲和国际事务中的支配力量密不可分。同样，这场斗争还是欧洲殖民主义与其遭遇的反殖民民族主义者的故事的一部分内容——而后者在一定程度上受到了欧洲和美国思潮与许诺的鼓舞。从这方面来看，法国－越盟战争既是东西方之间的冲突，同时又是南北方之间的国际主义之战。如果说，在 1945 年之后，全球多数地区也都上演了类似的进程，那么我们理应对越南进行特别的研究，因为在这里，人们能首先观察到这股摧枯拉朽的动力。而且一个个血腥的十年过去了，这股动力仍然在越南存在着。[11]

　　我写作本书的目标是帮助新一代的读者重新体验这非凡的故事：这是一个 20 世纪的传奇，浓墨重彩地书写着人们在面临重重高压时所做出的生死抉择，它动员了巨大的人力和物力资源，充满了一系列洋溢着英雄色彩的人物，从胡志明、夏尔·戴高乐，到迪安·艾奇逊（Dean Acheson）、周恩来，从保大（Bao Dai）皇帝、安东尼·艾登（Anthony Eden）到爱德华·兰斯代尔（Edward Lansdale）、吴庭艳，此外还有六位美国总统。从始至终，本书的核心是战争的政治和外交维度，但我也用了大量篇幅介绍军事行动，因为我相信这些军事行动对事件结果至关重要。[12]老挝和柬埔寨在不同阶段登场，但我一直将重点放在讲述越南的事态演变上，因为相比这些印度支

xvi

那邻邦，越南人口更为稠密，在政治上也更为重要。

回过头来看，考虑到更深远的历史背景，这个故事中一系列事件的演进皆为必然，如同一条大河不可避免地奔流向前。一度俯首听命的法国曾在 1940 年的短短六周内遭到纳粹德国的蹂躏，接下来又温顺地将印度支那拱手让给一路向前推进的日本，进一步遭到羞辱，却在 1945 年后想要重建殖民主义统治，而此时欧洲帝国主义体系的大厦已经摇摇欲倾，它还怎么可能如愿成功？再加上越盟严格的纪律、韧性和实战技巧，以及非共产主义的越南民族主义者相比之下的弱势——无论是在 1954 年之前还是之后皆是如此——除了那个切实发生的后果外，人们似乎也想象不出来还有其他可能。

可是，法国－印度支那战争的故事和它的余波其实是个偶然事件，其中不断出现不同的政治选择。这些选择既有重大的也有次要的，有深思熟虑的也有懵懂所为的，有反复思量的也有中途变卦的，人们在巴黎和西贡，在华盛顿和北京，在越盟位于北圻丛林间的总部做出这林林总总的抉择。它在提醒我们：对于过去的决策者来说，未来无非是一系列可能。假如印度支那注定将摆脱殖民主义，那么这个过程或许可以通过各种各样的方式来实现，这在欧洲国家位于南亚和东南亚其他地区的殖民地都已有例证。[13]更重要的是，现在人们恐怕已经很难再记起了，但事实上在战争初期，局面对越盟更为不利。他们在军事和外交方面更为薄弱、易受攻击。对这一事实胡志明认识得非常清楚，作为一个政治上的务实主义者，他曾努力想要避免与法国开战，同时也希望能在这项事业上得到美国正式的支持。可是，他在这两件事上都没能成功。此外，胡志明也没有争取到苏联领导人约瑟夫·斯大林任何实质上的支援。当时斯大林一心扑在欧洲事务上，何况在他看来，这位越南的领导人太有主见了，根本信不过。甚至连迫切想在市镇选举中表现出爱国情怀与温和立场的法国共产党，也屡次对胡志明提出的援助请求表示拒绝。事实上，法共对于当局夺回印度支那的这场冒险事业持默许态度。

因此，越盟在很长一段时间里是孤军作战，在非亚洲的国际舆论中基本被孤立。法国在武器方面拥有巨大优势，可以拿下并守住任何真正想要的地区。就算在 20 世纪 50 年代初，中国援军开始渐渐加入越盟后，前景仍然不确定，因为法国自身在这个时候也可以召唤一个更加强有力的靠山，那就是美国。越南方面的情报显示，在这场战争期间，由武元甲（Vo Nguyen Giap）将军所领导的越盟队伍承受了难以想象的困苦：粮食严重短缺，后勤保障面临问题，而且在 1950 年之后，他们又碰到了一种美国产的新式工业武器——凝固汽油弹所带来的令人胆寒的影响。在 1954 年 5 月奠边府战役告捷后，武元甲的军队已经精疲力竭，士气低沉，亟待休整。　　　　xviii

政治上亦然。饶是胡志明拥有深远广泛的民众支持和明星般的魅力，他的权威仍然在国内面临挑战。从 1947 年开始，法国人不仅想要团结一致反越盟（越南民族主义者当时对此仍持中立态度），还让在某种程度上表示支持胡志明的反共产主义人士跟他分道扬镳。胡志明本人看到了这个危险：万一巴黎向越南内部与之对立的政体妥协，同意其渐渐获得真正的行政权、立法权，并承诺最终使越南实现独立自主，这该如何是好？这将是一场灾难。其后，到 1954 年年中越南分裂后，他又面对另外一重忧虑：万一南越政府（而且其领导人吴庭艳高舞着的民族主义勋章几乎跟他的一样闪亮）得以巩固政权，导致他那个由越盟统治统一的越南的梦想永远落空，这又如何是好？这些都有着切切实实的可能，而且也都曾在越盟内部召集的委员会和消息灵通的外部分析人士那里被反复探讨和争论过。

然而，这并不是说上述可能性真的有机会实现。探讨这些假设后果的偶然性和内在的合理性，并不是说它们发生的概率是同等的。这便是事后回顾某次事件所能带来的优势。尽管很多法国高级官员明白他们面对的越南民族主义十分强大，而且在经过了太平洋战争的洗礼后越发茁壮成长，但他们永远不可能想到为了安抚对手应让渡一些必要的权力。[14]哪怕是皮埃尔·孟戴斯－弗朗斯（Pierre Mendès-France）这么一位因长期力主跟胡志明谈判，并在 1954 年任总理期间结束战争，因此被很多人视为英雄的人物，也是直到这场角逐结束时，才开始全心全意地拥护越南脱离殖民统治。那些敦促巴黎要先给予越南完全独立权，而后再跟越盟继续开战的美国官员，没有弄明白一个基本问题：既然法国到头来只能放弃在亚洲的利益，那么干吗还要打这么一场危险、血腥且没有结果的战争？

至于吴庭艳在 1954 年之后的前景，既没有大部分早期历史研究说的那么无望，也没有某些较后期的作者宣称的那么乐观。作为一位有勇有谋的爱国者，从 1945 年到 1975 年间，吴庭艳是在越南出现的唯一一位最主要的非共产党政治人物，只有他尚且有能力不偏不倚地思考国家的未来、建立政治框架，或者基于某种近似竞争的理由而挑战北部的共产党的领导。日内瓦会议曾呼吁在越南举行重新统一的公决，而包括北越盟友中国和苏联在内的主要大国皆对此无动于衷。鉴于此，吴庭艳治下的南越将会像韩国那样无限期地生存下来，这样的剧情走向并非绝无可能。不过，这样的结果同样也很难想象。随着时间推移，吴庭艳作为一位领袖的缺陷——他刻板的个性，在领导力方面见识的局限，动不动就诉诸政治迫害的倾向——表现得越来越明显。美国的官员们对他的这些缺点心知肚明，但在视力所及之处根本找不到一个可以替代他的人选，因此只能跟他绑在一根绳子上。尽管年复一年，吴庭艳的政权对美国援助的依赖越来越严重，但美国能施加的影响力实际上是在不断减弱。跟人们通常的认识恰恰相反，对南越政治拥有决定权的并非美国，而是吴庭艳。这就跟法国在 1954 年之前对越南事务没有多少影响力一样，在 1954 年之后的越南，华盛顿也同样不是重要角色。

　　西贡政权面对的胜算几率比较小，还有另外一个原因。成千上万的越南人是出于实现国家独立的深层次愿望而加入越盟来对战法国的，否则他们并不愿意跟共产党有半点儿干系。这批人中有相当一部分是这个国家最有能力也最为热诚的爱国人士。与此同时，还有一批民族主义团体要么因为不想站队而心灰意冷，要么加入法国与共产党的斗争中，寄希望于通过渐进的政治改革实现独立，但因为跟令人痛恨的殖民主义统治者同流合污，最终落了个名誉扫地的下场。结果，在 1954 年越南格局形成之后，南越缺乏建立有望成功的政权的人才资源，用作家尼尔·希恩（Neil Sheehan）的话来说，在冲突和阴谋的撕裂下，年复一年的摇摆、妥协和勾结令"最后一点点儿（人才的）残渣"都消失不见了。[15]

　　熟悉美国在越南战争，以及围绕着美国近年来武装干涉方面展开的辩论的读者，也许在读到本书这些观点时，会有　xx
种似曾相识的感觉。有人像战士那样抱怨形势敌我难辨，跟

"人家的" 本土军队相比，"我们的" 军人打起仗来不够英勇；战场将领指责留守在祖国的政客胆小怕事，只会瞎添乱；有人郑重其事地警告说切勿从战争中抽身而出，否则就是不尊重已经牺牲的战士（社会心理学家称这种现象为 "沉没成本谬误" ［sunk-cost fallacy］）；有人固执地坚称应竭力避免 "时机尚不成熟的" 谈判——这些重复的论调在 1966 年和 1967 年（以及 2004 年和 2005 年）比比皆是，而在 1948 年和 1949 年也同样能听到人们反复言说。同样的道理，美国这些规划者提供的战术和策略 "创新"，大部分早就被法国人尝试过了，其中也包括美国人所谓的 "镇压叛乱策略"（counterinsurgency）。此外，人们永远都能听到成功就在眼前、转折点即将到来这类的承诺。当 1967 年晚些时候，美军总司令威廉·威斯特摩兰（William Westmoreland）狂喜地宣称 "我们已经到达一个关键的节点，终点眼看就将到来" 时，他重复的是法军指挥官亨利·纳瓦尔（Henri Navarre）早在十五年前即 1953 年 5 月就已经发出的预言。[16]

　　另一方面，巴黎和华盛顿的文职官员则反复在公开场合强调这场斗争的重要意义和最终胜利的必然到来。下令停止甚至改变局势走向等于是在质疑他们自己和国家的判断力，并且会危及其职业发展和声誉。相比之下，着眼于眼前，继续前行并期待最好的结果，忽略警报信号及矛盾的情报和外交报告，这样反而要好得多——对于野心勃勃的政客来说，"当下" 永远最关键。在 1949 年以后，随着时间一点点推移，法国高层决策者勉力争取的目标越来越跟印度支那的未来无关，跟广泛的地缘政治考量无关，而是越来越多地跟制定国内政治策略、个人名利和满足国内强势利益团体的需求相关。[17]他们眼下的主要目标是避免难堪并硬挨下去，要应付过去，至少在下一次投信任票或大选之前别出什么乱子。丹尼尔·埃尔斯伯格（Daniel Ellsberg）形容美越战争是"僵局机器"；此种表述对于法国在越南的这场战争也完全适用。[18]诡辩和乏味的论证成为常态，因为领导者们想要保全颜面——或者用他们的话来说，是想取得"体面的和平"——但与此同时，财产和生命正在不断消逝。普通百姓早已对战争无动于衷的态度——大部分法国选民，以及后来的大部分美国选民，已经把心思都放在了各自的生活中，根本提不起兴趣关心一个远在千里之外的亚洲小国——并不能影响政府的决定，尽管理论上本应如此；它只是使得官员们在提出生搬硬套的支持现状的主张时，可以来得更轻松些。

　　记者大卫·哈伯斯塔姆（David Halberstam）曾应一位英国同事之邀，评价他自己战时在越南的新闻报道。哈伯斯塔姆说："问题在于，你每天都得想办法把一些东西当成新闻来报，而事实上它们跟法国－印度支那战争是换汤不换药，你报道的东西无非历史而已。所以，你每篇文章的第三段原本都应该这么来写：'以上这些都是屁话，一切都毫无意义，因为我们在重蹈法国人的覆辙，成了他们的经验的囚徒。'"在晚些时候，哈伯斯塔姆还曾表示，美国的军事干预是发生在"另一场殖民主义战争的余烬中"。[19]

　　不知何故，美国的领导人很长时间以来都在说服自己相信，法国的经历跟美国的完全不是一回事。他们坚称，最关键的一点在于日薄西山的法国人曾徒劳地想要支撑住一个殖民主义帝国，而他们的军队顽固守旧、愚钝不堪；他们在印度支那的这场战争打得太烂，活该吃败仗。而另一方面，美国人是好人，在军事上万夫莫敌，他们是在越南人需要的时候无私地前来帮助，帮完忙就会回家。"现在在那里，我们有着一个清清白白的底子，没有受到殖民主义的一丁点儿玷污，"当法国将最后一批士兵从越南撤出时，美国国务卿约翰·福斯特·杜勒斯（John Foster Dulles）对一位朋友慷慨陈词道，"奠边府一役是伪装成败局的祝福。"[20]

　　这多半是在自欺欺人。首先，正如我们注意到的那样，法国远征军通常在战争中都表现得骁勇坚定。其次，法国的战争本来也正是美国的战争——华盛顿提供了大量资金和绝大部分武器，并在巴黎领导人灰心绝望时不断为他们打气。在战争进入奠边府战役的白热化阶段之前很久，越盟的领袖早就已经把美国，而非法国，当成了他们的头号敌人。此外，杜勒斯和其他美国高官很长时间里一直没有看明白一件事——而且在终于恍然大悟后也不情愿承认——那就是对是否殖民主义的判断往往是由旁观者来做出的：在很多越南人看来，1954 年以后，美国无非是另一个白种西方列强，正如法国应该为第一场战争中越南人的遭遇负责一样，美国人现在也应该为肆意向越南施加自己的意志、随时准备运用武力干涉别国内政负责。[21]而由可敬的"胡伯伯"领导的另一方曾迎击过日本人，赶跑了法国人，因此赢得了民族主义的正当性，并且从根本上来说始终保有了这种正当性——不管他们后来在执政方面犯下了多少劣行都无碍大局。

　　讽刺的是，胡志明本人倒是长期以来一直反对对美国及其角色做出上述判断。从 1910 年代到 1948 ~ 1949 年这几十年，他始终坚信美国跟别的国家不一样——它是脱胎于反殖民主义行动的全新世界强国，倡导所有国家，不论大小，都应享有民族自决权。1912 ~ 1913 年，20 岁出头的胡志明游历了波士顿和纽约，几年后又读到了伍德罗·威尔逊的"十四点和平原则"，早在那时，跟很多根植于心中的其他信念一样，这种信念就在他心中生了根。他热忱地相信，美国将积极拥护他的事业。（在这场法国战争中，他的观点是正确的。）[22] 1919 年，在第一次世界大战进入尾声时，威尔逊如期抵达巴黎，力争通过谈判争取和平，"以终结所有战争"，这位寂寂无闻的年轻民族主义者也打算在谈判中表达自己的观点。这便是我们的故事开始的地方。

注释

1. 此行进入尾声时，肯尼迪高烧 41 摄氏度，被送入冲绳的一家医院。医生们起初怀疑他活不了，还找人为他做了临终祷告。

2. 1951 travel journal, Box 11, Book 3, October-November 1951, pp. 116ff, 约翰·F. 肯尼迪私人文件，约翰·F. 肯尼迪图书馆（以下简称 JFKL）。另见 Geoffrey Perret, *Jack: A Life Like No Other* (New York: Random House, 2001), 170。

3. 1951 trips, Mid and Far East, travel diary, Box 24, Robert F. Kennedy Preadministration Personal Files, JFKL; Robert Mann, *A Grand Delusion: America's Descent into Vietnam* (New York: Basic, 2001), 83.

4. Seymour Topping, *On the Front Lines of the Cold War: An American Correspondent's Journal from the Chinese Civil War to the Cuban Missile Crisis and Vietnam* (Baton Rouge: Louisiana State University Press, 2010), 151 – 55; *The Pentagon Papers: The Defense Department History of Decisionmaking on Vietnam*, Senator Gravel edition (Boston: Beacon Press, 1971), 1: 68.

5. JFK travel journal, 1951, JFKL.

6. Robert Dallek, *An Unfinished Life: John F. Kennedy, 1917 - 1963* (Boston: Little, Brown, 2003), 166 – 67; *Pentagon Papers*

（Gravel），1：72.

7. Arthur M. Schlesinger, Jr., *Robert Kennedy and His Times*（Boston：Houghton Mifflin, 1978），1：96.

8. 这个故事涉及，以及在本书后文中将引用的一些重要作品，包括以下作者的著作：Mark Bradley, Pierre Brocheux, Laurent Cesari, Jessica Chapman, Chen Jian（陈兼），Chester Cooper, Philippe Devillers, William Duiker, David Elliott, Duong Van Mai Elliott, Bernard Fall, Lloyd Gardner, Christopher Goscha, Ellen Hammer, George Herring, Stanley Karnow, Jean Lacouture, A. J. Langguth, Mark Lawrence, David Marr, Edward Miller, Jonathan Nashel, John Prados, Pierre Rocolle, Alain Ruscio, Neil Sheehan, Martin Shipway, Ronald Spector, Kathryn Statler, Martin Thomas, Stein Tønnesson, Frédéric Turpin, Martin Windrow 以及 Marilyn Young。此外，以下参考书至关重要：*Historical Dictionary of the Indochina War：International and Multidisciplinary Perspectives*（Honolulu：University of Hawaii Press/Nordic Institute of Asian Studies, 2011）；Alain Ruscio, *La guerre "française" d'Indochine（1945–1954），Les sources de la connaissance：Bibliographie, filmographie, documents divers*（Paris：Les Indes savantes, 2002）；Michel Bodin, *Dictionnaire de la guerre d'Indochine, 1945–1954*（Paris：Economica, 2004）；Jean-Pierre Rioux, *Dictionnaire de la France coloniale*（Paris：Flammarion, 2007）；Edwin Moïse 列有一个关于越战的精彩在线书目，可在以下网页查询：http://www.clemson.edu/caah/history/facultypages/ EdMoise/bibliography.html。此外，关于该战争有个精美的图集，作者为 Hugues Tertrais, *Atlas des guerres d'Indochine, 1940–1990：Del'Indochine française à l'ouverture internationale*（Paris：Autrement, 2004）。还要特别推荐 Devillers, Fall, Goscha 和 Lawrence 这四位作者，他们对本研究的影响尤为深远。

9. 尽管仍有大量越南文件不对学者开放，但仍有可能通过官方历史和回忆录，以及法国、美国和英国的文件合集深入了解该时期越南共产党和非共产党的决策。不过，本书并不是有关该时期越南民主共和国的历史，更不是对整个越南的一部完整历史。近来主要以越南为核心的研究包括下列著作：Christopher E. Goscha, *Vietnam：Un état né de la guerre, 1945–54*（Paris：Armand

Colin, 2011）; François Guillemot, *Dai Viêt, indépendance et révolution au Viêt-Nam. L'échec de la troisième voie, 1938 – 1955* （Paris: Les Indes savantes, 2011）; David Marr, *Vietnam 1945 – 1950: War, State, Revolution* （Berkeley: University of California Press, forthcoming）; Pierre Brocheux and Daniel Hémery, *Indochina: An Ambiguous Colonization, 1858 – 1954*, trans. Ly Lan Dill-Klein et al. （Berkeley: University of California Press, 2009）; David W. P. Elliott, *The Vietnamese War: Revolution and Social Change in the Mekong Delta, 1930 – 1975* （Armonk, N. Y. : M. E. Sharpe, 2007）; Shawn McHale, "Understanding the Fanatic Mind? The Viet Minh and Race Hatred in the First Indochina War （1945 – 1954）," *Journal of Vietnamese Studies* 4 （Fall 2009）; Jessica M. Chapman, "Debating the Will of Heaven: South Vietnamese Politics and Nationalism in International Perspective, 1953 – 56," Ph. D. dissertation, University of California-Santa Barbara, 2006; Edward Miller, "Grand Designs: Vision, Power, and Nation Building in America's Alliance with Ngô Dình Diêm, 1954 – 1960," Ph. D. dissertation, Harvard University, 2004。一本有用的较老的著作则是 Greg Lockhart, *Nation in Arms: The Origins of the People's Army of Vietnam* （Wellington, N. Z. : Allen & Unwin, 1989）。对于新的研究报告，一个主要发表渠道是 *Journal of Vietnamese Studies*。

10. 历史学家对如何形容这场冲突仍存在分歧，目前可见下列表述：法国 – 印度支那战争，第一次印度支那战争，第一次越南战争，法国 – 越盟战争，反法战争，民族抵抗运动第一次战争，或者简单称之为印度支那战争。在本书中我主要使用法国 – 印度支那战争和法国 – 越盟战争，但我认识到这两种说法都存在其局限性。

11. 探寻这个历史交叉点的著作包括下列书籍：Mark Atwood Lawrence, *Assuming the Burden: Europe and the American Commitment to War in Vietnam* （Berkeley: University of California Press, 2005）; Mark Atwood Lawrence and Fredrik Logevall, eds. , *The First Vietnam War: Colonial Conflict and Cold War Crisis* （Cambridge, Mass. : Harvard University Press, 2007）; Christopher E. Goscha and Christian F. Ostermann, eds. , *Connecting Histories: Decolonization*

and the Cold War in Southeast Asia, 1945 – 1962 （ Washington,
D. C. ： Woodrow Wilson Center Press, 2009 ）; Tuong Vu and
Wasana Wongsurawat, eds. , *Dynamics of the Cold War in Asia*：
Ideology, *Identity*, *and* *Culture* （ New York ： Palgrave
Macmillan, 2009 ）; Hans Antlöv and Stein Tønnesson, *Imperial
Policy and South East Asian Nationalism* （Surrey, U. K. ： Curzon,
1995 ）; Marc Frey, Ronald W. Pruessen, and Tai Yong Tan,
eds. , *The* *Transformation* *of* *Southeast* *Asia*： *International
Perspectives on Decolonization* （ Armonk, N. Y. ： M. E. Sharpe,
2003 ）。

12. 尽管我在本书中的重点是高层政治和军事事务，但我也完全同
意戴维·埃利奥特（David Elliott）的看法，即我们同样需要有
关越南斗争的本土历史描述，这可以捕捉到宏观历史所力有不
逮的细节，参见 David W. P. Elliott, "The Future of the Past：
Some Questions about the Vietnam War for the Next Generation of
Historians," 论文未发表，由作者本人所有。另见 Elliott,
Vietnamese War。

13. 参见 AJ. Stockwell, "Southeast Asia in War and Peace：The End
of European Empires," in Nicholas Tarling, ed. , *The Cambridge
History of Southeast Asia*, volume 4 （ Cambridge, U. K. ：
Cambridge University Press, 1992 ）, 1 – 32。

14. Paul Mus, *Destin de l'empire français*： *De l'Indochine à l'Afrique*
（Paris：éditions du Seuil, 1954 ）, Part 1.

15. Neil Sheehan, introduction to Jules Roy, *The Battle of
Dienbienphu*, trans. Robert Baldick （New York：Harper & Row,
1965；reprint New York：Carroll & Graf, 1984 ）, xiv.

16. 威斯特摩兰的话引自 David F. Schmitz, *The Tet Offensive*：
Politics, *War*, *and Public Opinion* （ Lanham, Md. ： Rowman &
Littlefi eld, 2005 ）, 69。

17. 这种观点适用于1961～1965年的肯尼迪和约翰逊，参见 Fredrik
Logevall, *Choosing War*： *The Lost Chance for Peace and the
Escalation of War in Vietnam* （ Berkeley： University of California
Press, 1999 ）。

18. Daniel Ellsberg, *Papers on the War* （ New York： Simon &
Schuster, 1972 ）, 42 – 135.

19. "问题"一说引自 Thomas A. Bass, *The Spy Who Loved Us*：*The Vietnam War and Pham Xuan An's Dangerous Game*（New York：Public Affairs, 2009），71。"余烬"一说引自 David Halberstam, keynote address, conference on "Vietnam and the Presidency," JFKL, March 10, 2006, available at www. jfklibrary. org/Events-and-Awards/Forums. aspx？f = 2006（last accessed Feb. 25, 2012）。

20. 引自 Marilyn B. Young, *The Vietnam Wars*, *1945 – 1990*（New York：HarperCollins, 1991），46。

21. 关于美国战争为一场殖民主义斗争，参见 Michael Adas, "A Colonial War in a Postcolonial Era：The United States' Occupation of Vietnam," in Andreas W. Daum, Lloyd C. Gardner, and Wilfried Mausbach, eds., *America*, *the Vietnam War*, *and the World*：*Comparative and International Perspectives*（New York：Cambridge University Press, 2003），27 – 42。

22. 前《纽约时报》驻西贡记者 A. J. 朗古特（A. J. Langguth）写了一本相当出色的美国战争史著作，书中谈及胡志明对"美国人终其一生的崇拜"。*Our Vietnam*：*The War*, *1954 – 1975*（New York：Simon & Schuster, 2000），55。

序幕　一个在巴黎的越南人

一

1919 年 6 月，各国领袖齐聚巴黎，要在"一场终结所有战争的战争"后重建和平。此时，一位来自越南的年轻人意欲向他们呈递一份题为"越南人民之诉求"的请愿书。他特别希望能接触到伍德罗·威尔逊，这位美国总统此次站在了巴黎的舞台中央，而且他的"十四点和平原则"貌似在呼吁各国人民都能享有民族自决权。请愿书这样写道："所有被统治的民族都心怀希望，渴望通过一场文明对抗野蛮的斗争，迎来一个公正与正义的新时代。"随后，请愿书向统治越南的法国提出了八项主张，其中包括越南可以选举代表参加法国议会，越南人民享有新闻自由和结社自由，越南人可以自由移民和出国旅游，以及建立法制取代政令。这封请愿书的署名为"阮爱国，代表全越南爱国人士"。[1]

为了争取到更大机会赢得威尔逊的垂青，阮爱国为了这个场合特地租了件晨礼服，但他最终也没能靠近美国总统或者其他任何一位主要领导人半步。这位年轻人身材瘦弱，长着一双锐利的黑眼睛，他那并不起眼的身影被淹没在一群来自亚洲和非洲，同样也渴望见到美国总统的民族主义代表中。威尔逊也许一直都没看到过这份请愿书，他自然也没有做出回复。[2]在一战期间，威尔逊建立了自己广泛而普适性的原则框架，但很显然，在谈及民族自决时，他主要考虑的是欧洲——尤其是由

4　战败的德国和奥匈帝国所组成的同盟国统治着的那些国家。如果说他即便没有明确排除非欧洲国家拥有的自治权，那么他也没有指望在这样一场和会中解决殖民主义问题——那些在战争中自行涌现的问题除外。威尔逊显然相信，殖民地的人民或许可以实现独立，但不可能一蹴而就，也不可能在没有得到"文明"政权监护的情况下实现，这些政权可以让殖民地国家为自治做好准备。[3]

　　有一个组织倒确实注意到了阮爱国的诉求，那就是法国的秘密警察部门安全总局（Sûreté Générale）。他们很快开始盯梢，查抄他写的信件和文章，并向河内的殖民地管理署索要他的资料。这个神秘的煽动者是何许人也？他的名字为什么没有出现在印度支那人前往法国的入境记录中？到了那年秋天，一幅画卷才慢慢成形。他出生于多山的义安（Nghe An）省，那里位于越南中北部，拥有狭长的海岸线，不过他显然在外国生活了好几年，多数时候住在伦敦。在巴黎的各个不同的越南人团体中，他交游甚广——当中既有知识分子，也有工人和曾应征入伍的军人——而且看来在这群人中得到了广泛的支持。他还与那些前来巴黎向列强游说民族独立的爱尔兰人和朝鲜民族主义者保持着联系。为了谋生，他做过照片修图师，但凡交给他的兼职新闻撰稿的活儿他都会做。安全总局的官员不知道他的确切年龄，但估计他约莫30岁。自1920年年初起，他们就开始盯上了他在戈布兰街6号楼的公寓——地处一个安静、周围全是住宅楼的死胡同，位于巴黎西南的第13区。[4]

　　几乎没人知道，这个行踪飘忽、身无分文的文人日后将成为20世纪最伟大的革命家之一，而且将比在1919年对他不屑一顾的政客要人们更加著名。他将领导着自己的人民抗击两个——而不是一个——西方强国，先是法国，接着是美国，这场斗争持续了三十年，导致上百万人丧生。他的名字后来也不再是阮爱国（热爱祖国），而是胡志明（志在启明）。[5]

二

胡志明了解的仅仅是那个受到法国统治的越南，但这并不能说明什么：1919 年时，他仍是个年轻人。相比荷兰在东印度，或者英国在印度的统治，法国在地球的这一边只是个初出茅庐的帝国主义者，它在胡志明出生的几年前才刚刚获得了对越南完全的殖民统治。[6]法国人最初涉足越南要早得多——早在 17 世纪中叶，巴黎就已经在越南建立传教和贸易组织——但直到 1850 年，法国才以保护越南天主教徒为名开始征服该国。到 1884 年，法国取得了对越南的殖民统治，且很快又将邻近的柬埔寨和老挝据为己有，这便是印度支那下属的各国。

被派往殖民地服役的年轻法国人要经历一次漫长的旅程。全程约为 13700 公里，而且到达那里也许要花上数周时间，沿路在像塞得港、亚丁和新加坡这样的地方歇脚。在最终来到越南（按法国人的说法，这里叫安南）的时候，一些人很快便适应了，而一些人则没有，但无论如何，都有很大一部分人被眼前无与伦比的生物多样性惊得目瞪口呆。哪怕只涉足这个国家的一小部分土地，对他们来说也足够新奇了——广袤的三角洲、被侵蚀的石灰岩山顶之奇景、海岸森林的沙丘地貌、斑驳的森林以及如同热带草原般的原野。很多人在家书中生动地讲述了这里的动植物，以及生平从未见过的无数物种。不少人说起了这片土地纯粹的色彩——它的稻田、草地、棕榈树、生着绿色椭圆形叶子的橡胶树、远处山间的松林——无一不是绿意

5

盎然，一眼望不到边。他们也写到了这里的气候带来的挑战：在季风季节雨下个没完没了（在后来的战争中这也给他们造成了巨大影响），而在旱季里又酷热难当。

从一开始，驱动法国殖民政策的动力便是利益的诱惑。商业利益相关者和政府官员寻求通过开发越南的自然资源，为宗主国法国所生产的商品打开新的市场，实现经济收益。就这一方面而言，越南在理论上提供了进军庞大的中国市场的入口，拥有特殊的吸引力。[7]

然而，殖民地的作用不仅仅是抵御资本主义经济周期的变迁，还是奠定军事实力、显赫地位和国家安全的潜在资源。人们辩称，东南亚的殖民主义事业将增强法国的实力，提高其在国际舞台上的声望。它还能防止劲敌——尤其是英国——来这个区域搅和。交趾支那特使团在 1857 年指出："此次远征的政治意义源于驱使西方国家进入远东的环境力量。当英国、荷兰、西班牙，甚至俄国都已经在该区域站稳脚跟时，难道我们还要两手空空？"由于此时英国已在中国东部沿海地区获得了支配地位，法国的领导人将注意力转到了南边，他们看中了南海边的越南海岸。用 1865 年马赛商会（Marseille Chamber of Commerce）的话来说，目标是"令西贡成为法国的新加坡"。[8]

不过，在面对法国本土民众时，官员们又换了一套说辞。他们声称法国从事的是一项高尚的"教化使命"（mission civilisatrice），是向亚洲和非洲的"原始人"传播现代文明的光辉，正如鲁德亚德·吉卜林（Rudyard Kipling）在他 1899 年写成的著名诗作中所说的那样，这恰恰是"白人的负担"。在更早时，这种观点往往披上了宗教的外衣——将上帝的训诫带给异教徒——但到了 19 世纪 80 年代和 90 年代，法国殖民主义的教化使命被用更世俗的语言来表达：商业的发展将使得亚洲社会融入全球市场，这不仅会引领亚洲在经济上取得发展，还能催生一个建立在民选政府、法治和个人自由基础上的现代社会。[9]

然而，敏锐的观察者们很快就会发现，在这些目标之间存在着矛盾。"教化使命"这个用作宣传的目标，与为了宗主国的利益开发殖民地经济资源的实际目标之间，是存在冲突的。这就导致殖民地政府永远不愿意扶持开发印度支那本土的制造业和商业部门，因为这可能会跟从法国进口的制造类商品发生正面竞争。也因此，印度支那殖民地的工业化进程始终未能出现。而且巴黎方面也不可能真心倡导在印度支那建立民主体制，因为说到底这样的社会将不可避免地希望宣布独立。在印度支那，首先出现的民选政治实体是大城市的市政局和地区一级的委员会，但这些组织缺乏实质上的决策权，而且主要由欧洲人以及愿意在殖民主义体系内运作的当地士绅组成。在印度，当印度国民大会党（Indian Congress Party）应运而生，民族主义者可以部分地通过宪法主张独立时，印度支那的情况则完全不同，胡志明和他的同人只能被迫走上革命之路。

与此同时，有关教化使命的信息仍不断受到宣扬，甚至连一些殖民地官员在私下里都会热切地谈论它，他们相信自己真的给印度支那人民带来了现代化和文明，尽管他们的行动往往是另外一回事。法国殖民政策核心的这种歧义一直没能根除；最终，是它导致整个事业彻底崩盘。

还有一个问题对未来同样有着不祥的预兆，那就是越南被分割成了三个单独的区域：位于南部的正式殖民地交趾支那（南圻）；位于中部的"保护国"安南（中圻）；以及位于北部的东京（北圻）。这样的分隔导致行政安排上出现了混乱，不过事实上它倒并没有看上去的那么复杂，因为安南和北圻实质上同样是殖民地。从 1887 年起，巴黎任命了一位"法属印度支那联盟"（French Indochinese Union）总督，他在位于河内的总督府中统治着越南的这三个区域以及老挝和柬埔寨，成为当地唯一的统治者。[10]

　　不过，越南这三个区域的发展程度并不一致，部分原因在于其地形特点。面积约为 12.7 万平方英里（约合 32.9 万平方公里，大致是加利福尼亚州面积的四分之三，或者比日本略小）的越南，形状像个外形圆润的沙漏，这令法国的管理者大为苦恼；更要命的是，越南两个人口最稠密的三角洲分别位于南北两端，中间隔了大约 1100 公里，由一片狭长的、最窄处仅有 48 公里宽的区域相连。自然资源贫瘠的安南和北圻几乎没有吸引到法国的直接经济渗透，从一开始就处在殖民体系的外围。相比之下，交趾支那经受了密集的经济开发和文化转型。号称拥有热带气候和肥沃土壤的交趾支那成为法国资本主义在越南的主要根据地，也是移居越南的法国公民最常见的落脚地。很多人在富饶的湄公河三角洲落脚，湍流不息的湄公河奔流到此汇入海时，冲刷出了一片细长的平原，三角洲就是在这片冲积平原的基础上发展起来的。交趾支那的首府和商业中心西贡渐渐有了"远东明珠"和"东方巴黎"的美名。

　　在早期，印度支那总督将大量精力用于开发经济，运用了各类直接和间接的赋税政策来筹集建设资金。这些赋税给当地以农民为主的民众带来了沉重的负担，导致怨声载道，但它确实带来可观的成绩：建成了一条公路和一片铁路网；开发了橡胶种植园（其中很多沿柬埔寨边界分布）和矿场；建成的灌溉系统极大地增加了湄公河三角洲地区可耕种的稻田的面积；抗击了疟疾疫情；修建了医院和学校；在河内创办了巴斯德研究所（Pasteur Institute）和一所大学。

在相对较短的时间里，越南就涌现出了一个以西贡为中心的富足的中产阶层，其财富建立在经商和出租田地上。这部分人对法国的文化和体制渐生好感，他们开始学着跟法国垦殖者，也即所谓的"colons"吃同样的食物，穿同样的衣服。（有时候促使他们这样做的并不仅仅是崇拜之情：他们希望这样一来，就能在文化层面上跟法国垦殖者平起平坐。）但他们常常遭到法国垦殖者的鄙视，而且他们之中很多人痛恨在经济上由欧洲人独揽大局、在政治上本土民众缺乏真正自主权的现状。虽然如此，但当这些越南人鼓吹增加政治影响力和经济利益时，他们通常只能在法国殖民制度的框架内这样做。

其他人则没有受到这样的限制。从20世纪的头十年开始，殖民制度就受到了第一代民族主义者的挑战，而他们恰恰是部分地受到了法国强加的教育体制的启发，因为当局希望用法国的学说和模式取代儒家思想。其中一些学说起码对殖民事业是没什么好处的。伏尔泰对暴政的谴责，卢梭对人民主权思想的热情拥抱，以及维克多·雨果对自由的倡导和对工人起义的坚决捍卫，使得一些越南人对知识充满了渴求。在法兰西帝国的其他地方也处处可见这样的一类人：亲法反帝国主义者。这些早期民族主义者还深受1904～1905年日俄战争日本胜利的鼓舞，这场胜利决定性地证明了亚洲人也能战胜欧洲强国。到了1907年，警觉的殖民地军事官员开始上报说，在本土军队中出现了"革命和颠覆理论"，而且在接下来的几年里，流亡领袖——其中有不少暂居日本——开始向祖国源源不断地输送反法小册子和诗歌。与此同时，在殖民地的监狱里，肮脏的环境和人满为患的牢房也令民族主义者的怒意更甚。法国当局一度镇压住了越南的骚乱，而且在 1914 年第一次世界大战爆发时，他们相当笃定，在印度支那只留下了 2500 名来自欧洲的军事人员。[11]

　　他们几乎没有意识到，这场带有重要殖民主义因素的国际角力将成为遍及亚洲和非洲的民族主义运动的主要催化剂。数十万中国人、越南人、印度人和非洲人在西方前线作战，光是在法国前线就有大约 20 万人在浴血奋战。新一代越南人期盼能从这场巨大的牺牲中得到一些回报，而在听到感伤的帝国主义赞美不同肤色和信仰的人共同参与战争，目的是为了挽救"不朽的法兰西"时，他们根本没有被打动。这批越南人尤其希望靠法国当局在印度支那实施改良主义政策，大力加强当地自治。此外，他们也受到了在这场国际战争中涌现出的几种强大势力的鼓舞：威尔逊主义，它许诺的是民族自决权；初生的布尔什维克主义和第三国际（共产国际），它支持和引导了遍及全球的共产主义者，倡导反帝国主义理念；以及孙中山在中国创建的国民党，它鼓吹的是民族主义、民权主义和社会主义（原文如此）这三重信息。

三

10　　　　对胡志明来说，一战当然也起到了这种让人脱胎换骨的作用，尽管他进行的民族主义活动要早于在该国广泛爆发的敌对行动。1890 年他在义安出生，当时的名字叫阮生恭（Nguyen Sinh Cung），10 岁那年改名为阮必成（必将成功）。[12]在父亲的教导下，胡志明不仅研习儒家典籍，还学习了像潘佩珠

(Phan Boi Chau) 和潘周桢（Phan Chu Trinh）这类典型的越南民族主义领袖的作品。这些文章给他留下了深刻的印象，1907 年当他入读享有盛名的顺化国立学校（National Academy in Hue）时，就已立下了要为越南人民重新收回祖国的雄心壮志。次年，他因支持农民抗议农业税过重和强制劳役而被学校开除。为了摆脱法国秘密警察的跟踪，胡志明一路往南走，路上碰到什么营生都去做。1911 年年初，21 岁的胡志明怀着救国和学习欧洲文化的梦想，坐上了一艘开往法国的轮船离开了越南。他化名阿三（Van Ba）——此后，他还用过 70 多个其他化名——在船上给厨师打下手。他再次回到越南时，将是整整 30 年后的事情了。

在接下来的几年里，胡志明的足迹遍及亚洲和非洲港口，墨西哥和南美，以及美国和英国。1911 年 9 月他第一次踏上了法国的土地，当时他所工作的商船停靠在马赛港。他的情绪很复杂，对殖民主义的强烈抵制与对法国文化的迷恋，加上对像自由、平等、博爱这些法国理念的尊重（他终其一生都未反对这些理念）交织在一起。他意识到法国这个国家不仅仅只有警察和殖民地官员。在最初跟该国当局打交道，申请入读一所专为殖民地培养官僚的公立学校时，他的态度一点儿也不激进。"我渴望学习，希望能和我的同胞一起报效法国，"他写道。[13]持怀疑态度的人会说，他这是在谨慎措辞，之所以希望能就读这所学校，只不过是想学到日后战胜法国的本事。也许有这个原因，但有一点毋庸置疑，即在那些年里，他对于殖民地的君主和越南将如何快速取得独立，想法是十分矛盾的。在一战前，跟很多殖民地原住民一样，胡志明仍然相信实现祖国"现代化"的最佳路径是与殖民者合作，而不是与他们为敌，而且法兰西共和国事实上没有辜负它声称要珍视的理念。[14]

　　1912 年晚些时候，他搭乘一艘法国轮船穿越大西洋，在参观了波士顿后，去纽约找到了一份力气活儿。曼哈顿的天际线让他目眩神迷，而且他发现在美国的中国移民竟然可以在没有取得美国合法公民身份的情况下争取法律保护，这让他很受震动。对于亚伯拉罕·林肯一手领导这个国家废除了奴隶制、维护了联邦统一，他十分钦佩。但在哈勒姆区跟黑人打交道时，胡志明也看到了美国当时种族关系的严酷现实。看到美国在拥护这些理想主义原则的同时，却依然对黑人实施种族隔离，在公共生活的所有领域公开歧视黑人，甚至对黑人动用私刑，他深感失望。

　　胡志明在美国停留了几个月，之后去了伦敦，在豪华的卡尔顿酒店（Carlton Hotel）做点心师，指导他的是名厨奥古斯特·埃斯科菲耶（Auguste Escoffier）。作为一个永远充满着求知欲的人——这是他身上最突出的特点之一——胡志明一有时间就阅读和写作，并想办法提高自己的英文水平。（最终他能说一口近乎流利的英语，而且法语、俄语和汉语的水平也是如此。）[15]爱尔兰人争取独立的斗争深深感染了他，后来他写道，在 1920 年，当得知科克市市长特伦斯·麦克斯威尼（Terence MacSwiney）的死讯时，他难过得落泪。这位市长曾被英国判处两年监禁，在绝食抗议 74 天后痛苦离世。[16]跟在纽约时一样，在伦敦，胡志明也亲眼看到了理论与实践的脱节，发现连最自由的民主国家依然会纵容歧视和殖民主义。

　　与此同时，巴黎在召唤着他。在一战进入尾声时，胡志明穿过了英吉利海峡，很快就跟生活在巴黎的反殖民主义爱国人士打成一片，参与到他们的政治活动中。[17]他迅速成为其中的一位领导人，先是在斯德哥尔摩街 10 号一幢破旧的公寓里工作，接着是王子街 56 号，后来搬到了戈布兰街的公寓里。1919 年春天，他跟民族主义者兼同胞潘周桢和潘文忠（Phan Van Truong）一起起草了那份向巴黎和会协约国领导人递交的请愿书。更准确地说，胡志明和潘周桢提出了基本要点，而潘文忠执笔——三人中他的笔头功夫最好，至少法语写作能力如此，请愿书的署名为阮爱国。 12

　　胡志明本人也许也明白，他出现在巴黎和会现场，这本身标志着自己的生活翻开了一个新篇章，不管协约国政治家们对他谦逊的请愿书做何反应，对此都不会产生什么影响。在随后的几个月里，他开始变得更加激进，更加深信自己的事业应当是让所有受殖民主义统治的人民获得完全独立。他知道不能再指望伍德罗·威尔逊了——他已经清楚地发现，威尔逊传递的是一个普世的解放议题，而美国人自身无意参与。因此，胡志明参照的是朝鲜人从日本、爱尔兰活动家从英国争取独立的经验。在 1919 年晚些时候，当印度支那总督阿尔贝特·萨罗（Albert Sarraut）提出在该地区实施一系列殖民政策改革时，胡志明认为这些还远远不够，因此完全不予接受。他指出，这些改革措施对生活在轻慢和屈辱中的普通越南人来说，几乎于事无补。此时，他的行动引起了像莱昂·布鲁姆（Léon Blum）和让·隆盖（Jean Longuet）这样的法国社会党人的注意，后者邀请他加入进来。他答应了，于 1920 年 12 月参加了该党在法国省会城市图尔市的党代表大会。

　　他在这次会议中留下了一张引人注目的照片。照片中，身材瘦削、情绪激烈的胡志明向一群肥头大耳、留着髭须的法国人发表演讲，吁请与会者"以所有社会党人的名义，不分右翼还是左翼"给予支持。

　　我不可能在短短几分钟的时间里向大家一一介绍资本
主义暴徒在印度支那的种种暴行。那里的监狱比学校更
多，而且监狱里总是挤满了人……对我们来说，出版自由
和言论自由是完全不存在的，同样不存在的还有集会和结
社自由。我们无权出境和出国旅行。我们生活在最黑暗的
无知当中，因为我们没有受教育的自由。在印度支那，他
们尽一切可能以鸦片荼毒我们，以酒精戕害我们。他们杀
害了成千上万的（越南人），还屠杀了成千上万其他的人，
只因为他们想要保护不属于自己的利益。同志们，这些便
是比法国人口半数还要多的 2000 万（越南人）的境遇。[18]

13

　　胡志明脱稿发表的这场时长 12 分钟的演讲获得了热烈的
掌声，但除此以外几乎再没有其他什么了。胡志明很快意识
到，对于一个把焦点放在法国内部资本主义和社会主义斗争上
的政党来说，殖民主义是个次要议题。当一批社会党人从该党
分裂出来并组建了法国共产党时，胡志明加入了他们。他已经
读到了列宁的《民族和殖民地问题提纲初稿》，用他自己的话
说，这份文件提供了从殖民主义统治下解放越南和其他受压迫
国家的办法。他所知道的其他马克思主义作家似乎都只关心怎
样才能建成一个没有阶级之分的乌托邦，而这个话题根本打动
不了他。只有列宁有力地论述了资本主义和帝国主义之间的联
系，以及非洲和亚洲民族主义运动的潜力；只有列宁对殖民主
义统治提供了令人信服的解释，为民族解放和像越南这样的贫
穷农业社会迈向现代化绘制了可行的蓝图。胡志明向他在巴黎

**1920 年 12 月 29 日，图尔市，阮爱国在法国社会党
代表大会上发表演讲。**

的越南同伴们反复保证，共产主义在亚洲行得通；而且不仅如
此，共产主义跟亚洲建立在社会平等和社群这些理念之上的传 　14
统是一致的。此外，列宁还保证苏维埃将通过共产国际向所有
力争推翻殖民统治的民族主义起义提供援助，他把此举看成掀
起反抗资本主义秩序的全球社会主义革命浪潮的关键的第一步。
比起这个，还有什么跟印度支那的形势更加息息相关呢？[19]

　　"它在我心中注入了怎样的激情、热诚、洞见和信心啊！"
多年后，他这样回忆初读列宁的小册子时的感受，"我欣喜若
狂、激动落泪。虽然只是一人坐在小屋里，我仍然大声诵读，
就好像在跟无数观众演讲那样：'敬爱的先烈们，爱国同胞
们！这就是我们需要的，这就是通往解放的道路。'"[20]

　　人们不禁要在 1919 年时列强未能严肃对待殖民主义问题
上，跟胡志明以及很多其他亚洲民族主义者诉诸激进手段争取

国族独立之间划一条直线。这种理念不无道理。在巴黎和会开始时，列宁对殖民主义和民族自决的立场基本上已经成形，但在当时他几乎完全被威尔逊的光芒掩盖，因此他的言论在殖民地世界并没有多少影响力。是威尔逊这位美国总统拟定了停火协议的条款，而且他看起来已经准备好对和平协定做出同样的努力。威尔逊来到欧洲时，所到之处全是一片赞美声，人们把他当作一路凯歌的英雄，世人的救星。而与此同时，列宁的布尔什维克主义甚至并没有在俄国取得什么地位，这个国家正深陷于一场血腥的内战中，前途未卜。一直到晚些时候，直至历史学家埃雷兹·曼尼拉（Erez Manela）所称的"威尔逊时刻"消逝，苏维埃在俄国建立了稳固的统治后，列宁在殖民地世界的影响力才开始超越威尔逊。对于胡志明来说，这个转折点应该是 1921 年年初的那几个星期。[21]

在这一时期，胡志明开始狂热地写作、出席会议和开讲座。他参与创办了一份名为《流亡者报》（La Paria）的日报，并为如《民报》（Le Journal du peuple）、《人道报》（L'Humanité）和《共产主义杂志》（La revue communiste）这类出版物撰稿。他写作并执导了一部舞台剧。这出名为《竹龙》（Le Dragon de bambou）的戏剧辛辣地描写了一位虚构的亚洲皇帝；观众的反响显然并不是那么热烈，这部戏上演没多久就停了。他还抽出时间去看艺术展，听音乐会，读雨果、伏尔泰和莎士比亚，去蒙马特的咖啡馆里小坐——在那里，人人都能为了随便什么事情辩论个没完没了。1922 年 5 月，他甚至还为电影杂志《电影画报》（Cinégraph）写了一篇文章，它再次体现了胡志明对于这个殖民宗主国的复杂情结。当时，法国拳击手乔治·卡尔庞捷（Georges Carpentier）打败了英国冠军泰德·刘易斯

（Ted Lewis），胡志明化名 Guy N'Qua，在文中对法国体育记者在报道中使用了不伦不类的外来语，如"le manager"（经理人）、"le knockout"（击倒）和"le round"（回合）等词表示愤慨。他力促法国总理雷蒙·普恩加莱（Raymond Poincaré）下令禁止报纸使用外来语言。这一时期，他在一封信件中激情四溢地宣称，法兰西是伏尔泰和雨果的国度，这些作家所体现的"博爱以及对和平高贵的热爱"渗透进了法国社会的各个角落。[22]

在这些年里，胡志明给那些见过他的人留下了深刻而迷人的印象，这一点在他这一生中都是如此。很多人注意到了他的幽默、敏锐、多愁善感，以及超凡的魅力。法国社会党党员、福堡俱乐部（Club de Faubourg）创始人莱奥·波尔代斯（Léo Poldès）回忆起胡志明参与的一场辩论——这样的辩论胡志明参加过许多次——时的场景，说道：

> 在我们的一次周会中，我注意到了这个坐在后排、瘦削到像是得了贫血症的原住民。他身上有一种卓别林式的气息——既悲伤又滑稽。我立刻就被他那双洞穿人心的黑眼睛打动了。他提了一个很有煽动性的问题，虽然我现在已经记不起是什么问题了。我鼓励他下次再来。他果然来了，我对他的好感一次比一次强烈。他非常和气——矜持但不羞涩，热情但不狂热，而且极其聪明。我特别喜欢的是他那种嘲讽的方式，在反对所有人的同时也反对他自己。[23]

后来，在他发表公开讲话和进行外交谈判时，很多这样的特点也有所体现，一些人将之解读成他故作姿态，仅仅是为了迷惑对话者和敌人。或许如此吧，但如果胡志明始终是个战术家，那么有很强烈的证据证明，他也有自己率真的一面。其中一个绝佳例子是由雅克·斯特内尔（Jacques Sternel）指出的，这位工会组织者曾发言支持在法国的越南工人。胡志明上前对他表示感谢。"他要亲吻我两边脸颊，想征得我的同意，"斯特内尔回忆说，"而且从他的角度来看，这并不是什么特殊的举动。在场只有我们三个人：他，我太太，以及我自己。这就是他所常有的那种情感冲动。"[24]

四

这些迷人又机智的辩论并没有持续多久。从 1922 年到 1923 年上半年，胡志明得出了一个痛苦的认识——而这也不是他最后一次得出此结论——法国共产党对殖民主义这个问题的关注程度，并不比社会党高多少。对这两个政党来说，欧洲议题才至关重要。这一认识无疑对胡志明 1923 年离开巴黎前去莫斯科的决定起到了一定作用。这样一来，他离祖国会更近一点儿，而且他也希望能见到列宁和苏维埃其他领导人。1923 年 6 月 13 日，经过周密筹备，他甩掉了盯梢的警察，一路来到巴黎北站，扮成中国商人的模样登上了一辆开往柏林的火车。接着去了汉堡，再搭船前去彼得格勒（之后更名为列宁格勒，现名圣彼得堡），最终，他于 7 月初到达了莫斯科。

在这里，等待胡志明的依旧是失落。列宁重病垂危，在 1924 年 1 月去世。胡志明听闻此消息时悲痛欲绝："列宁是我们的父亲，我们的老师，我们的同志，我们的代表。而现在，他成了一颗闪亮的星星，指引着我们向社会主义前进的道路。"他跟人们一起站在零下 30 摄氏度的室外，等着看这位去世的领导人最后一眼，手指和鼻子都被冻伤了。他参加了共产国际会议，并为不同出版物撰文，好像还申请入读了刚成立的莫斯科东方劳动者大学（也称斯大林大学）。这是一所培养共产主义者干部，在亚洲帮助组织革命运动的学校。但胡志明发现，无论是在共产国际还是红色农民国际（Peasant International，又名 Cresintern）的会议上，他提出的关于应培养亚洲农业社会民族主义志向和革命潜力的发言，都没有得到多少反响。跟法国共产党的态度和美国人所鼓吹的"民族自决"一样，在这里，欧洲中心主义占据着最重要的地位。后来他说，他的声音"就像是在荒郊野外发出的哭号"。[25]

不过，莫斯科的经历对于胡志明来说，想必依然是一段令人热血沸腾的时光，因为他终于得以与他所说的"伟大的社会主义家庭"搭上线了。他不必再担心法国警察盯着自己的一举一动，随时就会被逮捕并扣上叛国罪的帽子。人们看到他出现在红场上，身边是诸如格里戈里·季诺维也夫（Gregory Zinoviev）和克利缅特·伏罗希洛夫（Kliment Voroshilov）这样的苏维埃高官；在殖民地问题和亚洲问题上，他也被视为专家。1924 年秋天，苏维埃将他派往中国南方，名义上是给派往孙中山广东国民政府的共产国际顾问使团担任翻译，实则是要在印度支那建立首个马克思主义革命组织。为此，他出版了一份报纸，于 1925 年创建了越南革命青年联盟，还成立了一个讲习班，吸引了越南各地的学生前来学习。除了马列主义，他也在学校传授自己的革命道德观：节俭、审慎、尊重知识、谦逊以及宽容——正如传记作家威廉·J. 杜克尔（William J. Duiker）所指出的那样，这些美德跟儒家道德的关系比跟列宁主义的关系更紧密些。[26]

17

1927 年，蒋介石开始镇压中国左派人士，讲习班被解散，胡志明遭到了警方追捕，取道香港逃回莫斯科。共产国际将他派往法国，之后应他的要求派驻泰国，他在那里居住了两年，将越南侨民组织了起来。1930 年年初，胡志明在香港发起并创建了越南共产党。8 个月后的当年 10 月，在接到莫斯科的指示后，该党被重新命名为印度支那共产党（Indochinese Communist Party，ICP），负责推进整个法属印度支那的革命行动。

一开始，印度支那共产党只是越南民族主义运动内众多组织中的一个。更多的亲法改良组织呼吁非暴力改革，它们大多集中在交趾支那。大部分组织希望能在不疏远法国的情况下改变殖民政策，并发誓要将越南留在法兰西联邦内。然而，此时在越南，尤其是在安南和北圻，开始出现了更具革命性的活动，这些活动有着更加深远而持久的意义。在河内和顺化，以及分布在越南各地的省和地区行政中心，反殖民主义群体开始组建秘密的政治组织，并致力于赶走法国人，使国家重获独立。越南国民党（Viet Nam Quoc Dan Dang，VNQDD）是其中最重要的组织，到 1929 年时，它已拥有约 1500 名党员，其中大部分在北圻的红河三角洲成立了党小组。越南国民党按照孙中山的国民党的模式建立，它相信武装革命是使越南获得独立的唯一途径，1930 年年初，它曾试图发动在法军中服役的越南士兵进行一次全面起义。2 月 9 日，越南步兵杀死了他们驻防在安沛市的法国长官。法国方面迅速镇压了革命，越南国民党的领导人要么被处死，要么被监禁或者逃到中国。此后，这个政党对殖民统治不再构成威胁。[27]

其他非共产主义民族主义团体的境况一样糟糕。尽管拥有越南民族的鲜明特征，但这些党派几乎无不是从一开始就出现

18

了深层次的派系分裂，而且缺乏群众基础。在第三世界的反殖民主义运动中，内部分歧是个普遍现象，其原因多种多样，包括内部存在个性冲突、对战略有争议等。不过在一些地方，如印度和马来亚，领导者们克服了彼此间的差异，建立了一个对抗殖民统治的广泛联盟。但是越南不行。事实证明，在这里，地区和战略方面的分歧实在是太深了，深到各个民族主义党派完全无法并肩作战。令问题更加复杂的是，越南的反共产主义政党普遍缺乏跟广大人民群众建立亲密关系的兴趣。这些政党的领导人往往在城市里出生和长大，关心的都是中产阶级议题，而对于那些对越南农民极其重要的问题，如缺少土地、政府腐败、税赋过重等，态度十分冷漠。

这些都为胡志明和印度支那共产党创造了一个机会。法国安全部门很快将它视为对殖民统治构成最严峻威胁的政党，调集了最主要的资源来确认该党首领。但胡志明和他最重要的副手们都成功逃脱了法国人的搜查——在 20 世纪 30 年代，胡志明一直四处躲藏，有一年住在莫斯科，接着去了中国，然后又回到苏联，其间他不断更换假名，常常是病快快的。在 30 年代中期，国际舞台发生变化，印度支那共产党因此受益。从 1936 年到 1939 年，苏联和西方民主国家目标一致——对准国际法西斯主义这个共同的威胁——加上法国人民阵线执政，来自法国当局的压力锐减，各个殖民地的共产主义党派取得了更大的自由度。不过，到 1939 年晚些时候，在莫斯科和纳粹德国签署互不侵犯条约后，法国当局宣布印度支那共产党为非法政党，该党的领导人又开始四处躲躲藏藏。其余党员被捕并被移送到昆仑岛（Poulo Condore，又称 Cao Dao）——这个恶名远扬的岛上监狱位于南海——忍受着恶劣环境的囚犯们仍然不屈不挠地为未来进行筹划。[28]

　　法国相对轻松地完成了此次镇压，这标志着印度支那内部民族主义反抗势力在不断衰落——进一步说，它也标志着殖民宗主国持续拥有着为所欲为的能力。几千名法国官员就能有效统治大约 2500 万印度支那人口，这一事实令人难免要质疑一些历史学家所谓的殖民地统治（不仅仅在印度支那，还包括整个法兰西帝国）在两次世界大战期间业已遭到显著削弱的说法。[29]或许帝国最终崩塌的种子已经种下，它的种族主义基础与时代的精神越来越相悖，但随着 20 世纪 30 年代接近尾声时，只有最乐观的越南革命者——或者是最悲观的殖民地管理者——才会相信法国很快就将被迫和它的远东明珠，帝国王冠上的这枚珍宝分道扬镳。

　　然而，一场浪潮眼看就要到来，它将席卷东南亚，并留下一个全新的力量格局——不仅如此，它还会对整个殖民事业的合法性（及可行性）造成重创。1939 年 9 月，一场新的战争爆发了。到 1940 年 6 月中旬，法国面对入侵的纳粹德国这一强敌，游走在失败的边缘。而跟德国缔结了友好协议的日本意识到，此时一个向南扩张的机会已经摆在眼前，意欲攫取法属印度支那。在跟中国南方的伙伴们会面时，胡志明表示，他看到了"越南革命的绝佳机会。我们必须寻找一切方法重返家园，一定要利用好这个机会"。[30]

注释

　　1. 该请愿书于 1919 年 6 月 18 日全文刊载于社会党人报纸

L'Humanité 上。另可参见 Sophie Quinn-Judge，*Ho Chi Minh：The Missing Years 1919 – 1941* （Berkeley：University of California Press，2003），11 – 28；Pierre Brocheux，*Ho Chi Minh：A Biography*（New York：Cambridge University Press，2007），11 – 14；William J. Duiker，*Ho Chi Minh：A Life*（New York：Hyperion，2000），54 – 63。

2. 在 1919 年 6 月 19 日，胡志明确实从威尔逊的代表豪斯上校（Colonel House）那里得到了一份简短的正式答复。参见 David A. Andelman，*Shattered Peace：Versailles 1919 and the Price We Pay Today*（Hoboken，N. J.：Wiley，2008），124 – 25。

3. Erez Manela，*The Wilsonian Moment：Self-Determination and the International Origins of Anticolonial Nationalism*（New York：Oxford University Press，2007）对此提供了精彩的分析。

4. Quinn-Judge，*Missing Years*，20.

5. 关于本章涉及的内容，以下资源尤其有帮助：Daniel Hémery，*Ho Chi Minh, de l'Indochine au Vietnam*（Paris：Gallimard，1990）；Duiker，*Ho Chi Minh*；Brocheux，*Ho Chi Minh*；E. V. Kobelev，*Ho Chi Minh*（Hanoi：Gioi，1999）；Quinn-Judge，*Missing Years*；Paul Mus，*Ho Chi Minh, le Vietnam et l'Asie*（Paris：éditions du Seuil，1971）；Huynh Kim Khanh，*Vietnamese Communism，1925 – 1945*（Ithaca，N. Y.：Cornell University Press，1982）；David G. Marr，*Vietnamese Anticolonialism，1885 – 1925*（Berkeley：University of California Press，1971）；Thu Trang-Gaspard，*Ho Chi Minh à Paris*（Paris：Éditions L'Harmattan，1992）；Alain Ruscio, ed.，*Ho Chi Minh：Textes，1914 – 1969*（Paris：Éditions L'Harmattan，1990）。

6. 官方文件上胡志明的生日是 1890 年，但他的姐姐在 1920 年接受法国官方问话时，说他是生于 1892 或者 1893 年。参见 Quinn-Judge，*Missing Years*，260n25。

7. 想了解法属印度支那的历史，可参考 Pierre Brocheux and Daniel Hémery，*Indochina：An Ambiguous Colonization，1858 – 1954*，trans. Ly Lan Dill-Klein et al.（Berkeley：University of California Press，2009）。还有一本书将该时期法兰西帝国纳入上下文中，这本书为 Jane Burbank and Frederick Cooper，*Empires in World History：Power and the Politics of Difference*（Princeton，N. J.：

Princeton University Press, 2010), chaps. 10 – 11。还有一本书同样有用：Frederick Quinn, *The French Overseas Empire* (New York：Praeger, 2001)。

8. 两句引语都出自 Brocheux and Hémery, *Indochina*, 14。

9. Alice L. Conklin, *A Mission to Civilize：The Republican Idea of Empire in France and West Africa, 1895 – 1930* (Stanford, Calif.：Stanford University Press, 1997)；J. P. Daughton, *An Empire Divided：Religion, Republicanism, and the Making of French Colonialism, 1880 – 1914* (New York：Oxford University Press, 2006).

10. Brocheux and Hémery, *Indochina*, 15 – 33.

11. 有关反抗法国统治的运动兴起的资料，可参见 Marr, *Vietnamese Anticolonialism*；William J. Duiker, *The Rise of Nationalism in Vietnam, 1900 – 1941* (Ithaca, N. Y.：Cornell University Press, 1976)。关于监狱的资料，可参见以下这本翔实且有洞察力的书籍：Peter Zinoman, *The Colonial Bastille：A History of Imprisonment in Vietnam, 1862 – 1940* (Berkeley：University of California Press, 2001)。

12. 参见本章注释 6。

13. Stanley Karnow, *Vietnam：A History* (New York：Viking, 1983), 131.

14. Daniel Hémery, "Jeunesse d'un colonise, genèse d'un exil：Ho Chi Minh jusqu'en 1911," *Approches Asie*, no. 11 (1992), 82 – 157.

15. 一位曾经见过胡志明的英国官员说，他能说一口相当地道的英语。Saigon to Foreign Office (hereafter FO), April 10, 1946, FO 959/7, The National Archives of the United Kingdom, Kew, London (hereafter TNA)。

16. Brocheux, *Ho Chi Minh*, 10；刘段黄 (Luu Doan Huynh) 接受本书作者采访，河内, 2003 年 1 月。

17. 他回到法国的日期多年来一直存在争议，一些作者坚持认为是在 1917 年晚些时候，还有些作者认为是在 1919 年春天，也就是在他向巴黎和会递交请愿书的几周前。需要指出的是，法国警方认为后一种说法是准确的。参见 Quinn-Judge, *Missing Years*, 20。有趣的是，Quinn-Judge 认为，在此期间，也就是 1917 ~ 1918 年，他还去了一趟美国，给布鲁克林的一户有钱人家做帮工。

18. 引自 Andelman, *Shattered Peace*, 128。

19. 参见 Ho Chi Minh, "The Path Which Led Me to Leninism," in *Ho Chi Minh on Revolution: Selected Writings, 1920-66*, ed. Bernard B. Fall (New York: Praeger, 1967), 34。

20. Ibid., 24.

21. Manela, *Wilsonian Moment*, 6-7.

22. Karnow, *Vietnam*, 132; Brocheux, *Ho Chi Minh*, 19.

23. 引自 Stanley Karnow, *Paris in the Fifties* (New York: Three Rivers Press, 1997), 216。另见 Brocheux, *Ho Chi Minh*, 20-21。

24. 引自 Brocheux, *Ho Chi Minh*, 22。斯特内尔是这位活动人士在其写作中所用的化名, 我未能找出他的真实姓名。

25. 引自 William J. Duiker, *Sacred War: Nationalism and Revolution in a Divided Vietnam* (New York: McGraw-Hill, 1995), 27。

26. Duiker, *Ho Chi Minh*, chap. 4.

27. 关于当时那几年的形势发展, 参见 Brocheux and Hémery, *Indochina*, chap. 5; Huynh Kim Khanh, *Vietnamese Communism*; Duiker, *The Rise of Nationalism in Vietnam*; Hue-Tam Ho Tai, *Radicalism and the Origins of the Vietnamese Revolution* (Cambridge, Mass.: Harvard University Press, 1992); David G. Marr, *Vietnamese Anticolonialism*。

28. Zinoman, *Colonial Bastille*, chap. 9.

29. 有一本书对此争论做出了很好的阐述, 见 Martin Thomas, *The French Empire Between the Wars: Imperialism, Politics, and Society* (Manchester, U.K.: Manchester University Press, 2005)。另见 Burbank and Cooper, *Empires*, 388。

30. Duiker, *Ho Chi Minh*, 242.

第一部分

解放

1940～1945 年

第一章　　"帝国与我们同在！"

一

　　1940 年 6 月 18 日下午晚些时候，一位腰杆挺得笔直的高个儿法国人走进了伦敦的英国广播公司演播室。他的国家正处在战败边缘。德国军队横扫法国，并已攻入巴黎。菲利普·贝当元帅（Marshal Philippe Pétain）统治下的法国政府已逃到波尔多，并请求德国人提出停火条件。这个国家正处在史上最黑暗的时刻，但于数天前抵达伦敦的夏尔·戴高乐将军仍然深信，法国将再度崛起——只要它的人民没有丧失信心。戴高乐在这天的早些时候跟英国首相温斯顿·丘吉尔会面，并取得向法国发布广播讲话的许可。[1]

　　据一位当时在场的人回忆，戴高乐面色苍白，额前有一绺棕色的垂发。"他盯着麦克风，好像它就是法国，而他想要对它施以催眠术。他的声音清晰、坚定且非常洪亮，将领在出兵打仗前就是用这样的声音跟他的军队讲话的。他看起来并不紧张，但弦绷得极紧，就好像将全身的力量都集中在这么一个时刻。"[2]

　　在这一天，戴高乐想到的是法兰西帝国，他认为它的资源将能确保法国在战争中坚持到底。而且，法兰西帝国还将与英国和美国同在，这是他能够联合起来的两个强国。"相信我的话吧，"戴高乐对着麦克风吟诵道，"因为我知道自己在讲什么。告诉你们，法兰西并未溃败。"接着，如同牧师念诵祷文一样，他宣称："因为法兰西并非孤军奋战。它并不孤立。它

24　并不孤立。它的身后是一个强大的帝国。它能够与拥有制海权
并且坚持战斗的大英帝国结成同盟。它还可以像英国一样，得
到美国源源不断的工业资源的支持。"[3]

　　这篇时长不过四分钟的广播演讲后来在法国历史上被称为
《六一八宣言》（*L'Appel du 18 Juin*）。不过在当时，几乎没人
听说过戴高乐的名字，也没人认识他。英国外交部常务次官亚
历山大·卡多根（Alexander Cadogan，也译为贾德干）只知道
戴高乐"脑袋像菠萝，屁股长得跟女人的一样"。[4] 美国驻巴黎
大使馆参赞罗伯特·墨菲（Robert Murphy）根本不记得此前
曾听说过此人。戴高乐的大部分同胞也是如此。尽管在法国的
军事圈子里，他因为倡导军队机械化和对坦克部队的进攻性部
署而恶名远播，但这个群体以外的人根本认不出他的名字，更
别提他的生平概要了：1890 年生于里尔（Lille）；从圣西尔军
校（military academy at Saint-Cyr）毕业；在第一次世界大战期
间曾五次试图从德国战俘营中越狱，但都未能成功（在某种程
度上是因为他个头太高，很难不被人注意）；一战后最初效力于
贝当麾下。

　　几周前在法兰西战役中，戴高乐被火线提拔为准将（49
岁的他因此成为最年轻的陆军将军）。6 月 5 日，他加入了总
理保罗·雷诺（Paul Reynaud）的政府，任陆军部次长。雷诺
想要继续战斗，但 12 天后，随着法国的军事努力一败涂地，
而德国军队大举进军至第戎以南，并向大西洋沿岸施加重压，
他递交了辞呈。戴高乐知道贝当肯定会寻求议和，因此逃到了
伦敦，决心在这里抵抗到底。

　　在这个影响深远的日子，戴高乐演讲的基础是他深信这场
战争将不仅限于欧洲。他宣称这是一场"世界战争"，一场

"没有受到法兰西战役局限"的战争。事后证明他的说法是正确的。同样地,英国和美国对戴高乐的"自由法国"的最终胜利也确实起到了至关重要的作用,只不过方式跟他设想的不同。戴高乐坚信法兰西殖民帝国对他自己的事业有着重大意义,就连这一点,此后也多多少少得到了证明。[5]

这是一个庞大的帝国。在 1940 年,它的规模仅次于大英帝国而位列世界第二,面积约为 600 万平方英里(约合 1554 万平方公里),海外人口为 8000 万。仅仅是马达加斯加这一个岛屿的面积就已经超过了法国本土。法属赤道非洲和法属西非加起来跟美国一样大。在中东,法国扮演着重要的角色,在加勒比地区和太平洋地区同样如此。坐落于法国主要殖民地最东边的印度支那当然也同样重要,这个拥有丰富的橡胶园和稻田、有"帝国明珠"之称的地方同阿尔及利亚(作为法国的一个组成部分)一起,奠定了法兰西重要的大国地位,令它在国际事务上取得了重要的发言权。总体来说,在 20 世纪 30 年代,法兰西殖民帝国占到了法国总贸易额的三分之一还多(大萧条导致商界领袖们将重点放在了殖民地市场上,因此这个数字有水分);殖民地军队人数在 1939 年时占被动员军人总数的 11%。[6]

在他关于战争的回忆录里,戴高乐记下了自己在 1940 年时的感受。当时他坐守伦敦,眼见随着日本一点一点地渗透,法国丧失了在远东的地位。"在战争的汪洋大海中,我就像驾着一叶扁舟,而印度支那是一艘业已失控的巨艇,我无计可施,只能慢慢琢磨拯救它的办法,"他写道,"当我看着它驶入迷雾中时,我向自己发誓,有朝一日一定要把它带回来。"[7]

戴高乐深知这将是一项艰巨的任务,道路漫长且充满险

25

阻。他得花时间赢得法国的信任和法国的属地，这样才能建立
起自己作为法国授权代表的合法地位。在最开始的那段日子
里，几乎没人接听他的电话。在那些从法国来到伦敦的人中，
非但没有什么人加入他的行列，而且大部分在伦敦的法国头面
人物都决定回国支持贝当政府——6 月 22 日，该政府已与德国
议和，并在潮湿、阴郁和以恶臭的矿泉水闻名的温泉小镇维希
建立了一个傀儡政权。[8] 连当中很多想要继续战斗的人都回绝了
戴高乐的吁请。一些人转而去了美国，还有一些人，包括北非
和其他属地的帝国殖民地总督（按照停火协议，殖民地帝国仍
归法兰西所有），则没有做好拒绝 84 岁的贝当的准备，毕竟在
1916 年时，他曾是凡尔登一役中拯救了法兰西的救世主。在
此前的几个月里，少数的例外是法属赤道非洲（乍得、法属
刚果、不含加蓬在内的乌班吉沙里）以及喀麦隆，这些殖民地
在 1940 年 8 月宣布支持戴高乐。同月，法国军事法庭在缺席审
判的情况下，以戴高乐背叛维希政权为由，判处他死刑。[9]

　　"你孤身一人，"丘吉尔告诉戴高乐，"我相信你就是孤身
一人。"6 月 28 日，英国政府发表了对戴高乐的支持声明，形
容他是"所有自由法国人的领袖，不管身在何处，都应团结
在他周围，支持盟国的事业"。[10]

　　这个措辞很重要：得到英国背书的与其说是戴高乐的组织，
倒不如说是他这个人。尽管戴高乐将军认为自己的这个运动组
织是跟维希政府相抗衡的原政府（proto-government），但伦敦的
大部分官员则希望可以将自由法国运动的角色限定为作战军
团——一批法国公民作为一支小分队，在盟军的体系内作战。
对他们来说，唯一的法国政府是由贝当元帅领导的。然而，尽
管英国政府的声明作用有限，但它依然是在早期时对戴高乐来

说至关重要的一份背书，甚至有可能是他有生以来得到的最关键的背书。他在 6 月 18 日的大胆举动给丘吉尔留下了深刻印象，哪怕是在两人关系最紧张的时刻——在接下来的数年里这样的时刻出现了许多次——戴高乐通过电台发表讲话的形象也从未在丘吉尔的心中完全消散。丘吉尔骨子里的浪漫情怀，令他钦羡戴高乐史诗般的历险经历、自负以及要求代表"不朽的法兰西"讲话的决断。他从这个法国人的一腔蛮勇中看到了某种崇高的精神，而且两人同样热爱戏剧性的场面并拥有强烈的历史情怀。9 月，两人共同筹划在达喀尔进行一次军事行动，以从维希政府手中夺得法属西非，尽管这一计划以惨败告终，戴高乐还是进一步赢得了丘吉尔的尊重。在对下议院讲话时，这位首相盛赞戴高乐在整个行动中表现出的镇定和大将风范，并且表示现在他对这位将军的信心比以往任何时候都更加强烈。[11]

"在跟他相处时，我一直碰到各种麻烦，我们时常出现尖锐对立，"丘吉尔后来这样描述他与戴高乐之间的关系，"我知道他在英格兰没有朋友。但我一直认可他的精神以及他所持有的观点，那就是'法兰西'一词在整个历史长河中所传递的意义。对于他傲慢的举止，我既理解又欣赏，但与此同时还怀有厌憎之情。他要面对这样的处境——他是难民，被祖国判处死刑放逐在外，他要全然仰仗英国和美国的好意。德国人征服了他的国家。他在哪里都没有真正的容身之处。可是管它呢；他藐视这一切。"[12]

而在美国首府华盛顿则洋溢着一种截然不同的情绪，总统富兰克林·德拉诺·罗斯福和他的幕僚们从一开始就跟戴高乐及其事业保持着距离。震惊于法国在面对德国人时猝然崩溃，虽说德国在纸面上可能拥有欧洲最强大的军队，但罗斯福还是

27

又惊又怒，他相信法国事实上已经亡国了。从那时起，在所有悲观情绪占上风的时刻（以及常常出现的更愉快的时刻也同理），他都对法国最坏的一面深信不疑，并坚信这个国家不可能重获强国地位。因此，试图投入军事力量和外交援助来保护它，也显得毫无意义。在停火协议后，华盛顿选择了权宜之计，跟维希政府保持外交关系，以希冀法军舰队和贝当政府不要被彻底推入纳粹的怀抱。至于戴高乐，他对罗斯福来说只是个无足轻重的人。我们将看到，这位美国总统对这位法国将军始终采取了敌视的态度。

二

在印度支那，法国战败的消息如同晴天霹雳。在 1939 年，当德国进攻波兰后，在西贡和河内，从殖民地垦殖者到识文断字的越南本地人，就已经开始有了各种各样的传言。他们在议论是否有人能阻止希特勒，如果不能，这对他们来说又意味着什么。1938 年时，在越南当地上映了一部名为《我们得到保护了吗?》（*Are We Defended?*）的法国电影，而提出的这个问题并未得到解答，这让人惶恐不安。可是人们不曾设想，美丽的法兰西竟然会输得如此迅速、如此彻底。在印度支那和法兰西殖民帝国的其他地方，形势的变化看起来尤其令人困惑，因为一些重要的细节——比方说法国军队在色当和默兹河沿岸打了一场苦战，但以惨败告终；或者是大部分法军已被俘——在殖民地传播的速度非常缓慢。[13]

"一夜之间，我们的世界天翻地覆，"裴恬（Bui Diem）回忆道，他是一个在法国接受教育的年轻越南人，一直在河内紧张地追踪着这场战争的新闻。"我们家族所处的周遭世界，

都跟法国,跟它的语言、文化和它僵化的殖民机构紧密地捆绑 28
在一起,到我已经是第三代了。而现在,这个更大的世界突然
闯进了我们的认知中。我们的耳朵被唤醒了,拼命想要捕捉外
界的信号,好从中发现它可能代表的意义。"[14]

在河内的总督府,揣测甚嚣尘上。刚上任一年的乔治·卡
特鲁(Georges Catroux)将军决意效忠帝国,并且将法国对希
特勒的战争坚持到底;基于这两个原因,他立刻受到了戴高乐
事业的感召。两人渊源很深,在第一次世界大战期间,他们一
起被囚禁在德国因戈尔施塔特一个戒备森严的战俘营里,彼此
始终怀有深深的敬意。五星上将卡特鲁睿智聪慧、博览群书,
年轻时曾在河内任副官,但近些年来主要驻守在北非,手中并
无权力;他的印度支那跟法国本土之间隔了几千英里的海洋,
面临着来自日本的与日俱增的压力。[15]而在日本当局看来,法
国沦陷意味着一个绝佳的机会,即可以清除他们在东亚建立新
秩序的过程中遇到的最后几块绊脚石。与蒋介石领导的中华民
国进行的战争已经持续了三年,日本人长期为美国向中国提供
武器、其他西方国家向其提供补给而烦恼,这些补给通过从越
南海防到中国昆明的铁路输送给被围困的中国军队。这些物资
数量巨大:从这条路线输送的补给估计占全部战需品的48%。
屈从于日本的压力,卡特鲁大量削减了运送军火的数量,但食
物和其他补给仍在持续发出。日本人开始意识到,为了切断这
条供应线,必须拿下印度支那。此外,印度支那还可以为日本
提供充足的橡胶、锡、煤炭和大米——这些对于终结日本对海
外的至关重要的战略原材料的依赖至关重要。从地缘战略的角
度出发,印度支那同时也可以作为向隶属于西方殖民强国的远
东属国开展军事行动的前沿阵地。简而言之,对于日本的高层

领导人来说，欧洲的战事打开了全新而辉煌的可能。美国驻东京大使约瑟夫·格鲁（Joseph Grew）指出，希特勒的胜利"就像是一杯烈酒，让他们冲昏了头"。[16]

　　在河内，卡特鲁行动十分谨慎，因为他深知自己手上没有几张牌可打。在此前几个月，随着日本占领的中国土地越来越多，他们越接近印度支那，卡特鲁越是能意识到印度支那的防备是多么不足。他手下可供调遣的兵力只有约5万人，而且其中还有3.8万是本地兵，忠诚度要打个问号。整个印度支那只有25架现代飞机，而海军只有1艘轻型巡洋舰、2艘炮艇、2艘单桅船和2艘辅助巡逻艇。军火和其他军需品补给极其稀缺。他知道，受到纳粹大肆挞伐的巴黎政府无法提供任何实质上的帮助，而既面临德国恐吓，又要防守新加坡和马来亚的英国也同样无能为力。在4月以及接下来的5~6月，英国官员反复告诫卡特鲁不要贸然行事，否则将可能引发跟日本的战争。英国远东舰队总司令珀西·诺布尔爵士（Sir Percy Noble）在4月底告知卡特鲁，就算英国政府愿意提供军事支援，现实也不允许——它根本没有资源。在随后的几周里，同样的观点被数次重申。[17]

　　美国成了卡特鲁最后的希望。6月19日，也就是戴高乐演讲次日，法国驻华盛顿大使勒内·德·圣康坦（René de Saint-Quentin）向美国副国务卿萨姆纳·韦尔斯（Sumner Welles）提出了两个问题：如果印度支那遭到日本袭击，美国将做何反应？在此期间，华盛顿是否将向印度支那立刻提供包括120架飞机和防空炮在内的军事援助？韦尔斯的回答与英国的如出一辙。他说，美国将不会做出任何可能挑起与日本战争的举动，因此不会采取行动阻止日本对印度支那的侵略。美国既不会提供飞机，也不会提供武器。圣康坦继续问道，这样一来，西贡方面除了接受日本的要求，还有别的选择吗？"我不会正式回答你这个问题，"韦尔斯说，"但是设身处地，如果换作是我面对你这种局面的话，我会这么做的。"[18]

圣康坦和韦尔斯当时并不知道，就在几个小时前日本向卡特鲁下达了最后通牒。日本政府要求停止通过北圻向中国运送卡车、汽油或其他有军事用途的物资，同时要在印度支那设立一个由日本人控制的委员会，以监督该协议的落实情况。卡特鲁要求圣康坦再次向美国人提出请求；当这次请求也落空后，他决定接受日本方面的条件，希望能以此预先阻止日本入侵，同时维持法国对印度支那的统治。6 月 29 日，日本已经在北圻的海防、河江、老街、高平、谅山设立了检查站点。卡特鲁推测，或许日本的领导人希望避免耗费人力物力占领印度支那；这样他或许能施展缓兵之计，等待战争出现更加有利的转机。6 月 26 日，他向法国政府发电报称："当一个国家被打败，当它几乎没有飞机和防空武器，没有潜水艇，还要在避免战争的情况下继续保住属地，除了谈判别无他法。这就是我所做的事情。"[19]

30

谁又能怪罪他呢？他的政权远在千里之外，他的防御武器匮乏到不可救药。何况卡特鲁对于日本意图的推测事后被证明是正确的，至少在短期内如此。日本的官员们已经建立了全面的殖民事业（从 19 世纪晚期开始，在 20 世纪 30 年代初重新抬头），不过单就印度支那而言，日本乐意尝试非正式的帝国主义形态，这种手法美国和其他世界强国也曾偶尔尝试过——换言之，他们很愿意在经法国同意的情况下耐心地进入印度支那。如果日本人只是想切断向中国的物资输送，他们本可以攻占北圻地区，接管轨道交通，并利用越南的空军基地轰炸像滇缅公路这类连接着缅甸和中国的运输路线。他们如果想要直接取得对整个印度支那的殖民统治权，或许也有办法这么去做（但可能要冒消耗大量军力的危险）。但他们的首要目标是利用这个国家的设施来从事未来的军事行动，同时攫取印度支那的煤炭、橡胶、锡，尤其是粮食供应。日本想要轻易高效地达成这个目标，就需要让法国在名义上继续保持其殖民统治，避免自己承担日常烦琐的管理事务。日本外相松冈洋右（Yosuke Matsuoka）向维希政府驻日本东京的大使表示："日本政府完全愿意尊重法国在远东的权力与利益，尤其是印度支那的领土完整和法国对印度支那联盟全部领土的主权。"[20]

如果说卡特鲁觉得自己毫无办法，只能接受日本的要求，他在法国的上司们可并不是这么认为的。他们在希特勒面前俯首听命，刚刚在维希落下脚来，尚处在巨大的困惑之中，此时极其看重法兰西殖民帝国，因为这是法兰西昔日辉煌硕果仅存的象征，是维希政府不仅仅是战败国传声筒的有力证据。对于卡特鲁投降一事，他们轻蔑地皱了皱眉，随后立即革了他的职。取而代之的是海军中将让·德古（Jean Decoux），这位法国海军远东司令身上有一个优点，就是他已经在印度支那了。而且在支持维希政府这方面，他应该靠得住，这跟卡特鲁不同——贝当身边的很多官员都认为卡特鲁过于亲近英国和戴高乐，因此十分危险。听闻自己被解职的消息后，卡特鲁大为光火，他假装并未收到离任通知，像没事人那样继续管理政务，跟日本方面谈判。维希政府只好发出第二份要求他放弃权力的指令，直到7月20日德古才取得了管辖权。卡特鲁旋即投向了戴高乐和伦敦的自由法国运动，成为首位做出此举的法国高官。[21]

或许有人要问，既然卡特鲁那么赞同戴高乐，在6月到7

月初的最后那段时间里，他为什么没有趁着自己还掌权，努力把印度支那拉到戴高乐那一边呢？对此很难给出一个确切的答案，但看来是他疑心在印度支那的绝大多数法国垦殖者最终不会背弃维希政府，在英国和法国不可能伸出援手的情况下尤其如此。更重要的是，卡特鲁确信如果印度支那公然对英国和自由法国运动许下承诺，只会给日本提供一个侵占它的借口。尽管卡特鲁赞同自由法国运动，但他仍然将维持法国对印度支那的统治放在了最重要的位置上。

这也成了德古的首要目标。在来到越南履职后，他保留了卡特鲁那一套拖延战术。尽管坚定不移地效忠贝当，但德古对轴心国并不友好，始终在尽力减少日方在这里的斩获。1940 年8 月，当日本方面要求使用北圻地区的机场和港口，获得通往中国边境的运输权时，这位中将猜测，如果美国对法国的处境发表外交声援，或许能让维希政府获得一些反抗能力。维希政府中的一些人对此表示认同，这当中以外交部远东司的负责人让·肖韦尔（Jean Chauvel）最为突出。肖韦尔指出，对法国在欧陆一败涂地，罗斯福政府一直以来"既吃惊又窘迫"，但他们也认识到短期内在这个地区无法取得什么作为。而在远东则不然，华盛顿方面有望去维护其利益。法国在印度支那奋力反抗，或许能促使罗斯福对抗击日本采取更坚定的立场。肖韦尔坚持认为欧洲战场和亚洲危机都是全球斗争的一部分，而美国将必然通过太平洋卷入这场战争。他总结道，如果进一步向日本让步是必要之举，"那么我们需要每次都将美国逼向墙角，引导其认识到在帮助我们这一点上做得是多不够，迫使其承认维护法国的存在比驱逐它更好，否则只会任由其对手宰割"。[22]

其他官员则认为打美国牌毫无希望可言。外交部部长保

32

罗·博杜安（Paul Baudouin）曾是印度支那银行（Bank of Indochina）经理，其太太是越南人，他认为，一旦日本选择入侵，法国将无能为力。"不幸的是，眼下的处境十分简单，"他在日记中写道，"如果我们拒绝了日本，日本就会侵略印度支那，而后者毫无防御能力，将百分之百输掉这场战争。如果我们跟日本谈判，如果我们能避免最糟糕的事情——我们完全丢掉殖民地，我们就保留住了未来或许将带给我们的机会。"博杜安坚持认为，美方提供有价值的援助，这简直是一个不现实的命题。华盛顿派驻维希的代理公使罗伯特·墨菲（Robert Murphy）曾向他传递过这个信息，同样的话也曾数次从华盛顿的高官口中说出。8月22日，萨姆纳·韦尔斯告诉驻美大使圣康坦，美国不会为印度支那提供支援，但它"理解法国政府所面临的困难，如果法国将某些军事设施让予日本，美国没理由因此对法国求全责备"。换言之，如果想拿到好处，就得做出让步。[23]

对战争的谋划推动着美国的决策，不过毫无疑问有一点同样至关重要，那就是在 1940 年时，几乎没有美国人对印度支那有任何直观感受。这个半岛处于两次世界大战期间美国外交关系边缘到不能再边缘的地方，而且无论是商人还是外交人员都对印度支那问题没半点儿兴趣。对公众来说，只有在翻阅《国家地理》（National Geographic）杂志的文章，或者收看展现身穿多彩服装、富有异国情调又任劳任怨的土著居民的老旧新闻影片时，印度支那才会进入他们的认知中。二战前，只有不到 100 名美国人住在印度支那，其中大部分是小型布道团的传教士，他们分布在越南各地传播上帝的福音。在 1940 年之前，美国只在这个殖民地派驻了一名领事，而这位驻守西贡的官员手中有着大把空闲时间。[24]

8 月 29 日，维希政府与日本达成协议，承认日本在远东 33
"地位超群"，并授予日本在印度支那特殊的经济权限。基于
在场军官达成的协定，日本还可接管北圻地区的交通设施。作
为交换，日本认可"法国在印度支那的永久利益"。9 月，谈
判在河内继续进行但进展缓慢，因为法方的主谈判人莫里斯·
马丁（Maurice Martin）将军仍然对美国出动海军干涉、日本因
此会降低要求心存一丝希望。日本方面越来越不耐烦，警告马
丁称，不管谈判取得什么样的结果，日军驻守在南宁的第 22 军
都会在 9 月 22 日晚上 10 点进入印度支那。22 日下午 2 点 30
分，谈判双方签署协议，准予日本在红河以北的北圻地区驻守
6000 名士兵，同时可通过北圻向位于
中国西南的云南省派遣 2.5 万名士兵。[25]

协议规定首批日军分队应由海路入境。但第 22 军决意要
让其精锐的第 5 步兵师团在当晚 10 点整，穿过靠近谅山的中
国边界进入印度支那。入境后不久，日军分队就在同登
（Dong Dang）的法国据点附近，与守军发生激烈交火。差不
多同一时间，其他前线据点也发生了武装冲突。在接下来的两
天里，战事不断升级，25 日这天，法军在谅山的关键据点被
日军攻下。法军遭到重创：丢了两个据点，死伤惨重（估计
法军的死亡人数达 150 人），还有数百名印度支那步枪手在交
火中开了小差。如果没有德古和博杜安直接向日本东京提出诉
请，且天皇本人又亲自下令军队暂缓向前推进，情况可能还会
糟糕得多。日方就此事道歉，称之为"可怕的错误"，但他们
已经成功证明了一点：德古总督和法国也许仍是印度支那的领
导者，但他们要听凭日本摆布。[26]

德古尽其所能伪装成相反的局面。但凡碰到哪个愿意听他说话的人，他总会声明日本并非占领军，而只不过是驻扎在这个国家；法国仍在自由行使其管理职能，未受到任何阻碍；越南的警力和安全部门也完全掌握在法方手中。他指出，三色旗

34　仍在河内的总督府上方飘扬。确实如他所说，法国当局在印度支那依然拥有强大的势力，胡志明和印度支那共产党在 1940 年秋天对这一点有了直观的认识。在法国于 6 月沦陷后，印度支那共产党原以为机会来了，于当年秋天在北圻和交趾支那发起了反抗法国当局的起义，但最终被残酷镇压。在交趾支那，法方动用了其为数不多的飞机以及装甲车和大炮摧毁了几个村庄，在此过程中杀害了数百人。多达 8000 人被关押，超过 100 名印度支那共产党的干部被处死。直到 1945 年年初，该党的南方支部才恢复元气。[27]

三

不过，正是在对于越南共产党来说最黑暗的时刻，出现了越南 35 年斗争以来最关键的一个进展。胡志明原本是反对起义的，他认为时机尚不成熟，但他相信随着国际形势急剧变化，加之德古的政府又跟法国远隔千山万水，越南革命的可能性显著提高了。他跟其他党内领袖认为，需要在 1941 年春天召开该党中央委员会全体会议。他们还一致认为，这次会议应当在越南的土地上召开，这样才有象征意义。于是，在这年年初，胡志明坐上了一艘舢板船悄悄从中国边境溜出去，在高平省北坡（Pac Bo）村附近的一个山洞里建立了党中央的总部。这是 30 年来胡志明首次踏上祖国的土地。他并没有深入腹地——胡志明穿越密林险峰，跋涉了 60 多公里来到北坡村，

那里距离中国边境还不到1.6公里。山洞旁流过的一条小溪,被胡志明以他心目中的英雄列宁的名字命名,而旁边的一座高山被他称为"卡尔·马克思峰"。

这群人生活的地方十分简陋:他们住在又冷又湿的山洞里,用几块木板拼成床,共用一盏小油灯。食物极其匮乏,大部分时候只有玉米汤和竹笋,在河里捕到的鱼就是加餐。胡志明每天很早起床,做一套体操,然后去河里游泳,接着就坐在一块被当成书桌的平坦岩石旁工作。他将大量时间用于阅读、写作——他用的是自己信赖的爱马仕牌(Hermès)打字机——以及召开会议,他的目的是建立一个全新的、由共产党所主导的统一战线,并为将越南从外国统治中解放出来制定一套方案。他和他的同人们在后来被称为"印度支那共产党第八次全体会议"的大会上拟定了计划,这次会议于1941年5月中旬在北坡的营地中召开,共持续了九天时间。代表们坐在木板上,围在一张竹桌边,在他们的讨论中,一个新的政党诞生了。它的正式名称为越南独立同盟会,史称"越盟"。化名"长征"的知识分子邓春区(Dang Xuan Khu)——从创立印度支那共产党起就是该党成员,曾任党报主编——成为越盟代理总书记。[28]

在胡志明的领导下,党代表们定下了一个基本纲领,正是该纲领后来使得这个小型的少数派政党把握住了越南滚滚而来的民族主义大潮,使其成为自己的事业,并且先是给法国、继而给美国带来了灾难。胡志明提醒同志们注意,挣脱外国统治的渴望是越南最强有力的推动力,这就意味着越盟应该是有着广泛基础的爱国团体,它既应该对准法国殖民统治,也要针对日本在该国不断增长的势力。女性在其中应扮演至关重要的角色，而且应当被赋予同等的权利。历史学家黄金庆（Huynh Kim Khanh）指出，这个纲领是"对越南革命的性质和任务做出了根本性的再定义"，它脱离了以往的阶级斗争，直指民族解放。这个组织从命名上突出了爱国主义精神，不仅强调独立这个议题，而且用单个的越南取代了印度支那。[29]

"救亡图存是我们全体人民的共同事业，"1941 年 6 月，胡志明在一封被广泛传播的公开信中这样声明道，"每个越南人都应是其中的一部分。有钱的出钱，有力的出力，有才的出才。我发誓将尽一切有限的能力追随你们，并随时准备做出最后的牺牲。"[30]在无数出版物中，胡志明不断阐述上述观点，其中包括在《我们国家的历史》（History of Our Country）一文中讴歌越南辉煌和壮烈的过去，在面对中国"入侵"时做出的可歌可泣的斗争。他还为一份名为《越南独立报》（*Viet Nam Doc lap*）的报纸撰文，该报在北圻北部地区发行了超过 150 期。每期报纸的内容通常十分多元，令人纳罕，比如一期报纸里会同时出现一篇攻击贝当和德古的文章，一篇写给儿童看的寓言，以及一首像《士兵之歌》或《游击队之歌》的短诗。[31]

然而，强调爱国主义和国家统一，跟共产国际所倡导的国际主义之间是否存在矛盾？一些作者认为确实如此，但这实际上是一种假两难推理（false dichotomy）。诚然，共产国际通常不赞成对民族主义的露骨表述，而是强调将阶级斗争放在首位。但共产国际并未否认殖民地人民拥有讴歌历史、推翻压迫者的权利。正如我们所看到的那样，列宁曾明确要求苏维埃支持反殖民主义的民族主义。胡志明和他那五位围坐在北坡山洞竹桌旁的同志都是共产主义者，他们深信马列主义代表着祖国发展的最佳路径。但这毕竟是他们自己的国家，在共产主义和将越南收回到越南人自己手中的狂热希望之间，他们并未发现有任何矛盾。历史学家皮埃尔·布罗谢（Pierre Brocheux）在著述中否认两者存在对立："通过建立越盟，胡志明将民族主义的活力和国际共产主义的能量集中到了一处——二者至少可以协同作用。"[32]

随着北坡会议告终，代表们认清了他们的首要任务：发起一场独立运动，在获得越南人民广泛支持的同时，还能争取到同盟国的同情。战胜法国和日本帝国主义意味着民族解放，也将使得一个拥有广泛群众基础的政府获得执政地位，这个政府将由印度支那共产党主导，但也将容纳其他民族主义群体。一旦核心目标得以确立，一场无产阶级或者社会主义阶段的革命将就此拉开序幕。

四

越盟用了四年时间才充分显示自己的能力，不过法国和日本当局都是在很早时就已经意识到越南民族主义将有可能给他们带来巨大的障碍。（在此之前的很长一段时间里，法国安全人员就已经开始在越南和东南亚等地区跟踪越南民族主义人士。）他们立刻联合起来遏制民族主义，同时又展开了一场争夺越南民意的竞赛。日本人想要通过宣传和文化活动，让越南人对他们的"大东亚共荣圈"产生深刻印象，同时鼓吹其"亚洲人的亚洲"的口号。他们组织柔道班，发行日本电影和杂志。而德古予以反击的方式是鼓吹所谓的"印度支那联邦"（Indochinese Federation），这是一个由不同民族组成的互利互惠组织，每个民族拥有不同的传统，但是都统一在法国国旗下，由法国直接领导。他还倡导越南的语言和文化，建立了一

个雄心勃勃的公共工程项目，并要求将本土公务员的薪水涨到
跟他们的法国籍同侪相仿。他甚至还准予使用"越南"这个
名称，而在此之前它是被禁止使用的。[33]

1941 年，海军中将让·德古（图左）带领一位日本指挥
官检阅法国军人。

　　德古对于自己给殖民地年轻人带来的革新感到尤为自豪。
他提高了越南儿童的入学率——从 1939 年的 45 万名升至 1944
年的 70 万名（不过这个数字仍然只占学龄儿童总数的 14%）。
他建起了新学校，聘请了新教员。与此同时，由莫里斯·杜库
罗伊（Maurice Ducuroy）领导的青年体育会（The Youth and
Sports organization）在努力通过有组织的体育和文化活动，将
学生从日本人和民族主义那里转移开来。法国在印度支那各地
修建体育馆、游泳池和图书馆。到 1944 年时，杜库罗伊已经
新培养了超过 1000 名体育教员，同时在各个体育协会的注册
会员多达 8.6 万人。他组织了游泳和田径比赛，此外还举办了
每年一届的环印度支那自行车赛，总赛程达 4100 公里，遍布
印度支那全部五部分，而且赛制非常接近其法国原型——环法
自行车赛，连车手所穿的黄色连体赛服都是照搬过来的。日方

官员曾问杜库罗伊,日本运动员是否也能参加这些体育赛事,杜库罗伊应允他们报名参加自行车和回力球比赛,但不许参加游泳和田径项目,因为众所周知日本人在这几个项目上的成绩相当出色。[34]

"在这激动人心的四年间,"后来德古这样评价青年体育会项目,"所有这些年轻人,虽然他们跟我们并非同一个民族,而且大部分人通常并不使用我们的语言,但他们向我们饱受摧残的祖国显示出了忠诚与顺从,并为 2500 万印度支那人树立了鲜活的典范。"[35]德古的这段评论让人们得以窥见他的个人立场以及对印度支那民众的态度。贝当元帅的维希独裁政权废除了法国的民主政权,并迫害共产主义人士、共济会会员和犹太人,而德古也在亦步亦趋,他希望越南人同样能顺从感恩,不能容忍任何民族主义者的煽动。

法国统治的主要手段仍然是依靠强大的秘密警察。德古为秘密警察提供了更多人力,还扩大了他们的权限,而且对于秘密警察计划招募"战斗军团"来搜查越南民族主义者以及有可能危及该政权的法国垦殖者,他拍手称快。在得到德古和维希政府名义上的授权后,秘密警察还追捕犹太人、自由主义者和共济会会员。他们能够随意调阅被怀疑跟日本人有牵连的民众的档案,任何人,但凡被视为"危险"人物,秘密警察都可以在未经审判的情况下采取拘禁手段,强迫他们在"特别劳动队"里干苦力。这其中也包括戴高乐主义者,部分人认为这批人士在印度支那受到的迫害比在法兰西帝国的其他任何地方都更加惨重。这里严行报禁——在 1940 年到 1943 年间,至少有 17 家报社被关闭。河内的印度支那大学(Indochinese University)成立了一个特别委员会,专门用来限制犹太学生的入学人数——这个任务看来十分简单，因为在整个北圻地区一共只有约 80 名犹太学生，而且其中还有 49 人在军队服役。[36]

39 　　这便是当时德古的宏伟计划：他要向所有人证明，就算法国战败，默许日本入侵，但他的政府仍然牢牢地控制着这里，并且有能力镇压任何挑战其权威的行径。这个策略一度是奏效的。在日本人极少涉足、生活着 90% 的越南人的乡村地区，生活几乎和原先别无二致；法国仍然拥有统治权，人们的日常生活几乎保持不变。而在城里，在受过教育的越南人和法国定居者中间，不管法国当局再怎么证明自己，也无法掩盖日本人已经轻而易举地站稳脚跟的简单事实。对于这一点，德古跟其他人一样明白，但他希望——他所能拥有的也只有希望了——日本在印度支那的扩张野心已经得到了满足。

　　然而，情况并非如此。1941 年，日本人将注意力再次转向南方。1940 年 9 月，日本东京方面与德国和意大利签署了《三国同盟条约》，正式加入了轴心国。在之后的几个月里，先后任陆军大臣和首相的东条英机与其同僚开始谋划下一步动作。为了促进与泰国之间的良好关系，日本官员批准了一项取道泰国侵略印度支那的计划，以夺回在 19 世纪和 20 世纪之交割让给老挝和柬埔寨的湄公河西岸地区。法国和泰国之间随即爆发了一连串小规模冲突，双方各有输赢，不过在一次海军战役中法方赢得相当轻巧。尽管在交战中泰国付出了惨痛代价，但由于日本急于争取到泰国的合作，好按照既定计划袭击新加坡和缅甸，在受到日本施加的压力后，维希政府应允了泰国提出的一大堆要求。法国在印度支那殖民统治名存实亡的事实又一次被充分暴露出来。[37]

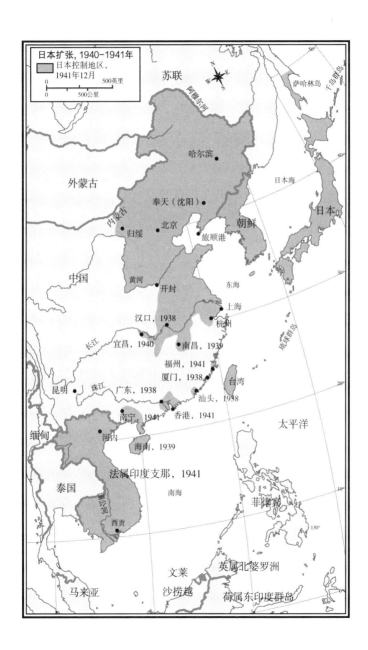

日本扩张，1940-1941年
日本控制地区，1941年12月

苏联

萨哈林岛
千岛群岛

外蒙古

阿穆尔河

哈尔滨

日本海

日本

内蒙古

奉天（沈阳）

朝鲜

北京
归绥
旅顺港

中国

黄河

东海

开封

上海

汉口，1938
杭州

长江

宜昌，1940
南昌，1939

昆明
珠江
广东，1938

福州，1941
厦门，1938

台湾

琉球群岛

汕头，1938

南宁，1941
香港，1941

太平洋

缅甸

河内

海南，1939

法属印度支那，1941

泰国

湄公河

南海

菲律宾

西贡

文莱
英属北婆罗洲

马来亚
沙捞越
荷属东印度群岛

1941 年 4 月，日本与苏联签署互不侵犯条约，随后在 6
月心满意足地看着希特勒的军队入侵苏联。日本人或许可以利
用苏联分身乏术之机入侵西伯利亚部分地区——他们确实曾积
极考虑过这个计划——但是，他们转而将重点放在向南部扩张
上。7 月 14 日，在与法国签署协议仅 10 个月后，日本东京方
面就再次向维希政府下达了新的最后通牒，要求获准在印度支
那南部建立日军基地并驻扎军队。维希政府对此表示同意。7
月 25 日，日军抵达西贡，开始占领南部战略要塞，包括金兰
湾这一重要港口以及位于岘港与边和的机场。这为日本提供了
一个向前推进的有利位置，使它可以迅速调集兵力进攻马来
亚、新加坡、荷属东印度群岛（如今的印度尼西亚）以及菲
律宾。闻讯后东京沉浸在一片狂喜中，似乎没人记得几周前日
本外相松冈洋右忧心忡忡的话语——他担心这种做法将会给后
勤带来极大的问题，并有可能导致美国参战。松冈当时警告
称："在南海的军事行动将为我们的国家带来灾难。"[38]

五

日本天皇下令进军交趾支那，这的确引发了一连串的行动
和反应——日本和美国剑拔弩张，五个月后两国爆发的战争标
志着双方的冲突达到顶点。战后的历任美国总统都关注着越南
的事态发展，其中有两任总统失败的原因也可能与之不无关
系。而事实证明，在此时越南也起到了决定性的作用：在
1941 年下半年，它导致美国成为交战国，陷入这场世界大战
的亚欧冲突之中。

7 月 24 日早间，白宫收到消息称日本军舰出现在金兰湾，
还有 12 艘运兵船正在路上。美国的分析人士们都惊呆了，尽

管几天以来,从巴黎大使馆发来的电报和"魔术行动"[39]截获的情报 ——它已经破译了日本人内部的电文——早就让他们对南部的攻势有所预期。美方立刻意识到日本将对美国在菲律宾的战略位置,以及英国在马来亚和新加坡的形势所带来的冲击。当天下午,罗斯福总统在椭圆形办公室召见日本特使、海军上将野村吉三郎,提出了一个建议:让印度支那中立化。如果日军从印度支那彻底撤军,作为回报,华盛顿将居间斡旋,争取达成一项国际协定,将印度支那视为中立国,现存的法国政府仍保持管理权。罗斯福肯定知道日本对这个提议压根儿不感兴趣,因为还没等到对方回复,他就已经采取了更为强势的一步:25日,美国政府冻结了日本人在美国的所有资产,实施了禁运令,并停止对日本出口石油。

罗斯福和他的幕僚们想通过这个咄咄逼人的反应达到什么 42 样的目的?超过半个世纪以来,这个问题让历史学家们争论不休,但看来最大的可能是,总统本人并不想要切断所有的石油出口,或者永久地冻结日本资产。他想要给东京政府带来一些不确定性,而不是挑起美日战争。可是国务院的第二梯队官员——包括后来在哈里·杜鲁门任期内担任国务卿的迪安·艾奇逊——违背了他的意图,在总统前往纽芬兰的普拉森舍湾(Placentia Bay)与温斯顿·丘吉尔会晤时,实施了严格的贸易禁令。待8月16日罗斯福返回首都时,基于政治和外交上的原因,再收手为时已晚。禁运令获得了民众的热烈支持,民意调查显示此时大多数的美国人宁愿冒战争的风险,也不愿意坐视日本不断壮大。此外,美国官员也担心任何缓和举措都会被日本人看成是美方在示弱。[40]

对于自然资源极其匮乏的日本来说,这个举动十分不妙。

日本每天要消耗约 1.2 万吨石油，其中 90% 依靠进口，而且大部分的锡、铁矿石、铝土、锰、棉花和小麦也都需要进口。如果对之实施彻底的贸易封锁，这个国家撑不了一年——除非它能攫取英国和荷兰在亚洲的财富。作为内阁强硬派中的一位温和派，日本首相近卫文麿提议与罗斯福召开首脑会议，并表示一旦与中国的战争尘埃落定，将愿意从印度支那撤军。罗斯福对这个提议很动心，但他的国务卿科德尔·赫尔（Cordell Hull）劝说他要将日本停止与中国的战争作为召开此次会议的先决条件。计划由此泡了汤，而在 10 月中旬，近卫文麿出局，取而代之的是东条英机。外交斡旋仍在继续，11 月，东条提出条件：日本可以立刻从印度支那撤军，一旦全面和平得以重建还将撤离中国，以此来交换 100 万吨航空燃油。赫尔回绝了这个条件，并重申美国要求日本从中国撤军并放弃东南亚冒险行为的立场。12 月 7 日，为了摧毁美国舰队，争取时间完成向南部的扩张计划，日军调集主要航空母舰军力，对珍珠港实施突然袭击。

43　　　　这一消息令世界各国政府哗然。没人怀疑美国参战将彻底改变力量格局，而且改变的不仅仅是亚洲冲突，还包括欧洲战争——这一点甚至在 12 月 11 日日本的轴心国盟友德国向美国宣战前就已经十分清楚。对于夏尔·戴高乐来说，结局已定。"当然了，这一路上将有军事行动、战役和冲突，但战争业已结束，因为从此时起人们都已经知道它的结局，"他评论称，"这是一场工业战争，没有哪个国家有能力与美国的力量相抗衡。"[41]

自 1940 年 6 月发表抵抗宣言以后，戴高乐一直在争取建立自由法国事业的合法地位，以成为同盟国眼中法国名副其实的代表，并从盟国那里得到经济和军事支持。戴高乐身后的殖民地扮演着至关重要的角色：得到了它们的支持，戴高乐便可以主张自己的自由法国跟其他当时在伦敦活跃的流亡政府具有同等地位，哪怕英美两国都仍与维希政府保持关系，并承认它是第三共和国的合法继承人。尽管在取得殖民地支持方面，戴高乐取得的成绩有限——在 1941 年晚些时候，维希政府仍然控制着殖民帝国绝大部分的重要领地——但他希望珍珠港事件将改变格局。12 月 8 日，他宣布加入华盛顿的事业，对日本宣战。

注释

1. 关于法国沦陷，有两本重要且扣人心弦的著作，分别是 Ernest R. May, *Strange Victory：Hitler's Conquest of France*（New York：Hill & Wang, 2000）；Julian Jackson, *The Fall of France：The Nazi Invasion of 1940*（New York：Oxford University Press, 2003）。

2. 引自 Jean Lacouture, *De Gaulle：The Rebel, 1890 – 1944*（New York：W. W. Norton, 1990），224。

3. Charles de Gaulle, *Mémoires de Guerre：L'Appel, 1940 – 1942*（Paris：Plon, 1954），78 – 80；David Schoenbrun, *As France Goes*（New York：Atheneum, 1968），47 – 48，214 – 15。另见 Jean-Louis Crémieux-Brilhac, *La France libre：De l'appel du 18 juin à la Libération*（Paris：Gallimard, 1996）。

4. Julian Jackson, *France：The Dark Years, 1940 – 1944*（Oxford, U. K.：Oxford University Press, 2001），389.

5. 尽管戴高乐对此有着十足的信念，但他本人并非生来就是帝国主义者。与很多野心勃勃的军官不同，在两次世界大战期间，他一直尽量避免派驻到殖民地的任务，而且他认为法国从根本上来说

应是欧陆强国，其重点应该放在东部的德国前线。不过，他在短
期内就认识到自己的使命将跟法兰西在海外的属地紧密地联系在
一起。参见 Julian Jackson, *Charles De Gaulle* (London: Haus,
2003), 80 – 81。

6. Martin Thomas, *The French Empire Between the Wars:
Imperialism, Politics and Society* (Manchester, U. K.: Manchester
University Press, 2007).

7. Charles de Gaulle, *The Complete War Memoirs of Charles de
Gaulle*, trans. Jonathan Griffin and Richard Howard (New York:
Carroll & Graf, 1998), 160.

8. 该议和协议将法国分成了占领区和非占领区。占领区包括巴黎、
全部英吉利海峡和大西洋沿海。法国以南，以一条有重兵驻扎的
界线为界，属于非占领（维希）区。法国海军舰队被遣散。1942
年 11 月，德国将占领军延伸至法国全境。

9. 关于维希政府和法兰西帝国，参见 Jacques Cantier and Eric
Jennings, eds., *L'Empire colonial sous Vichy* (Paris: Odile Jacob,
2004)。

10. François Kersaudy, *Churchill and de Gaulle* (New York:
Atheneum, 1982), 85.

11. Andrew Shennan, *De Gaulle* (London: Longman, 1993), 54;
Jackson, *Dark Years*, 392.

12. Winston S. Churchill, *The Second World War*, 6 vols. (London:
Cassell, 1948 – 53), 3: 682.

13. Martin Thomas, *The French Empire at War, 1940 – 1945*
(Manchester, U. K.: Manchester University Press, 2007), 38. 约
有 10 万法军战死，跟 1916 年凡尔登战役中的死亡人数大致相当。
此外，德军还俘虏了约 160 万法军。

14. Bui Diem with David Chanoff, *In the Jaws of History* (Boston:
Houghton Mifflin, 1987), 15. 另见 David G. Marr, *Vietnam
1945: The Quest for Power* (Berkeley: University of California
Press, 1995), 79 – 80; Thomas A. Bass, *The Spy Who Loved
Us: The Vietnam War and Pham Xuan An's Dangerous Game*
(New York: Public Affairs, 2009), 31。

15. Henri Lerner, *Catroux* (Paris: Albin Michel, 1991), 52 – 54.
欲了解卡特鲁在这几个月间对事态的看法，可参考他的书 *Deux*

actes du drame indochinois（Paris：Plon，1959）。

16. 关于日本在这一时期的决策，参见 Minami Yoshisawa，"The Nishihara Mission in Hanoi，July 1940，"in Saya S. Shiraishi and Motoo Furuta，eds.，*Indochina in the 1940s and 1950s*（Ithaca，N. Y.：Cornell Southeast Asia Program，1992），9 – 54；Hata Ikuhiko，"The Army's Move into Northern Indochina，"in James W. Morley，ed.，*The Fateful Choice：Japan's Advance into Southeast Asia，1939 – 1941*（New York：Columbia University Press，1980），155 – 63；Sachiko Murakami，"Japan's Thrust into French Indochina，1940 – 1945，"Ph. D. dissertation，New York University，1981。格鲁的言论引自 H. W. Brands，*Traitor to His Class：The Privileged Life and Radical Presidency of Franklin Delano Roosevelt*（New York：Doubleday，2008），570。

17. Jean Decoux，*À la barre de l'Indochine*（Paris：Plon，1949），41 – 46；FO to Consul General（Saigon），June 29，1940，FO 371/24328，TNA.

18. Memcon Saint-Quentin and Welles，June 20，1940，in Department of State，*Foreign Relations of the United States*（hereafter FRUS），1940，*The Far East*（Washington，D. C.：Government Printing Office），IV：29. 另见 Hornbeck memorandum，June 20，1940，FRUS，1940，*Far East*，IV：29；*New York Times*（hereafter NYT），August 2，1945；John E. Dreifort，*Myopic Grandeur：The Ambivalence of French Foreign Policy toward the Far East，1919 – 1945*（Kent，Oh.：Kent State University Press，1991），196；Catroux，*Deux actes du drame indochinois*，54 – 55。

19. 卡特鲁的话引自 Dreifort，*Myopic Grandeur*，197 – 98。另见 Catroux，*Deuxactes du drameindochinois*，62 – 66。

20. Joseph Buttinger，*Vietnam：A Dragon Embattled*，vol. 1：*From Colonialism to the Vietminh*（New York：Praeger，1967），235；Archimedes L. A. Patti，*Why Viet Nam？Prelude to America's Albatross*（Berkeley：University of California Press，1982），32. Yosuke Matsuoka is quoted in William Morley，*Fateful Choice*，302.

21. Thomas，*French Empire at War*，48 – 49；Arthur J. Dommen，*The Indochinese Experience of the French and the Americans*

（Bloomington: Indiana University Press, 2001）, 48.

22. Jean Chauvel, *Commentaire* （Paris: Fayard, 1971）, 238 – 39; Dreifort, *Myopic Grandeur*, 203 – 4.

23. Francois Charles-Roux, *Cinq mois tragiques aux affaires étrangères* （*21 mai – 1 novembre 1940*） （Paris: Plon, 1949）, 255; Paul Baudouin, *The Private Diaries of Paul Baudouin* （London: Eyre and Spottiswoode, 1948）, 198 – 99, 223 – 24.

24. Mark Philip Bradley, *Imagining Vietnam and America: The Making of Postcolonial Vietnam, 1919 – 1950* （Chapel Hill: University of North Carolina Press, 2000）, 45. 关于美国在两次世界大战期间的想法，还可参见涉及背景更广泛的一本书: Anne L. Foster, *Projections of Power: The United States and Europe in Colonial Southeast Asia, 1919 – 1941* （Durham, N. C. : Duke University Press, 2010）。

25. Dreifort, *Myopic Grandeur*, 208 – 13; Georges Gautier, *9 mars 1945, Hanoi au soleil de sang: La fin de l'Indochine française* （Paris: SPL, 1978）, 43 – 45.

26. Hata, "Army's Move," 194 – 98; Marr, *Vietnam 1945*, 19.

27. David G. Marr, *Vietnamese Tradition on Trial: 1920 to 1945* （Berkeley: University of California Press, 1984）, 400; *Histoire de la révolution d'août* （Hanoi: Foreign Languages Press, 1977）, 19 – 22.

28. Pierre Brocheux, *Ho Chi Minh: A Biography* （New York: Cambridge University Press, 2007）, 70 – 73; William J. Duiker, *Ho Chi Minh: A Life* （New York: Hyperion, 2000）, 250 – 57; Jean Lacouture, *Ho Chi Minh: A Political Biography* （New York: Random House, 1968）, 74 – 78.

29. Huynh Kim Khanh, *Vietnamese Communism, 1925 – 1945* （Ithaca, N. Y. : Cornell University Press, 1982）, 259 – 63.

30. Ho Chi Minh, "Letter from Abroad" （1941）, in Ho Chi Minh, *Selected Works* （Hanoi, 1960）, 2: 153.

31. Brocheux, *Ho Chi Minh*, 74.

32. Ibid. , 75. 关于该观点，还可参见 Daniel Hémery, " Ho Chi Minh: Vie singulière et nationalisation des esprits," in Christopher E. Goscha and Benoît de Tréglodé, eds. , *Le Viêt Nam depuis*

1945：États, contestations et constructions du passé（Paris：Les Indessavantes，2004），135 – 48.

33. 关于德古的政策，以下文献极佳：Eric Jennings, *Vichy in the Tropics：Pétain's National Revolution in Madagascar, Guadeloupe, and Indochina, 1940 – 1944*（Stanford, Calif.：Stanford University Press, 2004），130 – 98。另见 Ellen J. Hammer, *The Struggle for Indochina, 1940 – 1955*（Stanford, Calif.：Stanford University Press, 1955），31；Marr, *Vietnam 1945*，74；and Patti, *Why Viet Nam?*，33。

34. Marr, *Vietnam 1945*，78；Jennings, *Vichy in the Tropics*，188 – 94.

35. Decoux, *À la barre de l'Indochine*，444.

36. Jennings, *Vichy in the Tropics*，145. 关于在印度支那对戴高乐主义者的镇压与在帝国其他地区的对比，可参见曾见证过部分印度支那战争的德维莱尔的回忆录：Devillers, *Histoire du Viêt-Nam de 1940 à 1952*（Paris：Éditions du Seuil, 1952），86。历史学家马丁·托马斯（Martin Thomas）总结认为德古的政府在"维希帝国内部最为残暴"，见 Thomas, *French Empire at War*，196。

37. Colonel Jacomey to Tonkin Command, May 19, 1941, 1K401/C1, *Service historique de l'armée de terre*, Vincennes；Richard J. Aldrich, *The Key to the South：Britain, the United States, and Thailand During the Approach of the Pacific War, 1929 – 1942*（Oxford, U. K.：Oxford University Press, 1993），288 – 93；Thomas, *French Empire at War*，196 – 97.

38. F. C. Jones, *Japan's New Order in East Asia, 1937 – 1945*（Oxford：Oxford UniversityPress, 1954），260 – 63；Stein Tønnesson, *The Vietnamese Revolution of 1945：Roosevelt, Ho Chi Minh and de Gaulle in a World at War*（London：Sage, 1991），38；Dreifort, Myopic Grandeur, 216.

39. 1940 年 9 月，一个陆军和海军联合译码团队破译了日军的外交电报代码，可以随心所欲阅读日本东京政府向其驻扎在世界各地的外交官的电文。该行动被称为"魔术行动"，译电员被称为"魔术师"。

40. David M. Kennedy, *Freedom from Fear：The American People in*

Depression and War, *1929 – 1945*（New York：Oxford University Press，1999），509 – 11；Jean Edward Smith，*FDR*（New York：Random House，2007），513 – 18.

41. 引自 Jonathan Fenby，*Alliance：The Inside Story of How Roosevelt，Stalin and Churchill Won One War and Began Another*（San Francisco：MacAdam Cage，2007），79 – 80。

第二章　反帝国主义

一

戴高乐的希望瞬间并没持续多久，形势很快开始明朗了：珍珠港事件和美国参战并未能改善其组织在华盛顿的地位。在总统富兰克林·罗斯福和国务卿科德尔·赫尔看来，自由法国仍是一个非法而且有潜在危机的组织，华盛顿方面或许可以就紧迫的问题与之达成有限的协定，但它无论从哪一方面都不能代表法国政府；在法国的利益受到威胁时，显然华盛顿该与之磋商的机构也不是它。两人都相信法德纷争的根源主要归结于欧洲无法维持和平上。考虑到法国脆弱的政治系统及其在面对纳粹国防军时的不堪一击，两人也都对法国在战后是否还能够在国际事务中起到稳定局势的作用持怀疑态度。罗斯福相信法国大势已去。他告诉自己的幕僚们，想要缔造一个可以正常运转的社会，法国人民需要经受一次根本性的转变。[1]

直到此时，罗斯福尚未见过戴高乐，但他听到的不少风声已经让他无法对这位将军产生任何好感。两人个性中最根本的差异起到了一定的作用。在社交场合中，戴高乐有多冷峻自负，罗斯福就有多亲切和蔼。几个月以来，罗斯福不断听到赫尔和其他顾问们批评这位将军的自我中心、目中无人，以及他对自己代表着法国人民命运的坚定信念。光是听到幕僚们如此这般描述，偏爱复杂、混沌、迂回之事的罗斯福就已经大为光火。肯尼思·S. 戴维斯（Kenneth S. Davis）对此有过非常敏

45　锐的描述，他发现总统常常蔑视"那些坚定不移、长驱直入地追逐自己目标，以及对诱骗、掩饰、误导等策略不屑一顾的人，而在罗斯福看来，这些手段都是选举政治的艺术，或者说是这场角逐中必不可少的一部分"。[2]

　　二人试图向公众传递截然不同的形象，更加剧了这一问题的严重性。成功的美国总统往往会展示民粹主义的形象。他们不能高高在上，而是要在任何可能的时候都展现出"普通"美国人的特点。如果他们天生智力超群，他们要想尽办法掩饰。讨人喜欢、笑脸示人、朴实无华，这些都十分重要；能够传递普通美国人的价值观，这是成就伟业必不可少的条件。而在法国，历史上的伟大领袖则恰恰相反：他们高踞众生之上，遥不可及，体现的是法兰西的光荣与伟大；他们在讲话时不会放下架子扮成普通人。而在塑造这种形象方面，没有谁比戴高乐更加孜孜不倦。这位将军在谈及圣母，或者将自己跟圣女贞德或者克列孟梭（Clemenceau）这些国家英雄相比较时，没有半点儿羞怯的意思。罗斯福虽说对法国的语言和文化尚算熟悉，但他并不了解法国的这种造神文化；而总体上对美国方式一无所知的戴高乐，则是把罗斯福的亲民作风当成对伪善和欺骗的矫饰。[3]

　　在1941年平安夜，戴高乐和罗斯福之间的关系遭受了沉重的打击，当时自由法国军队在接到戴高乐的命令后，占领了加拿大纽芬兰海岸外的圣皮埃尔和密克隆，这两个小岛原先是由维希政府控制，共有5000名居民。罗斯福反对任何有可能疏远维希政府的行动，而科德尔·赫尔也早已把戴高乐视为法西斯主义者和美国的敌人，他们大力谴责这次由"所谓的自由法国"发起的"专横的军事行动"。可是这两个小岛的居民举行了一场公投，其结果显示几乎所有居民都愿意支持戴高乐的组织。而以《纽约时报》为首的美国媒体也在讴歌将军的壮举，同时抨击赫尔。这场圣皮埃尔－密克隆行动让罗斯福又怒又窘：它令总统对自由法国的这位领袖产生了强烈的怀疑，认为他的目标并不是为了人类解放，而且一旦有机会，他将在战后的法国建立独裁政权。[4]

二

46

戴高乐完全认同维希政府力保法兰西殖民帝国的做法，这也加深了罗斯福对他的鄙夷。[5]在珍珠港事件爆发时，罗斯福已经成为坚定的反帝国主义者。他确信欧洲殖民主义是第一次世界大战和眼下这场战争的罪魁祸首之一，只要殖民地帝国继续存在下去，未来就依然有可能爆发各种冲突。他甚至认为，西方国家统治了亚非多数地区，这对于世界稳定的威胁不亚于德国扩张，因此所有殖民地都应获得解放。在美国参战几个月后，罗斯福总统的儿子埃利奥特（Elliott）记下了父亲的一番话："埃利奥特，无论何时你都要记着，如果不是因为法国、英国和荷兰的贪婪短视，美国人此时不会在太平洋献出生命。我们能允许他们〔在战后〕重新做这样的事情吗？"尽管要对埃利奥特直接引述的这段话的可靠性打个问号，但他确实把握到了父亲最基本的信念，这一点毋庸置疑。在稍早前的1941年3月，罗斯福曾对白宫记者协会发表过这样一番讲话："地球上的任何一个种族都没有资格充任其他种族的主人，以前没有，现在没有，将来也永远不会有……我们相信任何国家——不管它多么弱小——都拥有独立建国的天赋权利。"[6]

人们可以想象在场的记者们是如何使劲点头表示赞许。毕竟身为美国人，通常都会对殖民主义感到厌恶：若是换成别的美国领袖，恐怕也会用一模一样的语言来强调各国独立建国的权利。但还有一个事实也需要注意，那就是罗斯福对殖民主义的看法已经发生了巨大的转变，很多华盛顿的官员并不愿意在反殖民主义立场上牺牲欧洲利益，相比这批人，此时他在这个问题上的态度更为坚定。在公职生涯的早年间，他曾拥护帝国主义统治。当时他的想法与法国的"教化使命"十分相近，认为美国将它得到的文明赐福传播给不幸而落后的人民，这是正当且必要的，在需要的时候甚至可以诉诸武力。他的动因不仅仅是人道主义：跟堂亲西奥多·罗斯福（Theodore Roosevelt）一样，他也相信地缘政治的紧迫性决定了美国应控制一切对保卫巴拿马运河和通往美国的水体至关重要的土地和水域。其后在威尔逊政府担任海军助理部长期间，罗斯福对于当时的美国殖民地也采取了家长式的态度，至少在加勒比地区，他是赞成进一步扩张领土的。[7]

　　与此同时，罗斯福又早早站出来支持威尔逊提出的集体安全计划，这样的立场显得有些不一致。作为 1920 年民主党的副总统候选人，他在选举中积极支持美国加入国际联盟（League of Nations），而且在其后的多年里，他十分拥护威尔逊关于美国积极参与国际事务对确保国家的安全繁荣至关重要的观点。[8]此外，跟威尔逊一样，在经历过一战后，他也相信对殖民帝国的争夺不仅导致欧洲列强针锋相对，创造了引发战争的条件，而且不利于在纷争中达成和谈协定。法国和英国为了争夺领土和影响力，尤其是在中东地区领土上相持不下，这使得有效的调停手段几无可能实现。

　　在 20 世纪 20 年代中期，罗斯福开始在拉丁美洲推行更为合作的政策，并且在尼加拉瓜出现动荡时强烈反对美国干预。他虽还怀有改善那些不幸的人们生活的布道热情，但美国官员们使用的手段日益令他不安。他承认，美国在拉美的帝国主义政策取得了重大的人道主义成就，可是它带来了什么样的代价？是否还有更好的法子？在 20 年代晚期，他起初较为慎重，而后更加强硬地呼吁将拉丁美洲国家视为独立的主权国家，并积极推进像菲律宾这类地区获得完全独立地位。[9] 1933 年，在入主白宫后不久，罗斯福即宣布美国此后将在与拉美的交往中扮演"好邻居"的角色。对于这个提法，他们说得比做得要更好——罗斯福政府继续支持并援助拉美地区的独裁者，因为他们相信这样能确保地区稳定，并维护美国的经济利益——但"好邻居"政策仍然是美国与拉美关系的发轫，而且与欧洲的殖民政策形成了鲜明的对比。在罗斯福的第一个任期里，他还批准给予菲律宾"联邦共和国"地位，只不过将其最终实现完全独立的时间定在了 1946 年。记者沃尔特·李普曼（Walter Lippmann）在二战期间对此热烈颂扬，他认为这些政策证明列强并不需要在其"轨道"中对弱国实行正式的殖民统治。就这一点而言，罗斯福的举措是"唯一能真正替代殖民帝国"的办法。[10]

　　诚然，无论是李普曼还是罗斯福都没有鼓吹在所有殖民地立刻推行自治。他们也都相信，对于很多殖民地来说，立刻获得独立将引发普遍的混乱与冲突。罗斯福对当时流行的白人和西方优越论深信不疑，而且他的反殖民地思想跟家长式管理和无知是相伴而生的。不过，这里要指出的一个重要观点在于，在第二次世界大战发生前，他就已经得出了这样的结论：无论如何，所有或者几乎所有欧洲殖民地都注定应获得彻底的独立。[11]

48

三

1941 年年初，罗斯福一方面面临日本反殖民地宣传的压力，另一方面又为承诺菲律宾获得独立，自认为树立了一个良好的榜样而沾沾自喜，开始就这一问题向英国施压。在 8 月与丘吉尔在普拉森舍湾召开的会议中，他坚称只有承诺发展"经济文化落后的国家"，才有可能取得持久的和平。据报道，罗斯福当时这样表示道："我们一面跟法西斯奴役制度作战，一面却又没有奋力解放饱受落后殖民统治之苦的全世界人民，这实在让人难以置信。"对大英帝国无比忠诚的丘吉尔自然是反对这番主张，但在欧洲战争中他需要争取到美国的支持，因此并未表态。这次会议最广为人知的成就是一份后来被称为《大西洋宪章》的战争诉求声明，宪章中有一项条款表示尊重"所有民族有选择他们愿意生活于其下的政府形式之权利"。比起威尔逊在 1919 年时的举动，罗斯福的步子迈得更大，他清楚地表示该宣言具有普适性，不仅适用于德国和日本殖民帝国，还适用于世界各地的所有殖民产业。而丘吉尔对英国议会打保票说，该宣言仅仅涉及原本拥有自治权的、遭到德国占领的欧洲国家的主权——"它跟该地区不断升级的自治制度的逐步演化，以及应拥护英国王室的各个国家，并不是一码事。"在跟英国的印度事务大臣利奥·埃默里（Leo Amery）谈话时，丘吉尔表示"只有在领土转移或出现主权问题时……才有必要"援引这份宣言。[12]

然而，英国首相只能任由富兰克林·罗斯福在策略上胜出自己一筹。所谓的"罗斯福时刻"正在形成：不仅仅是印度支那，来自全球各地的殖民地民族主义领袖都将宪章解读成是

1941 年 8 月，富兰克林·罗斯福和温斯顿·丘吉尔在纽芬兰附近的普拉森舍湾会晤。

对民族解放做出的明确承诺，而这正是罗斯福总统的初衷。罗斯福成了他们中很多人眼里的英雄。此外，美国媒体对《大西洋宪章》表示广泛关注，这意味着当时的舆论也聚焦在该议题上，而且在战争的余下时光里，它始终处在流行观点的前沿。社论作者和专栏作家普遍对民族自决条款拍手叫好，而在海外民族主义领袖看来，美国如今占据了道德制高点。[13]

不过在短期内，丘吉尔仍然能为所欲为。在珍珠港事件发生几周后，两位领导人再次相聚，这一次会晤的地点是华盛顿，罗斯福建议英国应公开承诺允许印度独立。丘吉尔大吃一惊，强硬地拒绝了这个主意——"我回绝得是那么强硬，那么充分详尽，"后来他写道，"结果［罗斯福］再也没有口头上提起过这个话题。"[14] 在会谈中，丘吉尔表示自己宁可辞职也不愿意"抛弃"印度人民。罗斯福明白了他的想法。1942 年，罗斯福继续告诉幕僚们，伦敦方面应该推进印度自治，也在通过中间人向伦敦旧话重提，但他多多少少没有就此再亲自向丘吉尔施压。随着日本在亚洲迅速取得帝国主义和军事上的扩张——香港在 1941 年 12 月沦陷，新加坡是 1942 年 2月，仰光是 1942 年 3 月，菲律宾是 1942 年 5 月——以及德军控制了欧洲的大量领土，罗斯福担心如果继续向英国这位固执的领导人施加压力，会在生死存亡的节骨眼上影响盟国的团结。从地缘政治角度来说，南亚相对不那么重要，因此只能等待。

罗斯福倾向于让短期而务实的重要问题来驱动他的外交行动，这一点在战争中屡见不鲜。不过，他并未抛弃自己最基本的反殖民主义理念——他始终坚定不移地相信印度独立必将到来——而且在 1943 年，他将自己的攻击对象转向了一个在地缘政治上不及英国重要的殖民强国，那就是法国。他尤其放不下印度支那。在战争初期，美国官员曾数次公开支持在战争结束后印度支那应重返法国统治，但这些声明并没有说服力。而仍然对三年前法兰西战役中法国的表现嗤之以鼻的罗斯福，越来越深信印度支那已经成为日本攻击菲律宾、马来亚和荷属东印度群岛的跳板，而且对于维希政府 1940～1941 年在没有第一时间征询华盛顿意见的情况下，一而再再而三地满足东京方面的要求，他也表示不满。他对于历史的这番解读显得不那么可靠——我们都已经看到了，在绝大多数时候维希政府确实曾征询过美国官员意见，而且对于卡特鲁和德古的一再妥协，美方也持默默支持的态度——但不管怎样，总统还是坚持着自己的观点。他还将印度支那视为殖民地管理不善的坏典型，认为

在这个地区，剥削与冷漠导致当地人处境凄惨——胡志明在数　51
本著述中探究了这一观点，其中最著名的是《审判法国殖民
主义》（*Le procès de la colonisation française*）。

在听到美国总统发出的信号后，法国的官员们——不管维
希派还是戴高乐派——都感到绝望，但并不意外。"美国人民
与生俱来支持反殖民主义革命，从传统上他们敌视殖民政
策，"法国外交部的一份报告这样写道。该报告还指出这种敌
视跨越了党派和阶级，是罕有的"美国人所持态度毫无分歧
的"议题。报告还提到，罗斯福的政策迎合了美国公众的
"圣战情结"——他这些威尔逊主义的说辞使得美国人可以为
在战场上而牺牲赋予崇高的目的，具体而言，他们是在为受压
迫的民族带来民族自决。不过，在这当中也有一些不那么崇高
的准则。这份报告提出美国商人之所以支持殖民地独立，最主
要的原因是想要获取原材料和市场，以便在战后将其利润最大
化，并维持产能。该报告的作者称，基本目标是"为商品和
资本打开一扇门"，至于谁将在这场较量中占上风已经十分明
朗："相比欧洲竞争者，打开的这扇门将更加支持强大的美国
人。"[15]

随着戴高乐的地位逐渐稳固，罗斯福对法国重返印度支那
的憎恶也渐增，这一点并非巧合。他对戴高乐将军的敌意很深
且持久——回过头来看，这实在来得蹊跷。当盟军在1942年11
月进攻北非时，他们想要寻求自由法国运动的参与，这样可以
说服在阿尔及利亚和摩洛哥的法国指挥官放弃武力抵抗。但罗
斯福阻止让戴高乐参与行动。相反，他和丘吉尔将宝押在了亨
利·吉罗（Henri Giraud）身上，这位做派生硬拘谨的法国将
军，最拿得出手的履历是他在两次世界大战中都从德国的战俘

营中成功脱逃。很快人们就清楚地发现，吉罗虚有电影明星的外表，但腹中空空；他既没有智慧也没有魅力实现任何成果。盟军登陆北非的结果是德军占领了维希政府原本控制的法国南部领土，维希当局与美国断绝外交关系。即便是在华盛顿的维希

52 策略泡汤，吉罗从自由法国组织攫取控制权的尝试彻底失败后，美国政府仍然固执地怀疑戴高乐和他的行动。罗斯福和他的几位高级助理质疑戴高乐在法国民众当中受欢迎的程度，并拒绝做出任何有可能对获得解放后的法国造成"伤害"的承诺。[16]

但是，如果印度支那和其他可能的殖民地在战后不应该回归殖民列强手中，它们又该何去何从？罗斯福提出了一个托管方案，殖民地可以循此计划，通过几个步骤来实现最终独立。那些尚未做好独立准备的国家——在罗斯福看来包括了法国的所有殖民属地——需经联合国组建的一个非剥削性质的国际托管制度来监管。在 1943 年 3 月与英国外交大臣安东尼·艾登（Anthony Eden）商讨此计划时，罗斯福单独将印度支那挑了出来，作为应当由这个新体系管控的地区。命中注定将在接下来的 12 年里对英国的印度支那政策起主导作用的艾登，质疑罗斯福对法国是否过于严苛，但总统对这个质问不予理会。他说，法国应准备好将自己的部分海外殖民属地交由联合国管辖。但是，美国之前关于恢复法国所有属地的承诺又该怎么算呢？美国副国务卿萨姆纳·韦尔斯插话道。这个承诺只对北非适用，罗斯福这样回答道。[17]

韦尔斯并不需要外界说服。作为罗斯福的核心顾问——他跟总统之间的关系有时甚至比他的上司科德尔·赫尔跟总统更加密切，这个事实赫尔也不是没有注意到——这位温文尔雅、善于辞令的副国务卿频繁谈到了民族主义在殖民地世界发展得

多么风起云涌，以及试图否认亚洲民族对独立的需求有多么愚蠢。他这样赞美托管制度："在世界的各个地区，有许多民族正在大声疾呼，要求从殖民列强手中夺回自由。若是想不出什么办法来帮助这些民族，我们铁定会遭殃。这就好似没有装上安全阀，坐等锅炉爆炸。"[18]

托管制度跟伍德罗·威尔逊在一战后提出的委托统治制度一脉相承。罗斯福承认，几乎没有哪个国家从委托统治制度中取得了发展，但他坚持认为这个制度从本质上来说是行得通的。在他的计划中，"委托"（mandate）一词被换成了"托管"（trusteeship），这样一来就不必继续背负垂死的国际联盟的污名，而且这一次的执行机制也将在更大程度上体现国际责任。与此前的制度一样，托管制度的核心原则在于：被殖民地区不是统治它的强国的专属禁区，而是构成了"神圣的托管"，国际社会对其负有特定的责任。[19]

艾登明白这套说法无非新瓶装旧酒，而且他也不喜欢这瓶酒的味道。他和英国外交部的其他同僚们疑心美国人是在利用托管制度来获取他们自己的经济利益——"殖民地国际托管"无非是美国人为获取殖民地经济资源、施加全球影响力所释放的烟幕弹。不过，真正叫英国人害怕的，还是总统坚持要求托管地交由国际社会监管。不管罗斯福的计划是多么细节欠奉，有一点却十分明确，那就是托管制度将迫使管辖国遵守国际章程——具体章程可能由联合国拟定——同时要遵守该殖民地实现独立的时间表。这一点令艾登及其同僚深恶痛绝，他们立刻着手修正托管制度方案，表示充其量愿意接受其他国家担任顾问。事实证明罗斯福丝毫没有退让，于是英国方面转而采取回避策略，免得美国再提起这个话题。[20]

53

四

令丘吉尔十分不快的是，罗斯福想要让中国的领导人蒋介石加入反殖民主义事业。在这位总统看来，这场战争结束后，中国不仅可以成为英国和其他欧洲殖民列强在亚洲的制衡力量，也可以与华盛顿方面一道建立某种中美轴心国，以统治亚洲和太平洋大部分区域。蒋介石非常乐于加入其中。他的观点跟罗斯福一样，认为亚洲殖民主义正好给日本提供了可乘之机，而且在罗斯福的怂恿下，在促成英国退出印度方面，他也产生了一些影影绰绰的想法。对于总统计划让中国在战后成为世界四大主要强国之一，在亚洲承担起维持和平稳定的重大责任，他感到欢欣鼓舞。[21]

54　　但中美之间这段刚刚萌芽的浪漫情愫并没有持续多久。1943 年 11 月，两位领导人在开罗进行了他们在战争期间的唯一一次会晤，但没能谈拢。在金字塔附近的米娜宫酒店（Mena House Hotel），罗斯福向蒋介石寻求对其托管制度的支持，但后者不为所动，坚持主张让印度支那和其他亚洲殖民地直接独立。罗斯福又表示他支持香港回归中国统治，蒋介石称，他得先与英国方面探讨该地的前途之后，才能对此做出答复。

不过，罗斯福确实成功说服蒋介石——以及丘吉尔（他也参加了这次会议）和斯大林（他并未出席）——发表了一份有关盟军太平洋战争目标的联合声明。这份《开罗宣言》要求日本无条件投降，日本应受到"以武力或贪欲所攫取之属地"的驱逐，而且必须归还所有"窃取"的中国领土。不过总体来说，罗斯福发现这位中国领导人软弱且优柔寡断，在离开开罗时，他也不再对蒋介石在战后能演好赋予其的角色深信不疑。罗斯福总统的判断显然是受到了美国观察者们对中国事态愈发悲观的影响，这些观察员在 1943 年的晚些时候，对蒋介石政权的批评之声日甚。他们谈到了无处不在的政府贪污受贿，士气低落，以及军方领导人普遍不愿意跟日本人作战。而与此同时，毛泽东领导下的中国共产党从 20 世纪 20 年代末即开始断断续续地跟蒋的国民党政府做斗争，而且在中国北部的力量越来越强大。[22]

罗斯福在印度支那问题上的立场没有动摇。离开开罗后，他直奔德黑兰，与丘吉尔和斯大林会晤——这是他首次与斯大林会面。初次相会，罗斯福向斯大林强调了为印度支那人民做好独立准备的重要性，同时列明了美国在菲律宾所取得的成绩。斯大林同意印度支那不能回归法国，并表示支持所有殖民地获得独立。在场的一位记录者写道："总统指出，在法国统治印度支那一百年后，其原住民的境遇甚至比之前更凄惨。"罗斯福随后将讨论转向他的托管制度，暗示蒋介石已表示认同，斯大林对此也表示支持。在会晤进入尾声时，他们一致同意没必要跟丘吉尔讨论印度问题。[23]

同一天的晚宴，在丘吉尔在场的情况下，斯大林再次表示他反对法国重返印度支那。罗斯福抓住机会宣扬国际社会通过托管制度需要承担的责任，并小心地将例证限定在法国属地（太平洋的新喀里多尼亚、非洲西海岸的达喀尔），免得开罪了这位英国首相。丘吉尔并没有为之所动。他承诺战后英国不会开拓新的领地，但既然国际四巨头将要肩负维持战后稳定的重担，那么在特定的有战略价值的区域也就理应获得独立的管控权。随后罗斯福称病退席，斯大林则继续向丘吉尔强调阻止法国重新恢复其殖民帝国的必要性。他担心的并不是印度支那民众：他对东南亚几乎毫无兴趣，而且早在 20 世纪 20 年代认识胡志明时，他就对其持不信任的态度，这种看法始终没有消失。但是，他相信自己的立场可以更广泛地削弱欧洲殖民帝国，同时确保在这场战争结束后，使法国变成世界舞台上的一个配角。[24]

离开伊朗回国后，罗斯福继续施加压力。1943 年 12 月中旬，法国再次进入他思考的核心，当时他向英国、苏联、埃及和伊朗大使都介绍了自己关于印度支那的计划。总统承认，印度支那人民尚未对立即独立做好充分准备，但这并不是容忍法国继续在那里徘徊并重新主张殖民统治权的理由。相反，最好的解决办法应该是建立托管机制，允许印度支那依照菲律宾模式来发展。苏联政府对此表示支持，而在 1944 年 1 月，罗斯福在白宫愉快地提醒英国大使注意该计划，并补充说自己在与丘吉尔首相的 25 次讨论中已经明确表达了自己的意见——"'讨论'恐怕不是个准确的字眼儿。我提了 25 次，但首相一直未发一言。"[25]

罗斯福和斯大林貌似在向殖民帝国发起一场零敲碎打的攻击，这让丘吉尔和其他英国官员感到不太舒服。他们认为眼前是个险峻的陡坡——或者也可以这么说，是场危险的多米诺游戏：如果印度支那获准脱离殖民统治，那么，缅甸、马来亚、印度和大英帝国的其他属地又何以能免遭同样的命运？"我们最好小心点儿，"1944 年年初，英国外交部常务次官亚历山大·卡多根在得知罗斯福再次指责"无可救药的"法国在印度支那的失败表现后表示，"法国真的比我们在马来亚，或者荷兰在东印度群岛更加'无可救药'吗？"[26]

让伦敦的战略家们郁闷的是，这位美国总统对印度支那的地缘重要性，以及对在战后欧洲树立法国强大且稳定的地位，看起来都毫不在意。在他们看来，印度支那是整个东南亚的关键，是横亘在北边的中国和南边的英国一系列宝贵属地之间的一道防线。日本曾将印度支那作为其向马来亚和缅甸采取军事行动的前哨基地，这种情况绝不允许再次发生。因此有必要保持战后印度支那的和平稳定，而相比其他任何国家，法国都更适合承担这个责任。与此同时，在欧洲，不管欧陆将上演什么样的剧情——德国复苏，苏联扩张，美国撤军，社会和经济全面崩溃——英国都需要和法国合作无间。[27]

那么，如何才能确保法国愿意合作？伦敦的决策者们决定，一方面要支持夏尔·戴高乐收复包括印度支那在内的法国殖民地的决心，另一方面则要避免跟华盛顿方面在这件事情上争执不休。1944 年年中，丘吉尔提醒艾登："相比任何其他殖民地事务，罗斯福在跟我谈及这个话题时的态度更加直言不讳。所以我猜将印度支那从法国那里解放出去，应该是他的一个主要战争目标……你真的想在这个时候跑去掺和这个事儿吗？"[28] 从 1944 年的年初到年中，伦敦的官员们一直小心翼翼地回避与美国人在殖民问题上展开协商。罗斯福在继续推进他的托管方案，也在继续反对法国收复印度支那，不过随着这一年时光渐渐流逝，他的态度显得没那么急迫了。

军事上的发展态势在一定程度上可以解释他的态度变化。随着战场上的运势决定性地转向了盟军一方，几乎已经可以感觉得到欧洲和亚洲的胜利，罗斯福必须面对一个自战争开始时就呼之欲出的困境：一边是建立以民族自决和自由贸易为基础的新国际秩序的决心，另一边是在国际列强间推进战后合作的

57　需求。如何在这两者间取得一致？如果殖民主义是唯一一个利
益攸关的问题，罗斯福恐怕仍然能向英法两国施加压力，并且
要求包括荷兰和葡萄牙在内的所有欧洲殖民强国在批准各自的
殖民地获得独立上拿出具体的时间表。但在1944年，他开始
越来越广泛地思考一旦战争结束将会发生什么。他意识到，得
对自己此前一些有关"四警察"——需要在各自区域维持秩
序的美国、英国、苏联和中国——的预想做出修正。

　　举例来说，中国现在看似不可能承担作为"四警察"之
一的角色。在这年春天，随着蒋介石不断集结军力去跟共产党
而非日军作战，中国内战全面爆发的概率显得越来越高。5
月，罗斯福告诉他的行政班子，他"头一回对中国团结起来
坚持打完余下的战争感到担忧"。国民党政府官员间盛行内
讧，而外国观察员们不断上报称其政府腐败无处不在。就连长
期拥护蒋介石的《生活》杂志（Life magazine），也刊登了一篇
白修德（Theodore White）撰写的文章，警告称"我们正在为
一群吸血鬼效力"，这些中国领导人拿着美国人的补给去打
"一场不可避免的内战"。与此同时，在1944年，中国在战争
中的战略重要性总体来说开始急剧下滑。起初美国的领导者们
认为想要击败日本，就必须在中国东北建立空军基地，但在这
一年，局势已经非常明朗了：进行一场跨太平洋的"跳岛"作
战可以为进军日本本土提供一条更方便快捷的路径，这条路径
可以完全由美方掌握，而且不必跟盟国协商。一度在美国军事
战略中显得极为重要的中国战场，开始迅速变得无关紧要。[29]

　　与此同时，罗斯福也听到有人指出另一个"警察"苏联
在战后也许压根儿不会合作。随着苏联红军一路西进，捣毁纳
粹各师，美国的资深分析人士对斯大林的野心表达了顾虑：看

来他不仅意在欧洲，还剑指亚洲。美国驻莫斯科大使 W. 艾夫
里尔·哈里曼（W. Averell Harriman）在 9 月中旬报告说："我　58
们与苏联的关系在最近这两个月里显然出现了惊人的转折。他
们对我方的各种要求采取了全然漠视的态度，完全不顾及美方
利益，甚至不愿意与我们讨论迫在眉睫的问题。"哈里曼警告
称："一旦涉及苏联利益，他们就会变成国际恶霸。这种政策
不仅将触及中国，而且一旦他们将兴趣转向太平洋地区，也同
样不会手软。"[30]

五

　　中国的动荡和苏联意图的不确定性，让华盛顿外交机构中
主张允许英法在战后收回亚洲属地的势力拿到了一手好牌。在
1944 年的大部分时候，这些"保守派"一直在展开攻势反对
"激进派"同僚，后者跟罗斯福一样抵制法国收回印度支那，
同时希望对印度支那给予一定程度的国际监督，以期它能不断
发展并最终获得独立。这当中的不少保守派虽跟总统一样反感
戴高乐，蔑视法国在面对德国和日本进攻时黯淡的表现，但他
们不能认同总统有关在今后的许多年里法国都不应在国际事务
中扮演重要角色的主张。相反，他们认为，如果想要为欧洲和
更广泛的世界体系带来稳定，美国在战后紧接着就需要一个强
有力的法国。[31]

　　法国当局察觉到了美国在决策中的分歧，并想要为己所用。
对于美国在西太平洋的压倒性优势，法国人再清楚不过了——
"没有他们［指美国］的认可，起码是默许，在印度支那将一事
无成，束手束脚，"一位高官这样提醒他的同僚——在 1944 年，
他们决意要加速收回印度支那，而且一定要赶在华盛顿制定切

实的政策前完成。戴高乐推断，法军加入解放印度支那的斗争
这一点至关重要。在自己的回忆录中，戴高乐坦言："我认为，
我们必须要赶在这场斗争结束前介入，这一点至关重要。否则，
任何政策、任何军队、任何舆论都自然会坚信我们背弃了印度
支那。另一方面，假使我们加入战争中——哪怕这场战争已经
接近尾声——法国在印度支那的土壤上洒下的鲜血必将造就一
个感人至深的声明。"[32]

59

　　戴高乐及其手下据此开始组建一支有能力迎战日军的队
伍。从 1944 年中期起，自由法国运动的特工空降印度支那，
与支持戴高乐主义的人士接触，并协调抵抗方案。法国外交官
也在努力促成盟国向印度支那派出军队，并说服美国政府允许
法国常规部队参与更广泛的太平洋战争。事实证明华盛顿对此
持抵触态度，但法方步步紧逼。在一系列专就印度支那问题展
开的中层双边会晤中，法国始终在强调自己对印度支那民众所
持的善意以及战后允许对方得到更多自治权的决心。法国人承
诺，印度支那将作为一个"自由的主体"，在涉及新的政府安
排方面享有"全新的政治地位"。此外，他们也在强调世纪之
初法国在推进印度支那经济发展方面取得的成就，同时坚称原
住民对此表示出深深的感激。"我们殖民地的人民始终对我们
怀有信心，"殖民部部长勒内·普利文（René Pleven）在 10
月这样对外国记者表示。[33]

　　华盛顿保守派的促请，加上英法两国的压力，渐渐蚕食了
罗斯福的决心。但只是部分程度上的。他对法国帝国主义和戴
高乐本人的反感始终没有淡化，而且他坚信——或者至少是希
冀——这位将军很快就会成为强弩之末。可是媒体在高声唱反
调，而国会中也出现了越来越多的异议，他们坚持认为现在戴

高乐已经成为法国的领袖，而且不可能被赶下台了。早在1943 年时，这些观察者就已经提醒白宫注意，戴高乐已获得了总部设在阿尔及尔的法兰西民族解放委员会（Comité français de la Libération nationale，CFLN）的领导权，获准领导被解放的区域并协调军事行动；而到了眼下的 1944 年春，这个委员会取得了法兰西共和国临时政府的职能和合法地位。

1944 年 7 月，戴高乐赴华盛顿参加为期三天的会议，罗斯福对外摆出了一副又是尊重又是景仰的姿态，但关起门来时，他的立场丝毫没有动摇。他告诉戴高乐，在战后的世界，法国将仅仅是个旁观者。美国、苏联、英国、中国这四巨头将拥有支配地位，而相比世界的其他部分，西欧的地位会被削弱。新的联合国组织将参与扼制苏联的野心，而在西方，美国将拥有至高无上的地位。戴高乐提醒他说，不要指望中国能成为有价值的盟友，并称复苏的法国将再次成为国际领先力量。针对罗斯福所提出的民族自决将成为美国战后政策的指导原则，戴高乐回答说，法国将乐于讨论殖民关系的形式——从属领地将在此后获得更多自治权——但不会放弃法兰西殖民帝国的任何一部分。他们两人的交流，套用一句绝妙的法文表述，是"沉默的对话"（dialogues de sourds）。[34]

话虽如此，但戴高乐仍然对这次出行的所见所闻印象深刻。这是他第一次接触美国官方强大的权力中心，在离开美国时，他敏锐地觉察到精英阶层势不可当的自信以及美国社会的活力。他从华盛顿前往纽约，被眼前的一切震慑住了。"太惊人了（C'est énorme），"从华尔道夫酒店（Waldorf Astoria）的套房窗口俯瞰楼下的车流时，他感叹道，"这个国家已经三年没有造一台汽车了，可是看看这些车啊……它们代表的是什么样的资本……这是多么强大的国家啊。"他继续说，美国在全球各国中已经占据支配地位，而且在今后若干年里仍将保持这种地位：在与其他所有国家相比时，它的工业实力和农业产量使得它拥有巨大的优势。"在战争结束后，它将是最富有、配套最完善的国家"，他这样总结说，而且它"已经在试图统治世界了"。[35]

在乘机返回阿尔及尔前不久，戴高乐告诉满满一屋的记者，他此次出访获得圆满成功。"我现在深信，对于我们正在及将要面对的所有共性问题，其解决机制……都将更加简单，因为现在我们对彼此都有了更清晰的认识。"一位记者问戴高乐，他是否期待法兰西帝国将全面恢复。他回答说，确实如此，法国"将发现原本属于它的一切都原封不动"，不过法国"也确信法兰西架构在全球的形式将不同于从前"。又有人问，法国认为自己仍是世界强国吗？他回答，这种说法太荒唐了，想都不用去想。至于美国正式认可在阿尔及尔的委员会作为法国临时政府的前景，戴高乐说，他此行的目的并非争取这样的认可，但他希望这一点将会实现。[36]

一位旁观者注意到，这是一场自信而沉着的演出。这也不奇怪：戴高乐知道无论是在法国的领导权，还是保留法兰西帝国的主张方面，他都有英国作后盾。他也知道在争夺法国的领导权方面，自己把所有潜在的对手远远地抛在了后面。何况这是一个迎来解放指日可待的国家。一个月前盟军刚刚声势浩大地跨越海峡登陆法国，尽管此次行动几乎可以说是以灾难收场，但诺曼底滩头阵地仍然成为接下来几周大规模集结的中心。至 7 月底前，已有近 150 万军人跨过英吉利海峡，并开始突破海岸线周边地带。哪怕是到了这种时候，罗斯福还是盼望

从被解放的某个地方横空冒出一位领袖，主张自己的政权才是
法兰西共和国的合法政府。但法国民众想要的偏偏就是戴高
乐。盟军最高指挥官德怀特·D. 艾森豪威尔将军认识到了这
个事实，而且，他也不像罗斯福那样私底下那么讨厌戴高乐，
因此给予了戴高乐的自由法国军队首先进入巴黎的荣耀，这让
罗斯福惊诧不已。1944 年 8 月 25 日，戴高乐在巴黎市政厅，
面对一群狂喜的民众，宣布了巴黎解放的消息。

　　他在 1940 年 6 月发表的那段惊人的宣言，通过盟军和来
自法国内外的抵抗得到了证实：这场战争他们没有输。1940
年的那场败仗已经被一雪前耻。次日，戴高乐将军率领着一支
凯旋的军队庄严地沿香榭丽舍大道而上，在下午 4 点半来到巴
黎圣母院。"效果不可思议，"当时任英国情报官员的马尔科
姆·马格里奇（Malcolm Muggeridge）回忆说，"一直站着的庞
大人群突然间齐刷刷地俯卧了下去……只有一个例外：一个孤
零零的身影，有如孤单的巨人。这当然就是戴高乐。自打那以
后，他在我的心目中永远留下了这个印象——高高在上、孤身
一人；其他的人都要向他臣服。"[37]

　　艾森豪威尔说不出这样的话来，但他领会到了其中的精
髓：这个时刻属于戴高乐。但是如果说这位盟军指挥官在应对
戴高乐时表现出的圆滑和外交才能，令他在当时赢得了外界观
察者、在此后赢得了史学家的推崇，那么，这也将罗斯福置于
一个尴尬的境地。新上任的国务卿爱德华·斯特蒂纽斯
（Edward Stettinius）和艾森豪威尔与乔治·C. 马歇尔（George
C. Marshall）这两位将军都告诉总统，现在只有一条路能走：
他必须接受戴高乐作为法国临时政府总统。国务院开始起草正
式认可临时政府地位的计划。罗斯福让这份计划书在自己的办

62

1944 年 8 月 26 日，夏尔·戴高乐沿香榭丽舍大道而下，从凯旋门来到巴黎圣母院。在他左边身后的是菲利普·勒克莱尔（Philippe Leclerc）将军——后担任印度支那法国联军司令，并表示此役绝不可能取胜。

公桌上躺了好几个星期，最终才服了软，于 10 月 23 日签署文件。

六

　　到 1944 年秋天时，罗斯福有关战后印度支那的规划碰到了麻烦。中国处在风雨飘摇中，蒋介石的政权日益衰弱；苏联对欧洲和其他各个区域野心不减，令人越来越担心；戴高乐维护殖民帝国的承诺开始占据上风：所有这些都减少了法国在重新收回东南亚属地的道路上碰壁的机会。

　　事态渐渐超出了罗斯福的控制。8 月，伦敦的官员帮助信仰戴高乐主义的特工潜入印度支那。几周后丘吉尔批准法国军

63

事人员加入盟军东南亚指挥部（South East Asia Command，SEAC）的行动；他本应事先征求罗斯福的许可，但结果只是得到了美国军事将领的同意就算作数。[38] 尽管在得知情况后，罗斯福拒绝承认丘吉尔的行动，同时也反对向印度支那境内的抵抗组织提供物资的计划，但单单是法军出现在印度支那的事实，就已经拥有了巨大的象征意义。SEAC 司令官路易斯·蒙巴顿（Louis Mountbatten）勋爵向自由法国在 1944 年年末进行的军事行动提供了大规模的空中支援，并鼓励英国在远东的情报机构与戴高乐麾下类似的机构"学习研究总署"（Direction générale des études et recherches）建立合作。单是在 12 月，英国军队就实施了 46 次空中打击，在印度支那的各个抵抗小分队中建立了电台网络，囤积军事物资以供今后可能的对日作战使用，并偶尔帮助法国特工出入该地区。"我觉得美国人压根儿没有意识到，我们与法方通力合作，已经在法属印度支那地区取得了多么大的突破，"1945 年 1 月，一位外交官欣喜地对英国外交部如此表示道。[39]

也许美国人确实没意识到，但罗斯福的一些资深顾问已经开始在印度支那事务中唱起了新的主旋律，而且肯定还带着英国腔。同月，哈里·霍普金斯（Harry Hopkins）告诉斯特蒂纽斯和战争部部长亨利·史汀生（Henry Stimson），现在需要"进行一次全面检讨，检讨针对的不仅是印度支那形势，还有我们对待法国的整体态度"，因为法国方面认为"我们在抵制他们的再次复苏"。史汀生称，基于自己对"法国已成为重要军事基地"的观察，他对此表示支持。也是在同月，国务院的约瑟夫·格鲁（Joseph Grew）告诉澳大利亚官员，他相信印度支那将留在法兰西帝国。[40]

64　　这些官员们可能是从总统那里察觉到了一些暗示。在1944年年末的最后几周里，在法国收回印度支那问题上罗斯福一贯强硬的态度开始松动，这主要源于英国的毫不妥协，另外恐怕也跟他本人的健康情况急剧恶化有关。伦敦的官员想要在一次旨在摧毁日军通信设施的印度支那境内行动中使用法军先头部队，这个新计划亟待美国总统明确投赞成票。罗斯福起初反对这个请求，但在1945年1月4日，他终于开口表示同意，而此时法军的破坏行动事实上已经在部署中了。罗斯福之所以让步，可能是因为他相信此次军事行动将给战争带来重大成果，而且法军在其中发挥的作用不足以为其重新统治印度支那带来任何有意义的改变。但还有另外一种可能，就是他已经改变了立场，即现在只要法国能承诺在印度支那实施彻底改革，并为其最终独立制定一个切实的时间表，他就愿意接受法国收复该地区的可能性。但他仍在坚决否认自己的态度有任何改变——1月的前半月，他分别告诉一位国务院官员和一位法国外交官，印度支那不应回归法国——但事实上或许他已经有所缓和。[41]在1945年2月于克里米亚举行的雅尔塔会议上，罗斯福不再坚持主张对殖民地实施国际托管制度；当时他表示，唯一的例外是日本人侵占的区域，需要在殖民列强同意的情况下实施这种国际化。在雅尔塔会议上，他告诉斯大林，他不允许美国船只用于将法军运送到印度支那，但他还建议这位苏联领导人不要跟丘吉尔提起印度支那议题。"这只会叫英国人发火，"罗斯福解释说，"至少眼下最好别提。"[42]

　　可是如果像一些历史学家那样从中得出一个结论，认为1945年年初是某种转折时刻，美国在此时抛弃了它的反殖民主义原动力，转而支持法国收复印度支那，那就大错特错了。[43]罗斯福并未放弃自己有关帝国主义体系已经破产、去殖民化终将到来的信念，他相信美国应当站在历史正确的这一边。1944 年 10 月，他对一位来访的法国上将表示，在日本垮台后，西方强国在太平洋的处境将危如累卵。"至今仍臣服于欧洲国家强权的民众已经十分熟悉独立的理念，"总统表示，"我相信，如果我们不希望被这些人推翻，就务必找到一个通行的方案，以化解白种人和黄种人之间的矛盾。"各国实施的方案在性质上或许将有所不同，但"在一个既定的时间范围内"，所有殖民地都将获得独立。[44]

65

在雅尔塔会议中，罗斯福态度矛盾，他放弃了国际托管制度，但告诉斯大林他仍然"思忖着"在印度支那实施这类解决方案。在会后乘昆西号重巡洋舰（USS Quincy）回国时，他接受了记者的非正式采访，对大英帝国和法兰西殖民帝国表示谴责，并将这两国跟美国在菲律宾的成功记录，以及华盛顿方面对该殖民地获得独立的承诺进行了对比，做出了对英法不利的结论。罗斯福仍然对法军进入印度支那感到不安，并否决了法军在当地的反日作战中投入更大军力的提议。他业已放弃了国际托管制度的想法，但认为殖民列强仍应扮演受托人的角色，一旦殖民地做好独立准备就应放弃统治。一位英国官员在雅尔塔会议后总结道："'殖民托管'仍在美国［政府的］政策中保持着相当的活力。"[45]

方式改变了，而目标并没有。3 月 8 日，从雅尔塔归来，又在纽约海德公园村小歇数日后，总统在白宫分别会见了驻中国大使帕特里克·赫尔利（Patrick Hurley）和中国战区指挥官阿尔伯特·C. 魏德迈将军（Albert C. Wedemeyer）。赫尔利竭力想让罗斯福了解中国即将发生的内战，总统的注意力却落在了别处。他表面上在认真聆听着赫尔利的讲话，但随即将话题转向印度支那。魏德迈同样发现根本没办法让总统把注意力停留在中国问题上。罗斯福指出自己和斯大林一致认为印度支那需要的是托管制度，而非殖民主义，他还下令魏德迈不得向法军在亚洲的任何行动提供补给。他强调，未来的潮流所向是民族自决，而不是殖民帝国或势力范围。[46]

讲出这番话的人已经病弱不堪，将不久于人世。赫尔利和魏德迈在见到罗斯福的病容时，都大吃一惊，而像哈里·霍普金斯这样的亲密幕僚清楚地知道，尽头就在不远处。罗斯福又挣扎了一个月；然后，在 4 月 12 日午后，他遭受了一次严重的颅内出血，就此与世长辞。

66　　　尽管与罗斯福的私人关系不睦，夏尔·戴高乐还是发表了一份感人至深的悼词："言语实在无法将我的震惊表达万分之一。这不仅是对于我们的国家，对于我个人，同时也是对全人类的巨大损失。"在他的命令下，法国设立了一个全国哀悼日，此前这个国家从未向一个外国人致以如此高的敬意。[47]

罗斯福的离去，令印度支那政策悬而未决，他在 1942 年和 1943 年间发表的简单的反法宣言，被 1944 年的全球发展搅得日益错综复杂。他始终未能将自己对欧洲殖民的深切反对，跟对战后国际列强建立合作的信念统一起来——反对也好，合作也罢，他的态度都同样真诚。虽然在生命中的最后几个月，他对印度支那政策做出了重大调整，但他从来没有放弃自己的信念，那就是欧洲殖民帝国的持续存在将危及世界和平。3 月中旬，他告诉国务院的殖民地问题专家查尔斯·陶西格（Charles Taussig），法国可以收回印度支那，但前提是巴黎当局愿意承担受托人的义务，包括为印度支那独立设定日期。4

月5日，罗斯福在佐治亚州沃姆斯普林斯（Warm Springs，又叫温泉镇）召开新闻发布会——事实证明这是他生平所召开的最后一次发布会——站在他身后的是菲律宾总统塞尔吉奥·奥斯米纳（Sergio Osmeña）。罗斯福告诉满屋子的记者，一旦日本战败，菲律宾就将或多或少直接获得独立。此举将为欧洲列强传递一个明确的信息：殖民时代已经一去不复返。[48]

四年间，欧洲的殖民主义官员始终在聆听罗斯福传递的信息，他们曾为此焦虑不安，曾合谋阻挠这位总统的方案。（值得注意的是，他们中几乎没人认为罗斯福在去世前的几个月对自己的政策做出了重大改变。）[49]而现在他们的问题是，白宫的新主人哈里·杜鲁门是将追随前任的脚步，还是会描绘出一条新的路线呢？这些欧洲领导人明白，印度支那将为此提供一次初期尝试。在那里，一场已经发生的事件将为英法恢复法国统治的努力，也将为越南民族主义者奋力反抗的决心，带来深远的影响。

注释

1. William D. Hassett, *Off the Record with F. D. R.：1942 – 1945* (New Brunswick, N. J.：Rutgers University Press, 1958), 166. 另可参见 Robert Daniel Murphy, *Diplomat Among Warriors* (New York：Pyramid, 1965)；Raoul Aglion, *Roosevelt and De Gaulle：Allies in Conflict* (New York：Free Press, 1988)。想了解赫尔的想法，可参考 Cordell Hull, *The Memoirs of Cordell Hull* (New York：Macmillan, 1948), 2：961 – 62。

2. Kenneth S. Davis, *FDR：The War President, 1940 – 1943* (New York：Random House, 2000), 379.

3. Mario Rossi, *Roosevelt and the French* (Westpont, Conn. : Praeger, 1993), 67 – 68.

4. David B. Woolner, "Storm in the Atlantic: The St. Pierre and Miquelon Affair of 1941," M. A. thesis, McGill University, 1990; Conrad Black, *Franklin Delano Roosevelt: Champion of Freedom* (New York: Public Affairs, 2005), 706 – 10; Martin Thomas, *The French Empire at War, 1940 – 1945* (Manchester, U. K. : Manchester University Press, 2007), 133 – 39.

5. 参见 Georges Catroux, *Dans la bataille de la Méditerranée* (Paris: Plon, 1949), 278 – 79。

6. Elliott Roosevelt, *As He Saw It* (New York: Duell, Sloan, & Pearce, 1946), 115; Samuel I. Rosenman, ed. , *The Public Papers and Addresses of Franklin D. Roosevelt* (New York: Macmillan, 1938 – 50), 10: 69.

7. Willard Range, *Franklin D. Roosevelt's World Order* (Athens: University of Georgia Press, 1959), 102 – 4; Foster Rhea Dulles and Gerald Ridinger, "The Anti-Colonial Policies of Franklin D. Roosevelt," *Political Science Quarterly* (March 1955): 1 – 18.

8. Paul Orders, " ' Adjusting to a New Period in World History ' : Franklin Roosevelt and European Colonialism," in David Ryan and Victor Pungong, eds. , *The United States and Decolonization: Power and Freedom* (New York: St. Martin's, 2000); Dulles and Ridinger, "The Anti-Colonial Policies of Franklin D. Roosevelt. "

9. Range, *Franklin D. Roosevelt's World Order*; Warren F. Kimball, *The Juggler: Franklin Roosevelt as Wartime Statesman* (Princeton, N. J. : Princeton University Press, 1991), 109.

10. Walter Lippmann, *U. S. War Aims* (Boston: Little, Brown, 1944), 50 – 51.

11. Kimball, *Juggler*, 130.

12. Roosevelt, *As He Saw It*, 37; Davis, *FDR: War President*, 269 – 73; Martin Gilbert, *Finest Hour: Winston Churchill, 1939 – 1941* (London: Heinemann, 1983), 1163. 关于该时期英美两国在殖民帝国上的看法分歧，还可参见 Niall Ferguson, *Empire: The Rise and Demise of the British World Order and the Lessons for Global Power* (New York: Basic, 2003): 291 – 94。

13. Kimball, *Juggler*, 133. 关于《大西洋宪章》和其应运而生的广阔背景，以下研究成果非常出色：Elizabeth Borgwardt, *A New Deal for the World：America's Vision for Human Rights* (Cambridge, Mass.：Harvard University Press, 2006), 14 – 86。

14. Winston Churchill, *The Second World War*, vol. 4：*The Hinge of Fate* (Boston：Houghton Miffl in, 1950), 209.

15. Foreign Ministry Report, "L'Amerique et les colonies," March 12, 1945, Y-International, file 655, Ministère des affaires étrangères, Paris (hereafter MAE). 关于该报告有个极好的缩编版，见 Mark Atwood Lawrence, *Assuming the Burden：Europe and the American Commitment to War in Vietnam* (Berkeley：University of California Press, 2005), 24 – 25。另可参考 Jasmine Aimaq, *For Europe or Empire? French Colonial Ambitions and the European Army Plan* (Lund, Sweden：Lund University Press, 1996), 101。

16. Jean Lacouture, *De Gaulle：The Rebel, 1890 – 1944* (New York：W. W. Norton, 1990), 1：394 – 402; Warren F. Kimball, *Forged in War：Roosevelt, Churchill, and the Second World War* (New York：William Morrow, 1998), 173 – 74.

17. Memo-Hopkins, Eden visit, March 27, 1943, Box 138, Harry Hopkins Papers, FDR Library.

18. Minutes of Subcommittee on Political Problems, April 10, 1943, quoted in Lloyd C. Gardner, *Approaching Vietnam：From World War II Through Dienbienphu* (New York：W. W. Norton, 1989), 25. 另见 John B. Judis, *The Folly of Empire* (New York：Oxford University Press, 2006), 124 – 25。

19. Edward M. Bennett, "Mandates and Trusteeships," in Alexander DeConde, Richard Dean Burns, and Fredrik Logevall, eds., *Encyclopedia of American Foreign Policy* (New York：Scribner, 2002), 2：381 – 86.

20. Kimball, *Juggler*, 131.

21. Robert Dallek, *Franklin D. Roosevelt and American Foreign Policy, 1932 – 1945* (New York：Oxford University Press, 1979), 428 – 29; Gardner, *Approaching Vietnam*, 22 – 23.

22. Gaddis Smith, *American Diplomacy During the Second World War*,

2nd ed. （New York：McGraw-Hill，1985），93.

23. *FRUS*, *The Conferences at Cairo and Tehran*, *1943*, 448 – 50, 484 – 86.

24. *FRUS*, *Cairo and Tehran*, 509 – 68 passim；Kimball，*Juggler*, 143. 另见 William Roger Louis，*Imperialism at Bay*：*The United States and the Decolonization of the British Empire*，*1941 – 1945* （Oxford：Oxford University Press，1977），283 – 86；Akira Iriye，*Power and Culture*：*The Japanese-American War*, *1941 – 1945*（Cambridge，Mass.：Harvard University Press, 1981），158 – 63；Gary Hess，*The United States' Emergence as a Southeast Asian Power*，*1940 – 1950*（New York：Columbia University Press，1987），81 – 82.

25. Hess，*United States' Emergence*，89 – 90 . FDR quoted in Washington to FO，January 19，1944，FO 371/41723，TNA.

26. Cadogan minute，on minute by Strang，January 12，1944，FO 371/1878，TNA. 另见 Eden to PM，December 23，1943，CAB 121/741，TNA。

27. 参见安东尼·艾登在 1944 年 2 月 16 日的备忘录和相关文件，见 CAB 121/741，TNA。另可参见 Kimball，*Forged in War*, 302 – 3。

28. 引自 Ted Morgan，*Valley of Death*：*The Tragedy at Dien Bien Phu That LedAmerica into the Vietnam War*（New York：Random House，2010），25。另见 David Stafford，*Roosevelt and Churchill*：*Men of Secrets*（Woodstock，N. Y.：Overlook，2000）, 256。

29. 《生活》杂志的内容引自 Walter LaFeber，" Roosevelt, Churchill，and Indochina：1942 – 1945，" *American Historical Review* 80（December 1975），1288。

30. 1944 年 9 月 10 日，哈里曼对霍普金斯所说。Harriman file，Box 96，Hopkins Papers，FDR Library.

31. 有关华盛顿官方这些"保守派"的言论，可以参见 Lawrence, *Assuming the Burden*，52 – 58。

32. Charles de Gaulle，*The War Memoirs*，vol. 3：*Salvation*, *1944 – 1946*（London：Weidenfeld& Nicolson，1950），187.

33. Lawrence，*Assuming the Burden*，31 – 32.

34. Jonathan Fenby, *Alliance：The Inside Story of How Roosevelt, Stalin and Churchill Won One War and Began Another* (San Francisco：MacAdam Cage, 2007), 287 – 88；Aglion, *Roosevelt and De Gaulle*, 177 – 78.

35. Aglion, *Roosevelt and De Gaulle*, 180 – 81；Lacouture, *De Gaulle*, 1：537 – 45.

36. 《纽约时报》, 1945 年 7 月 11 日。

37. 马格里奇的话引自 Alistair Horne, *La Belle France：A Short History* (New York：Alfred A. Knopf, 2005), 375。

38. 参见副官的回忆, August 25, 1944, FO 371/41719, TNA。关于英法在此事上的合谋, 还可参见 Massigli to Foreign Ministry, October 2, 1944, Asie/Indochine, file 45, MAE。

39. Mark Lawrence, "Forging the 'Great Combination'：Britain and the Indochina Problem, 1945 – 1950," in Mark Atwood Lawrence and Fredrik Logevall, eds., *The First Vietnam War：Colonial Conflict and Cold War Crisis* (Cambridge, Mass.：Harvard University Press, 2007), 105 – 29.

40. 斯特蒂纽斯备忘录, 1945 年 1 月 4 日, Record Group 59, Box 6177, National Archives and Records Administration (hereafter NARA)；LaFeber, "Roosevelt, Churchill, and Indochina," 1291；Christopher G. Thorne, *Allies of a Kind：The United States, Britain, and the War Against Japan* (London：Hamish Hamilton, 1978), 94。

41. 华盛顿对英国外交部, 1945 年 1 月 9 日, FO 371/46304, TNA。

42. Rosenman, ed., *Papers and Addresses of Roosevelt*, 13：562 – 63. 另见 Thorne, *Allies of a Kind*, 628。

43. 其中一个例证是：George C. Herring, *America's Longest War：The United States and Vietnam, 1950 – 1975*, 4th ed. (New York：McGraw-Hill, 2002), 10。

44. 引自 Rossi, *Roosevelt and French*, 144。

45. J. G. Ward minute, February 17, 1945, FO 371/46304, TNA. 另见 Gardner, *Approaching Vietnam*, 50 – 52。

46. Jim Bishop, *FDR's Last Year：April 1944 – April 1945* (New York：William Morrow, 1974), 491 – 92；Stein Tønnesson, "Franklin Roosevelt, Trusteeship, and Indochina," in Lawrence and

Logevall，eds.，*First Vietnam War*，66. 在滕内松的这篇文章里，他提供了一个关于罗斯福在其生命的最后几个月里仍然坚持反对法国收回印度支那的强有力的例证。另可参考滕内松以下这本规模更宏大的著作：*The Vietnamese Revolution of 1945：Roosevelt，Ho Chi Minh and de Gaulle in a World at War*（London：Sage，1991）。

47. De Gaulle quoted in H. W. Brands，*Traitor to His Class：The Privileged Life and Radical Presidency of Franklin Delano Roosevelt*（New York：Doubleday，2008），814.

48. Kimball，*Juggler*，154.

49. 可参见英国在 1945 年秋天的官方文件，大部分内容都直接表示罗斯福到临终时都在阻止法国收回印度支那，从中也可看出罗斯福－杜鲁门过渡期的历史意义。

第三章　交叉路口

1945 年 3 月 9 日，刚过傍晚 6 点，一位客人抵达法国总督让·德古富丽堂皇的西贡官邸。他是日本驻印度支那大使松本俊一，来这里名义上的目的是签署一份早前议定好的关于大米供应和法国向日军提供经济支援的协议。在签约仪式结束时，松本让德古留下来一会儿，私下里交流一下。松本看起来很焦躁，后来德古回忆说："这种表现在一个亚洲人身上非常罕见。"很快他就明白了个中缘由：日本东京政府要求这位大使下达最后通牒，法方须在当晚 9 点前无条件予以接受——整个殖民机构，包括陆军、海军、警察部门和银行，都须由日本人控制。[1]

在过去近五年来，德古一直深惧这个时刻的到来。自打 1940 年 7 月就任后，他最重要的目标就是维持法国对印度支那的统治，哪怕只是名义上的也好，这样在停火后这个殖民地仍将是法兰西帝国的珍宝。而现在，东京当局明确提出了要求，如果同意，就等于是废止了法国对印度支那的殖民统治。德古在拖延时间，而松本丝毫没有退让——最后时限不会改变。德古跟几个副手商量了一番，在晚上 8 点 45 分时派信使将一封请求在 9 点大限后继续协商的信发了出去。这位信使跑错了地方，直到 9 点 25 分才最终把信交给了松本俊一。但在此时，已有人报告称在河内和海防发生了交火。松本匆匆扫了

68 一眼信，正色道，"这无疑是在回绝了"，随后下令日军开始
行动。[2]

　　这是一次精心策划的作战，代号"明月行动"（Operation Bright Moon）。从 1944 年 10 月起，随着美军开始发起收复菲律宾的袭击，日军司令部担心盟军将利用这个群岛进犯印度支那，进而切断日本本土与其驻守东南亚的军队之间的联系。总部设在锡兰①康提、由英国将军路易斯·蒙巴顿勋爵指挥的盟军东南亚指挥部，也确实将印度支那视为重要性与日俱增的战区。基地位于中国南部、由克莱尔·L. 陈纳德（Claire L. Chennault）少将领导的美国陆军第 14 航空队定期轰炸在越南的日军目标，有时最南甚至飞到西贡，打击那里的港口和铁路运输中枢。让东京当局更加忧虑的是，法国在印度支那的抵抗似乎在加剧，德古政权貌似也已经清楚地选择不再拥护维希政府，转而支持戴高乐的自由法国。1945 年 1 月，美国袭击了菲律宾的吕宋岛，这也平添了日本的担忧。与此同时，统领美国第三舰队的威廉·F. 哈尔西（William F. Halsey）上将沿金兰湾和归仁之间的印度支那海岸线发起了一次短暂但具有毁灭性的海上突袭，好让日本人将注意力从尼米兹号航空母舰进军硫黄岛和冲绳岛的行动中转移过来。日本陆军第 38 军做出反应，大力加强印度支那卫戍部队军力，尤其是在北圻、安南以及老挝重兵布防。

　　华盛顿的官员们此时已经可以通过"魔术行动"破译的密电，密切关注东京备战"明月行动"的形势发展。比方说，1 月 17 日，他们拦截了一条来自日本海军的消息，当中明确

---

　　①　斯里兰卡旧称。

美国海军第三舰队于 1945 年 1 月 12 日实施了一次突袭
后，西贡的码头和日军的石油储备成了一片火海。

表示"盟军登陆印度支那已迫在眉睫"。2 月 11 日拦截的电报
摘要称"日本人对盟军登陆印度支那的可能性日益关切，已
采取各类行动——并在图谋其他行动"。3 月 3 日，日本外相
通知驻海外的外交人员称，在法属印度支那地区，"我们已决
定诉诸武力"。到 3 月 5 日时，华盛顿当局了解了这个决定
（将截获的原始电文破译出来大约需要 48 小时），美国的分析
人员现在有能力对地面部队军力做出很准确的预估：日军约有
6.5 万人，法属印度支那军队则有 6 万人（其中约 1.2 万人是
欧洲人）。[3]

　　总的来看，已有的证据——包括"魔术行动"截获的电
报——充分表明东京的官员对于战败的必然性已经越来越听天
由命，他们认为攻下印度支那要么能给予自己一个更有利的谈

判地位，要么便于采取更为疯狂的抵抗。另外一点也很明显：由于法国抵抗军长期以来无法对其行动和计划保密，日本人得以更轻易地完成任务。很多法国垦殖者公开表示对抵抗运动的支持，而且法国士兵会捡拾日本人在乡间遗落的武器，并大喇喇地送入军火库，完全不避讳日本人的目光。法国最高指挥部的办公室里甚至挂着戴高乐的肖像。不仅如此，日本人还破译了法国的代码，对法国的所有密码了如指掌。他们轻轻松松监视着法国的一举一动，而在 3 月 9 日这天晚上，他们的军队已经在各个战略要塞做好了准备，就等着一举击溃法军已谋划好的行动。[4]

70　　　尽管法国人已经制定了针对日军此类突袭的方案，甚至接到了袭击或许即将到来的预警情报，但他们还是被打了个措手不及。当天晚上，他们的驻地接二连三地陷落。高级将领们要么是在自己家中，要么是在日军军官家中（邀请法军军官来家中赴宴也是此次阴谋的一部分内容）被擒获，几乎无一例外。在西贡，日军迅速抵达德古的官邸，俘获了他和其他几位法方高级官员。而在印度支那各地，日方占领了行政大楼、公用设施，攻占了电台、银行和工业部门。在许多地方有殖民官员遭到当众殴打或处决，到处都有报告称法国妇女被日军强暴——包括在北江省，该省驻节部长的妻子遭到轮奸。[5]

法国的一些高级官员将个人安危置于军人的责任之上。枪声响起后，法属印度支那前陆军司令、戴高乐印度支那抵抗军的秘密领袖欧仁·莫尔当（Eugène Mordant）将军一路逃到河内升龙皇城（以下简称为"河内皇城"），告诉那里的守军不要浪费弹药。接着他步行前往一位朋友的私人住宅，次日早上托人给日本人送去了便条，说明了自己藏身之所的方位。后来莫尔当被人说成是懦夫，而他解释说自己在翻墙进皇城时弄伤了腿，因此没有办法一路行进，而且他的本意是用自己的这一条命换取其他人的性命。没有证据表明他真的有过此意。[6]

　　不过，还是有一些法国守军奋力抵抗。河内皇城的这支队伍不顾莫尔当的建议苦守了几小时，甚至在莫尔当的继任者、法属印度支那陆军司令乔治·艾梅（Georges Aymé）被俘，被俘虏的法军号兵吹起停火（Cessez le feu!）的号声后，这群士兵仍在死守。日军最终于 3 月 10 日下午拿下了河内皇城，在这场血战中，一边战死了 87 名欧洲人和约 100 名越南人，另一边死了 115 名日本人。在谅山，法国守军一直坚持到 10 日中午，而没有战死的俘虏要么被日本人砍头，要么被刺刀刺死。日军对一位名叫罗伯特的法军上校法外开恩，给了他一把手枪叫他"荣誉"自杀；他拒绝服从，也被砍了头。[7]

　　在北圻的军队中，只有一小部分法军逃脱了早早被擒的命运。在马塞尔·亚历山德里（Marcel Alessandri）将军的带领下，一支由 2000 人组成的军队逃往奠边府，那里位于北圻偏远的西北部，邻近老挝边境。随后这支部队与加布里埃尔·萨巴捷（Gabriel Sabattier）将军会合，有着先见之明的萨巴捷早在开火前就已经离开了河内。在抵达奠边府不久后，他得知戴高乐已经任命自己担任统领印度支那所有法国军队的总司令，而且还下令不惜一切代价坚守印度支那北部，以表明法国人仍然还留在这个殖民地。事实证明，鉴于日军无情的追击、严重的补给短缺，以及无比消沉的士气，这是个不可能完成的任务。巴黎没有送来任何资金，萨巴捷储备的银币和鸦片几乎已经全都消耗殆尽，而美国人只提供药物，他觉得除了逃往中国南方别无他法。在 1945 年 4 ~ 5 月，约有 5700 名印度支那陆军军人——包括 2400 名欧洲人——从几个不同的地点零零散散地跨越了边境。这支狼狈不堪的军队一到中国，就立刻被中国人解除了武装。[8]

二

对于法国在印度支那的统治，这是个关键时刻。三月政变给了帝国权威致命一击，此后就再未恢复元气。一直以来，殖民统治是建立在欧洲文化和军事高高在上这个认识的基础之上的，而且尽管在 1940 年，法国对日本无外乎是做出了象征意义上的抵抗，但直到此时，大部分越南人才充分领悟到了法国权力的基础已经如此脆弱。1940~1941 年日本在外交上所取得的胜利尽管在诸多方面都甚为重要，但并没有对印度支那通行的社会政治关系带来丝毫改变——法国的官员在此后仍然管理着农村和村庄，在这些地方日本官员极少甚至从不涉足。而现在，短短几天时间，法国殖民当局就从越南城市和农村民众的视野中完全消失了。戴高乐希望法军能象征性地留在北圻西北部，他合情合理地推测，如此一来，在太平洋战争结束后法国能更加轻松地拿回统治权，而今连如此卑微的希望也被一举击碎了。没有盟国的海运配合，他也完全没办法将军队送往远东。令事态雪上加霜的是，日本人说服了越南名义上的君主保大帝，他宣布自己国家已获"独立"，并任命了一个首府设在顺化的反法新政府，领导人是退休历史老师陈重金。[9] 柬埔寨和老挝的君主们随后也都效仿。印度支那似乎是在一夜间不复存在。

这件事影响深远，对于越南的民族主义事业来说尤为重要。在 3 月 9 日前，越南暗流涌动的政治力量或被镇压，或只能得到有限的表达渠道，而在摆脱了殖民主义的枷锁后，这股力量获得了新生。在二战前，法国只需要1.2万名法国士兵，以及三四倍人数的本地军人，外加相当高效的秘密警察，就能控制约2300万的越南人。而在政变发生不久后，事态已经很清楚了：今后如果法国还想重新拿回统治权，这么少的人数可远远不够，需要调动的兵力将大大增加。此次政变所带来的可悲的反响，令这个事实愈发清晰。尽管几乎没有越南人对日本人有亲切感，但他们确实一直期待获得解放，而且解放他们的应该是美国人，而不是法国人。在数月前，美国军队开始打响再次收复菲律宾的战争，并承诺菲律宾人民将很快获得独立，打那以后，美国人在越南民众心目中的地位就开始飙升。很多越南人原以为3月9日响起的枪炮声代表的是美国人已经来了。事实虽然截然不同，但问题的核心没有变：处在极度危险的时刻，法国人证明了自己如何彻彻底底地输给了对手，虽然这个对手在更广阔的世界战争中也已经濒临失败的边缘。[10]

所有独立观察员都会认同，无论是绝对还是相对而言，法国的力量都已经剧烈下滑，这一点在所有欧洲殖民列强中都是事实——英国自然属于其中，但也包括了荷兰、比利时和葡萄牙。1945年3月，盟军在大部分战区的胜利已属定数，甚至连远东战场也存在很大的获胜可能。在胡志明以及亚洲与非洲的其他民族主义领袖看来，这就意味着殖民主义帝国基本丧失了继续存在的可行性，尽管欧洲的各国领袖或许曾承诺要维持帝国原貌。在法国努力将自身从轴心国的暴权中解放出来后，现在它不能随随便便否认别国的自由，更何况这些国家对从抵抗运动中浴血重生的法兰西国度寄予了厚望。一场民族主义的斗争已在酝酿之中。[11]

73

不过，在巴黎，政客们并未理会——至少并未公开承认——无数跟殖民事业相关的问题，他们轻巧地以为困扰法国五年之久的这场噩梦已经结束了，所有事情都该或多或少恢复原状。事实上，对于巴黎政府来说，不管印度支那发生的这场三月政变从军事上输得有多么惨，但从政治上来说仍然是天赐良机，这样一来，戴高乐和其他的领导人就有理由说，法国曾为了捍卫自己的领土洒下热血。此外，这场政变也卸下了德古政权通敌叛国的政治包袱；印度支那得以堂堂正正地对日本一战。3月14日，戴高乐发表了一场热诚的广播演讲，承诺将扭转政变带来的影响，并批评盟军无论是在印度支那，还是在运送法军前往远东的问题上，都没有给予法国更多的帮助。"法国并未丧失让印度支那重获自由的希望和意愿，哪怕一刻也没有，"他慷慨激昂地宣布。他明确表示，至少在他本人看来，现在是法属印度支那在与日本作战，继续留存于世的也将是法属印度支那。"眼下，通过每个人经历着的考验和我们的士兵洒下的鲜血，法兰西和印度支那联盟的民众庄严地订立了契约。"[12]

在这几周里，戴高乐反复谈及法国本土和海外属地间的凝聚力和无法割裂的联系。和自由法国运动中的很多同人一样，他丝毫没有意识到殖民地人民或许跟他一样，也希望摆脱外国统治获得自由。3月20日，戴高乐在法国临时政府协商会议上表示，对于印度支那上演的流血事件确实应予以关注，但法国能够并必将获胜。他念了一段从被围困的印度支那法军防卫部队发来的电报，赞扬军队的士气，请求给予即刻援助，并以一句爱国主义的慷慨陈词作结：法兰西万岁！[13]

会场随之爆发出一片支持声，一些人还抹起了眼泪。在

1945 年时，对于他们，以及绝大多数的法国同胞来说，一个迫在眉睫的任务是重塑法国在国际舞台上的核心地位，而殖民地对于实现这一任务十分关键，这是不言而喻的。在这年春天，协商会议的讨论结果极其明确，人们都认同法国的伟大前程取决于继续维护这个殖民帝国。"我们要么希望法国重新取得一个伟大国度的地位，要么不希望，"大会报告起草人埃捷·德·布瓦朗贝尔（Hettier de Boislambert）在一次会议中宣布，"假如我们不希望达成这个目标，那就没有在座各位什么事儿了。"或许正如加斯东·莫内维尔（Gaston Monnerville）——一位同化的黑人，来自法属圭亚那，任法国海外领地代表委员会主席——所言："法国必须做出选择：要么安心继续做个二等国家；要么相反，借海外领地之利，再次成为世界强国……法国正处在十字路口。愿它不再彷徨。"[14]

让 - 保罗·萨特（Jean-Paul Sartre）对此说得更直白，这年春天他写道："这五年间，我们已经染上了可怕的自卑情结。"[15]而要想摆脱这种情结，就应强有力地捍卫这个殖民帝国。

此外还存在其他动因。法国的企业同样热衷于在印度支那重建地位。举例来说，米其林轮胎与橡胶公司（Michelin Tire and Rubber Company）在交趾支那内陆地区拥有大面积的橡胶种植园，还有大量法国公司从印度支那的铝土矿、锰矿和其他矿藏中牟利。协商会议的代表们还指出，从国家的安全角度出发，印度支那同样是笔宝贵的财富。在一战中，法国从殖民帝国调集了强大的兵力，借以抵抗同盟国。尽管在 1940 年，殖民军没来得及派上用场法国就已经战败，但未来如果还会爆发战争，帝国资源将再次对胜利起到关键作用。

法国的官员们也明白，至少在某种程度上，时代已经不同

74

了；无论是在印度支那还是其他任何地方，都不能再简单地主张法国的主权。由于有了日本承诺印度支那获得独立的珠玉在先，想要劝这里的民众重回法国怀抱，就必须拿出些特别的诱饵才行。此外，富兰克林·罗斯福在过去几年间的反殖民主义宣言已经给巴黎当局留下了印记，在他们当中可以明显感觉得到对由罗斯福所启发的国际托管制度的顾虑。在这个问题上，引起他们担忧的不只有美国，斯大林和蒋介石也都已表达了对托管理念总体上的支持。[16]

75   巴黎当局因此在 3 月 24 日就印度支那问题发表了一份措辞严谨的宣言，承诺要建立一种新型帝国主义关系，这种关系建立在联邦制度的基础之上，但排除了独立权。[17]这当中包含的理念并不新鲜。早在一年前的 1944 年 1 月，自由法国的代表们就齐聚自由法国下属的赤道非洲首都布拉柴维尔，共同商讨战后殖民政策。尽管印度支那问题并没被列入议事日程中，但布拉柴维尔会议的与会者仍然承诺要通过赋予更广泛的公民权、实行宪法改革，催生一种"联合各族人民"的联邦制度形态，以"提升"殖民帝国内部原住民的地位。这些殖民地无非法国本土的附庸，但可以按照各自的利益获得发展。不过，民族自治是不可能发生的事情——设立联邦制度的目的就是阻止这样的结果——而且国际社会也无权干涉法国的殖民事务。任何变化都必须在这个大家庭的内部做出，这跟美国可能对波多黎各或维尔京群岛地位所做出的改变类似。[18]

印度支那宣言建立在布拉柴维尔共识的基础上，在日本攫取政权前已开始起草，主要的执笔人是殖民部政治事务司的主管亨利·洛朗蒂（Henri Laurentie）和他的印度支那问题首席专家莱昂·皮尼翁（Léon Pignon）。这份宣言宣称将在更大的

"法兰西联邦"框架内组建"印度支那联邦",下设的五个
"领地"——北圻、安南、交趾支那,即北部、中部和南部越
南,以及柬埔寨和老挝——由一个联邦政府统领,内阁成员中
将既有印度支那人,也有住在印度支那的法国人。印度支那民
众将有资格获得一种新型的法兰西帝国公民身份,也将享有新
的政治和选举权以及空前的就业权。"今天,印度支那正在浴
血奋战,在这支军队中,印度支那人和法国人正在并肩为胜利
而战,"宣言这样写道,"全体民众,无论是领导阶层还是不
愿被敌人的诡计蒙蔽的大众,都在凭借着坚忍与勇气,为着法
国共同体的事业而坚守。因此,印度支那取得进一步的权利以
获得如此特殊的地位,这完全是名正言顺的。"[19]

　　什么是"进一步的权利"?宣言对此并未明确,但它承诺
越南本地人可以获得同等的工作权,以及出版、信仰和结社自
由。它承诺建立某种"义务且有效的"基础教育体制,拓宽
中等和高等教育,并要求讲授与法国文化有着紧密联系的本地
语言和文化。工业化将获得支持,而且联邦将享有经济自治
权。法国将保留对防卫和外交的控制权,而总督是当地争议的
仲裁人。法国制宪会议将确定其政治参与的最终形态。[20]

　　"这是法国殖民政策一个决定性的转折点,"在宣言公布
时,一位法国官员欢欣鼓舞地表示。但事实上,它的内容在墨
迹未干时就已经落伍了。由于宣言中的大部分内容是在日军占
领前就已完稿,它完全无视印度支那土地上正在发生的新现
实。尽管法国媒体——包括共产主义和社会主义报纸——对它
击节叫好,但在法国的印度支那团体痛斥该宣言在有关印度支
那地区自治和独立的所有关键问题上的态度模棱两可。日本人
已经宣布柬埔寨和安南获得独立;为什么巴黎政府不能做出同

样的承诺？在这些质疑者眼中，这份宣言似乎是勉为其难地游走于两个矛盾的原则之间：更加高涨的印度支那自治呼声，以及更紧密的帝国团结。更离谱的是，该宣言要求将越南继续分为三个区域，而完全无视所有有政治觉悟的越南人——从最保守的士绅到最激进的马克思主义者——对国家统一日益强烈的呼声，这反映出了巴黎意欲坚守战前的"分而治之"策略。后来约瑟夫·布廷格（Joseph Buttinger）写道，法国人"打算摧毁越南独立，而恰恰在此时，它即将成为现实"。[21]

三

如果说越南的所有民族主义者在这个议题上态度一致，那么有一个团体在有力地表达、提供其他选项方面尤为合适，它就是由胡志明领导的印度支那共产党。对胡志明和印度支那共产党来说，三月政变代表着一个绝妙的机会，而他们也确实敏锐地捕捉到了它。在 1941 年时，这个政党已经支离破碎，成员要么被处决，要么被囚禁，还有些藏身于越南内地的丛林和湿地中，生死只在一线之间。可是它慢慢重拾起了运气，原因有几点。最重要的一点也许是 1940～1945 年维希政府和日本间达成了暂时妥协，这使得那些将命运寄托在法国或日本任何一方的民族主义团体力量遭受到了悲惨的侵蚀；所有团体都受到了这种合作关系的致命伤害。与此同时，维希－日本关系缓和，使得由印度支那共产党所主导的越盟可以对法国的殖民统治发起攻击，而不必被贴上亲法西斯或反对盟国事业的标签。而在东南亚，但凡是日本政府未与殖民列强达成此类协定的地方——最值得注意的是马来亚、印度尼西亚和菲律宾——共产党可就没有这么走运了。[22]

　　到 1943 年年初时，越盟已经在北圻北部地区获得了可观的控制权——尤其是在高平、北干和谅山三省。这些由少数民族——主要为泰族、侬族、瑶族和苗族，生活在以部落为基本的社会体系中——聚居的边境地区，从未完全处在法国的统治之下。越盟起先也遇到过阻力，但逐渐在数个地区赢得了人们的信任与参与。1944 年 7 月 8 日，法国警察在高平省临近朔江（Soc Giang）的地方查抄了一处越盟基地，发现基地中藏着大量军火、宣传册和衣物，并警告称此地亟须"重建权威"。次月，两个村子的首领被暗杀，几个越盟的藏身之所被发现，秘密警察在报告中证实道，这些行动得到了当地民众的"部分程度上的自愿支持"。秘密警察的头头路易·阿尔努（Louis Arnoux）当时已确认了越盟的领导人。在给德古的一封信里，他指出"游击战术［的效果］得到了宣传小册子的推动，这些小册子是由在中国的反法政党印刷的——其领导看来是别名为阮爱国的胡志明"。[23]

　　确实，很难大肆渲染胡志明对该时期革命事业的重要性。1942 年 8 月，由于从事可疑的政治行动，他被中国地方当局逮捕；据他自己估算，他先后被关押在 18 间不同的监狱里，最终于 1943 年 8 月获释。在被关押期间，他仍然通过用褪色墨水写成的信件与亲密的同志们保持联系，而在获释后，他建立了一个广泛的统一战线，矢志要将法国人和日本人从印度支那的土地上赶出去。1944 年，他参与组建了一个前途未卜的联盟——后被称为越南革命同盟会（Vietnam Revolutionary League）——与几个非共产主义的流亡团体一起在中国南方行动。印度支那共产党从一开始时就是这个联盟的核心，而胡志明是其领导人。但他极力淡化自己作为共产国际特派员的背

78

景，而是大谈民族主义者团结的必要性。"我是共产主义者，
但对我来说目前最重要的是我的祖国获得独立和自由，而不是
共产主义，"在联盟成立大会进入尾声时，他这样告诉一位中
国将领，"我个人可以跟你保证，再过 50 年，共产主义也不
可能在越南实现。"[24]

到了 1944 年晚些时候，已经重返北圻地区的胡志明清楚
地看到大局已定。他预言日本将在太平洋战争中落败，法国将
寻求夺回印度支那，而在此之前日本方面将为了保护其军队而
推翻德古政权。这样的格局将使越盟有望填充权力真空。[25]但
他提醒那些更加好战的同志一定要谨慎行事，避免发起时机不
成熟的起义。他告诉他们，日本将注定战败，所以为何不等到
果实成熟时再去采摘呢？胡志明知道，即使是在北圻，越盟也
只控制了其中的一小部分，而在这个国家的其余地区——尤
其是南部的交趾支那——充其量零星点缀着这个组织的分部。
（一些省份直到 1945 年中期，才开始出现越盟组织。）胡志
明说："和平解放的时机已经消失，而全面起义的时机又尚
未成熟。"[26]

接着便是 3 月 9 日这个天赐的好日子。政变后法国秘密警
察撤出越南，加上日本把重点放在越南城区，好为可能到来的
盟军进攻做准备，这些都赋予了越盟开展地下工作和宣传活动
的绝佳机会。日军一路将法国从越南境内赶尽杀绝，但它并未
意识到在北圻北部地区保留一支军队，以备各种紧急事态出现
这一点至关重要，所以这就使得越盟基本上成了该区域的主
人。从春末到夏季，越盟缓慢向南进发至红河三角洲地区。[27]

79   对于胡志明和印度支那共产党中央委员会的委员们来说，
备受期待的革命条件现在已经开始迅速接近成熟。在政变不久

后，代理总书记长征召开中央委员会，着手为太平洋战争结束后发起一场攫取权力的总起义做准备。这次会议结束时发出了一项指示，委员会一致认同行动冒进会带来危险：尽管日军行动不会给越南带来真正的独立，但民众需要时间摆脱政变后的兴奋。因此该党应当等待时机，并开展工作拓宽其支持基础，向人民群众介绍越盟的旗帜与信条。最终这些努力将会以一次总起义作为高潮，"比方说，当日军向盟军投降，或者盟军果断加入印度支那战争时"。这项指示还宣称，越盟将是与盟军并肩作战的主导力量，当盟军队伍进入每一个村庄时，迎接他们的将是越盟的代表。一旦日军投降，这些指示就将立即生效。[28]

另一个因素同样对越盟的事业有利：1944～1945 年，一场可怕的大饥荒席卷越南部分地区，尤其是北圻和安南北部。这些地区不像交趾支那那样在农业上占据天时地利，一直来都要依靠从南方输送的稻米才能生存。在 20 世纪 20 年代和 30 年代，北方地区的人口增长超过 30%，而耕地却在不断减少，导致粮食产量减少。从 1941 年起，恶劣的天气和法日两国的征粮政策导致粮食供应量不断下滑，而干旱和虫害又使得 1944 年春的稻米较前一年减少 19%。这年秋天，一场洪灾冲走了北方 10 月的大部分收成，但殖民政府仍旧提高了农民需要上缴的粮食数量。与此同时，盟军对公路和铁路的连续轰炸，导致从湄公河三角洲运往各地的粮食数量大幅减少，而殖民地政策更使得向北方运送粮食成了一桩得不偿失的买卖。[29]

1945 年 2 月，一场灾难逼近了。此时法国人和日本人仍然在为各自未来的打算储备粮食，而在 3 月 9 日政变后，日军夺取了法军对粮仓的控制权。与此同时，北部成千上万的贫苦农民被饿死。在很多地方，路上随处可见垂死的农民，而装满 **80**

尸体的牛车成了司空见惯的景象。许多人家从一个村庄流落到
另一个村庄，一心只想找点儿口粮；如果找不到，就只能回到
家中，将最后仅剩的几把米分着吃了，然后一个接着一个静悄
悄地死去。一些人吃光了所有能吃的东西——树皮、草根、叶
子、狗和老鼠——于是开始吃人，大人们生怕自家孩子被人偷
走吃掉，而有些家长则为了几把米就把孩子卖给别人。在那几
个月，南定省（Nam Dinh）一个名叫唐秋志（Duong Thieu
Chi，音译）的地方官员去四处巡查时，尽量不去餐馆或者小
摊上吃东西，因为他担心吃到的是老鼠肉或者人肉。[30]

尽管每次印度支那发生大灾后，总有人呼吁要发展出一套
预防和救济灾荒的体系，但法国在此前的几十年里始终未能做
成这件事。一位意识到这个问题的法国观察员表示："看着这
些尸体躺在路边渐渐干枯，只有几把稻草遮体，下葬时身无寸
缕，你会感到身而为人是如此羞耻。"[31]

1944～1945 年，越南北部大饥荒的死难者。

　　不可能准确计算在这场大饥荒中饿死了多少人，但其规模十分清楚。1945 年 5 月，在灾难渐渐平息时，官方收集了北圻地区多个省份的数据，宣布在当时有 380969 人死于饥荒。[81] 一年后，在得到了更全面的数据后，分析人士预测仅在北圻就有 100 万人饿死，在安南另有 30 万人死亡。在此后数年里，甚至有人估算称，在 1945 年的 5 个月里有多达 200 万人死亡。哪怕只是采信较少的数字，也就是北圻有 100 万人死亡，它所代表的意义也极为惊人：在不到半年时间里，受灾地区中就有 10% 的人被活活饿死。受灾最严重的省份是南定、太平（Thai Binh）、海阳（Hai Duong）和建安（Kien An）。在这几个省，以及从北圻到安南的各个地方，人们普遍认为，日本人，尤其是法国人制定的毫无人道的政策，应当为此次灾难负责，而保大帝与他的部长们在面对危机时则毫无作为。[32]

　　越盟受益于人们对这个组织一直在试图减轻这场灾难的普遍认识。当绝望的农民冲向谷仓抢米时，越盟常常取得起义的领导权，领导这场冲进粮仓、给穷人分粮的"大米暴动"。虽然这些行动与其说是由越盟组织的，不如说是一场发自草根的大众抗议浪潮，但它们给很多农民留下了深刻的印象，这显然有助于越盟在红河三角洲周边的山区活动，夺取山区统治权，并从他们控制的山村召集追随者。由武元甲率领的一小批精锐部队现在已经跟该国的其他部队会合，并整编成新的越南解放军（Vietnamese Liberation Army）。到当年 5 月时，越南解放军的受训部队拥有了 5000 人的兵力，不过其中很多人手中没有武器。[33]

　　与此同时，顺化的陈重金政府碌碌无为。人们普遍将这个政府视为日本人的附庸，其领导成员虽说都是业务精干的专业人士——医生、律师、教授——但面对的是几乎不可能逆转的绝境。他们不仅只能寄希望于日军持续占领，而且还要处理这个国家在年复一年的战争后基础设施摇摇欲坠的悲惨局面。盟军持续轰炸导致铁路系统严重瘫痪，船运基本停歇，就连将政府信息从顺化传播到偏远地区的基本任务也难以完成，只能指望控制着大部分公路的日本人开恩。至于金钱，这个政府更是
82　没有财力可言，而且但凡有一点儿钱进账，也得上缴给日本人。随着春去夏来，日本战败的结局越来越明显，陈重金内阁的很多成员已经意识到，自己的职位从根本上来说毫无意义：这个政府已经跟一个时日不多、备受唾弃的占领者联系在一起，而且局面再难挽回。

<h2 style="text-align:center">四</h2>

越盟在北圻地区的地位日益提升，这也引起了太平洋战场上美国高官们的注意，他们认为这将对战争带来重大影响。这些分析人士明白，日本人在接管印度支那后，不仅将法国在这里的情报网连根拔起，同时还破坏了美国所谓 GBT 谍报部门（取自部门三位领导人的姓氏首字母）的活动，而在 1944 年时，这个部门曾贡献了大量有价值的情报信息。[34]因此，美国人认为在盟军的行动中，越盟或许将能派上用场。而华盛顿发来的新指示让这些美军分队获得了更大的自由度，得以跟任何提供此类支持，同时又不至于干扰既定军事行动的抵抗组织合作。[35]

美国战时的主要情报机构——美国战略情报局（Office of Strategic Services，OSS）的查尔斯·芬恩（Charles Fenn）上尉因此寻找机会，在中国西南方的昆明与胡志明会面。在伦敦

出生的芬恩曾是海军陆战队队员，当时在昆明总部负责战略情报局的印度支那事务，多年后他写过剧本和小说，也写过一本广受推崇的胡志明传记。他得知了胡志明的组织，了解到胡曾帮助搜救美国飞行员，提供过日军行动的情报。不仅如此，芬恩还知道胡志明有时会来昆明的战争信息办公室，读一读《大美百科全书》（*Encyclopedia Americana*）和《时代周刊》。芬恩觉得，看来现在两人是时候会一会了。

　　胡志明乐于配合。他此次来昆明，为的就是跟美国官员建立联系，没有哪个盟国比美国在他心目中的位置更重要。一战结束时他曾将民族主义的希望寄托在美国人身上，在凡尔赛和会上向伍德罗·威尔逊阐述越南独立的诉求；如今到了二战接近尾声时，他依然想寻求华盛顿政府的帮助。他仍然相信，美国的建国之本决定了在世界所有列强中，它对于"殖民主义问题"的本质有着超乎寻常的理解。而英国虽然也曾共同签署了支持民族自决的《大西洋宪章》，但这份文件纯粹是美国人的产物，就连苏联的领导层也不可能理解得如此透彻。考虑到太平洋战争正在朝着有利于美国的方向发展，加上美国在未来必然将成为世界政治的主宰者，胡志明明白自己有理由去聆听这个叫芬恩的人提出的要求。[36]

　　3 月 17 日，他们在昆明的龙门咖啡馆（Dragon's Gate Café）会面，陪同胡志明的是他在越盟的一个亲密战友范文同（Pham Van Dong）。"他留着一撇银白的小胡子，这让人猜测他的年纪颇长，"当天芬恩在日记中写下了与胡志明见面的情景，"从外表看他精力充沛，目光明亮有神。"三个人用法语对谈。芬恩问胡志明想从美国得到什么。只想取得对越盟的认可，胡志明回答道。但是，有传言说这是个共产党组织？芬恩问。胡志明巧

83

妙地避开了正面回答，对他说，法国人把所有希望独立的安南人都打上了共产党的标签。当芬恩提出可能的相互援助时，胡志明爽快地答应了。

"我已经相信他是咱们的人了"，芬恩回忆说，并指出他的这位对谈者"说话思路清晰，态度有如佛祖般镇定"。他进一步写道："波德莱尔（Baudelaire）曾感到疯狂的翅膀在他的思绪间扫过；而在那天早上，我感觉扫过我的思绪的，是天才的翅膀。"[37]

曾研究过笔体学的芬恩对胡志明的笔迹也进行了一番分析，并从中总结出胡有如下特点：

> 最核心的特点是简洁，希望让一切事物清晰明了，有引人注目的自制力。知道如何保守秘密。整洁、有序、谦逊，对着装或外表没有兴趣。自信自尊。温和但坚定。忠诚、诚恳且慷慨，是个可以交往的朋友。外向，跟所有人都能相处融洽。思维敏捷，善于分析，难以受骗。喜欢提问题。对别人的性格有很好的判断力。充满热情、能量与动力。勤奋；极其注重细节。有想象力，对美学尤其是文学感兴趣。有着良好的幽默感。
>
> 缺点：圆滑乃至精于算计。有时可能会情绪多变、固执任性。[38]

三天后的第二次会面——这次是在一个叫印度支那的咖啡馆（Indochina Café），喝着用法式滤壶制作的浓咖啡——两人达成了一项交易：美国战略情报局会提供电台设备和数量有限的武器、弹药，作为交换，越盟将帮助其搜集情报，破坏日军军事设施，搜救美国飞行员。但胡志明在这天还想着别的事情：他问芬恩自己能不能见到克莱尔·陈纳德——蒋介石的顾问、著名的"飞虎队"的创立者，也是美国陆军第 14 航空队的指挥官。芬恩说他尽量帮忙。十天后的上午晚些时候，这两人来到了陈纳德的外间办公室，芬恩穿着一件华达呢狩猎夹克，胡志明穿了件简单的棉袍，脚踩浅帮鞋。而陈纳德则穿着一身熨烫得体的制服，仪表堂堂。（他总能给人留下这种印象：在战争初期，温斯顿·丘吉尔看到了陈纳德走进会场，在了解了他的身份后，对旁边一位助手耳语道："谢天谢地，幸好他是咱们这边的。"）[39]

陈纳德感谢胡志明为搜救美国飞行员所做的努力，胡志明则表达了自己对陈纳德和飞虎队的崇拜之情。两人都未谈及法国或者政治，但在会晤结束时，胡志明提出了一个不情之请："将军能送给我一张照片吗？"一位年轻的女助手应声捧来了一叠十寸光面照片。"您请自便，"陈纳德说。胡志明选出了一张，又请将军签名。助手拿来了一支派克 51 型钢笔，陈纳德则在照片下端潦草写下一行字："您真诚的，克莱尔·L. 陈纳德。"[40]

胡志明得到了这份珍贵的财富。在之后的几周甚至几个月里，他在中国西南方四处活动时，每到一处总会像挥舞魔法棒那样炫耀着这张陈纳德的签名照，因为它能更好地证明胡志明的活动如今得到了盟军尤其是美国的正式认可。他这样做不无道理。在 4 月，美国战略情报局出动飞机将胡志明送到了距越南边境不远的靖西①，此后，该情报部门的工作人员亲赴北坡

---

①　原文为 Jiangxi，应为 Jingxi。

的越盟总部。其中一位名叫辛麦（Mac Shinn，音译）的美籍亚裔无线电操作员搭设了与昆明的无线电台通讯，与此同时，战略情报局开始空投物资，包括药品、一套无线电设备以及一些用于训练的武器。作为回报，越盟向美国提供情报，并帮助解救了几名美国飞行员。[41]

美国战略情报局称其在越南的行动为"鹿儿任务"（Deer Mission）。7 月 16 日，一支由阿利森·托马斯（Allison Thomas）上校率领的"鹿队"空降至丛林里一个名为新潮乡（Tan Trao）的小山村，这里距太原省的省会太原市不远。在好不容易解开了缠在榕树上的降落伞后，托马斯向打出"欢迎我们的美国朋友"旗帜的 200 名越盟战士发表了"一段没有华丽辞藻的讲话"。说着一口地道英语的胡志明热情地迎接了这支队伍，并送来了晚饭，但美国人看得很清楚，胡志明正生着病，"像树叶一样瑟缩发抖，而且显然在发高烧"。第二天，胡志明强烈抨击了法国，但表示"我们欢迎一千万美国人民"。托马斯对此印象十分深刻。他向情报局的昆明总部发去电报："别理会共产党那套可怕的说法。越盟不是共产党。他们支持的是自由，是纠正法国的冷酷政策。"[42]

托马斯的分析是错误的，至少不全面。如果说越盟支持独立、反对法国压迫，那么他们在这个夏季的核心领导层仍然是坚定的共产主义者。但胡志明与很多战略家一样，对意识形态轻描淡写，这甚至令苏联官员们质疑他的共产主义信念。而在毛泽东领导的中国共产党内部，分析人士也在担心一旦越盟赢得了对自由的越南的统治权，将带领这个国家往何处去。

其他情报局人员也很快空降北坡，其中包括一名医生，他诊断出胡志明患有疟疾和痢疾。尽管胡志明在服用了奎宁和磺胺类药物后身体痊愈，但身体还是很虚弱。他深深打动了这群美国人，他们不约而同地形容他温暖、睿智，而且渴望与美国合作。[43]作为友谊的象征，他们给他起了个代号，叫"OSS19号特工"。不管美国人到哪儿，贫苦的农民总会送上食品和衣服表示感谢，显然，在经过了春天那场可怕的饥荒后，他们格外欢迎美国人的到来。村民将这群从天而降的外国人当作美国反殖民主义和反日情绪的象征。

86

胡志明和美国"鹿队"成员在北坡。胡志明右手边是阿利森·托马斯，再往右是美方另一位成员勒内·德富尔诺（René Défourneaux）。德富尔诺旁边坐的是武元甲。

8月初，鹿队开始向越盟战士提供训练用的武器。在跟这些情报局人员的多次交流中，胡志明反复提到他希望越南的青少年可以去美国学习，而且美国的技术人员能帮助建设一个独立的越南。他引经据典，说"你们的议员曾就……民族自决发表过动人的演讲。我们现在就是民族自决。为什么不来帮我们？我跟你们的乔治·华盛顿有什么不同吗？"[44]

五

可以想见胡志明是多么享受跟强大的美国人进行的这些接触。他的越盟多年遭受孤立，苏联这个意识形态盟友没有提供过半点儿支援；而今，在他的国家发出了多年对自由的呐喊后，全世界最强大的国家貌似愿意伸出援手。他当然明白前方的道路将会非常崎岖，甚至危险重重，但是既然日本正面临全面溃败，而美国人又发出了一丁点儿欢迎的声音，他有理由感到一定程度上的自信。

87　　　"你得通过一个人想要什么来评判这个人，"一位在此期间曾与胡志明在其丛林总部共事的美国人写道，"胡志明不可能成为法国人，而且他知道可以根据自己的主张跟法国人抗争下去。胡害怕中国人，知道没法跟他们打交道，因为他们永远要主张自己的利益。而遥远的莫斯科在炸毁桥梁这件事情上很在行，却不怎么善于把桥重新搭建起来。如果不是因为这场战争，胡自然压根儿没有机会跟法国殖民主义的漫长背景相抗衡。但现在他已经坐在了马鞍上，只不过尚不清楚他骑的是哪匹马。从目前来看，他表面上肯定是在帮我们。我们和法国在今后都对他有利。我觉得他做好了今后亲西方的准备。"[45]

然而，远离北圻，远离昆明那随心所欲的环境，美国本土的政策已经出现了巨大转向。罗斯福于4月12日去世，一个全新的政府掌权，这个政府对印度支那的未来、对整个殖民世界都采取了截然不同的看法。在一场正在如火如荼进行的全球战争中，几乎毫无国际经验的哈里·S.杜鲁门被推上了总统的位置。作为失败的男装店老板、前密苏里州参议员，杜鲁门在1944年被推选为罗斯福的选举搭档，原因在于民主党内部的每个派系都将他列为次选，而且也是所有派系唯一能接受的候选人。罗斯福不到万不得已几乎不会做出决定，而杜鲁门常常冲动行事；罗斯福被助手们形容成"犹如斯芬克斯一样"，而杜鲁门往往会将自己心中所想毫无保留地告诉别人；罗斯福将世界看成是由不同的灰度组成，而在他的继任者看来，世界往往非黑即白。

杜鲁门也不像罗斯福那样，对法属印度支那的未来怀有兴趣，他的政府从一开始就专注于毕其功于一役，以彻底击败德国人，并向日本发起决定性的进攻。也正是因为这些因素，敏锐的观察者们很快就察觉到华盛顿方面在战后印度支那的立场上出现了转变。杜鲁门也许对罗斯福的托管计划知之甚少，甚至完全不了解，而且他和他最主要的外交政策助手、曾任联邦最高法院大法官和国防动员局局长的詹姆斯·F. 伯恩斯（James F. Byrnes）也没怎么考虑过殖民地民族主义的广泛议题。国务院的亲法势力因此感觉到有机可乘，立刻呼吁重新评估对印度支那的政策。在罗斯福去世的次日，国务院、战争部、海军部"三部院协调委员会"（State-War-Navy Coordinating Committee）——这个跨部门合作机构是国家安全委员会（National Security Council）的前身——即开始讨论该问题，并计划向新总统提供建议。

美国的分析人士内部开始出现了尖锐的分歧，罗斯福在世时这种分歧虽然也在，但一直很收敛。支持罗斯福反殖民主义主张的人士跟原先一样，主要是一些亚洲问题专家，比如远东事务办公室（Office of Far Eastern Affairs）主任约翰·卡特·文森特（John Carter Vincent，又译范宣德）以及新成立的西南太平洋事务司（Southwest Pacific Affairs Division，后称

Southeast Asian Affairs Division，即西南亚洲事务司）司长阿博特·洛·莫法特（Abbot Low Moffat），他们相信在这场席卷东南亚的运动中，美国必须站在反殖民主义立场上。在重庆负责协调中国战区事务的阿尔伯特·魏德迈将军同样支持罗斯福的主张，并且跟盟军东南亚指挥部的蒙巴顿就谁应为印度支那的军事行动负责，以及为法国收复殖民地方面又该提供多少援助而争执不休。在伦敦的上司表态支持法国收回殖民地后，蒙巴顿通知魏德迈说，他计划出动 26 架飞机前往印度支那，以协助法国人打游击。魏德迈表示强烈反对，他指出印度支那按道理应该是蒋介石战区的一部分，不归蒙巴顿管。魏德迈疑心盟军东南亚指挥部的任何行动都只是幌子，其真实用意是加大法国在战后发展中所拥有的权力。[46]

　　但这些意见属于少数派。大多数的美国分析人士将最主要的注意力放在了欧洲以及确保法美关系稳定上。这些观察者认为，在 1945 年年初，莫斯科方面对波兰、罗马尼亚和保加利亚收紧了控制，它投射的阴影已经越来越真切，因此为了制衡可能发生的苏联扩张，就必须争取与法国合作。此外，在战后法国共产党显然将成为法国最强大的政党，因此须更加谨慎对待。阻挡法国收复印度支那，则会影响法国与西方合作，因此有可能进一步加大共产党的优势。[47]

89　　　4 月末，这个跨部门的委员会得出了讨论结果，国务院出面撰写意见书，建议美国不应反对法国收回印度支那，而要做的只是要求巴黎政府保证将赋予印度支那人民更多的自治权，提高地方自主性。尽管这份意见书打出了妥协的旗号，但事实上它标志着与美国的原有政策大幅偏离，也因此成为美国介入越南漫长历史的关键时刻。"这份意见书与罗斯福对创建托管制度的坚定主张越来越远，"历史学家罗纳德·斯佩克特（Ronald Spector）如此写道。[48]

这样的分歧自然是没有得到弥合。我们可以看到，在华盛顿政府中，仍然有人认为美国当年支持法国在东南亚的殖民野心，是彻底站错了队。印度支那本土持这种观点的人则更加普遍。但美国高层政策显然已经调转方向，这一点不仅在回过头来看时显得异常清晰，在当时也有很多人已经敏锐地感觉到了。从4月底到5月，当世界首脑齐聚旧金山商讨成立联合国时，美国的高层官员并没有提及印度支那的托管问题，恰恰相反，美国国务卿爱德华·斯特蒂纽斯态度极为淡定地向法国外交部部长乔治·比多（Georges Bidault，也译作乔治·皮杜尔）打保票说："在法国统治印度支那问题上，美国政府质询的所有官方声明都无懈可击，甚至连半点儿暗示都不存在。"国务院欧洲司司长詹姆斯·邓恩（James Dunn）以极度保守著称，埃莉诺·罗斯福①（Eleanor Roosevelt）曾因其在殖民问题上的观点斥责他是"法西斯"，在旧金山，邓恩也讲着类似的说辞，并暗地里努力营造亲法共识。6月2日，哈里·杜鲁门接到了一份报告，报告中承认"该地区的独立情绪据信正日益高涨"，但同时也宣称"美国承认法国对印度支那的统治权"。数周后杜鲁门在华盛顿会见宋美龄时，对任何有关印度支那托管的话题都不予理会。[49]

这一切都让法国人的嘴角上浮现出一抹笑容。法国官员们事实上是带着挑衅的情绪来到旧金山的，而且无论是在这里，还是在华盛顿和巴黎与美国官员进行的其他几次会晤中，他们

---

① 富兰克林·罗斯福总统的妻子。

一直在积极劝说杜鲁门政府正式放弃对印度支那采取国际托管
的主张。在这几个星期里，乔治·比多但凡抓住任何一个机
会，都会强调印度支那的未来只能由法国自行决定。而现在美
国的领导人们事实上已经对此表示同意。不过，深具洞察力的
法国分析人士清楚，他们在美国人这边仍然可能碰到麻烦——
华盛顿并未积极支持法国在远东的行动，而且就连这个新政府
貌似也对整个殖民世界的民族主义诉求持同情态度，这蛮让人
伤脑筋的——但他们毕竟还是松了一口气。

7月，当美国、英国和苏联首脑在柏林郊外的波茨坦召开
会议时，美国在印度支那政策上的总体转向得以证实。纳粹德
国已于5月投降，盟国现在聚集在一起是为了确定战后秩序，
同时进一步厘清和落实此前雅尔塔会议上的决议。尽管戴高乐
一直在争取成为与会代表，但他并没有收到邀请信。由于他出
动法军进驻叙利亚和黎巴嫩——这两国都曾是法国托管地，但
近期已获得独立——同时继续推行对意大利西北部的瓦莱达奥
斯塔地区进行领土"调整"计划，华盛顿和伦敦方面大为光
火。杜鲁门此时正在指责苏联在东欧的粗暴行径，美国官员对
戴高乐选择在这个时候公然做出挑衅感到脸上无光，因此将他
从波茨坦会议中的邀请名单中剔除。[50]

虽然戴高乐没有出席此次会议——或许也正是因为这一
点，法国的印度支那主张进展顺利，至少短期内如此。蒙巴顿
和魏德迈有关战区界限的长期争论以有利于法国的方式得以解
决。此次会议将北纬16度以南（越南土伦刚好是分界线），
包括部分印度支那在内的区域划拨给了蒙巴顿的盟军东南亚指
挥部。此后，美国就可以将资源和注意力集中在向日本本土发
起最后一击上，而它也为英法合作确保法国控制殖民地打开了

一扇门。美国官员还同意让法国高层参加印度支那各地的受降仪式（也就是说，连中国控制的北部地区也包括在内），法军也将加入远东战区，以尽快迫使敌人投降。[51]

但从另一种意义上来看，波茨坦会议达成的协定是对法国的目标不利，而对胡志明的事业有利的，不过，这一点需要假以时日才能明确地显现出来。中国占据了越南的北部，这看似会搅乱法国收复这个殖民地国家的计划，事实也确实如此。越盟得到了建立军队、夯实在北圻权力的必要时间，而这对接下来的战争将产生极其重要的影响。此外，在许多越南知识分子看来，法国未能参加此次会议，这进一步证明它已经开始成为一个二流的、可以随时被牺牲的国家。

不过，戴高乐眼下对于自己能出动海外军团前往远东的事实感到心满意足。作为行动负责人，戴高乐选择了菲利普·勒克莱尔将军——前一年，正是这位功勋指挥官率领法国第二装甲师解放了巴黎。勒克莱尔本人更倾向于接受摩洛哥的一项任务，但戴高乐坚持将他派到亚洲。他告诉勒克莱尔，印度支那是个重要而艰巨的挑战，但法国完全有能力圆满完成。

在勒克莱尔的军队还没得到插手的机会时，太平洋战争已经结束。8月15日，在广岛和长崎遭到核弹袭击、苏联对日宣战后，天皇裕仁宣布日本投降。自1940年以来给法属印度支那带来了巨变的日本，现在因为将要撤离而注定带来更多的动荡。所有消息灵通的观察员都能够看出，印度支那就此出现权力真空，而问题是谁将填补这块空缺。夏尔·戴高乐貌似内心十分笃定。8月15日，他发出了这样的信息，对于印度支那"对法兰西的忠诚"以及在抵抗日军中所做出的努力，作为"印度支那联盟的祖国"，法国表示"喜悦、关切和感激"。

可是，就在他发言的当口，在北圻的丛林里，胡志明和他的越盟已经做好了向河内胜利进发的准备。他们将向民众传递这样的信息：日本战败，法国一蹶不振，现在，解放就在眼前。[52]

注释

1. Jean Decoux, *À la barre de l'Indochine* (Paris: Plon, 1949), 328.

2. David G. Marr, *Vietnam 1945: The Quest for Power* (Berkeley: University of California Press, 1995), 13, 55 – 56; Stein Tønnesson, *The Vietnamese Revolution of 1945: Roosevelt, Ho Chi Minh and de Gaulle in a World at War* (London: Sage, 1991), 221; Decoux, *À la barre del'Indochine*, 328.

3. "魔术行动"截听摘要，SRS 306, 1945 年 1 月 20 日，MAGIC Far East Summaries, Box 4, Record Group 457, NARA; Stein Tønnesson, "Franklin Roosevelt, Trusteeship, and Indochina," in Mark Atwood Lawrence and Fredrik Logevall, eds. , *The First Vietnam War: Colonial Conflict and Cold War Crisis* (Cambridge, Mass. : Harvard University Press, 2007), 65 – 66; G. Sabbatier, *Le Destin del'Indochine* (Paris: Plon, 1952), 138 – 39。

4. John E. Dreifort, *Myopic Grandeur: The Ambivalence of French Foreign Policy toward the Far East, 1919 – 1945* (Kent, Oh. : Kent State University Press, 1991), 239.

5. Bernard B. Fall, *Last Reflections on a War: Bernard B. Fall's Last Comments on Vietnam* (New York: Doubleday, 1967), 130; Marr, *Vietnam 1945*, 59; Duong Van Mai Elliott, *The Sacred Willow: Four Generations in the Life of a Vietnamese Family* (New York: Oxford University Press, 2000), 110.

6. Tønnesson, *Vietnamese Revolution of 1945*, 242 – 43.

7. Douglas Porch, *The French Foreign Legion: A Complete History of the Legendary Fighting Force* (New York: HarperCollins, 1991),

512; Marr, *Vietnam 1945*, 59.

8. Sabbatier, *Le Destin*; Tønnesson, *Vietnamese Revolution of 1945*, 239; Marr, *Vietnam 1945*, 326 – 27.

9. Ellen J. Hammer, *The Struggle for Indochina*, *1940 – 1955* (Stanford, Calif.: Stanford University Press, 1955), 41; Elliott, *Sacred Willow*, 110.

10. John T. McAlister, Jr., *Viet Nam: The Origins of Revolution* (New York: Alfred A. Knopf, 1969), 114 – 15; Tønnesson, *Vietnamese Revolution of 1945*, 244.

11. Martin Shipway, *The Road to War: France and Vietnam*, *1944 – 1947* (Providence, R. I.: Berghahn, 1996), 68; Robert Gildea, *France Since 1945* (New York: Oxford University Press, 1996), 17; Mark Mazower, *Dark Continent: Europe's Twentieth Century* (New York: Alfred A. Knopf, 1998), 209 – 10.

12. Christopher G. Thorne, *Allies of a Kind: The United States*, *Britain, and the War Against Japan* (London: Hamish Hamilton, 1978), 621; Dreifort, *Myopic Grandeur*, 241; Marr, Vietnam 1945, 327; Hammer, *Struggle for Indochina*, 43.

13. Joseph Buttinger, *Vietnam: A Dragon Embattled*, vol. 1: *From Colonialism to the Vietminh* (New York: Praeger, 1967), 302; D. Bruce Marshall, *The French Colonial Myth and Constitution-Making in the Fourth Republic* (New Haven, Conn.: Yale University Press, 1973), 193.

14. Frédéric Turpin, "Le RPF et la guerre d'Indochine (1947 – 1954)," in *De Gaulle et le Rassemblement du PeupleFrançais (1947 – 1955)* (Paris: Armand Colin, 1998), 530 – 31; Marshall, *French Colonial Myth*, 195.

15. 引自 Tony Judt, *Postwar: A History of Europe Since 1945* (New York: Penguin, 2005), 100。

16. Shipway, *Road to War*, chap. 2; Hammer, *Struggle for Indochina*, 44.

17. 该宣言摘自 Philippe Devillers, *Paris-Saigon-Hanoi: Les archives de la guerre*, *1944 – 1947* (Paris: Gallimard/Julliard, 1988), 53 – 54。

18. Marr, *Vietnam 1945*, 329.

19. Martin Thomas, *The French Empire at War, 1940 - 1945* (Manchester, U. K. : Manchester University Press, 2007), 213; Hammer, *Struggle for Indochina*, 43 - 44; Philippe Devillers, *Histoire du Viêt-Nam de 1940 à 1952* (Paris: Éditions du Seuil, 1952), 144.

20. Shipway, *Road to War*, 60; Frederick Quinn, *French Overseas Empire* (NewYork: Praeger, 2000), 233.

21. Tønnesson, *Vietnamese Revolution of 1945*, 315; Shipway, *Road to War*, 126; Buttinger, *Dragon Embattled*, 303.

22. David G. Marr, *Vietnamese Tradition on Trial: 1920 to 1945* (Berkeley: University of California Press, 1984), 415 - 16; David W. P. Elliott, *The Vietnamese War: Revolution and Social Change in the Mekong Delta, 1930 - 1975* (Armonk, N. Y. : M. E. Sharpe, 2007), 33; Buttinger, *Dragon Embattled*, 294.

23. 该分析见 Pierre Brocheux, *Ho Chi Minh: A Biography* (New York: Cambridge University Press, 2007), 83 - 85。

24. William J. Duiker, "Ho Chi Minh and the Strategy of People's War," in Lawrence and Logevall, eds. , *First Vietnam War*, 158 - 59. 胡志明的话引自 Brocheaux, *Ho ChiMinh*, 83。

25. Devillers, *Histoire du Viêt-Nam*, 111.

26. 胡志明的话引自 Hoang Van Hoan, *A Drop in the Ocean: Hoang Van Hoan's Revolutionary Reminiscences* (Beijing: Foreign Languages Press, 1988), 187 - 88。

27. Elliott, *Sacred Willow*, 112 - 13; Marr, *Vietnamese Tradition*, 416; William J. Duiker, *Ho Chi Minh: A Life* (New York: Hyperion, 2000), 296.

28. Marr, *Vietnamese Tradition*, 408; William J. Duiker, *Sacred War: Nationalism and Revolution in a Divided Vietnam* (New York: McGraw-Hill, 1995), 45.

29. Marr, *Vietnam 1945*, 96; Elliott, *Sacred Willow*, 107.

30. MotooFuruta, "A Survey of Village Conditions During the 1945 Famine in Vietnam," in Paul H. Kratoska, ed. , *Food Supplies and the Japanese Occupation in South-East Asia* (Houndsmills, U. K. : Macmillan, 1998), 236 - 37; Nguyen ThiAnh, "Japanese Food Policies and the 1945 Great Famine in Indochina,"

in Kratoska, *Food Supplies*, 211 – 21; Elliott, *Sacred Willow*, 107 – 8; and Marr, *Vietnam1945*, 101. 另见 Robert Templer, *Shadows and Wind: A View of Modern Vietnam* (Boston: Little, Brown, 1998), 48ff。

31. Ngo Vinh Long, *Before the Revolution: The Vietnamese Peasants under the French* (New York: Columbia University Press, 1991), 133.

32. Marr, *Vietnam 1945*, 104.

33. Nguyen ThiAnh, "Japanese Food Policies," 221; Elliott, *Sacred Willow*, 113; William J. Duiker, *The Communist Road to Power in Vietnam* (Boulder, Colo.: Westview, 1996), 90; Templer, *Shadows and Wind*, 50.

34. 这三位情报部门的领导分别是劳伦斯·戈登 (Laurence Gordon)、哈里·伯纳德 (Harry Bernard) 和弗兰克·坦 (Frank Tan), 有关 GBT 组织及其行动请参见 Dixee R. Bartholomew-Feis, *The OSS and Ho Chi Minh: Unexpected Allies in the War Against Japan* (Lawrence: University Press of Kansas, 2006), 63 – 94。

35. Marr, *Vietnamese Tradition*, 407; William J. Duiker, *U. S. Containment Policy and the Conflict in Indochina* (Stanford, Calif.: Stanford University Press, 1994), 28.

36. Lloyd C. Gardner, *Approaching Vietnam: From World War II through Dienbienphu* (New York: W. W. Norton, 1989), 62; Elliott, *Sacred Willow*, 113.

37. 芬恩未出版的回忆录, 引自 Bartholomew-Feis, *OSS and Ho Chi Minh*, 154 – 55。

38. Charles Fenn, *Ho Chi Minh: A Biographical Introduction* (New York: Charles Scribner's Sons, 1973), 132.

39. Bartholomew-Feis, *OSS and Ho Chi Minh*, 156 – 57; Fenn, *Ho Chi Minh*, 75 – 77.

40. Fenn, *Ho Chi Minh*, 76 – 78; Bartholomew-Feis, *OSS and Ho Chi Minh*, 156 – 57.

41. Tran Trong Trung oral history, Hanoi, June 12, 2007 (感谢 Merle Pribbenow 为我提供这份口述史); Gary Hess, *The United States' Emergence as a Southeast Asian Power, 1940 – 1950* (New

York： Columbia University Press, 1987）, 170； Duiker, *Ho Chi Minh*, 293 – 94。

42. 参见 Bartholomew-Feis 的详细记录, *OSS and Ho Chi Minh*, 193 – 205。另见 René J. Défourneaux, *The Winking Fox： Twenty-two Years in Military Intelligence* （Indianapolis： ICA, 2000）, 134 – 96； Lisle Rose, *Roots of Tragedy： The United States and the Struggle for Asia, 1945 – 1953* （Westport, Conn. ： Greenwood, 1976）, 53 – 54。

43. 这是 Bartholomew-Feis, *OSS and Ho Chi Minh* 的主题。另可参见行动成员亨利·普吕涅（Henry Prunier）的回忆, 见 Christian G. Appy, *Patriots： The Vietnam War Remembered from All Sides* （New York： Viking, 2003）, 38 – 41。

44. René J. Défourneaux, "A Secret Encounter with Ho Chi Minh," *Look*, August 9, 1966, 32 – 33； Bartholomew-Feis, *OSS and Ho Chi Minh*, 205 – 15； Tran Trong Trung oral history, Hanoi, June 12, 2007. 感谢 Merle Pribbenow 为我提供这份口述史。

45. 引自 Robert Shaplen, *The Lost Revolution： The U. S. in Vietnam, 1946 – 1966* （New York： Harper & Row, 1966）, 35。

46. Ronald H. Spector, *In the Ruins of Empire： The Japanese Surrender and the Battle for Postwar Asia* （New York： Random House, 2007）, 96 – 101； T. O. Smith, *Britain and the Origins of the Vietnam War： U. K. Policy in Indo-China, 1943 – 1950* （New York： Palgrave Macmillan, 2007）, 21 – 33.

47. 以下内容十分关键： Mark Atwood Lawrence, *Assuming the Burden： Europe and the American Commitment to War in Vietnam* （Berkeley： University of California Press, 2005）, 68 – 74。另见 *Causes, Origins, and Lessons of the Vietnam War：* Hearings before the Committee on Foreign Relations, U. S. Senate, 92nd Cong. , 2nd sess. , June 9 – 11, 1972 （Washington, D. C. ： Government Printing Office, 1973）, 167, 175 – 76。

48. Ronald H. Spector, *Advice and Support： The Early Years of the U. S. Army in Vietnam, 1941 – 1960* （Washington, D. C. ： Center for Military History, 1985）, 45.

49. Spector, *Advice and Support*, 45； Hess, *United States' Emergence*, 152 – 53； Thorne, *Allies of a Kind*, 95.

50. Dreifort, *Myopic Grandeur*, 248 – 49.

51. Ibid. , 249 – 50.

52. 《纽约时报》, 1945 年 9 月 16 日; Charles de Gaulle, *The Complete War Memoirs of Charles de Gaulle*, *trans*. *Jonathan Griffin and Richard Howard* (New York: Carroll & Graf, 1998), 926。

第四章 "人生而平等"

一

　　这场剧变的中心是河内,在 1945 年 9 月一个热得令人窒息的日子里,胡志明就是在这里,站在几十万人面前郑重宣布越南获得独立。河内城中四处是宽阔的街道、婆娑的绿树、规整的公园,在 19 与 20 世纪之交,法国人在这里盖起了色彩柔和、装饰华丽的大厦,并在两次大战之间不断扩建。受制于北边和东边的红河以及另外两侧的稻田,这座城市十分精巧,城里四通八达的水系让游客不免感叹这里曾经只是一片沼泽地。

　　从一开始时,法国人在下大力气建造这座城市的建筑时就带有强烈的象征意义,希望通过这些建筑彰显殖民权威,包括总督府、大剧院、圣约瑟夫大教堂(St. Joseph's Cathedral)和河内火车站在内的几座最主要的建筑,无不体现了法国新古典主义的风格。建于世纪之交、由居斯塔夫·埃菲尔(Gustave Eiffel)公司负责设计的保罗·杜梅大桥(后称龙边大桥)是一项重要的工程技术成就。它总长度达 1700 米,横跨河道逐年迁移的红河。而在时髦的保罗·伯特街(rue Paul Bert),20 世纪初涌现出很多法国商店和无数路边咖啡馆。[1]

　　费城地理协会会长亨利·G. 布莱恩特(Henry G. Bryant)来这座城市游玩时,非常喜欢眼前的景象。1909 年时,他这样描述河内:"那宽阔的道路、恢宏的政府大楼、阳光明媚的公园、舒适的旅馆……这些全然是法国殖民精神值得称道的产

物。假如命中注定自己要被放逐到法国在亚洲的殖民地,我将
选择河内作为自己的长住之地。"另一位美国人哈里·弗兰克 93
(Harry Franck)在 20 世纪 20 年代中期到访河内后表示:"这
真是座了不起的城市,可以看到造价不菲的现代建筑、电
车——这在殖民地的其他地方都没有——四面都有铁路,街面
上行驶着许多汽车,既有出租车也有私人轿车,还有几家极好
的旅馆。简而言之,这是个热带的小巴黎,而且甚至有些妙处
连巴黎也享受不到。"[2]

许多越南人也受到这座灯火通明的城市的召唤。"也许在
那些没有月亮也没有星星的夜晚,南定、太平、海阳、北宁
(Bac Ninh)、山西(Son Tay)、和平(Hoa Binh)的农民走到
家中的院子里时,会极目远眺,看到一轮闪耀的光环,"作家
武重凤(Vu Trong Phung)曾这样说道,"那里盘旋在一千年
的文明之上,带着富饶的荣光,这些农民们看到的是河内上方
的光环,他们远离自己的乡村,只为追寻它!"而当他们来到
河内时,一些人拜倒在殖民者面前;另一些人放弃幻想,回到
老家;更多的人则为了自己和家人的生存在这里勉强度日。但
正如我们已经看到的那样,随着时间推移,很多人加入了独立
运动,虽然这些运动的形式多样,但往往都集中于越南的都市
区域。相比其他任何地方,河内都是中心地带。[3]

8 月 26 日,胡志明抵达河内,这也是他生平第一次来到
这座城市。他从偏远的义安省走遍了世界的各个角落——巴
黎、伦敦、纽约——并且成为民族主义领袖,而现在,已经
55 岁的他第一次踏上了祖国文化和政治的中心。这段旅程花
了他将近 40 年。而专就这次行动来说,这段行程则是从四天
前开始的,胡志明在离开新潮乡后,一路靠步行和坐船向首都

前进。因为是大病初愈，有一段路他得躺在担架上让人抬着，
25 日坐船渡过红河后，一行人在河内北面的郊区暂时停留。
次日，在总书记长征的陪同下，他们坐着一辆征用来的小汽车
驶过杜梅大桥，来到主要由华人居住的汉荣街，走进了一幢三
层楼的联排房子里。⁴

对于胡志明和他的同志们，这是个兴奋的时刻，在其后被
人们所熟知的"八月革命"中，它是个关键的阶段。自日本
遭到原子弹袭击并行将崩溃的消息传到北坼以后，局势开始突
94 变。8 月 11 日，由于已经有谣传说东京将准备投降，印度支
那共产党地区委员会的党员们开始为发动一场起义，以从日本
人手中夺取河内做准备。两天后，从四面八方赶来的越盟领导
人齐聚北部的新潮乡，如期召开一次党代表大会（史称第九
次国民大会），会议达成了一个共识，就是要立刻发起一场全
国起义，在越盟的领导下建立独立的共和国。胡志明最后一次
使用"阮爱国"这个名字发表了《告全国人民书》。在文中他
宣告："亲爱的同胞们！决定我们民族命运的时刻已经到来。
让我们站起来，靠自己的力量解放自己。世界各地许多受压迫
的民族正在互相较量，争先恐后地获得独立。我们一定不能落
后。前进！前进！在越盟的旗帜下，让我们英勇前进！"⁵

越盟领导人不愿意承认，他们之所以能扶摇直上夺取政
权，是借助了北部发生的各种灾难，引子是当年早先时候发生
的饥荒，其后因法国政权被推翻、日本战败而进一步加剧。⁶
在越南官方编纂的史书中，这方面的叙述几乎是看不到的；胡
志明和他的同志们被刻画成组织革命事件的大师，高屋建瓴地
领导着革命发展。他们的决策与行动固然重要，但毫无疑问，
他们受益于自下而上、不断升级的抗议行动。

在 8 月的第三周，越盟军队不断占领安南和北圻的城镇与乡村。他们几乎没碰到什么抵抗，因为当地政府乖乖向起义军交出了权力，而已成败军之师的日军保持着中立。到了 8 月 19 日，越盟军队取得了除日军守卫的印度支那银行之外河内所有重要公用设施的控制权，还登上了河内大剧院的阳台，宣布他们已夺取政权。自 1873 年弗朗西斯・安邺（Francis Garnier）代表法国占领了河内以来，这座城市第一次由越南人掌控。在顺化，保大帝宣布他将支持由胡志明领导的政府，但河内民众组织了一场声势浩大的游行，要求他退位。8 月 25 日，保大帝宣布逊位，表示支持越盟政权，并将代表皇权的宝剑交给了新的国民政府，通过这个具有象征意义的举动，他将所有的合法权力转交了出去。[7]

一名年轻的女医科学生旁观了当时的场面：

　　王室成员聚集在院子的左边，人群则在右边簇拥着。突然一个男人的声音响了起来："从今天起，越南废除了皇权。从现在起，保大就是平头百姓，他的名字叫永瑞。现在，平民永瑞可以讲话了。"保大帝走上前来，他看起来非常年轻。他对群众说道："公民们，请理解我的意图。我情愿做一个自由的公民，也不愿意当一个被奴役的君王。"[8]

"越南人民不愿意，也不能够继续接受外国的统治或管理，"保大给在巴黎的夏尔・戴高乐写了这么一封信，"我恳请你能理解，想要保护法国在印度支那的利益以及法兰西思想的影响力，唯一的途径就是公开承认越南独立，并放弃以任何形式在这里重建主权或行政机构的意图。只要你不继续装成我们的主人，我们可以取得相互谅解并且成为朋友。"[9]

可以想象胡志明和长征第一次进入这座城市的那种期待之情，他们走过一条条街道，到处飘扬着越盟的旗帜和横幅。而当胡志明走进了这座多年来只存在于自己幻想中的城市时，自己的革命军队已经取得了统治权！但胡志明深知，眼下仍然危机四伏。他向同伴们引用了列宁那句著名的警示之语："夺取政权是困难的，而保持住政权则更加困难。"由于普遍存在的饥荒仍是主要威胁，粮食问题需要立刻予以重视。（农民们已经将本应在下一季播种的种子吃了。）尽管敌对的民族主义团体，比如越南国民党和此前亲日的大越党（Dai Viet）受到了越盟强大军力和优越的组织架构的打压，但或许仍然有机会冒头。胡志明还知道，最严峻的考验将来自法国，法国人必将决意收回对殖民地的统治，而且现在尚不清楚其他战胜的盟国将做何反应。因此，所有越盟领袖都明白，眼下最关键的要务是

1945 年 8 月底，河内，解放军的一支妇女小分队手持武器，高举越盟旗帜。

抢在盟国占领军到来前宣布成立临时政府。8 月 29 日，胡志 96
明静悄悄地组建了他的首个政府。[10]

9 月 2 日——日本在东京湾（Tokyo Bay）的美军密苏里号
战舰甲板上签署无条件投降书的同一天——他向越南介绍了自
己的政府，并在几十万名群众的面前郑重宣布越南独立。新成
立的国家为越南民主共和国（Democratic Republic of Vietnam,
DRV）。集会在巴亭广场召开，这块宽阔的草地距离河内总督
府不远。当天早上，整个城市都被雀跃的气氛所笼罩。集会
前，越南的年轻人忙了一整晚，给旁边的大楼装饰上鲜花、横
幅，还有一面引人注目的越盟旗帜——它的图案是一面红旗上
绣有一颗金星。在一些横幅上有用英语、越南语、法语、中文
和俄语写着的民族主义口号，比如"为了越南人民的越南"；
"越南独立万岁"；"不独立毋宁死"；"欢迎盟军"；"法国帝
国主义去死"。农民从邻近的村庄赶来，跟商人和官吏站在一
起。学校特意在这一天停课，老师们吹着哨子，带领着高唱革
命歌曲的学生队伍。曾经为法国和日本人做事的特务现在热烈
地支持起了新的国民政府。住在山区的少数民族团体也戴着色 97
彩独特的头饰，身着裙子和饰带来到了集会现场。有一个群体
无法出席活动，但得以通过特殊的方式间接参与：中央监狱的
犯人们分到了三头猪，他们将猪宰了烧熟，分而食之，以
"欢庆越南的独立日"。[11]

胡志明坐着一辆美国在战前生产的小汽车来到活动现场，
前面由自行车开道。他登上仓促搭建而成的、装饰有白色和红
色桌布的讲台；身后是新政府的内阁成员。与其说他是大步迈
上讲台，倒不如说是一跃而上，这让观众们多少有点儿意外：
他们原以为统治者应该沉稳庄重地缓步走上台来。台上几乎所

有人都穿着西服、系着领带，而胡志明穿的是一件洗褪了色的高领卡其色布外套，脚穿一双白色橡胶凉鞋——在接下来的24年里，这是他身为国家元首标志性的着装——另外头上戴着一顶旧帽子。就在前几天，他在自己那台老式便携式打字机上打出了发言稿。在他发言之前，在场的群众高喊"独立！独立！"的口号。

开始时他说得很慢，讲了几句后顿了一顿，问在场的观众："爱国同胞们，你们听得见吗？"人群高声呼喊道："听得见！"一些在场的观众事后说，就在那刻，胡志明与人民群众之间建立了一种特殊的纽带。年轻的自卫队干部陈忠诚（Tran Trung Thanh，音译）后来回忆说，尽管他当时并不十分清楚胡志明是何许人也，但这段讲话令他激动落泪，他也因此将现场的一句标语作为自己的座右铭："不独立，毋宁死！"而另一位在场观众陈维兴（Tran Duy Hung）医生说："我们大声呼喊，用的不只是我们的嘴巴，更是我们的心，是当时置身广场的40多万群众的心。"[12]

对于在场屈指可数的美国人来说，胡志明接下来的这段话十分令人震动。"所有人生来就是平等的。他们应享有天赋的不可侵犯的权利，即生存、自由和追求幸福的权利。……全世界各民族生来就是平等的，无论哪一个民族都有求生存、享受安乐与自由的权利。"胡志明进一步指出，这些都是"不可辩驳的事实"，自法国大革命后则已经深入法国人民心中。但是80年来，法国在对待越南人民时始终罔顾这些事实。胡志明历数法国殖民当局的行为，包括将越南人为地分为三个行政区域，杀害监禁爱国人士，掠夺原材料和土地并征收了"数百项不公正的税赋"。法国以越南的"保护者"自居，但在过去　98

的五年里两次将这片领地拱手让予日本。这样的情况不容许继续，"今天，我们决意反对法国帝国主义者邪恶的阴谋，同时呼吁战胜的盟国承认我们的自由与独立"。[13]

引用美国独立宣言、呼唤"战胜的盟国"，这些都是胡志明有意为之，并且得到了下一位演讲人武元甲的应和，这位当年的历史教员如今已是越盟"解放军"的总指挥官。武元甲特别吁请美国和中国伸出援手（值得揣摩的是，他与胡志明都没有提及苏联），他表示"越南人民曾热诚地站起来抗击日本"，而与此同时，法国殖民主义者在战争中跟法西斯日本狼狈为奸。如今法国已做好了收复越南的准备，而国际社会理应站出来阻止它；如果其他国家没有采取任何措施，越南全体人民将自立自强。"传承英雄祖辈的传统，越南这一代人为了给后代独立、自由、幸福的生活会决战到底，"武元甲发出了这样的呼声。[14]

陈维兴回忆说，在两场演说中间，"一架小型飞机，在我们上方盘旋。我们不知道这架飞机是哪国的。当时原以为这是架越南飞机，但当它俯冲而下时，我们认出了美国国旗，人群发出了欢呼声"。[15]

二

在这几个至关重要的星期里，胡志明和他的同人们在其斗争中如此倚重华盛顿的支持，这确实是越盟心态中一个令人震惊的侧面。跟其他所有国际事务的观察人士一样，他们深切地明白，美国现在已经崭露头角，成为全球最强大的国家、唯一真正的超级大国，因此有能力对发展中国家的事态进展施加独特的影响。在亚太地区，美国显得尤其出类拔萃。在新潮乡的时候，胡志明就不断追问美国战略情报局"鹿队"的成员，问他们华盛顿是会插手印度支那，还是会将问题留给法国或者中国。这个问题反映出一种不确定性，让人不免猜测在此阶段，胡志明对美国持有双重视角。一方面，作为资本主义的堡垒，美国将可能成为未来世界革命的对手；另一方面，它在二战期间绝大多数时候的领导人是富兰克林·罗斯福——在呼吁亚非殖民国家获得解放这一问题上，他是最主要的国际声音，也是《大西洋宪章》背后最重要的角色。作为欧洲殖民主义的敌人，美国因此可能为越盟的事业提供巨大的帮助，但前提是资本主义列强与苏联之间不会出现关系紧张的局面；假如真是这样，华盛顿政府势必将与法国媾和，并支持法国收回印度支那，以换取其在反击莫斯科方面的支持。[16]

美国方案的这种不确定性时而会使胡志明和越南民众染上悲观的情绪。在前往河内不久前，胡志明给他的朋友查尔斯·芬恩写了一封哀怨的信，表达了对战争结束的欣慰，但又对"我们的美国朋友"很快将离开自己感到失落。他写道："而且这么一走，意味着你们与我们之间的关系将变得更加棘手。"但也有些时候，人们仍然心存希望。8月15日，新潮乡通过一台美国战略情报局提供的无线电设备，收到了日本天皇裕仁指示军队投降的消息，美国人和越南人立刻群起庆祝。他们点燃篝火，唱起歌谣，大口喝酒。越南人欢乐地呼喊着民族独立就在眼前，而美国人报之以"嗨，嗨，万岁!"的欢呼声。[17]

在越南其他地区，各种派系的民族主义者也都在渴望得到美国的支持。对美国的崇拜之情在这个夏天极其高涨，臻于巅峰，作为不了解这段血腥和仇杀史的现代人，恐怕很难理解此种情绪所达到的程度。这是个罗斯福式的时刻。后来担任南越政府高官的裴艳（Bui Diem）回忆说，美国当时是"闪亮的巨人"，它对自由的承诺是真真切切的，它将永远地终结殖民统治。这些民族主义者明白中国人和英国人即将到来（在波茨坦会议上，这两国被委以重任，要在战争结束时分别负责解除日本在越南北部和南部的武装），这也令他们把美国跟救世主的角色更紧密地联系在一起。裴艳进一步回忆道："我们不明白他们为什么同意让英国人和中国人进来，不过美国人自己也将进入越南，而他们出现在这里，就极有可能标志着美国对越南是有兴趣的。假如他们有兴趣，那么他们也许能被说动心，采取进一步行动。"[18]

在美国的这群代表中，最重要的一位是阿基米德·L. 帕蒂（Archimedes L. Patti）。作为资深情报人员，他曾在北非、西西里和萨勒诺领导过秘密行动。帕蒂生于纽约一个贫穷的意大利移民家庭，在日本投降后接受任务，带领一个小分队飞抵河内，以确保被关押在日军集中营的盟军战俘获释，同时提供印度支那形势的情报。他在 8 月 22 日抵达，同行者包括其余 12 名战略情报局成员以及一个由法国驻华情报头目让·圣特尼（Jean Sainteny）率领的小型代表团，后者名义上的任务是协调法国战俘需求。圣特尼曾经在河内担任银行家，其岳父是印度支那前总督、著名法国殖民思想家阿尔贝·萨罗（也译作阿尔贝特·萨罗）。

两班人马在市中心颇有格调的大都市酒店（Metropole Hotel）歇下脚来——时至今日这家酒店依然时髦漂亮。帕蒂在这里与日军当局展开谈判，并与当地越盟领导人建立联系。9 月 26 日星期天，为欢迎帕蒂，越盟官员们组织了一次类似

于阅兵式的仪式（活动最后是一支乐队演奏《星条旗永不
落》），当天，刚到河内不久的胡志明邀请帕蒂共进午餐——
这些都是越盟对这位年轻的美国人百般示好的标志。在享用了
一顿有鱼汤、炖鸡和猪肉的午餐后，两人讨论了莫测的时局。
胡志明表达了对圣特尼通过美国人的斡旋抵达河内的不满，同
时提醒说，法国代表团的目标远远不只是安顿战俘那么简单。
胡志明告诉帕蒂，法国想的是重新恢复殖民统治，而且在这个
问题上已经得到了英国的支持；与此同时，中国人也会为了达
成自己的目标而出卖越南利益。[19]

　　帕蒂专注地聆听着。他曾经见过一次胡志明，当时是
1945 年 4 月，两人在中国南部讨论美国战略情报局与越盟就
抗击日军方面可能展开的合作。当时他们一边抽着帕蒂的切斯
特菲尔德（Chesterfields）牌香烟，一边喝着茶，一直谈到深
夜。胡志明的爱国精神和社交智慧给帕蒂留下了"不可磨灭"
的印象。而此次当他们再度聚首时，帕蒂不自觉地注意到这位
越盟领袖的面容比他们上一次见面时憔悴了不少。但很快他就
再度被胡志明在政治上的睿智、气度，以及他对当今世界发展
的把握深深感染了。和 4 月会面时的情形一样，胡志明仍然明
确表示他迫切需要盟国尤其是美国的支持。在之后的会面中，
胡志明恳请帕蒂能在撰写越南独立宣言的工作中出谋划策。
"胡志明特别着急地请我过来，"帕蒂回忆说，"他递给我几张
纸，我看了看说，'我能做什么呢？我不认识这些字'。于是
他当场翻译起来。我仔细地听着，受到了极大的震撼。我特别
震惊地听到头几句话出自我们自己的《独立宣言》，尤其是提
及造物主的那部分。他把'生存'和'自由'这两个词的顺
序弄颠倒了，于是我稍稍提醒了一下说，'我觉得应该是反过

来才对'。"[20]

回过头来看，人们会为这两个男人之间发展的情谊，为胡志明及其同僚们在这段至关重要的日子里在帕蒂身上所投注的热情所震惊。每次会面时，越盟官员都会向帕蒂追问美国的印度支那政策。作为一个新政府的领导班子，他们要面对的任务繁杂且严峻——要建立一支合法军队，要为仍然饱受饥荒之苦的老百姓送去食物，要压制越南其他敌对的民族主义派别——但在这当中，没有哪项任务比获得国际支持以挫败法国和潜在的中国干涉更为重大。据帕蒂自己回忆，他当时一直是谨慎回应，仅仅应承可以把这些消息转达给自己的上级，同时不向法国人和中国人透露胡志明的去向。但是，他确实曾不止一次援引富兰克林·罗斯福在越南民族自决问题上的强硬立场，这样的表态无疑会点燃越南人的希望；不过，他的说法过度简化了罗斯福的思想，而且忽视了杜鲁门统治下的各种变化。[21]

和罗斯福一样，帕蒂有时同样会对越南人以恩主自居，并多多少少持有种族歧视的观念，在向昆明发去的部分（并非全部）报告中，他疑心"安南人"在独立与法国人谈判或有效行使统治权方面，是否具备了必需的政治成熟度。不过倒没必要对这种态度做太多解读，因为他仍然倾向于阻止法国重获统治权的美国政策。在这个夏天，尤其是 8 月底这些振奋人心的日子里越盟所展现出的献身精神和热情，以及它在群众中所获得的广泛支持，都给帕蒂留下了极为深刻的印象。9 月 2 日晚上，在亲眼见证了巴亭广场的盛事后，帕蒂通过无线电向昆明报告："在我看来，这些人是认真的，法国恐怕必须得好好应对。在这件事情上，我们都得好好应对。"在另一封电文中，他认为法国人几乎没有机会重新获得持久统治："政治形势殊为危急……越盟立场强硬、好斗，而且极其反法。他们表示不允许法国人踏上法属印度支那的土地，尤其不许携带武器入境。"[22]

1945 年 8 月底，阿基米德·帕蒂在河内与越盟官员会面，坐在他右边的是武元甲。从他所坐的位置就能看出他在越盟方面受到的重视。

然而法国已经开始行动了，而且得到了美国的默许。当阿基米德·帕蒂的飞机抵达河内时，法国临时政府的领导人夏尔·戴高乐几乎于同时到达华盛顿哥伦比亚特区，准备与美国政府官员进行一轮备受期待的磋商。跟他在越南的这位民族主义对手胡志明一样，戴高乐同样将美国视为即将上演的印度支103 那大戏中最重要的角色，也是他将三色旗重新插回西贡和河内领土大计中最主要的潜在障碍。在这方面，他已经受到了旧金山和波茨坦会议中美国立场的鼓舞，从这两次会议中，他得出了杜鲁门不会妨碍自己的结论。但这次的华盛顿会议无疑对戴高乐更为重要，为此他百般努力地取悦美国人。在抵达美国首都后，他立刻用结结巴巴但尚且能让人接受的英文发表了一篇对美国的礼赞，而在当晚白宫的国宴中，他则用法语致辞，颂扬美国和法国是"文明的两大支柱"。随后他旋风般地参加了一连串活动，包括参观美国海军学院和陆军学院，去纽约海德公园村罗斯福的墓地悼念，参观皇后区那个正在建设的巨大的艾德威尔德新机场（后为 JFK 机场）。在曼哈顿，戴高乐有点儿冒险地站在一辆敞篷汽车的后座上，接受数十万人的欢呼。[23]

在幕后，双方的弦却越绷越紧。以下的事实已经无法掩盖：在美国官方看来，法国的地位已一落千丈。此外，尽管杜鲁门不像罗斯福那样私底下特别反感戴高乐，但他确实也在质疑这位将军能否使衰落的法国重新统一和团结起来。总统在戴高乐此次出访前曾跟英国官员们表示，戴高乐太把自己和自己的理念当一回事了，而且"用咱们老家密苏里的话来说"，戴高乐是个"傻大个儿"。杜鲁门说，他此次打算"不留情面地好好教训"这位法国人一通，而且将清楚地表明华盛顿政府希望法国能争点儿气，靠自己的力量摆脱战争创伤。不过，法国是否真能彻底恢复元气还得打个问号：在跟幕僚交流时，杜鲁门认为法国丝毫没有表现出英国在战争中表现出的"斗牛犬"般的坚韧；在跟英国大使交流时，他表示此时比利时的乡下人都已经着手重建家园了，而法国人仍然懒洋洋的，满足于等待外界援助来拯救自己。[24]

不过杜鲁门仍然相信，美国是完全可以向法国提供援助的。法国或许确实已经跌出了世界列强的阵营，但华盛顿需要一个稳定而友好的法国，好在和平时期牢牢把握住在战场上艰难获得的胜利成果。这意味着在欧洲，美国应向巴黎政府提供各种形式的经济援助，并在有关战败的德国的前景问题上厘清与法国的分歧；在欧洲之外，也应保证法兰西帝国的安定——

哪怕只是在可以预见的未来确保这一点。[25]

　　在印度支那问题上，美国行政官员试图打消戴高乐有关法国对该地区主权的忧虑。在 8 月 24 日的新闻发布会上，当戴高乐说出"法国在印度支那问题上的立场十分简单：法国意图收回对印度支那的主权"这番话时，美国人并未提出异议。而且当戴高乐在私底下态度暧昧地提出巴黎愿意就殖民地最终独立的议题展开讨论时，杜鲁门回答说，美国政府将不会反对法国收回印度支那。[26]

　　8 月 30 日，帕蒂通过美国驻昆明的机构将胡志明的信息转达给杜鲁门总统。他在电报中表示，胡志明希望越盟能参与盟国就越南战后的地位进行的任何磋商。但是，杜鲁门没有做出答复。

<h2 style="text-align:center">三</h2>

　　在接下来的几周甚至几个月里，胡志明还在不断托人捎来类似的信件；这些信件同样石沉大海。不过，这是第一封留在人们心中的未回复信件。1945 年 8 月是一个前景未卜的时期，如此多的问题悬而未决，没有一个人能说得准法国的帝国主义事业在印度支那的进程。在这个月里，杜鲁门和他最核心的外交幕僚们或许将精力主要放在了其他任何地方——比如专注于战后欧洲的各项重大任务，或者是保证日本正式投降万无一失——可精明的法国和越南领导人如此看重美国人的态度，这一点并没有错。因为在日本投降之时，美国在亚洲拥有非同寻常的政治权力，这种权力是空前的，也可能是绝后的。在这个夏天，对于数千万亚洲人来说，美国远在万里之外，这也平添了它的魅力以及人们想象中它的力量。1945 年秋天，《新闻周

刊》(*Newsweek*)记者哈罗德·伊罗生(Harold Isaacs)曾走访越南及亚洲其他地区,并将这段经历写成了一本书,用他的话来说,美国"是由正义的德行所构建的一座华丽的神庙,神庙里的人在永处贫困中的人们看来,简直有如天神一般"。这个国家拥有着令人敬畏的力量,在面对一个看似无法阻挡的敌人时,仍可以在遭遇接二连三的挫败后嘶吼着挥出决定性的重拳,并从此高踞于所有亚洲国家之上。然而令人震惊的是,美国并不打算利用这种权力来实施殖民主义计划;相反,它想要消灭殖民统治,其正式承诺赋予菲律宾独立就是明证。[27]

伊罗生承认,这里面顶多只有部分是事实,不过数千万的亚洲人——其中很多人对外面的世界几乎一无所知——热诚地相信着它们。在他们看来,美国"既无私又明智:它无私在愿意基于本国利益而支持自由事业;明智在预见到英国、荷兰、法国和日本如果继续推行帝国主义,那么在任何地方都不可能拥有和平"。其实,出于利己主义的原因,华盛顿的领导人们理应站在亚洲变革的这一边,毕竟刚刚结束的这场战争就已经暴露出旧制度沉疴缠身。在 1942 年上半年日本发起的一连串侵略中,英国、荷兰和美国的殖民地就如同纸牌屋一样,接二连三地垮塌。而在印度支那,日本甚至没有采取军事行动的必要,因为单单是采用高压的外交手段就足以让法国俯首听命。在这些被日本占领的殖民地中,原住民或是开门欢迎侵略者,或是消极地袖手旁观,或是精明地利用殖民者之间的矛盾为自己谋取利益:几乎逃脱不了这三种范式。每到一处,日本官员们都无法巩固最初获得的支持,这就强化了亚洲各国民族主义者的这样一种认识,即殖民主义或类似殖民主义的统治是难以为继的。[28]

105

　　这个地区的民族主义者告诉自己也告诉周遭的人：这些事实美国一定看得很清楚，美国一定会发现自身的战后目标跟他们的极其吻合。毕竟美国与其他列强不一样，至少在那些最核心的层面不一样；英国人、法国人和荷兰人是彻彻底底不值得信任的，而美国人是可以相信的，哪怕不是完全信得过，但至少大体上能够信任。胡志明比绝大多数人更有远见，在这方面他心存戒备，这一点从他于 8 月给查尔斯·芬恩写去的信中就可以看出来，但纵使是胡志明，也怀揣着《大西洋宪章》的准则将推动战后世界的希望，而且在他看来这样的希望有着充分的理由。阿基米德·帕蒂看来也认为情况理应如此；这个宪章总归意味着什么吧？

106

　　然而，事实并非如此。在华盛顿，杜鲁门已经向戴高乐暗示了自己的政府至少在短期内将在印度支那问题上采取的路线，这等于是让戴高乐吃了颗定心丸。华盛顿将不会阻止法国收复印度支那。在美国国务院内部有一些反对该项政策的声音，他们坚定地相信美国应该站在变革这一边，支持建立新秩序和国际体系的去殖民化，但他们敌不过华盛顿这批事实上支持旧秩序的官员，后者已经将目光锁定在苏联在战后欧洲的一举一动上。法国人的诉求将得到相应的关注与回复；而越盟的诉求则没人理会。

　　从历史的角度来看，这是杜鲁门所做出的一个具有里程碑意义的决定，与美国历任总统在接下来几十年里将要采取的决策一样，它跟越南本身几乎毫无关联——它考量的纯粹是美国在世界舞台上的轻重缓急。法国已经清楚地表达了自己的意图，而杜鲁门政府不敢为了尊重《大西洋宪章》的准则，就冒险公然挑战一个对世界秩序具有举足轻重意义的欧洲盟国。

不过哪怕仅仅是考虑杜鲁门政府的主张，也有理由质疑这项政策的内在逻辑。欧洲拥有强大的法国作为盟友，这样的重要性固然不言自明，但是否就有充足的理由支持法国采取强硬的姿态对付远在东南亚的这场声势浩大的民族主义运动？越南这场正在逼近的冲突必然将迫使法国将力量调离欧洲，同时将耗尽法国的资源——而所有法国官员都明明白白地知道，他们原本就没有多少资源可言。这一切恐怕最终将迫使美国政府要为法国埋两次单：一次是要巩固法国在欧洲的地位，一次是要强化其在印度支那的统治。[29]

如果杜鲁门做出不一样的选择，结局是否会有所不同？这种假设相当值得玩味。没有证据表明在即将出现的东西方分歧中，胡志明将选择与美国结盟；也没有证据表明在胡志明领导下的这个统一的越南将选择一条非共产主义的路线。但我们也不能推测在冷战中胡志明将把自己的国家跟苏联紧紧捆绑在一起；他或许本可以像南斯拉夫领导人约瑟普·布罗兹·铁托（Josip Broz Tito）那样，选择一条独立自主的共产主义路线。而有一点看起来则更加清晰：如果杜鲁门政府在1945年的夏末和秋天决定支持越南独立，则本可以在很大程度上避免接下来发生的杀戮和破坏。

107

四

可以想见，当巴黎的印度支那政策设计者得知华盛顿会议中杜鲁门做出的保证时，该是多么如释重负。但这些官员同样明白，想要尽快实现对这个殖民地的统治，眼前仍然存在着重重障碍。乘坐帕蒂专机抵达河内的让·圣特尼发现，实际上自己一到河内就成了日军的囚徒，而且遭到了越盟官员的百般羞辱。“河内的政治局势比我们所能预见的还要糟糕，”在到达河内不久后，圣特尼就向巴黎发去了这样一封电报，并且承认现在胡志明是越南最受欢迎的人物，“河内到处都飘着［越盟］旗帜。”在另一封电文中，他警告称“盟国正在合谋行动，旨在将法国赶出印度支那”。而在第三封电报中，他表示“法国颜面尽失”。[30]

随着圣特尼的这支队伍遭到孤立的程度日甚，他的挫败感也与日俱增，不过好在每次与法国公民接触时，他还是能受到热烈的欢迎——此时在河内约有 2 万名法国人。他跟帕蒂相互都有些猜忌，不过在早期两人相处尚算融洽，还在一起吃了好几次饭。事实证明他俩有不少共同点。两人都是三十几岁，都曾为自己国家的情报部门服务多年。帕蒂在欧洲时，曾与法国第二局（Deuxième Bureau，法国的军事情报局）和英国军情五处（MI5）的特工共事，而且用他后来的话说，当时仍然感到“在一定程度上的忠诚感”。[31]

一次，帕蒂和圣特尼刚从总督府吃完午饭，出门后在路上看到了三位并肩走着的法国年轻女性，一个穿蓝色服装，中间那位穿白色衣服，旁边的则穿红衣。看到这一幕富有想象力的爱国行动，联想到法国被德国占领期间人们所表现出的类似情怀，圣特尼顿时热泪盈眶。帕蒂评价说，这可能是自打他们来到河内后第一次看到法国“国旗”，对此圣特尼反驳说：“这话说得没错，但我跟你打保票，这不会是最后一次。”[32]

法国的难题在于如何在短期内将大量军队运到印度支那。太平洋战争结束得太快了，法国还没来得及将军队调往该地区。锡兰——第五殖民军团的驻地——仅驻扎了 979 名军人和17 辆机动车，此外还有一部分英国和印度的小分队，他们将共同负责解除北纬 16 度以南的日军武装。在马达加斯加另有 2300 名军人，他们乘坐运兵船可在两周内抵达；而拥有 1.7 万多名军人的法国第九殖民师可在 9 月中旬就位。刚抵达锡兰的勒克莱尔将军要求增加调配给印度支那的美制 C - 47 达科他运输机数量；他强调，如果没有这种运输机或者浅吃水登陆舰艇，就没办法将法军运至北纬 16 度以北的印度支那区域。他的要求得到了批准，此外巴黎方面使用租借物资的请求也得到华盛顿的许可，这批原本用于抵抗德国和日本军事行动的物资现在将用于装备派往印度支那的军队。[33]

不过，法国仍需几周才能对印度支那施加有价值的影响，在此期间只能任由已经抵达的中国和英国军队摆布。8 月底，一支由云南军阀首领卢汉率领的 15 万人的先遣部队穿越边境，向印度支那进发。与他们同行的还有一支由菲利普·E. 加拉格尔（Philip E. Gallagher）准将统领的美国军事顾问团。9 月 9 日，他们的主力部队抵达河内。军人们看起来面黄肌瘦，黄色的军装破破烂烂，跟日军整齐鲜亮的着装形成了鲜明反差。一位当天目睹了现场情景的越南人后来回忆道："中国人看起来会偷走任何没有被拴住的东西。他们一到这儿就印证了对他们最糟糕的猜想。就像一群蝗虫一样，他们在村子里安顿下来，将出现在眼前的所有东西扫荡得一干二净。"而阿基米德·帕蒂说："人行道、门廊和小巷挤满了［中国］士兵和随军服杂役的人，坐在自己的行囊上，家具和军事装备被扔得满地都是。很多人霸占了私人的菜园和庭院，安顿下来后就开始泡茶、做家务、洗衣服。"[34]

一支大约有 50 人的中国小分队来到了唐文梅·埃利奥特（Duong Van Mai Elliott）的家。她回忆说："他们把我们一家

109

赶到楼上，占用了一楼。这些农民兵不会用城里的便利设施，一开始时［我的哥哥］文修（Giu）只能教他们如何打开电灯和电风扇。他们好高兴，不停地将开关开了关关了开，惊奇地看着眼前发生的变化。"[35]

在胡志明看来，中国军队衣衫褴褛的外表显然没有他们的最终目的那么重要。他们名义上来这里是按照《波茨坦公告》监督日军投降，同时在新政权掌权之前维持北纬 16 度以北地区的治安。但重庆当局想要看到的是什么样的政府？多年来，蒋介石一直表示支持罗斯福的托管方案，并且承诺中国无意攫取印度支那。可是胡志明和其他越盟领导人更愿意相信重庆政府想要操纵当前的事态为自己所用，这当中也不排除其与巴黎政府达成协议的可能性。在 8 月和 9 月，国民政府外交部部长宋子文①两次告知法国当局，他不反对法国收回印支半岛，这进一步加深了越盟的担忧。[36]

随着中国军队一同进驻的，还有一批数量可观的越南民族主义者，战争年代他们一直待在中国，而现在意欲回国扮演重要的政治角色，这令事态进一步复杂。这批人只在北部的几个偏远小市镇有点儿影响力，对越盟在北圻地区的地位并没有构成直接威胁，但单单是他们的出现就已经加深了胡志明的信念，那就是他得抢在中国占领军之前及早动手。他因此告诉卢汉的政治顾问以及美国的加拉格尔准将，自己的政府愿意与中方合作，并指示武元甲尽量让其手下的小型武装部队低调行事，避免与占领军发生冲突。同时他还放弃了原本感情用事的"解放军"这一名称，取而代之的是听起来较为温和的"卫国

---

① 原文如此，但宋子文已在 7 月底辞去外长职务。

团”（Ve Quoc Doan）。[37]

9 月 14 日卢汉一到河内，就毫不客气地从圣特尼的队伍手中接管了总督府，胡志明也没提出异议。（又羞又恼的法国人被迫搬进了市区一间比之前小得多的别墅。）卢汉因此投桃报李，对待越盟官员的态度大体上算是友善，而且指示跟他同行的越南民族主义者也当如此。随着时间慢慢推移，人们发现他的占领政策持有强烈的反法立场。在河内的法国居民被夺走了武器，而越南人仍能继续持械；此外，政府大楼、通讯设施和几乎所有市政管理都控制在越盟手中。对于法方反复提出的进驻法军和管理人员的要求，中方一再拒绝。[38]

五

如果越南全国都是这样一番景象，那么这个国家将要面临的漫长而血腥、让所有参战国都伤痕累累的战争或许没有开始就已经结束了。然而，在中国军队未占领的越南南部，局势则更加多变，对法国的前景也要有利得多。当胡志明在河内宣布越南独立时，交趾支那的形势开始难以驾驭，四分五裂。在该地区有着各种不同的敌对政治和宗教组织，其中一些曾跟日本人或法国人合作过，他们意欲同越盟争抢最高统治权。在1940 年印度支那共产党起义失败后，共产主义者在南部被法国剿杀，结果到了日本投降之时，他们仍在重新集结中。他们面对的是来自高台教与和好教这类宗教教派的严峻挑战（前者奇异地混杂了唯灵论、儒教、佛教和基督教；后者是原教旨主义佛教的分裂派系），早在战前，这些宗教团体就已经在交趾支那的不同地区受到欢迎。此外他们还需要面对几个托洛茨基主义团体，后者在南方的势力范围也相当可观。同时，很多

111 越南南方人曾在殖民统治时期谋得过个人好处，并且期待法国人卷土重来，越盟深知他们不可能得到这部分人的支持。[39]

与以往一样，西贡仍然是动荡的中心。在法国统治时期，它发展成一个规模远超河内的大都会，在 1945 年中期人口超过 100 万，城里还有一个被称为"堤岸"的华人区。不过大部分西方游客只注意到西贡市中心那么一片逼仄的区域，在很多人眼中，这里是将一小块法国移入了远东的热带地区。在西贡，人们可以看到气派的大街和广场，奶油色的洛可可式行政大楼，优雅的别墅，以及氛围怡人的路边咖啡馆和法式糕点房。很多绿树成荫的街道要么取自参与征服交趾支那的法国人的名字（博纳尔、沙内、德·拉·格朗迪埃），要么取自一战中的著名战役（马恩河、凡尔登、索姆河）。这里也有一座圣母大教堂，这座 1883 年由法国人建成的新罗马风格教堂以两个朴实的尖顶为特色，门前的圣母玛利亚雕像俯瞰着卡蒂纳街（现名同起街）——这条传奇式的街道得名于 1856 年攻入土伦（现名岘港）、向港口要塞开火的法国战舰名称。卡蒂纳街商业区长度不过 270 米，两头各有一家饭店：一边是大陆饭店（the Continental），另一边则是俯瞰阴沉深邃的西贡河左岸的大华饭店（the Majestic）。夹在两家饭店中间的是各色售卖香水、奶酪、从巴黎进口的青蛙腿的店铺，以及数不清的餐馆和酒吧，其中很多直到深夜仍然熙熙攘攘，提供从橘香可丽饼到法国蜗牛的各式法国菜。到了白天，街头浮动着新鲜烘焙的法棍面包以及美发沙龙的香气，法国女人们来后者那里做头发和定型——在如此潮湿的天气里，这么折腾简直是白费工夫。[40]

卡蒂纳街在早期就已经奠定其声望。法国人皮埃尔·巴雷伦（Pierre Barrelon）在 1893 年到访此地时，写到自己经过了一条街，那里"以华丽的精品店、装修考究的酒吧，以及川流不息的马车而著称……卡蒂纳街生机勃勃，引人注目……它的这种热闹全然是欧式的，照我看应该是巴黎式的；早在我来这里很久以前，人们就形容西贡是'东方的巴黎'"。[41]

52 年后，西贡和卡蒂纳街再次暗潮涌动，不过原因不同于以往。由印度支那共产党所主导、陈文教（Tran Van Giau）负责领导的"南方委员会"尽管已经夺得了该市和交趾支那其他地区的统治权，但其地位仍然危如累卵。到 9 月初时，该地区的秩序渐趋平稳，不过高台教、和好教和托派都对陈文教充满怨言，因为后者决意要跟 8 月 22 日空降至此的法国代表让·塞迪勒（Jean Cédile）进行谈判。随着人们普遍意识到谈判不会取得任何成效——越盟同意跟法国谈判的前提是法国首先承认越南独立，而塞迪勒拒绝这样做——失望的情绪不断发酵。担心丧失殖民特权的法国居民已经做好了斗争的准备，而越南各个敌对政治团体间的冲突也开始升级。在短期内，陈文教和南方委员会失去了对局势的控制。[42]

更糟糕的是，此时盟军正在陆续抵达西贡。英国的首批小分队抽调自第 20 印度师，其中大部分士兵是旁遮普和海得拉巴的尼泊尔廓尔喀族和穆斯林，他们在 9 月 12 日进入该市。每条街道上都悬挂着大幅旗帜："盟军万岁"、"打倒法国帝国主义"、"自由独立万岁"。这支军队的任务是解除日军武装，同时维持当地秩序。不过，无论是在伦敦还是在西贡的英国官员都深知，他们更重要的任务是促成法国收回属地。在中东，法国与英国固然存在利益冲突，但在东南亚，法国事实上是英国的盟友，它们需要共同捍卫在该区域的欧洲殖民统治。[43]

跟此前一样，伦敦的战略家们需要谨慎行事，免得触发美

112

国的反殖民主义情绪或者使跟中国的关系复杂化。"我们必须不惜一切代价避免自己处于风口浪尖，以免被人指摘是在帮助西方压迫东方，"一位下层官员注意到，"美国人和中国人会随时做出这样的指控，而且有可能在亚洲各国形成对英国不利的印象。"其他英国分析人士也表达了类似的顾虑。但对于他们应当采取的路线，没有任何人表示质疑。倘若不能帮法国巩固在越南的统治，这不仅会导致该国出现动荡，也可能令英国的各个属地闹出乱子——这样的前景令人十分忧虑。因此，英国人相信自己最根本的目标是帮助法军尽快进入印度支那，随后英军应尽快撤离。[44]

113　　　接下这个任务的是第 20 师统帅道格拉斯·格雷西（Douglas Gracey）少将，历史学家们认为这样一位持有亲法立场、秉持"土生人"不应反抗欧洲人的家长式统治理念的军人，根本不适合担当这一角色。格雷西是个老派的殖民主义者，生于殖民帝国长于殖民帝国，整个军人生涯一直是在印度军团中度过的。在动身前往越南前，他曾这样表示："印度支那政府的问题纯粹是法国内部问题，只消几周时间法国就能建立对平民和军队的统治。"虽说格雷西坦率得有点儿不同寻常，不过他的想法在当时的英国军官中十分合乎主流。比如在 9 月，英国外交大臣欧内斯特·贝文（Ernest Bevin）就对中国大使表示："我们理所当然地认为印度支那将回归法国。"而安东尼·艾登回忆道："格雷西将军统率的英属印度军队应先占领该国南部，直到法国人有能力恢复统治为止。"[45]

　　不可否认的是，格雷西在西贡最初的行动给原本紧张的局势又添了一把火。他的外号是"拳击手"，这个称呼很贴切。9 月 13 日，当他乘坐一架美制 C－47 飞机抵达新山一机场时，他从飞机跑道边耐心等候他的越盟代表团身边扬长而去，在一群日军士兵的陪同下离开机场。在其后几天里，格雷西一直拒绝会见越盟领导人，甚至下令将他们从原总督府赶出去。"他们跑来见我，说着'欢迎'之类的话，"他后来说，"场面真让人不舒服，所以我立马将他们踢开了。这伙人显然是共产党。"[46]

在发生了更多暴乱后，9月21日格雷西宣布实行戒严令。他取缔公开集会和游行活动、实施宵禁、查封越南报纸——但准许法语报纸继续出版。他表示，任何人若有抢掠和破坏行为，当就地枪决。国民政府遭到关闭。第二天，在塞迪勒的怂恿下，格雷西释放了超过1000名法国士兵，并给这群兴奋异常的军人重新配备了武器。这些士兵——他们的军衔被愤怒的法国平民大大抬高了——立刻走上街头，恫吓碰到的任何越南人。数百名越南人遭到殴打或被关进监狱，南方委员会的一些委员被绞死。一位同情越盟的法国妇女头发被剃光——二战期间勾结德国人的法国女人也曾遭到同样的惩罚。到了23日上午10点左右，法国国旗再次在大部分重要建筑上飘扬。

用一位当时在场的英国人的话说，这是一次政变：

> 随着凌晨3点的钟声响起，一支由300个武装到牙齿的男人组成的军队默默沿着荒无一人的街道前行，这是一群沉默、阴郁的乌合之众。政变开始了，西贡即将成为法国的西贡。在过去的一周里流言四起，到处都在流传着即将发生暴动的传闻，而眼下，事态开始进入高潮。谁将第一个动手？是愤怒、自信、好斗的安南人？还是法国人？"周日凌晨3点"这一句话在四处流传；而现在，300名硬汉将要夺下一座城池。[47]

114

1945 年 9 月，法军在西贡围捕越南民族主义者。

　　另一位观察者是通常在巴黎工作的摄影记者杰尔曼娜·克
鲁尔（Germaine Krull），在 9 月 12 日跟随廓尔喀人的首批小
分队抵达西贡后，她在日记里厌恶地记录道："从我的窗口就
可以听见这群目无纪律的人放声大笑、纵情放歌，这些男人本
应是法国的战士，可太漫长的热带生活、太多的女人、太多的
鸦片、太久的战俘营禁闭，已令他们彻底堕落了。"她还进一
步写道，这些军人在街头游荡，"就好像在庆祝 7 月 14 日国庆
节那样，肩头摇摇摆摆背着枪，嘴里晃晃荡荡叼着烟"。在卡
蒂纳街，她注意到"士兵开着车，车前面是一群安南人，他
们像奴隶一样被用一根长长的绳子绑在一起。女人冲他们的脸
上吐口水。他们即将被处以极刑"。在这天夜里，克鲁尔"深
切地意识到我们犯了一个多么严重的错误，而它将要带来的后

果将是多么严峻……我们原本应该努力争取早已失去的尊重，而现在非但没有如此，就连仅剩不多的曾经相信我们的安南人，对我们的信任也丧失殆尽。我们已经向他们证明，新的法国比旧的那个更令人恐惧"。[48]

看到这群"硬汉"所施的暴行，格雷西大为光火，下令将这群人重新关禁闭以作为惩罚，但伤害业已造成：24 日，越盟领导人发动了一场令西贡全城瘫痪的全体大罢工。法国平民要么将自家房子层层保卫起来，要么逃到大陆饭店寻求庇护。越盟还开始进攻机场，并冲进当地监狱释放了数百名越南犯人；全城都能听到隆隆的枪炮声。到 25 日黎明时分，来自不同政治团体的越南队伍突破了日本人的防守，进入了该市的埃罗区[①]，屠杀了上百名法国人和欧亚混血的平民，其中很多是妇女和儿童。[49]

或许可以这么说，这一幕揭开了越南解放战争的序幕。几个月以后，斗争延伸至整个越南南部地区，一年多以后，它开始深入河内和北部地区，正因如此，历史学家通常将战争开始的时间定为 1946 年晚些时候。不过这个日期——1945 年 9 月 23 日——作为战争的起始日期或许同样说得通。[50]

格雷西的首席政治发言人曾被问道："可是为什么你们没有跟越盟谈判，直接就开火了呢？"

"因为你不可能在枪顶到你脑门的情况下跟人谈判，"英国人回答说。

"你是说，你只有在拿枪顶在对方脑门的情况下才会跟人谈判？" 116

---

① Cité Herault，是主要由富裕的法国人居住的居民区。

他只是耸了耸肩。[51]

美国战略情报局在越南南部的负责人是彼得·A.杜威 (Peter A. Dewey)中校,在他看来形势令人绝望。作为美国共和党众议员之子、耶鲁大学毕业生,杜威可谓青年才俊。他曾是《芝加哥每日新闻报》(*Chicago Daily News*)记者,在美国卷入战争前加入了波兰军队。1943年,他加入了美国战略情报局,带领一支伞兵部队空降法国南部,并帮助组织了法国的地下抵抗运动,渐渐建立起了胆识卓越的声望。1944年,作为传奇的杰德堡小组(Jedburgh)成员,他空降到法国沦陷区,冒着巨大的生命危险从事破坏行动、参与游击战争。这个法语流利、蔑视独裁的年轻人甚至还挤出时间写成了两本书,其中一本讲的是法国在1940年为何战败。现在,28岁的杜威领导着交趾支那的一支情报局小分队,负责寻找战俘下落并搜集情报。

杜威完全认同帕蒂的反殖民主义倾向,也曾在早些时候为塞迪勒和越盟之间的谈判斡旋,可是没有成功。此后,他转而寻求格雷西的支持,但遭到对方断然拒绝。在格雷西看来,西贡的种种麻烦事多半得归咎于杜威和他的战略情报局小分队,格雷西认为杜威纵容了越盟的发展,指责他是个不受欢迎的人,并给他安上了“公然颠覆美国政权”的罪名。[52]他要求杜威尽快离开印度支那。杜威于是收拾好了行李,在9月26日早晨乘坐一辆吉普车直奔机场。当时,从曼谷派来接他的飞机没有抵达机场,于是杜威又坐车回司令部吃午饭。他走了条途经西贡高尔夫球场的近道,但发现道路被树木和树枝给挡住了。正当车慢慢转弯以绕过障碍物时,他看到旁边的沟渠里有几个越南人在用法语叫骂。这群越南人也许是把他当成了法国人，朝他开火，子弹击中了他的后脑勺，杜威当场死亡。与杜威同行的是曾在旧金山电影院线工作的赫伯特·布吕歇尔（Herbert Bluechel）上尉，在他逃跑时子弹击落了他的帽子，不过他还是在越南人狂追不舍的情况下毫发未伤地死里逃生。[53]

彼得·杜威是在越南死亡的近 6 万名美国人中的第一人。他的尸体一直未能找到，法国和越盟互相指责对方应对此次谋杀事件负责。华盛顿对此的反应是缩小了战略情报局在西贡的规模和活动区域。在最后一天动身前往机场前，杜威在一份报告中这样总结道："交趾支那在燃烧，法国和英国完蛋了，我们〔美国〕应当撤出东南亚。"[54]

六

在埃罗区屠杀惨剧发生几天后，格雷西将军尽管设法控制西贡局面，但还是发生了数次冲突，导致大约 200 名越南人和几十名法国平民死亡。格雷西劝说法国和越南代表继续回到谈判桌前，同时为英军后续部队和法国首批队伍的到达做好准备。此外，他还要监督自己的部队搭建营地，在这个营地中将陆续出现一支风笛乐队、几家剧院和一家妓院——妓院里印度军人和欧洲军人各走各门。盟军东南亚指挥部司令官蒙巴顿勋爵指责格雷西未能成功解决好越南当局的麻烦，并表示应立即促成政治和谈。在推动法越谈判这件事上，他一直向格雷西发号施令，但是谈判毫无进展，不管是法方还是越方都不愿意做出另一方需要的主权方面的让步。好在双方最终还是达成了一项脆弱的停火协定，而且直至 10 月 3 日法国"黎塞留"号战舰和"凯旋"号轻型巡洋舰抵达港口，勒克莱尔的第五殖民团开始登陆时，这项停火协定依然有效。勒克莱尔本人在两天后抵达越南，并开始和格雷西一起镇压抵抗运动。西贡内外，双方的杀戮重新开始。卡蒂纳街的小店拉上了百叶窗，咖啡馆空空荡荡，街上再没有三轮车穿行。[55]

雅克·菲利普·德·奥特克洛克①（Jacques Philippe de Hautecloque）少将是位贵族骑兵，毕业于圣西尔军校，1940 年他表示支持戴高乐，为了保护留守在法国的家人而改用"勒克莱尔"这个化名。他时髦、极具魅力，而且非常虔诚——成年后，只要条件允许，他每天都会领受圣餐。1942 年，他带领一支由 2500 人组成，其中大部分是非洲人的军团穿越了 2400 公里的撒哈拉沙漠，与英国第八军成功会师以迎战隆美尔集团军，由此一战成名。1944 年，他带领法国第二装甲师解放了巴黎，并于 8 月 26 日与戴高乐将军一起凯旋，正式回到巴黎（参见第 78 页图片）。此后他拿下了斯特拉斯堡，并亲自将三色旗插上了大教堂。一年后，他被任命为印度支那司令官的消息得到了交趾支那法国垦殖者的热烈欢迎，在进入西贡时，他们像迎接英雄一般迎接他。法国国旗四处飘扬，戴高乐的画像高悬在商店橱窗上。

戴高乐向勒克莱尔下达的指令简单明了：坚持，别妥协。从 10 月 12 日开始，勒克莱尔和格雷西开始运用其手下兵力——以及接到命令加入战斗的数量可观的日军军力——向西贡城外推进，先是拿下西贡市郊的旧邑和嘉定，随后向西北进发，攻陷位于北纬 23 度的边和市以及北纬 25 度的土龙木省

---

① 勒克莱尔原名。

(The Dau Mot)。同样是在北纬 25 度,法军运用海军从河湾处发起进攻,并从西贡通过陆路输送陆军部队,最终拿下了作为进入湄公河三角洲门户的南部城市美萩。到了 10 月 29 日和 11 月 1 日,作为三角洲地区的重要贸易和通信中心,永隆(Vinh Long)和芹苴(Can Tho)分别被攻陷。不过,很多战役都打得十分艰难,越南的民族主义军队表现出了极大的韧性,他们非常擅长撤退与重新集结,接着在夜幕的掩护下重新出击。战斗双方的伤亡都很惨重。比如,英国的印度军团在 11 月初时有 19 人死亡、68 人受伤,而日军有 54 人死亡、79 人受伤。后者的数字还没将 1000~3000 名逃离原有军队、为越南人打仗的日军士兵计算进去(这意味着有些战役是日本人打日本人)。[56]

在最初几次公开声明中,勒克莱尔自信地表示法国可以在几周内迅速控制战情。随着 10 月底他的首个法军常规师,也就是第二装甲师到达越南,部队总人数达到 4500 人,他的乐观情绪持续高涨。随后,第九殖民师乘坐 8 艘美国船(可以说这是美国首个重大的援助行动)抵达。很多支队穿着美国人发放的制服,背着美式装备。现在勒克莱尔相信,自己即便是在交趾支那的偏远地区也已经拥有了采取军事行动的足够的军力。这标志着双方军力出现了显著的变换。到 12 月中旬时,北纬 16 度以南的大部分越南市镇都由法军控制。一切看来都在按计划发展。

119

但是,密切观察局势发展的人士已经看到了不祥的迹象。美国人乔治·威克斯(George Wickes)在这年秋天的大部分时间都在西贡,与战略情报局在一起,他认为法国得承受巨大的压力才有可能赢得持久的胜利。11 月晚些时候,在走访了西贡北部的乡村后，威克斯在给父母的家书中这样写道："法国人现在已经不像刚开始时那样自信，觉得在几星期之内就能扫平障碍了。我相信，除非他们一直能在这里重兵布防、四处巡逻，否则不可能让这个国家仍然像以前那样乖乖屈服。安南人的巨大优势在于他们无所不在，所以也就不需要发起激烈的战斗或者组织一支能成为威胁的军队，而且不管遭受多少报复行为都不可能被彻底击垮。我现在说不好这种局面将如何收场，但至少在很长的一段时间内，法国人都不可能安心地在这个国家四处走动了。"[57]

　　勒克莱尔本人也开始被疑问纠缠，至少他发觉眼前的任务十分繁复。他回想起了在取道锡兰前往印度支那时蒙巴顿对自己讲过的话：战后的亚洲跟战前完全不同，而且再不可能走回头路了。勒克莱尔很快就认同了这种看法。"不可能靠子弹扼杀思想"，他对副手们如此表示，同时他也向上级警告说，法国必须避免大规模战争。军事行动是必要的——在攻下一座座城市及交通路线时，军队一定能派上用场——但不能指望长期通过军事行动来解决问题，因为一旦幻想采取这样的解决方案，就需要动用比目前强大得多的法国军力，而巴黎政府在现在或者可预见的未来都没有这种能力。因此，法国军队的任务应该是重新主张法国统治，进而为双方提供一个谈判基础，着手达成一个相互妥协的整体的政治和解方案。[58]

　　这是一个很有先见之明的判断，可惜没人听到。随着1945年接近尾声——历史学家大卫·马尔（David Marr）称这是越南现代史中最重要的一年——大部分关心印度支那时局的法国官员非但没有看到在恢复殖民统治道路上所面临的重大阻碍，反倒感觉有理由开始乐观。[59]勒克莱尔的行动难道不正反映出形势正在朝着正确的方向前进？他的军队已经拿下了交趾支那的多数地区，正待向北推进；与此同时，法国在柬埔寨重建权力的行动进展顺利。从外交上来看，各种迹象也都在表明一切朝着预期的方向发展，而且法国不仅仅得到了英国方面的支持。法国已经开始与中国展开谈判，并希望在短期内就能争取让卢汉的大部队从北圻地区撤出。至于美国人，他们虽然靠不住——在巴黎和西贡的法国观察人士都怀疑华盛顿政府在想方设法要暗中破坏法国在印度支那的利益——但至少在当下，他们支持的是略微向法国倾斜的中立政策。

不过，一个刚刚来到越南上任的新角色的出现，注定使法国在早期任何政治和解的尝试都化为泡影。这就是高级专员乔治·蒂埃里·达尚留（Georges Thierry d'Argenlieu），作为与勒克莱尔相对应的文官，他也接到了戴高乐不能容忍任何越南人挑衅的指示，而且发誓要捍卫它。达尚留曾是神职人员，做过修道士，他获得任命的消息遭到了一些法国垦殖者的指责，他们担心他作为一个牧师或许会过于仁慈，轻易退让。他们的这种顾虑是完全没有必要的。1945 年 10 月 31 日，达尚留作为高级专员甫一踏上西贡土地，就立刻证明自己实则上是一位"修士勇者"。他在次年做出的种种决策，为一场全面战争的爆发做好了铺垫。

注释

1. William S. Logan，*Hanoi：Biography of a City*（Seattle：

University of Washington Press, 2000), 77.

2. Ibid, 95 – 96.

3. Mark Sidel, *Old Hanoi* (New York: Oxford University Press, 1999), 27.

4. William J. Duiker, *Ho Chi Minh: A Life* (New York: Hyperion, 2000), 316; David G. Marr, *Vietnam 1945: The Quest for Power* (Berkeley: University of California Press, 1995), 489.

5. William J. Duiker, *Sacred War: Nationalism and Revolution in a Divided Vietnam* (New York: McGraw-Hill, 1995), 48; 另见 Bui Diem with David Chanoff, *In the Jaws of History* (Boston: Houghton Miffl in, 1987), 33 – 36。

6. 此为以下这本著作的主题: Marr, *Vietnam 1945*。

7. Joseph Buttinger, *Vietnam: A Dragon Embattled*, vol. 1: *From Colonialism to the Vietminh* (New York: Praeger, 1967), 210; Duiker, *Sacred War*, 48; Stanley Karnow, *Vietnam: A History*, 2nd ed. (New York: Penguin, 1997), 162.

8. Xuan Phuong and Danièle Mazingarbe, *Ao Dai: My War, My Country, My Vietnam* (Great Neck, N. Y. : EMQUAD, 2004), 53 – 54.

9. Gilbert Pilleul, ed. , *De Gaulle et l'Indochine, 1940 – 1946* (Paris: Plon, 1982), 193.

10. François Guillemot, " Viêt Nam 1945 – 1946: L'élimination de l'opposition nationaliste et anticolonialistedans la Nord: Au coeur de la fracture vietnamienne," in Christopher E. Goscha and Benoît de Tréglodé, eds. , *Le Viêt Nam depuis 1945: États, contestations et constructions du passé* (Paris: Les Indessavantes, 2004), 1 – 9; Duiker, *Ho Chi Minh*, 316 – 17.

11. Marr, *Vietnam 1945*, 529 – 31.

12. Ibid, 532.

13. Bernard B. Fall, ed. , *Ho Chi Minh on Revolution: Selected Writings, 1920 – 1966* (New York: Praeger, 1967), 53 – 56.

14. Marr, *Vietnam 1945*, 536.

15. *Vietnam: A Television History*, episode 1: " Roots of a War," PBS, transcript.

16. Duiker, *Ho Chi Minh*, 330; Marr, *Vietnam 1945*, 365.

17. Marr, *Vietnam 1945*, 368.

18. Bui Diem, *In the Jaws of History*, 38.

19. Archimedes L. A. Patti, *Why Viet Nam? Prelude to America's Albatross* (Berkeley: University of California Press, 1981), 198; Duiker, *Ho Chi Minh*, 318; Françoise Martin, *Heures tragiques au Tonkin* (Paris: Éditions Berger, 1948), 152; Jean Sainteny, *Histoire d'une paix manquée, Indochine 1945 – 1947* (Paris: Amiot-Dumont, 1953), 71 – 77.

20. Michael Maclear, *The Ten Thousand Day War* (New York: Avon, 1982), 12; Patti, *Why Viet Nam?*, 223 – 24. 关于另一位当时在河内的美国人的回忆, 可参见 René J. Défourneaux, *The Winking Fox: Twenty-two Years in Military Intelligence* (Indianapolis: ICA, 2000), 197 – 202。

21. Marr, *Vietnam 1945*, 500.

22. Patti to Indiv, September 2, 1945, Record Group 226, Box 199, NARA; Mark Philip Bradley, *Imagining Vietnam and America: The Making of Postcolonial Vietnam, 1919 – 1950* (Chapel Hill: University of North Carolina Press, 2000), 134 – 35; Ronald H. Spector, *Advice and Support: The Early Years of the U. S. Army in Vietnam, 1941 – 1960* (Washington, D. C.: Center for Military History, 1985), 57.

23. September 19, 1945, FO 371/49088, TNA.

24. August 16, 1945, FO 371/49088, TNA. See also Antony Beevor, *Paris: After the Liberation, 1944 – 1949*, rev. ed. (London: Penguin, 2004), 206 – 7.

25. Jean Lacouture, *De Gaulle: The Ruler, 1945 – 1970* (New York: W. W. Norton, 1992), 64; Charles de Gaulle, *The Complete War Memoirs of Charles de Gaulle*, trans. Jonathan Griffin and Richard Howard (New York: Carroll & Graf, 1998), 910.

26. Lisle Rose, *Roots of Tragedy: The United States and the Struggle for Asia, 1945 – 1953* (Westport, Conn.: Greenwood, 1976), 51 – 52; Lacouture, *De Gaulle*, 64; De Gaulle, *War Memoirs*, 910 – 11.

27. Harold R. Isaacs, *No Peace for Asia* (New York: Macmillan, 1947), 232 – 34. 关于战后美国在越南所取得的非凡声誉, 参见当

时在西贡参加任务的赫伯特·布吕歇尔于 1981 年接受的采访:
WGBH Vietnam Collection, http://openvault. wgbh. org/catalog/
org. wgbh. mla: Vietnam (last accessed on November 12, 2010)。另
见 Bui Diem, *In the Jaws of History*, 34, 38。

28. Isaacs, *No Peace for Asia*, 233 – 34.

29. 该分析请参见 Paul Kattenburg, *The Vietnam Trauma in American
Foreign Policy, 1945 – 75* (New Brunswick, N. J. : Transaction,
1980), 14。

30. 引自 Ronald H. Spector, *In the Ruins of Empire: The Japanese
Surrender and the Battle for Postwar Asia* (New York: Random
House, 2007), 114。

31. Maclear, *Ten Thousand Day War*, 11.

32. Marr, *Vietnam 1945*, 488 – 89.

33. Ibid, 491, 492.

34. Bui Diem, *In the Jaws of History*, 39; Patti, *Why Viet Nam?*,
284; Phuong and Mazingarbe, *Ao Dai*, 54 – 55.

35. Duong Van Mai Elliott, *The Sacred Willow: Four Generations in
the Life of a Vietnamese Family* (New York: Oxford University
Press, 2000), 131.

36. Duiker, *Ho Chi Minh*, 327 – 28; Jacques Dalloz, *The War in
Indo-China, 1945 – 1954* (New York: Barnes & Noble, 1990),
56.

37. David G. Marr, "Creating Defense Capacity in Vietnam,
1945 – 1947," in Mark Atwood Lawrence and Fredrik Logevall,
eds. , *The First Vietnam War: Colonial Conflict and Cold War
Crisis* (Cambridge, Mass. : Harvard University Press, 2007),
88.

38. Duiker, *Ho Chi Minh*, 329; Ellen J. Hammer, *The Struggle for
Indochina, 1940 – 1955* (Stanford, Calif. : Stanford University
Press, 1955), 133.

39. David W. P. Elliott, *The Vietnamese War: Revolution and Social
Change in the Mekong Delta, 1930 – 1975* (Armonk, N. Y. :
M. E. Sharpe, 2007), chap. 4; Hammer, *Struggle for
Indochina*, 106; Frances FitzGerald, *Fire in the Lake: The
Vietnamese and the Americans in Vietnam* (Boston: Little,

Brown, 1972）, 71 - 74.

40. Norman Sherry, *The Life of Graham Greene*, vol. 2: *1939 - 1955* (New York: Viking, 1995）, 365.

41. 引自 Andrew Forbes, "Graham Greene's Saigon Revisited," *CPAmedia. com*, http://www. cpamedia. com/articles/20051020 _ 01/ （last accessed on July 20, 2010）。

42. Buttinger, *Dragon Embattled*, 218; Robert Shaplen, *The Lost Revolution: The U. S. in Vietnam, 1946 - 1966* （New York: Harper & Row, 1966）, 6; Huynh Van Thieng interview, 1981, WGBH Vietnam Collection, http://openvault. wgbh. org/catalog/ org. wgbh. mla: Vietnam （last accessed on November 24, 2010）.

43. Peter Dennis, *Troubled Days of Peace: Mountbatten and South East Asia Command, 1945 - 1946* （New York: St. Martin's, 1987）, 40.

44. M. E. Dening to FO, September 10, 1945, WO203, TNA; M. E. Dening to FO, September 25, 1945, FO 371/46308, TNA. 英国在该时期的考量, 可参见以下著作: Mark Atwood Lawrence, "Forging the Great Combination: Britain and the Indochina Problem, 1945 - 1950," in Lawrence and Logevall, eds., *First Vietnam War*, 111 - 17; Peter Neville, *Britain in Vietnam: Prelude to Disaster, 1945 - 1946* （London: Routledge, 2007）。

45. John Saville, *The Politics of Continuity: British Foreign Policy and the Labour Government, 1945 - 46* （London: Verso, 1993）, 177 - 78; John Springhall, "Kicking Out the Viet Minh: How Britain Allowed France to Reoccupy South Indochina, 1945 - 46," *Journal of Contemporary History* 40 （2005）, 128. 以下著作对格雷西和其下属官员持同情看法: Peter M. Dunn, *The First Vietnam War* （New York: St. Martin's, 1985）, esp. 169 - 72, 186 - 88。

46. J. F. Cairns, *The Eagle and the Lotus: Western Intervention in Vietnam, 1847 - 1968* （Melbourne, Australia: Lansdowne Press, 1969）, 29. Neville, *Britain in Vietnam* 一书对格雷西的使命也有深入的思考。

47. John Keay, *Empire's End: A History of the Far East from High*

Colonialism to Hong Kong (New York: Scribner, 1997), 278; Saigon Control Commission, " Political Report, 13th September, 1945, to 9th October, 1945, " Gracey 4/8, Liddell Hart Centre for Military Archives, King's College London, UK.

48. Germaine Krull, " Diary of Saigon, following the Allied occupation in September 1945, " WOS Special File, Record Group 59, Lot File 59 D 190, Box 9, NARA.

49. Marr, *Vietnam 1945*, 541; Springhall, " Kicking Out the Viet Minh, " 122.

50. 关于该时期对接下来事态的重要作用, 可参见 Vo Nguyen Giap, *Chien Dau trong vong vay* (Hanoi: NhaXuat Ban QuanDoiNhan Dan [People's Army of Vietnam Publishing House], 1995), 22 – 23; Vo Nguyen Giap, *Mémoires 1946 – 1954*, vol. 1: *La résistance encerclée* (Fontenay-sous-Bois: Anako, 2003 – 4), 27。

51. Harold Isaacs, " Indo-China: A Fight for Freedom, " *New Republic*, February 3, 1947.

52. 一位越盟的支持者在多年后接受采访时, 对杜威表达了深切的敬意。见 Huynh Van Thieng 的采访。

53. George Wickes, " Saigon 1945, " unpublished ms. in author's possession, p. 6; Bluechel interview; Karnow, *Vietnam*, 151; Rose, *Roots of Tragedy*, 61.

54. Dixee R. Bartholomew-Feis, *The OSS and Ho Chi Minh: Unexpected Allies in the War Against Japan* (Lawrence: University Press of Kansas, 2006), 288 – 99. 关于对杜威尸体后来可能的遭遇猜测, 参见 Spector, *In the Ruins of Empire*, 131。

55. 《纽约时报》, 1945 年 10 月 1 日; Mark Atwood Lawrence, *Assuming the Burden: Europe and the American Commitment to War in Vietnam* (Berkeley: University of California Press, 2005), 149; Saigon Control Commission, " Political Report"。

56. Christopher E. Goscha, " Belated Asian Allies: The Technical and Military Contributions of Japanese Deserters (1945 – 50), " in Marilyn B. Young and Robert Buzzanco, eds. , *A Companion to the Vietnam War* (London: Blackwell, 2002), 37 – 64; John T. McAlister, Jr. , *Viet Nam: The Origins of Revolution* (Princeton,

N. J. : Center for International Studies, Princeton University, 1969), 212; Lawrence, *Assuming the Burden*, 150.

57. Wickes, "Saigon 1945," 11 – 12. 感谢威克斯先生与我分享了他的回忆录。

58. Anthony Clayton, *The Wars of French Decolonization* (London: Longman, 1994), 127; J. Davidson, *Indo-China: Signposts in the Storm* (Hong Kong: Longman, 1979), 42.

59. Marr, *Vietnam 1945*, 1.

第二部分

殖民战争

1946～1949 年

第五章　修士勇者

1889 年 8 月 7 日，乔治·蒂埃里出生于布列塔尼半岛的布雷斯特市，在六个孩子中排行老三，父亲是贵族海军军官奥利维耶·蒂埃里·达尚留（Olivier Thierry d'Argenlieu）。年轻的乔治·蒂埃里追随父亲的职业生涯脚步，1906 年就读于布雷斯特船舶学校，毕业后走上了海军军官的典型发展道路。但在一战后，他以海军上尉的军衔辞去军职，加入了加尔默罗修道会（Carmelite Order）——一个以戒律森严、道德标准极为严苛而著称的天主教宗教团体。在他的教友中，达尚留被称为圣三一路易神父，他在教会升得很快，到 20 世纪 30 年代晚期已经成为加尔默罗修道会法国大主教。[1]

随着第二次世界大战爆发，他重返此前的职业道路。法国沦陷后，他被德军俘虏，但成功逃脱，1940 年在伦敦加入了戴高乐的自由法国事业，军衔为海军少校，此后接连升迁为海军上校、法国太平洋战区高级专员、自由法国驻英国海军总司令，以及自由法国总参谋部助理参谋长。达尚留对戴高乐和自由法国的满腔赤诚让很多人十分疑惑，因为考虑到他的贵族出身、在加尔默罗教会的经历，以及始终坚持极受法国海军欢迎的极右政治思想，他本该是天生的贝当派。不管源于什么，他对戴高乐主义的信仰确实是真诚的、不可撼动的，而且他完全认同戴高乐将军毫不妥协地捍卫法兰西荣耀、力保殖民帝国的信念，所以他态度坚决地接受了自己的新任务。[2]

124　　达尚留在 1945 年 10 月 31 日抵达西贡，时年 56 岁的他中等身高，面容瘦削、棱角分明。作为印度支那高级专员，他立刻住进了诺罗敦宫（Norodom Palace）——这座宫殿象征着殖民主义的壮丽与华美——并开始履行戴高乐下达的重建法国权威的使命。来到越南之初时他曾表示："对于法国来说，重建秩序、尊重法制、自由工作、确保在它权威泽被下的每一个人都能获得安全，是一项神圣的职责。"他说，法国是要来解放越南人。在达尚留履新的前几个星期里，他在某些场合中的表态听上去有点儿居间调停的意思，但随着时间推移，他的言论变得越来越尖锐，这可能是因为在西贡的很多法国垦殖者——行政官员、种植园主、专业人士、军事将领——在向他施加压力，事实上所有人都力主采取强硬政策。不过也有可能是因为从 1945 年年末到 1946 年年初，格雷西和勒克莱尔在交趾支那所建立的军事统治范围在不断延伸。[3]

不管原因为何，到 1946 年年初，这位高级专员已经赢得了在应对越南民族主义者时毫不动摇的美名。他冷漠、傲慢、好挖苦人，以让官僚们畏缩顺从著称，下属们对他望而生畏。他骨子里是个独断专行的人，而且散发出一种神秘的、近似于宗教崇拜的气息。他大多数时候不动声色，但会突然爆发出一连串汪洋恣肆的演讲，把自己感动得热泪盈眶。他眼中的世界非黑即白，几乎没有灰色地带，他认为正义必将压倒邪恶，妥协绝无可能。随着 1946 年的到来，有不少观察人士，包括一些同样希望法国收复印度支那的人，都渐渐认为达尚留的想法过于僵化，缺乏智识上的灵活性。他的一位下属曾说，达尚留"拥有 20 世纪最机智的思想"。但问题在于，他将要面对的是

20 世纪最微妙的政治和历史难题——去殖民化，而且在认识
自己所面临的阻力时，他也欠缺思维的广度。[4]

　　在 1946 年越南的剧情推演中，这一点将发挥极为重大的
作用，因为随着这一年开始，在河内，胡志明已经得出了一个
令人警醒的结论：自己别无选择，必须寻求与法国通过谈判解
决问题。这位民族主义老将一直清醒地意识到越南在实现真正　　125
独立的道路上还需要扫清很多障碍，他深知任何一个革命政党
所面临的头等要务就是在全国建立政权，并创立一种被普遍认
可的机制——它既能够巩固其政权，又必须确保至少得到绝大
多数民众的支持，如果得不到全体民众支持的话，这一点，即
使是在 1945 年 8 月的辉煌日子里他也没有忘记。同样，胡志
明还坚信越南民主共和国应当自行立法并定下大选日程表。因
此早在 9 月，他的政府已经开始了夯实地位的初步尝试。比

**1946 年 6 月，达尚留海军
上将在西贡的新山一机场检阅
部队。**

如，这个政府迅速废除了极不公正的人头税和对小业主征收的土地税，同时谨慎避免对土地进行大规模重新分配，免得得罪了越南的地主。不过，他们查抄了一些法国人以及"卖国贼"的土地，并将它们分给了无地的农民。胡志明政府还宣布强制劳役属于违法行为，将八小时工作制写入法律，并开始推行声势浩大的扫盲运动。

　　这个政府同时宣布将举行建立在全民投票基础上的普遍选举，目标是选举出一个代表人民意愿的国民议会，作为本国最高政治实体。女性候选人也被鼓励参选。为了吸引温和派党团，避免疏远中国占领军，胡志明宣布新政府将囊括社会中的所有"爱国群体"，而不仅仅是工人和农民。后来，在11月，他正式解散了印度支那共产党（不过这个政党仍在幕后继续秘密工作）。此举的用意同样是尽力让中国占领军放心——他们在自己的国家也正在与共产党公开作战——但胡志明并没有说明自己的动因，也没有明确指出这些举动同时是想打消美国对他个人意识形态立场方面的担忧。他只是表示，现在已经不再需要印度支那共产党了。他的国就是他的党。[5]

　　并非所有人都欣赏这些举措。胡志明本人不仅在北圻和安南地区，同时在南方也拥有广泛的支持，而他的越盟军队也凭借着严明的军纪和随时随地可战斗的自觉性赢得了民众的普遍热爱。但仍有不少人对河内的新政府以及地方上的行政委员会持怀疑态度。在占越南总人口约10%的天主教徒中，虽有一些领导人支持越南民主共和国，但有相当多的天主教徒担心会因自己的信仰和跟法国人的历史关系而遭到骚扰——他们也确有证据：政府曾通过军事法庭将数百名"反革命分子"送进大牢，甚至处以极刑（后者由专门成立的"镇压卖国贼光荣团"负责行刑）。尽管事实证明胡志明在消除这些恐惧方面很有一套，比如其中一个办法是直接向天主教牧师发表安抚性的声明，但由于地方委员会各行其是——不理睬中央命令、肆意抢占土地、攻击业主、宣布大量传统习俗非法——人们仍然对政府顾虑重重。[6]

　　然而，最能促使胡志明寻求与法国达成某种协议的，还是政府在经济和军事准备中暴露出的严重弱点。1945 年晚些时候，越南北部又遭遇了一场严重的饥荒，一系列短期举措对此几乎毫无用处；仍然有数千人被活活饿死。河内政府的收入十分微薄，部分原因在于越盟为了信守承诺而废除了多项税赋。最后，政府不得不公开请求民众捐款，起初应者寥寥，直至胡志明个人站起来呼吁人民伸出援手才有了效果。在 9 月底所谓的"黄金一周"，人们来到北圻地区的募集点，捐献家族世代珍藏的金子和银子、项链和结婚戒指、手表以及贵重珠宝。一位 80 岁的老奶奶捐出了自己毕生的积蓄：一个用红绸包起来的金元宝，因为这个壮举，她的故事被世人传诵。据武元甲的回忆录介绍，在几天时间里政府筹集到了 2000 万皮阿斯特和370 公斤黄金。[7]

　　这是个惊人的数字，但对于新政府的需求可谓杯水车薪，对于建立起一支国家军队的繁重任务来说更是如此。从越南民主共和国建国起，它的领导人就决定建立一支现代化常规军队，来捍卫从北部与中国接壤的边境到南部金瓯半岛的整个越南领土。1945 年秋天，卫国团（由"越南解放军"更名而来）的征兵工作进展顺利，到这年年底时，武元甲已拥有了约 5 万大军，较 8 月时增长了 10 倍。此外，在这几个月里，新政府花了大力气在北部和中部省份组建自卫团和游击队。在河内，城里几乎所有的年轻小伙子都报名加入了自卫民兵部队，单位以万人计。[8]

但是该如何为这些小分队提供枪支弹药呢？这个问题十分严峻，甚至到了无法解决的程度。政府通过不同渠道，包括从投降的日军部队中收缴武器，已经积攒了一些军火，但这根本不够。许多军队只能用棍子、长矛，以及当地铁匠打造的原始燧发枪来进行军事训练。胡志明尽管不情愿，但还是同意动用"黄金一周"募集到的捐款从中国人那里购买 3 万支步枪和2000 挺机关枪。武元甲还派手下的人去香港和曼谷，用黄金、鸦片和大米换取武器。这些都有点儿用，但胡志明和武元甲明白，他们仍然要面对武器严重短缺这一事实，在弹药供给上更是如此。在交趾支那，格雷西和勒克莱尔将装备不足的陈文教部队打得落花流水，这足以说明政府军队将要面对多么艰难的考验。[9]

另一个事实也重重压在胡志明的心头：他的越盟虽然已经在整个殖民地世界鼓舞了众多民族主义人士，但在国际舞台上位居列强之间时，仍然显得形单影只。斯大林的苏联不仅对越盟兴趣寥寥，而且一直做好了未来整个东南亚将落入蒋介石手中的准备。法国共产党虽说是法国最大的政党，但对斯大林亦步亦趋，并告诫越盟要采取克制温和的态度；它的领导人、戴高乐政府副总统莫里斯·多列士（Maurice Thorez）声称，他无意于"废止法国在印度支那的地位"。斯大林并未反对这种说法。他越来越疑心胡志明太独立，其民族主义的立场过于鲜明，也过于渴望得到美国的支持。（1945 年时，斯大林已经得知越盟与美国战略情报局之间有合作。）至于英国，他们一直在积极协助法国收复交趾支那；而美国人貌似采取了偏向法国的中立政策——如果不是刻意为之，事实上也是产生了这个后果。胡志明持续给白宫写信寻求支持；随着这些信石沉大海，他渐渐丧失了信心。[10]

加上胡志明对北纬 16 度以北的中国占领军的忧虑，所以也就不难理解他为什么决心诉诸外交手段了。他告诉焦虑的同志们，切莫忘记上一次中国人来时，在这个国家待了整整一千年。此外，他又补充道，卢汉的军队还曾为胡志明主要的民族主义对手越南国民党和大越党提供过援助和支持，这些党团虽然在组织和胆识上都远逊于越盟，眼下被迫处于守势，但难保有一天它们不会卷土重来。因此，到目前为止，他们倒不如先暂时忍受法国人。没错，这意味着将要推迟实现全面的国家独立，同时减缓南方的革命进程，但现在他们哪里还有别的办法呢？

二

谈判从 1945 年 10 月中旬开始，12 月 1 日开始了首轮正式磋商。与胡志明对谈的是让·圣特尼，在 8 月受挫后他一直留在河内，并被任命为法国驻北圻和安南北部（北纬 16 度以北区域）专员。在接下来的几个月里，这两个男人如果不是如一些人所说的缔结了真诚的纽带，那么至少可以说，他们建立了和谐的工作关系。相比遇到的其他巴黎政府官员，胡志明对圣特尼更加信任，也更有好感。跟其他人一样，他也透过这位法国人明星般的外表，看到了对方内在的优点：极其睿智，同时为人谦逊、善于倾听。此外，圣特尼对印度支那拥有透彻的了解，而且在两次大战期间他曾是殖民地官员，这一点同样有

129

所助益。而在圣特尼这边，他发现胡志明是一位"坚定的、值得尊敬的人"，而且他个人"基本上并不反法"。在 1953 年出版的著作《错过和平的故事》（*Histoire d'une paix manquée*）一书中，圣特尼谈到了胡志明"极具修养，拥有智慧和无穷的能量，信奉禁欲主义"，并因此在越南人民中赢得了无可比拟的声望。但圣特尼同时强调，胡志明非常有耐心，愿意跟法国保持一段特定时期的交往："他为了［独立］已经奋斗了 35 年；当然不介意再多等几年。"[11]

陪同圣特尼参加了多轮谈判的莱昂·皮尼翁是个出色的职业殖民地官员，偏好马基雅维利式的权谋，他怀疑胡志明并不是真心实意想要和谈，而且在法国重新全面收复印度支那方面，他的态度比圣特尼更为坚决。在他看来，胡志明是一个"出色的演员"，明明白白长着一张"共产党的脸"，而且不可能与法国保持长期且亲密的合作；因此巴黎政府应当想办法跟其他越南民族主义者合作，而不是把精力放在胡志明一个人身上。但即便是皮尼翁——他毕业于法国殖民地学校（French École Coloniale），1933～1936 年首次在印度支那服役，姐姐在河内的阿尔贝·萨罗学校（Lycée Albert Sarraut）执教——也对这位越盟领导人勉强产生了一丝敬意，当圣特尼形容胡志明是个温和派，更倾向于采取折中手段而不是武力时，他并未表示异议。圣特尼和皮尼翁两人最大的区别或许在于他们向胡志明传递出的谦逊与骄傲的相对比重：圣特尼强调前者，而皮尼翁更强调后者。[12]

由于交趾支那的抵抗运动仍在持续进行并得到了越盟的支持，加上胡志明坚持要求将独立的条款写在最终的协定中，谈判之初的形势就十分复杂。与此同时，圣特尼接到了上级指示，要求务必使越盟同意让法军进入仍居住着约 2 万名法国人的北圻地区，作为回报，法国将承诺赶走卢汉领导的中国占领军。至于交趾支那今后的地位，巴黎政府下令圣特尼要坚持将它与北圻和安南区别对待，这里的人民将有权选择自己的命运。谈判很快建立了一种固定的模式，在河内保罗·伯特广场一幢别墅的会议室里，两个男人寸土不让，在一片烟雾中主张着各自的要求。圣特尼抽烟斗，胡志明则是能弄到什么香烟（中国烟、美国烟、法国烟）就抽什么。两个彼此尊重甚至互有好感的男人来来回回抠着个别法文和越南文的字眼，几乎没有取得任何进展。[13]

130

不过，随着时间渐渐迈入 1946 年，双方的态度都有所松动。1 月 6 日，越南全民大选的结果巩固了胡志明的合法地位——越盟的候选人占到了绝大多数，在投票中取得决定性胜利。不过与此同时，勒克莱尔将军仍在继续强化法军在交趾支那的力量，到 2 月时，他看来已经准备将注意力北移。而在外交方面，随着中法之间有关中国军队撤离北圻地区的并行谈判初现曙光，胡志明同样有理由担忧。现在看来似乎已经非常清楚了，那就是不管发生什么，法军都将一路北上。可是越盟不可能在战场上跟他们决一死战：一方面，武元甲的军队装备过于简陋，训练也过于欠缺；另一方面，想要保持在谈判中的坚定立场，并且像法方力主的那样将越南民主共和国的政府从河内迁离，则可能导致反越盟和亲法的越南团体借机在河内取得主导权。

胡志明知道，摆出缓和的姿态同样会带来危险——这可能会影响到很多民族主义者对越南民主共和国的支持，而且其中有一些人比他更加反法——因此他选择更积极地争取达成协

议。他确实希望双方能达成和解。毫无疑问，1946 年 1 月 20
日夏尔·戴高乐辞去法国政府首脑的消息对他的想法也起到了
推波助澜的作用。戴高乐辞职一事跟殖民帝国无关，主要是因
为他对巴黎议会的争拗深感沮丧，但这排除了在胡志明看来双
方达成共识的一个主要障碍，他觉得现在有理由相信，在社会
主义者费利克斯·古安（Felix Gouin）领导下的新政府不至于
那么冥顽不化。

　　在法国这边，勒克莱尔将军也抱有同样的期待。他并不主
张对越南人全面退让，而且还在不断重申法国殖民事业的正义
131　性。（勒克莱尔并不像很多历史学家认为的那样持温和、适中
的立场。）[14]但他知道，能够听任自己调遣的军力有限，而且他
在北圻还要面对不是一个，而是两个潜在的敌人——越盟以及
由卢汉领导的中国占领军。这位将军相信，自己因此必须要跟
越南民主共和国达成某种协议，不过在他看来，并不一定非得
在法军进入北部之前促使双方达成一致。或许在法军进入北部
后再签协议效果更好，因为这样一来可以防止胡志明和他的政
府撤离首都、退守内地，以免在北部和南部同时开展一场冗长
的游击战。在勒克莱尔看来，一旦发生了这样的战争，对于法
国来说不啻是一场劫难。

　　在公开场合，勒克莱尔表现得信心满满，2 月 5 日他对媒
体表示，"交趾支那和安南南部的平定进程业已结束"。次月，
他估计自己的军队不仅控制了城市，而且取得了广大农村的控
制权。不过在内心深处，他担心北部的任务将远为繁重，而且
即使是在南部，他的成功恐怕也只是暂时的。不需要别人提醒
他也知道，在早期的战役中，他受益于日军和英军的支援，而
这种支援现在快结束了。他也不需要别人告诉他，交趾支那的

非越盟团体——最主要的是在农村拥有广泛支持的和好教与高台教，以及拥有城市支持者的托派——相对强势，但假以时日这种局面将有可能荡然无存。法军到目前为止胜得轻而易举，这同样让勒克莱尔忧心忡忡。他们其实并没有真正打几场仗，越南的游击队只是悄悄消失在丛林中，也许有朝一日还将打回来。历史学家伯纳德·福尔（Bernard Fall）后来断言，在1946 年早些时候，法国确实控制了交趾支那——但"只拿下了所有主干道两侧 100 码的范围"，对此，勒克莱尔恐怕不会较真去反驳。[15]

因此，对于勒克莱尔来说，如果法国想要重新主张在印度支那的主导地位——这也符合他本人的期待——那么军事行动就必须跟细致入微的外交斡旋结合起来。因此，在 2 月中旬趁着达尚留暂时离开西贡的大好机会（他当时要回巴黎述职），勒克莱尔向巴黎吁请让步，包括在条款中使用"独立"一词，而这曾经遭到过戴高乐和达尚留两人的坚决反对。这位将军认为，法国在越南南部已大体上恢复了控制权，这意味着法国目前可以同意双方各让一步，以便更好地约束越盟的野心。如果巴黎政府没有听到圣特尼的汇报，也许有可能同意勒克莱尔的主张：圣特尼报告称，在一次与胡志明的会谈中，他推测这位越南民主共和国的领导人也许愿意接受未到"独立"程度的条件。圣特尼因此接到上级指示——内容由达尚留起草——可以在印度支那联邦和法兰西联邦的框架内向胡志明提供"自治"这一条件。作为回报，胡志明应接受法国在北圻驻军，并同意向法国提供多项文化和经济特权。至于交趾支那令人忧心的未来，圣特尼可以提供一个妥协条件：越南的三个区域均可实行全民公决，由当地人民自己决定究竟是愿意支持新政

132

权，还是愿意与法国单独议和。[16]

　　胡志明的处境十分不好过，要同时面对来自多方的压力——有来自圣特尼和法国方面的，有来自呼吁采取克制立场的中国占领军方面的，还有来自指责他打算将国家出卖给法国的越南民族主义党团的（其中最值得注意的是越南国民党和大越党）。2月28日，中国和法国在重庆签订协议，中方同意以撤军来换取法国的重大经济让步，这让胡志明手中可以运用的棋子愈发少得可怜——他知道，这项协议为法国入侵北圻铺平了道路。

　　胡志明的猜测是正确的，法国确实打算采取"槟榔行动"（Operation Bentré），这是一项试图重新收复印度支那北纬16度以北区域的秘密计划。这项计划几个月前已在勒克莱尔的总部中构思完成（它以湄公河河口一个省及其省会的名字命名），其中有几个关键要素，但核心任务是在港口城市海防登陆大量兵力，同时辅以一小支乘飞机抵达首都河内的军队。从2月27日开始，法国殖民步兵第九师和第二装甲师——总计约有2.1万人，其中大部分人配备美式头盔、背包、制服和靴子——用了三天时间陆续登上战舰，3月1日，这支由35艘战舰组成的舰队从西贡北部的海港出发。由于潮汐运动，这支舰队将很可能在3月4日、5日或6日登陆，或者也有可能直到3月16日才能完成登陆。他们的一个初期目标是将河内皇城里被囚的3000名法国士兵重新武装起来，"槟榔行动"的策划者们笃定地相信，这群士兵已经等不及要开始复仇了。[17]

　　法国人希望随着与重庆政府签订协议，这支军队顺利登陆，迫使胡志明同意按照自己的要求妥协。但他们要承受巨大的风险。万一越南人选择誓死抵抗呢？还有一个更紧迫的问

题，万一中方拒绝为军队登陆提供必要的支持呢？他们担心的
状况确实发生了。法国将军拉乌尔·萨朗（Raoul Salan）获得
了中方许可，可以在 3 月 6 日自行"出现"在海防港，但任
何军方人员都不得下船。此时，中国国内蒋介石的部队与毛泽
东的共产党军队之间的战争在东北打得如火如荼，他急于捍卫
在南部侧腹的安全无虞，根本不想被卷入越南的解放战争。3
月 6 日早上，当法军舰队抵达海防港时，城内的中国军队开
火。法军回击，交火直至上午 11 时许方告一段落，双方各有
伤亡。中方谈判人员向法国和越南两方都施加了压力，要求其
达成协议。事实上中国方面是这样下达命令的：赶紧达成协
议，不然我们也会成为你们的头号敌人。

　　中方的要挟起到了作用。3 月 6 日下午，法越双方在中国
的高压下签署了《初步协定》（又称"3 月 6 日协定"），在协
定中法国承认"越南共和国"（Republic of Vietnam）在印度支
那联邦和法兰西联邦框架内的"自由国家"地位；越南同意
在未来五年内接受 2.5 万法军陆续进驻，接替撤出的中国军
队；法国则同意接受未来越南三个区域为民族统一而进行全民
公决的任何结果。[18]在 1 月由选举产生的新的河内国民议会批
准了该协定，他们明白这只是初步协议，短期内就将开展进一
步磋商。一些越南好战分子谴责跟法国媾和是通敌卖国，但胡
志明重申了自己的主张，那就是赶走中国人才是第一要务。他
对手下说："在我看来，宁肯闻法国人五年屎，也比余生吃中
国人的屎要好。"[19]

　　无论如何，这样的谈判结果实在不得人心。胡志明与圣特
尼签订的这项协定，不仅越盟的诸位领导人在 8 月革命的灿烂
日子里不可能料想到，就连放在一年前的 1945 年 3 月，在日

134

军发起政变之时，任何印度支那的近距离观察者都不可能意料
到。毕竟那场哗变已经正式终结了法国对印度支那的统治，并
揭露出殖民统治变得多么不堪一击。法军在此前受尽羞辱，几
乎毫无还手之力。而现在，12 个月以后，法国人卷土重来，
眼看就将夺回对北纬 16 度以南区域的统治，并且看似也将能
在 16 度以北实现同样的战果。这也就难怪在签约仪式后发生
了这样的一幕：圣特尼端起酒杯，狂喜地向胡志明表示祝贺，
庆祝他们中止了一场可能发生的大型战争。这位革命老将反驳
说："我们并不满意，因为我们并没有赢得完全的独立。"他
顿了顿，接着补充道："但我们终将实现。"[20]

　　对于西方视察员来说，胡志明在此阶段既让人宽心，又意
志坚定。他对美国情报官员弗兰克·怀特（Frank White）和
乔治·威克斯讲述了自己当年住在波士顿和纽约时的愉快经
历，并表达了对被庄严载入《独立宣言》的美国原则的崇拜
之情，接着又请这两人向华盛顿政府转达他对美国支持自己的
国家争取独立的高度期望。而在与一位英国高级外交官交流
时，胡志明谴责了达尚留在交趾支那的分裂行径（他坚持表
示，虽然经历了长期的地区冲突，但仍有 80% 的南方人想要
跟北方统一），不过也承认自己的人民尚未做好全面行使公民
职责的准备。正因如此，越南才热切期待得到法国、英国和美
国的建议与忠告——只要对方是出于合作精神发表这些建议，
而不是采取"主人"对"奴才"的方式。法国看来想要继续
保持对越南的完全主权，对此，胡志明郑重宣布，他的国家的
民族主义者断然不能接受。

　　外国视察员们带着对胡志明的难忘印象离开了越南。"当
你跟他谈话时，会发现他给你一种卓然超群的感觉，"威克斯

在家书中写道，"也许这就是伟大的爱国主义者应有的精神。
他自然是拥有了这一点——长期的斗争令他变得温和顺从，但
在他身上仍然存有些许的理想主义和希望［这场战争得以避
免］。我认为他的善意、单纯、直率尤其令人印象深刻。我
猜，亚伯拉罕·林肯也一定是这样的一个人：镇定、理智、谦
逊。"而在英国人看来，胡志明是个"非凡的人物"，能说一
口"地道的英语"。"在离开时我有这么一个印象，那就是我
曾跟一位真诚的爱国者交流过，不过他身上显然充分具备了一
位坚定的革命家所应具备的一切特质……在我看来，他无疑已
经做好了不惜一切代价实现目标的准备。"[21]

三

　　3月6日协定在历史中被解读的意义也仅止于此了：一场
已经开始的斗争暂停了片刻。在一些地区，协定令人们心生希
望，以为和解已在眼前——尤其是在华盛顿，许多官员认为法
国同意签约，就意味着它开始认同法越关系之间已经出现了深
远的、根本性的转变——但事实上这个协定可能带来的是恰恰
相反的效果，导致大规模战争愈发成为可能。因为尽管巴黎政
府承认了越南的"独立"，它也为法军进入北部敞开了大门，
这就给了法国人反悔的手段。而与此同时，越盟也取得了扩充
军力的宝贵时间。此外有一点同样重要：法国承认了越南
"自由国家"的地位，事实上等于让越南民主共和国成为全国
上下唯一合法的声音。[22]

　　可以肯定的是，3月6日祝酒庆祝时的圣特尼态度真
挚——也许还带着一些天真。他希望这项协定能成为未来真正
达成协商的基础。在法国的分析人士中，并不是只有他表达了

135

这种观点。事实上，翻看 1946 年早些时候法国的内部文件就
会发现，法国官方对于印度支那最佳行动方针的态度极其易
变，引人注目——不过引人注目部分原因在于它仍然划定了一
条清晰的界限，即几乎所有分析人士都坚定地认为印度支那应
该被保留在殖民帝国内部。不过，显然 1 月夏尔·戴高乐辞职
一事加深了一些人——比如资深殖民官员亨利·洛朗蒂——的
信念，令他们坚信旧的殖民秩序不可能彻底得以重建，世界已
经改变，而眼下有必要对战争期间有关自由的模糊承诺提供一
些实质性的内容。在此期间，法国政府决定更改殖民部的名
136 称，将其更名为法国海外部（Ministère de l'Outre-mer），这是
内部大环境开始变化的一个迹象。同时，在军队中人们也不再
担心谈及双方让步、取得妥协有可能伤及法国整体战略。越来
越多的军官相信己方确实没有足够的军力以确保从军事上解决
问题，而且也几乎不可能找到新的增援力量。[23]

戴高乐辞职后，法国内政出现动荡，这同样为改革与外
交提供了推动力，哪怕只是昙花一现。虽然在此时期，无论
是对民众还是政治人物来说，殖民帝国都是个次要问题，但
当时主导法国政坛的三大政党至少都在措辞上，支持印度支
那和重组的"法国海外部"管辖的其他地区获得更大自治
权。社会主义党派"工人国际法国支部"（Section française de
l'Internationale ouvrière，SFIO）表示支持殖民地获得更大自治
权，但对于改变的速度方面出现了内部分歧。如我们所见，法
国共产党（Parti communiste français，PCF）一直在呼吁克制，
且大体上回避了殖民议题，但声明支持印度支那和其他各个地
区进行广泛改革。就连人民共和运动（Mouvement républicain
populaire，MRP）——一个此后不久开始采取强硬路线，而且

注定在接下来十年的大部分时间里主导印度支那政策的温和天主教党派——在 2 月时也曾表示，希望重组后的法兰西联邦可以赋予印度支那和其他殖民地人民更多自治权。[24]

　　巴黎方面的态度虽说摇摆不定，但在西贡高级专员办公室这个最关键的地方，意见则十分坚决。在这里，戴高乐离开一事不仅没有推进改革，反而阻挠了改革的步伐，这一点确实有些吊诡。达尚留上将和他的部下们在执行巴黎方面的政策指令时原本就有着相当大的自由度，而眼下巴黎官员们各怀鬼胎，耍着各类政治手腕，所以他们所拥有的自由甚至比以往更多。更重要的是，始终坚定追随着戴高乐的达尚留很可能把将军的离开视为更加猛烈攻击印度支那的通行证，这样一来一旦戴高乐重新夺回权力，他的戴高乐路线就得以被肯定。达尚留起初表示支持 3 月 6 日协定，但在私下里牢骚满腹，而且显然针对的是勒克莱尔。他抱怨道："法国在印度支那拥有如此精良的远征军，而它的指挥官竟然宁肯和谈也不愿战斗，我真是百思不得其解。"[25]

　　这位上将开始逐渐地撤销法国曾做出的让步。4 月中旬，达尚留在大叻——一个以典雅的别墅和相对凉爽的天气著称的山间度假胜地——跟武元甲举行会谈，达尚留拒绝讨论 3 月 6 日协定中关于法越双方共同停止南部冲突的条款（尽管官方已宣布停火，但在该地区仍然持续出现小规模交火），他也不愿意就交趾支那与北部的统一公投一事展开行动。在有关越南未来的"自由国家"地位方面，达尚留和武元甲也发生了矛盾。在武元甲看来，越南民主共和国在法兰西联邦中事实上应当是主权国家，而达尚留反驳称法兰西联邦是个联邦，这意味着内部的各个自由国家都应将部分主权让渡给中央政府，尤其

137

是让渡给由巴黎任命的高级专员，也就是他本人。[26]

　　这一切都为计划于当年暮春在法国召开的下一轮协商定下了不祥的基调。6月1日，就在胡志明离开越南前往巴黎不到24小时，达尚留就以法国的名义"认可"了"交趾支那共和国"的自治地位，他此前并未知会巴黎方面，而且显然违背了3月6日协定的准则。他是想给胡志明和巴黎政府制造一个既成事实，因为既然南部已经有了一个自治共和国，就没道理再谈什么领土统一公决了。达尚留根本无权认可交趾支那共和国（即便这个共和国拥有合法地位），这一点无关紧要；这个计划在南部民众中间根本不得人心，这一点也无关紧要。[27]在听说了这个消息后，胡志明说当中一定是有什么误会——高级专员肯定不会做出这种事情——可是这并不是误会。

　　来到法国后，胡志明在法国西南部的海滨度假地比亚里茨（Biarritz）待了两周，而使团中的其他一些人直接去了巴黎。圣特尼奉命陪同胡志明。起初在听说了达尚留的反常举动后，胡志明曾威胁说要立刻回到河内，但圣特尼劝他留下来，给即将到来的和谈一点儿机会——并努力让他在法国期间玩得开心。两人穿越边境去了西班牙，看了一场斗牛和一场回力球比赛，还一同钓鱼，参观了卢尔德的一个天主教庇护所。胡志明询问人们当初在德国占领时生活是怎样的。他还参加了一场纪念戴高乐在1940年6月18日发表抵抗演说的活动，参观了比亚里茨烈士纪念碑。在比里亚图（Briatou）这个小渔村的餐馆里享用了盛宴后，胡志明在客人留言簿中这样写道："海洋也隔不开彼此深爱的兄弟。"[28]

　　胡志明每到一地，不管是比亚里茨还是巴黎，总会受到热情接待。为他倾倒的不仅仅是媒体，还有大部分民众。记者们

1946 年 6 月，胡志明和越南代表团的其他成员与让·圣特尼一同来到法国比亚里茨。

纷纷形容他迷人、风趣，而且善于自嘲。他为女记者献上鲜花。"每当有人走近这个孱弱的男人，"一篇报道这样写道，"就会情不自禁地像他身边的人一样深深崇拜他，他从丰富的经验中获得了淡定的力量，让人折服。"其他观察人士则将他比作孔子、施洗约翰或者佛陀。走到任何地方，人们都会赞美他的才干、他对孩子们不加掩饰的爱意、他的禁欲主义——他滴酒不沾——以及他的装束：他无论是出席正式还是非正式的场合，永远只穿一件样式简单、一直扣到脖子的亚麻外套。胡志明还赢得了法越联合会（France-Vietnam Association）的青睐，这个组织的成员有伊曼纽尔·穆尼埃（Emmanuel Mounier）、巴勃罗·毕加索（Pablo Picasso）、保罗·里维（Paul Rivet）和弗朗索瓦·莫里亚克（François Mauriac）。[29]

　　没人比外交部礼宾司的司长雅克·迪迈纳（Jacques Dumaine）更加深受胡志明魅力的感召。7 月 14 日法国巴士底日（即国庆日），胡志明在一场纪念活动中应邀坐在主席台上，新上任的临时政府主席（也称总理）乔治·比多要求迪迈纳将胡志明的座位跟自己的稍稍错后一点儿。迪迈纳照办了，但心里有些窝火。"胡志明扮演的是圣贤的角色，"他钦佩地写道，"而且他的纯朴是发自内心的。"迪迈纳随后邀请胡志明共进午餐，并这样记录道："我们与胡志明亲密地吃了一顿午饭。你不得不对这个男人自学成才的才能，他的语言天赋，他化繁为简地阐明观点的能力，他将自己的意图用一种较温和的方式表达出来的技能，还有他的彬彬有礼心生钦佩。他的随从们紧张、狂热、莽撞，而他是其中最睿智、最有洞见的人。"[30]

　　胡志明也在安抚那些担心他的共产主义信仰的人。此前一周他在巴黎告诉一群记者，也许50年后越南将准备好实现共产主义，"但不是现在"。经济体制的任何变动都将是渐进的，而且越南的宪法——他强调说它完全效仿了美国宪法——保障了私人财产。他进一步补充道："如果资本家来到我们的国家，这对他们将是件好事。他们能赚到钱，但不可能赚得像过去那么多了。从现在开始得五五分了。"[31]

　　胡志明知道，到头来他个人所取得的成功和他安抚人心的说辞都算不得数。最重要的是双方会谈。等到双方磋商终于展开时——地点定在了巴黎东南部枫丹白露森林里的著名宫殿，几代法国王公贵族都喜欢在这里嬉戏游玩——他很失望地发现法国代表团里没有什么显赫人物，只有几个中层殖民官员和三个鲜为人知的政客，而且这些人对越南完全没有持同情态度。代表团成员的组成反映出法国6月初大选的结果，在此次选举后，议会渐渐趋向右派势力，也就是说总体上赞同达尚留的观点。由人民共和运动的比多领导的新政府认为现在没有向越南妥协的理由，而它之所以采取了如此强硬的立场，也跟该党主席莫里斯·舒曼（Maurice Schumann）收到的一封信有关，这封信写于 6 月 8 日，发信者不是别人，正是菲利普·勒克莱尔。看起来这位将军的立场出现了戏剧性的转变。他在信中写道，法国事实上已经在印度支那取胜，在当年春天的几个月里拿下了大部分关键据点。因此不应在枫丹白露做出过多退让，尤其不能向胡志明示弱，因为这个人一心只想着将法国从越南赶出去。"我认为，鉴于这些情形，法国代表若是在会谈中任由自己被胡志明及其同党的欺骗性语言（民主、抵抗、新的法兰西）所愚弄——而这些词藻他们使用得十分纯熟——那么事态将极为危险，"勒克莱尔写道。[32]

四

于是，勒克莱尔现在基本上是紧紧站在了达尚留的身后——其实他自始至终都没有像一些作家所声称的那样远离过达尚留的强硬立场。勒克莱尔分析道，在 3 月 6 日协定后，法军进入北圻地区的计划一直开展得相当顺利，3 月 8 日首批队伍已经登陆海防港。河内和海防的法国人在发现期待已久的军队终于抵达，两周后法军又占领了河内的总督府时，表现得欣喜若狂，尽管越南人对此极为不满。（裴恬在回想起法军重新进入河内的场面时表示："这就像是越南重新遭到殖民主义的奴役。"）随后几周，法国加强了在北纬 16 度以北多个据点的布防，而且尽管这位法国指挥官仍要面临沉重的任务，南方的战斗也依旧在进行，但他或许已经注意到了法军所取得的进展，因此认为眼前的形势较为乐观。[33]

　　不管原因为何，勒克莱尔的观点跟比多的相当吻合。比多曾在索邦大学（Sorbonne）求学，后担任历史教员，在纳粹占领法国期间曾积极投身抵抗运动，从 1944 年 8 月起担任戴高乐临时政府的外交部部长。他创建了人民共和运动，在 1946 年早些时候任费利克斯·古安政府的外交部部长，接着自己接过总统大权。对于比多［在之后八年的大部分时间里，他站在了法国制定印度支那政策的最前线］和他的很多部长来说，战争是难以想象的，但战争之外的选择——赐予此前一直俯首听命的"黄种人"独立——更令人难以想象。比多因此指示在枫丹白露的代表团务必在会谈中立场坚定，而这支由法兰西帝国忠诚的拥护者、与印度支那银行有着密切关系的马克斯·安德烈（Max André）率领的使团在从 7 月 6 日开始的谈判中也确实是这么做的。在另一边，由范文同所率领的越南代表团

141

1946 年 3 月，法军开进河内，大批当地法国人欢庆。

相比 4 月大叻会谈中武元甲的使团，立场也来得更加坚定。[34]

　　随着谈判开始，既有的问题立刻再度浮现，这也就不出任何人的意料了。越南人希望独立，希望与法国的联系形式可以更微弱一点儿；而法国希望越南在法兰西联邦内部接受由法国指引的自治（内部文件使用的是 self-government 这个英文单词），由法国控制越南的主权——换句话说，法国得把持着越南最关键的部门。在交趾支那问题上，越南人继续坚称它是该国领土的一部分，而法国人不愿退让。据范文同回忆，当时安德烈对他说："我们只消动用日常的警方行动，八天内就能把你们清除干净。"换言之，法国不需要妥协。[35]

　　时间一点点地流逝，越南人和法国人之间的鸿沟始终未能弥合。当胡志明第一次到达其所住的酒店时，法方按照到访国家首脑的规格铺了一条长长的红地毯。当时也在巴黎的以色列领导人戴维·本-古里安（David Ben-Gurion）评论道："胡志明大势已去，这从所铺的红地毯长度的持续缩水中就能看出来。在胡刚来时，地毯从人行道一直铺到了他的酒店房间。随着这个夏天慢慢消逝，地毯先是只铺到了大堂，接着缩短到了楼梯间，最后就只铺在胡志明房间门口的那一截过道前面。"[36]

　　胡志明严重高估了法国左翼思潮的影响力。社会党人和共产党虽然在各自的党报中热情赞美了越南人，但始终未能如预期的那样提供任何实质上的帮助。作为四面楚歌的法国海外部部长，马里尤斯·穆泰（Marius Moutet）所在的社会党在近期的选举中处于不利地位，事实证明他根本不愿支持越南独立，而法国共产党党魁多列士的态度同样模棱两可。7 月，社会党人领袖莱昂·布鲁姆在跟胡志明共进午餐时，跟他打保票说："困难的时候有我在。你可以信赖我。"事实证明这句话也不

142

可信。[37]

　　与此同时，在西贡，蒂埃里·达尚留仍在继续他的颠覆行动。随着 7 月勒克莱尔被调离印度支那、派往北非，由让·埃蒂安·瓦吕（Jean Étienne Valluy）将军接任，达尚留在从事各种活动时更加自如。他宣布法国和印度支那的未来不能由河内政府的代表单方面来决定，因此需要召开相应的代表大会，这场会议定在 8 月 1 日于大叻召开。此次大会的目的是讨论成立一个由交趾支那、老挝、柬埔寨，以及越南安南南部和中央高地（Clentral Highlands）代表所组成的"印度支那联邦"，在这个联邦中，河内政府将完全没有席位。大叻计划的消息传到枫丹白露后，范文同大怒，中断了谈判——这正中达尚留下怀。虽然双方最终重返谈判桌，但他们之间仍然存在着很深的分歧。最后法越双方起草了一个临时协定，内容涉及一系列经济问题，但由于法方坚持拒绝讨论政治议题——其中最重要的是交趾支那的地位——这个协定对于越南代表团毫无意义。9 月 10 日，在会谈进入尾声时，范文同得出一个结论：八周的会谈仅仅证明双方根本不存在严肃谈判的基础。[38]

　　胡志明仍然不愿放弃希望，他将代表团派回越南，而他本人留在了巴黎，还想对协定做最后的争取。他对记者们强调越南民主共和国是多么渴望得到盟友的帮助，但如果必须的话，又将多么坚定地孤军奋战。跟以往一样，美国在他的心目中仍然占据着十分重要的位置。9 月 11 日，他对美国记者戴维·舍恩布伦（David Schoenbrun）说："你的国家可以在东南亚的和平中扮演关键角色。罗斯福留下的记忆仍然十分鲜活。你们从来没有建立一个殖民帝国，也从未剥削过亚洲人民。你们在菲律宾树立了一个榜样，这给我们所有人带来了启发。你们跟法国的联系牢固而又长久，而且能对这个国家施加巨大的影响力。我促请你向你的人民做出这样的报道：现在亟须将天平向和平与独立这一边倾斜，否则将为时太晚。请不要被共产主义这个议题蒙蔽了双眼。"

舍恩布伦对此回答说，美国人认为共产主义跟自由本身是矛盾的，胡志明点了点头表示理解，但他说越南人民誓言将为实现真正的独立而斗争到最后一刻。"如果你们所谓的共产主义者是唯一能领导这场独立斗争的人，那么越南信仰的就是共产主义。我们的驱动力是独立，而不是共产主义……在独立和南北方实现统一的议题上，不管是共产党员、天主教徒、共和党人，还是农民、工人，态度都是完全一致的。只要需要，我们将为了实现这些目标而共同战斗。"

舍恩布伦对这段自信的言辞大感惊讶。"可是，胡主席，这有点儿不可思议呢。你们如何能跟法国打这一仗？你们没有军队，没有现代化的武器。这样的战争对你们来说看起来没有半点儿希望！"

"不，不会毫无希望。这场仗当然会很艰难，很凶险，但我们会赢的。"历史上数不胜数的例子证明了拼凑起来的小分队也能战胜现代化的大部队——想想看南斯拉夫游击队如何抵御德国军队，或者时间再早一点儿，纯朴的美国农民如何战胜了不可一世的大英帝国！"人的精神比他所拥有的武器更强大。"胡志明强调说，越盟将充分利用沼泽、密林、山地与洞穴——这些地形他们再熟悉不过了。"这将是一场大象与老虎的角逐。如果老虎按兵不动，大象会用尖利的獠牙将它刺死。但老虎不会原地站着。白天它将潜入丛林，只在夜晚现身。它将猛地跳上大象的后背将其撕碎，接着重新跃入深林。这只大象会慢慢流血而死。这就是印度支那战争的未来。"[39]

自信的话语掩饰了胡志明内心深深的担忧。"不要把我这么丢开，"在接受舍恩布伦采访的同一天，胡志明绝望地对圣特尼和穆泰请求说，"你们得让我武装起来，对付那些想要取代我的人，你们是不会后悔的。"胡志明担心越盟内部的极端团体有可能在条件不成熟的情况下动武；他也许还担心在经过了两个月的拉锯战后就这么无功而返，自己的地位将会不保。他向这两个法国人担保说，自己的政府将尊重有意义的协定，但同时也警告称："如果我们必须战斗，那我们会背水一战。你杀了我们十个人，我们总能杀死你们一个人，到头来你们会被拖死。"[40]

9 月 14 日午夜，胡志明溜出了所住的皇家蒙索酒店（Hotel Royal Monceau），直奔奥什大街（A Venue Hoche）穆泰的公寓而去。这位法国人已经上床了。胡志明坐在他的床边。可以想象此番情景：在死寂的黑夜，留着山羊胡子、面容憔悴的革命家和肤色苍白、身形健硕的穆泰身处巴黎的一间卧室里，讨论着越南的命运。没过多久，两人就在一份局部协议（他们称之为"Modus Vivendi"［临时协定］）上签署了名字。这份协议看来保障了 4 月时在大叻以及枫丹白露会谈中法国想要在印度支那寻求的大部分权利，而给越南的权利极其有限。它将棘手的政治问题留待未来协商，不过最晚不迟于 1947 年 1 月；同时还拟定法越军队在南部停火，生效期为 10 月 30 日。协议没有涉及越南最终独立的问题。

事后圣特尼形容这项临时协定十分"可悲"，它给胡志明提供的东西"远比他刚来法国时所希望的少"。这位革命老将为什么决定在这样一份协议上签字，这多少令人费解。或许这

只是他的缓兵之计：一方面为战争做准备，另一方面等待 11
月法国大选结果，看看是否会产生一个主要由共产党和社会党　　145
组成、更有可能做出退让的政府。9 月 15 日，他对年轻的支
持者们表示，要想想 7 月的时候布鲁姆所做出的承诺："不管
发生什么，一定要对莱昂·布鲁姆有信心。"[41]

当天晚些时候胡志明最后一次告别了巴黎，此后再未踏足
这座如此熟悉的城市——他对这里的熟悉程度也许甚于其他任
何城市。尽管在此前几周里他遭遇了种种挫败，但从几个关键
的方面来说，他还是在这次的旅行中享受到了乐趣。他得以故
地重游，跟法国的知识分子和政治家们频频交流，大量阅读任
何能找到的报纸；毫无疑问，这座城市和它的文化激荡起了他
灵魂深处的某些东西。尽管几十年来他一直想要自己的祖国争
取独立，尽管他感觉到一场全面战争已经渐渐逼近，但他与这
个殖民宗主国之间仍然存在着微妙却真切的联系。有着这种情
绪的不单单是他一个人。在这一时期很多越南民族主义者对法
国的感情既复杂又矛盾，其程度之强烈十分耐人寻味。正如那
年早些时候胡志明对作家让·拉库蒂尔（Jean Lacouture）所
说的："像您所在的这样给世界带来自由文学的民族，想必总
会发现我们是可以做朋友的……先生，您或许有所不知，我曾
如何年复一年重读维克多·雨果和儒勒·米什莱的作品，而且
我的热情一直未曾消减。"[42]

同样的情绪也从胡志明关于此行的笔记中传递出来。在这
些本不想被公之于众的有趣文字中，他描述了对自己意义重大
的国际事态发展，包括菲律宾在 7 月初宣布独立，美国在比基
尼环礁进行核爆测试（奇怪的是他并没有记录法国从叙利亚
和黎巴嫩撤军，而此举实际上终结了法国对中东的殖民统

治），以及谈判中的利益权衡。但在笔记中，让人印象最深刻的还是他对法国以及法国人的崇敬。他写道，在 6 月 30 日这天早上 6 点，他想在蒙梭公园散散步，结果发现大门锁着。当门卫得知他是最近刚来法国的外国人时，在根本不了解胡志明身份的情况下就开门让他进去了："这只是个小插曲，但足以体现在法国，法国人谦恭有礼，尊重外国人。"而在一篇标题为"法国人的美好品德"的日记中，他评价法国人十分珍视崇高的原则，比如自由、博爱，而且热爱智识层面的辩论和探讨。在谈到为他举办的欢迎宴会时，他写道："这不仅仅因为我是一国之元首，他们才做出此种举动；他们只是自然而然地想要向我们表示友好。"[43]

人们不免要问：胡志明在 1946 年中期的巴黎之行是否意味着法越双方错失了一次缔结真正且意义深远的协议的绝佳机会？如果他们抓住了这次机会，是否可以避免危机愈演愈烈，并最终升级为大规模战争；是否可以避免在其后的 30 年里，印度支那半岛上持续进行着血腥到难以名状的毁灭性的战争？如果法国人曾经认真考虑胡志明安抚性的话语，结局会怎样？毕竟胡志明并未表现出过激的立场——他没有要求越南实现全面和充分的独立。他寻求的是妥协，并表达了与法国保持合作的意愿——甚至可以说是渴望。法国原本可以仅仅放弃殖民统治的外部标志，而将与越南间重要的商业、文化和政治纽带保留下来。可是到头来，法国人终究还是无法认真研究胡志明的主张，至少在最高层面上做不到。良机被葬送，不过说到底双方距离真正抓住这个机会还十分遥远。枫丹白露会谈一无所获，这使双方的强硬派得以站稳脚跟，也使和解的可能性比以往任何时候更渺茫。

当胡志明离开这个自己深爱的国家时，他已经放弃了幻想：战争的阴云正在迅速堆积。

注释

1. 涉及本章和第六章的历史时期，有一份研究非常出色而深入：Stein Tønnesson, *Vietnam 1946: How the War Began* (Berkeley: University of California Press, 2009)。

2. 达尚留对戴高乐的忠诚，在他身后出版的记述中是一个主旋律：*Chronique d'Indochine 1945–1947* (Paris: Albin Michel, 1985)。英国外交部对他有份言辞尖锐的生平纪要，见 FO 371/46307, TNA。

3. Ellen J. Hammer, *The Struggle for Indochina, 1940–1955* (Stanford, Calif.: Stanford University Press, 1955), 122.

4. Bernard Fall, *The Two Viet-Nams: A Political and Military Analysis* (New York: Praeger, 1964), 72.

5. Philippe Devillers, *Histoire du Viêt-Nam de 1940 à 1952* (Paris: Éditions du Seuil, 1952), 195; Joseph Buttinger, *Vietnam: A Dragon Embattled*, vol. 1: *From Colonialism to the Vietminh* (New York: Praeger, 1967), 233.

6. François Guillemot, "Viêt Nam 1945–1946: L'élimination de l'opposition nationaliste et anticolonialistedans le Nord: À coeur de la fracture vietnamienne," in Christopher E. Goscha and Benoît de Tréglodé, eds., *Le Viêt Nam depuis 1945: États, contestations et constructions du passé* (Paris: Les Indessavantes, 2004); David G. Marr, *Vietnam 1945: The Quest for Power* (Berkeley: University of California Press, 1995), 550.

7. Marr, *Vietnam 1945*, 551; Cecil. B. Currey, *Victory at Any Cost: The Genius of Viet Nam's Gen. Vo Nguyen Giap* (Dulles, Va.: Potomac, 2005), 106.

8. David G. Marr, "Creating Defense Capacity in Vietnam, 1945–1947," in Mark Atwood Lawrence and Fredrik Logevall,

eds. , *The First Vietnam War*: *Colonial Conflict and Cold War Crisis* (Cambridge, Mass. : Harvard University Press, 2007), 74 – 104; William J. Duiker, *Ho Chi Minh*: *A Life* (New York: Hyperion, 2000), 346.

9. Duiker, *Ho Chi Minh*, 347; Peter G. MacDonald, *Giap*: *The Victor in Vietnam* (New York: W. W. Norton, 1993), 69. 关于在此期间政府对获取武器弹药所做出的艰苦努力, 参见 1981 年阮廷诗（Nguyen Thi Dinh）的访谈, WGBH Vietnam Collection, openvault. wgbh. org/catalog/org. wgbh. mla: Vietnam（最后访问日期: 2010 年 10 月 15 日）。

10. Stanley Karnow, *Vietnam*: *A History*, 2nd ed. (New York: Penguin, 1997), 168; Ilya V. Gaiduk, *Confronting Vietnam*: *Soviet Policy Toward the Indochina Conflict, 1954 – 1963* (Stanford, Calif. : Stanford University Press, 2003), 3.

11. Jean Sainteny, *Histoire d'unepaixmanquée*, *Indochine 1945 – 1947* (Paris: Amiot-Dumont, 1953), 166; Charles Fenn, *Ho Chi Minh*: *A Biographical Introduction* (New York: Charles Scribner's Sons, 1973), 94 – 95; Jean Sainteny, *Ho Chi Minh and His Vietnam*: *A Personal Memoir* (Chicago: Cowles, 1972), 51ff.

12. Robert Shaplen, *The Lost Revolution*: *The U. S. in Vietnam, 1946 – 1966* (New York: Harper & Row, 1966), 43. 皮尼翁的回忆录在他去世时尚未完成, 最后由其遗孀整理完成并出版, 参见 Elise Pignon et al. , *Léon Pignon*: *Une vie au service des peuples d'Outre-Mer* (Paris: Academie des Sciences d'Outre-Mer, 1988)。皮尼翁在法属印度支那政府方面所发挥的角色, 也是以下这篇文章的主题: Daniel Varga, "La politique française en Indochine (1947 – 50): Histoire d'une décolonisation manqué," thèse de doctorat, Université d'Aix-Marseille I, 2004。

13. Frédéric Turpin, *De Gaulle, les gaullistes et l'Indochine 1940 – 1956* (Paris: Les Indessavantes, 2005), 183 – 90; Duiker, *Ho Chi Minh*, 355.

14. 关于这一点, 参见 Gilbert Bodinier and Philippe Duplay, "Montrersa force et négocier," in Guy Pedroncini and Philippe Duplay, eds. , *Leclerc et l'Indochine 1945 – 1947* (Paris: Albin

Michel, 1992), 181 – 82; and Tønnesson, *Vietnam 1946*, 161, 351n54。

15. Devillers, *Histoire du Viêt-Nam*, 176; Fall, *Two Viet-Nams*, 107.

16. Leclerc to Juin and d'Argenlieu, February 14, 1946, Tel. 933, AOM; reprinted in Gilbert Bodinier, ed. , 1945 – 1946. *Le retour de la France en Indochine. Textes et documents* (Vincennes: Service historique de l'armée de terre, 1987), 208 – 9; D'Argenlieu to Sainteny, February 20, 1946, F60 C3024, AN; Mark Atwood Lawrence, *Assuming the Burden: Europe and the American Commitment to War in Vietnam* (Berkley: University of California Press, 2005), 128. See also Martin Shipway, *The Road to War: France and Vietnam, 1944 – 1947* (Providence, R. I. : Berghahn, 1996), 167 – 68.

17. 以下这本书对"槟榔行动"有很好的描述和分析: Tønnesson, *Vietnam 1946*, 42 – 49。另可参见 Turpin, *De Gaulle, les gaullistes et l'Indochine*, 195 – 215。

18. Peter Worthing, *Revolution and Occupation: China and the Vietnamese August Revolution of 1945* (Berkley: China Research Monograph, Institute of East Asian Studies, 2001), 120 – 24, 135 – 69; Stein Tønnesson, "La paiximposée par la Chine: L'accord franco-vietnamien du 6 mars 1946," in Charles-Robert Ageron and Philippe Devillers, eds. , *Les guerres d'Indochine de 1945 à 1975* (Paris: Institut d'histoire du temps présent, 1996). 关于中方所扮演的重要角色, 另见 Lin Hua, *Chiang Kai-shek, de Gaulle contre Hô Chi Minh: Viêt-nam 1945 – 1946* (Paris: éditions L'Harmattan, 1994); Laurent Cesari, *L'Indochineenguerres 1945 – 1993* (Paris: Belin, 1995), 42 – 43。

19. Lawrence, *Assuming the Burden*, 128. 在以下著作中, 武元甲对 3 月 6 日协定进行了辩护: Devillers, *Histoire du Viêt-Nam*, 229 – 31。越南官方史料认为, 为了避免越南同时与两个对手作战, 签订协议是必要的: Nguyen KhacVien, *Vietnam: A Long History* (Hanoi: Gioi, 1999), 251。

20. 引自 Michael Maclear, *The Ten Thousand Day War* (New York: Avon, 1982), 18。另见 Sainteny, *Ho Chi Minh and His*

Vietnam, 59 – 64。

21. George Wickes, " Hanoi 1946, " unpublished ms. in author's possession, pp. 4 – 5; Saigon to FO, April 11, 1946, FO 959/ 7, TNA.

22. 这个观点在以下这本书有很好的阐释：Buttinger, *Dragon Embattled*, 373。关于达尚留对此次协定的回顾，可参见 *Chronique d'Indochine*, chap. 7。

23. Lawrence, *Assuming the Burden*, 124 – 26. 在本书中 Lawrence 探讨了法国在此期间的舆论动向，其范围比我本人涉及得更广。

24. 有关战后早期法国纷繁复杂的政治，可参见 Martin Thomas, " French Imperial Reconstruction and the Development of the Indochina War, 1945 – 50, " in Lawrence and Logevall, eds. , *First Vietnam War*; R. E. M. Irving, *The First Indochina War: French and American Policy, 1945 – 1954* (London: Croom Helm, 1975), 1 – 77。

25. Devillers, *Histoire du Viêt-Nam*, 242; Shipway, *Road to War*, 179 – 81; Tønnesson, *Vietnam 1946*, 62.

26. 关于达尚留在大叻会谈中的讲话要点，可参见他的备忘录：April 26, 1946, F60 C3024, AN。另见 Buttinger, *Dragon Embattled*, 247。

27. Devillers, *Histoire du Viêt-Nam*, 324.

28. David Shoenbrun, As France Goes (New York: Atheneum, 1968), 231: Duiker, *Ho Chi Minh*, 370.

29. Robert Shaplen, *Lost Revolution*, 47.

30. Jacques Dumaine, Quai d'Orsay: 1945 – 1951 (Paris: Julliard, 1955), 103, 引自 Pierre Brocheux, *Ho Chi Minh: A Biography* (New York: Cambridge University Press, 2007), 121。

31. 《纽约时报》, 1946 年 7 月 6 日。

32. Leclerc to Schumann, June 8, 1946, printed in Georgette Elgey, *Histoire de la IVème République*, vol. 1: *La République des illusions 1945 – 1951* (Paris: Fayard, 1965), 161.

33. Bui Diem with David Chanoff, *In the Jaws of History* (Boston: Houghton Mifflin, 1987), 44; Anthony Clayton, *The Wars of French Decolonization* (London: Longman, 1994), 131ff.

34. 关于比多的背景和权力之路，参见 Jacques Dalloz, *Georges*

Bidault：*Biographiepolitique* （ Paris： éditions L'Harmattan，1992）。

35. *Vietnam*：*A Television History*, episode 1： "Roots of a War," PBS, transcript.

36. 引自 David Halberstam, *Ho* （New York： McGraw-Hill, 1987）, 89.

37. Alexander Werth, *France 1940 – 1955* （New York： Henry Holt, 1956）, 335 – 36；Jean Lacouture, *Leon Blum* （New York： Holmes & Meier, 1982）, 532.

38. Werth, *France 1940 – 1955*, 336；Buttinger, *Dragon Embattled*, 252；D'Argenlieu, *Chronique d'Indochine*, 302 – 16. 以下这本书介绍了枫丹白露会谈的大量内容：Shipway, *Road to War*, chap. 8。

39. Schoenbrun, *As France Goes*, 232 – 35；Sainteny, *Ho Chi Minh and His Vietnam*, 87.

40. Sainteny, *Histoire d'unepaixmanqué*, 209ff；Raoul Salan, *Mémoires*：*Fin d'un empire*, vol. 1： *Le sens d'un engagement juin 1899-septembre 1946* （Paris： Presses de la Cité, 1970）, 404.

41. Duiker, *Ho Chi Minh*, 380；Buttinger, *Dragon Embattled*, 253；Lacouture, *Blum*, 532；*Newsweek*, September 30, 1946.

42. James P. Harrison, *Endless War*：*Vietnam's Struggle for Independence* （New York： Columbia University Press, 1989）, 109.

43. NhatKyHanh Trinh cua Ho Chu tich, "Bon thang sang Phap" ［Travel notebook of President Ho： Four months in France］, in *Toan Tap*, 4, pp. 323 – 411, as quoted in Brocheaux, *Ho Chi Minh*, 122.

第六章 火花

一

直到 1946 年 10 月底，胡志明才重返河内。基于某些至今仍然晦涩难解的原因，他没有搭乘飞机，而是选择坐船回国，这艘从土伦开往海防的客船慢慢悠悠，航行了好几个礼拜。[1] 这次他离开越南长达四个多月时间，在此期间由武元甲负责领导着越南民主共和国，紧张地为战争做准备。

对于年轻的武元甲来说，这是个极其艰巨的任务，但他证明自己完全能够胜任。武元甲中等个头，颧骨突出，眼窝深陷，含蓄谦逊的外表掩饰了他钢铁般的意志。在胡志明动身前往法国时，武元甲还不到 35 岁，却已经蓄势待发，将要成为越南革命成功最重要的因素之一。作为一个基本上是自学成才的军事将领，他将带领一支军队首先迎战强大的法国人，之后是更强大的美国人。在越南革命取得最终胜利的道路上，唯有胡志明对此事更负有责任。在战场鏖战多年，武元甲当然也犯过错，但他作为后勤专家、战略家和组织者的成就仍然无与伦比，足以跻身现代史中最出色的军事将领之列，可与威灵顿、尤利西斯·格兰特、罗伯特·李和隆美尔比肩。事实证明，他尤其擅长调集通常有限的资源、利用独特的地形为自己所用——他远比对手更清楚越南的一草一木，因为这里就是他的土地。

1911 年 8 月 21 日（原文如此），武元甲出生在越南中部、邻近北纬 17 度线的广平（Quang Binn）省。甲为"盔甲"之

意。他家境普通，父亲一直向家中幼子灌输尊重教育的观念，
因颠覆罪被捕后在法国监狱中去世；他的一个姐姐也是因此而
死。这些悲剧在武元甲的心中深深埋下了对法国仇恨的种子，
14 岁那年，在读了胡志明的《审判法国殖民主义》后，其反
抗殖民统治的想法进一步受到鼓舞。他开始积极参与民族主义
政治活动，而法国秘密警察很快就为他专门建立了一个档案。
他在 18 岁时因为组织学生示威而短暂入狱，后获准入读法国人
创办的阿尔贝·萨罗中学，表现出了出类拔萃的才智与勤奋，
之后他拒绝了拿奖学金在巴黎攻读博士学位的机会，而是选择
在越南另一所由法国人办的大学——河内大学攻读法律学位。

在此期间他结了婚，为了照顾妻女，他在河内的一所私人
学校谋得了一份历史教员的工作。他的课让学生们听得如痴如
醉。一位学生回忆说，在武元甲的第一节课上，他宣布自己将
跳过通常的课程，也就是从 1789 年到 19 世纪中叶的法国史。
"听着，关于这些内容已经有很多书了，"他在讲台前一边来
回踱步一边说，"如果你们想了解，就自己找书来看。我要告
诉你们的是两件事——法国大革命和拿破仑。"学生们痴迷地
坐着听武元甲讲述着玛丽·安托瓦内特（Marie Antoinette）的
放纵、罗伯斯庇尔（Robespierre）的生平和丹东（Danton）之
死，不过他讲得最多的还是拿破仑所指挥的军事战役。他对拿
破仑的敬仰是如此显而易见，就连一场小型战役都可以讲得津
津有味，学生们一字不漏地听着。[2]

与此同时，他继续潜心研读包括胡志明在内的民族主义者
的著作。1937 年，他加入印度支那共产党，一年后他写了一
本书，名为《印度支那民族解放的问题》（*The Question of
National Liberation in Indochina*）。印度支那共产党的领导人们

注意到了这位聪明而且受过良好教育的同志，发觉他身上似乎有着无穷无尽的能量。1940 年，他们派武元甲和另一位年轻党员范文同前往中国，跟胡志明接头。（武元甲的妻子哭着与他告别；其后不久她就被法国人抓走，死在河内的火炉［Hoa Lo］监狱，武元甲是在三年后才得知了这个消息。）他们在昆明相遇。时年 50 岁的胡志明身体虚弱，背已经驼了，但武元甲立刻注意到他那双敏锐的眼睛。他们一边沿着湖滨漫步，一边热烈地讨论起来，三人建立了情感上的纽带。[3] 其后武元甲奉胡志明之命来到中国延安，在毛泽东的共产党军队中接受军事训练，接着回到了南方，在 1941 年 5 月，他刚好及时赶到高平北坡，参与了越盟深具历史意义的成立大会。[4]

　　"政治行动应先于军事行动，"在这几年里，胡志明常常这样说。可是武装斗争总是会到来，在此之前必须做好准备。武元甲被任命为越盟总部军事委员会主席，负责组建和训练军队。1944 年 12 月 12 日，他主持了越南解放军建军仪式——最初共有 31 名男战士和 3 名女战士，据说他们总共有 1 挺轻型机关枪、17 支现代步枪、2 支左轮手枪和 14 支其他种类的火器。这支军队渐渐发展壮大，开始向北圻的整个山区扩张。到 1945 年日本政变时，越盟已经建立了真正的根据地。

　　武元甲在此时已经成为胡志明最重要的副手之一，几乎从没有长时间离开过他的身边。1945 年 8 月，当印度支那共产党在新潮乡成立了越南解放全国委员会时，武元甲就在现场。武元甲负责管理全国委员会的军事组织，并签署了发起全国总起义的命令。这个委员会事实上就是 1945 年 9 月 2 日越南民主共和国临时政府。武元甲出任胡志明首届政府的内务部部长，他既有能力又高效，同时手段果断无情，随着时间推移，他渐渐成为胡志明身边最不可或缺的人物。当胡志明动身前往法国时，他不出人们所料，暂时担任政府最高领导人。

历史学家斯泰因·滕内松（Stein Tønnesson）注意到在这位副手和他的上司之间存在着一个重要的区别。武元甲更冷酷，也更工于心计，不像胡志明会让人由衷产生爱戴之情，武元甲让下属们心生敬畏。当武元甲在他的回忆录里谈到了自己这位上级惊人的说服力时，滕内松观察并指出，武元甲并没有意识到胡志明诚挚的天性是多么重要。"胡伯伯在识别敌人的所思所想方面拥有无与伦比的才能，"武元甲写道，"针对每一种类型的人，针对每个人，他都想出了一套具体的处理方式，且手法十分巧妙……即使是他的敌人，那些恶名远播的反共分子，都表现出了对他的敬意。但凡是他在场，他们似乎总会丢掉些许的攻击性。"滕内松对此总结称："在武元甲理性的头脑中，胡志明的人格魅力沦为一种工具。"[5]

二

无论如何，武元甲必须想出一套制胜之道。他知道法军的火力起初将远远超过自己，于是他转而寻求延安经验，尤其是毛泽东理论——在20世纪30年代晚期，毛泽东发表了一系列文章，在文中他指出成功的革命战争战略必须经历三个阶段：防御、相持和反攻。在第一阶段，起义军与敌人力量相差悬殊，应避免采取大型军事行动，而是要依靠小规模游击战术让政府军队兵力疲劳、士气沮丧。游击队在任何可能的时候进攻，在任何必要的时候撤退。等到游击队积累起力量，与政府军的实力大致相同时，就进入了斗争的第二个阶段，此时以游击战和传统战役相结合，将敌人打得不知所措。在这个阶段，

150

随着伤亡人数和损耗不断攀升，政府军队会看不到前路在何方，无能为力的感觉将开始在其内部蔓延。在僵持导致敌军士气一落千丈后，起义军就可以发起总攻，以常规军队发起传统进攻。在此第三阶段的目标是歼灭政府军，并对占领土地实施政治统治。

从 1946 年春天起，武元甲就已经开始想办法建立了两个大型军事根据地，着手第一阶段的斗争。在这两个根据地，他可以在必要时将主力部队撤回，并做休憩整编，同时征募新的部队着手训练。在这两个根据地中较为重要的是北圻北部通常被称为"越北"（Viet Bac）的区域，其中包括北干、高平、谅山、河江、宣光和太原各省。武元甲和他的副手们非常熟悉这个地区：1944～1945 年，这是他们开展军事行动的主要地区。越北有大量石灰岩洞，可以作为办公室、办讲习班；其大部分地区都是不适合种植庄稼的深山老林，这种地形相对易于防守；而且这里人口稀少，且大部分居民对越盟的事业持支持态度。武元甲自己也承认，第二个根据地的变数则要更大些，它是由清化、义安、河静三省至红河三角洲南部所组成的区域。这里的准备工作更加不充分，而且较易暴露在敌军攻击之下；而优势在于离河内、海防和入海口更近。[6]

在这年春夏，武元甲在其他方面同样开始加紧巩固越盟的地位。5 月，卢汉领导的中国军队开始从中越边境撤退。法军想要尽快进驻，但在多数区域受挫。当时正值雨季，而武元甲的部队更擅长在困难的条件下行军，继而在业已被清空的区域建立自己的统治。越军在破坏道路桥梁方面十分熟稔，这让严重依赖道路运输的法军大为头痛，在法国人被困在半道上时，越军已经拿下了大量重要市镇乡村并进行人员疏散。双方不可避免地发生了武装冲突。比如，在距河内西北面 19 英里的北宁，越盟的一支小分队在 8 月 4 日突袭了法国的载重汽车队，双方发生了持续 9 小时的激烈交火，使用了机关枪、迫击炮和手榴弹等武器。法越双方均伤亡惨重，其中法军有 12 人死亡、41 人受伤。局势日渐紧张。[7]

与此同时，那些曾经依靠中国支援的敌对民族主义团体——最主要的是越南国民党和大越党——现在受到了越盟和法国夹击。武元甲抓住机会，拿零星的游击战作为无情镇压这类党团的幌子，而且此举时常得到法方的支持。数百名——也可能是数千名——非共产党政敌被杀。越盟曾自称是拥有广泛基础的民族主义联合战线，而且这种说法一度确实名正言顺，而今它已经越来越等同于共产主义运动。一位大越党党员回忆说，此时越南北部已转变为一个警察国家。大量非共产党的越南人突然感到面临这样一种压力：他们似乎只能选择要么接受法国人的直接统治，要么成立一个受到法国主子启发并对其感恩戴德的政府，否则根本没办法抵抗共产主义。[8]

与此同时，武元甲仍在寻求维持与法国名义上的停火协定。尽管这年初秋双方时有交火，他还是想延缓大型冲突的爆发时间。当 10 月底胡志明重返河内时，停火协定依旧有效，但无论是他还是其他任何近距离观察的人士都不可能忽视日益高涨的敌对情绪。双方对战争都做着准备。在北部，越南民主共和国的政府仍然留守河内，越盟对北圻大部分地区和安南北部取得了实质性的控制权，而法国虽在河内、海防和北部其他要塞布置了占领军，但也仍在寻找着一个立足点。在北部的很多城市，商店和街道的法语标识被越南语取代。（有趣的是，英语招牌得以保留了下来，比如在河内的一条繁华街道上，一

152

个窗口上高悬着大大的标语"Pork Butcher Specialist"［专业肉贩］。）同时，法国也在南部大城市巩固势力，甚至在西贡成立了一个类似的行使职能的政府，至少这个政府在断断续续办公。不过在交趾支那的乡间，这个政府几乎毫无权力，而且法军的统治通常最多覆盖到巡逻部队的射程以内。[9]

　　随着这一年进入秋天，法国人在南方的地位看起来越来越不牢靠。他们已经不可能再依靠英国和日本的军队帮忙镇压异见分子，而且法军的优势军力已经往北推进，将交趾支那和安南南部丢给缺乏经验的队伍管辖。南方游击队领导人名叫阮平（Nguyen Binh），这位北方人因在二战期间组织抗日，之后又在红河三角洲地区积极反法而小有名气，在前一年秋天，他被任命为越南民主共和国南方军事司令。上任后，他先是集中精力将不同的土匪团伙、派别和宗教团体联合起来，整编成一支用于抵抗法军的军队。但是到了1946年4月和5月，随着交趾支那成立了经法国批准的新政府，法军主力部队向北进发，他开始发起游击战，下令实施政治暗杀并反复偷袭法军。4月10日，阮平宣布建成了一个包括高台教与和好教这些宗教团体在内的民族统一战线，共同致力于抗击法国帝国主义，同时在这年夏天南方的游击战逐渐升级，而阮平本人则在6月加入了印度支那共产党。[10]

153　　身为游击队领导人，阮平之所以能发挥实际作用，部分原因在于他十分自信，在必要的时候可以自行做出决定。但他同样接受北方共产党领导的总体指示。跟阮平是老熟人的胡志明首届政府宣传部部长陈辉燎（Tran Huy Lieu）签署下达了多项公函。在其中一项写于1946年9月的指示中，陈辉燎把握住越盟战略的核心要素，他写道："游击队是在熟悉的环境中行动。他们面对的是一个笨拙、耳目闭塞、不适应本地气候的对手，因此，游击队获得成功的普遍先决条件将是这两条：隐蔽和突袭。"

> 游击战的奇妙之处就在于全民参与。战士就是居民，居民亦是战士……采取的战术是避开有精兵布防的位置；进攻防守虚弱的哨岗；敌退我进，敌进我退；组织发起敌军在数量上不及我方的伏击，而不论该位置的价值几许……其中一项游击战术是使敌人"看不见"。我们的战士不穿军装，不在军营集合，必要时将混迹于人群中。这样一来，法军势必不可能发现他们是否存在。[11]

早在主要战争爆发前，越盟领导层已经领会到了游击战的基本原则。

在9月和10月，法方在西贡的官员报告称与"叛乱"军队发生的冲突在不断增长。为了有助于应对这些争端，高级专员乔治·蒂埃里·达尚留奋力创建了一支"游击队"——一批跟法军共同战斗的越南人。9月中旬，他请巴黎方面为交趾支那的9300名游击队员和安南南部的1200人配备武器和补给。他的请求获批，但物资没办法迅速运到。尽管像雪片般飞往巴黎的电报总是报喜不报忧——报告反复谈到在交火中"叛军"死伤惨重——但统计一下这些报告就会发现，越盟在南部的地位在不断得以巩固。到10月底时，法军只控制了不到交趾支那总面积四分之一的地区。[12]

在政治方面，法国在南方的地位也日益下降。在1946年8月，公开反共并获得法国支持的交趾支那共和国总统阮文厅

（Nguyen Van Thinh）博士在私下里抱怨达尚留掌管的部门看来是一心想要把他当成傀儡。他怨怼地追问道，自己领导的究竟是什么机构，是一块殖民地还是一个拥有实权的共和国？法国人说的是后者，但行动恰恰相反。在之后的几星期里，阮文厅的挫败感在不断累积。11 月 10 日，人们发现他吊死在自家的窗闩上。达尚留想方设法编造了一个关于他自杀的故事，跟巴黎方面说的是阮文厅想要以死明志，向世人表明自己从胡志明的政府支持者那里受尽了冤屈。这位上将或许不知道，历史有惊人的巧合：80 年前，在法国对交趾支那进行殖民统治时，一度选择跟新的外国统治者合作的越南华裔大臣潘清简为了结束自己的两难境地，最终同样自尽身亡。[13]

三

达尚留及其同侪需要一些全新的、戏剧性的东西，一个能一举改变大局的事物。他们原本寄希望于通过牢牢控制交趾支那来胁迫胡志明政权妥协，但这个希望完全落空了——只要实实在在评估一下当前的形势就会发现，法国在交趾支那的有利条件正在一点儿一点儿地溜走，而在北圻地区，胡志明政权仍然强有力地统治着绝大多数人口。更重要的是，胡志明在与穆泰签署南方停火临时协定后，越盟获得了一丝喘息之机，可以悄无声息地开始在乡村扩张，长此以往这显然对法方不利。法国眼下就只剩下唯一一种可能：出击，一举进攻越盟在北部的权力核心。在 10 月中旬，法军司令官让·埃蒂安·瓦吕提出了一个建议："与其坐守南部，满足于阻止叛军进攻，不如通过在河内和安南采取大规模军事行动，向叛军猛烈施压。在我看来，这将不可避免地成为解决争议的终极手段。"达尚留认

同该方案，向巴黎讨要一个由 1 万名军人组成的轻型装甲师增　　155
援。他的请求在 10 月 23 日获得批准。[14]

　　第一场主要冲突发生在海防。这座港口城市对于法国在北
方的希望至关重要，因为其港口可满足红河三角洲的物资需
求，而且达尚留疑心武元甲的部队正是通过海防港向中国提供
大米，并换回重要的禁运品（武器、车用润滑油、汽油）。保
罗·米斯（Paul Mus）有个贴切的比喻——海防是"北圻之
肺"。[15]法军和越盟军队分别控制了该市的不同区域，而且两边
对谁有权收取关税争执不休，这平添了几分紧张气氛。10 月
底，在海防，到处都有人传说法军即将袭击越盟占领区，而当
地的法国指挥官确实下达了秘密指令，要求一旦爆发冲突，应
立即使用坦克和大炮。瓦吕在 11 月 9 日提交给达尚留的战争
计划中乐观地宣称，只要拿下了海防和其他港口，法国就可以
"掐住这个国家的经济命脉，从而令北圻当局及其民众对我们
俯首听命"。[16]

　　可是，万一法军无法攻下海防呢？一想到此，瓦吕就不寒
而栗。其他所有目标都建立在牢牢控制了这座城市的基础上。
瓦吕很早之前就认为自己的军队过于分散，因此为了实现既定
目标就需要从包括南定、谅山、北宁和浪张府（Phu Lang
Thuong，现称北江）在内的这几个重要城市撤离守军。他甚至
宣扬过放弃河内的主张，但想到这样做会释放出一个强烈的心
理信息，即暗示了法军打算撤离，又很快反悔了。这位将军进
一步表示，既然不可能有纯粹的军事解决方案，那么有必要在
军事行动的第一阶段，在北圻的各个城市推动一系列政变，以
便进一步削弱胡志明的政府。[17]

　　阮文厅自杀，加上法国议会选举中共产党获得了重大进展

（这可能危及法国在印度支那中期和远期的前景，也可能影响达尚留本人的工作），这些都加深了达尚留心中的紧迫感，他没有反对瓦吕的总体方案，不过觉得它大体上过于谨慎。他认为将军提出的撤退计划既不明智也无必要，而且从河内撤军绝无可能。无论如何，法国必须做好战争准备。11月12日在启程前往巴黎前，达尚留给瓦吕去信说："如果说，法国政府倾尽一切努力，终究不能与河内政府缔结一个令人满意的和约，那么印度支那的多个战场将重新燃起战火，我们的军队不仅应抵挡住来自敌方的突袭，同时还需采取决定性、强有力的进攻，这一点至关重要……因此，我们需要预见到这样的前景：法国政府在穷尽一切和解手段后，为了反击重新开始的敌对行动，将被迫采取武力行动抵抗河内政府。"[18]

　　达尚留上将的想法得到了在西贡负责政治事务的法兰西联邦专员莱昂·皮尼翁的全力支持。在巴黎政府中，皮尼翁以其对印度支那历史和社会的充分了解而备受推崇，他向政府的印度支那委员会（Comité interministériel de l'Indochine，或称为COMININDO）发出警告称，向北圻的越盟发起决定性的进攻，对于巩固整个印度支那尤其是西贡的法国同胞的士气至关重要。只有以强有力的手腕应对胡志明的政权，才能遏制住自1945年3月日本政变以来法国地位一落千丈的势头。皮尼翁进一步称，倘若不能尽快采取行动，美国将会逐步加大对该殖民地的经济渗透。[19]

　　达尚留本打算在事态发展到紧急关头前赶回越南，但形势不等人。11月13日，也就是他动身回法国的当天，越军的海防司令部报告称法方采取了"极端挑衅"的态度，并警告其部队要做好交火准备。次日，越南民主共和国的内政部指示，一旦法军在未获得越南人许可的情况下越过了规定区域，"所有城市以及海防"应强迫法军退回原处。[20]

到了 11 月 20 日这一天，火药桶终被引爆。当时法军的一艘巡逻船截获了一艘载有汽油的中国舢板船。越盟军队拦截了法国船，逮捕了船员。法方随即展开营救，双方的交火迅速延伸到该市的其他地区。在歌剧院，一群越南演员用老式火枪将法军击退。到当天黄昏时，已有 240 名越南人和 7 名法国人身亡。[21]

次日法越双方同意停火。假如法国官员不是想利用此次事件获取战略优势的话，或许本可以到此为止。可是在 11 月 23 日，瓦吕将军向当地指挥官皮埃尔 - 路易·德布（Pierre-Louis Debès）发出了一道命令，这位 44 岁的二战老将性格暴戾，对越南人怀有深深的怨恨。瓦吕的命令是这样的："要最大限度地利用此次事件提高我方在海防的地位。很明显，我们遭到了一次有预谋的攻击，行动由一支看似已经不再遵守政府指令的越南正规军悉心策划实施……对于那些恶意攻击我们的人，现在是时候叫他们自食苦果了。我们必须用一切可能的手段彻底控制海防，并强迫越南政府和军队屈服。"[22]

瓦吕在下达这个命令时，根本没有理会他态度警慎的上司发出的警告——法军驻北印度支那司令路易·莫利耶（Louis Molière）将军曾指出，任何在力求减少法军伤亡的情况下做出的夺城行动都将带来严重后果，并造成越南人大量伤亡，而这样的举动完全违背了 3 月 6 日协定和"临时协定"的精神。23 日上午 6 时，德布要求越南人从海防的中国占领区和邻近的乐原（Lac Vien）村全面撤军，此后进一步要求这些区域的所有越南平民上缴武器。他自称是奉高级专员之命下达这些指令，要求越南人在上午 9 点前无条件接受。越方拒绝从命，德布于是下令发起全面进攻，由炮兵部队予以火力支持。

　　11 月 23 日上午 10 点 5 分，由海军和空军联合进行的轰炸开始了，在两天时间里，这场轰炸让海防大部分越南和中国占领区满目疮痍。人们至今仍无法确认在这起轰炸中总共有多少越南人身亡，但这个数字肯定是以千计的。据各种可靠的报告称，那些想要逃离海防市的平民遭到了喷火式战斗机的扫射。多年后，一位名叫亨利·马丁（Henri Martin）的法国军官说："事后当我们来到海防时，所有越南人所住的地方全都被夷为平地，瓦砾堆下埋着死人……很难知道确切的数目。但从我们所观察的情况来看，这座城市的大部分地区，也就是说几乎所有的越南人聚居区，都已经被彻底摧毁了。"[23]

　　令人震惊的是，瓦吕在下令进攻前并未获得巴黎方面的批准。西贡当局在没有征得巴黎政府官员许可的情况下做出重大的决策，这不是第一次，也绝非最后一次。就连当时在巴黎与法国临时政府负责人乔治·比多会面的达尚留，也和其他人一样，是在瓦吕已经采取了进攻行动后才得知此事。话又说回来了，瓦吕完全相信高级专员将批准自己的行动。事实也确实如此。11 月 24 日，达尚留从巴黎发来贺电，并敦促道："我们永远不撤退、不投降。"他甚至还引用了比多的指示（不过这个指示可能仅指交趾支那一地）称，"要穷尽一切手段确保法律和社会秩序受到广泛尊重"。到 28 日时，法国已经完全控制了海防和谅山，后者是个前线驻防城市，在此前一周已经爆发战斗。[24]

　　胡志明很快放弃了对和解的希望，他告诉一位法国记者，无论是法国还是越南"都无法承受一场血腥的战争"。但他补充道，与其"放弃自由"，越南人宁愿忍受一场"残酷的斗争"，而且不论这场斗争将持续多久。他还呼吁法国议会尊重数月前达成的多项协议，强调"越南政府和人民与法国人民亲如兄弟般合作的真挚意愿"，以及"越南作为法兰西联邦一部分的意愿"。12月初，让·圣特尼前来做最后一次（事实证明这确实是最后一次）避免战争的斡旋。他接到的指示是：支持胡志明和他相对温和的盟友对抗强硬派，同时不提供任何实质性的让步。一边是瓦吕坚持强硬姿态，一边是越盟军队在河内城市内外加紧布防，圣特尼没有取得任何成效。此时，随着越盟设置路障，海防事实上已成孤城。而与此同时，胡志明还在玩拖延战术，希望能等到美国干预，或者巴黎组建一个更支持越南事业的新政府。[25]

　　他的第一个希望完全落空了；杜鲁门政府已不可能扮演居间调停的角色。在12月初，美方派阿博特·洛·莫法特来到河内，向越盟的这位领导人再次重申美国对越南"在民主体制的框架内实行自治"的支持，但同时警告他切勿为了实现这一目标而诉诸武力——莫法特此行的另一个目的是亲自评估胡志明政府受共产党主导的程度有多深，对莫斯科方面有多效忠。此次会见时胡志明有恙在身，他向莫法特承诺，自己的首要目标是实现国家独立，而非共产主义。他重复这年夏天在巴黎的发言，说道，或许50年后情况会有所不同，但50年还远着呢。他请求美国援助，并表示作为交换，可以将金兰湾作为美军的海军基地。为了表达自己的意愿有多强烈，胡志明派武元甲将军前去参加美国领事馆举行的莫法特欢迎酒会。一位英国观察人士注意到，武元甲在酒会上逗留了很长时间，"这出乎所有人意料"。[26]

　　然而，莫法特未做出任何表态。他向华盛顿政府报告说，

159

共产党现在确实已经把持了越南政府，因此越南需要法国继续存在，以阻止苏联和中国的可能的渗透。莫法特的上级将此作为他们应回绝胡志明请求、回避采取任何正式姿态的证据。他们没怎么注意到莫法特报告中的其他内容，事实上他还对越南的民族主义事业表示同情，同时指出法国最终除了妥协别无其他可能。在 12 月 17 日，美国国务院向驻外使团发布公告，指出应注意越盟的共产主义性质，并表示法国持续留守印度支那至关重要，"这不仅将对苏联的影响起到制衡作用，还可保护越南和东南亚免遭未来中国帝国主义的威胁"。[27]

一些观察人士对这样的决策感到失望至极，他们认为美国白白错失了一次避免重大冲突的机会。康奈尔大学人类学家劳里斯顿·夏普（Lauriston Sharp）战争期间曾在越南服役，此时仍然是国务院的顾问，他痛心疾首地责怪不负责任、缺乏领导力的华盛顿政府对越南眼下的"真空状态"起到了推波助澜的作用。毕竟大部分关注国际事务的美国人都相信殖民统治时代业已结束，而殖民主义复苏无异于让蛋头先生①重新骑到墙头；为什么不以此为基础而做出行动呢？夏普对一位同事说，只要杜鲁门政府能写一封措辞严厉的电报，敦促巴黎尊重3 月 6 日协定——尤其是承认越盟作为合法权威的条款——本来是有机会阻止这场危机的。[28]

胡志明希望巴黎选出新政府的第二个愿望确实实现了。12 月 17 日，莱昂·布鲁姆当选法国总理（亦称临时政府主席），而内阁成员全部由社会主义者组成——就是这位布鲁姆曾在这

---

① 蛋头先生（Humpty Dumpty），在俚语中指又矮又胖的人，英语童谣《蛋头先生》描述的是这个角色坐在围墙上一头摔下，卫兵再也无法将他用鸡蛋壳做成的头拼回去的故事。

年夏初对胡志明打保票说："困难的时候有我在。你可以信赖我。"这样的形势发展将能为政治和解奠定基础吗？现在人们有理由这样希望。就在一周前，布鲁姆在社会党人的报纸《人民报》(Le Populaire) 上撰文称，法国在越南的政策已经破产。"现在存在一条路，而且只有这么一条路，"他写道，"在印度支那保存我们的声誉，我们的政治和精神影响力，以及我们的合法利益：我们必须在独立的基础上达成协议，我们必须保持信心、维持友谊。"这么长时间过去了，终于有一位法国的领导人发出了这个有魔法的字眼：独立。

可是他的承诺太渺小，也来得太迟。布鲁姆主持的是一个软弱的政府，这样的临时政权只能在临时政府存在的最后几周里暂时发挥作用，等待法兰西第四共和国最终成立。他本人不可能迅速逆转在前几个月里已经成形的咄咄逼人的印度支那政策。而且即便是他有能力在巴黎逆转政策，在越南，一场大战也已经蓄势待发。河内成为由法国和越盟控制的棋盘，双方的紧张程度几乎到达了顶点。数以万计的居民开始逃到乡间避难。越盟计划开展巷战，逐条街道、逐间房屋地击溃法军，而这种战术将使得越盟政府及其主要军队能够撤离城区，在山间建立根据地。民兵组织和正规军因此开始挖地道、建路障，在相邻的屋子开出槽孔，为军队行动做准备。[29]

12 月 17 日，在瓦吕要求越盟清除路障后，越南民兵团和法军在河内各个位置均发生交火，双方均有可观伤亡。瓦吕宣称："如果这帮亚洲佬想要打仗，就遂他们的愿好了。"从河内皇城到保罗·杜梅大桥的街道上驻满了法国士兵，装甲车开始捣毁越盟的路障。第二天，瓦吕发出最后通牒，勒令河内不得再修筑各类防御工事，并进一步宣称在两天后，法军将控制该市的公共安全。作为回应，次日，即 12 月 19 日，胡志明下令为袭击法军的军事设施做好准备。[30]

四

进攻定在了当晚 7 点，可是 7 点过后仍旧风平浪静。在这一天，一直有传言说会在晚些时候出现和平进程，而当天下午曾碰过头的越南民主共和国中央委员会表现得举棋不定。当晚 8 点，随着一声爆炸响，街道瞬间陷入一片黑暗中。这是越盟军队发起进攻的征兆。在法军看完了一场特别加映的电影回到营房后，越盟为数不多的几门大炮朝他们的营房开火。手枪、手榴弹和迫击炮的隆隆声响彻整个夜晚，卡车和装甲车在昏暗的街道上驶过。此次袭击中，圣特尼所乘坐的装甲车触中地雷，他因此身受重伤，成为较早出现在伤亡名单中的一员。武元甲已经将他的大量正规军撤往北部山区的要塞，不过在西南郊区邻近赛马场的地方以及西湖边仍保留了三个师；然而，在这第一个晚上他并没有动用这批军队。[31]

次日，即 12 月 20 日，随着战火蔓延至越南其他地区——从北部的北宁、南定，到位于中部海岸的顺化、岘港，再到南部的西贡——胡志明发表了号召全国人民奋起抵抗的倡议书，郑重宣布尽管这场斗争将漫长而艰难，但他们终将取得胜利。越南人民积极响应。从北到南，数十万民众宣誓支持赶走法国、建立越南人的越南之伟业。年轻人成群结队地加入军队。"在抵抗运动的前几天乃至前几个月，民族主义的烈焰在人们的心中熊熊燃烧，越南人民紧密地团结在越盟的领导下，此种情形是空前的，"当年 12 月与家人住在河内的唐文梅·埃利奥特如此回忆道。[32]

法军很快开始扫荡埃利奥特家所在的街道，他们牵着德国　162
牧羊犬，高呼"En avant！"（前进！）口号，搜索越盟士兵或
者跟越盟有干系的人。"街道四面八方传来犬只的狂吠声，法
国士兵的靴子嘎吱嘎吱地踏过的响声，以及一心想要报复的士
兵的怒吼声。"她的兄弟文修是越南游击队员，由于不想冒被
就地处决的危险，他主动投降，可依然险些被一位打赤膊的法
国士兵打死。文修最终被送进了火炉监狱里的一处临时战俘
营，在那里，他既见证了一些法国守卫极端残暴的行为，也看
到了其他一些人出人意料的善举。就在文修被审问前，一个越
盟安全官员被带走，然后被按在墙上，一枪射在他口中被处
决。文修本人在数月后获释。他得以在法国和美国的这两场越
战中幸存，战后先住在法国，后在美国加利福尼亚州定居。[33]

1946 年 12 月 20 日，河内的一场巷战结束后，人们将尸体
运走。

法军在短期内控制了很多关键军事设施，但他们往往会失
望地发现越盟的领导人已经消失得无影无踪。尽管他们面对的

是一支武器严重不足，而且主要由民兵和警察组成的杂牌军，但敌军会使用过时的法国火枪、老式美国步枪、日式卡宾枪和英制布朗式轻机枪向他们开火，随后迅速消失在墙间打着孔以方便活动的房屋迷宫中，这场逐屋展开的交火对于法军来说艰苦且危机重重。由于河内街头遍布街垒，而且其中很多被埋入了土制地雷，法军的行动被进一步耽搁了。

对于原本指望在几天内锁定胜局，摧毁河内越盟势力的法国官员来说，这一切都是不祥之兆。苦战两个月后，越盟军队才趁着夜色掩护撤离了这座城市。他们的首要任务已经完成了：他们成功地将法军牵制在首都，因此为政府和主力部队转移到山区根据地赢得了必要的时间。

不管人们选择将哪个时间作为第一次越南战争的起始点——1945 年 9 月交趾支那发生冲突，或者是 1946 年 11~12 月，北圻爆发战争——从 1947 年年初开始，战火已经燃遍整个越南。[34]法越双方都已采取了战争的必要举措，回过头来，人们很容易想当然地认为整件事情不可避免，尤其是在枫丹白露会谈失败后。但战争从来都不是完全无法避免的；它取决于原本可以做出不同选择的领导人所采取的行动，这些领导人即便面对的不是一系列的选择，也至少可以选择一种方案来取代大规模暴力行动。

如果说一场战争需要双方采取行动才能打响的话，那么双方所承担的责任并不总是对等的。哪怕越南军队确实是打响了 12 月 19 日的第一枪，但要为冲突激化承担主要责任的说到底仍是法方。被巴黎左翼媒体称为"血腥修士"的达尚留在制定政策方面手握重权，而且往往可以绕开巴黎政府的许可，正如我们已经看到的那样，在 1946 年的多个关键节点，他都阻挠了可能的和解前景；看来他是一心一意地在挑起河内政府进入全面敌对状态。1946 年 12 月底在短暂赴法后重返越南的达尚留发出誓言，表明法国永远不会交出对印度支那的控制权。他宣称，准予印度支那获得独立"只可能是个神话，因为这对双方的利益都有百害而无一益"。[35]

不过，要将这场战争称为"达尚留之战"又未免过了点儿。这位高级专员的核心目标是维持法属印度支那，而这在巴黎的 **164** 官员以及西贡和河内的法国垦殖者中得到了广泛支持。1945 ～ 1946 年，法国各个政治派系对将印度支那保留在法兰西殖民帝国内部的信仰之坚定，着实令人震惊。左派确实倾向于与河内当局展开善意的谈判，但无论是工人国际法国支部还是法国共产党都坚持认为，自己不愿意看到法国沦为共产党报纸《人道报》（*L'Humanité*）所称的"一个小小的大都会区域"。两个党派都将重新修复并维护法国的荣耀看得无比重要，并且认为维持法兰西帝国对于实现这个任务极为关键。在二战刚刚结束后的关键时期，把持着法国政坛的社会党曾公开反对达尚留践踏 3 月 6 日协定的行为，但事实上他们也容忍了他的举措，正如他们容忍了瓦吕对海防和河内的挑衅行为一样；而在枫丹白露会谈中，社会党代表与法国其他各党派代表一样，表现得寸土不让。与此同时，尽管法国共产党在 1946 年 11 月的大选中已成为第一大党（取得 170 个席位，占总代表的 28%），但其党魁一心想要表现出克制和爱国的立场，在其后关键的数周中，在印度支那问题上始终保持低调。[36]

甚至连莱昂·布鲁姆——他堪称博闻强识的人道主义者，对战争痛心疾首的正义之士——也曾在 12 月 23 日，也就是河内战役打响不到一周的时候表示，旧有的殖民体系业已终结，只有在"秩序"得以重建的时候才有可能恢复谈判。法国海

外部部长马里尤斯·穆泰也持类似的看法，他曾说如果不能
"终结恐怖主义"，就没有和谈可言。[37]

在法国政要中，最重要的人物要属人民共和运动的领导人
乔治·比多，他不仅反对跟胡志明谈判，还反对赋予越南丝毫
的政权独立。人民共和运动在解放后不久便挤入政府核心，且
在之后的多年内始终紧握外交和殖民政策大权，并对殖民改革
的速度与规模产生了举足轻重的影响。但这个党派的领导层在
殖民事务上缺乏经验，而且其高层领导，包括比多、罗贝尔·
165　舒曼（Robert Schuman）和勒内·普利文都坚持实施僵硬、毫
不妥协的殖民政策，这跟他们在欧洲事务上经常显示出的灵
活、超前的态度形成了鲜明的反差。[38]

与此同时，法国舆论并未对在印度支那使用军事力量做出
多少重大的抗议。其中一个原因在于公众很难了解当地的相关
信息。在 1946 年时，法国的各家报纸都并未在印度支那派驻通
讯员，因此记者只能依靠美联社和法新社获取新闻。对新闻独
立持强烈怀疑态度的达尚留对法新社采取了严格的管控措施，
因此这家通讯社实际上是政府的宣传工具。在 11 月和 12 月，
巴黎的六家主要日报几乎未对战争进行任何深度报道，并将冲
突的责任一股脑儿地推到越南人身上也就不足为奇了。11 月 28
日，在法军轰炸海防，将城中大片区域夷为平地，杀死数千人
后，《世界报》（Le Monde）的雷米·鲁尔（Rémy Roure）向读
者们保证说，从法军这方面来说，"除了自卫需要，未开过一枪
一炮"。[39]

有一个人在影响着事态发展的整个进程，他就是夏尔·戴
高乐。尽管严格说来，从 1946 年 1 月起他就离开了政治舞台，
但正如历史学家弗雷德里克·蒂尔潘（Frédéric Turpin）在其

缜密的研究中所表明的那样，戴高乐的影响力仍然非常大。作为自由法国的领袖，1944～1945年，他本有权力阻止法国的殖民主义游说，但他没有这么去做。相反，这位将军在二战期间和之后始终坚持的是收复印度支那的政策，理由是法兰西的荣光需要印度支那殖民地。是他，亲手将达尚留上将推到了高级专员的位置上；是他，而不是别人，下令达尚留和勒克莱尔在面对越南民族主义者时绝不妥协，并做好使用武力的准备。在枫丹白露会谈中，戴高乐敦促比多绝不能屈服于越南人的要求，并公开宣布法国应"团结那些由它开启通往文明之门的地区"，只有这样才能使它免于丧失强国地位。在这一年的秋天，他始终坚持自己的立场，而在11～12月的危机中，他坚定地支持着达尚留不妥协的态度。12月17日，戴高乐在自己位于科龙贝双教堂村（Colombey-les-Deux-Églises）的家中招待达尚留达3个多小时，并向后者再次保证说，在印度支那问题上，代表法国的是达尚留，而不是政府。[40]

一周后，回到西贡的达尚留表达了自己对事态发展的满意之情。他在日记中写道："就我个人来说，自1945年9月起，我始终忠诚地执行着印度支那的协议政策。除了与河内政府，它在各处都已经开花结果。现在，它已经完结了。"[41]

事实远非如此。

166

注释

1. 胡志明并不知道，法国特工成功地绕过他的警卫人员，混进了他的客舱，并趁午餐时拍下了他的很多私人文件的照片。不过由于技术故障，这些胶卷并未被冲洗出来。Paul Aussaresse, *Pour la France*, *Services spéciaux 1942 – 1954*（Paris：Éditions du Rocher, 2001），175.

2. Bui Diem with David Chanoff, *In the Jaws of History*（Boston：Houghton Miffl in, 1987），13. 以下著作均涉及武元甲的生平：Tran Trong Trung, *Tong tu lenh Vo Nguyen Giap*（Hanoi：NXB Chinh Tri Quoc Gia, 2006）；Cecil B. Currey, *Victory at Any Cost：The Genius of Viet Nam's Gen. Vo Nguyen Giap*（Dulles, Va.：Potomac, 2005）。此外，还可查阅武元甲本人的多卷本回忆录。

3. A. J. Langguth, *Our Vietnam：The War, 1954 – 1975*（New York：Simon & Schuster, 2000），52.

4. Currey, *Victory at Any Cost*, 49 – 52.

5. Stein Tønnesson, *Vietnam 1946：How the War Began*（Berkeley：University of California Press, 2009），28.

6. Edgar O'Ballance, *The Indo-China War, 1945 – 1954*（London：Faber & Faber, 1964），66 – 67.

7. 《纽约时报》，1946 年 8 月 6 日。

8. Martin Windrow, *The Last Valley：Dien Bien Phu and the French Defeat in Vietnam*（Cambridge, Mass.：Da Capo, 2004），89；Bui Diem, *In the Jaws of History*, 46 – 49.

9. O'Ballance, *Indo-China War*, 71 – 72；Saigon to FO, October 15, 1946, FO 959/11, TNA.

10. Christopher E. Goscha, "A 'Popular' Side of the Vietnamese Army：General Nguyên Bình and the Early War in the South（1910 – 1951），" in Christopher E. Goschaand Benoît de Tréglodé, eds. , *Naissance d'un état-parti：Le Viêt Nam depuis 1945*（Paris：Les Indes savantes, 2004），325 – 54.

11. 宣传部部长（陈辉燎）向南部指示，1946 年 9 月初，达尚留报呈巴黎政府印度支那委员会会议备忘录附录，1946 年 11 月 23 日，F60 C3024, AN。

12. Tønnesson, *Vietnam 1946*, 76 – 77；Philippe Devillers, *Histoire du Viêt-Nam de 1940 à 1952*（Paris：Éditions du Seuil, 1952），318.

13. Haussaire to COMININDO No. 1800F, November 10, 1946,

Tel. 938, Archives nationales d'outre-mer (hereafter AOM); David G. Marr, *Vietnamese Anticolonialism, 1885 - 1925* (Berkeley: University of California Press, 1971), 39; Tønnesson, *Vietnam 1946*, 104.

14. Martin Shipway, *The Road to War: France and Vietnam, 1944 - 1947* (Providence, R. I. : Berghahn, 1996), 235; Mark Atwood Lawrence, *Assuming the Burden: Europe and the American Commitment to War in Vietnam* (Berkeley: University of California Press, 2005), 153.

15. Paul Mus, *Viêt-Nam: Sociologie d'une guerre* (Paris: Éditions du Seuil, 1952), 73.

16. Frédéric Turpin, *De Gaulle, les gaullistes et l'Indochine 1940 - 1956* (Paris: Les Indes savantes, 2005), 602 - 24; Tønnesson, *Vietnam 1946*, 107 - 8. 有关瓦吕对海防战略重要性的回顾性观点，参见 *La Revue des deux mondes*, December 1, 1967, 364ff。

17. Tønnesson, *Vietnam 1946*, 108.

18. Printed in Gilbert Bodinier, ed. , *1945 - 1946. Le retour de la France en Indochine. Textes et documents* (Vincennes: Service historique de l'armée de terre, 1987), 315 - 17. 另见 Philippe Devillers, *Paris-Saigon-Hanoi: Les archives de la guerre, 1944 - 1947* (Paris: Gallimard/Julliard, 1988), 240 - 41。

19. Pignon to COMININDO, November 19, 1946, vol. 255, no. 4145/CAAP3, Série Asie-Océanie 1944 - 49, MAE.

20. Tønnesson, *Vietnam 1946*, 120.

21. General Morlière, "Rapport sur les événements politiques et militaires en Indochine du Nord, au cours du dernier trimestre 1946," January 10, 1947, printed in Georges Chaffard, *Les deux guerres du Viêt-nam de Valluy à Westmoreland* (Paris: La Table Ronde, 1969), 36 - 58; Devillers, *Histoire du Viêt-Nam*, 332ff. 下书提供了越南人对相关事件的描述：Vo Nguyen Giap, *Unforgettable Days* (Hanoi: Foreign Languages Publishing House, 1975), 373。

22. Devillers, *Histoire du Viêt-Nam*, 335; Shipway, *Road to War*, 243.

23. *La Revue des deux mondes*, December 15, 1967, p. 510; Devillers, *Histoire du Viêt-Nam*, 339. 马丁的话引自 *Vietnam*：*A Television History*, episode 1："Roots of a War," PBS, transcript。关于对越南人死亡人数的各种不同推测，参见 Tønnesson, *Vietnam 1946*, 133–35. 滕内松推测死亡的人数应该以千计算，而且大部分为平民。

24. Shipway, *Road to War*, 245.

25. Stanley Karnow, *Vietnam*：*A History*, 2nd ed. (New York：Penguin, 1997), 172; Ellen J. Hammer, *The Struggle for Indochina*, *1940–1955* (Stanford, Calif. : Stanford University Press, 1955), 185.

26. Hanoi to FO, December 9, 1946, 959/11, TNA.

27. William J. Duiker, *U. S. Containment Policy and the Conflict in Indochina* (Stanford, Calif. : Stanford University Press, 1994), 45–46. 在 12 月初，莫法特告诉一位英国官员，随着法国军事行动升级，越南的共产主义势力极有可能进一步抬头。他还补充说，达尚留已经表现得越发保守和崇尚帝国主义，与此前的协定完全背道而驰。而达尚留则告诉英国驻巴黎大使，越南问题的症结是共产主义。FO to Saigon, December 4, 1946, FO 959/14, TNA。

28. David Halberstam, *The Best and the Brightest* (New York：Random House, 1972), 85.

29. Duong Van Mai Elliott, *The Sacred Willow*：*Four Generations in the Life of a Vietnamese Family* (New York：Oxford University Press, 2000), 135; Hanoi to FO, December 9, 1946, FO 959/11, TNA.

30. Tønnesson, Vietnam 1946, 195–98.

31. 《纽约时报》, 1946 年 12 月 21 日; Shipway, *Road to War*, 262。

32. Elliott, *Sacred Willow*, 138–39.

33. Ibid. ,141.

34. 关于确定战争起始日期的难点何在，参见 Alain Ruscio, *La guerre "française" d'Indochine*, *1945–1954* (Paris：Les Indes Savantes, 1992), 92。

35. 法国决意通过战争重新占领北圻，这一点在蒂尔潘、滕内松和德维莱尔的著作中均得到了有力阐释。达尚留的话引自 *Le Monde*，December 27，1946。

36. 12 月 24 日，《人道报》表示支持通过外交手段解决争议，但要满足一些前提条件："只有在法律和秩序得以重建的情况下，方可展开和谈。"

37. Shipway，*Road to War*，250，259–65；Hammer，*Struggle for Indochina*，190；Joseph Buttinger，*Vietnam：A Dragon Embattled*，vol. 1：*From Colonialism to the Viet Minh*（New York：Praeger，1967），279.

38. Martin Thomas，"French Imperial Reconstruction and the Development of the Indochina War，1945–1950，" in Mark Atwood Lawrence and Fredrik Logevall，*The First Vietnam War：Colonial Conflict and Cold War Crisis*（Cambridge，Mass.：Harvard University Press，2007），134. 关于法国外交在非殖民事务方面的成功，参见 William I. Hitchcock，*France Restored：Cold War Diplomacy and the Quest for Leadership in Europe，1944–1954*（Chapel Hill：University of North Carolina Press，1998）。关于人民共和运动更广泛的外交政策，下面这一著作有极佳的研究：John W. Young，*France，the Cold War，and the Western Alliance，1944–1949：French Foreign Policy and Postwar Europe*（Leicester，U. K.：Leicester University Press，1990）。

39. 鲁尔的话引自 Tønnesson，*Vietnam 1946*，142。

40. Turpin，*De Gaulle，les gaullistes et l'Indochine 1940–1956*，esp. 219–325. 戴高乐的话引自 *Le Monde*，August 26，1946。

41. D'Argenlieu，*Chronique d'Indochine*，370；Devillers，*Paris-Saigon-Hanoi*，311.

第七章　没有前线的战争

——

　　战争从一开始就十分惨烈。在 1947 年 1 月中旬，也就是交火尚未满一个月时，河内的大部分区域已经满目疮痍，而像巴斯德研究所和医院这类公共建筑遭到了极大程度的破坏。在红河三角洲的其他各个地区，冲突同样也非常激烈，尤其值得注意的是河内东南 72 公里的南定和东北 30 公里的北宁。越南人使用大炮、迫击炮以及各种破坏手段，反复切断包括连接海防和河内之间道路在内的主干道，并用炸弹炸毁铁路和桥梁。法军则用坦克和喷火式战斗机回击。粮食供应变得十分紧缺，在河内尤其如此。到了 2 月初，在交火六周后，法方报告称有 1855 人死亡或重伤。越方的死伤人数很难统计，但肯定远比这个数字高。[1]

　　在装备上更胜一筹的法军一点一点地将越军击退。到 1947 年 2 月底时，法国远征军已经控制了河内、海防、鸿基（Hon Gai）和顺化，3 月时看似拿下了红河三角洲地区。而到 4 月初时，法军已取得了北圻和安南地区主要市镇的控制权。由武元甲统领的越南当地民兵和地方军队面临着武器不足的问题，无法跟当时推进速度仍然迅捷的瓦吕麾下的机械化部队相抗衡。胡志明政权则长期控制着太原—北干—宣光区域，其政府在这片丛林地区的总部间一再迁移。

　　与此同时，在交趾支那 12 月 19 日冲突爆发后的几周里，

这里的游击行动不断升级，足以有效缩减法军控制范围。不过   **168**
在城里，法军仍然占上风；在这几周里，该地区在整体上发生
的大规模冲突比北方要少。法军将领们因此心存希望，他们认
为南方的危机虽然同样棘手，但尚在可容忍的程度之内，并希
冀能维持这种局面，以便将主要精力和资源调配到北部。

在一大群将要迎战武元甲的法国将领中，让·埃蒂安·瓦
吕是第一位；跟其他所有将军一样，他也曾立下赫赫战功。这
位时年 46 岁、战绩彪炳的军官在 1917 年时参军，当时年仅
17 岁，任二等兵；在一战中他表现得有勇有谋，赢得了英勇
十字勋章，并得以进入圣西尔军校这样一所法国高等军事院校
深造。在战后，他不断升迁，从事了多项参谋和指挥工作，
1940 年战争爆发时他在法国陆军第 21 军任作战主任，少校军
衔。同年他被德国人俘虏，1941 年获释，在 1944 年时他在
让·德·拉特尔·德·塔西尼将军统领的法国第一集团军任参
谋长，准将军衔。1945 年他升任第九殖民步兵师师长，并因
在面对负隅顽抗的德军时所表现出的强硬作风而赢得嘉许。[2]

跟此前的勒克莱尔一样，瓦吕也明白自己没有跟越盟打一
场漫长且代价巨大的游击战的军事能力。他的问题在于军力。
他知道自己不可能从法国得到士兵——任何一届巴黎政府都不
可能在做出派遣应募入伍士兵的决定后仍能赢得选举（部分
原因在于这个国家在应对殖民冲突时，习惯于使用由职业志愿
军组成的专业兵团）。所以他只能依靠志愿军和殖民地军队，
后者既有从非洲派来的，包括摩洛哥人、阿尔及利亚人、突尼
斯人和塞内加尔人，也有从印度支那本地抽调的，包括越南
人、柬埔寨人、老挝人以及各种少数民族群体。此外他还能用
上一些准正规军和由当地游击队及自卫队组成的杂牌军。

不过从数量上来看，非洲军人仍然非常有限。在 1945 年
5 月，夏尔·戴高乐曾禁止在印度支那战场上动用非洲兵团，
理由是他们可能会受到越南民族主义者的不当影响，因此有可
能在回国后尝试实践这些理念。他还担心此举可能会激化美国
对法国帝国主义的反殖民主义批评。可是在此时，对士兵的迫
切需求已经由不得他们再另作他想，只能改变策略，故在
1947 年，越南战场上出现了越来越多的非洲军人。

除此之外，瓦吕还拥有法国外籍军团的几支部队，这当中
有相当多的军人曾是纳粹分子——在这方面已经有大量著
述。[3]1947 年来到印度支那的大部分外籍军团的士兵事实上都
是二十五六岁的德国人，他们年纪轻轻就加入了纳粹德国的国
防军，除了打仗没做过其他正经工作，这些军人曾在 1940 年
参与攻占法国，身上有在俄国、波兰或罗马尼亚的战场上留下
的伤痕。他们中的大多数人签下了五年兵役，免得被关进法国
的大牢里；正是因为曾在法国受过牢狱之灾，他们对法国没有
多少好感。绝大多数情况下，军团士兵在马赛港集结并整装待
发，而在此之前，他们已经在巴黎、里昂或里尔的征兵中心通
过了安全资质审查。军团的安全官员们对这些军人作为桥头堡
抗击苏联阵营的战绩又妒又恨，他们不仅筛除了杀人犯、强奸
犯和其他重罪犯，还将共产主义者剔除在外。[4]

有时外籍军团中也会出现一些让人意想不到的国家的士
兵。有一天晚上，美国记者西摩·托平在北圻北部地区探访法
国的一处军营时，来到了邻近中国边境的谅山，在外籍军团军
官俱乐部里吃饭；他碰到了一位身材瘦高、口音听起来很熟悉
的中尉。他名叫罗伯特·弗里特（Robert Fleet），二战时曾是
美国陆军的一名上尉，热爱武器、军装和战斗，因为渴望再次

体验战争带来的刺激而加入了法国外籍军团。弗里特苦苦哀求托平不要透露自己的真名实姓，因为美国法律禁止美国人在外国军队服役。[5]

同时，在远征军队中也有上万名法国人，但他们主要是在殖民地军队和远征军中担任军官，或者在总部和行政单位任参谋。在1947年的头几个月里，他们如同溪流般汇入印度支那，但其总人数始终未达到瓦吕的要求。

兵力不足让瓦吕将军只能面对有限的选项，而且到1947年3月时，他的处境更加窘迫——当时一支正往印度支那开拔的法国殖民师被半途调走，前去镇压马达加斯加的叛乱。无论是瓦吕还是其他法国高官都心知肚明，眼下已经没有任何回旋的余地了。"不可能跟那帮人坐下来谈判，"1月，法国海外部部长马里尤斯·穆泰在前去西贡视察时对越盟下了这样一个结论，"他们已经沦为最低等的野蛮人。"数日后，当他的随从在途经河内被枪击后，穆泰进一步补充道："在进行任何谈判前，必须先做出一个军事决定。"[6]

瓦吕表示对自己的军队及早获胜、不辱使命有信心。他希望通过一系列结合空军、陆军和水上部队的钳形攻势，抢在武元甲建立其部队之前快速击溃敌军。他的计划是通过夯实对红河三角洲和北部邻近中国边境的4号公路（Route Coloniale 4，RC4）的控制，牵制越盟游击队，并切断其与外界的一切联系，然后将他们彻底剿杀。[7]

二

战况并未这样发展。武元甲很快就意识到自己必须阻止法军速战速决，但他也明白得尽一切可能避免直接的大规模战

役；他的战斗力实在是太弱了。当他将军队撤往越北时，事实
上已经等于是放弃了北圻和安南的主要城市和交通干道。当
他基本上按照毛泽东提出的防御（退出大型城镇）、相持和
反攻三阶段模式谋划这场拖延战时，耐心将是他的主要法宝。
1946 年 12 月 22 日，即战争刚刚进行了三天时，越南民主共
和国就发表了一份宣言，表明这场战争将按照这些方针坚持
打下去。[8]

　　这篇宣言由理论家长征起草，他就毛泽东的战略思想进行
了具体阐释，在 1947 年 2 月写成了《抗战一定胜利》（*The
Resistance Will Win*）一书。长征曾担任印度支那共产党总书
记，在这个党派于 1945 年 11 月名义上解体后，他成为取而代
171　之的"马克思主义学习小组"负责人，而在 1951 年共产党更
名后，他担任了越南劳动党（Vietnamese Workers Party，VWP
或 Lao Dong）总书记。在《抗战一定胜利》一书中，他提醒
人们注意，从毛泽东战略的一个阶段过渡到下一阶段的时机是
无法提前预知的；它取决于革命军的相对力量、起义在民众中
所获得的支持度，以及敌军士气消沉的程度。这场斗争必将漫
长且艰辛，而且需要与柬埔寨和老挝人民——事实上是一切遭
受法兰西联邦奴役的人民——团结一心。比起毛泽东，长征还
格外指出了国际势力——具体而言主要是美国、苏联和中
国——对越南起义获得成功的重要性，同时强调法国舆论最终
将起到决定性的作用。随着时间推移，法军不断低迷的士气以
及公众日益高涨的反战情绪将严重阻挠法国的战争努力。[9]

　　武元甲希望依靠这个三阶段方针，维持越军的战略主动
性，并控制战争的节奏。他本人虽说不算是主要以理论见长，
但多年来也演绎出了一套对毛泽东战略的独到诠释，这一点我

们在之后将可以看到。现在，在 1947 年早些时候，他决定严格遵从第一阶段的方针：维持自己军队的实力，撤入受到保护的地区，同时仅对敌军的车队和基地实施间断骚扰。在面对想要立刻打一场大规模战役的下属的质疑时，武元甲回答得十分坚定：这种做法注定只可能遭到军力远比自己强大无数倍的法军的挫败。1946 年 12 月到 1947 年 1 月的河内战役已经证明，硬碰硬的战术愚不可及。[10]

　　因此从越盟的角度来看，1947 年将是战略防守的一年。在当年年初，约有 3 万人的正规军主力在此期间撤退至越北的各个据点，这些据点通常都位于偏远地区，浓密的树林就是它们的天然屏障，法国人基本上进不去。这些主力部队缺乏武器供应，并且需要接受额外的训练。按照武元甲的要求，他们尽可能不参加任何不必要的军事行动，将骚扰法军部队的任务交给地方军。为了在乡间取得民众的支持，印度支那共产党——它虽然名义上已经在 1945 年晚些时候被胡志明下令解散了，但仍然在地方和基层开展工作，并控制着越盟的相应政府管理事务——创建了村一级的支部委员会和游击队，并开展起全面且颇受欢迎的扫盲培训。村里头每周要组织两三个晚上的研讨会，会上干部们讲解越盟的理念，进行反殖民主义宣传。为了支援军队，印度支那共产党需要征税——市镇征收现金，乡村征的是米粮——同时招募搬运工人为秘密的后勤网络服务。在形势需要时，干部们也会通过恐怖战术强化教育和宣传，其中包括刺杀村里的族长。[11]

　　当然，武甲元深知这类恐怖战术用起来需要慎之又慎，因为这是一把双刃剑——你能向住户和剧院投掷的炸弹只有那么多，你能割开的喉咙也只有那么多。如果做得过火，杀了太多

的乡绅名流，有可能会引火上身，人们会群起而抗议，"见鬼
吧。反正不管怎样都是个死；我们也许也能团结起来，再拉几
个土匪入伙"。恐怖战术将是越盟的一大武器，在时机需要时
可以使用它，但始终应当精准处理。需要有选择性地运用这种
战术，这不仅仅体现在军事层面，同时也体现在社会学层面，
越盟要针对的只有两种人：要么是立场有问题的人，要么是原
本在村里也不怎么招人喜欢的大地主。[12]

　　随着时间推移，有一个事实日渐清晰：在越法这七年战争
里，武元甲拥有的一些巨大优势是法军始终未能克服的。其中
一个就是地理环境。越南是个广阔而地形多样化的国家，从北
部崎岖多变的山地，到中部沿海人口稠密、适宜农耕的平地，
再到南部的丛林和草地——比如从柬埔寨边境蜿蜒而至西贡远
郊、遍布沼泽的里兹平原（法国人称之为"水草平原"，越南
称之为"同塔梅平原"）。尽管越盟在适应这种多变的地势时
也要面临自身的问题，但事实证明他们的适应能力远比法国人
强多了。1947 年春，瓦吕本希望持续扩大前几个月取得的优
势，但季风季节不期而至，从 5 月持续到 10 月的季风季节通
常会带来至少约 1500 毫米的降雨量，不仅让谷底变成泽国，
让山腰一片泥泞、险象环生，让很多小径变成了河流，也让瓦
吕的一切希望化为泡影，行动只能暂时搁置。[13]

　　接下来瓦吕痛苦地发现，即使是在旱季，越南的公路系统
也是一团糟，而这多半是拜殖民政府一贯的不作为所赐。在战
争期间作为越盟最重要的指挥部、补给基地和训练大本营的越
北，"道路"这个字眼着实是溢美之词。马车道和小径不计其
数，但就连"3 号公路"（Route Coloniale 3，RC3）这么一个
名字听上去很大气的当地主干道——虽然在地图上显示为一条

在与中国接壤的北圻北部4号公路上，法兰西联邦军队的
一辆卡车陷入泥潭里。

粗线——实际上也只是一条单车道的土路：宽不过4米，沿路
架设着不甚牢固的桥梁，有大量伏击点。法军在绝大多数情况
下面对的都是这种困境，因此连行动速度最快的车队平均每小
时的行驶距离也不超过13公里。连接高平与先安（Tien Yen）
的4号公路，以及从先安到鸿基的道路，也都存在着同样的问
题。连接着河内和海防的"高速公路"充其量只是一连串的
车辙，好在它尚可算是双车道。而越南其他地方的桥梁和堤道
状况也好不到哪儿去——除了比如河内的保罗·杜梅大桥之
外，几乎没有什么桥可以允许重型卡车和装甲车通行。此外，　174
轮式车辆通常也不可能驶下路面。坦克和半履带车往往陷进三
角洲地区湿软的路面中，即使是水陆两用的牵引车也常常因为
轮胎被草木缠住而动弹不得。[14]

　　早在 1945～1946 年，也就是交趾支那早期交火期间，法兰西联邦的军官们就已经发现自己成了道路的囚徒。现在在北方着手战斗时，这种说法再次得到印证。法军是一支欧洲军队，主要优势在于重型武器，但他们需要公路和桥梁将这些武器送上战场。而在战争开始没多久后，游击队和地方军队就证明了自己拥有很强的破坏能力，最常用的手段是在道路两侧挖"钢琴键"壕沟。法军只能派人修路，而与此同时越南士兵又在开挖新沟；不可避免的是，法军征用的一些村民是白天为法国人修路，晚上又回来凿坑。这样的过程无休止地重复着，在整体上严重削弱了法军的机动性，同时也使得车队极易遭到伏击。通常游击队会埋伏在一条要隘的两侧，接着向行动缓慢的车队直接投掷手榴弹，与此同时用机关枪近距离开火。一旦一辆卡车被迫停下来，整个车队都要停下来，而游击队可以从半山腰冲下来，使用更多手榴弹和火力压制法军。越南士兵机智且无畏地将法军未爆炸的炮弹和炸弹重新装上导火线，改装后的反车辆地雷不断为法军车队制造危险，与此同时，在路边由密林掩护的狙击手也构成十足的杀伤力。此外，对于法军机动性至关重要的桥梁也常常遭到破坏，等到法国工程师赶来重建时，早已准备好的地雷就将引爆。[15]

　　就算没有遭遇埋伏，在北圻地区的很多公路上通行也要面临艰难险阻。谅山北部的 4 号公路让人毛骨悚然，它注定将成为接连数任法国指挥官的噩梦。在同登，在经过了距离中国边界仅 680 米的关卡后，法军要翻过几处羊肠小道，沿山间岩脊和数不胜数的急转弯蜿蜒而行，可到头来他们将要对付的是更加陡峭、险象环生的急弯。由于人力严重短缺，没有多少车队能安排正副两名驾驶员，司机要孤零零地独自开着破旧的美制通用卡车，而且多数车辆没有备胎和能起减震作用的弹簧。驾驶室里通常跟火炉一样，驾驶员把着方向盘，紧张地想要从眼前的一团迷雾中看清方向，好跟前车保持安全距离。抛锚是司空见惯的事情，一旦一辆车停下来，整支车队都要经历漫长而又煎熬的等待。[16]

越盟的主要活动是在夜间进行，这催生了此役的一个主旋律：白天由法军控制的区域到了日暮时分，就转入了游击队手中。但这样的陈词滥调容易引起误解，因为在 1947 年中期，就连在白天，越盟也控制了多达半数的越南区域。法国人在市镇和主要干道称王称霸；而越盟把持着乡下、偏远的农村和羊肠小道。在北圻地区，武元甲的军队控制了红河东北和东部的所有区域与河内，以及从红河三角洲以南的富饶省份直至安南以北的地区，包括清化和荣市之类的城镇。在安南北部和中部从荣市到归仁的市镇中，法军仅控制了一条狭窄的沿海地带——它从广治（Quang Tri）以北起，到土伦（岘港）略微偏南为止，外加人口稀少的中央高地的部分区域；其余约占该区域 80% 的领土在双方交火一开始时就掌握在越盟手中。在安南南部和交趾支那，法军所控制的领土范围要更为广阔些。他们拿下了所有城市，包括偏远的高地城市波来古和昆嵩，而且对主干道也拥有起码名义上的控制权（不过在夜间仍然要拱手让予越盟）。可是即便在这里，游击队的活动也十分频繁，而且有几个区域——包括最南部的金瓯和与柬埔寨接壤的河仙周边地区——已经被越盟攻了下来。与此同时，西贡那些由法国人经营的咖啡馆和酒吧频繁遭到手榴弹袭击，法国当局只好推行严格的宵禁令，晚间 11 点以后禁止外出。[17]

这说明殖民战争面临一个更基础性的问题：越南广大民众

强烈的反法和民族主义情绪。在七年前的 1940 年，法国只需几千名士兵就可以稳稳控制住整个印度支那；而现在，瓦吕已

176 将军队人数增加到数十万人，可仍然远远不够。除了正规军，越南还涌现出大量地方军队和小型游击队，其中为数众多的士兵没有军服，不打仗时还要做农活或者在工厂劳动，这便是这场反法战争获得广泛支持的明证（不过这并不足以说明越盟获得了人民的热爱）。反法情绪无处不在，这使得越盟军队可以秘密集结，可以在敌人准备行动时及早撤退，可以掩藏自己的武器，可以不断扩大编制，并持续搜集法军兵力、策略或者作战方案的准确情报。而当法军在无法确定谁是越军战士的情况下滥杀无辜时，这样做所起到的主要作用是加深了民众对法国的仇恨，而且让更多人加入了游击队。[18]

女人、小孩、老人——所有人都为共同的事业贡献出自己的力量。作家莱·莉·海斯利布（Le Ly Hayslip）回忆道，在越南中部一个小村庄度过童年时，她曾听母亲给自己唱过这样一首歌谣：

> 今天，在我们的村庄，
> 一场战争正在打响，
> 法国人在屠杀，在抓捕；
> 田地和村子一片火光，
> 人们啊，他们四处逃亡；
> 去北方，去南方，
> 去山间，去高岗。
> 他们回眸凝望，
> 只看见家园成为一片火场。[19]

对于法军而言，问题部分出在了情报上，不过它的具体形式跟人们预想的可能不大一样。法军在印度支那的情报机构总体上来说是相当高效且职业化的。大部分时候法军最高司令部都能收到由其不同情报部门所准备的越盟部队详细的战斗序列，其上用图表和地图的形式标注得清清楚楚，而且其精确程度往往高于80％，几乎没有一次低于这个水平。越盟发起的任何一次重要的军事行动，法军的情报部门几乎都提前做出了准确的预报。可是在较基层的层面，营级和先遣队的指挥官往往成为最残酷的埋伏的牺牲品——这些军事打击可能是地雷、伏击或者手榴弹袭击。当法军巡逻队进入一个村庄时，它缺乏必要的信息对村民进行筛查，以及从中识别出未穿军装的越盟士兵。战后法国的一项研究总结道："在最高司令部总是可以获得的精确、深入的情报，与基层部队总是难以获得的及时、本土的情报之间存在着一道鸿沟，这一点十分明显。因此可以这么说：'总指挥官让营长获得了信息，而后者永远难以做出同等的回应。'"[20]

营长们遇到的麻烦在很大程度上是由这场战争的政治特点决定的。通过技术手段——比如信号情报、航拍和其他技术搜集体系——获得信息是一项相对直接的任务：法军有完成的手段和经验。而人工情报就是另外一回事了。法军指挥官们没过多久就意识到，很多越南特务实际上是双面间谍，他们的忠诚永远要打个折扣。有时候一些探子在提供法军想要的情报方面看起来过于迫切了点，尤其是在他们预感到这桩差事有钱赚的情况下。而犯人为了求审问者通融，要么往往会把不那么可靠的信息一股脑儿交代出去，要么故意提供不实情报。哪怕有时特务和犯人提供的信息看来准确无误，也常在得到证实前就已

177

经过时了。

为了提高人工情报的质量，法军军官有时要采取高压审讯手段，包括严刑拷打。（他们的越南民主共和国对手也会做同样的事情。）由于对该问题缺乏在方法论上可信的研究，现在无从得知这类酷刑出现的频率有多高，但从越南人的回忆录和战争史料来看，战争早期军方和安全机构就开始拷打囚犯，而在此后的多个时间点也曾使用过。对于此举的有效性，战后由法国第二局进行的一项内部研究得出了明确的结论：在审讯期间对越盟犯人进行严刑拷打，并未提高所获得的情报质量。

越南军队非常狡诈，能够出其不意地在任何时候发起突袭，而且在多数时候敌友难辨——这一切对于法国远征军以及20年后的美军来说，都让人极为气馁。这是一场没有前线的战争，敌军既随处可见，又无从寻觅。法军的小分队无数次全副武装开进目标区域，结果连一个人影都找不到——敌人已经消失了，有如人间蒸发一般。法军只能撤离——他们人手不够，不可能永久驻扎在每一处被攻下的地点——于是越盟军队又卷土重来，行动与撤退时一样迅捷。一旦法军指挥官选择占领一处地方，难免会发现这个地方与世隔绝、补给困难，而他的部下注定要采取防御行动，或者完全无所事事，而且他们所能控制的区域仅限于基地周边的一小块地方。还不仅如此，在这类占领行动中每动用一名士兵，就意味着在对阵越盟主力军的大规模行动中，他们少了一名战士。

可是法军没办法再获得更多增援了。1947年年初来印度支那短期视察的勒克莱尔将军在回到巴黎后，心中满是不祥的预感。他对手下的人说，为了镇压一个一心一意争取独立的国家，法国至少需要50万人的军力。这个数字无论是从后勤还是从政治因素来说都是天方夜谭。勒克莱尔因此总结说："从今往后最大的问题是政治。"在同一周，一位不愿透露姓名的法国外籍军团军官告诉《纽约时报》，法国面对的是一个神秘莫测的对手，这场战争法国不可能获胜。这位军官的说法跟勒克莱尔如出一辙，强调巴黎政府派往越南的士兵实在是太少了，而且指出"在印度支那战争中，安南人比法军的组织性更强"。在英国和美国的中层官员中也有类似的观点。比如，美国国务院的阿博特·洛·莫法特在新加坡出席晚宴时，就对一位英国的高级外交官表示，法国人将迎头撞上一场灾难。[21]

回过头来梳理成功路上所遭遇的重重障碍，总会觉得比当时遇到的情形更加尖锐。事后聪明是失真的；而预言家只会由时势造就。当阿博特·洛·莫法特和其他怀疑派发出惨淡的预言时，其实对越盟的不利形势也可以做出同样的判断。胡志明和武元甲本人有时也会生出同样的担忧。法国人毕竟在1947年的头几个月里取得了巨大成功，而且若不是季风季节导致瓦吕部下在夏天蛰伏了几个月的话，可以料想他们本可以取得更大的胜力。他们的火力远超越盟，而越盟这边不仅缺乏补给和药物，而且其指挥官们几乎没有实战经验。从国际上来说，很多人对越南解放事业所持的同情尚未转化为实实在在的支援，不管是物资援助还是外交支持。

即使是在越南国内政治事务上也同样存在问题。当时尚不能确定胡志明和他的同僚是否能充分运用席卷全国绝大部分群众的反法情绪，并将其转化为对越南民主共和国深切且持久的支持。这个在1945年初生的政权在很多方面仍然处在萌芽期。如何打造一个中央能对地方事务实施有效管理和协调的国家机器，这个问题在很大程度上仍未得到解决。

179

三

的确，在 1947 年早些时候，在法国的首都几乎无人相信他们的国家在印度支那正坠入深渊。一方面，他们每天从报纸上读到的新闻就战争的发展描述了一幅迥然不同的画面。在战争的头几个月里，巴黎没有一家日报在印度支那各地派驻哪怕一位通讯员，河内和西贡的殖民官员们因此发觉仅仅提供事件的官方版本是件很轻巧的事情——他们可以始终强调越盟的背信弃义和法国的克制隐忍，并将战争爆发和外交失败的责任统统推到胡志明头上。况且不管怎样，瓦吕在初期的交火中不是在连战连胜吗？尽管有几家面向知识分子的媒体，比如让 - 保罗·萨特的《现代》杂志（Les Temps Modernes）对政府在印度支那动武表示谴责，不过民意调查显示几乎没有人赞成及早撤军。绝大多数政客也都坚持着法国不应从印度支那撤退的立场——很多国会议员表示，如果真的这么去做，只会给美国人可乘之机，并在该区域建立起经济控制。当时无论是左翼还是右翼，许多政治家都宣称法国仍应在印度支那区域实施"教化使命"。[22]

另一方面，在法兰西殖民帝国各地爆发的一连串起义也使得官员们希望牢牢钳制印度支那。法国海外部开始相信北非、马达加斯加和越南民族主义者意欲串通一气煽动叛乱以推翻殖民统治。在这种"帝国妄想症的氛围"（语出历史学家马丁·托马斯）中，地方管理机构在镇压异见人士方面的自主权得以不断扩大。[23]他们也常常利用这一点大做文章。比如在马达加斯加叛乱中，法国当局在描述马尔加什革新民主运动（Mouvement démocratique de la rénovation malgache，MDRM）

的领导人时使用了最恶毒的语言，并下令实施凶残的军事镇压，其中大量兵力是从原本派往印度支那的远征军中抽调而来的。这场大屠杀加上该地区物资极度匮乏的打击，导致马达加斯加死亡人数估计高达 10 万，法国官员先是承认了这个数字，尔后在 1949 年又予以否认。

可是在 1947 年 3 月，当法国国民议会开始讨论军费开支这个问题时，人们察觉到在印度支那议题上开始出现严重分歧。1 月时，在第四共和国首届政府中当选总理的社会党人保罗·拉马迪埃（Paul Ramadier）曾因倡导先在越南建立安全与秩序，之后方能与越南"代表"谈判的政策获得议会几乎全体一致的支持；而现在这种支持出现了分裂。在此前几周，法国共产党在一系列内政和外交事务上开始采取对抗姿态，并呼吁与越盟立即开始诚恳的和谈，包括双方均做出让步。该党发言人表示，越南人民对于独立的渴望是完全可以理解的，而且他们抨击高级专员达尚留屡次违反 3 月 6 日协定，在战争爆发上负有责任。但由莫里斯·舒曼领导的右翼人民共和运动则指出瓦吕已成功占领越南主要的人口中心城市和北圻交通枢纽，并鼓吹应继续实施"强权政治"。舒曼声称，越盟理应遭到摧毁，而且跟胡志明之间没什么好商量的。

在这两种极端态度中间，社会党人探寻的是一条中间道路，但究其本质其支持的仍然是人民共和运动的路线。拉马迪埃虽发誓要寻求协商和解的办法并迅速终结战争，但同时对越盟和他们的"犯罪头目"充满鄙夷。海外部的穆泰大力主张法国在印度支那的权力，并继续指责越盟要为政治和解失败负责。站在国民议会的讲台上，他强调法国永远不能接受暴力强加的媾和。换一种说法，他们看似不能接受任何涉及胡志明参

与的媾和：当越盟的这位领导人提出要在重建战前局势的基础
上重新开启会谈时，拉马迪埃断然拒绝。在 1940 年法国战败
时曾担任总理的保罗·雷诺（Paul Reynaud）此时是无党派议
员，他声称如果法国丢掉了这个"太平洋上美好的露台"，那
么其世界强国的地位也将一去不复返。他的主张获得了广泛支
持。[24]

在议会的一些讨论环节中，这类辩论变得异常火爆，而且
双方的交锋不仅限于走廊，有时在会议中也是如此。一直倡导
对越盟做出重大妥协的社会党改革家莫里斯·维奥莱特
（Maurice Viollette）被从对面议席中一跃而出的愤怒议员们一
顿痛殴，打倒在地。此外，在三场不同的辩论中都有共产党人
愤而退场。当雷诺宣读一篇文稿，指出越盟的一位驻巴黎代表
杨白梅（Duong Bach Mai）应对越南人在印度支那对法国人所
实施的暴行负责时，一位议员指出，这位杨先生此时此刻正坐
在公众旁听席中。现场立刻爆发出"这是犯人！"和"逮捕
他！"的叫喊声，会议不得不暂停。杨白梅旋即遭到拘留，后
被遣返回国。[25]

在 3 月的国民议会上，政府的好斗姿态占据了上风，这主
要是因为在法国政策制定结构中强硬派占领了关键位置——在
战争的大部分时候亦然。尽管在 1944 年 9 月到 1950 年中期法
国来来回回换了六任总理，但只有两个人——分别是乔治·比
多和罗贝尔·舒曼——主持外交部，且在印度支那议题上都是
主战派。与此同时，两位最重要的大使，分别是驻华盛顿的亨
利·博内（Henri Bonnet）和驻伦敦的勒内·马西利（René
Massigli）在总体的外交政策特别是在印度支那方针上，跟人
民共和运动的策略十分接近。法国海外部的社会党人穆泰和自

1947 年 11 月接替他上任的人民共和运动的保罗·科斯特－弗洛雷（Paul Coste-Floret）亦是如此。[26]

1947 年，对于法国政府来说，在管控印度支那议题方面，真正的症结不在国内，而是在国外。在 1946 年晚些时候，无论是苏联、英国还是美国都未曾努力阻止战争爆发；到 1947 年时，这三个国家仍在谨慎地走一步看一步，而这一点对法国总体上是有利的。约瑟夫·斯大林仍然想要将苏法关系保持在一个相对缓和的局面上，避免对越南民主共和国做出任何公开支持，这让巴黎的领导人们舒了口气，但也让胡志明极度失望。而在支持法国对印度支那统治方面，英国可以算一个；伦敦官员们也许要呼吁克制，也许会建议巴黎避免过度挑衅并努力取得"政治和解"，但他们能做的也仅限于此了，因为他们还在忙着维持对自身殖民地的统治。事实上，在其殖民的地区，他们面临着日渐紧张的骚乱：在马来亚，战后经济和政治的混乱局面引发工人起义，华人社会也对英国人的统治产生了深切的疏离感。

美国则是另外一回事。不管是印度支那的法国垦殖者还是巴黎的官员都打心底里不信任美国的动机，在 3 月，议会和媒体中都有人提出质疑，担心华盛顿方面意欲取代法国，将印度支那融入其日益强大的经济帝国中。法国人也一直在担心美国军方会对巴黎政府将美制军事设备运至远东的做法收紧限制。最主要的是，他们担心美国领导人也许会顺应自己内心的反殖民主义直觉，力促对战争达成和解方案并强迫法国退出印度支那。看起来杜鲁门政府已经着手反对荷兰诉诸武力在爪哇恢复统治了；印度支那会紧随其后吗？驻华盛顿的博内表示，杜鲁门政府有可能在短期内继续坚持不干涉印度支那事务的立场，但他也阴郁地提醒说，考虑到美国人与生俱来的"清教徒思想"和"高人一等的道德义务"这种傲慢心理，因此"情况将发生变化"。或者如雷诺在议会讲台上所说的：考虑到美国人对殖民事业的敌意，现在全世界"各个殖民民族"的任务变得尤为艰难。[27]

183

四

雷诺说的这句话不无道理：在美国官场中存在一种广泛的共识，那就是在国际事务中殖民主义已成强弩之末。但新旧派系之间的争议并未消失：一边是保守派（其中很多是国务院内部的亲欧派），他们认为与法国保持紧密联系十分重要，如有必要可默认法国的印度支那政策；另一边则是自由派（其中亲亚派占压倒性的多数），他们相信战争只会使得越南民族主义者更加激进，也更难促成双方妥协。专注于该阶段的大量历史学家一直认为，美国的政策规划者们对该国应采取的行动步骤存在分歧。[28]尽管原因不同，但是跟法国一样，美国的保守势力也最终占据上风，这很大程度上是因为到了1947年年初，高级官员们越来越倾向于在美苏对峙的背景下讨论印度支那问题。沃尔特·李普曼在这一年对这场对峙冠以"冷战"之称，在接下来的四分之一个世纪里，它将持续决定美国在越南的政策走向（而且不仅仅是在地缘政治层面；正如我们将在本书中所看到的那样，美国国内政坛的冷战也将产生无与伦比的影响）。

美苏关系在1946年中期急转直下；战时的伟大联盟只留下了褪色的回忆。不过，没有多少密切观察两国关系的人士会感到意外。甚至早在二战结束前，有洞察力的分析人士就已经预言美苏将在战后寻求填补权力真空，因此必将发生摩擦。这两国有着敌对和关系紧张的历史，而且在军事上都极其强大。最重要的是两国的政治经济迥异，彼此的需求大相径庭，而且在意识形态上存在不可逾越的鸿沟。从 1946 年到 1947 年年初，莫斯科和华盛顿就已经在比如欧洲重建、德国分裂、伊朗问题、希腊内战这一系列议题上发生碰撞。共和党核心议员阿瑟·范登堡（Arthur Vandenberg）警告称，只有"将美国人民吓到半死"，才有可能让希腊和土耳其总额为 4 亿美元的援助案在国会获得通过，于是哈里·杜鲁门在 1947 年 3 月发表了一番危言耸听的演讲，指明美国在战后世界的地位。这位总统阴郁地抛出了一个尚处在雏形期的多米诺理论，宣称共产主义依靠世界各国的经济混乱和局势动荡而发展壮大，"如果希腊陷入掌握武装的少数人控制下，这对邻国土耳其就会产生直接和严重的影响。混乱和骚动将可能遍布整个中东"。[29]

184

　　紧接着，他说出了后来所谓杜鲁门主义中最核心的一句话："我相信，美国的政策必须是支持各自由民族，他们抵抗着企图征服他们的掌握武装的少数人或外来的压力。"苏联跟希腊内战几无瓜葛，在希腊的共产党与其说是亲斯大林，倒不如说是更加亲铁托，而且抵抗运动中非共产党成员和共产党成员皆有，这些都无关紧要。苏联在当时并未威胁到土耳其，这也无关紧要。总之，国会批准了这笔援助经费，美国着手建立起一个国际经济和防御性网络，以维护美国的繁荣与安全，并推动美国的霸主地位。

　　杜鲁门的全球政策遭到了显著批评，其中最重要的反对人士包括前副总统亨利·华莱士（Henry Wallace）、持孤立主义立场的参议员罗伯特·A. 塔夫脱（Robert A. Taft）以及专栏作家沃尔特·李普曼，他们分别指出这样的政策将导致国库亏空，而且它对苏联的能力和意图均有误读。[30]但这类批评难以在华盛顿的政坛上产生重大影响，因为在 1947 年春，苏联的敌意无论是从政策文件还是大量新闻报道中都有清晰体现。在当时的美国政治进程中，灾难性的反共潮流开始席卷而下，这一点无论是从历史意义上来看，还是在对越政策的影响上，都有着同等重要的作用。当年 3 月，杜鲁门推出了《联邦雇员忠诚计划》（Federal Employee Loyalty Program），通过该计划，政府安全官员可以政治逾矩为由对联邦政府的 200 万雇员进行筛查。它标志着美国内部的这场反共运动拉开序幕，这场运动与在海外的冷战平行进行，无论从广度还是强度上，都与西方世界的其他国家截然不同。[31]坚定且无差异地鼓吹反共，愈发成了所有政治新星——不管他们是共和党人还是民主党人——需要采取的姿态；而提出与莫斯科发展关系的另一种选项，愈发被视为离经叛道。

随着美苏出现对峙态度、美国人心态发生变化，法国领导人改变了在印度支那问题上的外交辞令。当年早些时候，乔治·蒂埃里·达尚留上将把法越之间开展的这场地方性冲突推升至最高的国际层面，将它说成是东方与西方、共产主义与反共产主义的对抗。他在很久以前就相信华盛顿与莫斯科必将在国际舞台上发生冲突，所以现在但凡碰到任何一个愿意听他说话的人，他都会强调胡志明和越盟无非是斯大林追求世界霸权的卒子。他郑重宣告，法国永远不允许这样一个自己花了几十年培育和捍卫的国家苏化，并且形容在西方与莫斯科越演越烈的斗争中，印度支那将成为一个主战场。[32]

其他一些法国官员也在表达着类似的观点——不过也不是

所有人；比如勒克莱尔将军就在 1 月时说，"只要民族主义这个问题没能解决，反共就是个无用的工具"——法国人发现华盛顿对这一套十分听得进去。尽管美国国务院并没有发现有证据表明共产主义在越南国内获得了广泛的支持，而且推动越南人起义的并不是意识形态，而是对独立的渴望和对法国的仇恨，但美国的决策层仍然决定按照最坏的可能性着手准备。时任副国务卿、在雾谷（Foggy Bottom，指代美国国务院）中影响力日渐高涨的迪安·艾奇逊指出，尽管越盟从未承认与克里姆林宫之间存在任何联系，但他们也从未公开否认过这种关联。还有一些美国分析人士注意到胡志明 20 世纪 20 年代时在莫斯科的受训经验，推测苏联政府一直在巧妙地掩盖着它在东南亚民族主义运动中扮演的角色。这类推断并无证据，但其看来无关紧要，因为怀疑人士根本不可能证明苏联跟这些运动是有关系，还是毫无干系。甚至连自由派人士——他们猜测（这种猜测是正确的）法国利用共产主义恶魔来为一场因为别的原因而打响的战争寻找正义性——也担心，一旦法越战争程度激化，莫斯科将会利用它来大做文章；因此他们力促美国政府更严肃地推动双方展开和谈。这类媾和将会防止越南内部诉诸极端手段，与此同时也使苏联在宣传上无法占取先机。[33]

跟以往一样，美国的战略家们还担心法国在印度支那战败将给法国本身造成的影响。反对荷兰诉诸武力镇压爪哇的民族主义者是一回事——反正在欧洲舞台上荷兰也是个次要角色。但法国则是另外一回事。如果战败，那些重视西方立场的温和派是否会在巴黎失势，从而使由苏联支持的法国共产党得到可乘之机，甚至一路攀上权力巅峰？这个设想让杜鲁门政府不寒而栗，也导致他们不愿意就法国在东南亚偏远地区展开的武力

186

行动与巴黎政府发生过多的争执。这些政治家们承认，没错，斯大林并未积极参与煽动法国的革命，事实上他还刻意跟法共保持一定距离，但这只是因为在德国前途未卜时，他想尽量避免出现国际危机；可是一旦德国问题解决了，他肯定会把自己的焦点重新放到法国上去。

然而，这些高级官员也不愿意简简单单地让美国支持瓦吕的战争大计。他们排除了直接援助军事行动的可能性，并告诉巴黎的政策规划者，任何通过武力重新征服越南的企图都是大错特错的。与此同时，他们明白，向法国提供的不受限制的美国经济援助（从 1945 年 7 月到 1948 年 7 月共 19 亿美元）中有一笔可观的费用花在了战争上。新上任的国务卿乔治·C. 马歇尔将军深谙亚洲革命战争的复杂性（他此前担任中国国共两党谈判的调解人），2 月他给驻法大使杰斐逊·加菲利（Jefferson Caffery）发去一份电报，指示这位外交官应与法国领导人就印度支那问题展开讨论，电报中可以看出他的态度极为犹豫不决。马歇尔写道："一方面，我们对法国怀有最友好的感情，也急于用各种方式支持法国努力恢复经济、政治和军事力量，使其重新进入世界强国之列。"尽管法国人对美国存有误会，疑心美国想要涉足印度支那事务，"他们应当明白，我们充分承认法国在该地区的主权地位，并且我们不希望做出任何行动，让外界怀疑我们正致力于破坏法国的地位"。

另一方面，加菲利也并未回避对法国政策的批判："但我们不能无视一个事实，那就是问题存在着两面，而且我们的情报显示，法方既缺乏对另一边（主要是西贡而非巴黎）的理解，也没有认识到该地区的殖民前景和手段是落伍且危险的。此外，在当下的时代潮流中，19 世纪的殖民帝国观念已经迅速成为明日黄花，这也是一个不容回避的事实。"

马歇尔承认法国声称的胡志明"跟共产党有直接联系"，且进一步表明华盛顿也不希望看到殖民政府被一个由克里姆林宫遥控的政权所取代。但他坚持认为，越南民族主义者起义的动因并非马克思主义意识形态，而是对民族独立的渴求，对此，国务院包括莫法特和肯尼斯·兰登（Kenneth Landon）在内的自由派人士也有同感。马歇尔将军说，如果有别的政府推动联合国采取外交动议，美国将别无选择，只有表态支持。

那么，马歇尔最终该为加菲利跟法国人的对话提供怎样的建议呢？什么都没有。马歇尔只能摊摊手说："说老实话，对于这个问题我们没有任何解决的办法。"他表现出的这种无力感着实令人吃惊。[34]

华盛顿的态度始终悬而未决，这让法国占得先机。但巴黎政府的领导人们知道，他们只是险些躲过了一颗子弹，而且未来仍需要在英国尤其是美国政府体系中逐一攻克对其政策的责难。"看起来，现在不能只按照实际价值来处理印度支那事务，而更需要考虑它可能带来的国际冲击和后果，"外交部的让·肖韦尔（Jean Chauvel）在1947年2月写道。[35]

胡志明的看法与之相仿。这位革命老将在一开始时就明白争取外国支持越南解放事业的重要性；而现在，随着军事形势进入令人不安的胶着状态，且敌军仍然在各种军力指标中占据优势，他认为这一点变得更为关键。他也知道，到目前为止法国打的这手政治牌比越南民主共和国更巧妙——巴黎政府已经争取到各个主要强国同意采取不干涉态度，而且其中部分国家还在暗地里支持——而他的政府仍在孤军作战。他下定决心，要改变这一切。

188

可以这么说，对战争双方而言，外交的重要性都上升到了
一个全新的高度。不过，它的背景是在全球舞台中东西方的鸿
沟日益加深，这个全新的事件便是冷战。

注释

1. 《纽约时报》，1947 年 2 月 8 日。
2. Yves Gras, *Histoire de la guerre d'Indochine* (Paris: Plon, 1979),
   162 – 67; Phillip B. Davidson, *Vietnam at War: The History,*
   1946 – 1975 (New York: Oxford University Press, 1991), 47. 另
   见 *La Revue des deuxmondes*, December 1, 1967。
3. 比如 Douglas Porch, *The French Foreign Legion: A Complete*
   History of the Legendary Fighting Force (New York:
   HarperCollins, 1991)。
4. Henry Ainley, *In Order to Die* (London: Burke, 1955), 13 – 14.
5. Seymour Topping, *Journey Between Two Chinas* (New York:
   Harper & Row, 1972), 119.
6. 穆泰的话引自《世界报》，1947 年 1 月 2 日、1947 年 1 月 5 日。
7. Gras, *Histoire de la guerre d'Indochine*, 175 – 77.
8. Vo Nguyen Giap, *Memoirs of War: The Road to Dien Bien Phu*
   (Hanoi: Gioi, 2004), 21.
9. Truong Chinh, *The Resistance Will Win* (Hanoi: Foreign
   Languages Publishing House, 1960 ed.). 另见 William J. Duiker,
   The Communist Road to Power in Vietnam (Boulder, Colo.:
   Westview, 1996), 135。
10. Vo Nguyen Giap, "Notre guerre de libération— stratégieet
    tactique," April 3, 1947, French translation in TFIN 2e Bureau BR
    No. 2788/2, June 11, 1947, CP 128, AOM. 另见 Vo Nguyen
    Giap, *Mémoires 1946 – 1954*, vol. 1: *La résistance encerclée*
    (Fontenay-sous-Bois: Anako, 2003 – 4), 37 – 39; and Vo
    Nguyen Giap, *Unforgettable Days* (Hanoi: Foreign Languages

Publishing House，1975），409。

11. Martin Windrow，*The Last Valley*：*Dien Bien Phu and the French Defeat in Vietnam*（Cambridge，Mass.；Da Capo，2004），93.

12. Bernard B. Fall，"The Anatomy of Insurgency in Indochina，1946 – 54，" delivered on April 22，1965，at the the National War College，Washington，D. C. A copy is in Box P – 1，series 1. 5，Papers and Reports by Dr. Fall，Bernard Fall Collection，JFKL.

13. 有关法军经历的各种困难，下书中有极佳的描述：Windrow，*Last Valley*，97 – 100。

14. Ibid.，96 – 97.

15. British Military Liaison Report，July 11，1947，FO 474/1，TNA.

16. Windrow，*Last Valley*，104.

17. Ibid.，99；Joseph Buttinger，*Vietnam*：*A Dragon Embattled*，vol. 2：*Vietnam at War*（New York：Praeger，1967），739 – 40；George Armstrong Kelly，*Lost Soldiers*：*The French Army and Empire in Crisis*（Cambridge，Mass.；MIT Press，1965），47.

18. Buttinger，*Dragon Embattled*，737 – 38.

19. Le Ly Hayslip，*When Heaven and Earth Changed Places*（New York：Doubleday，1989），4.

20. Memorandum RM – 5721 – PR. *A Translation from the French*：*Lessons of the War in Indochina*，trans. V. J. Croizat（Santa Monica，Calif.；Rand Corporation，1967），2：56 – 57.

21. Joseph Buttinger，*Vietnam*：*A Political History*（New York：Praeger，1968），285；《纽约时报》，1947 年 1 月 19 日；Singapore to FO，January 30，1947，CAB 121/742，TNA。

22. 参见 Paris to FO，April 8，1947，FO 471/1，TNA；David Drake，"*Les Temps modernes* and the French War in Indochina，" *Journal of European Studies* 28（March-June 1998）：25 – 41。

23. Martin Thomas，"French Imperial Reconstruction and the Development of the Indochina War，1945 – 1950，" in Mark Atwood Lawrence and Fredrik Logevall，*The First Vietnam War*：*Colonial Conflict and Cold War Crisis*（Cambridge，Mass.；Harvard University Press，2007），139.

24. *Journal Officiel*，Assemblée Nationale，March 18，1947，pp. 879 – 82；Mark Atwood Lawrence，*Assuming the Burden*：*Europe*

and the American Commitment to Warin Vietnam (Berkeley：University of California Press, 2005), 156 – 59; Thomas, "French Imperial Reconstruction," 140 – 41.

25. Cooper to Atlee, April 1, 1947, FO 474/1, TNA; Ellen J. Hammer, *The Struggle for Indochina, 1940 – 1955* (Stanford, Calif.：Stanford University Press, 1955), 197.

26. Lawrence, *Assuming the Burden*, 160; William I. Hitchcock, *France Restored：Cold War Diplomacy and the Quest for Leadership in Europe, 1944 – 1954* (Chapel Hill：University of North Carolina Press, 1998).

27. Lawrence, *Assuming the Burden*, 170 – 71; Paris to FO, April 1, 1947, FO 474/1, TNA.

28. 该书对此做出了纠正：Lawrence, *Assuming the Burden*。

29. 引自 Robert L. Beisner, *Dean Acheson：A Life in the Cold War* (New York：Oxford University Press, 2006), 60。

30. Walter Lippmann, *The Cold War：A Study in U. S. Foreign Policy* (New York：Harper & Row, 1947).

31. Eric Hobsbawm, *Age of Extremes：The Short Twentieth Century, 1914 – 1991* (London：Michael Joseph, 1994), 236 – 37.

32. Philippe Devillers, *Vietnam and France* (Paris：Comité d'études des problemes du Pacifique, distributed by Institute of Pacific Relations, 1950), 2.

33. Lawrence, *Assuming the Burden*, 172ff.

34. Marshall to Caffery, February 3, 1947, *Pentagon Papers. United States-Vietnam Relations, 1945 – 1967：Study Prepared by the Department of Defense* (Washington, D. C.：Government Printing Office, 1971), 8：98 – 99.

35. Jean Chauvel, "L'Indochine," February 10, 1947, Bidault Papers, File 128, Archives nationales, Paris (hereafter AN); Lawrence, Assuming the Burden, 181.

第八章　"如果我接受了这些条款，那么我就是个懦夫"

"如果换成是你站在我这个位置，你会接受这些条件吗？"胡志明在河内以北72公里的越盟临时总部太原，问那个前来跟他开展和谈的法国人。此时已接近1947年5月14日午夜。来客经过了两天的跋涉，穿越危险的越盟控制区刚刚来到这里，他手中握有一份法国有关通过外交和解的新提议。

下令派出这位使者的是埃米尔·博拉尔（Émile Bollaert），在几周前他刚刚取代了臭名昭著的达尚留上将，出任印度支那高级专员。人们普遍认为绰号为"血腥修士"的达尚留在1946年做出的一系列挑衅举动是战争的导火线，在法国为遏制越盟创造国际正当性的努力中，他已经日渐成为一个包袱。连巴黎的政治家们都无法承受他夸张的宣言、刻板的观点、对美国不假掩饰的敌意，美国和英国驻越南的外交官们就更是如此了。法国的高官们承诺说，博拉尔是一介平民，没有多少国际事务背景，但比起前任要机智得多，而且更富"建设性"，他会带来一个焕然一新的改变。而怀疑人士对此表示，这可不算是一个有启发性的说法。换成谁不能被这样形容呢？[1]

博拉尔的第一个使命是重启与越盟的对话。他们采取这个行动，部分是因为国内政治因素——拉马迪埃政府希望向其社会党成员证明，与胡志明联系的这条线仍然没有断掉——部分也在于向美国和国际社会的其他国家表明法国对政治和解的决心。甚至在动身前往越南之前，博拉尔就已经跟美国大使杰斐逊·加菲利保证说，他们绝不会走"此前殖民主义惯例"的老路，而且巴黎决意要为这场战争寻找和解之道。在4月，当胡志明正式提出开始通过和谈达成停火目标时，他也再次重复了这个誓言。不过事实上，在法国的政策制定者中，几乎没有人愿意妥协或放弃"此前殖民主义惯例"的精髓，毕竟他们离胜利只有一步之遥。"现在在印度支那不存在军事问题，法国军队已经取得了胜利，"战争部部长保罗·科斯特－弗洛雷在5月时吹嘘道。（一位狐疑的记者问道，可是，越盟不是还占领着北圻和安南的大片地区吗？科斯特－弗洛雷答道，话是这样没错，但那部分区域人口稀少，说到底不作数。）他和其他官员们认为，跟胡志明"谈一谈"无伤大雅，只要内容涉及越盟投降的形式就行。[2]

在执行去胡志明的丛林总部进行和谈这一任务上，博拉尔选择的是他最博学的政治顾问之一，一位因对越南的了解而赢得了很多越南人深深的敬重的学者兼教师，在我们的故事中，他将是最举足轻重的人物之一。这个人就是保罗·莱昂·约瑟夫·米斯（Paul Léon Joseph Mus）。1902年6月1日，他出生于法国中部城市布尔日（Bourges）。一战期间，他在河内长大，他父亲负责在当地建立起了一个西方教育体系，将法国的技能和传统教授给越南最杰出的年轻人。1907年，老米斯开办了殖民地学院（Collège du protectorat），这所学校后来更名为殖民地师范学院（École normale），12年后，他的儿子就是从这所院校毕业的。作为在殖民帝国成长的孩子，保罗对法国的教化使命深信不疑，在20世纪30年代，对于法国在印度支那的殖民体系或其殖民帝国，他未作一字批判——比方说，他从未批评过在 1930 年到 1931 年期间，法国当局对义静（Nghe Tinh）省农民起义的血腥镇压，而在当时，他正在越南担任印度支那殖民军队的预备役军官。[3]

然而，第二次世界大战的经历改变了他。在纳粹侵略时他已经回到了法国，领导由殖民地机关枪手和农民军组成的一个排，在瓦尔万和卢瓦尔河畔叙利县参与战斗，并因此赢得了英勇十字勋章。1942 年米斯加入戴高乐的自由法国运动，因为对印度支那极为了解，他成为在该地区领导秘密活动的主要候选人。因此在 1945 年 1 月，他空降至北圻，与当地的抵抗力量联系，团结越南人加入自由法国事业。在 3 月 9 日日军发动政变时，他正在河内。在乔装打扮后他成功逃离了这座城市，并且穿越了 400 公里的敌占区——这一路全靠他自己走，也多亏了越南农民给他打掩护、为他指路，他才终于跟向中国南部撤退的法国殖民军队接上了头。这年 9 月，他跟随勒克莱尔将军的使团参加了在东京湾举行的日本投降仪式，并在当年秋天加入勒克莱尔再次占领交趾支那的军事行动。[4]

早在 1945 年时，米斯就在一份名为《警惕法属印度支那的道德危机》（Note sur la crise morale franco-indochinoise）的重要报告中，强调了在越南人中爱国热情和民族认同感日益显著。他在文中明确指出，这种爱国主义情操跟生活在纳粹铁蹄下的法国人所体会的感情同样深切，而且正是它曾推动越南人在其历史上多次抵御外国侵略。他写道："简而言之，综观其历史长河，越南人始终保留着血脉、语言和感情彼此相连的社群。这正是他们至关重要的背景，安南人永远不愿与这样的环境疏远，哪怕只有短暂的一刻。任何熟悉这个民族的人都知道，此种局面的背景是乡村，与此同时，乡村也是这种社群化理念的具体体现——虽然这或多或少是无意识的。乡村是安南人作为社群动物生活的形态，也是这种爱国主义的基础。"[5]

在米斯看来，在战争结束时已经不可能再对法兰西帝国和其合法性做出轻巧的臆断。他在追问一个问题，那就是该如何证明一部分人统治另一部分人的殖民制度拥有合法性，尤其是在被统治者坚决抵制的情况下？更具体而言，鉴于印度支那各地民族主义热情高涨的现实，该如何支持法国在必要时动用武力重新收回该区域的主张？这些问题噬咬着米斯的情感。但他又没有做好鼓吹法国立刻从印度支那单方面撤军的思想准备。他于是开始构想一个全新的后殖民主义秩序，在这个新秩序中所有人都生而平等，而越南人的独立诉求理应得到支持。

1947 年早些时候，当米斯同意担任博拉尔的政治顾问时，他原本希望能在此时避免全面战争的爆发。但是，甚至早在 5 月的第二周动身前往胡志明的总部——跟 1945 年 3 月那次一样，当时他走过了 64 公里的羊肠小道，穿过越盟统治区——之前，他的希望大部分已经破灭了。博拉尔下达了几个会谈要点，他需要奉命告诉胡志明，法国愿意停火，但前提是越盟放下武器，允许法军在他们此前占领的区域自由通行，并安排好移交大量法国外籍军团逃兵。

在一路艰难跋涉中，米斯有大把时间反复思量这些条件，同时考虑该如何展开对谈。他想到要用一句简单的"Comment allez-vous?"（你好吗？）作为开场白，看看这位越盟领导人会做何回答。5 月 12 日凌晨 3 点，他被领到了胡志明身边，致以这句问候。"Suffisament bien"（还不赖）是胡志明的回复，米斯一听就觉得，一个打算臣服于法国、遭到最后通牒的人恐怕不可能做出这样的回答。他的猜想没错，当米斯给出了法国提议的具体条款时，他可以清楚地看到谈判将不可能产生任何成果。"在法兰西联邦，懦夫没有任何容身之处，"胡志明说道，"如果我接受了这些条件，我就成了懦夫。"米斯对此其实也并没有异议。当胡志明问米斯，若设身处地，他自己是否会接受这些条款，米斯只能回答，他也不会。会谈就这样结束了。胡志明原本打算在谈判成功后打开的香槟始终原封不动地被搁在一边，而米斯立刻动身，重返河内。他自然很泄气，但又不禁敬畏这位革命老将坚定的意志。后来他回忆说，这次使命让他学会了"一个人能够心存什么样的希望，又能够完成当中的多少，对这一点，此行比 30 年来在别处学到的东西都更多"。[6]

在保罗·米斯此次出访后，直至 1954 年中期，据信再没有非共产党的西方人士在越南的丛林中见过胡志明。而在那时，法国已经在这场战争中落败，而保罗·米斯出版了一部关于现代越南的经典专著，这部厚重、繁复、引人入胜的著作名为《越南：战争社会学》（*Viêt-Nam: sociologie d'une guerre*，1952 年出版）。[7]这本书奠定了米斯在越南研究方面的卓越地位，或许在西方世界里他的这种地位也无人能及，此后，他曾担任法兰西公学院（Collège de France）和耶鲁大学（Yale University）的联合教授，在这两所大学交替授课。不过在此之前，事实上在 1947 年春，米斯就已经得出了三个重要结论：胡志明对越盟的领导地位无可争辩；胡志明对越盟的革命事业信心满满；以及胡志明的事业在米斯所途经的乡村地区已经取得了极大的成就。这位法国人推测，法军或许有可能重新占领这些地区，但再也无法取得持久的控制。原因何在？因为法国

193

已经在一场最重要的战争，即在争取当地人民支持的战争中一败涂地。数以万计的农民白天老老实实地在田间耕作，可是到了日落后，他们就摇身变成游击队员，参与各种破坏活动，为越盟的正规军提供支持。在这样一场战争中法国怎么能够获胜？不可能。早在1947年，米斯就已经相信这将是一场争夺民心而非领土的战争，而且越盟必将获胜。[8]

二

讽刺的是，在上述问题上，米斯的信心倒是比胡志明更加强烈。曾经写过剧本的胡志明已经再一次证明自己在演技方面也颇有实力——但在与米斯进行的深夜谈判中，胡志明所表现出的坚定决心掩盖了他对未来道路深深的忧虑。没错，米斯的很多观点是正确的，比如政治将胜出，得到民心比占领面积更重要，以及革命军队在地区层面，也就是最广大越南人生活的地方拥有与生俱来的优势，而殖民军队将永远不可能与之抗衡。可是这就足够了吗？法国在军事力量上所拥有的压倒性优势在战争进入这一阶段时如此显著，这又该如何应对呢？胡志明认为，为了克服这个根本问题，他需要一种截然不同的政治力量。他需要赢得海外支持，这当中包括法国和世界舞台上的其他大国。

可是就连在这一点上，对手仍然比自己强。从1940年起，法国已经借地缘政治之机表现出非凡的外交手腕，它先是始终维持在印度支那的日常管理，在日本战败后，继而取得了恢复完全殖民统治权的广泛的国际支持。而现在，无论是在秋季危机还是战争爆发时，它都一直成功说服国际列强保持不干涉的态度。

与之形成鲜明对比的是，越南革命政府在外交上几无所
获。无论是在军事上还是在政治上，它都是孤军奋战，与整个　194
共产主义和非共产主义世界的可能的盟友完全隔绝。在 1945
年夏末，当胡志明宣布越南独立时，他的组织并未与欧洲和莫
斯科的共产党建立起切实的联系，甚至也没有接触到当时藏身
于延安和东北的毛泽东部队。两年后的情况也十分类似。苏联
一再温和地建议法国政府不要在印度支那重建旧式殖民主义，
并鼓励双方寻找"共同基础"，但苏联的行动也仅止于此了。
斯大林仍对胡志明在意识形态方面的诚意心存疑虑——1945
年晚些时候，胡志明出于战略上的考虑决定解散印度支那共产
党，这进一步加大了他的疑虑——而且不管怎样，斯大林对欧
洲这个新兴的冷战核心所抱持的兴趣要更加浓厚，他希望法国
共产党能夺取政权，并帮助抵御美国扩张。不消法国共产党领
导人的提醒斯大林也知道，法共需要在印度支那战争问题上慎
之又慎，免得背上通敌卖国的罪名，被人指责在重新恢复
"伟大的法兰西"的军事努力上碍手碍脚。直至 1947 年春，
当法共被驱逐出联合政府之后，其领导人才开始哼唱起不同的
调子；而即使是在那时，他们所能提供的也只是在党内表示支
持尽早和谈、法军撤退。而在 1947 年早些时候，中国共产党
还忙着在中国北部和东北与蒋介石政府的军队打仗，因此无法
为越南民主共和国提供多少实质性的支持。[9]

　　胡志明也无法从非共产主义世界争取到有价值的支持。印
度和东南亚的民族主义领袖们提供了道义上的支持，虽然越盟
对这类表态表示欢迎，但它在实质上起不到什么作用。在
1947 年 1 月，自封为印度临时政府副总统兼外交事务部部长
的潘迪特·尼赫鲁（Pandit Nehru）公开呼吁法国"在印度支

那重新诉诸和平手段"，但在全世界各个主要国家里，几乎没有人注意到这段发言。同月，缅甸民族主义领袖昂山（Aung San）宣布，"亚洲各国都有必要协助"越南从事这场战争，但关注其言论的人还要更少。在伦敦，官员们发现这些宣言是由两个殖民地发出来的，态度显得格外冷淡。这些官员们一致

195 认为需要谨慎处理席卷亚洲的反殖民主义情绪，因此英国不可能对法国的战争行为进行任何大规模的支援。但他们的基本观点没有改变：英国仍对支持法国在印度支那的统治持有强烈兴趣。英国在马来亚的殖民当局静悄悄地镇压了一场组织志愿军与越盟并肩战斗的行动，而在印度，他们成功地阻拦了一支印度－缅甸联合军队。

这样一来，就只剩下美国了。在胡志明看来，国际舞台上没有哪一个国家比美国更重要；在阻挠法国计划、促成越南独立的和解框架方面，没有哪一个国家比美国拥有更大的权力。也正因为此，他的政府在美国政府内获得的反殖民主义同情也许比在其他任何一个地方更甚，至少在国际列强中情况是如此。但是，同情只能领你走这么远。到头来最重要的还是实质上的支持，而自从1945年夏天后，华盛顿几乎已经不再提供任何援助——在北坡的那些热血沸腾的日子里，美国人和越南人似乎曾齐心协力，共同朝越南独立事业前进。当时，富兰克林·罗斯福的反殖民主义热情，尤其是他对法国试图收复印度支那的厌憎，貌似曾推动美国的政策方向。可这样的日子一去不复返了。

然而，或许还有希望。法国对美国支持的深度和广度仍然很担心，而且这并不是杞人忧天：在某种程度上，美国人看来仍然在国际事务中本能地倡导平等主义，反对帝国主义。胡志

明和他的下属们相信，这或许是个可以利用的机会。在 1947 年春天，当保罗·米斯正在为自己前往胡志明总部的漫长跋涉做准备时，越盟的这位领导人也已经将自己的使者范玉石（Pham Ngoc Thach）派往曼谷，由他负责向美国驻当地的外交官们强调越南革命的温和性质，以及美国投资者在越南独立后将有可能获得的机会。学医出身，其后担任胡志明私人医生的范玉石向美国的外交官们表示，越南在眼下这几十年里都不可能成为共产主义国家，而且即使是在那之后，越南政府也都将持克制、包容和立足本国的态度。他甚至一度表示，自 20 世纪 30 年代初期起就开始在越南生根的共产主义，"只不过是取得独立的一种手段"。此外，美国可以对越南民主共和国的经济体制放心："共产党的部长们……更赞成资本主义自治制度得以发展，并渴望在重建国家时引入外国资本。"范玉石进一步表示，美国公司将有望获得包括税赋和其他优惠在内的特权，美国游客也将发现后殖民时代的越南是个旅游度假的"理想之地"。[10]

到 7 月时，范玉石发现他仍然无法促成美方做出他想要的回应，于是采取了更为务实的态度。"我们认识到从此时的国际政治角度出发，美国无法采取反对法国的立场，"他承认道。但杜鲁门政府仍然可以通过向越南提供经济和文化上的支持来帮助越南，也可以通过促成三边会谈，或者让刚独立的菲律宾在联合国提出越南议题，来努力缓解冲突。同月，胡志明采取了进一步的行动，部分目的在于安抚美国和海外其他非共产党观察员：他将政府重新洗牌，将三位共产党部长（包括前国防部部长武元甲，不过武仍是战场总指挥）替换成三位支持他的政治纲领的非共产党人。[11]

196

　　然而，这样的努力再一次成了无用功。越南问题对于胡志明来说是迫在眉睫的问题，可对于正面临着欧洲冷战全面深化的美国政府来说，那只是个次要得不能再次要的事情。在1947年夏天，华盛顿政府将外交政策的焦点放在争取国会通过并执行马歇尔计划（官方名称为"欧洲复兴计划"）上。这个庞大的贷款计划旨在帮助受战争蹂躏的西欧复苏经济，进而抵御苏联扩张。在这个计划中法国占据了核心位置，因此美国一如既往地不愿意在印度支那问题上采取激烈的反殖民主义立场，担心这会动摇法国的政策。7月，当国务卿乔治·马歇尔让驻越南和法国的外交官们对越南民主共和国进行评估，想要了解是否有必要迫使法方认可胡志明政府作为越南统治政体的合法地位时，他得到的答案大相径庭。一些人认为范玉石的话信得过，并认为越南民主共和国完全不属于苏联阵营。另一些人则同样强硬地表示胡志明在总体上致力于追随克里姆林宫的事业，根本不应该相信。

　　美国政策没有改变。美国将不会主导国际仲裁，不会提供由国会批准的一揽子援助，也不会讨论美国公司在未来将会获得的贸易优惠。由夏入秋后，杜鲁门政府的处境跟战争开始时别无二致：作为旁观者，它在给欧洲的关键盟友打气鼓劲的愿望，以及自己不应跟这个盟友的殖民主义战争紧密联系在一起的认识间犹豫不决。跟以往一样急切地想要阻止美国"干预"印度支那事务的法国官员们总算是长吁了一口气。

　　对于胡志明来说，这是一剂苦药，而且他太清楚这剂药的滋味了，于是他更努力地加强与法国共产党和莫斯科的联系。在9月，作为胡志明的特使，刚刚结束了在曼谷与美国外交官会谈任务的范玉石不知疲倦地前往欧洲。他与法国共产党的领袖雅克·杜克洛（Jacques Duclos）和莫里斯·多列士进行了会谈，但看来并未取得任何成果——杜克洛跟他强调的是越南尽全力自力更生从事解放战争的重要性，范玉石反唇相讥，指出法共几乎未尽任何努力阻止这场战争，简直可耻。苏联这边或多或少也没有什么反应。他们并未带着范玉石去克里姆林宫会见高级官员，而范玉石只是在伯尔尼会晤了苏联驻瑞士大使，态度由此可见一斑。当范玉石问苏联大使，是否可以在稍后访问莫斯科时，他得到了一个未置可否的答复。范玉石始终未接到苏联的邀请。[12]

三

在外交努力中一再受挫给胡志明带来的危险不仅在于它们让越盟始终处在国际孤立中并确保战争将要继续，而且也使武元甲的部队不得不孤军奋战。它们还有可能削弱胡志明自身的地位及其政府在越南的权威。如果胡志明无法让海外大部分人相信越南民主共和国是越南唯一的合法政府，那么，随着时间推移，将有越来越多国内的声音对该问题提出质疑。胡志明知道这一点，他的越南政敌也知道。

法国人对此同样心知肚明。随着 1947 年向前推进，他们越来越深入地思考一个诱人的问题：如果能赢得越盟以外的人们的支持，将会怎么样？毕竟不管是在北方还是南方，都有大量越南人并不支持胡志明的革命——他们持反共立场，而且极其厌憎武元甲的残酷镇压手段。能否说服这部分人团结在另一个越南领袖周围？这个人即使不是真正的亲法分子，至少也可以对法国的目标不那么怀有敌意。以莱昂·皮尼翁为首的高级战略家们认为这是有可能实现的。就在他们拒绝与越盟进行实

质性的和谈，否认越南可获得全面独立的同时，他们已经开始
198　四处物色这样一个人选，他们希望这个人既能将人们对胡志明
的支持吸引到自己身上去，同时还能赢得美国人的好感；而在
此过程中，他们也好继续在法国国民议会中争取更多对战争的
支持，毕竟此时还有不少社会主义者以及全体共产党人叫嚷着
要跟胡志明谈判。此举还将改变亚洲其他各国的看法，眼下有
很多民族主义领导人正在谴责法国从事这场在他们看来是赤裸
裸的殖民主义侵略的行为。[13]

　　一个人极为突出，他就是 1945 年 "八月革命" 后逊位的
保大皇帝。如果这位 34 岁、身材魁梧肥胖的末代帝王能够将
所有反共民族主义者团结在他身后，那么，沦为一个 "派系"
的越盟将不得不按照法国人提的条件跟法方媾和，或者被法国
和保大政府所组成的联合军队击退。如果胡志明拒绝顺从，继
续战斗，这场战争将不再是殖民主义斗争，而是由共产党和非
共产党间展开的越南内战，法国人将站在正义一方，为越南和
西方抗击 "赤色恐怖" 而战斗。

　　于是，一个辞藻华丽的战略应运而生，并在余下战争中被
法国牢牢坚守着。说得好听点儿，这是个非常不真诚的计划，
是事后为一场基于其他缘由而引发并持续的战争寻找一个正当
的借口。巴黎政府无意如绝大多数越南民族主义者所愿，让这
个国家获得完全自主。但作为一个明面上的理由，这个新手段
可谓绝妙的一招，因为它为法国的目标争取到了更多来自越南
和国际社会，最重要的是美国方面的支持。事实上，这是个为
美国人量身定做的计划。正如敏锐的观察者菲利普·德维莱尔
（Philippe Devillers）后来所说的，通过此种 "保大解决方案"，
巴黎政府可以通过反共产主义来消解美国的反殖民主义。建立

了一个名义上的民族主义政府后，法国就可以在面对美国人时重新定义对越盟的战争，将它描绘成新兴的反共斗争的一部分。这样一来，华盛顿的鸽派们再也无法将胡志明当成越南民族主义唯一的合法代表了。[14]

为什么是保大？因为他在越南人中有相当大的影响力，而且法国人认为他身上有着他们极为看重的东西：在他们看来，他既软弱又顺从，平素爱的无非赌钱、运动和猎艳。至于其他一些越南民族主义者，包括大越党和越南国民党的成员，以及高台教与和好教这些宗教团体的某些领袖，都已表示在保大和越盟之间会选择支持前者，这就属于锦上添花了。而天主教爱国人士、之后被美国人奉为将给南越"带来奇迹"的吴庭艳断言，保大将在不至于造成"赤色恐怖"的情况下，为越南人民带来独立。[15]

人们对保大的生平经历褒贬不一。1925 年他父亲去世时，12 岁的他登基成为皇帝，其后他被送到巴黎读了几年书。他研习音乐和文学，师从法国冠军亨利·科歇（Henri Cochet）练习网球，还学打乒乓球和桥牌，穿粗花呢和法兰绒衣服，对于重返祖国这件事情并不怎么向往。可是最终他还是回国，在1932 年成为阮朝第 13 任皇帝。后来他娶了美貌的阮有氏兰（Nguyen Hui Tai Lan，教名为玛莉亚·泰蕾丝〔Mariette-Jeanne〕），对方是交趾支那一个富商之女，笃信天主教。他们一共生了五个子女。令一些人意想不到的是，保大帝很快就开始鼓吹司法和教育体制改革，并试图废弃早已落伍的越南官服。此外，他还废除了从中国沿袭而来的古老的跪拜礼仪，朝臣在见到他时只需要鞠躬即可。[16]

但是法国人很快就清楚地表明是谁真正掌握权力，而这位年轻的君主日渐寄情于游乐。有一次，他曾经用了几周时间在丛林密布的高地狩猎，据说他单枪匹马猎获了为数可观的越南虎。（他喜欢在头上系一个照明灯，身上挎一杆步枪，跟踪老虎直至它的巢穴。在当地有传言称，他曾徒手杀死过一只老虎。）在 1945 年 8 月退位后，他成为胡志明的"最高顾问"，但在 1946 年 3 月与越盟切断联系，前住香港。信使和当年在法国的老熟人川流不息地到访这个英国统治区，请保大出山领导一个得到法国支持的反越盟政府。米斯在胡志明那里碰了钉子后曾拜访过保大，印度支那高级专员博拉尔本人也在 6 月去见过他。保大对此反应谨慎，他说自己向法国提出的诉求跟胡

200

年少时受法国安排，保大前往巴黎接受教育。

志明一致，同样包括解散交趾支那政府，在一个政府之下统一越南全境，以及获得全面独立。

法国人原以为这位末代皇帝只是个好逸恶劳的花花公子，看到他表现得如此坚定，简直是吓了一跳。虽然他生性懒惰、贪图享受，可他同时也是个睿智的男人，在冷漠、毫无表情的面容后面，深藏着敏锐的政治意识，这个思路敏捷的人立刻意识到法国官员找到他，是想利用他来维持殖民统治。在1947年7月，他宣布自己既不支持也不反对胡志明的民主共和国，而是凌驾于党派争论之上；他还发誓称自己决不会重返祖国，除非人民希望他回来。在同一时期，一个由不同的反越盟民族主义团体组成的新全国联合战线呼吁所有政治、宗教和社会团体统一在保大之下。这个联合战线还促请已经逊位的保大帝领导越南独立和统一斗争，抵抗共产主义的威胁。[17]

在之后的几个月里，保大的立场渐渐软化，与法方越走越近。在此前巴黎的数次会议中，博拉尔曾被警告不得与胡志明展开谈判，在9月，他在邻近河内的河东（Ha Dong）发表了一次重要讲话，表示他不能赋予越南独立，但能在法兰西联邦的框架内给予它有限制的"自由"。越南人可以自主处理内政，并"自行"决定交趾支那是否应加入越南共和国，但法国将保留对其军事、外交和经济关系的控制。这位高级专员进一步表明，在这些事情上没有谈判的空间；法国人的提议"必须要么被全盘拒绝，要么被全盘接受"。[18]越盟旋即拒绝了法方的条件，多名非共产主义民族主义人士也批评此番演讲未能就反越盟事业提供一个政治聚焦点。[19]然而，面临危机时往往自信心会遭到重挫的保大表达了以此为基础与法方会谈的意愿。在通往投降的这条泥泞的道路上，保大迈出了第一步。

201

四

回过头来看，在了解了未来将要发生的一系列事件后，人们难免认为法国在 1947 年做出的强硬外交姿态有点儿难以理喻。但放在当时的情形下，这样的姿态并不怎么离奇。毕竟胡志明的事业并未能争取到广泛的国际支持，而在季风季节到来前的这年早些时候，法军实力又数倍于越军。在这年夏天，法国很多高级军事将领仍然相信军事解决方案近在眼前——他们宣称一旦瓦吕将军发起了秋季攻势，将迅速拔掉越盟这根肉中刺。瓦吕也在尽一切可能强化这种信念，而且从战争部部长科斯特 - 弗洛雷和外交部部长比多那里都得到了坚定的支持。在经过了数月的精心策划和准备后，瓦吕在 10 月 7 日发动了"李作战行动"（Operation Léa），在这场大规模袭击中，法军投入了 17 个营和当时所能获取的所有重型装备和现代化武器。（几乎可以肯定，这是到当时为止的法国殖民史中最大型的军事行动。）行动的主要目标是在越北的越盟总部俘虏其领导层，并打击数目可观的越盟军队。此外瓦吕还希望孤立越盟，切断其通往中国南部的贸易路线。这位法军司令对巴黎的上司们说，这场战争将通过此次行动取得胜利。

然而，他们当即遇到了问题。瓦吕的计划要求的是空军、两栖部队和陆军实施集中军事打击。这意味着在最初的关键阶段需要在北干（也作北㳇）的越盟总部附近空投伞兵部队，但他们无法让部队迅速就位。他们用了很长时间来回三趟才将区区 950 名伞兵投往目标地区，行动因此错失先机。而在越盟这一边，尽管在两天前他们的情报网就收到了法军行动的风声，但信息混乱导致在法军开始行动之时，情报才到达北干。

越盟领导人被打了个措手不及，损失惨重。胡志明和武元甲虽然成功逃脱，但他们只有几分钟余裕，所有武器和弹药都留在了总部，同样留下来的还有成堆的机密文件。一位越南民主共和国的高级官员、著名学者阮文道（Nguyen Van To）在逃跑路上被法国的伞兵杀害。[20]

在一天内，武元甲就集结了越盟军队，在与空降部队的交战中打得不相上下。与此同时，法军钳形攻势在北部的那支由10个营组成，通过陆路从谅山开往高平，接着向西进入阮平，再往南进军北干，但由于遇到伏击、桥梁被炸毁、路面被挖出"钢琴键"壕沟，行动一再受阻。直到10月13日，先遣部队才完成总距离225公里的行军，进入北干周边地区，在那里遭到了越盟的猛烈抵抗。接着，直到10月16日，机械化的摩洛

203

哥殖民步兵团才取得突破，解救了遭到痛殴和围困的空降部队。至于钳形攻势南部那支则取道明江和甘河，由 4 个营组成，但直至最后都未抵达预定的战斗区域；10 月 19 日，法军登陆艇遭到沙堤和其他障碍物的阻拦，士兵被迫改走陆路，好不容易才跟向南移动的北部特遣部队集合。11 月 8 日，在发起行动一个月后，"李作战行动"被叫停。[21]

瓦吕随后发起了"履带行动"（Operation Ceinture），这一作战计划正如其名，是要紧紧挤压在太原和宣光之间的越北南部边缘地区的敌军。18 个营、18 艘海军登陆艇，以及若干空降部队，矢志粉碎武元甲的精锐武装。法军扫荡了该地区的大片区域，夺取了大量补给，但并未如料想的那样打响大规模战役。武元甲根本不想跟敌人正面交手，深知有朝一日一定能卷土重来，所以他的部队已经悄悄撤退了——在接下来的四分之一个世纪里，法军和美军还会无数次经历这样的场景。12 月 22 日，法军撤回低地，只在越中边境布置了一排孤零零的要塞。越盟很快又回到了这片被遗弃的地区。[22]

法国声称他们攻占了越盟总部，杀死了 9000 名敌军战士，因此深感慰藉。这个数字想必是夸大了的，而且无论如何它忽视了一个更突出的重点：1947 年年底，法军在红河三角洲以外的占领区基本上跟一年前别无二致。瓦吕没能像他计划中那样一举摧毁越盟。更准确地说，越军成功地将局势扳平，这放在当时的环境中等于是越军取胜。现在瓦吕要面对的是两个现实处境：第一，长期战争在所难免；第二，巴黎政府无论如何都不可能为了这个偏远的亚洲殖民地在国内强制征兵。

这一切都加剧了法国政治氛围中的紧迫感。在这年秋天，由莱昂·皮尼翁所领导的殖民部分析人士在紧锣密鼓地部署保大路线。自博拉尔在河东发表讲话后，其对保大的奉承并未能产生多少成果，法国人也担心此人会不受他们控制。看起来，保大有时候跟越盟走得太近，他曾声称越盟是这个国家最重要的力量（胡志明投桃报李，说保大"虽身在异乡，但我们一直记着他"），这不免让人担心；还有些时候，他看起来跟美国人也处得太好——法国人害怕，他也许是想借华盛顿之力支持越南独立的主张。在越南和香港的密使经过了多轮沟通后，保大终于被拉回到与博拉尔的谈判桌上。12 月 7 日，他们在一艘停靠在下龙湾的法国船上会面，这个位于海防以北的港湾风景引人入胜，青灰色的石灰岩岛屿矗立在海中。保大希望能促成法国承认越南独立，但未获任何承诺。令人费解的是，他最终同意签署一份"草案"，草案中确实写入了"独立"这个魔法般的字眼，但由于实现这一目的的条件极其庞杂，事实上毫无意义。[23]

保大知道他被骗了。面对来自越南各个阵营知识分子的批评，为了逃避继续施加于自己身上的皇室职责，他干脆逃到了欧洲——他去了日内瓦、戛纳、巴黎——在那里，他白天不是打桥牌（他的牌技达到了专业水平）就是打网球，晚上则去夜总会看歌舞表演。每次只要法国官员找到他，他就立刻摆出一副胆小怕事的样子，表示自己支持谈判，但在没有取得更多可靠的保证之前，不愿意做出任何承诺。在观察到法国的政局后，他丝毫没能放下心来：在一边，人民共和运动和戴高乐的支持者宣布"下龙湾协定"过于慷慨，越南独立一事绝无谈判可能；而在另一边，共产党和很多社会党人呼吁与胡志明重启谈判。在接下来的历届法国政府中——仅仅是 1948 年就换了四届——没有一届政府胆敢尝试推动这个议题。[24]

205　　　　然而，博拉尔还在继续鼓吹保大路线，而保大最终同意在下龙湾出席一次后续对话。1948 年 6 月 8 日，在这位前君主出席的情况下，博拉尔与原"交趾支那共和国"首脑、时任新成立的得到法国人资助的越南国民政府首脑阮文春（Nguyen Van Xuan）将军签署了一份协议。法国"庄重地"认可了越南在法兰西联邦内部的独立地位，并承认它有权将该国三个区域统一，但法国保留对军队、金融和外交的控制。保大再一次一出手就后悔了，他立刻表示反对新协议。他又一次动身前往法国里维埃拉，并宣称直到达成"真正的统一和切实的独立"，否则他不会重新戴上王冠。

在河内举行的新政府"盛大"的就职仪式，可以凸显它的可信度有多低。现场不算警察和士兵的话，只有不到 50 个越南人，而且活动完全不成体统，没有一点儿组织性。阮文春穿着一身朝服，看起来极其不自然。人们将大群挥着旗子、喊着口号的小学生领到了会场，而这无非使整个活动更加荒唐可笑。其后政府组织了多场招待会和宴会，但那种不真实的气氛自始至终都没有消散。一位来到现场的英国观察人士在观礼时惊诧莫名，他没想到人们尤其"安南"本地人对新政府如此缺乏热情。[25]

尽管如此，这个时刻也并非毫无意义。法国人已经公开承认保大是一个潜在的国家元首，并明确承诺会让越南"独立"——两年前，胡志明未能在枫丹白露会谈中从法方那里得到的承诺，现在毕竟是到来了。此外，现在越南终于出现了首个正式对抗越盟的政权，也就是阮文春政权。如此一来，胡志明对非共产主义民族主义者的控制是将会完全被斩断，还是起码将遭到严重削弱呢？胡志明本人也深感忧虑，并立即将一纸"卖国贼"的标签贴到了保大和新政府内阁成员身上。但其实他大可不必担心。这份协议很快就为越南民主共和国，而非保大一方带来了更多的支持，因为越南的法国垦殖者立刻开始抨击博拉尔"投降"，并称真正的权力仍然把持在法国人手中，而法国的领导层也在是否正式批准协议的问题上犹豫不决。几个星期过去了，法国国民议会甚至没有正式讨论过这个议题，博拉尔的挫败感与日俱增，最终在政府未明确投出信任票的情况下飞回越南。虽然对社会党的忠诚驱使他没有继续待在法国，但到 9 月底时，他最终宣布不会接受延长自己任期的决定。[26]

与此同时，阮文春政府既无资金也无军队——确切地说，甚至没有一个领袖。阮文春曾在著名的巴黎综合理工学院（École polytechnique）接受教育，平生大部分时间都在法国度过，法语相当于他的母语。他曾在达尚留上将最青睐的项目——交趾支那共和国——担任首脑，并积极阻挠越南统一，人们对他的普遍评价是此人极为不可信。阮文春十分有魅力，能言善辩，将大部分精力都用于权术谋略，在越南没有多少追随者。对于很多反越盟的民族主义者来说，他们曾经付诸了大量心血和信任的保大方案现在看来彻头彻尾就不是什么解决之道。他们认识到了一个明显的事实：法国政府没有在推行这个解决方案的同时推行去殖民化，这无异于在暗中阻挠他们的事业，出现这样的结果实在令人痛心。

一切看来都没有改变。法国人和越南人仍然同工不同酬。在政府里，越南人的薪金只有跟他拥有相同资质和工龄的法国人的 60%。在西贡时髦的运动俱乐部"法国总会"（Le Cercle Sportif）里，会员仍只限于"欧洲人和同化者"，后者指的是

206

欧亚混血和少数取得法国国籍的越南人。而越南最主要的法文
报纸《法兰西联邦报》（*L'Union Française*）仍然几十年如一
日，在头版报头位置印着法国帝国主义者赫伯特·利奥泰元帅
（Marshal Hubert Lyautey）的那句名言："追求殖民主义者的美
好称号，在整体环境看似都在一股脑地否认法国殖民努力的伟
大和有效性的时刻，显得尤为重要。"[27]

五

　　1948 年秋天出现的一个新局面，将改变法越双方的计划，
并且将在适当的时候深远地改变印度支那战争的性质：在中国
这场漫长的内战中，时运突然显著地向有利于共产党的一边倾
斜。随着 10 月锦州被攻克，国民党在中国东北仅存的战略据
点陆续垮塌。在次月关键的淮海战役中，尽管国民党投入了
50 万大军，毛泽东的军队仍获得压倒性的胜利。到 12 月初
时，北京和天津也已近在咫尺。[28]在法国的战争策划者们看来，
这场战争的含意十分明显：毛泽东获胜，将不可避免地增强胡
志明的力量，因此可能将永远挫败他们分化越南民族主义运动
的希望。他们明白时间对自己不利，保大方案要么立即实施，
要么只能面对时移事易的命运。新上任的高级专员莱昂·皮尼
翁跟博拉尔不同，他是个真正的印度支那问题专家，而且一直
是坚定的主战派，但现在他必须承担一个迫切的任务，那就是
贯彻保大方案的政策。[29]

　　在 1948 年，让法国焦虑不安的还有两个问题，那就是经
济和军事行动的状态都十分低迷。这两点显然是有关联的。虽
然印度支那的稻米、橡胶、煤炭和水泥总产量较 1947 年有所
上升，但由于劳动力不足和局势动荡，产量仍远低于战前水

平。由于交通混乱且危机四伏，人们很难将货物运送到港口。因此，印度支那仍面临着巨大的贸易逆差。1938 年印度支那的稻米出口量总计为 150 万吨，而 1948 年只有区区 17 万吨。与此同时，法国对印度支那重建和重新配置资源的计划，仍然处在初期的蓝图阶段。[30]

在军事方面，1948 年没有出现瓦吕将军在 1947 年秋天试图发起的那类大型行动。远征军的规模不多不少，仍然维持在 10 万人的水平上——无论是进行大规模行动，还是显著渗透到越盟控制区，这个人数都远远不够。因此瓦吕退而求其次，将重点放在保护他在前一年曾经占领的区域上，包括北圻北部地区沿着 4 号公路的一系列边境要塞——从中越边境的先安蜿蜒而下 240 公里直至高平。事实证明，由于交通线路脆弱不堪，连实现这个目标都很困难。很多岗哨要通过空投提供补给，而车队反复遭遇袭击。比方说，在 1948 年 2 月 28 日，海外军团的一个连在沿 4 号公路通行时遇到伏击，导致 22 人死亡、33 人受伤，死伤人数大约占到了这个连总人数的 40%。208 而在几周后，法军又遭遇到了一次类似的埋伏，然后又是一次——到这年年底时，法军仅仅在 4 号公路沿线就遭到了 36 次重大突袭。[31]

法军指挥官们在苦苦找寻可以挫败敌军袭击的办法。他们相信眼下别无他法，只有通过步兵打通所有重要道路，同时力争占据所有有可能向路面开火的山头，起码在大型车队通过时要做到这一点。此外，由 200 辆以上机动车辆组成的大型车队还应得到数个步兵营、炮队和两支装甲车中队的支援。这些办法都有效果，但微不足道。他们仍在持续遭到袭击。

北干是个很恰当的例证。在一年前的"李作战行动"中法军突袭该地，却未能擒获越盟主要领导人，不过法军的指挥官们还是大声嚷嚷说，他们毕竟是占领了胡志明的政府总部。博拉尔扬言三色旗将永远飘扬在北干的上空。短短一年间竟然发生了这么大的变化。在 1948 年上半年，从高平到北干军营的道路被打通，但法军为了这条主要被危险的山区覆盖的道路，付出了大量士兵的生命，还有很多武器被缴获。在 8 月的时候，越盟军队重新夺回对这条道路的控制权；在此之后，一个由 300 名军人和大约同样数量的平民组成的军营必须完全依靠空投补给，而且敌军在步步紧逼。法军邻近北干的前哨站在 9～10 月里不断遭到袭击；其中一次袭击夺走了 30 名军团士兵和 3 名法国军官的生命，此外还有 50 人受伤。北干事实上并不具有战略价值，但法国人认为一旦放弃了胡志明曾经的总部，将会颜面尽失。于是，他们痛苦地坚守着。[32]

在红河三角洲，越盟在 1948 年同样持续施压，对河内及其周边区域实施精准攻击，并尽一切可能切断沿核心的河内—海防走廊一线的供应链。在 9 月中旬一次连续三天的袭击中，四列从海防开往河内的火车遭到地雷突袭，导致大量人员死伤，另有 45 辆卡车被炸毁。到 10 月时，已经没有一滴汽油能供应给河内的平民了。[33]

在交趾支那，安全形势貌似好些，至少大型城镇是如此。西贡时尚的卡蒂纳街照样游人如织，咖啡馆里挤满了法国垦殖者以及其他西方国家的客人、海外军团的军官和他们的女人，而穿着白制服的越南侍应生端着一杯杯干邑和潘诺酒穿梭于餐桌间。法国人仍然在法国总会的游泳池边懒洋洋地躺着，或者打着网球；他们也依然聚在时髦的宝塔街一边喝着咖啡一边观望路人；或在瑞士餐厅享用一顿奢华的美食。但表面现象往往是有欺骗性的。这个城市实行宵禁令，每到深夜，军车在大街小巷吱吱嘎嘎地碾过。每天晚上，在西贡郊区都会传出交火的响声，步枪、机关枪、迫击炮和大炮的声音此起彼伏，只有愚蠢的外国人胆敢在日落后前往城外。（而在白天，那些行事谨慎的人也只敢在有装甲护卫车保护的情况下去城外。）哪怕是在西贡城区，战争也会突然面目狰狞地袭来——比如一家咖啡馆被手榴弹突袭，或者法国卡车轧上了路边的炸弹，又或者一名法国男人或女人在光天化日下遭到枪击。

"每天晚上，爆炸声接连地响起，仿佛上方投下一连串的炸弹，这样的声响构成了这座城市的背景音，"记者吕西安·博达尔（Lucien Bodard）在战争的大部分时候住在越南，他描述手榴弹袭击往往发生在落日刚刚西沉的黄昏时分，"每次爆炸仅持续几秒；每投掷一枚手榴弹，都会传来一声尖锐的爆裂声，紧接着，被击中的人尖叫，一两扇窗户飞落，几分钟后，是救护车和警车的喇叭声。"[34]法国的特工人员则采取报复行动，暗杀任何怀疑跟越盟有牵连的人，将这些人弃尸于街头，以警告叛乱者停止袭击。

在这年秋冬，年轻的加拿大人皮埃尔·艾略特·特鲁多（Pierre Elliott Trudeau）在亚洲各地旅游，他后来成为加拿大总理。时年29岁的特鲁多外表英俊、见多识广，从泰国出发来到西贡后，他发现这座城市充斥着"仇恨、冲突，不可避免地消耗着生命、金钱和道义"。他在给母亲的信中再次提到，年轻的法国军人正在打着一场"毫无前途"的战争。街道上满是士兵，人们只有在护卫队保护的情况下才敢出行。法军把持着市镇和主干道，而起义军统治了乡村，"虽然双方都有死伤且备受折磨，而且暴行以虚无缥缈的正义和荣誉之名被行使，但没有人能获得和平"。在短暂参观吴哥窟后，特鲁多返回西贡，得以获准进入法国总会，在那里，他看到女人们穿着的"泳装比在法国本土的女人穿的还要好"。[35]

　　在南部的其他地区，越盟牢牢控制了从西贡以西的里兹平原到最南的金瓯半岛的大片地区。1948 年，他们开始不断突破这些区域，成功实施大量进攻，而且行动已经不仅限于夜晚——5 月 1 日，越盟的一个营于白天攻击了在西贡和大叻间行进的护卫车队，这个由 70 辆车组成的车队中有 82 人丧生，150 个平民成为人质。(此后一个摩洛哥海外军团与越军发生激烈交火，并解救了这批人质。)[36] 在该年的下半年，法军予以还击，在湄公河三角洲实施了声势浩大的清剿运动。由于武元甲满足于依靠游击队袭击，而法军又无法实施大规模行动，在越南的三个地区，战争都处于令人不安的僵持状态。这种僵持状态虽然对双方都不甚理想，但相比之下对武元甲更为有利，尤其是在武元甲的军队人数增长速度远甚于瓦吕麾下人数增长的情况下——到 1948 年年底，越盟军队人数已达到大约 25 万人。到了此时，越南超过一半的人都生活在越盟控制的领地上。[37]

　　与此同时，伤亡人数也在不断增长。当一位英国军官在这年年底探访法军在西贡的军队医院时，发现伤员比前一年 12 月多了很多。这家医院收治的伤员总数已近 800 人，而且其中有大概四分之一都是重伤员，比如身上有一处或多处被截肢、头外伤、肺部被弹片刺穿。在这位军官探视的这两个小时里，医院又新收入了 24 名需要手术的重伤员。几乎所有人都是踩中了地雷。[38]

六

保大同样看到了越盟和毛泽东军事进展的意义。这让他手上有了更多可资利用的筹码，但同时也让他没有多少路可以选择。此时，法国人一只眼睛要盯着毛泽东不断前进的军队，另一只眼睛则看着自己僵持的战争，也许会应承他提出的更多条件；但如果他太犹豫，法国也许会将他视为弃子，转而支持阮文春，开始一个新的交趾支那试验，即扶持由巴黎遥控的傀儡政府。他决定冒险一试，希望此时美国人更倾向于参与进来——在他的全盘考量中，美国同样处在最重要的位置上。他的推测是这样的：为了控制中共，杜鲁门政府会上前一步，支持法国在印度支那的战争，但前提是美国官员相信法国的事业对西方至关重要。不过，这么做的前提条件是，从共产主义之手"解救"下来的越南并不是一个殖民地，而是独立国家，它的首脑并非法国傀儡，而是受到群众广泛支持的真正的民族主义者。巴黎政府的领导人们起初会踌躇不前，但他们同样要指望美国人垂怜。如果华盛顿政府能坚定立场，那么前景将有利于法国做出意义深远的让步，承认反共产主义的越南民族主义。[39]

1949 年 3 月 8 日，保大和法国总统樊尚·奥里奥尔（Vincent Auriol）在经过数轮通信后决定订立《爱丽舍协议》，协议名取自巴黎这座气势宏伟的总统府。《爱丽舍协议》再次认可了越南的自治权和它在法兰西联邦内部的"联合邦"（Associated State）地位（老挝在同年 7 月、柬埔寨在 11 月获得了同样的地位），同时清楚地表明该如何结束交趾支那的分裂状态。新的"越南国"还将拥有一支维护国内安全的军队，

211

不过有个严苛的附带条款，即这支军队的装备由法国提供，事实上就等于由法国管理。很多已经在远征军服役的越南人（在 1949 年年初达到 3.8 万人）不愿意被分配到新军队，而且远征军从一开始就面临着军官严重不足的问题。更重要的是，根据《爱丽舍协议》，越南的外交和国防仍由法国控制，而且从其他各方面来看，这样的协议也显示出巴黎政府仍保留了最根本的统治权。也就是说，只有在法国领导人相信越南已经做好充分准备的情况下，保大统治下的越南才能进入独立进程。

这份协议并未在越南引发多少热情，这样的结果并不出人意料。越南民主共和国的领导层立刻予以公开抨击，胡志明在电台发表公开讲话，宣布他将坚持斗争，直到赢得全面独立。4 月，越盟以叛国罪罪名签署了对保大的逮捕令。与此同时，法国试着在其他越南人中间激发起对协议的兴奋感，可是由于民众要么无动于衷（"我自己的生活又不会好过一点儿"），要么愤世嫉俗（"所谓的独立就是幌子"），或者兼而有之，他们的努力付诸东流。[40]

尽管如此，法国还是保留着保大方案。眼见《爱丽舍协议》行不通，他们转而追求计划原本的主要动机：获得美国在物资和外交方面的更多支持。在协议墨迹未干时，甚至连国民议会都还没来得及看到这份协议的情况下，法国的海外部就将协议文本转交给美国的外交官们过目。在随后的几周里，法国官员抓住一切机会要让美国人相信法国政策的慷慨大度，以及将保大扶上台是避免越南被共产主义吞没的唯一手段。这个办法收到了成效，尽管美国政府长期以来一直质疑保大作为民族主义领袖的能力。早在 1947 年 12 月时，美国中央情报局就已经得出了一个结论，称任何在保大帝领导之下的政府都将因与法国的关系而遭到致命伤害，也永远不可能真正削弱民众对胡志明"疯狂的忠诚"。13 个月后，即 1949 年 1 月，国务院的一份分析预测，保大政府"或许事实上将成为一个脱离民众的傀儡政府，只有在法国军事力量的保护下才可延续"。而 1949 年 4 月的一份备忘录警告称，假如此种情况发生，"我们将盲目地走入一条死胡同，将我们有限的资源耗费在一场无望的角逐中"。41

杜鲁门政府的其他人说，这也许是条死胡同，也许不是。触动他们支持《爱丽舍协议》的是那么一丁点儿的可能性：万一保大能跟胡志明旗鼓相当，可以胜任一个温和派民族主义者的角色呢？况且，支持他及法国政府的危险，总归比什么都不做的危险小一些吧。毛泽东的军队眼看将在中国大获全胜，全球共产主义看似正在裹挟前进，所以总得做些什么吧。

还有一点至关重要，那就是美国社会出现了一些强有力的声音——要求美国介入法越战争。在 1949 年，亨利·R. 卢斯（Henry R. Luce）创办的《时代周刊》和其姊妹刊《生活》（Life）杂志坚称法国是在为了西方而坚守印度支那，因此必须获得美国的大力支持，随着这一年不断推进，这两本刊物的声音越来越响亮。许许多多的人听到了这个信息。在 20 世纪中叶，在很多美国人的心目中《时代周刊》不仅仅是一本杂志：在冷战中，它可以说是对美国从事的神圣事业的非官方但权威的描述。至于《生活》杂志，在美国拥有大学学历的男性中，高达 44.4% 的人是它的读者。尽管几乎没有几个美国人听说过卢斯这个名字，但他们欣然接受了经由卢斯审查后发布的新闻。1949 年 10 月，《时代周刊》宣称，"假如美国进入亚洲",那么它将必须"全身心投入,要带着金钱和权威,带着帮助亚洲人建立强大且自由的社会的意愿,带着防止他们在经历此种痛苦历程时不堪重压而自戕的决心"。该杂志坚定地表示,美国必须做出这样的努力。而其专栏作家约瑟夫·艾尔索普(Joseph Alsop)也表达了类似的观点,其中又以1949年6月他在西贡短期逗留期间撰写的四篇系列专栏文章最为引人注目,在文章中他严厉指责法国在跟保大的谈判中耽误了太长时间。[42]

对于胡志明来说,1949年同样是至关重要的一年。在这一年里,世界政府出现的惊人进展对他事业的影响,并不亚于对法国的影响。在经历了多年外交失利和国际孤立后,他的越南民主共和国终于将第一次品尝到真正成功的滋味,只不过它带来的影响是胡志明本人也始料不及的。这场战争将要发生变局。到目前为止,这一直是一场主要局限于法越双方的战争,一边是法国领导人想要重新收回对殖民地的统治,另一边是越南民族主义者意欲挫败对手,重新定义全新的后殖民主义秩序。而在1949年,战争的参与者将不仅于此,意义也将不仅限于此。

国际列强正纷纷来到越南。

注释

1. 博拉尔事实上并非拉马迪埃在印度支那高级专员这个职务上的首选。在几周前,拉马迪埃先找到了勒克莱尔将军,并许诺批准他得到新的权限。但勒克莱尔回绝了,他可能是受到了夏尔·戴高乐警告的影响。戴高乐是这么对他说的:"他们想利用你,你不懂政治……他们想让你扛下抛弃印度支那的责任……他们将让你出面投降。"见 Philippe Devillers, *Histoire du Viêt-Nam de 1940 à 1952* (Paris：éditions du Seuil, 1952), 397。

2. Coste-Floret quoted in Combat, May 14, 1947. 另见 Robert Shaplen, *The Lost Revolution：The U. S. in Vietnam, 1946 – 1966* (New York：Harper & Row, 1966), 58。

3. 可在以下著作中查看有关米斯的文献：David Chandler and Christopher E. Goscha, eds., *L'espace d'un regard : Paul Mus et l'Asie* (Paris：Les Indes savantes, 2006); Paul Mus, *Le déstin de L'Union Française de l'Indochine à l'Afrique* (Paris：Éditions du Seuil, 1954); John T. McAlister, Jr., and Paul Mus, *The Vietnamese and Their Revolution* (New York：Harper & Row, 1970), 7 – 8。在下面这本书中，米斯回忆了他自己的童年：Paul Mus, *L'angle de l'Asie*, ed. Serge Thion (Paris：Hermann, 1977), 214 – 15。受米斯启发，弗朗西斯·菲茨杰拉德创作了经典著作《湖中大火》(*Fire in the Lake：The Vietnamese and the Americans in Vietnam*, Boston：Little, Brown, 1972)。她表示用本书纪念米斯。

4. Douglas Porch, *The French Foreign Legion：A Complete History of the Legendary Fighting Force* (New York：HarperCollins, 1991), 527; Phillip B. Davidson, *Vietnam at War：The History, 1946 – 1975* (New York：Oxford University Press, 1991), 47 – 49.

5. 引自 Susan Bayly, "Conceptualizing Resistance and Revolution in Vietnam：Paul Mus' Understanding of Colonialism in Crisis," *Journal of Vietnamese Studies* 4 (Winter 2009)：196。

6. David Chandler, "Paul Mus (1902 – 1969)：A Biographical Sketch," *Journal of Vietnamese Studies* 4 (Winter 2009), 174; Paul Mus, *Viêt-Nam：Sociologie d'une guerre* (Paris：Éditions du Seuil, 1952), 312, 372; Paul Mus, *Ho Chi Minh, le Vietnam et l'Asie* (Paris：Éditions du Seuil, 1971), 79. 另见 Devillers, *Histoire du Viêt-Nam*, 404, 其中部分章节中讲述了 5 月 11 日会谈的细节。

7. 下面这本书未被翻译成英文出版，但其中汇编了很多米斯的思想：McAlister and Mus, *The Vietnamese and Their Revolution*。

8. Christopher E. Goscha, "French Lessons from Indochina：Paul Mus and the American Debate over the Legitimacy of the Vietnam War,"

本文尚未出版，由作者所有。

9. Mark Philip Bradley, *Imagining Vietnam and America: The Making of Postcolonial Vietnam, 1919 – 1950* (Chapel Hill: University of North Carolina Press, 2000), 148 – 76; Christopher E. Goscha, "Le contexte asiatique de la guerre francovietnamienne: Réseaux, relations et économie," Ph. D. dissertation, École pratique des hautes Études/Sorbonne, 2001, 563 – 99; Christopher E. Goscha, "Courting Diplomatic Disaster? The Difficult Integration of Vietnam into the Internationalist Communist Movement (1945 – 1950)," *Journal of Vietnamese Studies* 1 (February 2006): 59 – 103.

10. Bradley, Imagining Vietnam and America, 148 – 50; Tuong Vu, "From Cheering to Volunteering: Vietnamese Communists and the Coming of the Cold War," in Christopher E. Goscha and Christian F. Ostermann, eds. , *Connecting Histories: Decolonization and the Cold War in Southeast Asia, 1945 – 1962* (Washington, D. C. : Woodrow Wilson Center Press, 2009), 184.

11. Bradley, *Imagining Vietnam and America*, 148 – 50.

12. Benoît de Tréglodé, "Premiers contacts entre le Vietnam et l'Union soviétique (1947 – 1948)," *Approches-Asie*, no. 16 (1999): 125 – 35; Goscha, "Courting Diplomatic Disaster?"

13. 早在 1947 年 1 月时，皮尼翁已开始表达此种观点。下书中引述了皮尼翁撰写的备忘录：Philippe Devillers, *Paris-Saigon-Hanoi: Les archives de la guerre, 1944 – 1947* (Paris: Gallimard/ Julliard, 1988), 334。

14. Devillers, *Histoire du Viêt-Nam*, 397 – 98; Robert Shaplen, *Lost Revolution*, 62.

15. Lloyd C. Gardner, *Approaching Vietnam: From World War II Through Dienbienphu* (New York: W. W. Norton, 1989), 77; Martin Windrow, *The Last Valley: Dien Bien Phu and the French Defeat in Vietnam* (Cambridge, Mass. : Da Capo, 2004), 105.

16. 欲了解保大帝详细生平，可参考 Devillers, *Histoire du Viêt-Nam*, 61 – 64; George McTurnan Kahin, *Intervention: How America Became Involved in Vietnam* (New York: Alfred A. Knopf, 1986), 24 – 26。

17. Ellen J. Hammer, *The Struggle for Indochina, 1940 – 1955*

(Stanford, Calif.: Stanford University Press, 1955), 211 - 12.

18. Discours prononcé par M. E. Bollaert, September 11, 1947, Record Group 59, 851G. 00/9 - 1147, NARA.

19. Neil L. Jamieson, *Understanding Vietnam* (Berkeley: University of California Press, 1993), 212 - 13.

20. Christopher E. Goscha, "Intelligence in a Time of Decolonization: The Case of the Democratic Republic of Vietnam at War (1945 - 1950)," *Intelligence & National Security*, 22 (2007), 13.

21. Yves Gras, *Histoire de la guerre d'Indochine* (Paris: Plon, 1979), 190 - 97.

22. Bernard Fall, *Street Without Joy: Indochina at War*, *1946 - 1954* (Harrisburg, Pa.: Stackpole Books, 1961), 30.

23. Stanley Karnow, *Vietnam: A History*, 2nd ed. (New York: Penguin, 1997), 189.

24. Martin Thomas, "French Imperial Reconstruction and the Development of the Indochina War, 1945 - 1950," in Mark Atwood Lawrence and Fredrik Logevall, *The First Vietnam War: Colonial Conflict and Cold War Crisis* (Cambridge, Mass.: Harvard University Press, 2007), 144 - 45.

25. Consul General-Hanoi to Saigon, June 7, 1948, FO 959/19, TNA.

26. Shaplen, *Lost Revolution*, 62.

27. Andrew Roth, "French Tactics in Indo-China," *New Republic*, February 28, 1948.

28. 参见 Odd Arne Westad, *Decisive Encounters: The Chinese Civil War*, *1946 - 1950* (Stanford, Calif.: Stanford University Press, 2003), chap. 6。

29. 以下这项以文献为基础的研究为皮尼翁在印度支那的职责提供了近距离的观察：DanielVarga, "La politique française en Indochine (1947 - 1950): Histoire d'une décolonisationmanquée," doctoral thesis, Université Aix-Marseille, July 2004。

30. Mark Atwood Lawrence, *Assuming the Burden: Europe and the American Commitmentto War in Vietnam* (Berkeley: University of California Press, 2005), 203.

31. Hanoi to FO, n. d., FO 371/41723; Windrow, *Last Valley*, 105.

32. "General Report for September," November 1, 1948, FO 959/21, TNA.

33. Consul General-Hanoi to Saigon, September 20, 1948, FO 959/20, TNA.

34. Lucien Bodard, *The Quicksand War: Prelude to Vietnam* (Boston: Little, Brown, 1967), 125 – 26.

35. John English, *Citizen of the World: The Life of Pierre Elliott Trudeau* (Toronto: Alfred A. Knopf Canada, 2006), 185 – 86.

36. Gras, *Histoire*, 224 – 26.

37. 英方在 1948 年 10 月做出了这样一份审慎的报告："除了少数城镇、港口和极为靠不住的交通干道由法军掌握外，该国 80% 的地区都由叛军控制。" "French Indo-China," October 23, 1948, FO 959/23, TNA. 另见 William J. Duiker, *U. S. Containment Policy and the Conflict in Indochina* (Stanford, Calif. : Stanford University Press, 1994), 68。

38. "General Report for December 1948," January 2, 1949, FO 959/32, TNA.

39. Philippe Devillers, *Histoire du Viêt-Nam de 1940 à 1952* (Paris: Éditions du Seuil, 1952), 442 – 43; Joseph Buttinger, *Vietnam: A Political History* (New York: Praeger, 1968), 308.

40. Saigon to FO, n. d. , FO 959/45, TNA.

41. Lawrence, *Assuming the Burden*, 194 – 95; Karnow, Vietnam, 191.

42. Robert E. Herzstein, *Henry R. Luce, Time, and the American Crusade in Asia* (NewYork: Cambridge University Press, 2005), xiii, 140, 157; *Time*, October 10, 1949. 关于卢斯生平，下面这本书是一本极佳的传记：Alan Brinkley, *The Publisher: Henry Luce and His American Century* (New York: Alfred A. Knopf, 2010)。关于卢斯在此阶段强烈的反共思想，以及这何以塑造了他的刊物，同上书，chap. 11 – 12。关于卢斯出版帝国里的知识分子们，参见下面这本细致入微的专著：Robert Vanderlan, *Intellectuals Incorporated: Politics, Art, and Ideas Inside Henry Luce's Media Empire* (Philadelphia: University of Pennsylvania Press, 2010)。

第三部分

当东方遇到西方
1949～1953 年

第九章 "冷战中心"

"我们把手放在犁上，就不能再回头看了。"[1] 在评价美国放弃中立政策，提供切实的经济和军事援助支持法国的战争行为时，迪安·艾奇逊这样表示。这个概括很贴切，它不仅适用于 1949 年，也适用于接下来的漫长岁月。在接下来 20 年的相当一部分时间里，这都是美国政府在越南事务上的准则：莫回头，向前进。直到 1968 年，在林登·贝恩斯·约翰逊（Lyndon Baines Johnson）决定暂时停止对越南的轰炸，同意与河内谈判，并宣布自己将不会寻求连任时，一路前进的方向才得以扭转过来。而且即使在那之后，战争仍然持续了五年才得以终结。

艾奇逊的这句话引自他的回忆录，1969 年该书出版时林登·约翰逊正面临内忧外困，在被这场战争折磨得身心俱疲后逃离了华盛顿。在一年前，曾有一批"有识之士"——这群人中就有艾奇逊——为约翰逊提供建议，强调在越南的这条隧道已被黑暗吞噬，前面看不到一丝曙光。艾奇逊自然明白这个道理，因为早在 20 年前，他就已经被卷入了这场战争。他向来就不是一个以过度自谦而著称的人，他将自己回忆录的书名起作《创世亲历记》（*Present at the Creation*），而他本人确实也堪当这个角色。从 20 世纪 40 年代晚些时候到 50 年代初，美国渐渐成为全球霸权国家并以西方文明的捍卫者自居，在这起戏剧性事件中，艾奇逊是个主要演员，甚至可以称得上是最核心的演员。正如一些人所指出的，他比杜鲁门本人更应为杜鲁门主义承担责任，也比马歇尔本人在规划马歇尔计划方面发挥了更大的作用。其后，他挑起大梁，恐吓国会，迫使其同意美国加入北大西洋公约组织，这是美国在和平时期首次加入军事联盟。在塑造美国在战后国际舞台上的角色方面，艾奇逊的重要性超出了其他任何一位总统顾问，甚至有可能超出了杜鲁门总统本人。[2]

这当中也包括东南亚国家。虽然到了晚些时候，艾奇逊不再那么热衷于强调这个事实，但在美国对越南长期而困苦的行动中，他确实同样"亲历创世"。在 20 世纪 40 年代的后半段，国务院在印度支那决策方面起到主导作用，1949 年 1 月后任国务卿的艾奇逊（他也是众多国务卿中最强势、最有决断力的一个）则负责做出了 1949～1950 年的重大决策。

艾奇逊在政府中可谓扶摇直上。1893 年 4 月 11 日，他出生于康涅狄格州的米德尔敦，其父是该州圣公会主教。艾奇逊曾先后就读于格罗顿中学（Groton）和耶鲁大学，后从哈佛法学院毕业。在华盛顿的科文顿和柏灵律师事务所（Covington & Burling）工作了一段时间后，他于 1933 年进入联邦政府，任财政部副部长。在二战期间，他担任助理国务卿，1945 年成为副国务卿（这是国务院第二高的职位），很快就以做事有序、高效、精明、谨慎而享有盛名。1949 年 1 月，在短暂离开政府后，他被杜鲁门召回，升任国务卿。

杜鲁门之所以选择了艾奇逊，是因为他既忠诚又够资格，而且才识过人，当然，他的言谈举止一看就是做这件事儿的料，这也是个加分项。他穿着在伦敦萨维尔街定做的西服，昂首挺胸，他的风度、他的细致、他那种英式的冷幽默，都能让人联想起穿着细条纹裤子的外交官。"他看起来比我见识过的任何英国外交大臣都更像英国外交大臣，"长期任《纽约时报》华盛顿分社社长的"苏格兰佬"詹姆斯·雷斯顿（James Reston）说道，而这位记者也确实见识过几位英国外交大臣。艾奇逊确实是个彻彻底底的亲英派，在抒发对大英帝国的敬意时向来不假掩饰。同时，他还是个强硬的反共分子，在面对殖民地国家的民族主义领袖时往往唐突又缺乏耐心，对他们充满疑心。1949 年 2 月，国务院的一位分析人士指出越盟总部几乎没有发表过任何反美言论，这暗示胡志明在他的事业中仍然希望能得到美国的支持——至少是不干涉——但艾奇逊对此无动于衷。几星期后他说，问题在于胡志明"是如此明显的民族主义者，而是不是共产党根本无关紧要。殖民地的所有斯大林主义者都是民族主义者"。他进一步补充道，胡志明"完全就是共产党"。[3]

　　若承认存在民族共产主义的可能性，就等于承认这个世界复杂多变，可艾奇逊、杜鲁门以及其他的美国领导人完全不愿意承认这一点。打比方说，假如一年前刚刚公开宣布跟苏联决裂的南斯拉夫领导人约瑟普·布罗兹·铁托（Josip Broz Tito）真的既是民族主义者又是共产主义者，假如毛泽东和胡志明也都同样如此，那么，这个世界总的来说要比大多数美国人相信的那个世界更为复杂，这些人甚至包括像艾奇逊这样的饱学之士。不管眼前出现了何种证据，只要将这些领袖简单地视为克里姆林宫安插在世界各地的卒子，总归是要简单多了。[4]

　　以上这些都在证明，对于法国国防部那群焦头烂额的官员来说，艾奇逊的出现简直是天公作美。不过事实上，在上任最

219

初的几个月里，他为越南该往何处去的问题伤透了脑筋。1949
年 2 月，他辛辣地指出，"过去三年来"，法方"没有表现出
丝毫想要真诚地做出让步的意愿或决心，而看起来，退让对于
解决印度支那问题是必要的"。在这年早春，艾奇逊顶住了国
务院保守人士提出的要全面支持法国和保大解决方案的压力。
艾奇逊无法摆脱这样一种认识，那就是保大作为领导人来说不
堪一击，他无法赢得广泛支持，也无法摆脱法国只是为了寻找
一个新的幌子继续这场殖民战争才会找到他的质疑。在这方
面，艾奇逊支持国务院内部自由派人士的看法，比如查尔斯·
里德（Charles Reed），这位亚洲问题专家、驻西贡前总领事曾
在 1 月的备忘录中指出这是条"死胡同"，并在当年春天对印
度支那前景持续表达深切的悲观情绪。里德建议，美国最好是
在一个更友善的环境，比如泰国，表达其反共的立场。[5]

可是最终艾奇逊无法坚持按自己的认知行事，转而与保守
派站到了一起。6 月他前往巴黎参加一次外长会议，在听着美
国新任大使戴维·布鲁斯（David Bruce）详细解释为什么说
不支持法国的印度支那事业，将有可能对法国政治带来灾难性
影响时，他面露同情之色。布鲁斯指出，由人民共和运动、社
会党和激进社会党（又叫激进党）组成的中间派政府正面临
来自左翼共产党和右翼戴高乐主义者日益增加的压力。随着北
约协议即将签署，任何伤害到中间派的政策都有可能伤及美国
的战略利益，因为毕竟这个政府主要是因为印度支那路线而树
立了威信。让越南人获得全面独立，将迫使巴黎政府对其他殖
民地做出类似的允诺，尤其是摩洛哥和突尼斯。这位大使又补
充说，何况现在越南人也根本未对承担国家独立的责任做好准
备。[6]至于保大与其对抗越盟的机会，艾奇逊最后选择支持驻

西贡的新任总领事乔治·M. 阿博特（George M. Abbott）的主张。"我们的支持不能担保保大成功，"阿博特承认道，"但若没有我们的支持，他恐怕注定要失败。"艾奇逊认同这一观点，不过虽然同意是同意了，但他是一直等到 1949 年年底，才正式承认了保大政权，这至少使法国国民议会推迟了对《爱丽舍协议》的明确批准。[7]

至于胡志明呢？在 1949 年时，艾奇逊对他的看法越来越悲观。在多次接受西方记者的电台采访时，胡志明始终坚持否认自己是苏联傀儡，强调自己的政府并非共产主义政府，而是集合了多种派系。《新闻周刊》认为胡志明也许"目前更像是一位越南民族主义者，而非共产主义傀儡"，但艾奇逊不买账。4 月时，法国分析人士保罗·米斯告诉美国国务院的中层官员，说除了交趾支那的极少数人以外，胡志明已经得到了越南上下一致的支持。艾奇逊无疑听到了这种说法，或读到了谈话简报，但他再次拒绝让步。他和同侪反而选择相信如果支持越盟，一旦法国赋予"独立的"保大政权切实且有意义的权力，美国就将蒙受损失。[8] 那么，人们难免要进一步追问，如果保大没有得到这种权力会怎样？既然越南注定将独立，法国为什么还要继续打仗？可是没人讨论这个问题。

二

221

1949 年，更广阔的国际局势发展同样塑造了艾奇逊对越南的认识。他开始越来越重视东南亚的经济潜力，尤其是在促进日本经济复苏方面。考虑到中国形势尚不稳定，华盛顿的政策规划者们认为，确保美国控制之下的日本获得稳定和繁荣十分重要。盛产稻米、锡、石油和矿产，拥有 1.7 亿人口（比美国的人口还要多）的东南亚理应为这样的努力发挥重要作用。在东南亚事务上，国务院政策规划署（Policy Planning Staff）主任乔治·F. 凯南（George F. Kennan）和年轻的副国务卿迪安·腊斯克（Dean Rusk）对艾奇逊影响很大，艾奇逊还曾请腊斯克在亚洲政策方面承担更重要的职责。他们和政府其他一些分析人士认为，维持一个亲西方的东南亚，将为日本的经济复苏提供必需的市场和资源，同时也有利于西欧复苏（此时西欧已经开始走在弥合战争创伤的路上，但显示出增长放缓的迹象）。腊斯克举例表示，从印度支那进口大米，将对确保日本复兴带来莫大的好处。[9]

到 1949 年下半年时，出现了两个极其重大的事件：8 月，苏联首次原子弹爆炸实验成功；9 月，毛泽东的军队完成对蒋介石国民党军队的最后一击。国际事务专家们都知道，苏联早晚会制成原子弹，但大部分人认为其制成时间应该是在 20 世纪 50 年代初期或中期，而不是 1949 年 8 月。此事的影响力甚为深远（即使不像华盛顿一些宿命论者所说得那么可怕）。它意味着美国核垄断的终结，并让世人陡然对斯大林是否会采取更具侵略性的姿态以扩张势力范围产生了恐慌。次月，毛泽东巩固了在中国的胜利，人们的忧虑更是与日俱增。专家们对于这起事件的出现及其时机自然并不意外——南京在 4 月被共产党占领，上海在 5 月，长沙在 8 月——但在听到蒋介石及其残军逃至台湾，毛泽东登上北京的天安门城楼宣布中华人民共和国成立的消息时，美国普通人一下子警醒了起来。

尽管包括艾奇逊在内的一些美国高级官员相信，苏联和毛泽东的政府将不可避免地出现裂缝，但在短期内，眼前的危险显得如此真切，毕竟转瞬间共产主义劲敌的数目就翻了一番。

在这年 6 月时，一份美国国家安全委员会的报告表示："共产党在中国的权力不断蔓延，这意味着我们在政治上惨败……如果东南亚也被共产主义横扫，我们遭遇的这次政治溃败将在全球各地带来反响，尤其是在中东地区，而在此后，澳大利亚也将毫无掩蔽，形势危殆……殖民主义－民族主义的冲突为具有颠覆性的共产主义运动提供了一片沃土。现在形势已十分明朗：东南亚是克里姆林宫所直接主导的协同攻势的靶子。"[10]

事实上并没有所谓协同攻势。斯大林对东南亚仍旧没什么兴趣，这一点很快就显而易见了，而且他对于中国发展的态度显然十分矛盾。不过，美国领导人却认为共产主义在该区域已经开始整装待发——这样想也在所难免。除了毛泽东在中国、胡志明在越南，共产党领导的起义也相继在印度尼西亚、新近独立的缅甸、马来亚和菲律宾爆发。这四个地区的起义虽然都以失败告终，但在 1949 年晚些时候，它们的出现就已经进一步加剧了美国人的恐惧。历史的车轮是否已经驶向共产主义这一边？这种看法虽然并不客观，但它是否会不断攻城略地，产生从众效应（bandwagon effect），进而对美国的国家安全利益造成恶劣影响？看起来，这一切都太有可能发生了。

国家安全委员会的这份报告，以及对东南亚失守产生的深远后果所提出的警告——中东！澳大利亚！——是后来所谓的多米诺理论的雏形。这个理论认为只要推倒游戏中的一个部件，其他部分也会跟着倒塌。在接下来的 25 年里，不管是平民还是军方、共和党还是民主党政府中的高官，都将越南战场的结局跟一系列地区和国际连锁反应联系在一起，并认为越南战争一旦失利，将不仅给这个国家，而且会给东南亚其他国家甚至更广泛的地区带来灾难性的后果。时过境迁，多米诺理论

223　的内涵与说服力虽然有些许变化，但它的核心观点始终不变：
假如允许越南"沦陷"，其他国家将不可避免地步其后尘。

　　这一直是一个奇怪的理论，而且随着时间推移，我们将看
到这一点变得愈发明显。它最离谱的错误在于想当然地认为东
亚和东南亚的各个国家不是单独的个体，没有各自的历史，在
社会、政治和经济生活中不存在与众不同以及与邻国相异的独
特环境。不过，在 1949 年年底至 1950 年年初，毛泽东的胜利
所产生的区域影响尚不明朗时，这个理论确实有它的说服力，
而且它大而化之的形象化描述对于此阶段美国国内紧张的政治
气氛也十分适用。如同末日劫难般的反共主张在此时司空见
惯，而杜鲁门政府更是因此受到了猛烈攻击。趁着唯我论在美
国大行其道，共和党人（和一些保守的民主党人）鼓吹只有
美国人理应为苏联核爆和中国崩盘负责。他们还相信，苏联间
谍跟美国共犯一定是一起窃取了美国的机密，这才加速了斯大
林的核爆时间表（确实如此）；杜鲁门一定是早已"丢掉"中
国，在原本力所能及、可以提供援助的情况下眼睁睁地看着蒋
介石的军队被打败（并非如此）；而现在，共产主义攫取亚洲
所有国家的时机业已成熟（并不见得）。至于中国，加利福尼
亚州一位名叫理查德·M. 尼克松的年轻议员形容道："在共
产党这一边的牌桌上，一手好牌已经被摆好了。"[11]

　　艾奇逊在早期因被人当作"赤色分子"而遭到攻击。在
1949 年有关前国务院官员阿尔杰·希斯（Alger Hiss）被控从
事间谍活动的确认听证会上，他拒绝对其做出批评；一年后，
经过了两次轰动的审判，希斯伪证罪名被判成立，艾奇逊庄重
地对记者宣布："我不打算在此时抛弃阿尔杰·希斯。"共和
党这边早就烦透了艾奇逊的傲慢自大（有人说，他说话时

"就好像有一片鱼肉卡进了胡子里"），在他们看来，这是个不
容错过的机会。威斯康星州参议员约瑟夫·麦卡锡（Joseph
McCarthy）在参议院的一次听证会上，打断了"国务卿先生在
最后几分钟所做的慷慨陈词"，公开质问艾奇逊是否此时也不
愿意抛弃华盛顿的其他共产党人。理查德·尼克松称艾奇逊的
发言"令人恶心"，后来更形容他是"遏制共产主义懦夫大学
的赤色系主任"。印第安纳州共和党代表威廉·詹纳（William
Jenner）插话说，艾奇逊就是共产党分子，正是他通敌卖国，
害得中国落入共产党手中。后来尼克松在自己的回忆录中阐述
说，共和党正想要寻找一个代表东方体系失灵的标志，而艾奇
逊是个完美的靶子。"他修剪整齐的小胡子，他穿的英国粗花
呢，还有他目中无人的举止，使得他成为媚上欺下的驻外人员
的完美衬托，而且从心智上来说，他特别容易被共产党的那套
说辞全盘打动。"[12]

    艾奇逊是美国冷战战略的主要设计师，对共产主义的反感
深入骨髓，对他的指控实在是荒谬至极。但放在 1949～1950 年
的大环境中，人们对政府做出的这些攻击确实产生了效果，同
时，在理解美国所做出的对法国越战实施援助的决定时，也必
须考虑此时美国国内剑拔弩张的政治局面。迫于压力，尤其是
中国失守的形势，艾奇逊和杜鲁门感觉有必要在其他地方，特
别是中国周边地区展示美国的实力，好抵挡住共和党对于政府
在面对莫斯科以及北京时过于软弱的指控。他们顺理成章地瞄
准了东南亚。

224

三

    到了 1950 年年初，全世界最强大的国家看来已经准备好

全力支持法国的战争行为。不过，美国人仍然未采取官方行动，而且由于从东方传来的一些重大的新闻，他们的行动还要搁置一段时日：1 月 18 日，中国表示正式承认胡志明政府；1月 30 日，苏联做出同样的表态。在其后几周，苏联的几个东欧卫星国紧随其后表态，朝鲜也跟着表态。长期以来在外交舞台上处处碰壁的越盟陡然获得了空前的成功（不过我们也将看到，它会为此付出沉重的代价），对于这样的成功，胡志明既孜孜以求，又对它可能产生的影响感到恐慌。[13]

　　起初胡志明将努力的方向紧紧围绕着苏联展开。但他面前的这条路布满荆棘，因为他决意要尽力避免激怒美国人，以防他们选择全面公开支持法国和由保大领导的反革命政府——至少在 1949 年的大部分时间里胡志明持的是这种立场。1948
225　年，印度支那共产党提醒党内官员切勿在讲话中公开批评美国政府，而应采取中立路线。

　　　　在现行阶段，以及美利坚合众国未背弃我们的任何时
　　期，我国政府均须对美利坚合众国持下列外交政策：［我
　　国政府］将既没有反对他们的意愿，也不会以任何方式
　　招致对方的敌意……不仅如此，但凡涉及公开事务，政府
　　将严格限制在任何文件、报纸或书籍中出现任何有可能对
　　我国与美利坚合众国之间的外交政策带来不利影响的言
　　论，哪怕一字一句都不容许。[14]

　　对于早就质疑胡志明是否忠诚于社会主义的苏联领导层来说，这样的姿态显然不招人待见。印度支那共产党在当时做出这样的表态也绝非异常——1945 ~ 1950 年，但凡胡志明接受

采访，当被问及更广泛的国际形势和东西方日益扩大的鸿沟时，他总是谨慎地采取中立的立场。即使印度支那共产党的领导人们为毛泽东的共产党大军不断北上而欢欣鼓舞，他们也只是静悄悄地庆祝；即使是在努力争取莫斯科政府的认可和支持时，他们同时也还在跟美国驻曼谷的外交官会晤，其中包括威廉·H. 亨特（William H. Hunter）中尉，这位海军助理武官曾在印度支那各地游历，跟法越双方的人都有私交。斯大林自1948年起就跟一心想要闹独立的南斯拉夫领导人约瑟普·布罗兹·铁托矛盾重重，他现在绝对不能容忍任何一个无法对克里姆林宫路线完全效忠的共产主义者。[15]

法国共产党的领导人莫里斯·多列士曾试图说服斯大林，他认为胡志明在共产主义事业上的忠诚是可以信得过的，而斯大林仍然有所顾忌。斯大林称，在二战期间胡志明跟美国人牵扯得太深了，而且在做出重大决策前都没有征询过克里姆林宫方面的意见。一个极佳的例证是胡志明在1945年解散了印度支那共产党。多列士进一步解释说，此举无非是一种策略而已，但这位苏联独裁者压根儿听不进去。1950年1月14日的一份苏联外交部部长备忘录谈到了胡志明在采访中屡次"态度暧昧"。"说到越南政府对美国的态度，胡志明现在回避美国对越南采取的扩张政策……直到此时，胡志明仍然在避免评判北约组织的帝国主义本质以及美国试图将太平洋集团建成北约分支的行径。"[16]

可是，就在1月进入尾声之时，苏联踏出了关键的一步，在外交上承认了越南民主共和国。原因何在？这主要是因为毛泽东开了个头，斯大林认为自己别无选择，只能跟着照办。而在中国人这边，从各个方面来看这都是一个相对简单的决定。

226

胡志明政府与毛泽东军队之间的联系在很长一段时间以来都不算紧密，这既是因为地理分隔，也是因为中共一直在忙于自己的战争，没有分身之术为越南提供直接且大规模的支援，但从1948年晚些时候，双方的联系一下子密切起来。1949年1月，长征在印度支那共产党第六次全体大会上介绍说，毛泽东的军队可能将迅速占领全中国，而且"我们应当做好欢迎它的准备"。4月，蒋介石的国民党军队逃离南京，红军跨过长江，而在当年年中，越方派出了约1000人的军队进入中国南方，与当地的共产党军队共同袭击国军。中共的高层领导人并没有像斯大林那样，为胡志明1945年解散印度支那共产党的事情而反复纠结，因此他们把越南参与中共战争的事情视为越盟信守国际主义承诺的标志。

1949年中期，中共领导人公开表示在冷战中决心采取"一边倒"的外交政策，并坚决抛弃铁托主义；中共二号人物刘少奇前往莫斯科，与包括斯大林在内的苏联领导人展开秘密会晤。[17] 他们讨论内容中一个核心议题是越南革命以及对此的反应。斯大林再次流露出对东南亚无甚兴趣的态度，表示希望中共在为越盟提供支援方面承担主要责任。刘少奇表示同意，同时跟顾虑重重的斯大林承诺说，胡志明内心深处是个真正的国际主义者。当年平安夜，毛泽东在莫斯科与斯大林会谈时，做出了同样的保证。当天，已回到北京的刘少奇在主持政治局会议时谈到了印度支那政策。他对同志们表示，只要下定决心支援越盟，中共必然会付出代价，因为当时法国政府尚未决定是否对新中国做出外交承认，倘若北京选择承认越南民主共和国，显然会惹恼法国。然而，政治局仍然决定邀请越盟代表团来北京商讨大计，同时派出中国人民解放军的高级将领罗贵波作为中共的总代表前往越南。

接下来的那一周，胡志明化名"丁同志"，步行跨越中国边境，身上穿着的是他那招牌的卡其色布外套。他走了整整17天，大概是在 1950 年 1 月 20 日到达广西，1 月 30 日到达北京。当时毛泽东还在莫斯科，但刘少奇跟胡志明保证说，越南将会得到重大支援，包括外交承认。[18]

从北京出发，胡志明继续向莫斯科前进，在 2 月 10 日乘坐火车到达苏联首都。毛泽东当时也在莫斯科，他本人已经受够了俄国苦寒的冬天和斯大林的满腹狐疑。斯大林长期以来觉得毛泽东同样信不过，认为他是个冒牌的共产主义者，对其动机永远要打一个问号。早在 1940 年时，斯大林就抱怨说中共主要是个农民组织，为工人阶级提供的舞台太有限。他将毛泽东说成"跟穴居人似的马克思主义者"，批评他的思想过于原始，而且跟胡志明一样，思想更接近民族主义而非国际主义。虽说在 1948 年时中共曾支持莫斯科将铁托从共产党和工人党情报局（Cominform）里踢了出去，但斯大林仍然认为毛泽东和胡志明都是隐藏极深的铁托主义者。"他不信任我们，"事后毛泽东在谈及斯大林对中共的看法时发牢骚道，"他觉得咱们的革命是假革命。"[19]

当然，斯大林本人的民族主义也跟他自己的立场有关系，随着二战演进，他对于国家安全的优先级别也在调整。在中国内战的多数时间里他一直持中立立场，认为分裂的中国对苏联利益有好处。甚至直到 1949 年年初时，他仍然力劝毛泽东不要跨过长江，而是守住中国北方的半壁江山，并强调这样更稳妥，不至于激怒美国。但是当中国共产党的军队继续向前推进，并且取得了军事上的成功后，斯大林修正了自己的措辞。

此时他称赞毛泽东是个"真正的马克思主义领袖",并在毛泽东访苏期间同意撤销此前与蒋介石政府缔结的《中苏友好同盟条约》,并与新中国签订一份新的同盟互助条约——不过斯大林是在拖延了数周后才做出了上述决定,在此期间毛泽东只能牢骚满腹地被困在斯大林的乡间别墅里,既像是囚徒,又像是养尊处优的贵客。[20]

228

在毛泽东的力促之下,斯大林终于同意会见胡志明。这位苏联领导人仍然把关注点集中在欧洲,也仍然不信任胡志明。他声明政府将承认越南民主共和国,但排除了苏联直接卷入法越战争的可能性。斯大林表示:"中国和苏联所付出的努力得划一条界线。"由于他的政府需要首先确保在东欧的行动,至于越南想要得到什么,就得找中国帮忙。"中国不会吃亏,"斯大林进一步说,"因为它是先从苏联拿到簇新的东西,再为越南提供二手物件。"胡志明希望争取斯大林同意跟越南民主共和国公开缔结同盟条约,内容与苏中公开签署的协议一致。斯大林断然否决,这不可能,他回答说;毕竟胡志明是秘密抵达莫斯科的。胡志明半开玩笑地回答说,他可以坐直升机在莫斯科上空盘旋一圈再降落,以获得适当的宣传曝光。对此斯大林回答说:"噢,你们这些东方人啊。你们的想象力可真丰富。"[21]

很难说这是胡志明希望得到的待遇,但毛泽东跟他保证说(先是在莫斯科,之后在3月3日他们一起重返北京后再次做出这样的承诺),中国将尽全力"为越南与法国斗争提供一切所需的军事援助"。在毛泽东看来,越南战争代表了一个鼓吹中国革命模式的机会,同时也对中国的国家安全利益有帮助。他跟之前的很多中国统治者一样,希望避免让邻邦落入敌人之手,而且他特别担心美国更深入地卷进来——不管是在印度支那、台湾海峡，还是在局势日益紧张的朝鲜半岛。[22]

　　胡志明和中共高层之间的个人关系或许也起到了一定的作用。早在 20 世纪 20 年代早些时候，人在巴黎的胡志明就已经结识了一些中共领导人，比如周恩来、王若飞和李富春；后来，他曾在广州协助米哈伊尔·鲍罗廷（Mikhail Borodin），后者是共产国际驻中国国民政府代表。在广州时胡志明还从事了各种反殖民主义活动，其中一项是为越南年轻人讲授政治课。为了这门课，他还邀请了不少客座讲师，其中包括周恩来和刘少奇。胡志明中文流利，后来将毛泽东的著作《论持久战》译成法语。[23]

　　现在，四分之一个世纪过去了，当胡志明坐上返回祖国的火车时，他十分笃定，知道自己的事业将获得中国的支持。但是，当他从车窗向外极目远眺，思考着前路时，他的心中想必摇摆不定。中国和苏联对自己政府的外交承认不管有多必要，都必然将疏远大量的越南温和派，也将使越南在与亚洲其他非共产主义国家打交道时，所能回旋的余地变得更加有限。它同时还将使越南民主共和国与美国、英国和日本隔绝开来，并且大大增加了美国出面干预、站在保大和法国一边的危险。他已经丧失了一定程度的独立。在 1949 年的多个时间节点上，胡志明曾公开否认自己的政府将要么跟中共，要么跟斯大林领导下的苏联走到一起。比方说，在一次接受美国记者哈罗德·伊罗生的采访时，他曾表示越盟臣服于苏联或中国的说法纯属无稽之谈，并立誓越南民主共和国将通过自己的努力争取独立。在这方面，中共真的可以信任吗？尽管在北京时中越双方又是举杯祝酒又是郑重宣誓，但双方仍然存有疑虑，胡志明这边也不例外。[24]

229

四

在回家的漫长旅途中，还有一桩事让胡志明愁肠百结：他曾那么狂热地希望争取美国人支持自己的事业，从一战时他就已经对美国建立了或多或少的信仰，早在凡尔赛会议时就开始尝试让伍德罗·威尔逊听到自己的声音，而现在，这种希望已经彻底破灭，并且有可能永无机会实现了。2月7日，当胡志明还在奔赴苏联首都的路上时，迪安·艾奇逊宣布美国正式承认保大政府及其在老挝和柬埔寨的姊妹政权。艾奇逊宣称，"由苏联帝国主义统治"的任何地区都不可能存在安全、民主和独立，因此美国将向法国及其在印度支那的联合政府提供经济与军事援助。[25]

法国官员们终于得到了他们争取多年的结果。在此后，他230 们又欣喜地看到英国、澳大利亚和新西兰承认保大政府，紧接着一连串国家的外交承认接踵而来：比利时、卢森堡、荷兰、希腊、意大利、西班牙、韩国、泰国、阿根廷、玻利维亚、智利、哥斯达黎加、古巴、洪都拉斯、巴西、委内瑞拉、约旦和南非。只有两个亚洲国家——韩国和泰国——做出这番姿态，这确实有点儿让人担心，但巴黎的分析人士们仍然觉得拐点已经出现。"目前的形势带来的效果，是将原属于法国的问题国际化，"法国外交部的一份电文欢欣鼓舞地写道。[26]

这恐怕是法国官员口中说出来的最真实的话了。巴黎的官员们真的完成了这桩使命：向越南输入冷战。和越盟一样，法国也始终对让外国势力卷入印度支那事务感到矛盾重重；此外，和越盟一样，他们仍然选择赌一把，即将战争国际化，将这场斗争推向外交前沿。法国已经说服它主要的西方盟友相信一点，那就是现在是法国承受着东方与西方、共产主义与自由力量之间的这场国际冲突的主要冲击。现在，这些政府事实上已经认同，在印度支那岌岌可危的并不仅仅只有法国的殖民主义政权，既然法国正在替盟国打这场战役，就有权获得军事和政治上慷慨无私的支援。[27]

归根结底，这意味着美国的支援。巴黎政府的官员们虽然为众多国家与联合邦缔结关系而欣慰不已，但事实上这其中只有一个国家至关重要（最能说明问题的是，其他所有国家都是在华盛顿做出声明后紧随其后）。不过，即使是在 2 月 7 日传出了如此惊人的好消息后，法国仍然担心将有可能丢掉宝贵的战利品。他们尤其担心杜鲁门政府为了提高自身在越南的影响力，同时避免染上殖民主义的污名而索性绕过法国，直接向保大提供援助。事实上美国的决策层确实想过这一点，尤其是在 3 月，保大政府的国防部部长潘辉括（Phan Huy Quat）向美国驻西贡领事官员埃德蒙·格利恩提议说，美国可直接承担训练和装备越南军队的责任，他们此后曾慎重考虑这种可能性。[28]

法方对此的回答是：不行，不可能，绝不允许。法军新派驻越南的指挥官马塞尔·卡尔庞捷（Marcel Carpentier）将军对《纽约时报》称，如果美国将军事装备直接给了保大，"我将在 24 小时内辞职"，同时他表示越南人"缺乏有效利用这些装备的军事组织。就跟在中国的情况一样，这些装备会被白白浪费，对这一点，美国已经吃过苦头了"。法国驻印度支那高级专员莱昂·皮尼翁表达了同样的看法，他耐心地对一位记者解释说，只有法国拥有接收和调配武器及其他装备的技术能力。皮尼翁还跟一位英国外交人员吐露了真心话，说保大为人懒散，而且没有追随者；此外，尽管越南军队在跟法国军队整编在一起时，在战场上表现得差强人意，但一旦独立作战就士气低落、目无军纪。法国人生怕自己的地位遭到任何动摇，还掏出了一张王牌：假如华盛顿无法提供援助，或者需要保大政府做出过多让步，他们有可能会从印度支那一走了之。法国外交部部长亚历山大·帕罗迪（Alexandre Parodi）告诉美国大使戴维·布鲁斯，倘若发生这种不测事件，"我的国家有可能要减少自身损失"；法国的其他外交官员在其他场合也都发出了类似的警告。[29]

　　这只是法国虚张声势？可能吧，但杜鲁门政府不这么认为。3月，国务卿艾奇逊以他惯有的坦率对参议院外交事务委员会说："我们不想陷入这种局面，听着法国人说，'你们接手吧；我们没办法再这样继续了'。我们希望法国留在那里……法国必须在印度支那继续扛着［负担］，我们乐意帮忙，但不能替代他们。"艾奇逊提醒在场的议员们注意："我们得小心行事，不能把法国人逼得太过火，否则他们可能会说，'好吧，你们来接手这个该死的国家好了，我们不想要它'，然后把他们的大兵装到船上，送回法国。"[30]

　　在做出这番表述时，盘桓在艾奇逊心中的不只有印度支那。他还在想办法避免破坏巴黎政府的稳定，因为此时美国正打算对巴黎当局与德国的联盟政策做出让步。所有因素叠加在一起，限制了华盛顿对于法国的制衡能力，而这让艾奇逊深感挫败。5月1日，杜鲁门总统正式批准了对印度支那联合邦总计2330万美元的援助计划。总统是在艾奇逊的建议下做出了这个决定，可是这位国务卿仍旧觉得很气馁，他对自己的手下说，法国看起来"瘫痪了，既不能前进也不能后退"。现在美

232

海防空军基地，一位技师正在给飞机改头换面，将一架美国提供的 C－119 运输机机身上美国空军的白星，用油漆刷成法国三色旗的颜色。

国唯一能做的就是继续施压，寄希望于卡尔庞捷和他的远征军能力挽狂澜，让胡志明乖乖就范。几周后，负责远东事务的新任助理国务卿迪安·腊斯克在参议院外交事务委员会上，对相关政策做了简短汇报。他说，美国必须支持法国在印度支那的活动，因为如果没有了法国，共产党会在那里取胜。一位议员问，这种混乱局面将持续多久？腊斯克回答说他并不清楚，但补充称他本人对此并不悲观。他说，整个亚洲都在等待最后的结局。[31]

腊斯克或许不悲观，但华盛顿的其他官员可不这么想。在二战时富兰克林·罗斯福就曾立誓要阻止法国收复印度支那，在此之后，有不少人也预见到美国一旦加入这场针对胡志明的战争，将会大难临头。持这种观点的一些人是在国务院——比方说东南亚局的负责人查尔顿·奥格本（Charlton Ogburn），他对美国的军事援助是否能对一场徒劳的殖民战争起到切实的作用表示怀疑——还有一些人则不在行政部门，甚至有些完全不是政府内部的人。美国当时最有影响力的专栏作家沃尔特·李普曼曾在几周前的4月初，尝试劝阻当局做出这个看来注定将要选择的决定。"我们不应彻底扭转我们在亚洲的立场，即支持一场针对民族独立的殖民战争，"他在专栏中写道，"这将破坏我们在亚洲其他地区的声望。而且即使我们仍然愿意这么去做，国会无论如何都不会，也不能向法军提供足够的经济与军事援助，供其展开一场将延续多年的平定运动。"[32]

可以想象艾奇逊在读着李普曼的文章时，会如何神情凝重地点头认同；对于这篇文章，他恐怕完全没有异议。可是，当美国决定支持法国这场已经持续四年之久的战争时，艾奇逊只能将赌注押在美国有能力维护自己的声誉上——他们能做的，无非是继续向巴黎施压，要求其允许"联合邦"获得更多的权利与自由。

新的一天曙光在望。在艾奇逊宣布承认保大政府时，西贡也许总共居住着十几个美国人，在越南其他地方居住的美国人也不超过这个数。法国一直在排斥美国的商业投资，因此在印度支那的美国人绝大多数是传教士——总计约120人，其中大部分来自基督教宣道会，另外的一小部分则属于基督复临安息日会。而现在，随着美国在这里参与的程度显著增加，2月来到西贡担任美联社西贡记者站站长一职的西摩·托平，发现杜鲁门政府开始集结"干预时通常会用到的全套装备"：不光是大批外交和情报工作人员，还有经济与军事援助使团。作为

"与越南友谊的象征",美国军舰也驶入该市的港口。[33]

自由派杂志《新共和》(*New Republic*)对这个新的现实总结称:"东南亚现在是冷战的中心,而印度支那是东南亚的中心。在拯救印度支那的大计中,美国迟到了一会儿。不过现在,我们已经出发了。"[34]

五

在越盟总部,领导人们意识到他们面临的是美国大力加强对法国战争援助的真切前景。这样的可能性令他们焦虑,尤其是在战争双方的均势依旧如此微妙的情况下。但大部分越盟高层官员仍然确信他们可以取得足以载入史册的胜利。他们已经赢得了世界上两个最重要的社会主义国家的正式承认,而且其中一个国家有望提供重要援助。越南已回到了世界版图上,用印度支那共产党总书记长征的话来说,现在国际共产主义世界的范围已经在一定程度上从易北河延伸至湄公河了。看起来,这个国家终于可以彻底扫清屈辱的殖民主义历史。在 1950 年 2 月的早些时候,胡志明尚不在国内时,该党就已做出决定,将追随毛泽东的脚步,在冷战中站在苏联领导的共产主义一边。长征告诉他的同志们,为一场民族解放战争而奋斗,这还远远不够;在这场对抗由美国领导的帝国主义阵营的国际主义战争中,越南将承担自身的角色。

在谈到民主阵营对抗帝国主义阵营的斗争时,印度支那是前沿阵地,是东南亚反帝国主义防御带的堡垒。……在印度支那,出现矛盾冲突的不仅是我们的人民与法国殖民主义者之间的利益,事实上更是帝国主义和民族主义这两大阵营的利益在国际层面上的冲突。印度支那的问题已经彻底发展为国际问题。[35]

　　新的中越协定很快就显现出实实在在的效果。在短期内，北京建立起了一个中国军事顾问团，并将解放军高级军官派往南方，协助训练越盟军队并商讨战略。解放军第四野战军为越南人设立了一个军事学校。中国向越盟提供了数目可观的军事和非军事装备，不过这跟接下来美国向法军提供的援助比起来还是相形见绌。6月底朝鲜战争爆发，以及美国宣布将采取武装干涉以支持韩国，这进一步加强了中越之间的纽带。随着美国第七舰队开入台湾海峡，北京的领导人确信华盛顿政府已经走上了侵略中国、朝鲜和越南的道路。7月，由韦国清上将率领的军事顾问团正式成立，团中79名军官接到指示称，他们将在越南承担"光荣的国际主义使命"。8月，顾问团成员抵达越南。[36]

　　此时，法国在北圻北部的军事设施已经极端脆弱。在1950年8月之前的很长一段时间里，事实上是在1949年早些时候，随着中国人民解放军在中越边境日益活跃，并几次参与越盟军队的行动，法军指挥官就已经对毛泽东的军队在中国南方一路推进的势头大感不妙。1949年5月，巴黎方面派总参谋长乔治·勒韦尔（Georges Revers）将军前往越南视察军情，并在考虑中共有可能取得最终胜利的情况下做出他的个人评估——需要一提的是，这位将军的名字有些不吉利，在法语中"Revers"有"挫败"或"失利"之意。在1950年年初的那几个月中，战情总体上没有变化，仍呈现僵局，可这跟以往一样，仍然对法军不利。越盟没有对三角洲地区展开大规模进攻的能力，但他们持续在主干道后方渗透，并不断减少由保大政府控制的村庄数量。在北圻地区，河内和海防之间的重要交通枢纽不断遭到游击队袭击，与此同时，法军由于兵力严重不足，无法巩固攻占的领地。安南出现了同样的局面。在交趾支那，法军的平定努力取得了一些成功，但越盟在里兹平原和金瓯半岛的基础仍然保持得相当稳固。基于双方的军事力量，1949 年下半年，由阮平将军指挥的越盟军队得以在湄公河三角洲内部和周边展开了大量规模较大的军事行动，有时所用兵力达到成百上千人；法军被迫派出大量增援，尽管镇压了这些行动，但代价惨重。[37]

越盟可以在任何地方发动袭击。美国大使馆的埃德蒙·格利恩曾这样回忆 1950 年 4 月底法国安全总局的头儿被刺杀的情景：

当时是早上，不过我不是从自己的公寓出来的，刚走到那里时，刚巧看到巴赞［安全总局局长］准备钻进车里，手里拿着个皮制的文件夹。在他前面停着另一辆小汽车，里头坐着几个越南人。正当他准备上车时，一个越南人从停着的那辆车里一下子跳到他前面，双手握着一把巨大的左轮手枪，姿势跟美国电影里的一模一样，双手持枪对着他的肚子连开了几枪。我就站在街对面，这是条很窄的小街，我立刻躲到了一把［露天］理发椅的后面。刺客上了车扬长而去。讽刺的是，当时正准备举行什么仪式，有一支法国军队为了活动正在演练，我记得这个刺客从他们前面径直经过——最终人们也没将他抓住。

就在被刺杀前，巴赞对一位法国记者说："越南的电台每

236

天都在叫嚣'巴赞，你死定了'。"他说，他希望能在他们拿下他之前，将对方一一捉拿。[38]

　　法国最高指挥部发现，他们越来越频繁地将宝贵的人力用于完成最基本的任务上，即需要在日间维持最起码的公路和河道交通通畅。指挥部沿特定道路建立了一连串的军事岗哨，其任务是对核心区域保持视觉监控，并通过召集迫击炮和大炮火力对更广泛的区域实施安全管辖。1948年，瞭望塔开始遍布交趾支那，次年向越南中部延伸。这类瞭望塔通常每两个相距约1公里，保持在彼此可以目视到的范围内，每个瞭望塔配备五六个人，通常是援军。这套办法取得了一定的成功，但需要大量军人留守原地，而且事实证明这些岗哨在夜间极易遭到越盟袭击。

　　勒韦尔在自己的报告中详细列出了很多相关问题，并得出了令人警醒的结论。他认为从长远来看，不存在任何对法国有利的军事解决方案。所有行动都应从这个基本点出发，而且最终巴黎领导人需要与胡志明的越南民主共和国寻求"勇者的和平"。保大是个软弱无能的领导人，他的政府所获得的支持甚少，而法国又不可能安排足够的人力向印度支那的民众施加自己的意志。鉴于越盟或早或晚必将从中共方面获得重大支持，法国不能想当然地以为自己仍能掌握整个北圻地区（至少在没有美国地面军队参与的情况下不可能）；相反，它应从整个北圻撤军，仅在红河三角洲地区周边，以海防、和平、越池、太原、芒街为界，在这个大致上是四边形的区域留守兵力。4号公路沿线与中国接壤的堡垒已经遭到持续不断的残酷攻击，如果中国人民解放军到达边境，意欲支援越盟，防守的难度将显著增加。此外，这些堡垒的战略意义也已经不再那么重要，并且它们严重牵扯了在红河三角洲地区急需的军力。[39]

勒韦尔的报告属最高机密，仅供法国高层政策制定者在私下交流。因此，在越盟电台播出了它的内容摘要，之后巴黎公交车上的一个法国士兵和一名越南学生打架，在后者公文包中发现了一份报告副件时，它引发了轩然大波。这位名叫杜大福（Do Dai Phuoc）的学生将法国反间谍特工领到了另一名越南学生的公寓处，在那里，特工又发现了 72 份副件。之后的调查显示，这份文件已在巴黎主要的越南人社区广泛流传。一场称为"将军事件"（The Generals' Affair）的重大政治丑闻爆发，让好议论时政的知识分子阶层为此兴奋了好几个月，导致勒韦尔呼吁的从北方堡垒撤军的决定被人为拖延。[40]时间一个月一个月地溜走。1949 年晚些时候，武元甲加大了对 4 号公路护送车队的打击力度，而中国人民解放军在中国南方的地位得以稳固，这进一步加强了他对法军实施一次大规模攻击的决心。此时新上任的法军总司令马塞尔·卡尔庞捷（他的仕途平步青云，1940 年还只是少校，1946 年时就已经升为中将，但对印度支那知之甚少）意识到了一点：这些堡垒已经成为越盟汪洋大海中的孤岛。对此，武元甲也已经清楚地意识到了。

注释

1. Dean Acheson, *Present at the Creation: My Years in the State Department* (New York: W. W. Norton, 1969), 674.

2. Walter Isaacson and Evan Thomas, *The Wise Men: Six Friends and the World They Made* (New York: Simon & Schuster, 1986), 22.

3. James Reston, *Deadline: A Memoir* (New York: Random House, 1991), 144; Mark Atwood Lawrence, *Assuming the Burden:*

Europe and the American Commitment to War in Vietnam (Berkeley: University of California Press, 2005), 225.

4. Neil Sheehan, *A Bright Shining Lie: John Paul Vann and America in Vietnam* (New York: Random House, 1988), 169.

5. Robert L. Beisner, *Dean Acheson: A Life in the Cold War* (New York: Oxford University Press, 2006), 268 – 69; James Chace, *Acheson: The Secretary of State Who Created the American World* (New York: Simon & Schuster, 1998), 264; Robert M. Blum, *Drawing the Line: The Origin of American Containment Policy in East Asia* (New York: W. W. Norton, 1982), 115.

6. Chace, *Acheson*, 266; Lawrence, *Assuming the Burden*, 225.

7. Ronald McGlothlen, *Controlling the Waves: Dean Acheson and U. S. Foreign Policyin Asia* (New York: W. W. Norton, 1993), 181.

8. Blum, *Drawing the Line*, 120.

9. Michael Schaller, "Securing the Great Ascent: Occupied Japan and the Origins of Containment in Southeast Asia," *Journal of American History* 69 (September 1982), 392 – 413; Andrew J. Rotter, *The Path to Vietnam: Origins of the American Commitment to Southeast Asia* (Ithaca, N. Y.: Cornell University Press, 1987); McGlothlen, *Controlling the Waves*, 191 – 201.

10. *The Pentagon Papers: The Defense Department History of Decisionmaking on Vietnam*, Senator Gravel edition (Boston: Beacon Press, 1971), 1: 82.

11. George C. Herring, *America's Longest War: The United States and Vietnam, 1950 – 1975*, 4th ed. (New York: McGraw-Hill, 2002), 16.

12. Chace, *Acheson*, 227 – 28, 430; Sam Tanenhaus, *Whitaker Chambers: A Biography* (New York: Random House, 1997), 437 – 38; Richard Nixon, *RN: The Memoirs of Richard Nixon* (New York: Grosset and Dunlap, 1978), 110.

13. 关于胡志明在此阶段对于冷战和越南民主共和国在其中的角色所做出的考量，参见 Tuong Vu, "From Cheering to Volunteering: Vietnamese Communists and the Coming of the Cold War," in Christopher E. Goscha and Christian F. Ostermann, eds., *Connecting Histories: Decolonization and the Cold War in*

Southeast Asia, *1945 – 1962*（Washington, D. C.：Woodrow Wilson Center Press, 2009）, 188 – 93。

14. 译自下列文件 January 14, 1948, quoted in Christopher E. Goscha, "Courting Diplomatic Disaster? The Difficult Integration of Vietnam into the Internationalist Communist Movement（1945 – 1950）," *Journal of Vietnamese Studies* 1（February 2006）, 83。

15. Ibid. 关于胡志明不愿意将越盟与共产主义阵营捆绑在一起的态度, 参见 Christoph Giebel, *Imagined Ancestries of Vietnamese Communism：Ton Duc Thang and the Politics of History and Memory*（Seattle：University of Washington Press, 2004）。

16. János Radványi, *Delusion and Reality：Gambits, Hoaxes, and Diplomatic One-Upmanship in Vietnam*（South Bend, Ind.：Gateway Editions, 1978）, 4；Goscha, "Courting Diplomatic Disaster?," 84；Ilya Gaiduk, "Soviet Cold War Strategy and Prospects of Revolution in South and Southeast Asia," in Goscha and Ostermann, *Connecting Histories*, 123 – 36.

17. Chen Jian, *Mao's China and the Cold War*（Chapel Hill：University of North Carolina Press, 2001）, 50；Odd Arne Westad, ed., *Brothers in Arms：The Rise and Fall of the Sino-Soviet Alliance, 1945 – 1963*（Stanford, Calif.：Stanford University Press, 1998）, 63.

18. William J. Duiker, *Ho Chi Minh：A Life*（New York：Hyperion, 2000）, 418 – 19；翟强（Qiang Zhai）, "Transplanting the Chinese Model：Chinese Military Advisers and the First Vietnam War, 1950 – 1954," *Journal of Military History* 57, no. 4（October 1993）：689 – 715。

19. 引自 Philip Short, *Mao：A Life*（New York：Henry Holt, 1999）, 425。

20. Ibid., 424.

21. Vo Nguyen Giap, *Memoirs of War：The Road to Dien Bien Phu*（Hanoi：Gioi, 2004）, 12 – 13；Duiker, *Ho Chi Minh*, 421.

22. Chen Jian, *Mao's China*, 122 – 23.

23. QiangZhai, "Transplanting the Chinese Model," 695.

24. Duiker, *Ho Chi Minh*, 416；刘段黄接受本书作者采访, 2003 年 1 月, 河内。

25. Robert J. McMahon, *The Limits of Empire: The United States and Southeast Asia Since World War II* (New York: Columbia University Press, 1999), 40.

26. Paris to Washington, February 13, 1950, File 257, Asie/Indochine, MAE.

27. 该分析在下述文件中有所阐述: Pignon to Paris, January 24, 1950, Série XIV, SLOTFOM, no. 16/ps/cab], Fonds Haut-Commissariat de France en Indochine, Dépôt des Archives d'Outre-Mer, Aix-en-Provence。感谢 Mark Lawrence 为我提供这份文件。

28. Ronald H. Spector, *Advice and Support: The Early Years of the U. S. Army in Vietnam, 1941 – 1960* (Washington, D. C.: Center for Military History, 1985), 108.

29. 《纽约时报》, 1950 年 3 月 9 日; Paris to FO, 5/9/50, FO 959/43, TNA; Spector, *Advice and Support*, 108。

30. Chace, *Acheson*, 267.

31. Herring, *America's Longest War*, 25; William J. Duiker, *U. S. Containment Policy and the Conflict in Indochina* (Stanford, Calif.: Stanford University Press, 1994), 96 – 97.

32. 《华盛顿邮报》, 1950 年 4 月 4 日。

33. Seymour Topping, *Journey Between Two Chinas* (New York: Harper & Row, 1972), 111.

34. "The Cold War's Center," 《新共和》杂志, 1950 年 4 月 24 日。

35. 引自 Christopher E. Goscha, "The 'Two Vietnams' and the Advent of the Cold War: 1950 and Asian Shifts in the International System," in Goscha and Ostermann, *Connecting Histories*, 214 – 15。

36. Chen Jian, *Mao's China*, 124 – 25.

37. Saigon to FO, April 8, 1950, FO 371/83648, TNA.

38. Norman Sherry, *The Life of Graham Greene*, vol. 2: *1939 – 1955* (New York: Viking, 1995), 361.

39. Alexander Werth, *France 1940 – 1955* (New York: Henry Holt, 1956), 455; Martin Windrow, *The Last Valley: Dien Bien Phu and the French Defeat in Vietnam* (Cambridge, Mass.: Da Capo, 2004), 107.

40. Yves Gras, *Histoire de la guerre d'Indochine* (Paris: Plon, 1979), 275 – 79.

第十章　4号公路的枪炮声

一

1950年5月25日清晨6点45分，在高平和七溪之间、位于4号公路沿线的东溪，一处小型法军卫戍部队营地（总共约有800人，大部分是摩洛哥人）突然响起一阵密集的枪炮声。这个岗哨是法军军事体系中的一处堡垒，主要是为护卫车队提供一个安全的落脚点。武元甲的目标是攻克并守住东溪，借此切断高平与七溪的联系。在此前几天，4个越盟步兵营已经成功在敌军未察觉的情况下，在该镇周边的高地上架起5门75毫米口径山炮，并以密集火力对该岗哨进行阻拦射击后持续开炮。这是一次战术预演，在后来的奠边府战役中越盟也将用到。在48小时内，炮击不间断地持续，与此同时，越盟通过人海战术攻陷东溪。

法军的反应也相当迅速，调配34架飞机将一个伞兵营空降到该镇。越盟军队猝不及防，在激烈的交火后被迫退往丛林之中。武元甲也能取得增援，但此时正值雨季，随着一场大雨袭来，他决定暂时放弃。法军虽为自己快速调配伞兵部队的能力感到庆幸，却没能面对一个更深入的事实，即他们在越北的地位是如此不堪一击。他们最终还是没能利用最后的机会撤离边境哨所。[1]

武元甲现在已经亲眼见证了自己的军队在大型军事行动中的能力，他相信转入战略进攻的时机已经到来。有了中国作为

239 安全的大后方——在他的军队需要训练、重组和为更常规的行动进行装备时可以将中国作为避难所，他现在已经准备好向法兰西联邦发出第一记重击。在这年春末，越盟已经拥有了约 25 万大军，这些军队可被分成三个部分：正规军（也称"主力军"）、地方军以及游击队。武元甲将预计总人数为 12 万的正规军分成六个师，按欧洲编制将它们称为第 304 师、第 308 师、第 312 师、第 316 师、第 320 师和第 325 师；前五个师部署在北圻地区，第六个（第 325 师）被安排在越南中部。每个师都包含三个步兵团、一个炮兵营和一个高射炮兵营，此外也有行政和后勤保障人员。这些正规军的任务是实施军事行动，将法军部队卷入局部作战，并尽可能将法军在火力和空中支援方面的优势化为乌有。因此，孤零零的法军营地永远都是个诱人的靶子，而且如果在实施军事打击时北圻地区正下着细雨或有薄雾笼罩，低云覆盖导致法军无法进行空中轰炸和再补给时，那就再理想不过了。[2]

在战场上保持这种新的战斗类型需要相当复杂的后勤保障。比方说，越盟经验老到的规划人员经计算得出，为了保障一个远离营地的步兵师，需要征用约 5 万名当地农民作为脚夫，每个人要背大约 20 公斤补给。如果有自行车的话，这个人数可以减少些——骑车人沿着公路或小径推车前进时，在旱季最多可以运送 90 公斤补给——但即便是这样，所需的人数仍然十分庞大。脚夫还得背上自己的配给，通常是装满一整条弹袋的大米。通行的规矩是脚夫离家不能超过两周，所以他得跟着大部队"搬运七天"，接着就要开始动身返回自己所在的村子了。步兵师一路前进，需要一路征用新的脚夫。[3]

地方军和游击队肩负着各自的重要使命，其中主要跟防守

240

1950 年，越盟军人正跨过越南北部北干省的一个竹制浮桥。在这场战争和此后对美国作战时，越南频繁使用这种施工手段。

和安保相关，此外也包括针对敌军常驻部队实施小规模游击进攻。武元甲在他的早期著述中强调了这些军队的重要性。每个省和地区都承担着组建和配备各自地方军的责任，有时，地方军还将成为正规军的主要预备力量。在省一级的地方军里，通常一个营包含七个步枪连和一个装备有轻型机关枪和迫击炮的支持连。弹药时常供应不足，但这些营常常能在短期内有效压制法军部队。他们还常常承担训练游击队的任务，相比之下，游击队几乎没有武器或者装备极少，而且通常由兼职的人员组成。他们的主要职责是搜集情报、运输和搞破坏。装备更好，配有手榴弹、步枪、地雷，甚至偶尔能弄到一些自动化武器的游击队则称为精锐非正规军，在地区行动中，他们常常与地方军并肩作战。

在战争中，女性也起到了关键作用。尽管她们不得加入正规军，但成千上万的女性从事了文职工作——不过基本上没有人从事领导之职——或者担任医生和护士。她们中的很多人在越南城市里从事着危险的卧底破坏、间谍和刺杀任务，或者加入了游击队。举例来说，在兴安省一度有 6700 名女性在各级军队效力，她们参加了 680 次游击队行动，其中有相当一部分人付出了生命，或者身负重伤。

武元甲利用这个雨季为秋天将要展开的大规模进攻做准备。在 7 ~ 9 月的漫长雨季里，双方事实上处于停火状态。雨下个不停，河水泛滥。法军根本无法通过泥泞潮湿的丛林——越盟的军队同样办不到——就连走在三角洲地区湿润的土地上都并非易事。一位法国观察人士回忆道："士兵们不知所措，他们被大自然的力量、湿透的植被、消失在云端的群山、湍急混浊的河流，被泥泞、酷暑等一切的一切弄昏了头。眼前是一片虚渺、灰绿的世界，它轮廓不清、充满敌意，在这样的世界里，每一个动作，甚至连进食，都需要付出努力。"[4]

机智的指挥官们对战事中断的局面善加利用。武元甲及其下属们在夏季这几个月里精心策划，甚至按照法军在七溪、东溪和高平的岗哨搭建模型，并以此为基础安排军队每天勤加训练。他们破坏了道路和桥梁，希望以此拖慢法军摩化部队的前进速度；还利用宣传手段扰乱法国和保大政府的神经，让他们以为一场进攻已经迫在眉睫。

最关键的是，正如这年早些时候毛泽东先后在莫斯科和北京向胡志明承诺的那样，武元甲获得了中方可观的援助。6 月 18 日，时任国家副主席刘少奇指示中国人民解放军第 20 军司令、胡志明的老相识陈赓①，"根据越南的条件（包括军事编制、政策、经济、地形和交通）和我方协助（尤其是运送物资）的局限性制订出一套整体上可操作的计划"。在取得该计划后，北京政府可"制定各项援助方案，包括制定一份运送物资优先顺序的清单、培养干部、整编军队、征募新兵、组织后勤工作及指挥战斗"。[5]

在短期内，中国的顾问团向越盟派出了营以及营以上级别的多支军队，同时提供了大量武器及其他物资——据官方统计，这包括超过 1.4 万支枪、1700 挺机关枪、约 150 门不同口径的大炮、2800 吨粮食，以及数量众多的弹药、军装、药物和通信设备。大约 200 辆满载补给的莫洛托夫重型卡车川流不息地从广州出发，经过中国南方，从位于 4 号公路西部要塞高平市的法军东北防线之间穿过。这些卡车装载的物资数量完全不能跟华盛顿向法兰西联邦提供的支援相比——截至 1951 年年初，法国平均每月从美国接收 7200 吨军用物资——但它毕竟带来了极其重要的影响。与此同时，越盟将大批部队派往云南，接受中方训练，其中有一项训练科目是使用炸药。到 9 月初时，他们回到越南，借助丛林掩护，在边界线集结。[6]

中方支援所带来的成果是，越盟在北圻地区的主力作战部

---

① 此处疑有误，陈赓此时为云南军区司令员，早年在第 20 军为营长。

243

邻近中国边境的高平，1950 年，中国派往越盟的援军穿越
了这片地势险峻的山区。

队已与法国远征军的大体相当，甚至在有些方面还略具优势。
比方说，在包括反坦克火箭筒和迫击炮在内的部分重型武器方
面，越盟军队已经超过了它的对手。法军仍然在军舰、飞机、
装甲车以及大炮（不过有些具体类别除外）的总数上占据优
势，不过在 1950 年初秋，武元甲大体已经拥有了一支能跟敌
军旗鼓相当的军队，这一点是此前不曾有的。[7]

二

　　法国情报破译人员截获了武元甲准备在北部沿着前线山脉
发动一场大型进攻的信息。到了 9 月第一周的周末，法国分析
人士确信一场进攻迫在眉睫，但不知道它究竟会在何处打响。
此时，法军已经从一些哨所——比如高平以北那些相当不切实

际的地点，以茶岭和原平尤为显著——撤离，但还有大量哨所 244
有法军驻守，这主要是碍于颜面，同时也是为了守护墓地
（因为法国人无论如何不能忍受越南人攻占他们的墓地，摘下
他们白色的十字架）。法国人估计东溪和七溪都应该是越盟的
目标，谅山同样有可能，但他们并没有拿到可靠的证据。此
外，法军还严重低估了越军进攻的规模：他们预计的是越盟有
18~20个营，而事实上武元甲已经准备好了30~32个营，其
中包括6个重武器营，并配备了大量火炮。与此同时，法国内
政的变幻无常也对卡尔庞捷备战带来不利影响。8月，巴黎政
府不仅拒绝了他提出的增援请求，反而以成本过高为由将印度
支那的法国士兵人数削减了9000人。此时美国增加的援助尚
未真正体现出威力，而战争对法国的资源带来了相当大的消
耗。对于河内提出的为这场战争征兵的请求，巴黎政府充耳不
闻；没有哪个政客想要触及这个问题。[8]

　　法军在印度支那的地面军队的总人数达到了25万左右，
其中40%是正规法军（本国军人、外籍军团、殖民军团）；剩
下来的那部分中，越南伪军（由法军领导）和非常规雇佣军
各占一半，外加几千人的老挝和柬埔寨军队。在后勤保障方
面，加入陆军女子辅助部队（Personnel féminin de l'armée de
terre，PFAT）的女性发挥的作用日益显著。很多人是秘书，
但也有相当一部分人在战场服役，担任救护车司机、护士、外
科医生和直升机飞行员等。甚至有一些女飞行员飞进了高危战
场，以疏散伤兵、提供关键的急救护理。其中一位飞行员波
勒·杜邦·迪西尼（Paule Dupont d'Isigny）在战争结束时，在
印度支那飞行时间累计已达4000小时，并参与了超过30次前
往战区拯救伤兵的行动。还有些女性在空降特种部队任降落伞

装配员（一个由两人组成的有经验的装配小组可在七分钟内折叠一只降落伞）。在战争尚未结束时，已有超过 100 名 PFAT 成员在行动中丧生。

在一场大战悬于头顶的北圻地区，卡尔庞捷可以调配约 5.3 万人的军力。可事实上他们中的所有人承担的都是内部安

245 保职责，此外，虽有 13 个营名义上是机动后备部队，但他们并没有做好迎战外部袭击的准备。远征军在装备上仍然胜出越盟一筹，不过很多装备已经老旧过时，还有些装备供应不足，尤其缺乏对法军保持交通路线通畅至关重要的飞机。在法国军官和士兵中，总体士气尚算高涨，不过巴黎方面也收到了不少令人不安的报告，报告称军队士气不振，在高级军官中存在"消极应战"的情绪，一些人还对法兰西联邦不断攀升的伤亡人数表示绝望——此时已有约 10 万人死伤，其中 2.5 万人死亡或被俘。与此同时还有报告称，一些殖民军队，尤其是摩洛哥军团开始质疑自己为什么要参与这样一场战争，为什么要将枪口对准他们敬仰而且打算效仿的民族主义斗争。[9]

当然，这幅景象并不是一片惨淡。马塞尔·亚历山德里少将在 1950 年上半年进行了一次集中平定行动，旨在扫荡红河三角洲地区以切断越盟主要粮食供应，这取得了显著成效——越盟粮食供应量几乎减少了一半。对于越南民主共和国来说，这是个严峻的问题，因为这不仅仅事关营养，更因为粮食是越盟经济的交易工具。军人的军饷是大米，而服务和补给品也要用大米购买。到这年年中时，武元甲军队中的军粮供应已经一减再减。此外，对法国在河内—海防走廊的压力不知怎的也开始减缓，到 4 月时，法军已经打通了这条道路，在白天交通几无障碍，而在此之前只有装甲护卫车队能通行，而且一星期只

能断断续续走三天。在交趾支那，由阮平指挥的越盟南方军队遭到法军炮火和空袭的重创，损失惨重，导致这年春天在对茶荣（Tra Vinh）、永隆、边和、土龙木、坦山（Than Son）、芹苴、朔庄（Soc Trang）和沙沥（Sa Dec）周边的法军哨所进攻方面，无论是频率上还是强度上都有所降低，而且在西贡的法国垦殖者也提及城中的紧张局势出现了显著缓和。这样一来，这场战争将主要在北圻和安南北部进行。[10]

卡尔庞捷认识到己方在北部边境的地位十分薄弱，所以在 9 月初下令撤离高平，并立即预先攻下太原。这两个行动在军事上并无联系，但卡尔庞捷认为太原比较易于攻占——武元甲没有理由努力守住这里——这样也可以分散媒体对放弃高平的注意力。卡尔庞捷下令这两项行动都应赶在雨季尾声，也就是10 月中旬前完成。他觉得武元甲的军队得等到那时才能做好进攻准备。

可是他完全猜错了。9 月 16 日凌晨，在经过了数月的周密筹备后，越盟领导人下令出动五个营攻占东溪，同时派出大炮和迫击炮支援。法军外籍军团的两个连誓死抵抗，而且在云层密布，无法得到空中支援的情况下仍然守住了阵地。附近的武元甲总指挥部被紧张的气氛所笼罩，在收到消息称越盟的一个核心团因为迷路而无法及时协同作战时，这种焦虑情绪进一步加深。越盟军队伤亡惨重的战报接踵而至。胡志明在一周前步行来到指挥部，脸上还带着艰难跋涉时留下的晒伤，他勉励大家保持镇定，要求行动一定要继续，武元甲和陈赓对此表示同意。这场战斗持续了两天，直至 9 月 18 日早上 10 点，在经过了 52 个小时的鏖战后，越盟占领东溪。在最后一刻，1 名法军军官和 31 名外籍军团士兵得以逃脱，一个星期后他们才

246

走出密林，到达七溪附近。[11]

此时，东溪以北 24 公里的高平已被阻隔，法军认为自己已别无选择，只能赶在越盟包抄前尝试向南一边作战一边撤退。但卡尔庞捷犯了一个错误，他没有选择让这支军队沿 3 号公路后撤，好跟从太原向北移动的法军会合，而是愚蠢地选择了 4 号公路。他通过飞机运输，向高平给予了一个北非营的支援，并调配了一支 3500 人、主要由摩洛哥士兵组成的军队，同时在东溪以南约 23 公里的七溪调配了一个伞兵尖子营。按照计划，这个代号为"勇士特遣队"的部队将掩饰高平纵队的行动，并与其在半道会合，进而护送它回到七溪。但这支伞兵部队的指挥官马塞尔·勒佩奇（Marcel Le Page）中将下达的指令比较概略，而且他本人的态度也摇摆不定，直至 9 月 30 日部队才开始从七溪动身。士兵中谣言四起，他们纷纷传说勒佩奇的临别赠言是"我们永远也别指望回来了"。[12]

与此同时，高平守军开始撤退。这里的指挥官是皮埃尔·
247 沙尔东（Pierre Charton）中将，他是一个身材矮胖但讲求实际的人，因为勇敢和口无遮拦深受手下士兵喜爱。他没有理睬要求丢下武器、步行向南后撤的命令，而是让全体人员坐上卡车，并装上大炮。10 月 3 日，2600 名士兵——包括近 1000 名摩洛哥人和 600 名军团战士——以及 500 名平民（包括镇子里的妓女）开始撤往 50 公里以外的七溪。这支像长着金属触须的毛毛虫一样的队伍连绵数里，几乎是刚刚动身就接连碰到伏
248 击和断桥。到了次日清晨，刚刚走了近 15 公里的队伍被拦住了。在它的南面，勒佩奇的援军向东溪方向行进了数里后也停滞不前。在人数上占据优势的越盟通过使用地雷、机关枪和大

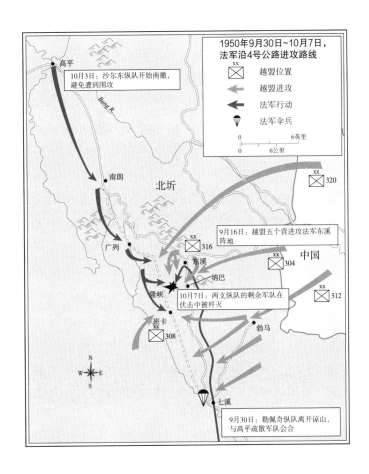

炮，将浓密的小山两侧全部封锁。天气条件恶劣，天空被低雾
笼罩，法兰西联邦军队无法实施空中支援，现在，这两支纵队
已经完全落入敌军手中。法军指挥官按卡尔庞捷的指示烧毁了
自己的卡车、物资；沙尔东手下的人马还放弃了大炮，随后撤
离 4 号公路，希望迂回绕过包围军队。他们新的计划是在隆峡
以东的 477 高地会合。走在浓密的灌木丛中，他们只能用弯刀
一边走一边砍出一条路，因此行进速度极其缓慢，一路上有很

多人在森林里迷了路。[13]

马塞尔·亚历山德里少将一得知卡尔庞捷的命令，立刻给后者发电报称："取消一切命令。一意孤行将无异于犯罪。"但为时已晚。这条听上去又像是威胁又像是以下犯上的电报并没有受到重视。[14]

"我们一头扎进山里，走在说起来是'小径'其实什么都不是的路上，"勒佩奇纵队中一名匈牙利籍的士兵在回忆10月3日至4日夜间撤退的经历时说道，"在那个晚上，我们的几名伤兵死去了。扛着他们的担架员每走一二十米就会滑倒一次，他们再也经不起折腾。自打（四天前）离开营地后，我们都没有合过眼，所有人精疲力竭。在这些陡峭的山坡里，我们一天要上山下山好几次，身上还背着行李和装备，腰快要被压断了。"这两支纵队的士兵一直提心吊胆，因为不知道什么时候就会遭遇埋伏；更糟糕的是，他们被困在这个四周满是巨大植被的天然迷宫里，身边既无向导也无详细的地图，不知道自己究竟身在何处；而且食物、水和弹药已经快要用完；敌人还在从四面八方包抄过来。这样的焦虑感几乎会把人压垮。[15]

越盟军队已经连续追随猎物六天六夜，同样疲倦不堪，但即使是战斗到了第七天，他们也无法休息。"现在我们为什么需要休息？"胡志明宣称，"我们很疲惫，但敌人的疲惫十倍于我们。一个已经向终点冲刺的跑步者是不能休息的。"10月6日，武元甲通过电话向军队发表了简短讲话："我相信敌人现在比你们更饿，比你们更冷。他们遭受了更严重的损失，作为败军之师，他们的士气现在已经大大受挫。因此你们必须拿出十二分的努力，尽可能歼灭敌军。下雨下雾对我们更有利。……前进！"[16]

10 月 7 日，沙尔东和勒佩奇终于会合，此时双方都伤亡惨重，而且水、食物和子弹都快要用尽。但最坏的事情仍在后面等着他们。两支纵队陷入了一场规模浩大的伏击中：越盟的15 个营开始围攻他们。曾经以骁勇善斗、不屈不挠著称的摩洛哥军人陷入恐慌；转瞬间，很多人逃下山崖，口中大叫道："安拉至大！安拉至大！"法军一溃千里。沙尔东、勒佩奇和剩余的营长们决定将残军分作若干个小队，从丛林里逃到 30公里以外的七溪。有一些小队最终抵达，更多的则没有。沙尔东受伤，被越盟俘房。森林里四处可以听见越盟战士在用法语高喊："投降吧，法国士兵，你们打输了！"[17]

一些法国士兵放下步枪，举手投降，他们太累太饿，已经没办法再坚持下去了。"他们都伸出手来管我们讨吃的，"一位越盟军官回忆道，"但从粮食补给上来说，我们的情况也不比他们好多少。我们是把口粮装进长条袋子里背着走的，但打了这么多天仗后已经没剩几口了。……一开始时我们给他们一人分了一个饭团，后来只能把一个饭团一分为二，再后来分成三份。他们眨眼间就把饭团吞下，然后听凭我们吩咐，自己沿着森林小径走到战俘营里去。"[18]

这两支纵队最终只有大约 600 人撤回到法军营地。法国远征军的伤亡人数达到 6000 人，其中有不少于 4800 人死亡或失踪。单是沙尔东的纵队就有 75 名军官、295 名士官和 2939 名其他军衔的士兵战死。此外，他们还损失了超过 100 门迫击炮、约 950 挺机关枪、8000 支步枪和 450 辆卡车。"4 号公路劫难"是这场战争到目前为止最具毁灭性的战事。卡尔庞捷将军知道自己免不了要向巴黎汇报沙尔东和勒佩奇两支纵队全军覆没的消息，在乘飞机飞过战场上方时，他惊恐莫名，只晦涩地说了一句："该来的都来了。"[19]

伯纳德·福尔后来在其著作中预计，这是自 1759 年魁北克蒙特卡姆战役以来法国人在殖民战争中输得最惨的一次。武元甲肯定不会这么来形容，但他以自己的方式庆祝了他们所取得的成就：他与中国顾问们一起参加了一场庆祝晚宴，喝得酩酊大醉，这是他有生以来第一次喝醉。[20]

这次交战还显露出了别的意义：战争已进入一个全新、集中、致命的阶段，冷战不仅仅将这场冲突的外交属性国际化，还以空前的方式将之军事化。

法军轻易放弃了远离战场的岗哨，这让形势雪上加霜。其中最重要的要塞位于谅山，这是个风景宜人、约有 1 万人口的小镇，其建筑保留了法国外省风格，街道宽阔，两边是低矮的黄褐色房子。谅山的主要岗哨设在山脊东部边缘，10 月 17～18 日按卡尔庞捷的命令全员撤退，大批武器、弹药、物资和机动车留了下来，任凭越盟处理——这足够武元甲的军队用上好几个月了。

到 10 月 19 日时，法军已经被逐出从沿海直至红河的北圻北部。从老街到芒街的中国边境越南一侧已完全开放，没有法军值守。他们沿北部防御带后撤了 600 公里，将河内作为防御带核心。恐慌情绪开始在河内的法国人社区和红河三角洲的其他各处蔓延，有人公开谈及要彻底放弃北圻。官员们对此嗤之以鼻，但他们在静悄悄地部署将所有妇女和儿童从河内疏散，可是此举遭到高级专员莱昂·皮尼翁的制止，他誓言不惜展开巷战，也要死守住这座城市。不过，还是有些公司将剩余库存和文件搬到了海防或西贡。[21]对于卡尔庞捷和他在西贡的下属们来说，越盟已经证明自己并非法国人认为的乌合之众、散兵游勇（至少他们在口头上这样形容），事实上越盟是一支相当正规的军队，纪律严明、胆识过人、行动迅速、有组织调动能力，而且做好了承受重大损失的准备，这些都让法国人对前景感到悲观。

确实如此，越盟在这场后来被称为"边界战役"的行动中伤亡极其惨重——比当时所能知道的情况惨烈得多。在武元甲投入战斗的3万大军中，死亡人数最高可能达到了9000人，即参战人数的30%。不过，并非所有人都是在战场上牺牲的。由于地形恶劣、路途遥远，在6小时内脚夫只能将大约6%的伤员送往医院；其余的人只能等待，当中有些人是在受伤12~18小时后才被送往医院。即使到了医院，煎熬也远未结束，他们通常仍然要忍受漫长的等待才能接受手术治疗。很多人到死也没来得及上手术台。由于医疗条件有限，在战争中被俘的成百上千名欧洲、非洲和北非（原文如此）伤兵同样无法得到必要的医治，其中有很多士兵或因为治疗不充分，或因为在瘴气肆虐的高平丛林中染病而死。[22]

武元甲的成功在很大程度上跟军力占优势以及天气条件有关。在战役自始至终，越盟在人数上一直保持着至少3比1的优势，在东溪甚至超过了8比1。越盟各个分队之间的沟通始终极其顺畅，而且武元甲可以在战区内部精准地移动各分队。在早期出现了一些失误后，他的军官们开始高效协调运用炮击，而且参谋工作十分得力。在各个小村庄里，情报人员运用发报机传递法军活动的精确信息，这让武元甲可以在其认为合适的时机和方位发动袭击。另外，在这个时节，雨水渐渐停歇，但薄雾司空见惯，这也很有用：法军因此无法动用空军力量支援这两个纵队。法军的指挥调度也非常含糊，且永远不知道是谁负责管理哪支队伍。谅山纵队的指挥官马塞尔·勒佩奇就不适合这个岗位，他是炮兵出身，对于丛林战争没有丝毫经验，而且往往优柔寡断、缺乏自信（他的手下也充分注意到了这些问题）。[23]

此外，中方在战前和战中所提供的人力物力支持也发挥了巨大的作用。不过，直至今日依然难以确切衡量这类支援对事态进展所产生的影响，需要避免夸大其词——有必要一提的是，沿 4 号公路的法军军营早在中国人民解放军到达前就已经孤立无援、极度脆弱了，每个护卫车队在沿这条公路前行时，都得仰仗潜伏在山间和峡谷中的游击队大发慈悲。后来武元甲虽然承认 1950 年中方提供了重要的物资和训练援助，但坚持称他与胡志明是最主要的决策者。是他们，也只有他们对进攻的地点和时机做出抉择；而当陈赓力主慎行或暂缓行动时，他们仍坚定地继续推动战役。[24]

11 月底，卡尔庞捷下令发起几次行动，试图夺回主动权，但几乎毫无成效。其中一次行动由沙尔东指挥，旨在包抄并剿灭越盟的几个营，据信越盟的这些部队在河内东南部太平省的两个村子里活动。可是恶劣的天气导致空降部队晚了两个小时才到达目的地，预期的包抄行动未能完成。当沙尔东的部队到达时，这些村子空无一人。次日法军在同一地区搜索了七八个其他小村子，而这些村庄多多少少也已经空了。在大部队开进时，可以看到村民四处逃跑，就连正在地里干活的农民也消失得无影无踪。法军没有搜到一个敌军、一件武器，不过他们确实注意到大部分村庄都张贴了支持越盟的标语和胡志明的画像。[25]

三

法国人面对的是一个尖锐的新现实。高平惨败不仅仅令法军蒙受人力和财力的巨大损失，不仅仅让他们直面在战术和斗志上被一支预想中弱小得多的军队全面击溃的羞辱，它还证明了在这场战争中，时间并不站在法国这边。孤立越北、减少越盟控制区域的策略不但没有获得成功，相反，胡志明的政府现在对北圻地区一片庞大的狭长地带取得了稳固的控制权，并对其余地区构成压力；此外，在安南和交趾支那的大部分地方，越盟也都取得了举足轻重的影响力。至少在三五杯酒落肚之前，法军指挥官们或许不肯承认这一点，不过，现在他们已经不难想象遭遇全面溃败的局面了。胡志明现在已将越北牢牢握在自己手中，而且拥有当地民众的支持——至少是默认，况且他在北方的强大近邻乐意并准备好为他的事业提供帮助。

然而，这并不是说胡志明就不可战胜了。越盟确实取得了惊人的胜利，但不应过高估计他们在1950年年底时的力量。武元甲军队（此时已正式更名为"越南人民军"）的补给线漫长而艰险，此外，它仍然缺乏现代军队应有的大量装备，包括飞机。跟以往一样，它的军粮供应状况令人担忧。越盟军队现在不足以争夺这场战争中的大奖——红河三角洲；此外，对于武元甲此时是否有能力迅速地将部队从一个区域调拨到另一个区域，以巩固胜利或避免灾难，这点也需要打一个问号。与此同时，法兰西联邦的军队即将得到美国在飞机以及其他战略物资方面的支援。[26]

法国军官们很快开始提醒自己，也互相提醒上述问题。也许他们不应该过早下定论，不应该轻言放弃，也不应该寻求跟胡志明议和以挽回颜面，好从这片沼泽地中全身而退。法国的威望危在旦夕，同样危在旦夕的还有法国领导人的个人威信。1947～1951 年，法国如同走马灯一般换了一届又一届联合政府，每届政府在意识形态立场方面都比前一个偏右一点儿，而印度支那是其右倾的原因之一。对于联合政府中占优势的人民共和运动来说，坚定不移地解决越盟问题成了重中之重，因为一旦它对社会党和共产党与胡志明谈判的要求低头示弱，民众对它的选票支持恐怕就会大幅转向戴高乐主义政党"法国人民联盟"（Rassemblement du peuple français，RPF）。法国左翼党团对殖民和国防政策的影响逐渐减弱，这对法国在印度支那的抉择产生了不可估量的影响，导致法国决定坚持保大方案，拒绝与越盟领导层直接谈判，并日益依附美国的冷战大计——此时美国的军事援助对法国坚持这场战争至关重要。[27]

254　　法国国内的广泛舆论几乎未对政府的立场起到任何作用。这个国家之所以对印度支那有所关注，是因为法国军队在那里，而且人们对 10 月这次惨败中出现的巨大伤亡感到悲痛，但在 1950 年晚些时候，法国人在总体上对于有关东南亚和远东的问题并不在意。在外交事务方面，绝大多数选民要更关注德国、关注法国东北边界、关注建立起一支武装部队防止莱茵河对岸可能发动的另一场侵略。很多反对印度支那战争的人所持的理由都相当肤浅，比如认为战争耗费了大量原本可用在国内的人力和财力。但是，这场战争的不得人心尚未转变为大规模的积极抗议，因此政客们暂时不必担心因为自己的举动而遭到严厉的惩罚。

　　因此，在 1950 年秋天，除了一个值得注意的例外，法国政坛再没有新的声音呼吁立即展开旨在推进撤军的谈判。这个例外是法国激进党（Radical Party，名字如此，但它实际上是个中左政党）善于雄辩的领导人皮埃尔·孟戴斯－弗朗斯。孟戴斯－弗朗斯严厉批评政府的不作为，指出这场战争徒劳无益，而且法国正为之付出鲜血与财富的代价。"我们在印度支那行动的整体理念大错特错，"站在国民议会讲台前，他这样宣称，"因为它是基于一场远远不充足的军事行动……而妄图依靠武力提出解决办法，这样的政策无法取信于民。"

事情不能再这样继续下去了……只有两种解决办法。其一是通过武力实现我方在印度支那的目标。如果选择了这种办法，就请大家至少不要再心存幻想，说那么伪善的谎言。想要迅速实现决定性的军事成功，我们需要三倍于现在的军队和三倍于现在的拨款，而且款项需要即刻到位。……军事途径是庞大而全新的努力，只有在规模足够庞大、速度足够迅猛的情况下，才有可能抢在已取得可观进展的敌军前面。

孟戴斯－弗朗斯进而详细列举了为赋予这个选项以切实的机会，将需要付出哪些牺牲：新的税负、征兵、削减欧洲防务预算、暂缓生产性投资，以及最终不可避免地反对美国所寻求的德国重整军备计划。他追问，既然如此，与胡志明议和的第二种选项是不是更好呢？"进行此次议和将涉及妥协，而且是显著妥协，毫无疑问它将远比此前我们能提供的让步条件都更加重大。你也许会反对这种解决方案，它具体实施起来也确实有难度。如果是这样的话，我们就应当向这个国家和盘托出真相。我们也必须告诉人们，为了实现另一种解决方案，需要付出多大的代价。"[28]

　　然而，身处权力核心中的官员们对他的看法充耳不闻。政府要员和军方领导层坚持认为，在没打胜仗的情况下撤军，这将玷污人们对于为了捍卫这项事业而为国捐躯的法国人的回忆——在接下来的几个月里他们反复使用这个现成的理由（从 20 世纪 60 年代中期开始，接过他们旗帜的美国人也借用了这一说法）。巴黎的领导人相信，他们无非需要更加努力，表现得更出色——要这么做，就得给河内任命一个全新的法国领导班子。法国远征军总司令卡尔庞捷被认定需要为高平惨败负最终责任，被召回巴黎；同样被解职的还有高级专员皮尼翁，毕竟他曾耽搁了一些时日才最终对从边境地区彻底撤离的决定表示支持。取而代之的是二战英雄让·德·拉特尔·德·塔西尼（Jean de Lattre de Tassigny），巴黎方面任命他身兼总指挥官和高级专员两职。我们将在下面看到，事实证明选择他是神来之笔——至少跟他的前任相比是如此。

　　此时，法国领导人还开始投身于一项他们此前一直抵制的事业：组建一支越南国民军队。1948～1949 年，他们曾就此进行过几次不甚积极的尝试，但法国最高指挥官需要对所有军事行动和越南内部的安保情况负全责。1950 年 11 月，仅存的越南军队总计只有 8 个营，全部由法国军官指挥。没有哪个营的人数达到编制规定数目，而且装备都不充足。但这年秋天的惨败让人们对此前的所有设想都打上了一个问号。对于很多法国军官来说，现在形势已经十分明朗、不容忽视：想要逆转这场对越盟的战争，就必须增加受过训练的印度支那军人的数量，这既是基于军事原因，也是基于政治和经济原因。增加军力至关重要，但无论是从法国还是法兰西帝国的其他

地区都无法继续征兵。在这种情况下，1950 年 11 月，越南军 256
事学院（Vietnamese Military Academy）建成，其使命是每年训
练 150 名越南军官。其领导人宣布计划在 1951 年建成 4 个师
的越南军队，其中部分军人来自征募的新兵，剩下的部分来自
现有的由法国军官领导的部队。[29]

这样的宣言等于是在示弱，默认当前的远征军不能胜任其
职责。但它让巴黎的战争策划者们有理由相信自己庞大且持续
增长的人力需求将得以满足，而保大虚弱的政府在充实自身的
军队后，也将能赢得广泛的群众支持。法国的分析人士相信，
越南普通的村民已经烦透了战争，他们最希望的莫过于和平与
安全。假使保大能利用这种意愿，假使他能够让村民相信自己
能为人们带来这种安定，也许将有能力逆转民心。不过，要让
这种设想行得通，他就必须有自己的人，而想要有自己的人，
就需要建立越南军队。大量村民不愿意进入由远征军控制的区
域，其中很多人选择支持越盟，但这并不是因为他们在意识形
态上信仰越盟的主张，只是因为他们是越南人。

这当然是个虚伪的说辞，因为法国仍然不愿意让保大独立
做主，不愿意让他的政府获得真正的独立。但巴黎的官员认为
成立越南国民军队的举措必不可少，这种想法当然是对的；如
果没有这支军队，就没法指望引导大批不信仰共产主义的越南
人放弃支持胡志明的事业。况且美国人一直青睐这种主张，因
此，假如建成了越南军队就能让美方加大对战争的军事和其他
支援，那么何乐而不为呢？

在这方面，很多法国军官也觉得有理由从晚秋的这场阴霾
中看到些许希望。[30]美国虽然是在朝鲜半岛爆发冲突之前做出
了对法进行军事援助的关键决定，但朝鲜半岛的战事在几个关

键方面塑造了美国援助计划的性质。1950 年 6 月 25 日，即朝鲜战争爆发首日，杜鲁门总统下令要加大并加快对印度支那的援助；在交火第 13 天时，美国军队决定加入战争（作为联合国军队的一部分），同日，8 架 C‑47 运输机载着美国援法的首批物资抵达西贡。

257　　　　朝鲜半岛冲突还为美国在 1950 年 7 月派往印度支那的代表团奠定了背景，这个代表团由国务院的约翰·梅尔比（John Melby）和海军陆战队的格雷夫斯·B. 厄斯金（Graves B. Erskine）少将牵头。他们所做的报告尽管批评了法军的防守姿态和整体心态（厄斯金尤其如此），但给出的结论是在美国进行物资支援的情况下，法国可以在这场战争中获胜。（战时的这类美国"调查团"往往沿袭了这样的特点：他们几乎每次都对积极的军事行动提出"一定能行"的建议，而不管问题在外部观察员看来是多么棘手。）到 8 月初时，足够装备 12 个步兵营的军事装备已经被装上了驶向越南的船只。为了监管美国这笔庞大援助的运送情况，同时"评估法方对于美国物资在使用方面的战术效率"，美国政府组建了"军事援助顾问团"（Military Assistance Advisory Group，MAAG），这个顾问团的首批军官和士兵在 9 月到达西贡。此外，美国的"技术经济援助特别代表团"（Special Mission for Technical and Economic Assistance，STEM）也在同月开始运作。值得注意的是，法军拒绝 MAAG 行使任何军事训练的角色，并明确表示不希望美国人干涉战争的指挥调度。[31]

在朝鲜半岛冲突的最初几个星期里，联合国军队遭到了猛烈的攻击，但 9 月中旬道格拉斯·麦克阿瑟将军率部队在仁川登陆，阻止了朝鲜的前进势头，接下来数周的防守反击更是将

对手逼退到中朝边境附近。然而，10 月中旬第一批中国军队
到达朝鲜，11 月 25 日起开始发动猛攻，与美国军队正面交
锋。中国参战的消息让杜鲁门及其顾问们大为失望，他们认为
这增加了整个亚洲的风险，毛泽东领导之下的中国必须受到牵
制——不仅仅是在朝鲜半岛，任何看似将遭到威胁的地区都应
如此。虽然直至此时，美国对法国在印度支那殖民政策方面的
批评仍未彻底停歇，但在华盛顿的很多官员看来，这突然成了
一种自我放纵的奢侈。正如一份高层内部文件所说的，越南的
军事形势"极其严峻，亟待美国将之列为最高优先级别"。10
月，40 架"地狱猫"战斗机抵达越南；11 月，美国政府加速
将 90 架"熊猫"战斗机、41 架 B-26 轰炸机，以及运输装备
和推土机运往印度支那。对印度支那战争的军事援助项目规模
因此排在美国军事援助的第二位，仅次于对朝鲜半岛的战争支
援规模。[32]

　　美国人的认识出现了微妙但关键的转变。华盛顿的战略家
仍然强调有必要通过成功的政治回应来挫败胡志明的民族主义
诉求，但他们现在开始将这种愿望更加紧密地跟军事斗争结合
在一起。因此，他们公开表示支持法国组建新的越南国民军的
计划，毕竟这件事对双方都有利。这个新的军队是否有可能
"掉转头来针对我们"？有可能，国务院和国防部在 12 月初的
一份报告中承认了这一点。但在考虑这种可能性的同时，还需
要探讨的是如果事态继续按目前的方向发展，法国将注定战
败。"前者是可能的风险，而后者几乎是确定之事。……只要
黄种人是被黄种人杀死，而不只是被白种人杀死，殖民主义的
大部分耻辱就可以被洗刷干净。""只是"这个词意味深长，
因为这份报告得出的结论是法军参战对于可以预见的将来至关

重要，而且巴黎政府应得到所需的军事援助，毕竟法国在印度支那的事业同样也是美国的事业。"没有了亚洲的美国将局限于西半球，且只是在欧亚大陆的西方边缘占据一个岌岌可危的落脚点"，报告总结道，但是"这场战争的胜利将维护美国的权利，并为美国及美国人的生活方式赋予更丰富的意义"。[33]

我们将在下文看到，随着时间推移，法国领导人开始重新考虑将战争国际化的想法。美国不断加大参与规模，这让华盛顿的官员们在决策中有了更多的影响力，同时也削弱了法国行动的自主性。不过，现在只有一件事最关键：这场战争需要更多资源，这种资源只有美国人能提供。

越南的非共产主义人士同样觉得随着美国人的到来，他们的力量也遭到了制约。在印度尼西亚，由苏加诺（Sukarno）领导的非共产主义民族主义人士在与荷兰的斗争中赢得了美国的支持，于 1949 年通过国际协商获得了独立，然而在越南，一股不同的力量占据了上风。在这里，非共产主义人士跟法国人联合起来对付越盟，因此在拉拢美国人——他们首先把这场冲突视为冷战——共同抗击殖民统治者方面，越盟的机会要远逊于印尼。看起来，随着时间消逝，像大越党和越南国民党这样的非共产主义民族主义政党的影响力也会随之减弱。

在胡志明位于越北的总部，随着 1950 年即将画上句号，人们心中满是希望：敌人采取新对策影响事态进程的时机已经溜走了。眼下，敌军已经来不及组建一支合法的越南军队，强大的美国人也来不及给战场带来重大的变化。在"边界战役"光荣获胜后，北圻地区的村庄四处可见欢迎凯旋战士的红旗。越南北部的抵抗委员会数量激增。一位参加过高平战役的越盟士兵回忆说，到了这年中秋节，军队里的政委们开始跟战士们打保票说，他们将"在新年进军河内"，而且军中普遍相信"全面反攻已经开始"。这位士兵形容说，他与所在部队从前线山脉出发前往三角洲地区时，碰到了一次很典型的集会活动："宣传队已经就位，一个资料室也被布置完毕，里面摆着一台留声机播放军事歌曲。留声机前头是一个箱子，它上面盖着一面绣有黄色星星的红旗，一位宣传员站在箱子上向在场群众和年轻人发表演讲。'人民军将在新年进军河内。这是军队献给胡主席的新年礼物。'"[34]

胡志明并没有收到这份新年礼物。发表演说的共产党宣传员和在现场欢呼的群众并不知道，随着一位对如何用兵布阵持不同看法的新的法国指挥官抵达越南，变局即将出现。他们也不知道，武元甲即将犯下他在战争中的最大错误。

注释

1. Edgar O'Ballance, *The Indo-China War*, *1945 – 1954*（London：Faber & Faber，1964），110；Lucien Bodard, *The Quicksand War*：*Prelude to Vietnam*（Boston：Little，Brown，1967），253；Dang Van Viet, *Highway 4*：*The Border Campaign*（*1947 – 1950*）（Hanoi：Foreign Languages Publishing House，1990），120 – 23. 对于 1950 年边界战役法军方面的一手资料，参见 Charles-Henry de Pirey, *La Route Morte*：*RC4 – 1950*（Paris：Indo Éditions，2002）。另见 Serge Desbois, *Le rendez-vous manqué*：*Des colonnes Charton et Le Page*，*Indochine-RC4 – 1950*（Paris：Indo Éditions，2003）；Erwan Bergot, *La bataille de Dong Khê*：*La tragédie de la R. C. 4*：*Indochine 1950*（Paris：Presses de la Cité，1987）。

2. Ronald H. Spector, *Advice and Support*：*The Early Years of the U. S. Army in Vietnam*，*1941 – 1960*（Washington，D. C. ：Center

for Military History, 1985), 124; George W. Allen, *None So Blind: A Personal Account of the Intelligence Failure in Vietnam* (Chicago: Ivan R. Dee, 2001), 37 – 38.

3. O'Ballance, *Indo-China War*, 113.

4. Bodard, *Quicksand War*, 261 – 62.

5. Chen Jian, *Mao's China and the Cold War* (Chapel Hill: University of North Carolina Press, 2001), 125.

6. Chen Jian, Mao's China, 126; Bodard, *Quicksand War*, 245. 另见 Greg Lockhart, *Nation in Arms: The Origins of the People's Army of Vietnam* (Wellington, N. Z. : Allen & Unwin, 1989), 225 – 26。

7. Yves Gras, *Histoire de la guerre d'Indochine* (Paris: Plon, 1979), 317; Lockhart, *Nation in Arms*, 229.

8. Douglas Porch, T*he French Foreign Legion: A Complete History of the Legendary Fighting Force* (New York: HarperCollins, 1991), 521; O'Ballance, *Indo-China War*, 113.

9. Joint Intelligence Committee Report, March 15, 1950, CAB 158/ 9; November 1, 1950, CAB 158/11, TNA.

10. Phillip B. Davidson, *Vietnam at War: The History, 1946 – 1975* (New York: Oxford University Press, 1991), 71 – 72. Lucien Bodard 在书中广泛探讨了 1950 年上半年法军所取得的成功，见 *Quicksand War*, 188 – 220。阮平因战术问题遭到部分越南民主共和国领导的批评，并受命前往北部进行协商、接受训练。1951 年在穿越柬埔寨东北部时，他被雅克・奥加尔 (Jacques Hogard) 统领的法军杀害。他的骨骸直至 2000 年才被送回越南。

11. Vo Nguyen Giap, *Memoirs of War: The Road to Dien Bien Phu* (Hanoi: Gioi, 2004), 38 – 56; Porch, *French Foreign Legion*, 521.

12. Lucien Bodard, *La guerre d'Indochine* (Paris: Gallimard, 1965), 3: 96 – 377; Gras, *Histoire de la guerre d'Indochine*, 323 – 54; Le Page quoted in Bodard, *QuicksandWar*, 278.

13. Porch, *French Foreign Legion*, 523; Cecil B. Currey, *Victory at Any Cost: The Genius of Viet Nam's Gen. Vo Nguyen Giap* (Dulles, Va. : Potomac, 2005), 169.

14. 引自 Bodard, *Quicksand War*, 282。

15. 这位外籍军团战士的话引自 Porch, *French Foreign Legion*, 523; Marc Dem, *Mourir pour Cao Bang*（Paris: Éditions Albin Michel, 1978）。

16. Giap, *Road to Dien Bien Phu*, 82 – 84.

17. Desbois, *Le rendez-vous manqué*, 110 – 15; Porch, *French Foreign Legion*, 524 – 25.

18. Dang Van Viet, *Highway 4*, 151.

19. 相关文件见 FO 959/45, TNA; Bodard, *Quicksand War*, 291 – 92。两位法国指挥官的回忆录，可见 Pierre Charton, *RC 4, Indochine1950: La tragédie de l'évacuation de Cao Bang*（Paris: S. P. L. , 1975）; and Marcel Le Page, *Cao-Bang: La tragique épopée de la colunne Le Page*（Paris: Nouvelles éditions latines, 1981）。

20. Bernard Fall, *Street Without Joy: Indochina at War 1946 – 1954*（Harrisburg, Pa. : Stackpole Books, 1961）, 33; Giap, *Road to Dien Bien Phu*, 108.

21. Hanoi to FO, November 15, 1950, FO 959/48, TNA.

22. Christopher E. Goscha, "Soigner la guerre *moi*," 该论文未发表，由作者持有。感谢 Chris Goscha 允许我引用上述材料。

23. O'Ballance, *Indo-China War*, 116.

24. 参见如 Giap, *Road to Dien Bien Phu*, 53, 59。陈赓则在日记中称武元甲"滑头，不是十分正直、诚实"，并对越南人没有把自己的批评照单全收表示意外。见翟强, *China and the Vietnam Wars, 1950 – 1975*（Chapel Hill: University of North Carolina Press, 2000）, 64。

25. "Report on Thai Binh operation," November 24, 1950, FO 959/48, TNA.

26. 武元甲在他的著作 *Road to Dien Bien Phu*, 4 中承认了粮食问题。

27. Martin Thomas, "French Imperial Reconstruction and the Development of the Indochina War," in Mark Atwood Lawrence and Fredrik Logevall, eds. , *The First Vietnam War: Colonial Conflict and Cold War Crisis*（Cambridge, Mass. : Harvard University Press, 2007）, 147 – 51.

28. Pierre Mendès France, *Oeuvres complètes*, vol. 2: *Une politique*

de l'économie 1943 – 1954（Paris：Gallimard，1985），297 – 307；
Eric Roussel，*Pierre Mendès France*（Paris：Gallimard，2007），
196 – 97. 关于该时期战争对法国造成的广泛经济冲击，参见
Hugues Tertrais，*La piastre et le fusil：Le coût de la guerre
d'Indochine 1945 – 1954*（Paris：Comité pour l'histoire économique
et financière de la France，2002），90 – 102。

29. Spector，*Advice and Support*，131 – 34.

30. 不过并非所有法国分析人士都持乐观态度。即将离职的莱昂·
皮尼翁已经预感到此后法国和美国之间的摩擦，他指责美国官
员是"两面派"：在法国人面前他们指责越南人不够团结，而
在越南人面前他们又说法国该承担责任。可见 Kathryn C.
Statler，*Replacing France：The Origins of American Intervention in
Vietnam*（Lexington：University Press of Kentucky，2007），32。

31. Ibid.，25 – 28；Spector，*Advice and Support*，123.

32. Spector，*Advice and Support*，127；"Monthly Report，"November
28，1950，FO 959/57，TNA.

33. Lloyd C. Gardner，*Approaching Vietnam：From World War II
Through Dienbienphu*（New York：W. W. Norton，1989），104.

34. Ngo Van Chieu，*Journal d'un combattant Viêt-minh*（Paris：Édi-
tions du Seuil，1955），128 – 29，140 – 41，quoted in Lockhart，
Nation in Arms，237.

第十一章　让·德·拉特尔陛下

一

对于一位年轻的法军中尉来说，在遭遇了 4 号公路惨败后，越南在 1950 年秋天的形势已经到了无可挽回的境地。23 岁的法国远征军步兵团中尉贝尔纳·德·拉特尔·德·塔西尼（Bernard de Lattre de Tassigny）已在印度支那服役一年，在河内东南 30 公里的一个哨所担任指挥。这是个出色的年轻人。15 岁时，他英勇无畏地帮助父亲从一个战时监狱逃脱，之后加入自由法国军队，是获颁军人勋章（Médaille militaire）的士兵中最年轻的一位。1944 ~ 1945 年的几场战役中，这个尚未成年的军人在战场受伤，因为勇敢与献身精神而获得嘉奖。在印度支那，他很快就赢得了上司的赏识，其中有一位上司写道："只有为数不多的军官真正去思考我们在此地面临的问题，他是其中一位，而且他已用务实的态度着手解决问题了。"[1]

具体说来，德·拉特尔相信成功的关键在于赢得越南广大农村居民的积极支持；进入战争后期，法国官兵必须争取赢得农民的"真心"。假如这场战争最终能赢，就应当在政治上获胜，而这也就意味着要竭力满足当地人民的需求，具体的形式可能是提供安保，也可能是修建校舍或体育场馆，或者改善卫生条件。假如杀戮必不可免——这位年轻的中尉并没有质疑这一点——也应该尽可能静悄悄地完成，所用的工具应是一把刀或者一支枪，而不是重炮或空袭。

在一开始时，德·拉特尔就投入往往很单调的平定任务
261　中。从他的家书和他上司的报告中来看，他干得不错：一份报
告盛赞德·拉特尔"已经俘获了当地人民的心"。[2] 可是随着时
间推移，他的信件开始染上消沉的基调，尤其是在高平惨败的
消息传来后。对于一些同僚被"恐惧精神失常"深深困扰，
另一些则过上了放纵不羁的生活，他感到绝望，他也发牢骚说
这里欠缺有力而果断的指挥。"告诉父亲我们需要他，没有他
将会迷失方向，"10 月 23 日他在给母亲的信中这样写道。[3]

儿子得偿所愿。12 月初，让·德·拉特尔·德·塔西尼
被任命为远征军总司令兼印度支那高级专员，全权掌管一切军
事行动和政府事务。巴黎当局认为在此前多个关键时刻，管理
职权的冲突妨碍了必要的行动，因此决定让一个人将军政大权
一肩挑。老德·拉特尔走马上任并不怎么令人意外，但也不是
完全如人所料。贝尔纳喜出望外。在任命公布后，他给父亲写
信说："我们现在需要的是一位能领导新生力量和全新体制的
领导，这里不容许再出现过多无关紧要之事，不容许再发生无
足轻重的战役；接下来，凭借着虽然经此种种但仍然保存的士
气，我们可以挽救一切。"[4]

在接下来的几个月里，"我们可以挽救一切"这句话将反
复回响。救世主已经到来，至少在一段时间内看似如此。作为
法国在 20 世纪最卓越的军事将领之一，让·德·拉特尔战绩
彪炳，而他最伟大的成就将可能在越南实现。1889 年他出生
在旺代省的穆耶龙昂帕雷（Mouilleron-en-Pareds），在这个小
镇上还有一位名人，那就是乔治·克列孟梭（Georges
Clemenceau）。年轻的让·德·拉特尔入读圣西尔军校，后来
上了一战战场。他曾五次受伤，不过很快就赢得了在炮火下仍

能保持英勇镇定的声望。有一次，在遭到德军骑兵袭击时，一个敌人将长矛刺穿了德·拉特尔的胸腔；他虽没有坐骑，却不屈不挠，在用剑刺死了两名敌人后成功脱身。

两次世界大战期间，德·拉特尔在著名的利奥泰元帅（Marshal Lyautey）驻摩洛哥的军队中服役，法兰西战役爆发时，他带领第 14 步兵师在兰斯附近阻拦德国装甲部队，但徒劳无功。此后他因未按维希政府要求让军队留守军营，而是出来迎击德国人，被关入监狱。他的妻子和儿子贝尔纳探监时在一束花里藏了一把小锯子，在一包换洗衣服里藏了一根约 10 米长的绳子，他因此得以逃脱，并加入了自由法国运动，1944 ~ 1945 年领导法国第一集团军（1944 年 8 月 15 日这支军队与美军一起登陆普罗旺斯）从法国南岸一路高歌，进军莱茵河和多瑙河。在跨过莱茵河后，他还攻克了卡尔斯鲁厄、斯图加特和弗罗伊登施塔特。他麾下一度有 12.5 万名美国大兵。[5]

即便是在那时，关于德·拉特尔秉性的故事也早已经广为流传。他不仅外表酷似道格拉斯·麦克阿瑟，而且常被与后者相提并论，他常常对上司的指令表现出不耐烦；跟麦克阿瑟一样，他也生性自负，在让众人瞩目这方面可谓行家里手。有人称他为"戏剧将军"。他非常擅长模仿，有他在席间总是妙趣横生，而且就连批评者也承认他拥有非凡的魅力。不止一个观察人士拿他跟丘吉尔相比，因为跟丘吉尔一样，他也有本事将身处的任何一间屋子变作自己的舞台，会吸引所有人的注意，并让听众为他的魅力、他善于自嘲的智慧、他的口才所倾倒。

然而，他的身上也有缺点。他的这种自我中心甚至到了狂妄自大的地步，他很容易表现得喜怒无常，并将怒火如火山爆

262

发般倾注到下属身上。他对自己的外表一丝不苟——他的制服是由巴黎时髦的设计师朗万（Lanvin）量身定制——对下属也提出同样的要求，而且在视察时，如果主办方未能按照他心目中的仪式规格来欢迎他，他将雷霆震怒（他因此又有一个绰号叫"让陛下"）。他对荣誉的态度过于敏感——不管是个人的还是国家的——这一点尽人皆知。在一次盟军将领的晚宴上，德·拉特尔不吃不喝，因为苏联红军的朱可夫元帅在祝酒赞颂盟军时忘了提法国。在得知自己犯的错后，朱可夫单独为法国祝了一次酒。德·拉特尔这才消了气，开始用餐、喝酒。[6]

　　二战结束时，尽管法国并未受邀，戴高乐将军还是派德·拉特尔前往柏林参加停战仪式，他作为见证人在协议上签字，并欣喜地表示："胜利已经降临……这是春天里光彩夺目的胜利，它让我们的法国重拾其青春、力量和希望。"这不仅仅是豪言壮语。德·拉特尔真挚地相信着自己的国家，相信法兰西帝国，因此在战后的岁月里，他尽其所能力争恢复法国在他心目中强国之林的合适位置。从 1945 年晚些时候起，他先是担任法军总监察长和总参谋长，后任西欧联盟（Western Union，北约组织前身）地面部队指挥官——事实上，他等于是西欧联盟的总指挥。

　　1950 年年底他接受了印度支那的职务，这让一些人有点儿纳闷，他们觉得这等于是他的职业生涯走了下坡路，但德·拉特尔不可能回绝。作为一个天生的赌徒，他一直教导自己的军队要欣然接受国家的需要并敢于冒险；而现在，他必须言出必行。更重要的是，他的国家正在打仗，这场战争的形势很糟糕，而他的独生子正身处战争中心。一场彻头彻尾的败仗看起来完全有可能。面对着这个最大限度的需求，他只能应声同意。"我将一无所获,而且也无疑将会失去很多东西,"在总理勒内·普利文让德·拉特尔接受任职请求时,他这样回答,"但也有更多的理由接受它,作为一个好战士,我将毫不迟疑地做到这一点。"[7]

德·拉特尔认为自己的终极目标是将印度支那紧密地维系在法兰西联邦内部,但他起初在对外发言时,强调的是国际共产主义力量所带来的威胁。他告诉美国记者罗伯特·沙普伦(Robert Shaplen),法国在越南是为了"将它从北京和莫斯科的手中拯救出来"。巴黎政府在过去或许是出于殖民主义的动因采取了种种行动,但现在已经不再如此。他这样安抚半信半疑的沙普伦:"我们已经彻底抛弃了所有种族主义立场,我们现在要做的工作是挽救越南人民"——以及整个西方国家的安危。他在各种场合强调说,在西方于朝鲜半岛进行的战争中,越南是其中的另一条前线,而且它利益攸关。"北圻是东南亚防务的基石。假如北圻垮了,暹罗将紧跟着缅甸沦陷,而且马来亚的形势也已经到了岌岌可危的程度。没有了北圻,整个印度支那将很快拱手让人。"[8]

德·拉特尔是不是真的相信一切如此简单?这恐怕很难判断。他确实极端仇视共产主义,而且相信从对西方防务的重要性来说,自己在印度支那的军事行动归根结底跟麦克阿瑟在朝鲜半岛的行动一样重要。但他同时也清楚,一个国家接着一个国家沦陷的景象,如同保龄球瓶或者多米诺骨牌倒下一样,会在华盛顿的政界引起共鸣,而且对于军方与文职人员都是如此。在这一点上,德·拉特尔根本不需要外人指点:他知道,自己这个令人望而生畏的任务的成败,在很大程度上取决于杜鲁门政府的态度与策略。

264

二

12 月 13 日，他从巴黎奥利机场出发。大约 2000 名来自法国第一集团军的老战友前来为他送行，他们举起的旗帜在夜风中飘扬。对于德·拉特尔来说，这是个感人的时刻。他说，这证明了他的小伙子们（他称手下的士兵为"les gars"，即小伙子们）仍然相信他，第一集团军精神长存。五天后，他的飞机抵达西贡。这一天是 12 月 19 日，四年前的这一天，法越第一次爆发大规模战争。

"他的飞机降落，德·拉特尔站在飞机舷梯最上方的平台上，接着，他这样转过自己的侧脸，"美国公使馆副官埃德蒙·格利恩回忆起当时的情景说道，"他的侧脸轮廓鲜明（有点儿像麦克阿瑟），身高看起来似乎超过 2 米，他站得笔挺僵硬，掏出白手套，仔细地戴在双手上，就像那样——这是个非常具有象征性的姿态，这是在向军团示意说，一位贵族绅士已经就任了。没有人忽略戴手套这个象征意义……他是来收拾一个乱摊子的。"[9]

他很快就清清楚楚地让人明白，整洁的仪容和花哨的仪式应该是每天的例行公事。仪仗队举枪致敬，军乐队奏响《马赛曲》。可是在德·拉特尔看来，这个仪仗队表现得太邋遢，当着外人的面他就把负责仪仗队的上校大骂了一通——这是个让人胆寒的待遇，用法国谚语说是"被修理了一通"。接着他对着军乐队指挥又是一通辱骂，原因是一个乐手跑调了。对于所有在现场集合的人来说，有一点毋庸置疑：让陛下已经大驾光临。[10]

这天晚些时候，德·拉特尔向一群法军军官发表讲话，告诉他们自己不能保证会让大家轻巧地取胜，也不能保证战局在

早期就能得到改善。他能承诺的是坚定的引导："从今往后，
你们将获得引领。"他旋即取消了将河内妇女儿童疏散的命　　265
令——"只要妇女儿童还在这里，男人们就不敢放弃"——
并宣布他的太太也将很快从巴黎来到这里。他誓言将守住北
圻，并驳斥了部分法国军官所谓的日后除了把军力集中在安南
南部和交趾支那别无他法的论调。这些誓言，以及他宣布自己
将立刻飞到北圻的消息，立刻巩固了平民和军队的士气。（他
的起程仪式排场同样很大，而且再一次四处声讨别人：他勒令
将自己专机的飞行员关 25 天禁闭，因为他没有将这位新司令
的徽章绘制在飞机机身上。而在看到一个胡子拉碴的副机师
时，他批评说："给你五分钟时间，把胡子剃干净！"）[11]

1951 年年初，德·拉特尔和保大参
加一场授奖典礼。

　　北圻战情严峻，这一点谁都不能否认。由于在边界战役中遭到越盟袭击，法兰西联邦在越南北部和东北部前线的卫戍部队已被迫撤回到红河三角洲，而德·拉特尔认为要想将印度支那作为一个整体来防守的话，坚守该区域至关重要。在到达河内后，他再次重申随军家属不得撤离，他也万万不会允许北圻陷落。

　　在此后几天里，他坐着一架小型莫拉纳侦察机飞遍了整个三角洲，对个人安危全然不顾——他的随从不止一次遭遇敌军开火——而且他的精力极其充沛，累得副手们只能疲于奔命。每到一处，他都会唤醒人们心中蛰伏的民族自豪感，让在场的法军连声欢呼；每到一处，他都会毫不留情地将不称职和（以他的标准）懒散疲沓的将士剔除出来；每到一处，他都会像念经一样反反复复地说：共产党一天没被打败，我们就不可能放弃印度支那。

　　然而，德·拉特尔明白，提振战士的斗志固然必不可少，但这还不够。他随后着手重组法国军队，并重新架设北圻的防御体系。他借鉴了 20 世纪 20 年代在利奥泰元帅麾下习得的非洲军团战术，强调机动性的重要性，哪怕是在无法快速移动到路面、面临着伏击危险的地形中也是如此。他相应地组织了多支突击队，每支突击队都拥有一个可进行充分指挥的、包括多个通信设施的总部，以统领三个或更多步兵营和支援部队。这些突击队可迅速移动，与越盟部队交战，解救被围困岗哨；而在进攻时，他们将运用非洲军团从至少两处，有时是三处以上不同的包围方位同时打击的战术。从路边向丛林深处开火的炮兵将分散为一个纵队的长度，这样在遭到突袭时不至于全军覆没。[12]

266

为了增强机动性、保护三角洲，德·拉特尔下令在该地区修建一系列独立且能够相互支持的防御工事或碉堡。早在1949年5月勒韦尔起草报告时，他就已经建议修建这类防御工事，不过直到此时，这种人称"德·拉特尔防线"的堡垒长链才开始建立起来，每个工事可容纳三名到十名战士，五六个构成一组，每组相距二三公里。德·拉特尔亲自监督工事建设，无情地驱策着工作人员；到1951年年末时，已建成了超过1000个堡垒。这些堡垒形成了一个近似半圆形的链条，从接近下龙湾的海岸出发，沿红河三角洲北部边缘至永安，再向东南延伸至临近发艳的另一处海岸，将河内和海防都保护在其内部（见第355页地图）。有了这些堡垒后，突击队可以出发搜索敌军，并能——至少理论上如此——防止大米走私和越盟发起大型进攻。

不过眼下还存在两个问题：找到足够的人手守卫这些堡垒，以及确保军队得到充足的装备。为解决第一个问题，德·拉特尔寻求并取得了北非军团和海外军团的增援。不过他知道，巴黎政府批准派往印度支那的军队永远只能满足守住领地的需要。资金不能被用在这上面。[13]他因此加速推进建设那支仍然处在萌芽阶段的越南国民军（Vietnamese National Army，VNA），法国人称此举为"黄化"。在德·拉特尔抵达越南时，这支军队的总编制为11个营和9个宪兵队。他旋即要求新增25个营、4个装甲中队和8个炮兵连。他认为越南军队将承担的是安抚和保护非越盟占领区的职责，这样可以让远征军队腾出手来实施进攻行动。很多出色的军官和法军中的雇佣兵，包括贝尔纳，都志愿成为这些越军部队创建之初的干部。[14]

267

在装备方面，德·拉特尔则求助于美国。对于华盛顿的援助开始更为慷慨地涌入印度支那，他甚为满意，在这批物资中，他尤为欢迎的是几十架"熊猫"战斗机和 B - 26 轰炸机，以及运输设备和推土机。美国炮弹的供应量也较以往大为增加，重要的 105 毫米榴弹炮也是如此。但他需要的还远远不只这些。德·拉特尔通过美国驻印度支那联络处紧急索要必需物资，包括一种专为丛林战争设计的美国武器——凝固汽油弹。他的前任甚少使用这种接触时即可引爆的胶状汽油弹，但德·拉特尔相信，它将能发挥无与伦比的作用。[15]

268

三

在河内以北 80 公里、邻近太原的丛林总部里，武元甲怀着满意甚至喜悦的心情迎接德·拉特尔任命的消息。武元甲向来迷恋军事荣誉以及他人对自己的赏识，他将法方选择了这样一位杰出人物视为对他本人及其军队的恭维，所以热切地接受了挑战。"法国派来的这位敌人配跟我们较量，"他宣称，"我们将在他自己的地盘上击败他。"[16]在北圻北部大捷后，此时的武元甲信心百倍，已经将视线转移到了红河三角洲和河内。而他的中方顾问也为边界战役和在朝鲜半岛对付美军时所使用的人海战术的成功兴奋不已，鼓励武元甲在越南对付法军时使用同样的战术。

几个月来，在越盟的高层会议中人们一直在激烈争论着毛泽东的人民战争中第三个，也是最后一个，即"全面进攻"阶段是否已经到来。秋季进攻的胜利是否表明现在时机已经成熟？仅仅在一个地区拥有"军力优势"是否足够，还是需要在全国各地都建立这种优势？法军在红河三角洲地区究竟有多么虚弱，越盟在那里取胜是否昭示着整座殖民大厦摇摇欲坠？高层官员们围绕着这些问题争执不休；武元甲属于认为可以在战场上取得物资方面的绝对优势前，先进入第三阶段的那一派。其他人提出了异议，但武元甲的提议恰好遇上了越盟控制区粮食供应面临日益短缺的时机；他和其他人坚持认为，除非革命军可以拓宽在三角洲地区的领地，否则粮食问题将变得无法应付。（政府已要求民众大幅度地节约口粮，好将充足的口粮分给军队。）会议以微弱优势通过决议，决定进入看似持久且复杂的进攻的前期阶段。第一项计划是从西北部对红河三角洲地区发动大规模进攻。[17]

　　武元甲向来为他一丝不苟的作战准备而自豪，但这一次他判断有误——自满情绪主宰了他。武元甲没有充分考虑自己在边界战役上的巨大优势：法军很分散，而且欠缺通信或交通路　269

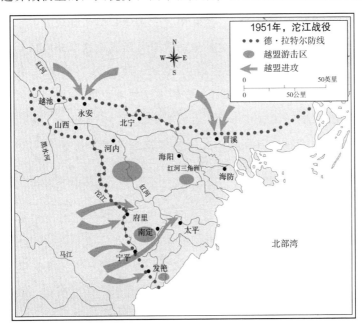

线。但这样的优势在红河三角洲地区并不适用：在这里，法军
的位置更加有利。当越盟军队向河内以北的阵地行进时——从
第 308 师和第 312 师调集了 65 个步兵营、12 个炮兵营和 8 个
工程营，外加运送 5000 吨大米、弹药和武器的平民挑夫——
越盟开始在该地区张贴传单，上面写着"胡志明新年攻下河
内"的标语。（越南的新年与中国农历新年日期一样。）法军
指挥官做好了战斗准备，他们的情报分析人员——尤其是对外
情报和反间谍局（Service de Documentation Extérieure et de
contre-espionnage，SDECE）的工作人员——已经掌握了敌军
主力部队的大致行踪和可能的进攻日期。

　　这场后来被称为"沱江战役"的战争，其首个目标是河
内西北约 40 公里、位于红河北岸的永安，红河河水从附近的
高地汩汩流出。这个城镇是守卫河内的堡垒之一；攻下它就可
以打通通往首都的道路。武元甲计划用他的两个师攻破永安的
防线，制造一个缺口，这样他的大军可以通过这个缺口猛攻河
内。1951 年 1 月 13 日夜晚，第 308 师的两个营袭击保祝
（Bao Chuc）——这个邻近永安的小堡垒由约 50 名塞内加尔和
越南士兵把守，这些士兵一直战斗到最后一个人倒下，在两次
以刺刀相拼后被攻下。一支派来解救这个堡垒的突击队被包
围，遭到已经占据周边山脉有利地形的敌军猛烈攻击。看来，
越盟传单上的誓言果真能够实现。

　　德·拉特尔开始亲自督战。14 日他坐着自己的侦察机直
接飞抵永安，下令调集所有能征集的预备役军人，并将交趾支
那的军队派往北部。15 日，他派出一队由北非精锐部队组成
的突击队强攻永安周围高地。这个举措看来取得了成功，但在
16 日傍晚时分，越盟步兵突然一波一波席卷而来，向山间敌

军匆忙挖建的防御带猛攻。随后交战双方使用手榴弹和汤普森冲锋枪进行血腥的贴身肉搏，两边伤亡都十分惨重。第二次回到永安的德·拉特尔意识到了事态的严重性，下令所有可用的飞机——包括轰炸机和能投掷美制凝固汽油弹的运输机——进入这个战区，这里将成为整场战争遭到空袭最为密集的战场。[18]

　　凝固汽油弹如同雨点般无情地落在越盟军队中，成千上万的军人被卷入烈焰中。1月17日上午，第312师试图发起最后的总攻；这次进攻重创保罗·瓦尼克桑（Paul Vanuxem）上校率领的一个营，但遭到咆哮而来的凝固汽油弹的阻拦。在此之后，越盟又断断续续发起了几轮进攻，此后便悄无声息了。空气凝滞了。法军环顾四周，简直无法相信自己的眼睛：他们竟然打赢了；他们成为战场上的支配者。武元甲军队有6000人死亡、8000人受伤，彻底被击败。事实证明，法军的空中实力——通过运用一种骇人的全新武器——在战场上具有决定性的作用。一位越盟军官在日记中写道：

　　　　天空中突然传来一阵声音，出现了一些奇怪的鸟，它们的身形越来越大。是飞机。我让手下寻找掩体，避免被炸弹和机关枪射中。但飞机朝着我们俯冲而下，并没有开火。顷刻间地狱在我的面前打开大门。从第一架飞机上掷下来一些大大的、鸡蛋形状的罐子，紧接着是第二架、第三架。绵延几百米顿时被火焰吞没，战士们陷入恐慌。这是凝固汽油弹，从天而降的地狱之火。

　　　　又一架飞机俯冲而下，在我们后面再扔了一枚凝固汽油弹。它尾随在我们身后爆炸，我感到它炽热的气息触及

271

我的全身上下。战士们四散逃去，我没办法把他们叫回来。在烈焰四面奔涌、将接触的一切化为火海的情况下，任谁也不可能坚守阵地。现在，烈火已从四面八方将我们围住。而法军的大炮和迫击炮已经进入射程之内，将这片十分钟前还静寂无声的森林变成了燃烧的坟墓。[19]

德·拉特尔非常清楚，如果美国的飞机、武器和弹药未能及时运抵越南，永安一役不可能获胜。凝固汽油弹和榴弹炮固然格外重要，但德·拉特尔深知，事实上目前服役的所有飞机都产自美国，大炮也同样如此。1月23日在西贡出席一场宣告胜利的新闻发布会时，他称赞美国在这场战役中给予的支援。他谈及几天前美国公使唐纳德·R. 希思曾与自己亲赴战区时，法军指挥官说法国军官们"热切地抓住了这个机会，表达了对美国提供物资的感激之情"。他在私下里对希思表示，凝固汽油弹起到了至关重要的作用。[20]

武元甲同样真切地感受到美军增援对法军战争的重大意义。但他不愿意承认永安一役越军惨败，或者承认这场战役证明他的军队还未对大规模战役做好准备。他认为这场仗双方势均力敌，战果原本很可能是向有利于自己的那一面发展的。在这年春天，武元甲对三角洲地区又发起了两次进攻，可两次均以失败告终。在3月底，他派出了21个营进攻冒溪周边的法军堡垒，这是个位于海防西北约30公里的海滨小村庄。法军与越盟军队的比例约为1比3，但多半归功于空军和数量上占优势的火炮支持，法军竟然击退了敌人。凝固汽油弹再次带来了毁灭性的后果。双方伤亡均十分惨重。法军的伤亡比例约为25%，而越盟有超过400名战士陈尸沙场。一周后，越盟再次在东潮附近发动进攻，但又一次被打了回去。[21]

　　第三次尝试是在 5 月底进行的。这一次武元甲转而从南部进攻，对沿沱江东南一线的法军堡垒发起了一次从战术上看很传统的战役。越盟有着双重目标：夺取该地区已经成熟、正待收割的稻米，同时占领宁平和发艳周边有着深厚基督教传统的地区——直到此时，这些地方一直顽固地抵抗着越盟的渗透。越盟光是行军就用了两个月时间——为了躲避侦察，他们大部分时候是在夜间行军——军队、挑夫以及补给都要从三角洲周边一路南移，而且在行动尚未开始时雨季就已经到来了。但武元甲很有信心，部分原因在于第 320 师的一个营已经成功渗透太平附近的敌后，在那里它将跟地方军联合起来，从后方突袭法军。

　　5 月 29 日，随着越盟军队渡过沱江，进攻旋即展开。他们攻其不备，在最初取得了一些成功，但德·拉特尔很快就组织起了 8 个摩化旅。双方此后激烈交火，在接下来的几天里胜负始终未定，宁平附近的几处阵地多次易主。但事实证明，当地的基督教民兵组织非常擅长内部防守，而法军的沿河突击队最终切断了武元甲的跨江补给线。6 月 6 日，法军取得了战役主动权。四天后武元甲下令撤退，此役越盟有约 9000 人战死，1000 人被俘。[22]

　　武元甲被对手远远胜出，并且显示出作为将领的经验有多么不足。但由于生性独断自信，永安一役吃的败仗仍然没能让他明白在红河三角洲地区渗透的难度有多大。同时，无论他还是他的参谋们都未能充分掌握如何移动大规模部队，以及如何在战场上调度部队。他在大白天将他们送上开阔的地形行动，这让他们成了力压一头的法军炮火的靶子。他没为自己预留下

273　储备部队，因此无法抓住突然出现的机会，而且这三次行动，每次撤退都混乱而缓慢，进一步加剧了越盟的伤亡。他后来才明白凝固汽油弹可以对大规模的军队阵形造成多大的伤害。党内的一些高级领导人——以理论家长征最为突出——指责武元甲造成了大量不必要的伤亡，而且在挑选指挥官时用人不当；就连领导能力同样遭到质疑的胡志明也对如此惨重的损失表示痛心。越南民主共和国的电台广播通过赞扬战争早期的游击队战术，隐晦地批评这几次进攻。另外，有报告称越盟军队的逃兵人数在不断增加。就连中国人所持的论调也跟年初时全然不同，他们开始强调越盟必须谨慎行事——此时他们在朝鲜半岛与美国的战争眼看要继续拉长。武元甲的地位保住了，但威信遭到了动摇。他决定在可以预见的未来避免继续采取大规模军事行动，转而开始重新投入游击战。[23]

在这场战役结束后，一份被截获的由武元甲签署的命令直白地对事态阐述道："我们的军队曾证明自己出色的游击战能力，从今往后，军队不得再寻求发起大规模战役。整体反攻已被取消。地方军将被打散，作为小型队伍进入城镇，以巩固市区网络。革命战争的战利品仍是广大人民群众。"[24]

四

武元甲面对的是一位令人钦佩的敌军司令，这一点很关键。在 1951 年年初，德·拉特尔每打一次胜仗，他的名望便随之高涨一些。但他对外表的虚荣和他向下属们倾泻的怒火并没有停歇——有一次他曾对一位速记员发难："你不会穿衣服，小姐，而且头发该洗洗了"——军官们也会在私下里形容这位领导自己的将军是"鲁莽的虚荣之辈"。[25]但德·拉特尔不断证明自己有勇有谋、不惧怕任何人，而且即使是那些不喜欢他的人也会尊重他。一些记者将他的永安大捷跟 1914 年马恩河战役的奇迹相提并论。他诚然没有攻克哪怕一寸新领土，但很多人相信，如果没有他，河内会落入越盟之手。对于河内和西贡的法国垦殖者来说，他就是他们期盼已久的英雄；而对于巴黎的政客和大多数媒体来说，他是有可能拯救法属印度支那的将军。他就是让·德·拉特尔陛下。 274

他还是一位骄傲的父亲。5 月初，他亲自给贝尔纳颁发了英勇十字勋章，而且在面对记者和其他人时，他总会迫不及待地称赞这个年轻人在战场上立下的功勋。5 月 30 日，在宁平战役打得如火如荼时，他接受了一位比利时记者的采访，谈到了战场形势，并特别自豪地介绍了带领着越南国民军一个排作战的贝尔纳所发挥的作用。采访接近尾声时，一位助手冲进屋里，面如死灰。德·拉特尔只瞧了他一眼，还没等对方开口，就失声叹道："是贝尔纳死了吧！"[26]

他猜得没错。贝尔纳是在这天早些时候战殁的，事发地点位于南定附近的沱江岸边。他所在的连奉命守住一个岩石山丘，他在夜间占据了山顶的一个阵地，跟他在一起的是一位越南下士和一个名叫梅西埃的法国中尉。凌晨一点多，在一次小规模交火中这位下士受伤，此后不久越盟部队开始向山下的平地推进。凌晨三时许，迫击炮的炮弹开始落向小山丘，其中一枚正中目标，导致梅西埃受重伤，贝尔纳当场死亡。受伤的越南下士将他们的尸体拖到了山脚下的一处山洞里，然后重返阵地继续战斗。[27]

德·拉特尔遭受了巨大的打击。他给当时在巴黎的妻子发去电报说："原谅我，没有能力保护好他。"几天后，他带着

一具装着自己独生子的棺材飞回巴黎。葬礼在荣军院圣路易斯
教堂举行。应德·拉特尔夫人的要求，这次仪式同时纪念了所
有在印度支那阵亡的法国人。第二天，贝尔纳被安葬在父亲出
生的穆耶龙昂帕雷镇。

　　假以时日，每个人都将清楚地看到儿子身亡给这位将军的
观念所带来的毁灭性影响。不过，他在一开始时掩饰了自己的
绝望，在每个场合都会反复强调，无论是自己的基督教信仰，
还是对于法国在印度支那使命有着何等重大意义的信念都没有
丝毫削减。贝尔纳是将自己的生命奉献给了最高尚的事业，他
这样执着地表示——一些人可能会想，他的这种执着未免有些
过头了。

275　　　甫一回到越南，他就开始埋头工作，比以往的劲头甚至更
足，这让副手们精疲力竭。（此时一些微妙的迹象显示他的体
力也已不如从前——这也许说明日后夺走他生命的癌症已经埋
下了病灶。他每天仍然工作到深夜，但最后几个小时显得有些
提不起劲儿。）他对德·拉特尔防线的建设速度不满，要求在
这个项目上增加人手。他对越盟渗透进红河三角洲的程度感到
担忧，要求在内部加大"清洗"力度。这些"大扫荡"措施
取得了可观的成就，但效果仍然不尽如人意，因为在"被清
洗"的区域没有任何一个有能力行使管理权的行政机构。
德·拉特尔将矛头对准了由首相陈文友（Tran Van Huu）所领
导的保大政府，指责其办事不力——不仅没有建立起有效的行
政框架，也未争取到广泛的群众支持。他要求立刻开除在他看
来不称职的部长；陈文友虽说被公认为官员中最坚挺的亲法
派，但还是对他的要求坚决不从。[28]

　　事实上，原有的法越政治问题并未消失。在德·拉特尔于

1950 年 12 月 19 日在越南发表首次演讲，以及之后的所有场合中，他都始终强调越南是自由的，他的使命无非是帮助它捍卫这种自由，帝国主义统治已不复存在。1951 年 4 月中旬，在他前往永安战场视察时，曾对陈文友和保大政府的其他部长们说："你们中的一些人可能会把这些碉堡视为法国持久占领的外在标志。可事实恰恰相反，首相先生，这些是越南实现独立的堡垒。"[29]陈文友满腹狐疑，同行的下属们也是如此。在他们以及众多不信仰共产主义的越南人看来，法国在这个春天并没有显示出多少允许越南获得真正的独立的迹象。法国不再控制保大政府的财政和海关，但高级专员办公室仍然对关键事务，尤其是跟战争相关的问题，拥有终极管控权。德·拉特尔独断专行的作风开始让人不快。很多越南人因此继续采取观望态度——尤其是保大本人，这一年上半年的多数时间里他都住在法国里维埃拉，潜心磨炼网球技艺。在德·拉特尔看来，陈文友虽有能力但欠缺魅力，没有得到民众拥护，而且他自己看似对此并不怎么在意。

276

　　德·拉特尔将这些不愿意做出必要努力的越南人称为"观望主义者"（字面意思是"静候结果的人"，或曰骑墙派）。到了这年年中的时候，他越来越频繁地使用这个字眼，针对的人也越来越多。他尖刻地说，自己来越南是为了帮助联合邦（这是个委婉的说法，用来形容越南、老挝和柬埔寨的伪政府，此时它的使用频率不断增加），夯实其在法兰西联邦内部业已获准的独立权力，同时击败那些妄图给这个热爱自由的民族强加共产主义体制的人。然而越南人提供了什么帮助呢？屈指可数。他们没有尽到自己的本分，对跟胡志明作战压根儿提不起兴趣；他指控说，他们甚至在他背后捅刀子。陈文友政府冷漠且软弱，越南的中产阶级——这原本是在这场战争中最为利益攸关的人群——甚至不愿意应征入伍。举例来说，虽然军中急需卫生员，但没有一个医生愿意报名。[30]

在夏季的这几个月里，这些是他司空见惯的论调，毫无疑问，贝尔纳之死在他情绪发作的性质和频率上都起到了一定的作用。在 6 月的时候，他已经开始断言越盟进攻沱江——正是此次进攻让贝尔纳送了命——之所以得到可乘之机，是因为发艳教区的天主教主教们跟敌人沆瀣一气。对这个控诉，他并没拿出什么证据。德·拉特尔开始不断声称法国官兵为了捍卫和保护自私自利、不值得信任的越南人，做出了无谓的牺牲。"如果连这样不断牺牲我们年轻人中的精英，也无法证明自己赋予越南独立的诚意，那么我们还能做些什么呢？"他这样追问道，鄙视之情溢于言表。如果这是一场"真正的战争"，他至少能聊以自慰，相信他的儿子是英勇捐躯。可是，贝尔纳"是为了一个忘恩负义的民族丢掉了性命"，越南人非但没有提醒法国军队周围有越盟军队，反而"还对着与法军并肩作战的越南士兵发出嘘声，说人家是'叛徒'"。[31]

也许这位将军在内心深处觉得自己要为贝尔纳战死负上一定的责任。此时谣言四起，说他之所以将儿子调到这支部队，目的是拆散儿子跟一个越南女人之间的感情，而这个女人曾经是保大的情人。[32]

为了提醒所有人铭记法兰西联邦为了守护越南所做出的牺牲，德·拉特尔下令在越南各地为他死去的儿子举行一系列纪念活动。比方说，7 月 5 日，在河内的圣约瑟大教堂举行一场追思弥撒。越南牧师们虽心不甘情不愿，但还是飞去了北圻——有谁能拒绝这样的邀请呢？同样勉强来这里的还有外交界人士，其中大部分人是直到前一天晚上 8 点才得知活动的消息。大家只好紧急做出各种安排，然后在凌晨 4 点半搭上了离开西贡的飞机，好赶上弥撒。所有人在教堂就座后，在让人窒息的沉默中等候了半晌，将军戏剧性地出场，坐在了主教旁边。一位苦行僧发表了动人的演讲，主旨是将贝尔纳作为法国对维护自由所做出的贡献的象征。[33]

接下来的那周，德·拉特尔继续重申这个主题，这一次是在越南特权子弟学校的颁奖仪式上——经验告诉他，这些孩子中没有一个会参军。首相陈文友也出席了此次活动。德·拉特尔提醒学生们，法国人正在为了他们献出生命（他忽略了一个事实，那就是战死者中绝大多数是海外军团和帝国军队的战士），并称在这场战争中的骑墙派——"那些想要独立但又不愿意打仗的可怜虫"——将无处藏身。他宣称，这是一场为了越南的未来而进行的战争，法国只有在越南的精英阶层与自己并肩作战的情况下才会继续打下去。"某些人佯称越南不可能独立，因为它仍属于法兰西联邦的一部分。大错特错！在我们的宇宙里，在当今世界中，没有哪个国族能绝对独立。只存在有效的相互依赖和有害的依赖。……越南年轻人，我对你们的感情就跟我对自己祖国的年轻人一般亲切，现在，轮到你们捍卫自己的国家了。"[34]

这位极具天赋的演讲家传递出了令人激动不已的信息。在德·拉特尔的演讲结束后，全场观众起立，致以雷鸣般的掌声。但德·拉特尔知道，偶尔发表一两次演讲并不够。同月，他说服保大和陈文友颁布"全体动员令"，目标是征集 6 万名男人接受两个月的集训。动员令和他的持续发言并非没有作

用——从夏到秋，越南国民军的征兵人数在不断攀升——但基
础性的问题仍然没有被解决：在越南的特权阶层中，有太多人
不愿意为保大政府打仗甚至卖命。很多人对兵役能躲则躲；其
他人则尽一切可能逃避上战场。保大政府的国防部为第一次征
兵动员挑选了 500 名预备役军官学员，可最终只有半数前往守
德和南定的军官训练中心报到。[35] 此外，在法国人看来，保大
政府的官员们做事扭扭捏捏，简直叫人气得发疯，而且喜欢把
精力用在内讧，而非直面胡志明军队带来的挑战上。

五

　　如果说在德·拉特尔的眼中越南人忘恩负义、虚情假意，
甚至是阴险奸诈，那么，对于美国人他也没多少好话。事实上
在他看来，美国人需要为越南人这种观望态度负很大的责任。
他不断批评美国记者总是质疑法国授予越南完全独立权的诚
意，对于杜鲁门政府想要绕开法方直接管理对越援助，他也是
一肚子怨气。更让他恼火的是，美国公使馆不断宣扬美国的经
济援助，这让法国人"在越南人眼中就像是个穷表叔"。德·
拉特尔严禁越南所有的法语报纸提及美国经济援助，同时对经
济援助代表团（Economic Aid Mission，STEM）的自我标榜大
为光火，他认为这个代表团在完成经济报告的同时，还从事着
宣传和政治活动。他声称美国代表在想方设法破坏自己的权
威，想把法国从越南挤走，好自己取而代之。当一位美国使馆
官员提出抗议，说这些是共产主义宣传论调时，德·拉特尔
说，就算是共产党，说的话有时候也是对的。[36]
　　让德·拉特尔和他的手下最为不安的，要属美国新闻处
（U. S. Information Service，USIS）的活动，他们指责这个美国

国务院下设的机构是在从事公共外交，即宣传行为。大量越南
人报名参加了美国新闻处开办的英语学习班，却没有几个人能
熟练掌握法语，这让法国人特别愤懑。这是美国寻求在越南取
代法国的又一个迹象吗？法国官员们觉得应该是这样。更何
况，为什么美国新闻处的第一项翻译工作是美国历史？"大部
分法国人要么觉得此举太荒唐，要么觉得很无礼，要知道，即
使是识文断字的越南人对自己国家的历史也知之甚少，更别提
法国的历史了，"法国驻西贡外交参赞这样指出，"竟然指望
越南人去学习美国历史，美国人的国家本位主义看来已经到了
登峰造极的程度。"[37]

　　美国国务卿迪安·艾奇逊对法国人的抱怨嗤之以鼻。"如
果越南人对本国或者法国的历史'知之甚少'，这是他们教育
部的问题，而且本应该在很久以前就着手解决，"他辛辣地评
论道。美国不应该为这个问题背黑锅。[38]可是德·拉特尔仍旧
不为所动。7月23日，在参加美国新闻处新阅览室的落成典礼
时，他抓住机会警告说，绝不允许美国人在越南参与政治、文
化或经济竞争。"因为这么一个简单的事实——战争——这里不
能再出现任何争夺影响力的斗争，至多只能存在利益纷争，"
他说道。

　　　在亚洲只有一场战争，正如在欧洲只有一条防线一
　　样。所有自由国族都应团结起来参与这场战争；而美国在
　　印度支那的影响力，应在对抗共同敌人的工作框架内诉诸
　　实现。缺乏这个必要的框架，组织性、高效的凝聚力或胜
　　利都无从谈起，而且目前它需要建立在法兰西联邦的基础
　　之上。任何事物都不得削弱这种框架，因为一旦它不复存

279

在，某种局势和政权将应运而生，而这样带来的第一个后果便是消除美国和法国的一切影响力——对此，恐怕没有人会有异议。

跟以往一样，他还是试图将两场亚洲战争挂上钩。"今天，美国和法国正在给世人树立榜样，他们所领导的事业宏大且无私，这与他们文明中的准则和辉煌一脉相承，"他宣称，**280** "在联合国于朝鲜半岛进行的这场正义之战中，美国已经身先士卒，发挥了压倒性的作用。而这么做，无非是因为美国要兑现自己的誓言，尊重法兰西联邦宪法中铭刻的义务，因为法国已经承担起了捍卫印度支那的职责，而这个地区对整个自由世界至关重要。"

这个说法当然可以商榷，不过，很难将它作为法美关系不和的证据。然而，据一位英国旁观者的观察，在美国新闻处举行的这次活动中，自始至终法国和美国间的紧张气氛都很明显。在活动中，德·拉特尔在演讲开头就这样表示："我可以对美国文明致以同等的敬意吗？我得承认，我还没时间去研究它呢。"曾在最近一系列演讲中赞美法国文化的美国公使唐纳德·希思在活动结束后匆匆离场。这位身材矮小的美国人恐怕没有听闻德·拉特尔私下里对他的评价——"这个讨厌的小矮子还真把自己当成领事了"——但凡知道此事，恐怕他压根儿就不会出席活动。[39]

看起来，没人能从这位将军的刻薄话中幸免，哪怕是职位最高的副手。7月底，德·拉特尔给他的二把手拉乌尔·萨朗将军——一位在殖民地情报工作中拥有多年经验的军官——扣上了一堆罪名，说他是个隐藏得很深的亲共分子，还说他又是玩牌又是抽鸦片。萨朗承认自己偶尔是会抽抽鸦片疏解压力，但否认了其他指控：自己根本就不是什么左派牌迷。后来，萨朗偷偷跟英国驻河内领事 A. G. 特雷弗 - 威尔逊（A. G. Trevor-Wilson）说，德・拉特尔变得特别神经质，颐指气使，对谁都没有半句好话。[40]

德・拉特尔的尖酸劲儿能过去吗？这年夏天，在西贡的外交官圈子以及每天聚在大陆饭店天台酒店上喝一杯的记者圈子里，这成了最频繁提及的话题。这些记者中包括了《纽约时报》的蒂尔曼・德丁（Tillman Durdin，又译作窦奠安）和他做自由撰稿人的妻子佩吉（Peggy）、《法兰西晚报》的吕西安・博达尔、《纽约客》的罗伯特・沙普伦，以及美联社的马克斯・克洛斯（Max Clos）。一些人说，他还没从悲痛中走出来，给他点儿时间。而另一些人则坚持认为才不是这样，这已经不仅仅跟贝尔纳阵亡有关了。这些分析人士相信，德・拉特尔尽管在 1951 年早些时候屡次抵挡住了武元甲的进犯，但仍然在为获胜道路前的巨大障碍备受煎熬。巴黎政府派出的增援无论如何都难以接近他的需求，而越南国民军还未做好弥补差距的准备——而且在未来相当长的时间里都做不到这一点，如果真的还有可能做到的话。美国从这年年初开始增加的援助对这项事业十分关键，这是好的一面，而不好的一面在于美国凡事都喜欢插手。这派分析人士认为，换句话说，德・拉特尔认定自己无法从两个对自己最重要的角色——保大政府和美国政府——得到充分的支持。

281

对他心态的这种解读看来是准确的。除此之外，还有一点：德・拉特尔的健康状况开始急转直下，癌细胞已经在他的体内肆意扩散。他知道自己患上了重病吗？很难确定——直到

10 月，他才被确诊——不过他的副手们可以清楚地发现他的状况不妙。病情显然加重了他的挫败感、他的怨恨，还有他的坏脾气。他向来不耐烦，而现在，他连最轻微的延误和挫折也不能忍受了。不过，他身上原有的魅力并未完全消失，至少在那些只是偶尔或者第一次见到他的人来说如此，他们仍然能感受到他身上散发出的吸引力与真诚。7 月，当纽约州州长、1948 年总统大选共和党候选人托马斯·E. 杜威（Thomas E. Dewey）到访西贡时，他同样受到了这位将军的魅力感召。"这么多年来，这是我第一次碰到如此让我激动的人，"杜威事后兴奋地表示。[41]

杜威被德·拉特尔深深打动了，他建议这位将军亲自来美国阐述法国斗争的重要意义。德·拉特尔一直以来确有此意。他相信，想要在战争中获得胜利，华盛顿这一关是绕不过去的，但杜鲁门政府还没有充分意识到越南在世界版图中的重要性，而在说服美国人的这件事上，他谁都信不过。因此在 1951 年 9 月，他离开西贡前往美国首都，中间经停法国。在 9 月 4 日巴黎的一场宴会中，与会的英国官员觉得他看起来疲惫不堪，但仍然被他列举的例证和他对法国政策的热烈捍卫而折服。他在巴黎会晤的两位美国要人同样对他印象深刻，这两位分别是曾接替他担任西欧联盟总司令、时任北约总司令的德怀特·艾森豪威尔和马萨诸塞州共和党参议员亨利·卡伯特·洛奇（Henry Cabot Lodge）。两人都接受了德·拉特尔的说法，那就是法国并不是在从事一场自私的殖民战争，而是在捍卫盟国对抗东方战线中的一个链条。两人也都认同，在这场战斗中，应更加大力地给予法国在物资和政治上的支持。[42]

282

六

9 月 13 日，德·拉特尔乘坐壮美的"法兰西岛"号（Île de France）抵达纽约港。他戴着法式军用平顶帽和皮手套，仪表堂堂，与演员亨弗莱·鲍嘉（Humphrey Bogart）和劳伦·白考尔（Lauren Bacall）一起接受媒体拍照，这两位演员刚刚结束《非洲女王号》（The African Queen）的拍摄回国，在片中博加特是男主角，跟他搭档的是凯瑟琳·赫本（Katharine Hepburn）。德·拉特尔随后要求将自由女神像作为背景给自己单独拍张照片。在场的摄影师们立刻听命，德·拉特尔将自己轮廓分明的侧脸转向镜头，对着自己的国家送给美国的铜像摆出了一个夸张的姿势。亨利·卢斯那本恶毒反共的《时代周刊》撰写了一篇恭维德·拉特尔的封面报道，形容这位将军的拍摄要求是"一个重大的、经过深思熟虑的外交姿态：将军一直将自由——以及相互援助——放在心上"。文章热诚地写道，九个月以来，德·拉特尔"从事的战争，是自由战争史上最血腥、最关键的战事之一"，现在他为了给印度支那争取到更多援助亲赴美国，而印度支那是"一道阻止共产党向新加坡和印度群岛进犯的防线"。[43]

这恰恰就是德·拉特尔在访问美国的这两周里想要传递的信息。每到一站，他都将印度支那战争用冷战的那套术语包装起来，将它形容成抗击"赤色殖民主义"的战争。正如联合国部队正在朝鲜半岛抗击共产主义世界一样，法军在印度支那战斗；它们是同一场斗争的两条前线。然而，在印度支那，法国是在孤身作战。法国乐于扛下印支战争的重负，并付出了难以想象的人力和财力代价，美国也确实给予了关键的支持，但未来仍需美国更及时、更多地输送武器。为了打消美国对法国最终计划的顾虑，德·拉特尔重申，他的政府在印度支那没有任何殖民主义野心，而是在尽一切可能帮助越南、老挝和柬埔寨取得独立、积蓄实力。[44]

在美国政府内外，他传递的这条信息基本上都得到了不错的回应，不过幕后仍然存在着紧张气氛。在华盛顿，他得到了一流的款待——仪仗队、军乐队、礼炮、招待会、晚宴——杜鲁门总统告诉德·拉特尔，他认为印度支那跟朝鲜战争"同属为自由而战"，并承诺全力支持法国的事业。国务卿艾奇逊也亲口做出保证："我们将为您竭尽所能。"德·拉特尔希望艾奇逊说得再明确一点：这是否意味着在美国军费开支上，朝鲜半岛和印度支那将得到同等待遇？艾奇逊回答说，不能，印度支那的需求诚然相当重要，但需要在满足了朝鲜战场的需求后再满足印度支那。[45]

几天后在五角大楼，德·拉特尔再次尝试，在面对美国国防部部长罗伯特·洛维特（Robert Lovett）和参谋长联席会议时，他说道："如果你失去了朝鲜半岛，亚洲不会沦陷；可如果我失去了印度支那，亚洲就完了。"他进一步解释说，北圻是东南亚的关键；如果东南亚沦陷，印度将"像火柴一样一点就着"，而且共产主义在向苏伊士运河和非洲进军时再无障碍。伊斯兰世界将被蚕食，而北非的穆斯林也将跟着陷落，欧洲因此面临被夹击的态势。洛维特对德·拉特尔的阐释表示赞许，也认同越南面临极大风险的说法，但他补充说："美国在其他战场承担着主要义务，而你的主要义务是在你自己的战场。"德·拉特尔发牢骚说，他此次访美常常觉得自己就像个"要饭的"，而且"原本不需要我开口要求，你们的精神就应促使你决定送给我［更多军事援助］"。对此，洛维特回应称："我们都将德·拉特尔将军视为并肩作战的同志，并将在自己的能力范围内，尽可能为他的战场提供帮助。"将军反唇相向："这不是我的战场，这是我们大家的战场。"[46]

德·拉特尔每去一地，这样的来回讨论总在继续。在公开场合，这个极具魅力的法国人给人们留下了深刻印象，他说的一口口音很重（但堪称流利）的英语令美国人倾倒，而在他被一句俚语难倒时人们又会报以微笑。无论是去弗农山庄祭扫乔治·华盛顿的墓地，访问海军和陆军学院以及本宁堡和兰利空军基地，还是在无名烈士墓碑前敬献花圈，抑或是在曼哈顿联合俱乐部参加亨利·卢斯专门为他举办的盛大宴会，他总是显得卓尔不群。在做客预计有 1200 万观众收看的 NBC 电视台《与媒体见面》（*Meet the Press*）节目时，他的表现广受赞誉；在美国记者俱乐部的演讲同样如此，在这次演讲中他再次强调印度支那是亚洲免遭共产党"荼毒"的关键地区："东南亚沦陷意味着共产主义将任意支配至关重要的战略性原材料，意味着日本经济将永远不可能恢复平衡，也意味着整个亚洲将遭到威胁。"他进一步称，河内是获胜的关键，它的重要地位可与 1944 年 12 月美军捣毁德军包围圈的巴斯托涅，以及大概四年后苏联未能成功封锁的柏林相提并论。[47]

杜鲁门以下的美国高层官员们都公开表示支持法国在印度支那的战争，并承诺加速军事物资调配。然而在闭门会议中，他们仍然表示朝鲜半岛和越南并非同一场战争，并力促法国进一步证明赋予印度支那完全独立权的诚意，同时要求法国下更

大的气力建立越南军队。《华盛顿邮报》在德·拉特尔访问期
间发表的社论代表了很多美国官僚的心声,文章写道:"加大
军事援助的一大难题是避免出现殖民主义抬头。"[48]

　　尽管如此,在9月25日午夜前,当德·拉特尔偕妻子离
开纽约飞回巴黎时,他还是对此行的成果感到满意。他确实有
理由满意。美国人明确肯定了抗击胡志明战争的重要性,并承
诺将进一步加大军事援助,更频繁地运送物资。无论是美国国
会、媒体,还是普通民众都了解了法国的战争,也知道现在法
国的军事需求高于以往。正如《纽约时报》一篇语带褒扬的
社论所说的那样,华盛顿对谈厘清了两点:"其一,我们与法
国达成了基本的政治协议。其二,我们对印度支那联合邦的援
助将会加大。这两点都极为重要。"[49]

七

　　早在德·拉特尔访美前,美国对法国的援助就已经相当
充分。他已经接收了超过100架美国战斗机、50架轰炸机和
运输机,可装备30个营的地面武器,以及大炮和海军舰船。
不过承诺送到的包括卡车和坦克在内的其他物资,运送日程
已经拖延了好几个月。比方说,在1951财年,美国按日程表
应运送968辆吉普车和906辆六轮卡车,但分别只送到了
444辆和393辆。洛维特将速度如此慢的原因推到了生产问
题和部分厂家缺乏经验上,但他以及其他的官员说,法国人
对此也要负上部分责任,其主要原因在于维护不当。将已交
付的物资分发出去又是一个棘手的问题:护卫车队的移动速
度非常缓慢——不管陆路还是水路都是如此——而且频繁遭
到越盟袭击。尽管如此,美国陆军参谋长J.劳顿·科林斯

1951 年 10 月 23 日，德·拉特尔与被其魅力倾倒的美军陆军参谋长劳顿·科林斯在河内。

（J. Lawton Collins）仍向德·拉特尔承诺，美国将会加快运送的脚步，他们也确实做到了。在德·拉特尔访美后的四个月内，法国接收到超过 13 万吨物资，其中包括 2.4 万吨弹药、8000 辆通用汽车、650 辆战斗用车、200 架飞机、1.4 万支自动化武器，以及 3500 部电台。[50]

286

几周后，科林斯去西贡拜访了德·拉特尔，并对将军访美所取得的成就赞不绝口。这位美国人盛赞道："您就像一位十字军战士那样，前来展示您在印度支那战斗的理由。您申辩的热情与说服力堪称举世无双。在您的作战活动中，没有哪个活动能跟您此次访问时所掀起的热情相提并论。也没有哪个人能像您这样，以如此浅显的语言阐释印度支那的危机何在，或者清楚地表明这些问题都有可能得以解决。在我们的人民看来，您付出了伟大的努力。"[51]

这是对德·拉特尔使命与目标的一种可能的看法，但并非唯一的看法。另一位对此持迥异观点的美国人也是这年秋天在西贡拜访了德·拉特尔，这位年轻的民主党议员将适时地站在美国有关越南决策的最高层面。他就是约翰·菲茨杰拉德·肯尼迪，他在10月中旬走访了印度支那——与他同行的是他的弟弟罗伯特和妹妹帕特丽夏，他们兄妹三人此行游历了亚洲和中东——这在本书最开头时曾有提及。约翰·肯尼迪对自己所见的一切极为震惊——法国在参与一场大型殖民战争，而且显然正在吃败仗。他认为作为这场战争中法国的主要盟友，美国卷进来是有过错的，而且将冒着跟欧洲殖民者面临同样下场的风险。他断定由法国支持的越南政府不得人心，因为但凡举行任何一场全国性的选举，胡志明肯定能获胜。

作为一个迄今为止积极支持冷战的人——打比方说，肯尼迪曾批评杜鲁门政府放任中国落到共产党手中，并向选民们津津乐道自己与威斯康星州激进的反共议员约翰夫·麦卡锡之间的联系——他的这些看法委实值得注意。显然，亚洲之行改变了肯尼迪的态度。在此行后，他相信美国理应与新兴国家结盟，而且仅仅或主要依靠武力是永远不可能战胜共产主义的。在印度支那的亲身经历，加上在新德里与贾瓦哈拉尔·尼赫鲁共进晚餐时进行的一次会谈，引导他得出了这些结论，且在这次会谈中，尼赫鲁形容法国的战争恰恰证明殖民主义劫数难逃，并表示共产主义为民众提供了"某些死而无怨的东西"，而西方唯一能做出的承诺是一切维持原状。尼赫鲁警告说，战 **287** 争阻止不了共产主义，反倒只会增强它的力量，"因为战争的破坏只会导致更严重的贫瘠和更大量的需求"。肯尼迪认同这种说法，不过他不知道美国的官员们是否也把握住了这些关键的事实。很多"我们的海外代表似乎自成一体，"几周后他说道，"他们主要在自己有限的圈子里活动，对所任职的国家的人民一无所知，而且他们没有意识到自己的职责所系并非网球和鸡尾酒，而是向外国诠释美国生活的意义，同时向自己的人民诠释我们国家的抱负与目标"。[52]

还有一些美国人同样持相似的态度——美国在战争中被裹挟得太深，而且前景将十分黯淡。在中央情报局和国务院，大量中层官员存在这样的共识，肯尼迪在国会山的一些同事也是如此。事实上在此阶段，无论是在共和党的议员还是民主党的议员中，都有相当一部分人认为战争主要是法国决意保留殖民帝国的后果；一些人的说法跟肯尼迪类似。[53]在此问题上，甚至连杜鲁门和艾奇逊本人都同意法国有必要推进"面向原住民"的革命，也同意美国那貌似支持殖民主义统治的举动有损害自身利益的危险；驻西贡公使希思和驻巴黎大使戴维·布鲁斯也持同样的看法。但这四人相信法国的军事行动无论如何都需要美国的全力支持，因此与肯尼迪路线分道扬镳。他们相信，冷战的紧迫性需要美国这么做。在1951年和1952年之交，数以万吨计的美国军事物资源源不断地被运往印度支那——也就是说，运给法方，而不是直接送到越南国民军手上。

八

德·拉特尔希望自己一回到西贡，其中一些装备就能派上用场。他知道，自己时日不多了。10月在巴黎的时候医生给他动了一次手术，并直言他最后这次在越南逗留的时间将会很短暂。在抵达西贡时，他已经显得很虚弱了，但坐车从机场前往官邸的路上看到一路飘扬的旗帜（"德·拉特尔将军万岁"），他的精神还是为之一振。他想向巴黎——国民议会将准备讨论 1952～1953 年度的印度支那预算——和华盛顿证明，法国将在战场上夺回优势。

自夏天武元甲重新回到游击战路线以来，越南几乎没有出现过大规模军事行动。对护卫车队的袭击仍在继续，此外也时有突袭和暗杀，其中最值得注意的是在 7 月底出现了一次非常罕见的自杀式袭击。在西贡西南一个城市举行的公开接待活动中，一名越盟年轻人解开了衣服里藏着的手榴弹，在炸死自己的同时还炸死了法军在南越的指挥官夏尔·马里·尚松（Charles Marie Chanson）准将和越南本地一位名叫邰立青（Thai Lap Thanh，音译）的官员。德·拉特尔又一次经受了不小的打击。1946～1947 年尚松在北圻的工作广受赞誉，被调到南方后他压制住了越盟领导人阮平的活动，在德·拉特尔看来他是自己手下最得力的大将之一，多年来一直关注并推动着自己的仕途。[54]

在北部的红河三角洲，从夏末到秋天气氛仍然紧张。武元甲使用地方军骚扰法军，而且取得了可观的效果；作为报复，法军使用驻军和机动队对越盟进行持续的扫荡。每当这些军队发现一个村庄经过了越盟布防，就会先通知居民投降；如果他们拒绝服从，空军将开始对村子进行袭击，其使用的武器通常是凝固汽油弹。这些做法在短期内取得了相当大的成功，而且由于这些地方往往都是产粮区，这也使得越南民主共和国的粮食供应问题日益严重。但老问题依然没有解决：跟以往一样，人手不足的法军不可能在占领区域留守多久，因此一旦他们撤离，越盟将立刻回来。在当地也没有任何能做群众工作的政府行政机构，即使有，家园被夷为平地的农民也不可能有心情跟它们合作。[55]

德·拉特尔相信自己的军队必须采取攻势，以将自己的占领范围往外延伸，迫使敌人防守并接受一场对阵战。他圈定的是红河三角洲以西山脉间的和平周边地区。和平是重要的水陆枢纽，可通过 6 号公路与河内相连，位于黑水河畔，因此对于法军来说，占领它将使运输不再是一个大问题。当地人口稀少，因此交战中平民伤亡也较有可能降至最低。德·拉特尔认 **289** 为，最重要的是在和平获胜将切断越盟从南方调集粮食以及从北部接收中方军事物资的主要交通线路。此外还有一个好处：和平是芒族部落的主要聚居区，这个少数民族对越盟怀有敌意，因此德·拉特尔认为有可能让他们效忠法军的事业。[56]

11 月 14 日凌晨，法军 3 支空降部队进入和平，一路畅行无阻。与此同时，约 22 个步兵和炮兵营、2 个装甲军团，以及负责修复被破坏道路和桥梁的工程兵队伍开始沿狭窄的黑水河峡谷行进。15 日中午法军已经到达目的地，一路上几乎没碰到任何敌军反击，也没有一人受伤。武元甲意识到自己既没有人数优势，也没有差强人意的撤退路线，所以决定不跟法军对抗，将部队撤往丛林密布的山中，择日再打有准备之仗。等到 12 月，他做好了准备，下令第 304 师、第 308 师和第 312

师包抄和平及 6 号公路，与此同时在红河三角洲，他安排第316 师和第 320 师的部分兵力分别从北部和南部进犯法军大后方。越盟尽管未能成功拿下和平，但三角洲地区的安全形势明显恶化。"我们永远不能放弃和平，"德·拉特尔立下誓言。但他判断错了。1952 年 2 月，拉乌尔·萨朗将军下令撤出该据点。[57]越盟立刻占领和平，并开始开辟一条南北向、通往越南中部和南部的小道，这就是"胡志明小道"的起点。

　　撤离的决定是由萨朗做出的，因为在那个时候，德·拉特尔已经去世了。1951 年 11 月 19 日他离开了越南，名义上是回巴黎参加一场高层会议。在动身前夕，人们为他举办了一场鸡尾酒会，与会嘉宾中包括小说家格雷厄姆·格林——1951 ~ 1952 年，这是他在西贡过的第一个冬天。格林在这年早些时候曾来过越南，当时对德·拉特尔极其旺盛的精力印象十分深刻；而现在他注意到，"变化实在触目惊心"。德·拉特尔完全是换了个人，他又疲惫又孤僻，"已经闭口不谈对希望的憧憬，这让人揪心"。格林进一步说，连他的一些下属也在批评他，烦透了他总是拿儿子战死来说事儿——"其他人的儿子也牺牲了，而他们甚至都没有办法将尸体运回国，在巴黎举行一场葬礼。"[58]

　　在巴黎会议上，德·拉特尔思路清晰、措辞有力，但他身体太虚弱了，会后只能由人用椅子抬回住所。他回法国的真实动机是接受治疗，12 月 18 日医生给他做了一个大手术，1952 年 1 月 5 日又进行了一次手术。他的身体每况愈下，1 月 11 日，他手握坚振十字架辞世。在临终前那几日，他对瓦吕将军吐露心事说："只有一件事让我不安：我始终未能充分了解印度支那。"1 月 9 日他曾短暂清醒了一会儿，开口问人："贝尔纳在哪儿？"这句话成了他的遗言。[59]

"德·拉特尔年代"就此画上了句号。他在越南的这一年，显示出单一的个体在面临战争与和平的问题时既能体现庞大的力量，又有其局限性。德·拉特尔无可辩驳地展示出一位领袖可以为战事做出多么具有决定性的贡献，因为倘若没有他，北圻的战争恐怕在1951年年初就要失败，越盟恐怕也已经实现了"胡志明新年攻下河内"的宣传口号。批评人士也许会说，他本应更加理智地交出北部和中部，转而专心致志地加强交趾支那的力量，这种看法当然有其合理之处，因为德·拉特尔若想实现在法兰西联邦内部捍卫印度支那各部分的誓言，需要面对深层次的结构问题。他本人意识到了这些问题，尤其是保大政权缺乏广泛支持，反共的越南人也不愿意为法国而战。相比他的前任们，他更加努力地想要建立起越南国民军，并更广泛地动员法占区的民众积极支持法国的战争事业。

与此同时，德·拉特尔独断专行的作风也疏远了很多越南人，这些人还认为他对于越南独立的定义过于褊狭。他可以口口声声说自己完全支持越南民族主义者的抱负，紧接着又要求越南人效忠法兰西联邦以及身为法国代表的自己。他欠缺进行政治引导的耐心，不知道独立斗争需要将那些在他看来忘恩负义的越南民族主义者也裹挟进来。从这方面来看，拥有着军事远见和惊人的领导力、既果敢又充满热忱的德·拉特尔事实上跟此前的那些高级专员如出一辙。他临终前对瓦吕所说的话确实能说明问题——他始终未能充分了解印度支那。　　291

将印度支那维持在法兰西联邦中的决心促使他将大量精力放在第二个目标上：加大美国在这场战争中的参与程度。在这方面，他所留下的遗产意义深远。德·拉特尔当即意识到只有美国人能供应他急需的物资援助，在这一年间，他（与在巴黎的文职官员）在巩固美国参与方面取得了极大的成功。尽管法美之间的关系仍然较为紧张，但哈里·杜鲁门和他最高层的副手们已经接受了这位将军所谓的朝鲜半岛和印度支那实则是同一场战争的说法。在他任总指挥的这55个星期里，最重要的一段时间是他访美的那两周。在1952年1月他去世时，美国人对他的事业之投入程度远超以往任何时期。

　　他的离世让整个法国为之哀痛。公祭持续了三天，他的遗体在荣军堂供人瞻仰两天，无数民众鱼贯而来，在他的灵前默哀。1月15日，他的灵柩被安放在停于凯旋门下的坦克上，当晚，骑兵部队高举火炬，护送灵车前往巴黎圣母院，在那里，法兰西共和国的总统追封德·拉特尔法兰西元帅勋章。他是近三十年来法国首位获此殊荣的将领。次日上午，巴黎大主教在圣母院举行了一场追思弥撒，出席者包括总统、政府官员、外交使团以及众多群众。[60]

　　若想找到标志性的人物，这场弥撒中倒是有几个。对二战后法兰西帝国收复印度支那的最初决定以及其后的战争（尽管当时他并不执政）起到关键作用的夏尔·戴高乐独自到场，在灵柩前孤独地矗立良久。很快将开始投入美国总统竞选，而且注定将要在越南的战争与和平中做出个人重大决定的艾森豪威尔将军则作为护柩人，护送着棺材从圣母院出院，由炮车运送回荣军院，一路上街道边满是默默送行的人群。告别的日子最终还是到来了：1月17日，灵车队伍慢慢地从巴黎经过凡尔赛、沙特尔和索米尔，前往穆耶龙昂帕雷镇，德·拉特尔就葬在他的独生子贝尔纳的墓地旁边，两棵树为他们的墓地遮阳挡雨。附近的一间风车房被改建为一个小的纪念礼拜堂，门口

的碑文写着，它是为了永远纪念这对为法国贡献出自己的一切
的父子。

注释

1. 引自 Guy Salisbury-Jones, *So Full a Glory: A Biography of Marshal de Lattrede Tassigny* (London: Weidenfeld & Nicolson, 1954), 247。

2. Ibid.

3. Anthony Clayton, *Three Marshals of France: Leadership After Trauma* (London: Brassey's, 1992), 149. 贝尔纳的几份家书在其死后于多份文献合集中出版，见 Jean de Lattre de Tassigny, *La ferveuret le sacrifice: Indochine 1951*, ed. Jean-Luc Barré (Paris: Plon, 1988), 47–50。

4. Lucien Bodard, *The Quicksand War: Prelude to Vietnam* (Boston: Little, Brown, 1967), 351.

5. 《时代周刊》，1951 年 9 月 24 日；Clayton, *Three Marshals of France*, 22–34。

6. 《纽约时报》，1951 年 8 月 26 日；《时代周刊》，1951 年 9 月 24 日。

7. 引自 Salisbury-Jones, *So Full a Glory*, 246。Salisbury-Jones 对德·拉特尔做出高度称赞，下面这本书也是如此：Pierre Darcourt, *De Lattre au Viet-Nam: Une année de victoires* (Paris: La table ronde, 1965)。下面这本在德·拉特尔死后出版，提供了其本人的观点，见 de Lattre, *La ferveur et le sacrifice*。

8. Robert Shaplen, *The Lost Revolution: The U. S. in Vietnam, 1946–1966* (New York: Harper & Row, 1966), 80；《纽约时报》，1951 年 8 月 26 日。

9. 格利恩的话引自 Norman Sherry, *The Life of Graham Greene*, vol. 2: *1939–1955* (New York: Viking, 1995), 361。另见 Bernard Destremau, *Jean de Lattre de Tassigny* (Paris: Flammarion, 1999), 504–8。

10. 《时代周刊》，1951 年 9 月 24 日；Salisbury-Jones，*So Full a Glory*，248。

11. 《时代周刊》，1951 年 9 月 24 日。

12. Rapport a Jean Letourneau，ministre des états associés，January 1，1951，printed in de Lattre，*La ferveur et le sacrifice*，91 – 96；Clayton，*Three Marshals of France*，150 – 51.

13. 参见 Hugues Tertrais，*La piastre et le fusil*：*Le coût de la guerre d'Indochine 1945 – 1954*（Paris：Comité pour l'histoire économique et financière de la France，2002），103 – 8。

14. Clayton，*Three Marshals of France*，151.

15. 凝固汽油弹（napalm）的名字取自在制备中需要的两种化学物质，分别是环烷烃和棕榈酸。凝固汽油弹击中目标时会爆炸，大量消耗附近空气中的氧气，目标区域因此被火焰和浓烟吞没。德·拉特尔在 12 月 22 日于先安附近的一次小规模冲突中首次使用凝固汽油弹。德·拉特尔大规模使用凝固汽油弹的重要影响，在刘段黄接受本书作者采访时有过重点描述，2003 年 1 月，河内。

16. 引自《世界报》，1952 年 12 月 5 日。

17. William J. Duiker，*The Communist Road to Power in Vietnam*（Boulder，Colo.：Westview，1996），154 – 55.

18. Bernard Fall，*Street Without Joy*：*Indochina at War 1946 – 1954*（Harrisburg，Pa.：Stackpole，1961），37 – 38.

19. Ngo Van Chieu，*Journal d'un combattant Viet-Minh*（Paris：Éditions du Seuil，1954），引自 Bernard Fall，*Street Without Joy*，39。另见 lettre au Colonel Vanuxem，January 16，1951，printed in de Lattre，*La ferveur et le sacrifice*，107 – 8。

20. 《纽约时报》，1951 年 1 月 24 日；Saigon to FO，January 23，1951，FO 959/107，TNA。

21. Fall，*Street Without Joy*，41 – 43；Ronald H. Spector，*Advice and Support*：*The Early Years of the U. S. Army in Vietnam，1941 – 1960*（Washington，D. C.：Center for Military History，1985），137；Darcourt，*De Lattre au Viet-nam*，88 – 103. 关于武元甲对这几次战役的观点，见 *Memoirs of War*：*The Road to Dien Bien Phu*（Hanoi：Gioi，2004），170 – 97。

22. De Lattre，*La ferveur et le sacrifice*，273 – 74；Edgar O'Ballance，

The Indo-China War, *1945 – 1954*（London：Faber & Faber,
1964）, 134；Martin Windrow, *The Last Valley*：*Dien Bien Phu
and the French Defeat in Vietnam*（Cambridge, Mass.：Da Capo,
2004）, 114 – 15.

23. Duiker, *Communist Road*, 157；Cecil B. Currey, *Victory at Any
Cost*：*The Genius of Viet Nam's Gen. Vo Nguyen Giap*（Dulles,
Va.：Potomac, 2005）, 174；Douglas Pike, "General Vo
Nguyen Giap— Man on the Spot," typescript（in author's
possession）, May 1968, 12；Tran Trong Trung oral history,
Hanoi, June 12, 2007（courtesy of Merle Pribbenow）.

24. 引自 Howard R. Simpson, *Tiger in the Barbed Wire*：*An American
in Vietnam*, *1952 – 1991*（Washington, D. C.：Brassey's,
1992）, 12。另见 Greg Lockhart, *Nation in Arms*：*The Origins of
the People's Army of Vietnam*（Wellington, N. Z.：Allen &
Unwin, 1989）, 241。

25. 《时代周刊》, September 24, 1951。

26. Salisbury-Jones, *So Full a Glory*, 260.

27. De Lattre, *La ferveur et le sacrifice*, 255 – 59；Salisbury-Jones,
So Full a Glory, 260 – 61；Destremau, *De Lattre*, 521 – 23；《时
代周刊》, 1951 年 6 月 11 日。

28. Office of the Military Attaché, British Legation-Saigon, Report
No. 3, August 9, 1951, FO 959/104, TNA.

29. 引自 Salisbury-Jones, *So Full a Glory*, 263 – 64。

30. 关于德·拉特尔这些辛辣的评价, 记录在下述文件中：Saigon
to FO, June 29, 1951, FO 959/109, TNA。

31. 引自 Marilyn B. Young, "'The Same Struggle for Liberty'：
Korea and Vietnam," in Mark Atwood Lawrence and Fredrik
Logevall, eds., *The First Vietnam War*：*Colonial Conflict and
Cold War Crisis*（Cambridge, Mass.：Harvard University Press,
2007）, 342n22。另见 *The Pentagon Papers*：*The Defense
Department History of Decisionmaking on Vietnam*, Senator Gravel
edition（Boston：Beacon Press, 1971）, 1：67。

32. 参见 Graham Greene, *Ways of Escape*（New York：Simon &
Schuster, 1980）, 164 – 65。

33. Saigon to FO, July 10, 1951, FO 371/92453, TNA.

34. Shaplen, *Lost Revolution*, 81. 这次发言的草稿在以下著作中有出现：de Lattre, *La ferveur et le sacrifice*, 281 – 91。

35. MDAP Monthly Report, October 1951, G – 3 091 Indochina, Record Group 319, NARA.

36. 在此阶段，德·拉特尔的书信和电报中充斥着对美国意图的怀疑，见 Télégramme a Jean Letourneau, April 16, 1951, printed in de Lattre, *La ferveur et le sacrifice*, 228 – 30。另见 Saigon to FO, April 28, 1951, FO 959/109, TNA; Heath to Sec. State, June 14, 1951, FRUS, 1950, *East Asia and the Pacific*, VI, 1：425ff。

37. Young, "Same Struggle for Liberty," 203; Kathryn C. Statler, *Replacing France*：*The Origins of American Intervention in Vietnam* (Lexington：University Press of Kentucky, 2007), 42 – 43.

38. Acheson to Heath, July 13, 1951, *FRUS, 1950, East Asia and the Pacific*, VI, 1：453.

39. Discours-d'inauguration de la salle de lecture des services américans d'information, July 23, 1951, printed in de Lattre, *La ferveur et le sacrifice*, 312 – 17; Saigon to FO, July 28, 1951, FO 959/109, TNA.

40. Hanoi to Saigon, July 30, 1951, FO 959/109, TNA.

41. Paris to FO, January 19, 1952, FO 959/126, TNA. 另见 Salisbury-Jones, *So Full a Glory*, 266。

42. 参见 Paris to London, September 5, 1951, FO 959/109, TNA。

43. 《时代周刊》，1951 年 9 月 24 日；Destremau, *De Lattre*, 531 – 38。

44. Jean de Lattre de Tassigny, "Indochine 1951：Ma Mission aux Etats-Unis," *La revue deux mondes*, December 1951, 387 – 89.

45. 《纽约时报》，1951 年 9 月 15 日；Spector, *Advice and Support*, 143。

46. Record of Meeting, September 20, 1951, *FRUS, 1951, Asia and the Pacific*, VI, 1：517 – 21.

47. 《华盛顿邮报》，1951 年 9 月 21 日；Alan Brinkley, *The Publisher*：*Henry Luce and His American Century* (New York：Alfred A. Knopf, 2010), 377; Robert E. Herzstein, *Henry R. Luce, Time, and the American Crusade in Asia* (New York：Cambridge University Press, 2005), 168。德·拉特尔在美国记

者俱乐部的演讲刊登在下面这本书中：de Lattre, *La ferveur et le sacrifice*, 345 – 352。

48. 《华盛顿邮报》, 1951 年 9 月 18 日。

49. 《纽约时报》, 1951 年 9 月 24 日。关于德·拉特尔本人对此行的评价, 参见他的报告, 刊载于 *La ferveur et le sacrifice*, 354 – 362。

50. Spector, *Advice and Support*, 146.

51. 引自 Salisbury-Jones, *So Full a Glory*, 269。科林斯在发给参谋长联席会议的备忘录中, 同样对德·拉特尔将军和他的成就给予盛赞。"我对我所见的一切印象十分深刻," 科林斯写道, "如果不是中共人员（也许他们是装作志愿者）进入印度支那, 否则, 法国和越南军队将有能力无限期地守住印度支那。"《参谋长联席会议备忘录》, November 13, 1951, Box 23, Collins Papers, Eisenhower Library。

52. Geoffrey Perret, *Jack*: *A Life Like No Other* (New York, Random House, 2001), 169; Robert Dallek, *An Unfinished Life*: *John F. Kennedy*, *1917 – 1963* (Boston: Little, Brown, 2003), 168; Robert Mann, *A Grand Delusion*: *America's Descent into Vietnam* (New York: Basic, 2001), 85.

53. Mann, *A Grand Delusion*, 86.

54. 《纽约时报》, 1951 年 1 月 8 日; Saigon to FO, November 8, 1951, FO 959/107, TNA。据该封电文的执笔人、英国大使 H. A. 格雷夫斯（H. A. Graves）推测, 这并不是一次蓄意的自杀式袭击, 刺客身上的手榴弹是不小心被缠住才提前引爆的。

55. Military Attaché, British Legation, to Minister, August 9, 1951, FO 959/107, TNA.

56. Yves Gras, *Histoire de la guerre d'Indochine* (Paris: Plon, 1979), 424 – 28.

57. 参见 Fall, *Street Without Joy*, 48 – 60; O'Ballance, *Indo-China War*, 159 – 66。

58. Greene, *Ways of Escape*, 164.

59. Edward Rice-Maximin, *Accommodation and Resistance*: *The French Left*, *Indochina and the Cold War* (Westport, Conn. : Greenwood, 1986), 113; Clayton, *Three Marshals of France*, 163.

60. Paris to FO, January 19, 1952, FO 959/126, TNA.

第十二章 文静的英国人

一

"赤色分子在西贡闹市引爆定时炸弹：2 死 30 伤，越盟在印度支那实施破坏行动"，1952 年 1 月 10 日《纽约时报》出现了这样一行标题。该报在进一步报道中提升了死伤人数，称事件中有 8 名越南人和 2 名法国人身亡，32 人受伤。

记者蒂尔曼·德丁在报道中写道："今天早上，越盟军队在这里安插的特务进行了西贡那漫长的革命恐怖主义史上规模最大且最具毁灭性的行动。在两个城区广场人口最密集的中心区域，两枚定时炸弹在上午 11 时爆炸，导致 2 人死亡、30 人受伤。13 辆汽车爆炸起火，墙壁被炸出凹痕，窗户碎裂，爆炸现场周围的多幢建筑灰泥剥落。"

德丁进一步报道称，炸弹被安放在两辆停好的车子里。其中一枚在剧院广场爆炸，这个广场被大剧院、大陆饭店以及一系列商业和写字楼环绕。另一枚是在一个街区以外市政厅正前方的广场上爆炸。两次爆炸时间相隔不到两分钟，警方判断这两辆使用了假号牌的车子是在爆炸不久前驶入广场并停好的。作案者在引爆前有充足的时间逃离现场。[1]

《生活》杂志刊登了一张在剧院广场爆炸后立即拍摄下的照片，并这样形容当时的场面：

上午 11 时……由越盟共产党人安置的一枚强力炸弹

在一辆停于这个拥挤忙碌的广场之上的车子的后备箱中爆炸。照片前部的这个男人，腿被炸飞，血流不止，头晕目眩，只能靠在瓷砖人行道上，靠已骨折扭曲的左脚脚踝支撑着自己。在爆炸中，坐在货车驾驶室内的司机身亡。这辆货车被炸得四分五裂，燃起大火，还引燃了一辆盖着防尘布的吉普车，随后更多车辆陆续被点燃。*广场满目疮痍，陷入火海中*。[2]

　　然而，人们几乎是当即就对此次袭击是否应由越盟负责产生了疑问。越盟偏好的"恐怖主义活动"不太一样，他们往往是骑自行车或者沿着电影院过道扔一枚手榴弹，或者如同行刑人一般进行近距离平射。在美国公使唐纳德·希思看来，这只不过是越盟改变了战术。"尽管所选择的行径与其说是对力量的展示，不如说证明了越盟意欲沉溺于怯懦且残忍的恐怖主义行动，"他在给华盛顿政府发去的电文中写道，"但这一壮举确实是以残忍的方式执行的，无疑将被吹嘘成共产党人的一次胜利。"[3] 但是老资格的记者们觉得罪魁祸首应该是别的什么人，法国秘密警察对此也有同感。他们猜疑的对象开始转为郑明世（Trinh Minh Thé）将军，这位作风浮夸的高台教前参谋长在 1951 年跟法方决裂，拉扯起了 2500 人的高台教军队，在西宁以西、邻近柬埔寨的沼泽地带建立起了一个总部。他的目标是同时跟法军和越盟作战，因为任何真正的民族主义者都应反对这两方。他将成为"第三势力"。随后，在电台广播中，郑明世的组织表示对 1 月 9 日的两起爆炸事件负责，而法国官员也认为事实应当如此。[4]

　　郑将军。第三势力。西贡拥挤广场中的定时炸弹。对于读过格雷厄姆·格林所著《文静的美国人》（*The Quiet American*）的读者，或者是看过约瑟夫·L. 曼凯维奇（Joseph L. Mankiewicz）或菲利普·诺伊斯（Philip Noyce）根据这部小说翻拍的电影的观众，这一切听起来很熟悉。他的这本小说曾重点谈及上述情节。爆炸当天格林不在西贡，但很快他就返回越南，进入他在此地停留的第三个月。1951年年初在他从马来亚（他不太喜欢这个国家）回英国，中途短暂于越南停留时，他就爱上了这个国家——尤其是这个国家的女人。再次来到这里，是受到他的朋友、英国驻河内领事 A. G. 特雷弗－威尔逊的鼓励。"我干了一杯有魔力的饮剂，是与许多退休的垦殖者和海外军团的军官们共享了这只永爱酒杯，一提到西贡和河内，这些人的眼睛就会闪闪发亮，"格林后来说。

格林继续写道："我第一次着魔，是因为那些身穿白绸长裤、高挑优雅的女郎；是因为稻田上青灰色的夜光，以及水牛在水田里泥足深陷，用远古缓慢的步态艰难移动；是因为卡蒂纳街的法国香水店和堤岸区的华人赌场；尤其是因为那种令人兴奋的感觉，这种感觉是由某种程度的危险造成的，它诱惑客人再次光临：一家家餐馆安装上了金属网以防止手榴弹袭击，南部三角洲的一条条道路上瞭望塔跨路而建，塔上张贴着奇怪的危险警示：'Si vous êtes arrêtes ou attaqués en cours de route, prévenez le chef du premier poste important.'（大意为：如果你们在路上受到阻碍或攻击，请通知最重要的哨所的首长。）"5

格林常常在文中谈到越南惊人的地貌，但这并不是吸引他的地方。他对客居马来亚生活的解释同样可以用来形容越南："自然并不能真正打动我——除非在周遭的自然环境中可能伺伏着伏兵——也就是说，除非有人存在。"格林从小就是个不

295

安分的孩子，据他自己说他青年时期曾经玩过俄罗斯轮盘赌并立下遗嘱，也许他的天性从未改变过。如同飞蛾扑火一般，吸引他的是"有趣的事物"，是有形的危险，是面临剧变的社会。在他那本未免有些含蓄的自传《逃避之路》（*Ways of Escape*）中，他承认自己专门去殖民地世界中那些发生革命和战争的地方，"并非为了寻找小说素材，而只为再次体验不安的感觉，〔战时〕伦敦三次突袭期间，我曾乐在其中"。在1951年年中给弟弟休（Hugh）的信中，他对那年春天武元甲进攻发艳时自己不在场不假掩饰地表示遗憾。[6]

他的大本营是大华酒店，这座西贡最好的酒店于1928年建成，参照法国式样，装饰得富丽堂皇，站在四楼的天台酒吧上，可将卡蒂纳街和西贡河的景致尽收眼底。在这里，他可以一面听钢琴家弹奏巴黎时下最流行的歌曲，一面俯瞰河上漂浮着的舢板船。有时，从河对岸被围攻的法国岗哨发射的曳光弹会在夜空中划出一道弧线。偶尔他也会住在卡蒂纳街109号的一幢公寓里，如今这里变身为风格质朴的蒙迪艾尔（Mondial）酒店。在这两处住所之间耸立着一幢楼，这里便是小说《文静的美国人》的主人公福勒所住的公寓，如今这幢楼成为优雅的西贡大饭店。格林喜欢每天沿着这条街散步，兴之所至时，他要么去宫殿咖啡馆（小说中，福勒在这间馆子里跟秘密警察的维戈特中尉玩421点掷骰子游戏）喝一杯味美嘉喜鸡尾酒，要么去Givral糖果店转转，或者去大陆饭店的天台咖啡馆小坐，这家饭店的老板弗兰奇尼先生老家在科西嘉岛，性子和善，爱抽鸦片，据说他能直接从巴黎将妓女弄来越南。[7]

远东明珠已经开始失去光芒，它看起来黯淡无光，显得粗糙鄙俗，但在格林眼中，这反而平添了它的魅力。格林纵情于西贡的气氛，每天总是到深夜才尽兴而归。他常去的是像上将餐厅（l'Amiral）这类法国空降部队和特种部队官员爱去的馆子，或者是堤岸区水兵街上的天虹菜馆（Arc-en-Ciel），这家餐馆不仅有好吃的中国菜，楼上的夜总会还有菲律宾乐队和歌舞表演助兴，演员们模仿像约瑟芬·贝克（Josephine Baker）和查尔斯·德内（Charles Trenet）这类艺人，还有一位酒保调制的琴费斯酒驰名远东。他开始喜欢上了鸦片，曾在一封信中夸口说他一晚上可以抽五筒；此后数次访问越南时，他每次都把大量时间花在抽鸦片上。[8] 他也开始找妓女，最著名的妓院要属"水牛园"（Le Parc aux Buffles，在小说中的名称是"五百美女妓院"［The House of 500 Girls］)，它号称是全世界最大的妓院，拥有 400 名来自不同国家的女人。这个庞大的妓寮由一堵墙相隔，军官和普通士兵使用不同的分区。[9]

格林在日记中记录了一次去妓院的经历："几小时后。巨大的天井里，女孩子们一堆堆地坐着。房间灯光昏暗。有的女孩四处闲逛，态度极其亲切。法国警察局在妓院里建了岗亭。一个女孩身体横卧两对膝盖。女孩们白色的优美的双腿在灯光下交叠。开价 30 皮阿斯特。接着我被带去军官去的妓院。那儿远没那么吸引人，但姑娘质量更好。进去容易出来难。价格是 300 皮阿斯特。"[10]

二

格林在 1951 年 10 月抵达越南，在此之前不久他刚刚出版了自己的代表作《爱到尽头》（*The End of the Affair*），并且在一周前刚刚登上《时代周刊》的封面（"下一个陀思妥耶夫斯基，"这本杂志这样形容他）。[11] 他来这里的目的并不是要写一本关于战争的小说，而是接受了《时代周刊》姊妹刊《生活》的出版人亨利·卢斯和主编埃米特·约翰·休斯（Emmet John Hughes）的撰稿委托，此前格林曾为《生活》写过一篇关于马来亚起义的文章，他们被文中流露出的强硬的反共立场所打动，所以请他再为印度支那战争写篇文章。他立刻加入了一支几天后就要去北圻执行任务的法军轰炸机小分队。在给儿子弗朗西斯的信中他这样写道："我此行承担着两个任务。"

> 第一个任务是在一个被共产党占领的小镇周边进行轰炸和机枪扫射。我的飞机是单独行动。机舱很小，仅够飞行员（他同时还负责开枪和轰炸）、导航员和我三个人坐进去——来回各飞 1 小时，其中 3/4 的时间都用来打击目标。我们一共俯冲了 14 次。这让人特别不舒服，因为要迅速从 9000 英尺高度直降到 3000 英尺。你坐在飞机座位里，身体一个劲往前冲，接着被猛地拉高，感觉胃都被压扁了。约莫俯冲了 4 次后我才开始适应。
>
> 返程时我们降到离地面只有 200 英尺的高度，对着红河上的一条小舢板扫射……
>
> 天气太热，写信很麻烦，如果你觉得妈妈对轰炸感兴趣的话，就把这封信给她看看吧！[12]

在《文静的美国人》中，格林还谈到了没有在信中跟儿子说到的细节："随后，我们又飞下去，离开了树木多节节疤疤的、扭曲多缝的森林，朝河面飞下去，在那些荒芜的稻田上空平坦飞行，像一颗子弹那样瞄准了黄色溪流上的一条小舢板。飞机上的机炮发射出一排曳光弹。那条舢板在一阵火花中被打得四分五裂；我们甚至没有等着看那些遭殃的人挣扎着逃生，而是只管攀升，返回基地。"主人公福勒为这样的行动感到不安："我们这样突发性地选中一个牺牲品，也未免太令人震惊了——我们只是恰巧飞过，其实只要开一炮就够了，没有人来还击我们，我们便又飞去，给世界上的死亡人数又增加上了我们的一笔小份额。"[13]

298 　格林还回去探访了河内东南 105 公里的发艳，这里离海不远，天主教主教黎有自（Le Huu Tu，音译）像中世纪的亲王那样，管理着这个距海不远的教区，还拥有着自己的小型军队。同为天主教徒的格林对这位主教以及建有巍峨的天主教堂的发艳着了迷。他在日记中记录的个人经历跟小说中福勒的故事十分吻合。跟格林一样，福勒是跟随一支巡逻的军团小分队来到这里；跟他一样，福勒碰到了极为可怕的一幕。"运河里尽是死尸，"他假借福勒之口描述道，"这场景使我想起了一锅肉放得太多的爱尔兰炖羊肉。那些死尸重重叠叠：有一个人脑袋，像海豹一样发灰发黑，像剃光了头发、无名无姓的犯人那样冒出水面来，像是港口里的浮标。河里没有血：我猜想血早已流尽了。我弄不清楚究竟有多少死尸在这儿：他们准是陷入了交叉火力网又想退回来。"[14]

　现在，一本小说在格林的心中已经开始成形。一个关键的时刻是他前往西贡西南 60 公里开外的槟椥省参观。那里管事的是让·勒鲁瓦（Jean Leroy），这个信奉天主教的法越混血儿（其父是法国人，其母是越南人）曾在勒克莱尔麾下参与平定行动。现在勒鲁瓦是法国陆军的一名上校，利用一支主要从天主教徒中招募到的民兵队伍在对抗越盟的战斗中取得了不小的

299 成就。他相信这场战争的成败主要取决于是否能争取到广大农

1951 年 12 月底，在法兰西联邦军队的陪同下，格雷厄姆·格林去发艳参观。在类似行动中，格林总是拒绝戴上头盔。

民的支持。这种见识让格林印象深刻，而勒鲁瓦确实也是朝着这个方向在努力：他建立起了一个当地的民选体系，旨在成立咨商委员会，同时还将该省的地租削减了一半。格林自是不会反感勒鲁瓦在享乐方面的天赋：他下令在一个湖心岛上修建了一个酒吧，霓虹灯整夜闪烁。尤其让宾客们大为欢喜的是（至少格林如此），他还朝舞女们的喉咙里直灌白兰地，用留声机播放由格林小说《第三人》（*The Third Man*）改编的电影中的主题音乐。[15]

在槟椥期间，有一天晚上格林跟李奥·霍赫施泰特（Leo Hochstetter）同屋，后者是美国人，担任经济援助代表团的公共事务主管。照格林本人的说法，与《文静的美国人》中的人物艾登·派尔（Alden Pyle）相比，霍赫施泰特比较聪明，更好交际，不太单纯，但是他无疑是小说标题所点出的这个角色的主要灵感来源。（后来人们开始公认派尔的原型是爱德华·兰斯代尔［Edward Lansdale］，我们将在本书中讲到这位积极拥护郑明世的人物，不过事实上格林是在完成了本书的大部分写作时才遇到了兰斯代尔。）就跟小说里的派尔和福勒一样，格林也是跟霍赫施泰特一起开车回到西贡的，这位美国人一路上向格林灌输在越南建立既不对法国也不对胡志明负有义务的"第三势力"的必要性。霍赫施泰特的心目中甚至已经有了一个人选：郑明世将军。[16]

《文静的美国人》将场景设置于1952年早些时候，格林在当年3月开始写作（其中部分篇章是在大陆饭店214房间写成的），跟霍赫施泰特一样，派尔也在经济援助代表团工作。这个打扮清爽的年轻人来自波士顿，"整个脑子都被善意和单纯无知武装得坚不可摧"，将长于抽象思维的政治理论家约克·哈定奉为偶像，嘴里谈的尽是哈定著作中涉及的"民主的难题和西方的责任"。"约克写过，东方所需要的是一支第三势力，"有一次派尔这样对福勒说道。后来福勒从自己的助手那里听到：

　　　　那天美国公使馆招待一些从华盛顿来考察的国会议员，我听见［派尔］讲话……

300　　　他谈到了旧殖民主义列强——英国和法国，又说你们两国是如何不能全都指望赢得亚洲人的信任。这正是美国现在进来的好机会，美国双手清清白白……

　　　　后来，有个议员问起他那个陈旧的问题，问这儿的现政府到底有没有希望击败越盟。派尔说第三势力可以击败它。第三势力随时随地都可以找到，除了共产主义，总可以找到一个不带殖民主义色彩的第三势力——他管这叫作民族民主主义势力。你只需要找出一位领袖来，保护着他不受到旧殖民主义大国的利用和威胁，那就成了。[17]

在读过这本小说的很多读者看来，派尔显得过于天真，但他有关第三势力的看法事实上与当时很多美国官员的想法并不矛盾。想必格林也曾从除霍赫施泰特以外的人那里听过这种说法——包括从苦闷的法国殖民官员那里间接听到。当然，我们知道霍赫施泰特在经济援助代表团的上司罗伯特·布卢姆（Robert Blum）和希思在美国公使馆的年轻副手埃德蒙·格利恩都认为，除非越南人相信他们是在为真正的独立与民主而奋战，否则这场战争注定会失败。而让越南人对此深信不疑的唯一方式是建立一支真正的民族主义势力，而且它既不亲共，也不臣服于法国，因此可以将民众团结到自己这一边。即使是那些仍然认为有必要支持法国的美国人——驻西贡的希思、驻巴黎的布鲁斯、华盛顿的艾奇逊和杜鲁门——也都十分认同这种观点：这场斗争是否能取得最终成功，取决于是否能涌现出一个拥有充分权威、能与越盟有效争夺民心的越南政府。正如我们此前所看到的那样，这就是华盛顿在1947年支持保大方案的动因。

1951年冬天，当格林开始整理他的笔记时，"第三势力"这个说法已经不胫而走。1951年7月，《新共和》杂志刊登了一篇题为《越南有了第三势力》的文章。作者索尔·桑德斯（Sol Sanders）曾在东南亚小住两年，不久前刚回到美国。他对法国和越盟都没什么好感，但表示这场斗争并未彻底失利：

"将机会主义者、法国间谍和趋炎附势者这层外壳剥除后，仍然存在一个坚实的爱国主义者核心层，他们是在为一个真正独立和解放的越南而战。"接着他进一步说："如果彻底清除保大政权中那些得到法国支持的寄生虫，这个政权仍然可以团结起那些厌恶战争、恐惧斯大林主义的越南人民。"[18]

三

相比格林的任何其他小说，《文静的美国人》中体现了更多一手报道的内容，而且大部分章节是他 1951～1952 年在越南逗留的三个半月间完成的。将这本书跟他的家书、日记和相关文章比对，这一点就十分明显。这段时间他主要住在西贡或河内，但偶尔也会跟随法军进入战场。他身材高大，赤手空拳，很容易被当成靶子，可是他对个人安危显得毫不在意，哪怕是身在发艳遭遇一场猛烈交火时也同样如此。（这部分内容同样被写入了小说中。）在此时，格林并不支持共产主义，但越盟的才能和勇猛确实打动了他。在给《生活》杂志所写的文章中，他表示胡志明的大部分支持者都是受到理想主义的驱动，跟斯大林主义运动没有半点儿关联。格林还在文中写道，现在几乎不可能阻止共产主义进入印度支那，不过这样的观点恐怕更加无法入杂志编辑的法眼。这篇文章呼吁法国应为从该地区撤离做好准备，并警告华盛顿政府称，不是所有社会政治问题都能用武力化解。休斯和卢斯见此大惊失色，退了稿子，尽管格林在文中也粗略涉及福勒在小说中曾嘲讽过的多米诺理论。（"如果印度支那失守，"格林写道，"韩国将被孤立，暹罗将在 24 小时内遭到侵略，而马来亚也许也会遭到遗弃。"）于是格林将稿子改投给了右翼的《巴黎竞赛画报》　（*Paris*

Match），文章于 1952 年 7 月发表。[19]

　　格林在文末向法国士兵的勇气与技能致以诚挚的敬意，这未免跟全篇文章的基调不那么一致。他也许是想要软化这场即将到来的失败带给人们的打击，同时这也确实是因为在 1952 年时，他对法国的战争，说得更宽泛点儿是对欧洲的殖民主义持有相当的同情。他本人出生在大英帝国的官员阶层家庭，因此持续受到这个阶层的世界观和其他方面的灌输。他曾动情地将西贡描述为"东方巴黎"，而且在法国垦殖者和官员的陪同下，在卡蒂纳街形形色色的咖啡馆里玩得十分尽兴。这个时期的格林在为法国的失败而痛惜。他谴责美国人"过分不信任殖民帝国"，并称旧世界在这方面要清醒得多。"我们欧洲人在回想起罗马时仍然心存感念，正如拉美对西班牙感恩一样。待法国撤离的时辰到来，很多越南人将追悔莫及，痛惜自己与西方艺术和信仰渐行渐远。"[20]

　　这也就不难理解为什么格林跟越南的法国垦殖者们相处得如此融洽了：在有关欧洲殖民主义带来的成就和美国人造成的伤害方面，他们惺惺相惜。然而讽刺的是，一些位高权重的法国官员并不信任他。德·拉特尔将军渴望赢得更多美国援助，而且知道格林来印度支那是接受了一本美国杂志的委派，因此起初他曾尽力取悦这位小说家，邀请他参加非正式晚宴，准许他搭乘军用飞机。但在格林到访发艳并对黎友自主教表示出了浓厚的兴趣后，他对格林的态度大变。德·拉特尔憎恶这位主教看似两面派的做法，指责他应为一年前儿子贝尔纳在发艳附近阵亡负责——德·拉特尔认为，黎友自悄无声息地把越盟军队放到了贝尔纳所在军队誓死保卫的阵地。因此在德·拉特尔看来，格林跟这些背信弃义的人等于是穿一条裤子。[21]

302

　　德·拉特尔于是深信格林和他河内的朋友——英国领事特雷弗－威尔逊都是间谍，都为英国特勤机构效力。他曾对秘密警察头子冲口而出："这些英国人啊，他们玩过头了！他们弄来一个特勤局的人当领事还不够，竟然把写小说的人当作特务派到我这儿，而且这些写小说的人还信仰天主教。"[22] 德·拉特尔勒令秘密警察监视这两个人，同时由越南人居间协助。"法国人要我们密切监视格雷厄姆·格林，"范春安（Pham Xuan An）回忆说，他是靠自学学会了英语，奉命检查格林的通信，后来他拥有一段不同凡响的双面人生——在为《时代周刊》做记者的同时还担任越共（Viet Cong）间谍。"法国第二局跟我们说，虽然他在亚洲抽着鸦片装成记者的样子，实际上是英国秘密情报局军情六处的特工。"

　　范春安继续回忆道："有一天，格雷厄姆·格林来邮局通过电报发一篇文章。他写的报道就放在我桌上，文章很长。'我该怎么办才好？'我问上级。'你得特别仔细，'他说，'你的英语不是特别好，但凡碰到任何一个不确定的字，一定要把它圈出来。他没什么办法，不会跟你吵起来的。你尽管把这些字圈出来，做好标记，然后交给打电报的人。反正他们也不可能给他争辩的机会。'"[23]

　　对于从事间谍活动的指控，格林笑称是无稽之谈——后来他说，整件事就是一场有趣的冒险，当中包括一个负责盯他梢的滑稽的法国小男人、一个受人蒙骗的老将军，以及一个对中式按摩院有着惊人了解的欢乐的同伴（特雷弗－威尔逊）。但德·拉特尔很有可能猜对了。特雷弗－威尔逊不仅是驻河内领事，他同时还掌管着这个城市秘密情报局的运作。不仅如此，他对越盟和同属天主教徒的黎有自的活动持同情态度。德·拉特尔宣称特雷弗－威尔逊这个人不受欢迎，在 1951 年 12 月强迫他离开了印度支那。至于格林，他在越南同样有可能承担着双重使命——既为《生活》杂志撰稿，同时又为英国秘密情报局工作。二战期间他加入了这个机构（他与特雷弗－威尔逊第一次打交道是在 1943 年，两人是在英国秘密情报局位于圣奥尔本斯的总部认识的），当时负责招募工作的是他的亲姐姐，在战争结束后他仍然断断续续为情报局工作。秘密警察笃定地相信格林在印度支那期间是为英国秘密情报局服务，而且他的通信内容也暗示了这一点。对他的安排极有可能是非正式的；他算是"业余间谍"，兴之所至时就把自己观察到的情况报告上去。[24]

随着时间的推移，格林对法国在印度支那事业所持的同情观点将出现转变，不过，他对美国的负面评价一如既往，板上钉钉。早在 1938 年取道美国去墨西哥之前，在他看来，美国就已经象征着空虚的物质主义、匮乏的传统、不成熟的政治和幼稚的文化。在他出版于 1930 年的第二本小说《行动代号》（*The Name of Action*）中，我们可以看到书中的军火贩子简直是美国坏蛋的样板。而现在，20 年过去了，置身冷战的背景，眼见麦卡锡主义者凶残追捕赤色分子，他对美国的看法变得更加负面。他想不通，为什么这个国家可以如此自以为是、自鸣得意地相信美国道路对所有人都是最佳选择，可是与此同时又如此恐惧赤色威胁。[25]

在《文静的美国人》中，故事的讲述者福勒是个愤世嫉俗、阅尽世事的英国人，在刚开始时他就声明自己没有政治立场，但事实上他的言语中饱含反美主义情绪，他认为派尔的态度既自大又天真。痛苦的经历使福勒明白，这个世界并不

304

是总有改变的可能，有些问题永远无解，而且某些特定的西方抽象观念，比如民主，并不一定与社会真实运行的方式一致。而受过美国常春藤名校教育的派尔对世界一无所知，满心都是改革的热情，"他是决心要来做些好事的，不是对哪一个人，而是对一个国家，一个大陆，一个世界"。福勒一开始并未看到危险，反而想要去保护这个美国人。"那是我的第一个直觉——保护他。我绝没有想到事实上我更需要保护我自己。天真总是默默地要求被保护，其实保护我们自己，防止吃天真的苦头，才是更明智的做法：天真就像一个遗失了铃铛的哑麻风病人，在世间流浪，他并没有想要害人的意思，却也没警示旁人。"[26]

在这部小说的上下文中，天真并不意味着罪疚全消，这恰恰是《文静的美国人》所提出的悖论。（在本书后面的章节中我们还会再提及这部小说。）即使是在福勒认为派尔一直在为书中的"郑将军"提供用于恐怖主义袭击的塑料炸弹时，他仍然认为这个美国人太"天真"。派尔从不疑心这个世界污浊而又复杂，以及人们的动机——包括他本人的——也许比表面上所表现出来的更险恶。在他看来，美国所能实现的成就没有边界；而且为了拯救一个村庄，他不惜先去毁灭它。这也就是说，派尔的天真正是他的危险所在。

四

步入晚年后，格林坚持表示他有理由相信美国中央情报局与1952年1月9日的定时炸弹袭击有关。在回忆录里他追问，在爆炸发生的时候《生活》杂志的一名摄影师刚好在现场，这是否过于方便了一点儿。"爆炸发生时，《生活》杂志摄影记者所处的位置得天独厚，他能拍到惊人可怕的照片：三轮车夫的双腿被炸掉后，他的躯体依然挺直。一家在马尼拉出版的美国宣传杂志复制了这张照片，并以‘胡志明的杰作’为标题，尽管郑将军立刻自豪地宣称这是他下令安置的炸弹。”不过，《生活》杂志的这组照片事实上并非由其雇员，而是由一位野心勃勃的越南自由摄影师拍摄的，他是在次日将照片卖给了《生活》杂志和两位美国官员。[27]

除此之外，也并没有出现其他美国人卷入这场爆炸案的有力证据，不过在法国官员（而格林跟这些人有过密切接触）中，对美国人抱有深切怀疑的人不在少数。2月中旬，就在格林离开越南几天后，希思公使向华盛顿发去电文，表示自己掌握了一份法国文件，文件主张法国对郑明世将军采取军事行动，但同时承认此举存在风险，因为郑是一位真诚的民族主义者。希思进一步称："文件表达了顾虑，认为相关反响可能将为美国加强对越南的统治带来机会，并且……它指责郑须对1月9日的爆炸案负责，同时声称爆破装置由美国提供。"[28]

英国官员也有类似的怀疑。驻西贡领事休伯特·格拉夫斯（Hubert Graves）告知英国外交部，眼下关于"特定的美国势力"掺和越南事务"存在着颇多谣言"。他指出，相比高台教此前自制过的炸弹，1月9日爆炸案中使用的爆炸物和计时装置要"远为精巧"，而且这个团体在最近炸毁一座大型桥梁时，也运用了很先进的技术，这实在很难说得通。格拉夫斯进一步说："众所周知，美国驻西贡的官员代表团成员频繁造访西宁地区，遗憾的是现在西贡方面普遍认为美国人在幕后支持郑明世将军。"

305

　　　　法国官员在与本部门成员私下交流时，曾含蓄地指出民族主义团体得到了美国人不负责任的支持，而现在他们开始直接指责美国人为郑将军及其手下军队提供支持。虽然这看似难以置信，但我担心这中间恐怕有些内容是属实的。美国公使团的成员承认他们与这些派系的交往已经扰乱了其本意——将这些派系作为游击行动的核心，以防止出现印度支那遭到颠覆的不测；此外亦有证据表明，为应对这种可能情形而提供的训练和设备，已经过早地被郑将军使用。虽然我极不情愿地提出这样的结论，但我确实再也不能无视从通常可靠的消息来源处持续汇集而来的各种报告。[29]

306

　　　　郑明世本人也在怂恿这种他与美国人联系密切的观点。3月初，位于西宁的高台教军队总部遭到法国远征军袭击，一些士兵因此逃跑，为了鼓舞士气，他开始声称自己跟美国人有秘密接触，而且很快就能得到美方在武器和资金上的大笔援助。他要求部下每人拍张照片，好供美国驻西贡代表团使用。法军突袭导致周边地区的食物供应锐减，郑明世于是进一步鼓吹美国飞机即将空投数万吨大米。他提醒其手下，华盛顿政府长期以来一直在为交趾支那的"教派军队"提供金钱和武器，因为正式地讲这些军队属于法军的附属部队。[30]

　　　　对于1952年年初美国与郑明世之间是否存在密切交往，美国的文件记录只字未提。美国官员当然曾多次访问过郑明世作为大本营的西宁地区，但这些行程中究竟发生了什么至今仍然不得而知。没有证据显示美国特工曾为郑明世的组织提供过炸药——不过，这原本也不是会被记录在案的信息。埃德蒙·格利恩后来否认在此期间美国跟郑明世有任何直接往来，不过他的态度并不是那么坚决。"事实上，我们根本不在意从稻田里冒出来的独立军队，"他指出，"这里存在着心怀不满的人，比方说像［吴庭］艳这样长期跟法国保持距离的人物，而且我们觉得他远比［郑明世］更为独立。"同样，美国中央情报局的一位特工告诉作家诺曼·谢瑞（Norman Sherry）说："据我所知，在当时没有一位特工人员与郑将军有联系。如果有，我应该会知道。"[31]

这位特工特意强调了时间范围，这一点很关键。几年后，也就是在格林的小说出版前后，正如我们将看到的那样，美国官员确实与郑明世建立了密切联系，也确实将他提拔为一个在越南第三势力运动中至少能扮演配角的人物。1954～1955年，正是爱德华·兰斯代尔与郑明世接触，并努力动员他始终支持美国政策。在新近解密的一份该时期的备忘录中，兰斯代尔谈到了郑明世的人格魅力与政治力量，并称郑是实现美国在越南目标的关键人物。[32]

不过这是后来的事情了。1952年2月，在格雷厄姆·格林准备离开西贡和越南时，他尚未开始动笔写这部小说。他投给《巴黎竞赛画报》的文章要再过五个月才会被发表。但他对于法国－越盟斗争已经做出了一些判断，而且特别值得玩味。一方面，格林虽持反共立场、同情法国的事业，但这并未妨碍他认可越盟的才能与献身精神，以及保大政权相形之下的软弱，它持续表现的懒散、无能；他也已经清楚法国打赢这场战争的可能性极低。另一方面，他亲眼看到美国在这场反越盟斗争中是多么泥足深陷（在《文静的美国人》的开篇，他就写道福勒看见"美国飞机卸下援助物资的地方总是一片灯火通明"），看到

307

美国和法国虽在表面上建立了联盟，但两国之间存在着很多摩擦。在做出这个判断时，格林只跟其中一方的官员进行过大量接触，这无疑会使他的看法有些偏颇，但除此之外还有大量证据表明，在1952年早些时候，驻越南的法国官员和美国官员之间的关系比以往任何时候都更加紧张。

越南南部的都市文化日益向美国化靠拢，这也起到了一定的作用。越来越多的西贡年轻人开始成群结队地看美国电影、听美国流行音乐，甚至照他们从好莱坞电影上看到的样子穿美国式样的衣服——平口口袋短裤、宽松短袖衬衫、Bata休闲布鞋。虽然殖民地官员试图说服彼此这类变化合乎自然、可以预见，可是这并不是什么时候都能说得通，尽管他们的文化也得到了延续：特权阶层的越南人仍然偏爱法国食物和法国香水，仍然将法语作为自己的第二语言（对一些人来说则是母语），也仍然认为法国人给起小费来比美国人更爽快。[33]

308　　　　1952年1月时来到西贡出任美国新闻处媒体官员的霍华德·辛普森（Howard Simpson）刚在这座城市站稳脚跟，就亲身体会到法国人对美国人有多么不信任。他与法国新闻处主管让－皮埃尔·达诺（Jean-Pierre Dannaud）首次会面时，后者态度冷淡，表现得居高临下，并且对美国人在战争中做出的干涉大发牢骚。辛普森起初对这种紧张局面一笑置之，以为这只是个不典型的个例，可能是源自他本人在远东缺乏经验，但他很快改变了自己的看法。后来他写道，他渐渐发现"这两个所谓的盟友是透过全然不同的镜头看待印度支那半岛前景的"。没错，杜鲁门和他在华盛顿的高级顾问们仍然在鼓吹支持反越盟斗争的必要，并且通过源源不断地向法国送去援助来兑现自己的承诺；没错，唐纳德·希思在与辛普森的首次会晤时就强调法国"在从事一场正义的战争"，因此值得得到美国公使馆的全力支持。但是辛普森相信，无论是政府高层的承诺，还是外交辞令，抑或是来自法美双方官员安抚人心的声明，都无法掩饰他们对彼此的怀疑和渐渐滋生的敌意。[34]

他在冒险进入战场时，对双方的敌对状态有了更充分的认识。尽管法军最高指挥官对于美国军事援助拥有最终决定权，但按照双边协定中的一条规定，美国军事援助顾问团可以对物资分配给出建议。此外，美国军事援助顾问团有权对"最终用途"进行实地考察，以确定美国供应的设备以何种方式予以利用。与此同时，辛普森的办公室奉命公开宣传援助项目在美国及海外取得的效果。其后他也负责陪同"最终用途"使团——美国官员也把这种视察叫作"最终用途猜谜游戏"。出于法国人所说的"作战需求"，这些视察工作通常要提前几个月的时间就开始规划。到了指定日期，法国的司机们总会迟到几个小时，而且在去指定岗哨的路上必然会因无法解释的理由而迷失方向。等到美国官员最终到达现场时，他们得知基于"安全原因"，视察将仅限于服务和支持部门。法方会为他们精心布置餐桌，四道菜的午餐搭配红酒和白酒，并有法国高级官员举着干邑白兰地敬酒。等到辛普森与同事们总算步入午后的阳光时，已为时太晚，来不及视察偏远的岗哨了。[35]

"他们会致以花里胡哨的祝酒词，提到'我们英勇的美国盟友'、拉法耶特侯爵①和诺曼底登陆，"辛普森回忆说，"但是对大部分法国人而言，无论是军方人员还是文职人员，我们都是'扬基佬'（Les Amerloques）——他们形容'疯狂的美

---

① Lafayette，法国贵族，曾参加美国独立战争和法国大革命。

国佬'所用的贬义词。法国人认为我们是硬生生挤进了他们自己的地盘，在当地人中传播自由民主这些疯狂的主张，而且在这个完全一无所知的地区展现出危险的、犯罪般的天真。"[36]

1952年年初，格雷厄姆·格林与驻西贡的法国官员们有如此多的共同语言，这不足为奇：福勒在谈及派尔时恐怕也可以用上"危险"和"犯罪般的天真"这种字眼儿。辛普森与这位小说家见过两三次，见面时"冷淡而阴郁的"格林"毫不掩饰自己那最显而易见的反美情绪"和对美国被深深卷入这场战争的忧虑。刚开始的时候，辛普森以为格林也许会请他牵线搭桥，安排采访唐纳德·希思，但他从没开口提过这一要求。这位英国人"始终只跟他的法国和越南联系人打交道，保持着轻慢的距离远远观察着扬基佬"。后来辛普森和格林曾搭乘同一趟早班机去老挝，他们的座位紧挨着，两人都因前一晚喝醉了酒而感到难受，只冷淡地互相点头示意。辛普森回忆说："不需要多少悟性，你也会察觉到格林对跟一位美国'官方人士'一起出行是多么不满。"他们一路无话。[37]

辛普森固然对法国人的猜疑感到茫然，但他也承认，西贡很多美国人的无礼举止确实没有起到补救作用。当时尚未出现"丑陋的美国人"这种说法，但无论何时人们都可以注意到这种现象。这些"扬基佬"剃着平头，穿的夏威夷花衬衫没有掖进裤子里，开着大大的黑色箱式轿车和新款吉普旅行车在大街小巷穿行，成群结队地闯进酒吧和餐馆享乐，连装都不愿意装作与当地人打成一片。即便是那些较为低调含蓄的美国人也往往不跟同胞以外的人打交道——在前一年秋天到访越南的约翰·F. 肯尼迪议员也注意到了这一点。辛普森每天都和其他供职于美国新闻处和军事援助顾问团的美国人一起，在"象

征着古老殖民主义的印度支那"的大陆饭店的天台咖啡馆聚
会，在午餐前喝杯啤酒。他回忆起这些聚会时说："我们这伙 310
人很闹腾，比赛看谁喝酒喝得多，连最冷的笑话都能逗得我们
大笑，大家都很明白，那些对我们不满的法国垦殖者已经拿一
圈空桌子将我们隔开，围绕我们建立起了一道防疫封锁线。"

"回过头来看，我能理解其中一些法国人的怨恨，"辛普
森懊悔地总结道。[38]

至于格林，他在 2 月 9 日黯然离开西贡。"我昨天离开了
西贡——心里还蛮遗憾的。我在这里交到了一两个好朋友，尤
其是在最后一次逗留期间。也许我会写写在这里的'娱乐'，
有朝一日回来，将它拍成电影。大家一直待我不薄。"[39]

注释

1. 《纽约时报》，1952 年 1 月 10 日。
2. 《生活》杂志，1952 年 1 月 28 日。
3. Saigon to Washington, January 10, 1952, "Indo-China：Internal Affairs：1950 – 54," Central Files, NARA.
4. Saigon to FO, February 29, 1952, FO 474/6, TNA. 关于郑明世的背景和崛起过程，参见 Sergei Blagov, *Honest Mistakes：The Life and Death of Trình Minh Th'ê（1922 – 1955），South Vietnam's Alternative Leader*（Huntington, N.Y.：Nova Science, 2001），27 – 30。
5. Graham Greene, *Ways of Escape*（New York：Simon & Schuster, 1980），161.
6. Ibid. , 146；Richard Greene, ed. , *Graham Greene：A Life in Letters*（Toronto：AlfredA. Knopf Canada, 2007），182, 187 – 88.

7. Tom Curry, "Graham Greene's Vietnam—The Quiet American," Literary Traveler（http：//www. literarytraveler. com/authors/graham_greenes_vietnam. aspx，最后访问日期：2009 年 4 月 20 日）。该阶段的战时西贡景象在下面这本书中有所描述：David Lan Pham, *Two Hamlets in Nam Bo：Memoirs of Life in Vietnam*（Jefferson, N. C.：McFarland, 2000），chap. 4。

8. 美联社记者西摩·托平后来说，最初是他和妻子带格林去的鸦片馆。Seymour Topping, *Journey Between Two Chinas*（New York：Harper & Row, 1972），110 – 11.

9. Andrew Forbes, "Graham Greene's Saigon Revisited," CPAMedia, http：//www. cpamedia. com/culture/graham_greene_saigon/（最后访问日期：2009 年 4 月 18 日）；Michael Shelden, *Graham Greene：The Enemy Within*（New York：Random House, 1994），322；Howard Simpson, *Tiger in the Barbed Wire：An American in Vietnam, 1952 – 1991*（Washington, D. C.：Brassey's, 1992），12。

10. 引自 Norman Sherry, *The Life of Graham Greene*, vol. 2：*1939 – 1955*（New York：Viking, 1995），401。

11. 《时代周刊》，1951 年 10 月 29 日。

12. Letter of November 16, 1951, in Greene, *Graham Greene*, 193. 另见 Graham Greene diary entry for November 13, 1951, Box 1, Graham Greene Papers, Georgetown University Library（hereafter GU）。

13. Graham Greene, *The Quiet American*（New York：Viking, 1956），142.

14. Ibid. , 43；Greene diary entry for December 16, 1957, Box 1, Greene Papers, GU。另见 Sherry, *Life of Graham* Greene, 2：395 – 96。

15. Greene diary entry for February 2, 1952, Box 1, Greene Papers, GU；Joseph Buttinger, *Vietnam：A Dragon Embattled*, vol. 2：*Vietnam at War*（New York：Praeger, 1967），782 – 83；Greene, *Ways of Escape*, 170.

16. 见 Sherry, *Life of Graham Greene*, 2：417 – 20；W. J. West, *The Quest for Graham Greene*（New York：St. Martin's, 1998），157 – 58；Greene, *Ways of Escape*, 169 – 79。

17. Greene, *Quiet American*, 124.

18. Sol Sanders, "Viet Nam Has a Third Force," *New Republic*, July 30, 1951. 爱德温·哈尔西（Edwin Halsey）更早提出了"第三势力"这种说法，见 "The Third Force," *Integrity* 5（May 1951）：33 – 39。

19. Shelden, *Graham Greene*, 327; Graham Greene, "Indo-China: France's Crown of Thorns," *Paris Match*, July 12, 1952, reprinted in Graham Greene, *Reflections*, ed. Judith Adamson（New York：Reinhardt, 1990）, 129 – 47.

20. Greene, "Indo-China," 146.

21. Letter to Catherine Walston, November 21, 1951, Box 12, Catherine Walston-Graham Greene Papers, GU; Greene, *Ways of Escape*, 125 – 27; Sherry, *Life of Graham Greene*, 2：481 – 88.

22. Lucien Bodard, "L'appel aux américains," *L'Express*, 1967，转引自 Sherry, *Life of Graham Greene*, 2：482。另见 letter to Catherine Walston, December 11, 1951, Box 13, Walston-Greene Papers, GU。

23. Thomas A. Bass, *The Spy Who Loved Us：The Vietnam War and Pham Xuan An's Dangerous Game*（New York：Public Affairs, 2009）, 54 – 55. 范春安精彩的经历在下面这本书中也有具体描写：Larry Berman, *Perfect Spy：The Incredible Double Life of Pham Xuan An*（New York：Smithsonian Books, 2007）。

24. "Narrative of Lt. Col. A. G. Trevor-Wilson," n. d., Peter Dunn Collection, Virtual Vietnam Archive, Texas Tech University, Lubbock, Tex.; Shelden, *Graham Greene*, 328 – 30.

25. Sherry, Life of Graham Greene, 2：437 – 46; Judith Adamson, *Graham Greene, the Dangerous Edge：Where Art and Politics Meet*（New York：St. Martin's, 1990）, 131 – 32.

26. Greene, *Quiet American*, 16 – 17, 29; H. Arthur Scott Trask, "The Quiet American：Graham Greene's Brilliant Novel Shines as a New Film," http：//www. lewrockwell. com/orig/trask2. html（最后访问日期：2009 年 5 月 2 日）。

27. Greene, *Ways of Escape*, 171; Sherry, *Life of Graham Greene*, 2：430.

28. Heath to State, February 14, 1952, 转引自 Sherry, *Life of*

Graham Greene, 2: 432。

29. Saigon to FO, February 29, 1952, FO 474/6, TNA.

30. Jean Lartéguy, *Soldats perdus et fous de dieu: Indochine 1945 – 1955* (Paris: Presses de la cité, 1986), 179 – 81; Nhi Lang, *Phong Trao Khang Chien Trinh Minh Thé* (Boulder, Colo. : Lion Press, 1989), 107 – 9.

31. Sherry, *Life of Graham Greene*, 2: 434.

32. Jonathan Nashel, *Edward Lansdale's Cold War* (Amherst: University of Massachusetts Press, 2005), 156 – 57.

33. David Lan Pham, *Two Hamlets in Nam Bo*, 77, 90.

34. Simpson, *Tiger in the Barbed Wire*, 4 – 5, 8.

35. Ibid. , 30 – 31.

36. Ibid. , 32.

37. Ibid. , 84, 105.

38. Ibid. , 34; Paris to FO, December 31, 1951, FO 474/5, TNA.

39. 引自 Sherry, *Life of Graham Greene*, 2: 441。

第十三章　转折点未现转机

一

尽管法国人竭力在自己和美国人之间维持一道防疫封锁线，而且这条既是比喻说法，同时也是切实存在的封锁线，不仅仅存在于大陆饭店的天台咖啡馆，也存在于其他任何地方。然而，1952年早些时候，在印度支那的法国人事实上深知他们得全然依靠美国在经济上、军事上和外交上给予的支持。他们确实可以破坏美国军事援助顾问团的“最终用途”视察，挫败美国人培养反共民族主义第三势力的种种企图。他们也确实可以无视美国人对于特定军事行动和整体策略的建议，对华盛顿政府呼吁法国更努力地建立越南国民军的诉求装聋作哑。可是说到底，他们仍然需要美国，需要在西方政府中只有杜鲁门政府方可给予的东西：大量的财力和物资支持，以及国际合法性。

或许大部分美国官员都相信，此时两国都缺乏足够的可制衡彼此的砝码。此时美国在这场战争中似乎已经无处不在；截至1952年中期，美国援助在法国印度支那总开支中所占的比例已达到40%：这些都无关紧要，美国的影响力仍然极其有限。其中的原因不仅仅跟东南亚有关。在欧洲，美国政府希望法国能积极加入刚起步的欧洲防务集团（European Defense Community，EDC）。这个计划由法国总理勒内·普利文提出，作为对华盛顿重新武装西德意愿的回应，它宣称要建立一支联

312　合领导的欧洲共同军队，在不使联邦德国重整军备的前提下抵御苏联威胁。美国分析人士深知，欧洲防务集团条约最终能否得到批准，主要取决于发起国议会的态度——而作为一股永远不可小觑的势力，夏尔·戴高乐当即抨击这一计划，指责它将法国军队纳入欧洲内部集团军，此举将削弱本国军力——因此美国人不想在印度支那做出任何有可能冒犯法国官员和记者，进而威胁到条约缔结的行为。[1]

　　法国议会对此的顾虑之一是法国无法在半个地球以外从事一场战争的同时，再承担其对欧洲防务集团和北约集团的义务。在 1952 年年初，巴黎的政策规划人员计算得出，就算美国承诺的各种援助全部到位，法国想要同时满足国际国内的战争要求，其成本也可能超过 40 亿美元——其中约 10 亿拨往印度支那，其他用于欧洲。如果美国高层官员仅仅关注欧洲防务集团和北约，或者把这两者的优先级别放在最高，他们本应坚持要求法国承诺赋予越南完全而彻底的独立权，并订立具体撤离日期，卸下这个包袱。可是在 1952 年时杜鲁门政府仍然不顾一切地希望能让法国坚持跟胡志明战斗到底。法国官员们也非常明白，他们在印度支那的军事行动满足了美国的利益，正如美国满足了法国的利益一样。如果美国提出的建议太烦人，或者它的政府想要在提供援助的同时设定一些条件，那将会怎样呢？巴黎政府会干脆彻底撤离印度支那吗？[2]

　　这看起来大有可能。1952 年年初，一位驻巴黎的美国官员说："我们眼前面临的形势跟 1947 年春天时一样，当时英国人不胜其扰，于是将希腊和土耳其一股脑儿推给我们。法国人已经没办法再承受现在的一切了……如果他们撤出［印度支那］，难题就抛到了我们这里。"英国驻巴黎大使提出了同样的警告：“我担心我们已经接近了一个转折点，到时候法国也许会转过头来对我们说：‘这场战争是不是对西方各国都有利，而法国已经难以再将它继续作为法国战争了。如果你们不跟我们一起，我们只能被迫撤出了’。”[3]

　　1 月时，随着巴黎议员着手准备在国民议会上就印度支那问题展开正式讨论，法国撤军的可能性看似越来越真切。在讨论开始几天前，德·拉特尔在 1 月 11 日病故的消息为活动笼罩了一层阴郁的气氛，而且很快人们就清楚地发现，有一大批跨党派的议员质疑法国为何仍然在继续从事这场战争。早在一年前原本会被贴上“失败主义者”或者“没有爱国之心”这类标签的看法，现在得以被公开表达，而且发表这种观点的并非只有左翼。很多议员追问，法国何以能继续从事一场占用了 1952 年全年财政预算 1/7 ~ 1/6 的战争？答案是：它不应该再继续打下去，如果同时还想在欧洲建立一支大型军队，在西方防御组织中继续保留自己的地位，就更不应当如此。“我要求的是改变印度支那政策，”激进党的皮埃尔·孟戴斯－弗朗斯宣布道。

　　　　我向来不主张投降，但我始终要求尽一切可能与越盟缔结和约，现在依然如此。可有人告诉我，现在不能跟共产党人议和，因为它们是莫斯科的代理人。但是美国人又在朝鲜半岛做些什么呢？……只要我们的军官和士兵仍在印度支那的战场上送命，只要我们每年仍然在这场战争中花费 5000 亿法郎，我们在欧洲就不可能有自己的军队，也将只拥有价值 5000 亿法郎的通货膨胀、贫穷和为共产主义宣传提供谈资。[4]

　　深具影响力的法国媒体也在表达着实质上一致的主张。《世界报》和《费加罗报》都指出，如果美国援助没有显著提升，法国很快必须在兑现欧洲责任和尽快通过外交途径解决越南问题间做出抉择。在美国驻巴黎大使馆，沮丧的戴维·布鲁斯认为法国获胜的希望已经破灭，舆论在呼吁和平。"一个雪球已经开始成形，"这位大使向华盛顿发出了警告。如果美国不加大对战争的援助，或者没有形成某种"国际化"——美国和英国承诺诉诸军事手段保卫印度支那——那么要求撤军的舆论呼声将持续高涨。而美国中央情报局报告称，法国即将全面重新评估越南政策，这将对美国造成重大的潜在影响。[5]

314 　　普利文政府最终在这场辩论中占据上风，国民议会以多数优势通过议案，同意在 1952 年里向印度支那的地面部队拨款 3260 亿法郎，不过这个数字并没有包含空军或海军经费，所以跟往年一样需要在不久后追加拨款。普利文宣称政府已获得最新授权，对战争将做出有力的贯彻。他盛赞法军在战场上"伟大的"表现；他预言说，再过一年或一年半，法军就能以"占据上风的姿态"取得谈判协定。然而，他的这些话听着十分空洞。一位记者观察发现，在投票结束后，国民议会中最主要的情绪是"我们再也不能这样继续下去了"。如果拨款获得通过，"这只是因为法国军队不能在没有钱也没有装备的情况下，无依无靠地留在印度支那"。[6]

　　还有两个因素无疑也对投票结果造成了影响。其一是北非民族主义运动日益难以驾驭，在摩洛哥和突尼斯尤其如此。在摩洛哥首都拉巴特，苏丹穆罕默德·本·优素福（Mohammad Ben Youssef）施加的独立诉求与日俱增，而在突尼斯，数周前双方进行的谈判刚刚破裂，原因是在民族主义者提出的地方自治要求上无法达成一致。在一些巴黎官员看来，北非的紧张局势为从印度支那撤军提供了又一个理由——用激进党领袖爱德华·达拉第（Édouard Daladier）的话来说，只要7000名法国军官、3.2万名士官和13.4万名士兵仍然在越南"陷于孤立无援的困境"，法国在北非的属地就必然处在军力下风，毫无指望。[7]而另一种，也是最终胜出的观点认为，过早从越南撤离只会进一步激化北非地区的民族主义热潮。（既然越南人能独立，那为什么我们不行？）因此为了整个殖民帝国的利益，法国只能坚守越南。其二是总理普利文获得了政治加分。在国民议会投票前，他适时争取到英国、美国同意与法国在当月晚些时候就印度支那问题在华盛顿展开三方会谈。普利文在演讲时向议员们保证，法国将促使西方就远东问题制定统一的政策，一旦面临中共进入印度支那的局面，法国将取得英美两国的支持。

对中国军事干预前景的预判，成了此次印度支那事务三方会谈的主旋律，不过三国对于"中国威胁"的严重性的看法存在分歧。1952年年初，中国在与印度支那接壤的几个省驻扎了约25万兵力，其中很多部队可以在极短的时间内做好跨越边界投入战斗的准备，不过美国中央情报局、参谋长联席会议联合情报委员会，以及英国情报部门都排除了中国"发动侵略"的可能性。这些分析人士认为，由于朝鲜战争仍在持续进行，牵制了中国极多的资源，加上越盟仍然在坚守与法国的战争，因此北京政府应满足于现有的支持力度——武器与弹药、技术人员和政治官员，以及在中国南部的军事中心对越盟军官和士官提供训练。[8]可是法国坚持认为中国极有可能发起大规模的直接"侵略"，并要求美国承诺一旦发生这种情况，

315

应提供空军和海军支援。美国参谋长联席会议和国家安全委员
会同意,如果中国有进一步动作,将有必要确定一套行动方
案。问题是,这套方案将向何处去?

　　这个问题凸显了西方三大强国在对待冷战在亚洲——引申
开来,是在越南最根本的利益上——存在着极其重大的分歧。
在华盛顿会谈和1952年春天的其他会议上,美国官员呼吁一
旦中国采取"侵略"手段,要对中国的通信设施采取空中打
击,同时封锁中国的海岸。法国和英国对此则持异议,这主要
是基于狭隘的立场——法国不希望从印度支那抽走资源,而英
国担心北京政府可能会通过袭击香港或对香港进行经济施压来
实施报复。不过在同时,巴黎和伦敦政府的目的也是尽量避免
冷战紧张态势进一步升级,或做出任何举动激怒莫斯科和北
京。托利党在选举中获胜后,温斯顿·丘吉尔再次担任首相一
职,他开始质疑美国冷战策略中的军事立场,并力主将重点大
力转向东西方谈判。他与外交大臣安东尼·艾登清楚地表明了
立场:不允许英国被卷入与中国的新冲突之中。

　　至于法国官员,尽管他们在警告中国对印度支那的"侵
略"意图,但与此同时表示并不排除与北京和越盟谈判的可
能性。早在一年前的1951年年初,普利文就曾小心翼翼地征
316　询杜鲁门政府的意见:是否存在将朝鲜和越南冲突捆绑在一起
进行外交行动,并同时解决这两个问题的可能性?美国人立即
予以否决。现在巴黎领导人旧话重提。孟戴斯-弗朗斯暗指的
这个问题——美国为什么可以接受跟朝鲜的共产党敌人进行谈
判,而法国在印度支那做同样的事情反倒不行呢?——开始在
法国的政坛产生回响。4月,社会党的克里斯蒂安·皮诺
(Christian Pineau)在完成了议会派给他的视察越南的任务后

宣布，眼下除了"国际调停"已无真正的解决方案，而且必须有中国人参与。战后法国经济策略的总规划师、在政坛拥有举足轻重地位的让·莫内（Jean Monnet，一些人称他是"掌握国家政权的幕后人物"）希望战争及早结束，因为它已对法国的经济地位和在欧洲的角色造成了冲击。莫内坦言，假如一切能照他的想法做，他"会将法国在印度支那现有的一切利益立即清算"。外交部的官员同样在积极考虑绕过胡志明，争取促成包括中方在内的国际协议。很多分析人士认为，达成这种协议起码能从印度支那这具残骸上打捞上点儿什么，无论如何都是值得探求的。[9]

在杜鲁门政府看来，以任何形式就越南问题采取协商都是令人非常厌恶的——用历史学家劳埃德·加德纳（Lloyd Gardner）恰当的措辞来形容，它是"禁忌话题"。[10]哈里·杜鲁门和迪安·艾奇逊对于欧洲殖民主义当然没有任何好感，但是将法国留在那里总比面对共产党获胜的前景要好些，而法国一旦撤离或者跟胡志明达成某种妥协，这将必然发生。在6月的时候艾奇逊坚决表示，法国必须坚持军事行动，并"保持求胜心态"。应避免以外交手段解决越南问题，除非有朝一日西方确定将获得有利的结果。[11]

二

在通过外交途径解决与共产党的争端方面，可以看出法英两国与美国出现了微妙而又重要的分歧。这种分歧可部分归咎于华盛顿政府的霸权地位——国际列强通常对妥协无甚兴趣。但另一些因素也在发挥作用。欧洲政府需要与力量大体相当、地理上接近的势力抗衡，因此长期以来十分倚重协商和互让所带来的决定性影响。在二战后，绝大部分欧洲政治家对于不尽如人意的结果，对于并非黑白分明而是掺杂着无数道灰色的解决方案再熟悉不过，他们因而相信国家利益注定存在冲突，而外交手段是解决此类冲突的手段之一。他们做好了准备，争取从不利的谈判中获得最大的益处，他们接受失败的必然，也接受在国际事务中取得的成功。

另一方面，由于隔着两大洋，美国在建国后的大部分时间里都免遭敌人掠夺，而且其历史传统与欧洲大相径庭，因此在看待一些问题上远没有欧洲那样模棱两可。在他们看来，旧世界外交充斥着卑鄙而复杂的政治抉择，应当彻底遭到摒弃，任何决策都应建立在道德准则的明确基础上。这条道德准则还教导称，美国代表着文明的终极形式和人类灵感的源泉；它的政策之无私是绝无仅有的，它的制度值得众人争先效仿。这样一来，任何与美国为敌的行径都必然是与进步和正义为敌，因此也必然是不正当的。[12]

当然，在私下里美国官员们的措辞往往更加微妙，不会如此非黑即白，他们虽想尽一切可能回避与共产党谈判，但这也并没有妨碍他们尝试在朝鲜半岛展开谈判进程。不过这种回避立场制约了其在与朝鲜谈判时所能采取的手段，并与高度紧张的国内政治气氛共同造就了他们的强硬姿态。此外，1952 年是总统大选年。杜鲁门和民主党自然明白共和党的批评人士已经做好准备抨击一切外交协议，将妥协跟"姑息"画上等号，同时唤醒人们重新支持道格拉斯·麦克阿瑟将军提出的主张——"没有什么可以取代胜利。"这年春天，当双方着手筹备选战时，共和党发言人不出所料地攻击称，白宫同意跟朝鲜谈判是愚蠢之举，且面对共产党趁机积聚军力的不可辩驳的证据而继续谈判，更是错上加错。[13]

　　这一切都有助于解释华盛顿政府为何在 1952 年如此决绝地排除任何关于印度支那谈判的可能性——不管是法国与越盟的双边谈判，还是牵涉其他大国的多边会谈。法国的高层官员本身在寻求政治解决时态度也很含糊，而且其中一些人，比如国防部部长乔治·比多仍然表示寻求军事胜利是唯一出路。然而，像比多这样的鹰派人物在巴黎日益成为"濒危物种"，在为数众多的其他政治人物看来，哪怕是取得一个不利的协议，看起来也比跟一个得到中国支持、意志坚决的敌人继续打这场貌似永无止境的战争更好。

　　特别能说明问题的一点是，每次法国的决策者在向华盛顿方面探寻外交和谈的可能性时，都会遭到断然否决。6 月，当法国海外部部长兼印度支那高级专员让·莱图尔诺（Jean Letourneau）前往华盛顿探讨一项新的美国援助协议时，他只能为这场战争的形势描绘出一幅黯淡的画面。他公开表示，中国永远都不会容许越盟战败，因此我们有必要寻求停火协议。既然美方正在着手进行终止朝鲜战争的和谈，那么为什么不能寻求通过国际会谈解决印度支那争端？美国人闻之大惊失色。他们向莱图尔诺施压，要求他收回自己的言论，艾奇逊则向国家安全委员会保证说，这个法国人是不小心说错了话，他本意是想说法国只有在军事局势彻底逆转的情况下才会寻求和谈。国家安全委员会下定决心，表示美国必须"对法国和联合邦的政策施加影响，促使其行动始终与美国目标保持一致"。艾奇逊进一步阐释说，说得更确切一点，华盛顿必须"向法国强调，放弃由德·拉特尔发起并得到出色执行的进攻策略，转而采取维持现状的行动，这一点极其愚蠢"。[14]

　　可以这么来形容 1952 年的春天：这是一个未能出现转机的转折点。无数观察人士注意到法国的态度发生了巨大变化。这场战争向来不得人心，可是现在是有史以来第一次，人们可以公开表达真诚的反战情绪。用戴维·布鲁斯大使的话来说，一个雪球已经开始成形。然而，杜鲁门政府力主继续前进。德·拉特尔虽说已经死了，但他"出色"的进攻策略所树立的榜样长存，而且必须得到贯彻。切莫过早着手谈判。美国的决策者实际上是在说，法国并不需要做出选择，也不需要在他们的欧洲和东南亚义务中二选一，他们可以二者兼得。美国将为他们提供必要的支持。

　　6 月 25 日，由杜鲁门批准通过的一项重大政策文件对政府的立场进行了总结。它宣称美国将反对任何导致法国撤军的谈判。一旦巴黎政府仍然倾向于采取此种道路，美国将寻求通过盟友的共同行动以得到最大限度的支持，包括在捍卫印度支那的行动中实施空中和海上支援。中国一旦干预，其交通线路将受到阻断，海岸线也将受到美国海军的封锁。如果事实证明此类"最低限度的"手段尚不足以平息事态，美国将"至少与法国和英国联合发动空中和海上行动，打击任何合适的中方军事目标"。如果法国和英国拒绝，华盛顿政府应考虑采取单方行动。[15]

三

　　然而，这样的剧情并没有成为现实——至少当时没有。法国人留在了印度支那，中国人没有行动。1952 年年中，跟往年在雨季时的举措一样，巴黎领导人再度表明忠于这场战争，保证将在秋天发起大规模战役。在越南，拉乌尔·萨朗刚刚接

任德·拉特尔的总司令一职，就经受了一次打击。他被迫在 2
月时下令从和平撤军，还得为此举找出冠冕堂皇的说辞。（他
形容此次撤退是"战术策略"，为的是腾出更多的军队应对红
河三角洲的危险局势。）

　　萨朗起码对印度支那有丰富的经验。他出生于 1899 年，
在法国南部城市尼姆（Nîmes）长大，两次世界大战之间作为
上尉在越南北部的高地和老挝边陲服役，他的老挝语因此说得
还算熟练，还与一个老挝当地女人同居，建立了事实婚姻关
系，此后他担任了殖民部情报部门的负责人。二战期间萨朗作
为师长，曾是德·拉特尔盟军普罗旺斯登陆和最后进军德国战
役的手下。1945 年 10 月，萨朗重回印度支那，被任命为法国
在北圻地区的司令。次年他参加了枫丹白露会谈，随着谈判中
途失败、战争卷土重来，他成为法军在印度支那北部地区的司
令，1947 年秋天在筹备和执行"李作战行动"中扮演了核心
角色，在那次行动中越盟在北圻地区的领导层险些就被一网打
尽。萨朗拥有着丰富的印度支那经验，而且怀有"法国失去
了殖民帝国就不能被称为法国"的信念，因此给德·拉特尔
留下了深刻的印象。1950 年，德·拉特尔提拔他作为自己的
副手，并让他在 1951 年的永安、义路（Nghia Lo）与和平战
役中担任指挥。[16]

　　萨朗被人称为"中国人"或者"东方人"，这可能是因为
他长期在远东服役，热爱印度支那的古董和风俗，也可能是因
为他爱抽鸦片——据说这玩意儿能让人皮肤发黄。他举止斯文
有礼、缄默内敛，周身仿佛散发着谜一样的气息。戴高乐评价
他道："这个能干、聪明，在某些方面来看可以说是个迷人的
角色，不知怎的总让人感觉捉摸不定、不可理解。"还有些人

320

注意到他那哀伤、冷漠的眼神，或者是他在跟记者说话时喜欢摩挲着自己的护身符——一只小小的牙雕大象。与其说他是一个战略家，倒不如说是一个战术家，他在赴任之初的几个星期里满足于将一切维持原状，只是下令对红河三角洲内进行了几次小型扫荡。他在盼着雨季到来，好让他有余裕进行规划、装配和备战。[17]

和平一役过后，武元甲同样满足于暂时低调行事。他将游击队行动控制在红河三角洲北部地区，而越盟正规军在越南中部和南部的多个区域仍然很活跃。恐怖袭击仍在持续，其中最凶残的一次要数 7 月底在越南头顿卡普圣雅克酒店（Cap St. Jacques）发生的一起袭击。头顿是个海滨度假小镇，位于西贡河入海口，以棕榈树和黑沙滩著称。事发时一群法国军官与其家属在酒店用餐，正当穿着白衫的侍者端上主菜时，一群穿着偷来的远征军制服的越盟士兵冲了进来，向拥挤的餐厅投掷手榴弹，端着斯登冲锋枪进行扫射。等到法军战士赶到现场清点人数时，发现有 8 名军官、6 名儿童、2 名妇女和 4 名越南服务员死亡，23 人受伤。只有一个中尉装死、一个小男孩躲在椅子背后，得以毫发无伤。[18]

321   这位越盟总司令最关切的是即将到来的秋季战役。在红河三角洲地区遭遇血腥惨败后，他开始将目光转向更有利的地形，进入他视野的是傣族聚居的高原地区，那里四处是崇山峻岭、草木茂盛的高原，与老挝接壤的北圻西北部地区则被浓密的丛林覆盖，几乎难以企及。尽管这些高地远离三角洲，但它幅员辽阔，面积有美国佛蒙特州那么大，而且散布着法军的小型堡垒，因此到目前为止越盟始终无法对该地区进行渗透以争取得到近 30 万傣族原住民对其事业的支持。在该地区实施大规模行动既能为政治运动打下必要的基础，更可迫使萨朗选择要么放弃前线、将老挝北部暴露在外，要么奋力防守。武元甲知道，这对于法国来说是个痛苦的抉择：如果萨朗选择在西北部进行战斗，就只得将关键资源从三角洲地区抽调到这样一个机场和道路严重匮乏的地区，可是对于他的摩化部队来说，路面运输又是至关重要的。[19]

　　武元甲的中国顾问帮助他规划了西北战役。中国在这场军事斗争中所起的作用不可或缺，除了中国也不可能是别的国家。1952 年，北京为越盟提供的军事援助较前一年有所增加，其中包括大约 4 万支步枪、4000 支冲锋枪、450 门迫击炮、120 门无后坐力炮、40～50 门高射炮、30～35 门野战炮，以及数百万发的子弹和数以万计的手榴弹。与此同时，中国军事援助顾问团继续一面在实地为越盟将领提供支持，一面在云南省的军训中心培训越盟士官和军官。凡此种种，都增大了中国的影响。1952 年年初，中国军事援助顾问团提议当年秋季在越南西北部发起一场大规模进攻，北京的领导人通过了提议。"解放老挝具有十分重要的意义，"刘少奇对此表示。[20]

　　9 月，在劳动党政治局正式批准通过西北战役后，胡志明秘密到访北京。他与毛泽东就两阶段战略达成一致：越盟军队首先将重点放在边境地区，"解放"老挝，随后南移，向红河三角洲地区加大压力。他们进一步同意行动的第一步是袭击义路山脉，这里是红河和黑水河之间的分水岭，法军在其沿线建立了多个小型要塞。清扫该区域将使得越盟向西部的老挝边境迈出巨大的一步。武元甲对这个方案是否认同，现在已经不得而知——他想必也能看到义路的重要性——不过他接受了行动方案。[21]

同月，武元甲将第 308 师、第 312 师和 316 师（至少 3 万人）调集到位于富寿（Phu Tho）和安沛（Yen Bai）之间的红河东岸。法军尚不了解越盟动向，但武元甲的使命是拿下义路。和此前的大多数行动一样，武元甲的军队这次仍是大部分时候在夜间行军，而且考虑到法军在空中的绝对优势，他们将极大的精力用在了伪装上。越盟士兵不仅在头盔的伪装网上插上了棕榈叶，就连身上背着的线网上也贴有所经之处生长的树叶。一旦地形发生改变，每个战士都要负责给自己前面的战友更换伪装树叶。结果就是，法国的侦察飞行队只影影绰绰捕捉到了一些活动的信号。法军飞行员偶尔会发现高地的草丛间有一小队人马一闪而过，可是等到飞机再次侦察这群人时，他们已经消失在附近的丛林里。"我明明知道这些小兔崽子就在这里的什么地方，可是，你叫我怎么在这片丛林里找到他们？"这一位侦察队飞行员的牢骚很有普遍性。[22]

尽管如此，法军的指挥官们仍然感到不安，总觉得有什么事情正在酝酿中。雨季即将结束，武元甲肯定要有动作。可是在哪里呢？情报报告提示可能是在红河以西的某处，尽管这样，越盟此次突袭的规模和方向仍然极为不清楚，这让人沮丧透顶。最终，在 10 月 15 日，第 312 师的一个团包围了驻守在义路东南 40 公里嘉会镇（Gia Hoi）的法军小型要塞。法国指挥官看到了山脊沿线岗哨面临的危险，次日安排马塞尔·比雅尔（Marcel Bigeard）少校的第 6 殖民团伞兵营空降秀丽（Lu Te），这里基本上位于嘉会和义路的中间点。这个伞兵营的任务是掩护法军撤回到黑水河西岸的堡垒。

第二天，也就是 10 月 17 日下午 5 点，越盟第 308 师的两个营在重型迫击炮支援下进攻义路。由于天空中堆积着厚厚的

云层，法军无法实施空中支援，这个要塞没出一个钟头就被攻 323
下。整晚双方时有零星交火，天亮时胜负已定：法军有 700 人
阵亡，山脊要害阵地失守。整条防线一溃千里，较小型的堡垒
要么被攻下，要么直接被放弃。在第六伞兵营的拼死抵抗之
下，各支法军小分队撤至黑水河要塞。大部分队伍成功抵
达——他们得庆幸武元甲由于后勤问题无法穷追不舍。由于弹
药和粮食供应不足，武元甲的军队人困马乏，绕过了加强防守
的法军堡垒，转而将一支队伍派往西南，直奔法军位于奠边府
的要塞而去。（这个要塞将在 11 月被攻下。）[23]

　　伞兵营只能接受败局。不过值得庆幸的是，包括比雅尔在
内的一些人神奇地活了下来，跌跌撞撞地陆续逃到法军安全线
以内。起初他们是用竹担架抬着受伤的战友一同后撤，可是在
逃亡途中担架员精疲力竭，只能将伤员留下来听天由命。跟着
伞兵营及其追兵的足迹前行的越南亲法游击队员称，他们一路
上不时看到竹担架上身首异处的伞兵尸体。[24]

　　在巴黎，随着媒体一片哗然，国防部部长勒内·普利文在
国民议会上承认，义路失守"有损我们的威望"，但他坚称法
国的"战斗手段"或"布阵能力"都没有输。[25]或许是没输，
但确实是遭到了重挫。在法军最高指挥部看来，此役的战果让
人不免联想起 1950 年 10 月边界战役的惨败，尽管此次法军不
管从伤亡人数还是从失守的阵地面积上都没有那么严重。一位
灰心的法国预备役军官的话代表着很多人的心声："看起来从
今往后，印度支那战争将要成为永远挥之不去的梦魇。"[26]

　　为了重新获得主动权，或者至少将越盟军力从黑水河转
移，萨朗沿红河和河内西北的明江（Clear River）沿线发起了
一次进攻。他希望通过攻击敌军在富寿、富端（Phu Doan）

和宣光（Tuyen Quang）周边的大本营，切断武元甲的补给和通信线路，破坏其战略储备，迫使他从傣族聚居高地撤退。于10月29日打响的"洛林行动"（Operation Lorraine）是法国在越南有史以来规模最大的军事行动，调集了约3万名士兵，并将红河三角洲地区所有能用得上的飞机、坦克和大炮悉数调用。行动进展顺利，法军迅速占领富端和富安平（Phu Yen Binh），并发现了数目可观的武器和弹药库存。（他们还发现了苏联援助的证据，分别是四辆莫洛托夫卡车和几门苏制高射炮。）但武元甲不愿应战。他没有将主力部队从傣族聚居区撤离，反而是派出主要由地方军组成的部队持续骚扰依赖公路运输的法军。他相信法军肯定会受到漫长补给线的牵制，而萨朗将因此被迫撤军。[27]

324　　武元甲的判断是准确的。11月14日，意识到突出阵地过于狭窄、难以防守后，法军司令萨朗中途叫停了洛林行动。此次撤退十分危险——这种情况在军事撤退中司空见惯——因为对手此时已经捕捉到一丝机会。萨朗需要依靠更快的速度实施撤退，但他只能把希望寄托在唯一的一条道路——2号公路上，而这条公路的部分路段经过了丛林茂密的乡村和险象环生的峡谷，极易遭到伏击。不出所料，11月17日第一和第四机动群在推进到占孟峡谷（Chan Muong Pass）时遭遇越盟一个团的伏击，陷入包围中的法军苦战一天，300人死亡，随后又在2号公路的多个地点陆续与越盟交火，残部这才最终撤回到三角洲。洛林行动是一次彻头彻尾的失败，总共导致约1200名远征军团官员丧生，而且并未如愿地迫使武元甲军队参与交战。此外，武元甲还利用了法军在行动中转移资源的时机，进一步加大了在德·拉特尔防线后的渗透力度。[28]

四

欣喜若狂的武元甲如此设想萨朗眼下的沮丧情绪："在这样一场战争中，哪里才是前线？"紧接着他引用布莱士·帕斯卡的话自问自答道："敌人无处不在，而又不在任何地方。"①[29]

这确实是法兰西联邦的指挥官和士兵的感想。在傣族聚居高地和越南大部分地区，独特的地形和植被让越盟不仅获得发起或拒绝应战的主动权，而且在面临危险时能够迅速撤退，适时地重新集结。他们是夜行军和伪装的高手，看起来简直能随时随地突然出现在法军面前。这其实并非事实——傣族聚居的高地幅员辽阔，武元甲的军队在特定时段只可能占领极小一部分领地——但是敌军具体方位的不确定性（截获的无线电情报只能提供大致位置）给萨朗的部下造成了巨大的压力。当地少数民族对越盟的支持程度远没有越盟在其他地方那么高，但这个事实对法军也并没有多少慰藉，因为看起来当地人也完全不支持法国人。

地形也给远征军带来了其他麻烦。这里几乎找不到清晰的地标，而地图只能提供一个大概方位，这让定位变得异常困难。当地根本没有所谓的道路，法军往往只能挥舞着砍刀，从浓密的林间砍出一条小径。山谷间的竹林和山脊上高大的象草拖慢了军队的推进速度。此外，虽然有时候他们能用骡子背负重武器和无线电设备，但战士们通常得自己背食物、饮用水和弹药，他们还面临着各种短缺，尤其是军粮供应不足。

---

① Blaise Pascal，法国哲学家、数学家。帕斯卡的原话是：大自然是一个骇人的、无限的圆球，其圆心无处不在，而圆周则不在任何地方。

　　"我们靠吃垃圾过活——鱼头啦、大米啦什么的,"一个军团战士回忆道,"有一次我们收到了一些空投的粮食,发现罐头上的标签是被撕了重贴的。一个战友拿到了一盒罐头,用刺刀戳出了一个眼,一团绿雾一样的东西飘了出来。我将重贴的那层标签撕下来……底下的标签用法语写着:'专供阿拉伯军团,1928 年'。"一些在山间执行任务的巡逻队会一连几周没有任何补给,在此期间他们不仅要担心遇到越盟军队,还有无数其他情况需要担心。这里有吓人的老虎——就算是不见其形,也会常常听闻其声;还有毒蛇和蝎子。各种会叮人的昆虫、吸血的水蛭和虱子让人整天提心吊胆。此外,这里还有又大又凶的老鼠,它们甚至可以从丛林堡垒的棚屋里一路进军,将正在熟睡的士兵的靴子咬穿,一直咬到人脚上。受了伤、被大部队抛下的法军士兵最怕的就是这一幕:发现自己不是被敌人,而是被老鼠生吞活剥。[30]

　　如果不是老鼠,那就是蚂蚁。"如果你受的伤真的很严重,"这位军团战士注意到,"一句德国老话说得好,'肚子上中枪、头上中枪——多打一针就解放'。他们会给你打一针吗啡——接下来就是看命了……我们随身带着吗啡安瓿,将它们塞到刀鞘里。假如你的腿被炸飞了,战友会多给你些吗啡——在这么个鸟不拉屎的地方,你能怎么样呢?没一会儿工夫,伤员身上就会爬满蚂蚁。"[31]

　　越盟也不可能免受这些威胁。法兰西联邦的士兵们会想当然地认为敌军熟悉这些高地的自然环境,可以轻松移动,甚至连最艰难的地形、最匮乏的军粮供应也难不倒他们。而事实上,大部分越盟战士根本不是这个地方的人,而是来自沿海平原和两个三角洲地区。他们同样不熟悉地形,同样需要适应遮天蔽日的<u>丛</u>林和全新的生活环境。他们需要克服自身的困难，也需要面对丛林生物、受了伤独自留在森林中的恐惧。跟他们的欧洲对手一样，越盟军队对疾病也没有免疫力，如果染上了疟疾、痢疾、霍乱和伤寒，即使不会病死，也要病上好几个星期甚至好几个月，而且疫病会从一支队伍传染到另一支。跟史上任何时期的任何士兵一样，他们也需要食物和装备；而在西北战役中，他们多次面临补给严重不足。

　　但他们确实极富忍耐精神，至少他们中的绝大多数人如此。在这年秋季战役的第一个月中，他们证明自己在每个转折点都比法军更出色，他们在义路山脊碾压法军，在面临洛林行动的挑战时予以灵巧的反击。此后没过多久，当武元甲在自己的总部接待美国共产党员约瑟夫·斯塔罗宾（Joseph Starobin）时，对于越盟连续取得的胜利他志得意满地给出了自己的解释。武元甲说："在必要的时候，我们可以把所有补给都扛在自己身上，如果距离不是那么远，一位农民完全可以为一位士兵背负足够的口粮。"斯塔罗宾是美国《工人日报》（*Daily Worker*）海外编辑，后来他出版了两本讲述自己在印度支那经历的著作，在书中对越盟表达了几近顶礼膜拜的拥护。武元甲进一步说，展开西北战役的地区"对于像我们这样的国家来说，面积已经相当辽阔。这里宽达 200～250 公里，横跨三条河流——明江、红河和黑水河。我们必须深入山谷间击中法国阵地的心脏……我们必须横渡 30 条河，其中一些有 200 多米宽，还必须翻过崇山峻岭"。这场战役艰辛而又残酷，被俘的法国军官"后来告诉我们，他们完全不明白我们是怎么做到的。他们不明白我们的军队何以能……冷不丁地出现在离根据地几百公里远的地方。一位法国军官说，看着我们的农民竟然能在没有士兵看管的情况下为军队背着补给，这让他们十分意外，因为法军永远得盯着他们的挑夫"。

法军处在难以解决的窘境中。武元甲注意到："他们要么再次试图通过所剩无几的军力延展其据点，这样一来它的战线会更加薄弱；要么撤离其据点，如此一来这部分的领地和人口又会完全落入我们手中。"[32]

武元甲在做出这些表述时，轻轻巧巧地就将洛林战役和法军疯狂撤退后发生的事情略过不提，至少在斯塔罗宾的记载中如此。11 月中旬，随着这位越盟指挥官的自信心爆棚，他决定将战役转入第二阶段——进攻黑水河要塞。他的主要目标是纳伞（Na San），这个位于黑水河西岸的要塞与世隔绝，无法通过陆路进行补给。武元甲推测认为，如果他快速猛烈地进攻该要塞，尤其是考虑到纳伞对于空中补给的严重依赖和其偏远的位置（地处河内以西 188 公里），它应该会被迅速攻下。不过他低估了法国人，在萨朗的命令下，法军将防守阵地从该要塞转移至几公里以外的飞机跑道，并在那里建起了一个有壕沟防护的营地。法军埋下了地雷，支起了带刺的铁丝网，而且援军陆续空降抵达，其中一些人占据了跑道周边的山顶阵地。跑道本身被加盖了一层打眼的钢板，以便美制 C - 47 达科塔运输机以每 15 分钟一班的频次密集降落。武元甲的情报官员们告诉他，法军在战场上只有 5 个营，而且实力不强；而事实上他们集了 9 个满员的营，并有空军支持。在建立起了所谓的"空对地大本营"（base aéro-terrestre）后，法军已经做好了战斗的准备。[33]

战役在 11 月 23 日打响。当天上午第 308 师的先头部队抵达纳伞外围防线。日落后他们开始运用火箭筒、无后坐力炮、

手榴弹、砍刀和爆破筒发动进攻。双方猛烈交战，部分前哨数　328
次易主，但法军守住了防线，越盟损失惨重，暂时撤退。武元
甲让战事稍停了一阵子，好等待其余部队到达。与此同时，随
着105毫米口径榴弹炮和增援的一个营的到来，法军阵地得到
进一步巩固。武元甲此时仍然没有充分估计到防守军队的规
模，在11月30日天黑后下令发起第二次进攻，赶着成群的水
牛来清排地雷，同时将飞机跑道的铁丝网线打出洞来。但这次
他照例被打了回去，伤亡人数很多。气急败坏的武元甲在次日
晚上固执地发起第三次进攻，用两个刚投入战斗的军团来攻击
法军防线。随着河内飞来的"熊猫"战斗机和B-26轰炸机
用照明弹点亮战场，密集的炸弹和凝固汽油弹如雨点般落在进
攻的士兵中间，越盟军队再次退缩。武元甲只好拱手认输，叫
停了行动。

　　武元甲又犯了跟1951年早些时候同样的错误，给了法军
梦寐以求的东西：一场精心安排、可以利用优势火力取得最佳
效果的战役。在硝烟散尽后，法军在战场上清点出了1000具
敌军尸体，其中一些是前一周战事开始时就已经战死的。很多　329
尸体显得胖得出奇，这既是因为死后肿胀，也是因为穿着中式
夹棉军装。越盟军队在此役中的死亡人数可能高达6000人，
这相当于半个师的兵力。[34]

　　战果让整个印度支那的法国团体欣喜若狂。到处有人敬酒
赞美"纳伞的铁丝防线"和指挥官让·吉勒（Jean
Gilles）——一位像熊一样壮实的独眼军官。向来寒酸的法军
军需部门即刻订了一货船的食物，包括澳大利亚牛排、煎土
豆、蔬菜、新鲜面包、阿尔及利亚葡萄酒和3000瓶香槟——
营地里每4位官兵可以分得1瓶。越南籍士兵分到了冻肉、鱼

1952 年 11 月 28 日，拉乌尔·萨朗（图右）视察法军在越南纳伞的要塞。与他说话的是该要塞的指挥官让·吉勒上校。

干和大米，而北非军人分到了葡萄酒、活绵羊和山羊，所有补给都空运而来。在地下工事里，吉勒将香烟和酒传给下属并宣布说，"我们在这儿干得漂亮"；而在河内，官员们大肆庆祝，他们要么在庄园酒店和大都市饭店享用盛宴，要么在丽兹和百乐门酒店同舞女跳舞。义路的灾难和洛林战役的惨败似乎完全被人遗忘。一位官方发言人宣称："纳伞不再遭到围困……[我们] 已在傣族聚居区重新夺回主导权。"[35]

　　萨朗的态度更加审慎，但他同样认为纳伞一役是一次伟大的胜利。在他看来，这场胜仗证明了当他手头有充足的人力和物资可以调动时，将可以取得怎样的成绩。他和他的副官们尤其为越盟军情部门的惨败而心满意足，这表明在远离越盟和其他对越盟持同情态度的地区，他们也会跟法军一样失策。萨朗还认为，此役证明空对地大本营的这个理论是切实有效的——

而这将是一个不祥之兆。他们将会看到，纳伞只是一场即将到来的大型战役的带妆彩排。

五

在秋季战役期间，胡志明对于外部世界来说几乎是隐身的。关于他已经死了的传闻在西方沸沸扬扬，有传他是得了肺结核病逝的，有传是遭到暗杀一枪毙命的，也有传是在法军空袭中丧生，或者死于党内清洗的。据传闻说，那些以胡志明的名义起草的文件事实上都是有人冒名顶替。胡志明在9月出访北京的证据表明，他当然活得好好的。（不过此次出访属于高度机密，即使在越南民主共和国内部亦是如此。）从北京他又继续前往莫斯科，并参加了苏联共产党第19次代表大会。一直到武元甲在12月纳伞惨败后，胡志明才回到越南。

和以往一样，他在制定所有越盟战略方面扮演核心角色，并且充任革命事业的首席征兵官和啦啦队队长。一位法国战俘在获释后介绍说，在1952年的早些时候，胡志明在越盟总部周边地区活动得相当频繁，他常常出现在田间地头和干部会议上，跟农民们打成一片。他的穿着跟农民无异，他呼吁所有人全身心地支持反法斗争，并为共同目标奉献一切。为了避免被法国人盯上或俘虏，他每隔三四天就要换个住处，而且执行着相当严格的健身计划。他每天很早起床锻炼，而在一天的工作结束后，他要么打排球，要么去游泳。尽管已经年过六十，他仍然能够背着自己的行李在艰难的山路上一天行进近50公里。[36]

可是随着1952年进入尾声，胡志明面对的局面变得不再理想。在整个解放区，随着战争进入第七个年头而且看似仍然无休无止，士气低落的问题开始凸显出来。由于越盟在这场独立斗争中的主导地位，大部分人仍然支持着它，不过此时也开始出现了令人忧虑的不满迹象，在构成革命中坚力量的农民阶层中尤其如此。农民为政府运转和人民军的战斗提供粮食，而农家子弟也是军队最主要的力量——这支军队如今的总人数已经超过了25万。农民还要充任挑夫，将数以吨计的弹药、武器和大米运往战场，并将伤兵扛下战场。

他们做出了大量牺牲，可是从中获得了什么呢？几乎什么都没有。越盟领导层曾承诺分给农民土地，可是因为担心疏远中间阶层、分裂对战争最终成功必不可少的民族统一战线，土地改革一再被推迟。眼见不满情绪日益高涨，越盟现在要求地主大量削减地租，好让佃农留下更大比例的收成，过上更好的日子。在发现自愿减租的号召不起效后，越盟领导人收紧了政策，地主不仅被要求减租，还要向佃农们返还多年来收取的"过多的"租金。忠诚的干部奉命下乡执行新政策；在很多时候，他们给地主们编造虚假的指控，并强迫他们在认罪书上签名。[37]

在她那本记载越南漫长斗争中一家人经历的著作中，梅·埃利奥特写下了自己的叔叔金的遭遇。在热心的干部上门执行新政策时，身为地主的金自觉从未做错过什么，而且向来坚定拥护越盟，想必能得到公正的待遇，于是镇定地接待了他们。可是他们当即指控他曾欺骗佃农，金一下子被干部们要挟的态度和严厉的指控给吓蒙了，不知怎的就在认罪书上签了名字。梅·埃利奥特写道："这些干部声称他这16年来——从1936年到1952年——总共向佃户多收了大概80吨稻米。现在他必须按照每户所租的亩数和为他耕作的年限，把所有多收的稻米按适当的比例还给佃农。我叔叔当时的感觉就好像被雷劈了一样。"[38]

　　知识分子当中不满的声音同样不绝于耳，他们在抱怨粮食短缺，抱怨越盟不断呼吁人民做出牺牲，抱怨无休止的教条灌输和宣传会议。在军事方面，征兵工作越来越难开展。到1952 年时，各个城市的军力资源或多或少已经枯竭，这部分得归结于法国在城市成功扰乱了越盟的组织机构。越盟被迫在乡村地区采取更加激进的征兵手段，而这反过来进一步疏远了农民。甚至有大量报告称，一些农民为了逃避服役搬到了别的地方生活。[39]

　　这些问题对于胡志明和其他党内领导人来说都不算尖锐，但他们也都清楚问题很难在短期内得以解决，因为这很大程度上取决于能多快赢取这场对法国的战争。在这方面，1952 年年底的图景同样阴云密布。到此时为止，武元甲的军队已对敌军实施过无数次的打击，并在印度支那稳步拓展越盟控制的领地。以大多数标准来衡量，法军正在输掉这场战争。但是他们毕竟没有那么快地丢盔弃甲，而且最终的结果仍然不得而知。从广义上来说，仍然可以将这场战争看成是处于僵局中，两军在兵力上旗鼓相当。武元甲已经成功挺进红河三角洲，但所发起的行动尚未对法军在当地的统治构成真正的挑战；南部的城市区域也同样如此。在西贡，法军的地位甚至比春季和夏季时有所加强，这从当年最后几个月里该市的暗杀和轰炸袭击的次数显著减少中可见一斑。与此同时，越南国民军虽然仍势单力薄，但至少已经显示出将发展为正规军队的迹象。12 月底，在河内以南约 48 公里的一处小型岗哨，一支越南国民军小分队击退了越盟一次规模较大的袭击，而且有零星报告称越南国民军其他队伍的实战能力也有所提高。胡志明因此必须考虑，

332

这些是否代表了未来的某种动向？[40]

　　在胡志明看来，更加令人忧虑的是敌军在南方的绥靖政策已经显示出一些成功的迹象。运用 19 世纪末约瑟夫－西蒙·加利埃尼（Joseph-Simon Gallieni）在非洲殖民地所率先采取的"油点"策略（之所以起这个名称，是因为这个策略就像是一滴油点慢慢向周围渗透；也叫"蚕食"战略），法军在 1952 年通过各类军事、政治和经济手段将其控制区域从安全地带向竞争地带，再向不安全地带延伸。贝尔纳·德·拉特尔·德·塔西尼在 1950 年时就曾呼吁采取这种手段，以期赢得农民的拥护。这种举措是基于这样一个认识——尽管单靠政治行动不足以挫败叛乱，同样，单靠军事力量也不足以实现决定性的成果，之后它也将成为美国镇压叛乱理论的核心。

　　从 1948 年开始，法国人就曾往这个方向做过零星的努力；但即使在此时，他们的努力说得好听点儿也仅属于"时断时续"。精明的法国政治规划者们深知，在撒哈拉行得通的那一套——在那里可以占领必不可少的水源，严禁叛军使用——在印度支那恐怕没法轻易落实。他们也知道，"油点"策略通常费时费钱，而且需要碰运气，对于外来势力来说尤其如此——原住民通常很难相信占领军是自己的朋友。它往往只能在那些革命军尚未站稳脚跟的区域取得成功，而且这样的成功常常转瞬即逝。可是不管法国所取得的成就是多么微小，也足以让越盟的官员们焦虑不安，其中一位官员坦率地对另一位法国官员说，没有哪个敌人比一位无视政治倾向、只管医治村民的医生更加危险。[41]

　　此时，越南以外的时局又出现了哪些发展呢？胡志明一直热心关注着国际事件，尤其是美国。他当然知道华盛顿已经选举产生了一位将军总统，这位战争英雄所在的共和党一直痛斥民主党将中国"拱手让给他人"、跟朝鲜谈判；而新的副总统理查德·尼克松在给人扣上"赤色分子"的帽子加以迫害方面，简直堪称一等一的人物。这个新政府将在印度支那有何作为？现在还很难做出判断，但胡志明有充分的理由担忧。1953年年初，当约瑟夫·斯塔罗宾在北圻山间的某个秘密住所采访胡志明时，胡志明随时都会将话题转到美国上面。他动情地怀念起年轻时初次看到自由女神像和哈勒姆区的情景，并问斯塔罗宾为什么本应反对殖民主义的美国人会为帝国主义法国提供轰炸机用于对付无辜的越南人。随着1953年拉开序幕，美国的大政方针再次占据了胡志明的思绪。

注释

1. Marc Trachtenberg, *A Constructed Peace: The Making of the European Settlement, 1945 – 1963* (Princeton, N. J.: Princeton University Press, 1999), 110 – 25; Laurent Cesari, "The Declining Value of Indochina: France and the Economics of Empire, 1950 – 1955," in Mark Atwood Lawrence and Fredrik Logevall, eds., *The First Vietnam War: Colonial Conflict and Cold War Crisis* (Cambridge, Mass.: Harvard University Press, 2007), 181 – 88.

2. Robert J. McMahon, *The Limits of Empire: The United States and Southeast Asia Since World War II* (New York: Columbia University Press, 1999), 61.

3. 《纽约时报》，1952年6月8日。

4. 引自 Alexander Werth, "Indo-China: The French Must Choose," *Nation*, January 26, 1952。

5. "Critical Developments in French Policy Toward Indochina,"

January 10, 1952, CIA Office of National Estimates, http://www.faqs.org/cia/docs/127/0001167457/critical-developments-in-french-policy-toward-indochina.html（最后访问日期：2010 年 9 月 18 日）。

6. Werth, "Indo-China," 77.

7. 《世界报》, 1952 年 1 月 16 日。

8. *The Joint Chiefs of Staff and the First Indochina War, 1947 - 1954* (Washington, D. C.: Office of Joint History, Office of the Chairman of the Joint Chiefs of Staff, 2004), 240; Ronald H. Spector, *Advice and Support: The Early Years of the U. S. Army in Vietnam, 1941 - 1960* (Washington, D. C.: Center for Military History, 1985), 152; "Military Situation in Indo-China," February 5, 1952, FO 371/101069, TNA.

9. Memo of Conversation, March 21, 1952, *FRUS, 1952 - 1954, Indochina*, XIII, 1: 75 - 77; Edward Rice-Maximin, *Accommodation and Resistance: The French Left, Indochina and the Cold War* (Westport, Conn.: Greenwood, 1986), 117; Lloyd C. Gardner, *Approaching Vietnam: From World War II Through Dienbienphu* (New York: W. W. Norton, 1989), 119.

10. Gardner, *Approaching Vietnam*, 118.

11. Melvyn P. Leffler, "Negotiating from Strength: Acheson, the Russians, and American Power," in Douglas Brinkley, ed., *Dean Acheson and the Making of American Foreign Policy* (New York: St. Martin's, 1993), 176 - 210.

12. 参见 Fredrik Logevall, "Bernath Lecture: A Critique of Containment," *Diplomatic History* (September 2004); Campbell Craig and Fredrik Logevall, *America's Cold War: The Politics of Insecurity* (Cambridge, Mass.: Belknap Press/Harvard University Press, 2009), chap. 3。

13. Rosemary Foot, *The Wrong War: American Policy and the Dimensions of the Korean Conflict, 1950 - 1953* (Ithaca, N. Y.: Cornell University Press, 1985); Foot, *A Substitute for Victory: The Politics of Peacemaking at the Korean Armistice Talks* (Ithaca, N. Y.: Cornell University Press, 1990), x - xi, 158. 另见 Bruce Cumings 的重要专著: *The Origins of the Korean War*, vol. 2:

The Roaring of the Cataract（Princeton，N. J.：Princeton University Press，1990），chap. 3。

14. June 14，1952，*FRUS，1952 – 1954，Indochina*，XIII，1：183 – 87；June 16，1952，*FRUS，1952 – 1954，Indochina*，XIII，1：189 – 95；June 17，1952，*FRUS，1952 – 1954，Indochina*，XIII，1：197 – 202；Irwin Wall，*The United States and the Making of Postwar France*，*1945 – 1954*（New York：Cambridge University Press，1991），248.

15. NSC – 124/2，June 25，1952，*United States-Vietnam Relations 1945 – 1967：Study Prepared by the Department of Defense*（Washington，D. C.：Government Printing Office，1971），8：531 – 34.

16. 想要了解萨朗本人对该阶段的描述，可参见 *Mémoires：Fin d'un empire*，vol. 2：*Le Viêt-minh mon adversaire*（Paris：Presses de la cité，1971）。关于两次世界大战期间他在印度支那的经历，见 volume 1。

17. 戴高乐的话引自 Alistair Horne，*A Savage War of Peace：Algeria*，*1954 – 1962*（New York：NYRB Classics，2006），180。

18. 《时代周刊》，1952 年 8 月 4 日。

19. Martin Windrow，*The Last Valley：Dien Bien Phu and the French Defeat in Vietnam*（Cambridge，Mass.：Da Capo，2004），119.

20. Edgar O'Ballance，*The Indo-China War*，*1945 – 1954*（London：Faber & Faber，1964），171；Chen Jian，*Mao's China and the Cold War*（Chapel Hill：University of North Carolina Press，2001），129.

21. Chen Jian，*Mao's China*，130 – 31.

22. 引自 Bernard Fall，*Street Without Joy：Indochina at War 1946 – 1954*（Harrisburg，Pa.：Stackpole Books，1961），65。

23. Yves Gras，*Histoire de la guerre d'Indochine*（Paris：Plon，1979），474 – 79；Phillip B. Davidson，*Vietnam at War：The History*，*1946 – 1975*（New York：Oxford University Press，1991），141.

24. Windrow，*Last Valley*，121；*Time*，November 3，1952. 下面这本书中对于比雅尔伞兵营的拼死防守有经典描述：Fall，*Street Without Joy*，66 – 76。

25. 《新闻周刊》，1952 年 11 月 3 日。

26. 《时代》周刊，1952 年 11 月 3 日。

27. Vo Nguyen Giap, *Mémoires, 1946 – 1954*, vol. 2: *Le chemin menant à Diên Biên Phu* (Fontenay-sous-Bois: Anako, 2004), 261 – 76; Windrow, *Last Valley*, 124.

28. Gras, *Histoire de la guerre d'Indochine*, 479 – 82; David T. Zabecki, "Operation Lorraine: Costly French Failure," *Vietnam* (December 2001), 18 – 25, 57; Salan, *Le Viêt-minh mon adversaire*, 337 – 40.

29. 引自 Joseph Starobin, *Eyewitness in Indo-China* (New York: Cameron & Kahn, 1954), 67。

30. "Back to the Jungle," *Images of War* 4, no. 51 (n. d.).

31. Ibid.; Windrow, *Last Valley*, 120 – 22.

32. Starobin, *Eyewitness in Indo-China*, 73.

33. Jacques Favreau and Nicolas Dufour, *Nasan: La victoireoubliée* (Paris: Economica, 1999).

34. Gras, *Histoire de la guerre d'Indochine*, 483 – 88; O'Ballance, *Indo-China War*, 184 – 86; Favreau and Dufour, *Nasan*.

35. 《时代周刊》，1953 年 1 月 12 日；《时代周刊》，1953 年 1 月 5 日。

36. William J. Duiker, *Ho Chi Minh: A Life* (New York: Hyperion, 2000), 442 – 43.

37. Duong Van Mai Elliott, *The Sacred Willow: Four Generations in the Life of a Vietnamese Family* (New York: Oxford University Press, 2000), 229 – 30.

38. Ibid., 230.

39. Duiker, *Ho Chi Minh*, 444. 下书对越盟的政治教条灌输有所描写: Xuan Phuong and Danièle Mazingarbe, *Ao Dai: My War, My Country, My Vietnam* (GreatNeck, N. Y.: EMQUAD, 2004), 128 – 29。

40. 《时代周刊》，1953 年 1 月 12 日。

41. "A Translation from the French: Lessons of the War in Indochina, Volume 2," trans. V. J. Croizat (Santa Monica, Calif.: Rand Corporation, 1967), 112. 另见 David W. P. Elliott, *The Vietnamese War: Revolution and Social Change in the Mekong Delta, 1930 – 1975* (Armonk, N. Y.: M. E. Sharpe, 2007), 71 – 75。

第十四章　艾森豪威尔主政

一

新上任的这位美国总统在大选期间并未过多谈及他的外交政策计划，他也没这个必要。对于数百万的选民来说，知道他是"艾克"——曾是负责诺曼底登陆日总进攻、解放了纳粹占领下的欧洲的最高指挥官，之后担任美国陆军参谋长和北约最高司令，这就足够了。即使是1952年共和党代表大会全国委员会中的很多代表也对他的政策立场知之甚少，而且压根儿不关心。带着他特有的微笑和军人昂扬的姿态，艾森豪威尔看起来是一片为动荡不安的国土重建稳定，在经历了20年的民主党统治后为共和党重新夺回白宫的最完美的候选人。他尽管是共和党人，但不知怎的，在很多选民心目中他是一个超越了政治、令人信赖的父亲角色，人们相信他可以让这个因朝鲜战争和麦卡锡疯狂迫害"赤色分子"而分裂的国度重新团结起来。

艾森豪威尔事实上是一个相当精明的政治老手，副总统理查德·尼克松就曾语带敬意地称他拥有"诡计多端的头脑"。艾森豪威尔非常清楚军人出身给自己带来了巨大的政治优势，因此心安理得地采取了后来被学者们称为"深藏不露"（hidden-hand）的政治策略。这就意味着在大选中，他走的是一条"光明正道"，任由其他人对民主党及其候选人艾德莱·E. 史蒂文森（Adlai E. Stevenson）极尽攻击之能事。而在共和党阵营里，由看起来热爱走阴暗的羊肠小道的尼克松负责抛头露面诋毁史蒂文森，形容这位冷战勇士是"和事佬艾德莱"，拥有"艾奇逊遏制共产主义懦夫大学的博士学位"。由麦卡锡

335 负责攻击乔治·马歇尔，对于这位担任过国务卿，在杜鲁门政府内任国防部部长（同时也是艾森豪威尔的恩师）的五星上将，麦卡锡称其参与了"一场如此深远的［由苏共领导的］阴谋，一次如此阴暗的恶行，与它相比，人类历史上的任何一次投机行为都相形见绌"。[1]

艾森豪威尔私底下是比较排斥这类说辞的，但他也没有反驳。看到共和党以"华丽的公诉人风格"来组织自己的竞选政纲，他略皱了皱眉，但没有发话纠正。他也没有挺身而出为马歇尔说一句话，甚至在麦卡锡的力促之下收回了在密尔沃基的一次演讲中对马歇尔的赞词，这让他的朋友们很失望。[2]尽管艾森豪威尔并不是完全信任尼克松，但他还是选择后者作为自己的竞选搭档，因为他相信曾在阿尔杰·希斯伪证案中名声大振的尼克松可以帮助他争取到波兰裔美国人和其他少数族裔，以及共和党的其他保守势力的支持。当他的外交政策顾问约翰·福斯特·杜勒斯得意忘形，发誓要抛弃民主党一无所长的遏制政策，转而致力于解放"被奴役"的国家时，艾森豪威尔制止了杜勒斯，但态度非常克制，这让他显得明智而审慎，同时又能广开言路。他本人也批判杜鲁门"丢掉了"中国，削弱了美国在远东的地位，并发誓阻止共产党在该区域其他国家继续前进。在适当的时候，这些论调将回过头来反咬他一口，掣肘他在印度支那的选项。不过在短期内它们起到了作用：史蒂文森阵营无法对此提出有效的解答，共和党在选举中大获全胜。

　　外交政策问题主导了选战的主要议题，而这也不足为奇：美国正在朝鲜半岛打仗，而且短期内看来不可能结束。此外，这个秋天所有的迹象都表明冷战将进一步激化。苏美关系疑云密布，这两个超级大国因此害上了妄想症。在美国，麦卡锡及其盟友们在政府和好莱坞搜索共产党人的蛛丝马迹，而在苏联，斯大林发起了又一次针对"内部敌人"的"清洗运动"，这次的目标据闻是针对克里姆林宫领导层的犹太"医生案"。美国人在这年秋天进行了首次热核武器试验，苏联人紧随其后。在亚洲，这两个超级大国正在为霸主地位角力，并始终警惕地注意着毛泽东领导下的中国。

　　这也就可以理解为什么人们如此关注艾森豪威尔在国务卿一职上的人选了。他选择的是杜勒斯，这个重大的抉择奠定了新政府在国内事务上的基调，也塑造着在 20 世纪 50 年代余下时间里美国外交政策的轮廓。他俩组成了一对令人敬畏的搭档。一些早期研究夸大了杜勒斯在决策中的作用，而近年来的一些历史学家又不恰当地低估了他的地位。事实上，这两人都至关重要，艾森豪威尔掌控着最终政策走向，而杜勒斯则在将决策具体化方面做了大量工作。[3]

　　作为纽约州沃特敦长老教会牧师之子，杜勒斯从 1907 年起就开始参与美国外交，当时还是本科学生的他陪同美国代表团参加了海牙和会。他的外祖父约翰·沃森·福斯特（John Watson Foster）曾担任律师和外交官，在本杰明·哈里森（Benjamin Harrison）任期内担任过国务卿，因此他很早就对外交产生了特别的兴趣，有时陪着外祖父一同去白宫参加晚宴。"福斯特·杜勒斯打从 5 岁起就开始学习当国务卿，"艾森豪威尔曾不止一次这样开玩笑说——他的这句话并不离谱。

336

在杜勒斯 5 岁时，他母亲这样评价自己的儿子："以他的年纪来说，他的心智十分出众。他逻辑上的聪慧程度预示着他作为思想家的职业生涯……他思考的清晰程度远远超出他的年纪。"[4]

她的判断在之后多次得到了验证，事实证明她这个早慧的儿子在学生时代的每个阶段都表现得极为优异。15 岁从高中毕业后，他去了普林斯顿大学，一心扑在学业上，对这所大学象征着社交成就的"饮食俱乐部"（eating clubs）避之不及。后来他说，如果愿意，他本来也能做到在普林斯顿人见人爱，但那样得占用大量时间。虽然笃信宗教，但他没有选择追随父亲的脚步去做牧师，而是入读法学院。通过家族关系——他的姨父罗伯特·兰辛（Robert Lansing）曾任伍德罗·威尔逊政府国务卿——他成功地在 1919 年巴黎和会的美国代表团里取得了一席之地，参与起草德国赔款和有关战争罪行的条款。在两次世界大战期间，杜勒斯在享有盛誉的律师事务所"沙利文－克伦威尔事务所"（Sullivan & Cromwell）平步青云，与此同时仍在追求对政治和公共服务的兴趣。到 1927 年时，他已经成为律所唯一的管理合伙人，也是全世界薪酬最高的辩护律师之一。[5]

337　　　杜勒斯对美国国际主义外交政策深信不疑，同时持坚定的反共和重商立场，而且认为共和党比民主党更加靠得住——毕竟共和党人更有钱，因此更明白这个世界的运行方式。在 1944 年和 1948 年，杜勒斯两次在托马斯·E. 杜威的总统大选阵营中担任顾问，如果杜威在大选中获胜，他本可能更早地出任国务卿。此后杜勒斯又在纽约参选纽约州参议员，他的助选宣传车上写着一行字"赤色分子之敌！"，这也可以代表他的竞选纲领，这次选举失败的经历让他相信，自己的政治前途维系在任命而非民选上。而今，1953 年 1 月，65 岁的他终于成为国务院的当家人。

并非所有人对他上任的消息都感到欢欣鼓舞。很多欧洲人觉得此人假装圣徒，在听到他火花四溅的反共言论时不寒而栗，担心这会激化苏美对峙，并导致欧洲大陆陷入核报复的灾难。他们更青睐意识形态倾向没那么严重的迪安·艾奇逊。1942 年，当杜勒斯数次赴英国从事次要的外交任务时，一位英国官员认为他"是假装权威的美国人中最蠢笨的代表……老天爷，救命啊！"英国外交大臣安东尼·艾登则回忆起在 20 世纪 30 年代晚期时，杜勒斯对纳粹威胁的态度模棱两可，甚至因此亲笔写了一封信给艾森豪威尔，表示希望他能收回成命，另选高明。与艾登同属托利党，后来当选英国首相的哈罗德·麦克米伦（Harold Macmillan）1953 年春天在日记中写道："只要条件许可，愚蠢的杜勒斯必定将要'出丑'。"[6]

在美国，对杜勒斯持怀疑态度的人当中包括了极富影响力的神学家莱因霍尔德·尼布尔（Reinhold Niebuhr）。他曾说："杜勒斯先生的道德宇宙令一切清澈如水，但未免也太清澈了……对万事万物单纯地进行道德评判，不可避免的结果就是自以为是。"[7]一些共和党人担心杜勒斯夸张和过于简单化的倾向还可能激化华盛顿的党派对立。艾森豪威尔也持这种看法，但并不怎么担心这个前景。他精明地认为，杜勒斯可以充任自己和右翼共和党人之间的缓冲，而且他确实拥有着极其丰富的经验。这位候任总统评价杜勒斯道："在我认识的人中，只有一个人见识的世界、认识的人比他［指杜勒斯］还要多，这个人就是我。"[8]

338　　　　在外界看来，他俩代表了两种迥异的风格：艾森豪威尔谨慎、务实、谦逊、随和，而杜勒斯浮夸、严厉、自大、腼腆，甚至可以说是笨拙粗鲁。在谈话时，总统说的话通俗易懂，而杜勒斯总喜欢躲在抽象的话语后面。两个人从小都生活在笃信宗教的家庭中，但艾森豪威尔对宗教的态度很轻松，而杜勒斯在对待信仰方面极其执着。不过，两人仍然基于相互尊重——如果不是有深厚的感情的话——建立起了亲密的工作关系。关起门来，杜勒斯有时能表现出一种令外人觉得不可思议的圆融和务实，更让人震惊的是，他甚至还有点儿幽默感，而且他非常清楚谁才是老大。跟后来那些诋毁者的说法不同，他无意于在外交政策上越俎代庖，因为他知道自己的权力完全源于艾森豪威尔对他的信任。他发誓不重蹈姨父罗伯特·兰辛的覆辙，后者就是因为僭越了威尔逊而被解职。从一开始，他与艾森豪威尔就保持着频繁的交流，要么面对面，要么通过电话或者电报，因为这位闲不住的国务卿常常出国。只要时间允许，傍晚时分两人就会在白宫里关起门来喝杯酒，交换一下看法。

二

在此前这几年，艾森豪威尔和杜勒斯并未密切关注印度支那，但他们都了解事态的主要动向。艾森豪威尔还可以利用自己在东南亚的经验。20 世纪 30 年代末，他曾在道格拉斯·麦克阿瑟麾下于菲律宾服役三年，帮助其建立起了一支菲律宾军队抵御日军侵略。当时，他捍卫美国的帝国主义记录，认为它相比欧洲列强更为优越；他在日记中写道，欧洲将自己的海外领地视为"改善自身经济"的机会，而美国人则只相信"获得人民同意的政府"。[9]

在进行了就职宣誓后，艾森豪威尔将执政的重点放在兑现竞选承诺，即尽快结束朝鲜战争上面。但是，如此迫切地要与 339 朝鲜和中国讨论和平条款，决定了他在对待亚洲其他地区的共产主义活动上的态度更为坚决。从一开始，他与杜勒斯就决定不惜一切代价，唯求能让法国人不要照搬他们在朝鲜半岛的做法去跟胡志明谈判。国内政治是其中的一个动因：这年冬天麦卡锡主义成为美国政局中一股强大的势力，他们两人得尽量避免为这位威斯康星州议员及其追随者（或者单就这个议题来看，是整个民主党党派）提供攻击自己的弹药，被人指责说对共产主义态度太过软弱。但艾森豪威尔和杜勒斯也确实是将印度支那视为冷战斗争的一大关键；如果有什么区别的话，那就是他们比起自己的前任在这个问题上更加深信不疑。他们坚定地认为除了挫败胡志明别无他法，而这也就意味着必须把法国留在这场战斗中。[10]

然而，这并不是说他们一直对前景充满信心。早在两年前的1951年3月，在欧洲担任西方军队最高司令官的艾森豪威尔就已经对这个后来以他的名字命名的多米诺理论发表了最初的看法——而且他的疑虑跟越南的军事解决方案有关。在巴黎与让·德·拉特尔·德·塔西尼会面后，他在日记中写道：

> 法国人［在印度支那］面临一个棘手的问题——那里的战事对他们将造成持久的消耗。可是如果他们退出，印度支那将落入共产主义者手中，整个东南亚和印尼都有可能轻易失守，紧接着印度也会效仿。这种前景就使得整个问题与我们所有人息息相关。我倾向于大量增援，毕其功于一役；但我也相信在这样的一个战场不可能取得军事

胜利。就算将印度支那所有共产党人清除干净，边境那头，中国还可以源源不断地提供人力。[11]

　　但是艾森豪威尔没有阐释该如何解决印度支那半岛命题的矛盾。1951 年晚些时候，当德·拉特尔在越南领导的军事行动看来取得了成果时，他关于军事前景的疑虑看来也有所缓和，而现在他则公开表示会支持美国对法国增加援助。这场战争至关重要。"艾森豪威尔将军将印度支那放在了一个极其重

340　　要的地位上——我甚至根本没有意识到它的重要性达到了此种地步，"11 月在跟艾森豪威尔会面后，马萨诸塞州共和党籍议员亨利·卡伯特·洛奇在日记中如此写道。[12]

　　杜勒斯亦有同感。当时担任私人执业律师的杜勒斯形容印度支那问题是所有国际问题中"最棘手的之一"。他承认，支援法国的战争并不是一件令人愉快的事情——它毕竟是个殖民主义国家，但"跟类似的很多情况一样，在遇到这样一个实际的问题时有必要两害相权取其轻，基于很多原因，在理论上理想的解决方案［即一个独立的、非共产主义的越南］并不可行"。[13]

　　杜勒斯将总统就职之后这至关重要的头 18 个月里（事实证明确实如此）艾森豪威尔政府会采取的立场，总结得非常完美。再也不用介意艾森豪威尔对"在这样的一个战场不可能取得军事胜利"的认识；再也不用介意法国本土对战争日益下跌的支持度；再也不用介意美国政府内外的有识之士多年来发出的对反越盟事件危如累卵的警告。对于杜勒斯和艾森豪威尔这两人来说，越南在这场扩大的冷战中是个至关重要的战场，需要为之投入大量的赌注。自称是亲法派的杜勒斯在

1952 年对法国国家政治科学学会（French National Political Science Institute）表示：“你们在那里［指印度支那］付出了人力和财力上的沉重代价。我乐见于美国如今向你们提供坚实的帮助。我本人希望我们还能做出更大的努力，因为你们真的一直是在孤军奋战，而且承担了对我们所有人来说都极为关键的责任。”[14]

新政府在最初的公开言论中，对越南事态表达出了强烈的企图和决心。哈里·杜鲁门在 11 月时敦促他们迎难而上，并告诉这位候任总统，核心问题在于法国占领的领地有限，而越南人持观望态度；此外，印度支那对于新政府将是“当务之急”。随着 1952 年时间的推移，从西贡发来的报告越来越让人失望，唐纳德·希思大使（1952 年 6 月他的头衔从公使升为大使）在谈及反胡志明势力的前景时言辞较以往愈发悲观。他告诉杜勒斯，越盟已占领整个北圻，甚至控制了红河三角洲大片区域；如果连西北部的高地也落入越盟手中，老挝和泰国将任由共产党宰割。与此同时，西贡由阮文心（Nguyen Van Tam）首相治理的政府缺乏广泛支持，而从任何方面来说，保大都已经越来越远离这场战争。[15]

唯一的解决办法是更努力尝试。艾森豪威尔在就职演说中将在印度支那战亡的士兵跟在朝鲜半岛战死的美国士兵相提并论。2 月初，在首次发表国情咨文时，他将印度支那战争概括为全球反击共产主义扩张的一部分。而在同月的另一次演讲中，他宣称法国在印度支那是“在紧握自由之准绳”来抗击“共产主义在全世界的侵略”。与此同时，杜勒斯在一次全国广播讲话中说：“如果他们［指苏联人］拿下了印度支那半岛、暹罗、缅甸和马来亚，他们将拥有所谓的亚洲粮仓……如果苏联人控制了亚洲粮仓，那么在试图控制日本和印度的道路上，他们又多了一样武器。"[16]

　　美国的高级官员在私下里同样表达了他们的决心，并相信印度支那利益攸关——比起朝鲜半岛是有过之而无不及。1952年12月，艾森豪威尔和他的主要副手们在就职前出访韩国，在回国的"海伦娜"号上一行人对印度支那问题进行了充分的讨论。这位候任总统强调说反越盟斗争极为重要，将成为他的政府主要的外交议题。而在1953年1月底，杜勒斯告诉美国军方及文职的高级官员，在东南亚战败将导致他们失去日本。3月，陆军参谋长约瑟夫·科林斯（Joseph Collins）撰写了一篇标题很是不祥的备忘录——"进一步扩大美国在印度支那作战中的参与度"，意在呼吁对法国加大财政和物资上的援助。与此同时，杜勒斯告知法国领导人，艾森豪威尔总统将越南和朝鲜半岛视为同一条前线，在这一点上，新政府与其前任显然有很大不同。而在3月底，杜勒斯在与总统沟通后记录道，印度支那或许是本届政府在外交政策上的重中之重，因为跟朝鲜半岛不同的是，在印度支那如果战败不可能将问题局部化，"必定会扩散到整个亚欧地区"。[17]

　　在国务卿写下这番话时，已有超过13.9万吨的美国物资运往法国，其中包括约900辆战斗车辆、1.5万辆其他车辆、2500门大炮、2.4万支自动武器、7.5万支轻武器以及近9000部无线电装置。此外，法军还接收了160架F-6F和F-8F战斗机、41架B-26轻型轰炸机以及28架C-47运输机，外加155台飞机发动机和9.3万枚炸弹。[18]这批物资的数量极其庞大，但新政府主动表示，只要巴黎方面能拿出一个赢得战争的计划，他们还可以提供更坚实的支持。

英国同时也在反复宣扬夺取胜利的必要性。在适当的时候，我们将看到伦敦和华盛顿政府在对越南形势发展的看法上分道扬镳；不过在 1953 年年初时，两国政府间几乎不存在任何分歧。跟艾森豪威尔政府一样，温斯顿·丘吉尔的保守党政府同样担心法国撤军、越盟获胜带来的连锁反应。女王陛下派驻印度支那的代表在 1952 年年底到 1953 年年初持续发来报告，详细讲述了越南国民军和法国支持的南越政府始终疲软无力的形势；与此同时，英国驻巴黎大使馆报告称，法国民众对战争的支持度日益下滑。英国官员也在构建自己的多米诺理论，尤其惊惧西方在印度支那的失败可能波及他们自身在马来亚的地位。在此阶段，他们跟美国人一样强烈地希望巩固法国的决心，并在不断说服巴黎政府有必要采取更具攻击性的军事策略。[19]

但法国对自己的战争任务有着不同的看法，在激进党新总理勒内·马耶尔（René Mayer）上任几周后率领一个代表团访问华盛顿时，这一点将反映得十分清楚。法国外长乔治·比多和印度支那高级专员让·莱图尔诺参加了此次访问，在出访前的几周里，三个人共同探讨了在印度支那、德国重整军备以及欧洲防务集团等议题上美国新政府可能采取的态度，也对 3 月初斯大林突然去世对华盛顿的苏联政策可能产生的影响做出推测。他们很满意艾森豪威尔在较早时发表的越南战争并非殖民战争，而是重要的冷战斗争的言论，但在私下里他们三人承认，这次如果仅仅向华盛顿表示"维持无结果且代价巨大的现状"，这恐怕行不通。他们对美国新政府在印度支那表现出的咄咄逼人感到忧虑，认为不管美国人怎么施压，法军都不能再显著增加对战争的投入了。[20]

343

在华盛顿，法美之间又进行了一次各说各话的对话。在五角大楼一场会议中靠墙坐着的一位美国情报官员回忆说，在法国人看来，甚至连在战争中获胜都不是一个值得讨论的问题。

莱图尔诺说，他们的目标只是维持优势地位，并以此开展一场堂堂正正的谈判。他强调这恰恰是美国在朝鲜半岛所做的事情。坐在对面的美国人似乎难以理解这句话，表示法国人看来没有理解美方的提议。一位担任美方发言人的助理国务卿重申了美方的提议，强调只要法方提供一个获胜的计划，我方就十分乐于提供相应的支持。而莱图尔诺转过头来重申了自己的立场，指出在印度支那寻求军事胜利"并不符合法国政府的政策"，而且由于中方很可能会像此前在朝鲜的作为那样进一步干涉印度支那，法国获胜的结果几乎是不可能实现的。[21]

法国总理也没有提供更多的保证。在总统专用的"威廉斯堡"号游艇上进行对谈时，马耶尔谈及其政府在印度支那的目标时闪烁其词，艾森豪威尔因此尖刻地指出，假如巴黎政府不能拟出一个计划，"如果它不能带来全面胜利，至少要让我们看到最终解决的希望"，否则就免谈美国增援。被训了一通后，马耶尔承诺一定会写出一个计划来。

法国代表团还在美国境内时，就急匆匆地起草了一份以莱图尔诺命名的计划，其核心内容包括部署新近招募事宜，由美国资助的"轻型"营（每个营编制为600人）占领越南中部和南部的绥靖地区，好让突击队在北圻集中精力；然后到1955年的时候，法越联军将共同进攻越盟主要军队并摧毁之。

1953 年 3 月，艾森豪威尔在"威廉斯堡"号上款待法国领导人。从左至右依次是美国总统艾森豪威尔、法国大使亨利·博内、勒内·马耶尔、杜勒斯和比多。

这个严重依赖于越南国民军取得重大扩张的计划遭到了美国军事分析人员的批评，他们对越南国民军能否实现这种扩张，或者在此期间越盟是否愿意按兵不动持怀疑态度。阿瑟·W. 雷福德（Arthur W. Radford）上将指出，想要在摧毁越盟主要军力之前清扫大后方地区，将无异于"想在没有关掉水龙头的情况下把地上的水拖干净"。还有些人埋怨这份计划回避了问题的核心，那就是越盟势力在红河三角洲地区显著且持续的增长。但在西贡，希思大使和军事援助顾问团主席托马斯·J. H. 特拉普内尔（Thomas J. H. Trapnell）将军都力挺莱图尔诺计划，认为处在当下的环境里，这已经是最好的选择。华盛顿的官员们在无法得到更好的替代方案的情况下，于 4 月在方案上签字，他们没有预见到它将带来的后果。[22]

<h2 style="text-align:center">三</h2>

让艾森豪威尔更担心的事情发生了：4 月，越盟进攻老

345 挝，此前这里在这场战争中一直静如止水。武元甲用了从三个师调集的主力营发起进攻，目的是分散法军在广阔的印度支那的军力。到了4月底，这个王国古朴的王都琅勃拉邦部分被包围，法军在石缸平原（因其地表星罗棋布的古老石缸而得名）设立的要塞遭到隔绝。在艾森豪威尔看来，老挝沦陷带来的灾难性后果将与越南陷落不相上下，甚至有可能更加严峻，因为共产党在控制了老挝后，将可以向西或者向南迈出侵略的步伐。"如果丢掉了老挝"，他向国家安全委员会警告称，美国将"有可能丢掉东南亚和印度尼西亚的其他地区，而通向印度、缅甸和泰国的关卡也将完全敞开"。武元甲这年春天在老挝的目标实际上并没有那么宏伟。他主要想的是迫使法军延伸战线，同时在老挝北部建立粮食补给站和政治基础架构，以备今后不时之需。5月初，他对自己所实现的战绩深感满意，加上季风季节眼看就要逼近，于是他下令撤离了几乎所有军队，只在老挝的桑怒省保留少量军力。但法军和他们的老挝支持者们已经深受震动，而美国人也进一步相信这场战争眼见就要溃败。[23]

艾森豪威尔尤其忧心如焚。4月28日他对国家安全委员会说，直到老挝被侵略前，他都以为法军最终还是能赢得这场战争的；但现在看起来几无可能。法军的指挥人员缺乏应有的进取心，而且未能在越南人民中"灌输坚守的决心"。由于可供调遣的军力有限，这些指挥官只能任由手下的军队各自为政，画地为牢，每一个孤立的军营都需要通过空中支援来补给，而越盟几乎可以随心所欲地在乡间横行。在接下来的那周，总统不断重提此事，先是在国家安全委员会的会议上，之后则是在给美国驻巴黎大使 C. 道格拉斯·狄龙（C. Douglas Dillon）的信件里。他说，在他看来只有出现两种突破方可挽

救颓势。第一种是巴黎政府正式宣布一旦战争结束就将确保联
合邦获得独立。第二种则是找到一位新的强有力的军事将领，
这个人不应该回避战争，而应勇于接受战斗。艾森豪威尔相信　346
法军在越南的将领，连同现任总司令拉乌尔·萨朗在内，统统
都是"糟糕的选择"，因此呼吁以德·拉特尔将军为榜样寻找
一位"强大且能激励众人的将才"。[24]

　　法国人此前也曾听过这种说法，但总理马耶尔只能忍气
吞声、笑脸相迎。对于政府如此依赖华盛顿，以及艾森豪威
尔政府在与朝鲜寻求政治妥协的同时偏偏强迫法国以武力解
决印度支那问题，他都深感气馁。在这一点上，他跟总统樊
尚·奥里奥尔有同感，后者在 5 月底告诉莱图尔诺："我越
来越担心美国人［傲慢］的态度。他们参与印度支那战争真

1953 年 4 月，法兰西联邦的伞兵部队在老挝石缸平原行
动，希望击退武元甲的进攻。他们全身都是美式装备。

是一场灾难。"[25]但这个问题偏偏无解，发号施令的一方事实上是美国。任何单方面从印度支那撤军的行动必将导致美国立即停止提供援助，而这会使远征军团和整个垦殖者团体面临严峻险情，并迫使法国对印度支那实施非殖民化政策。此外，这也将使得有关德国重整军备和其他议题上的法美关系变得更加复杂。

347　　　1949～1950 年，将战争国际化看似是一个特别好的想法，巴黎领导人曾积极确保争取到盟友尤其是美国的支持，但是现在，它看起来已经成为压垮性的负担，而且看似没有真正的解决途径。

　　不过，马耶尔觉得别无他选，只有继续前进，以期在今后的几个月里能在对妥协方案进行谈判时取得某些战术上的胜利。他向道格拉斯·狄龙保证说自己将发表公开声明，像艾森豪威尔所希望的那样赋予印度支那独立（他在 7 月时做到了），他也说将很快派一位新的指挥官去印度支那。但他对艾森豪威尔提出的两个人选建议都不满意，一位是法国军队驻北非司令奥古斯丁·纪尧姆（Augustin Guillaume），马耶尔认为他的健康状况不佳；另一位是在欧洲盟军最高司令部供职的让·瓦吕中将，马耶尔又认为他跟 1946 年 11 月海防出现暴力事件，导致次月战争全面爆发有莫大的关系，唯恐激怒越南民族主义者的情绪。巴黎方面因此告诉狄龙，他们打算委任中欧盟军部队参谋长亨利·纳瓦尔（Henri Navarre）——他在美国那里几乎无人知晓，同时也没有多少印度支那经验。[26]

　　华盛顿面临的紧迫感在其他方面也有体现。4 月底，政府同意租借六架 C - 119 "飞行车厢"（机身上的美国标志被油漆掩盖）用于将重型物资运送到老挝，同时允许美国平民飞

行员驾驶这些飞机。同一周，美国国家安全委员会批准了
NSC – 149/2 号文件，表示如果中国"侵略"印度支那，或者
时局发生"根本性改变"，美国将有可能直接干预。在 5 月 6
日的一次会议上，总统特别顾问罗伯特·卡特勒（Robert
Cutler）问道，越盟入侵老挝构成了这种根本性改变了吗？换
句话说，美国现在是否做好了考虑在冲突中进行直接军事干预
的准备？他的问题悬而未决，这就意味着在当时对此的答案是
"没有"。但它毕竟被提了出来，而 NSC – 149/2 号文件也确实
获得了批准，这显示出美国高层决策者已经了解到事态的严峻
性。[27]

　　美国施加的压力对这年春天马耶尔政府所做的另一项重大
决定也起到了推进作用：在 5 月 10 日对法属印度支那的皮阿
斯特进行贬值。此举是在回应有越来越多的报告称，人为维持
汇率导致对皮阿斯特投机行为增加。事实上这种投机行为已经
存在好几年了，办法是在法国黑市上以 350～400 法郎兑 1 美
元的汇率购买美元，随后再以 50 皮阿斯特兑 1 美元的汇率在
印度支那出售美元。接着按照官方汇率，也就是严重高估的
17 法郎兑 1 皮阿斯特回购法郎，其利润率最高可达 150%。
（这种货币在国际市场上的真正价值是 8 法郎兑 1 皮阿斯特。）
批评人士称大量在巴黎购买、在西贡出售的美元落入了越盟特
工之手，而他们转过头来拿赚到的钱购买杀害法国人的军火。
他们倒是不怎么提起这笔收益也用来维持着保大及其手下在法
国蔚蓝海岸的奢靡生活，包括养一群费用高昂的妓女；也没有
提到法国商人和政客同样从事着这种行为。

　　非法交易给法国财政带来的损失十分重大：可靠的分析报
告称，法国每天损失 5 亿法郎（约合 140 亿美元）。美国中央

348

情报局抱怨说，尽管该机构已切断向曼谷和新加坡的黄金走私，但从巴黎飞往西贡的法国航空公司仍在继续将黄金运往印度支那银行（Banque d'Indochine），这部分黄金随后被转运至澳门卖给越盟的人。接着黄金再转至中国人之手，他们负责从莫斯科方面为越盟购买军火。中央情报局认为法国的银行从业者通过这种交易，每月可以将大约 500 吨军火送入越盟之手，而他们可以从中净赚 50% 的利润。[28]

美国官员称无法容忍此种状况，要力促法国对皮阿斯特进行贬值，并再次提醒巴黎政府他们自身对印度支那战争事业做出的重大财政贡献。与此同时，法国媒体对该问题做了大量备受瞩目的报道——最有名的一篇出自左翼媒体《观察家报》（L'Observateur）。5 月初它刊登了一篇证据翔实的报道，点名道姓地列出了从走私生意中牟利的人员名单，并给出了交易具体日期。这些报道部分归功于雅克·德皮埃什（Jacques Despuech）的调查，这位心怀不满的货币兑换处（Currency Exchange Office）前雇员经受了数次法律诉讼，拒绝了贿赂，顶住了对他和他妻子的生命威胁，还发表了一篇有一本书那么厚的揭露此状况的报告《皮阿斯特的非法交易》（Le trafic des piastres）。[29]面对责难，巴黎政府的回应是将皮阿斯特大幅贬值 40%，此举扰乱了印度支那的人为经济均衡，并在垦殖者中引发强烈不满，因为当中有不少人从通胀率中获利。同时，它也给未来笼罩上一层阴影——此举激怒了遍及印度支那各地的非共产党民族主义者，包括保大越南国政府的官员。"我们当然生气了"，首相阮文心宣称，而他原本是一个民族主义情绪并不怎么强烈的人（他曾在战争早期志愿在勒克莱尔将军麾下服役，并且是法国公民）。阮文心愤怒地指责巴黎政府在做出这项决定之前既没有征询他，也没有征询他的部长们的意见，这完全不可原谅，而且意味着应当重新审视整个法兰西联邦的理念。[30]

四

现在尚不确定巴黎政府究竟投入了多少精力去思考纳瓦尔的人事任命和皮阿斯特贬值，因为此时马耶尔有更重要的问题要操心——他这个成立刚满三个月的政府的生死存亡。左翼和右翼同时对这个政府进行攻击，而且批评人士对马耶尔的经济和社会政策，以及他对欧洲防务集团及其整合后的欧洲军队过分支持的态度都表达了顾虑。[31]印度支那的这场血腥战争同样是一个重要挑战，尤其是在越盟侵略老挝的消息传来后。据一位近距离的观察人士说，马耶尔现在面临着"议会对战争空前的攻击"。这个措辞会造成一些误导，因为此时在国民议会上并未出现大量的反战举措，但它确实捕捉到了一个现象，那就是法国国内舆论向领导人施加了日益显著的压力，要求其从很多人所说的"肮脏的战争"中寻找到一条出路。4 月，意志消沉的比多向杜勒斯发牢骚说，政府在基于道德考虑的反战人士和基于经济因素反战的人士间"受夹板气"。同月，前总理埃德加·富尔（Edgar Faure）提议举行五方和谈，旨在通过外交途径解决印度支那争端。到 5 月时，由《世界报》组织的一次民意调查发现，三分之二的受访者支持法军单方面撤军或者协商停火事宜，只有 19% 的被调查者支持进一步扩大军事行动。[32]

一位驻巴黎的英国外交官如此形容当时的民情："一个持 　350 左翼政见的普通人会说，这是一场原本就不应该开始的肮脏的战争，基于道德因素，更不用提经济因素，这场战争都应该尽可能快地结束。如果这个人不是左翼，而是那种好说风凉话的普通人，会说他对这场战争压根儿不关心，他的家并没有遭到越盟的威胁，在印度支那丧生的也只是志愿兵，不过它加重了自己的税赋，因此希望战争赶紧结束。如果这个人更敏锐些，也许会说这场战争显然永远赢不了，而且持续下去只会削弱法国的国力，因此这场战争应当结束。"[33]

如果这个普通人爱读书，也许会拾起两部权威性的新著作：菲利普·德维莱尔的《越南历史，1940～1952 年》（*Histoire du Viêt-Nam de 1940 à 1952*）和保罗·米斯的《越南：战争社会学》（*Viêt-Nam：sociologie d'une guerre*）。这两本书提供了重要的历史脉络，并含蓄地指出了通向胜利之路上面临的巨大障碍。[34]如果他摊开颇具影响力的《世界报》，会读到对法国在越南大伤元气，而此时德国正开始成为欧洲的领导力量充满抱怨的文章；在翻看晚报《巴黎新闻报》（*Paris-Presse*）时，他会读到驻越南记者马克斯·哈米埃尔（Max Harmier）宣称法国没有击败越盟的策略和手段。[35]如果好奇心促使他细读模仿美国《时代周刊》的全新刊物《快报》（*L'Express*）的话，他将会看到长篇大论地指责战争的文章。这本杂志从创刊的第一期起就开始向这场战争"开火"，指责部分在印度支那存在经济瓜葛的政治团体在"合谋"维持战争持续进行。杂志的封面人物是激进党的皮埃尔·孟戴斯－弗朗斯，在第六页刊登的一篇题为《法国可以承受真相》的采访中，他宣称："不解决像重整军务和印度支那战争这些徒劳无益的经费问题，我们就不可以触及经济复苏的一系列难题。"孟戴斯－弗朗斯进一步表示，在越南不存在军事解决途径，因此任何行动都应朝着外交和解的方向努力，或许应该寻求跟胡志明进行直接的双方磋商。"我们在两年前的谈判地位优于去年；去年优于现在；眼下看起来很糟糕，但明年可能更惨淡。"[36]

孟戴斯 - 弗朗斯日益成为将反战人士团结在一起的核心人物。事实上，《快报》的创办就是为他上台掌权服务的。马耶尔政府在 5 月 21 日下台后，开始有人猜测出现孟戴斯 - 弗朗斯政府的前景。他差点就成功了，除了戴高乐主义者和共产主义者，他几乎赢得了各个党派的广泛支持，获得了 301 票，距离建立政府所需的票数只差区区 13 票。让·莱图尔诺向新上任的印度支那总司令纳瓦尔感慨道："竟然有 300 名议员投票支持任命 M. 孟戴斯 - 弗朗斯，这事实上等于是说他们已经做好了以某种方式从印度支那撤离的准备，这还蛮叫我担心未来的。"事实上，这个数字更高，狄龙大使感伤地向华盛顿发电报称，如果计入共产党人的投票，总计有 406 票支持法军撤出印度支那。[37]

6 月 17 日与狄龙共进午餐时，孟戴斯 - 弗朗斯阐述了自己以政治途径解决战争冲突的观点，也表达了对维持现状的政策将导致的后果的担忧。他在一开始表达其观点时就表示，法国应该立刻赋予印度支那各国完全独立权，并制定一个法军撤离的确切时间表。之后法国应与胡志明和印度支那各国进行停火谈判，而胡志明本人未来将受制于一个通过全国性选举产生的立宪会议，同时，这个立宪会议应制定宪法，以推动建立一个自由而独立的越南。孟戴斯 - 弗朗斯承认，共产党无疑将成为这个议会的领导党，他们接下来的行动也难以预知，但这些都是值得去冒的风险。另一方面，这场战争已经削弱了西方力量，继续拖延下去将对莫斯科和北京有利——这也是倡导尽快

351

结束战争的一大原因。这位法国人以一记警示结束了他的长篇大论：如果不按他所描述的政策方向走下去，来年印度支那一定会出现政治灾难。[38]

人们不禁会想：假如孟戴斯－弗朗斯能多得 9 票成为总理，形势走向是否就会完全不同了？他是否会寻求在短期内终结战争？这两个答案也许都是肯定的。事后来看——甚至放在当时的大背景下来看——很难反驳他所主张的法国在 1953 年春天的谈判地位将比一年后更为有利的说法。也几乎没有人质疑他所说的这场战争将对法国的经济、外交和军事局势带来毁

352　灭性的冲击。但是，如果换成是孟戴斯－弗朗斯在 1953 年担任法国总理将会做出何种举措——或者是何时采取举措——这也并不容易推测。让很多人大吃一惊的是，在他于 1954 年终于当选总理并发表就职演说时，他对战争的态度突然含糊起来，只是说什么战争是个"压垮性的负担，它正在消耗法国的力量"，并承诺在适当的时候采取"明确的方案"。

一些分析人士推测，这种含糊也许让孟戴斯－弗朗斯丢掉了一些必要的选票；此外这或许反映出他对于在印度支那实施适当的行动方案还存有疑虑。他也许已经意识到，终结一场旷日持久、代价巨大的战争并非易事，而且跟美国新政府咄咄逼人的积极主张作对，也同样很难。艾森豪威尔已经把话说得再清楚不过了：法国必须坚持这场战争。无论如何，孟戴斯－弗朗斯已经错失了迄今为止最有可能问鼎权力、卸下"压垮性负担"的机会。在 6 月晚些时候，参加过诺曼底登陆的约瑟夫·拉尼埃（Joseph Laniel）成为法国总理，这个富有、满脸皱纹、寂寂无闻的无党派人士所持的外交态度极为暧昧，但他好歹终结了这场为期 36 天的政治危机。这是过去七年来的第

19 届法国政府。而皮埃尔·孟戴斯 – 弗朗斯只能苦苦思索形势本应如何，并期待下一个机会的到来。

注释

1. Richard H. Immerman, *John Foster Dulles: Piety, Pragmatism, and Power in U. S. Foreign Policy* (Wilmington, Del.: Scholarly Resources, 1998), 43; David M. Oshinsky, *A Conspiracy So Immense: The World of Joe McCarthy* (New York: Oxford University Press, 2005), 197 – 202.

2. Stephen E. Ambrose, *Nixon, vol. 1: The Education of a Politician, 1913 – 1962* (New York: Simon & Schuster, 1987), 298.

3. 参见 Chester Pach, "Introduction," in Kathryn C. Statler and Andrew L. Johns, *The Eisenhower Administration, the Third World, and the Globalization of the Cold War* (Lanham, Md.: Rowman& Littlefield, 2006); Kenneth Osgood, *Total Cold War: Eisenhower's Secret Propaganda Battle at Home and Abroad* (Lawrence: University Press of Kansas, 2006), 7, 372n9。

4. 艾森豪威尔的话引自 Walter LaFeber, *The American Age: United States Foreign Policy at Home and Abroad, 1750 to the Present* (New York: W. W. Norton, 1994), 2: 537。杜勒斯母亲的话引自 David Halberstam, *The Fifties* (New York: Villard, 1993), 393。

5. Immerman, *John Foster Dulles*, chap. 1.

6. Halberstam, *Fifties*, 392; Peter Grose, *Gentleman Spy: The Life of Allen Dulles* (Boston: Houghton Miffl in, 1994), 333; Harold Macmillan, *The Macmillan Diaries: The Cabinet Years, 1950 – 1957*, ed. Peter Catterall (London: Macmillan, 2003), 230.

7. 尼布尔的话引自 Halberstam, *Fifties*, 389。

8. 引自 Robert Divine, *Eisenhower and the Cold War* (New York:

Oxford University Press, 1981), 21。

9. Elizabeth N. Saunders, *Leaders at War: How Presidents Shape Military Interventions* (Ithaca, N. Y. : Cornell University Press, 2011), 56 – 57.

10. Richard H. Immerman, "Prologue: Perceptions by the United States of Its Interests in Indochina," in Lawrence S. Kaplan, Denise Artaud, and Mark Rubin, eds. , *Dien Bien Phu and the Crisis of Franco-American Relations, 1954 – 1955* (Wilmington, Del. : Scholarly Resources, 1990), 12 – 13.

11. 日记引自 James R. Arnold, *The First Domino: Eisenhower, the Military, and America's Intervention in Vietnam* (New York: William Morrow, 1991), 74。

12. Lodge diary, November 16, 1951, Papers of Henry Cabot Lodge, Jr. , Massachusetts Historical Society, Boston, Mass. 感谢 Zachary Matusheski 让我注意到了这篇日记。

13. Arnold, *First Domino*, 83. 另见 John Foster Dulles, *War or Peace* (New York: Macmillan, 1950), 231。

14. 引自 Lloyd C. Gardner, *Approaching Vietnam: From World War II Through Dienbienphu* (New York: W. W. Norton, 1989), 135。

15. Harry S. Truman, *Memoirs by Harry S. Truman*, vol. 2: *Years of Trial and Hope, 1946 – 1952* (Garden City, N. Y. : Doubleday, 1956), 519; Heath to Sec. State, February 4, 1953, in *FRUS, 1952 – 1954, Indochina*, XIII, 1: 378 – 81.

16. *Public Papers of the Presidents: Dwight D. Eisenhower* (Washington, D. C. : Government Printing Office, 1960), 16; Robert J. McMahon, *The Limits of Empire: The United States and Southeast Asia Since World War II* (New York: Columbia University Press, 1999), 63; *NYT*, January 28, 1953.

17. Carl W. McCardle oral history (OH – 116), by John Luter, August 29, 1967, Dwight D. Eisenhower Presidential Library, Abilene, Kan. ; Memcon, January 28, 1953, *FRUS, 1952 – 1954, Indochina*, XIII, 1: 362; Memcon, March 24, 1953, *FRUS, 1952 – 1954, Indochina*, XIII, 1: 419 – 20.

18. Ronald H. Spector, *Advice and Support: The Early Years of the*

U. S. Army in Vietnam, *1941 – 1960* （Washington, D. C.：Center for Military History, 1985), 167 – 68.

19. 英国战争部警告称："共产党若得到印度支那，其将不可避免地延伸至暹罗和缅甸，取得对关键的稻米供应的控制权，从而将在亚洲其他地方拥有强大的影响力，这最终将导致防守马来亚变得极为困难。东南亚内阁政策，本备忘录由战争部部长起草。"November 52, DEFE 13/2/8, TNA. 关于印度支那与马来亚的联系，另见 Macmillan, *Macmillan Diaries*, 228。

20. "Relations franco-américaines," January 21, 1953, 457 AP 44, Dossier 2, Papiers Georges Bidault, AN; Irwin Wall, *The United States and the Making of Postwar France*, *1945 – 1954* （New York：Cambridge University Press, 1991), 250; Kathryn C. Statler, *Replacing France：The Origins of American Intervention in Vietnam* （Lexington：University Press of Kentucky, 2007), 62 – 63.

21. George W. Allen, *None So Blind：A Personal Account of the Intelligence Failure in Vietnam* （Chicago：Ivan R. Dee, 2001), 46.

22. JCS memo to Wilson, April 21, 1953, in *FRUS*, *1952 – 1954*, *Indochina*, XIII, 1：493 – 95; Arthur Radford, *From Pearl Harbor to Vietnam：The Memoirs of Admiral Arthur W. Radford*, ed. Stephen Jurika （Stanford, Calif.：Hoover InstitutionPress, 1980), 362. 另见 Spector, *Advice and Support*, 170 – 71; Dwight D. Eisenhower, *Mandate for Change：1953 – 1956* （Garden City, N. Y.：Doubleday, 1963), 168。

23. Arnold, *First Domino*, 114.

24. Memo of discussion, NSC, April 28, 1953, in *FRUS*, *1952 – 1954*, *Indochina*, XIII, 1：516 – 19; Eisenhower to Dillon, May 6, 1953, International File：France, 1953 （3), Box 10, Eisenhower Library.

25. Vincent Auriol, *Journal du Septennat*, *1947 – 1954*, vol. 7：*1953 – 1954* （Paris：ArmandColin, 1971), 220.

26. Dillon Memorandum, April 9, 1953, Ann Whitman File, Box 1, Dulles-HerterSeries, Eisenhower Library; SecState to Paris, May 6, 1953, *FRUS*, *1952 – 1954*, *Indochina*, XIII, 1：550 – 51. 另见，同上，561 ~ 62。

27. Memo of discussion, NSC, April 28, 1953, in *FRUS*, *1952 - 1954*, *Indochina*, XIII, 1：516 - 19；Memo of discussion, NSC, May 6, 1953, in *FRUS*, *1952 - 1954*, *Indochina*, XIII, 1：546 - 49.

28. Douglas Porch, *The French Secret Services：A History of French Intelligence from the Dreyfus Affair to the Gulf War* (New York：Farrar, Straus & Giroux, 1995), 323 - 24.

29. 参见 *L'Observateur*, May 8, 1953；Jacques Despuech, *Le trafic des piasters* (Paris：Deux Rives, 1953)。另见 Hugues Tertrais, *La piastre et le fusil：Le coûtde la guerre d'Indochine 1945 - 1954* (Paris：Comité pour l'histoire économique et financière de la France, 2002), 133 - 50。

30. Ellen J. Hammer, *The Struggle for Indochina*, *1940 - 1955* (Stanford, Calif.：Stanford University Press, 1955), 300 - 1；*NYT*, May 20, 1953.

31. CIA Office of National Estimates, "Staff Memorandum No. 349：French Political Developments," April 30, 1953, NSC Staff Papers, Box 12, PSB Central Files, Eisenhower Library.

32. State Department memcon, "Metropolitan French Opinions and Attitudes on Indochina War," May 4, 1953, NSC Staff Papers, Box 12, PSB Central Files, Eisenhower Library. 调查结果直至次年早些时候才刊登在《世界报》，标题为"65％的法国人支持法军单方面撤军或协商停火"，《世界报》，1954 年 2 月 24 日。在此期间，法国官员日益相信战争严重伤害了法国经济，参见 Tertrais, *La piastre et le fusil*。

33. Paris to FO, May 30, 1953, FO 371/106752, TNA.

34. 两本书都出版于 1952 年。

35. 《巴黎新闻报》的这篇文章在 1953 年 5 月 9 日的《纽约时报》被转载。随着这一年持续推进，《世界报》刊登的批评战争的文章越来越多。曾担任戴高乐副手的 M. 雷蒙德·德罗纳向该报写信说："印度支那象征着一艘没有船长的船……我们再也不能继续从事一场没有止境也没有目标的战争了。我们为何而战？"《世界报》，1953 年 5 月 9 日。

36. "La France peut supporter la vérité," L'Express, May 16, 1953；Edward RiceMaximin, *Accommodation and Resistance：The*

French Left，*Indochina and the Cold War*（Westport，Conn.：Greenwood，1986），136.

37. 莱图尔诺的话引自 Jacques Dalloz，*The War in Indo-China*，*1945 – 1954*（NewYork：Barnes & Noble，1990），163. Dillon comment in Paris to SecState，July 2，1953，in *FRUS*，*1952 – 1954*，*Indochina*，XIII，1：631 – 32。

38. Paris to SecState，June 17，1953，*FRUS*，*1952 – 1954*，*Indochina*，XIII，1：610 – 12.

第十五章　纳瓦尔的美国方案

一

　　在印度支那事务上，法国新的领导人约瑟夫·拉尼埃将在很大程度上倚靠乔治·比多，后者也险些当上了总理，目前留任外交部部长一职。比多的个人声望比起其他任何人都更加维系在印度支那所取得的成功战果上，因为他从一开始时就参与了关于印度支那事务最关键的几项决策，先是 1944～1945 年担任戴高乐临时政府外交部部长，随后在 1946 年夏天到秋天任临时政府总统。接着他在 1947～1950 年又陆续任外交部部长和总理，始终对战争持不妥协的态度——用后来美国战争中的说法，是鹰派中的"老鹰"——而且在 1951～1952 年任国防部部长时，也丝毫没有动摇过。考虑到法兰西第四共和国的政府更迭速度之快，比多竟然一直屹立政坛不倒，参与决策并且力排众议坚定推动战争继续下去，这真是一件十分惊人的事情。如果要说这场战争属于某个人的话，那么，这一定是属于比多的战争。

　　不过近来，这位对印度支那战争坚信不疑的政治家开始产生了一些疑问，但是他把大部分的疑问都深藏在心中。他仍对谈判持质疑态度，但面临着两位前副总理保罗·雷诺和埃德加·富尔要求尽快结束战争的压力。两个人都支持欧洲防务集团的提议草案，并做好准备赋予印度支那各国完全和彻底的独立权，由其主宰自己的命运。之后，法国就可以腾出手来专心

致志地应付欧洲问题，毕竟说到底欧洲事务远比印度支那更关
键。比多寻思着，他们说得倒轻巧，可是为政策承担责任的毕
竟不是他俩，至少干系没有他自己的那么大。（雷诺此时担任
联合邦部长。）他和拉尼埃非常清楚法国在印度支那问题上只
有"糟糕"和"更糟"两个选项，而艾森豪威尔政府在要求
加强战争举措方面，施加的压力远甚于其前任，因此他们在开
始时谨慎行事，避免在外交上向胡志明做出任何直接的示好举
动，并对新上任的总司令亨利·纳瓦尔寄予厚望。

　　法国领导人坚持说，纳瓦尔在印度支那事务上极度缺乏经
验，这反而是一桩好事。他们告诉心存疑虑的美国人，他在处
理这个问题时"可以秉持不偏不倚的态度"。纳瓦尔毕业于圣
西尔军校，参加过两次世界大战，也曾在叙利亚和摩洛哥从事
过几年平定运动，被公认为情报业务专家。在1944年美军登
陆法国南部时，纳瓦尔与他们并肩作战；之后在德·拉特尔
"从莱茵河到多瑙河"的第一集团军中领导一个装甲团。他曾
七次因其英勇表现受到表彰，并荣获英勇十字勋章。他个性冷
漠务实，外表整洁优雅，以强于分析思辨著称，而且时刻都想
要传递出权威的气息；用一位作家的话来说，"他看起来既掌
握着信息又牢握着事实，哪怕他自己心中犯嘀咕时也是如
此"。[1]纳瓦尔并不怎么觊觎印度支那的任何职位，在接受任命
后也曾不怎么热心地推托过；可是一旦走马上任，他就带着勇
气与决心投入这项任务中去，尽可能不去理会法军军官的牢
骚，他们说他是个"轮椅将军"，根本不了解印度支那，而且
他任命的高级副手统统都从事参谋和情报工作。[2]

　　纳瓦尔知道，自己的任务极其艰巨：他所领导的这个战场
比法国本土面积还要大，远隔家乡1.3万多公里，而且军队人

数——包括越南国民军在内总数接近 50 万——跟二战时的大多数作战部队规模相当。[3]他需要运用这支军队挽救战争、反转局面，并证明远征军已经做出的重大牺牲是值得的——迄今为止，在这场战争中已战死了 3 位将军、8 位上校、18 位中校、69 位少将、341 位上尉、1140 位中尉、3683 位士官和6008 名法国籍士兵，12019 名外籍军团和非洲军团士兵，以及14093 名印度支那军队士兵。这个数字尚未将失踪和受伤人数包含在内——分别为约 2 万和 10 万。[4]

在公开场合，纳瓦尔从一开始就散发出自信，对所有人都坚称胜利终将到来。"我们将采取攻势，将重新赋予军队丢失了一些时日的机动性和进攻性，"这位老骑兵宣布。还有一次他说，如果联合邦能尽自己的本分，"胜利将是必然的"。[5]

这种乐观情绪似乎跟纳瓦尔在印度支那需要承担的首要任务存在着某些冲突，事实上他的任务并不是摧毁越盟或者取得全面胜利，而只是创造出"光荣地"退出这场战争的局面。[6]这也跟他到达西贡后听闻的一些说法不太相符，例如，他在圣西尔军校的一位老同学在迎接他时就说："亨利，老伙计，你来这鬼地方做什么啊？我已经准备拔腿开溜了。"一向乐观的指挥官拉乌尔·萨朗也对战争前景描绘出了一幅阴暗的图景——他向纳瓦尔警告说，武元甲手下的大军非常高效，简直有欧洲军队风范——但纳瓦尔决定不予理会。随后，他慷慨激昂地对手下人说："胜利就好比一个女人，她只把自己奉献给知道如何征服自己的人。"[7]

这些话或许有助于解释为什么纳瓦尔跟素有"钢铁侠"之称的美国军官约翰·奥丹尼尔（John O'Daniel）将军建立了密切的工作关系，这位态度生硬、雪茄抽个不停的军官奉参谋长联席会议之命到此评估法国的战争策略，同时打消法国人跟胡志明展开外交谈判的一切念头。奥丹尼尔参加过两次世界大战，在朝鲜战争中担任军长，目前驻扎在珍珠港，任美国陆军太平洋战区指挥官。他在 1953 年 6 月 20 日抵达西贡，此时距纳瓦尔上任刚刚过去一个月的时间。

然而，刚开始时这两个人的看法不尽相同。奥丹尼尔曾数次敦促纳瓦尔——他坚持按英语发音称对方为"纳瓦利"——要拿出一个取得战争胜利的方案，但每次纳瓦尔都表示自己不能从命。纳瓦尔说，制定政策的应该是法国领导层，而他身为战区总指挥，能做的无非执行政府安排给自己的任务。他目前接到的任务是维持双方局势，并确保在未来的某个阶段可以据此开展和谈。因此，他的工作重点是守住现有占领区，避免高危军事行动，以确保双方处在力量均等的位置上。碰了一鼻子灰的奥丹尼尔只得吩咐自己在曼谷的下属起草一份计划，该计划建立在这年早春莱图尔诺计划的基础上，但时间表被进一步提速了：应立即采取一系列小型军事行动和突袭，并在 9 月实施一次大规模进攻。该计划还强调，需要将大后方处于守势的军队跟突击队整编，同时加快越南国民军训练和装备的速度，让其承担更多战场职责；向法国寻求增援部队，包括能担任越南国民军干部、带兵打仗的法军军官。跟莱图尔诺计划一样，该计划也确定 1955 年发起的最终进攻将摧毁敌军的主力部队，强迫胡志明主动求和。[8]

法国的消息人士并不认同"纳瓦尔计划"从理念到结构上都完全出自美国人之手的说法，而是相信这位法国指挥官亲自拟订了这份计划的基本轮廓。无论如何有一点可以肯定，那就是美方施加压力要求法国加大军事力量投入，这是该计划出

356

台的原因。无论是在文件记载方面，还是从纳瓦尔本人多年后所描述的华盛顿对法国政策施加的影响方面，这一点都表现得很清楚。[9]不管纳瓦尔在规划中究竟承担着什么角色，他确实表示对计划的细节很满意，而奥丹尼尔也怀着获胜的愉悦心情回到了华盛顿，相信自己已为越南战争的胜利绘制出了一份路线图。奥丹尼尔表示自己发现法国最高指挥部"进攻意图日益明显"，而且现在对于美国的想法和建议，心态也更为开放了。他还热心地夸奖说，纳瓦尔"对战争持有锐意进取的心态，令人耳目一新"，而且看来他决意"要尽早让战争取得成功"。[10]

其他人半信半疑，认为奥丹尼尔与纳瓦尔之间私交甚笃，因此夸大了这位法军司令对发起进攻行动的承诺力度。从单纯的数字对比就能看出症结所在：尽管纳瓦尔从配备武器的军人总数来说拥有优势，但由于法军决意要对每个主要城市和成百上千的村庄及岗哨加以安全保障（而且这种保障日渐薄弱），发起进攻行动时他总共只能调集相当于三个师的军力，相较而言敌军则有六个师。[11]美国这些怀疑人士认为法军不管是通过"油点"方法（在特定区域占领一个特定位置，从该点向外渗透），还是与之相反的"网格"方法（将一个区域划分为多个网格状区块，然后逐步占领外围地区，再向内部逼近），都未能在镇压叛乱行动中表现出什么亮点。这两种手段都需要一定程度上的人员饱和且集中，而法军就是没法在越南拥有这么多军力。

但在一些美国分析人士看来，更大的问题在于有越来越多的证据显示巴黎已经抛弃了幻想。7月3日，拉尼埃公开承诺法国将"完成"印度支那各国的独立大业。华盛顿的官员将这视为一项积极举措——这年春天正是艾森豪威尔向巴黎施压，要求做出这项承诺——不过前提是希望巴黎的言外之意千万别是彻底从印度支那撤离。他们注意到，季风季节即将进入尾声，但仍然没有证据显示拉尼埃即将发起猛烈的进攻。跟以往一样，美国人还是难以把握到问题的症结所在：赋予越南完全独立权对于破坏胡志明的民族主义诉求固然是必要的，但它同时还可能使得这场战争不再与法国利益攸关。

在 7 月比多前往华盛顿，进行为期三天的磋商时，他也没有向美国人展现出更多信心。首轮会谈在杜勒斯位于乔治城的家中展开，比多坦率地谈到法国民众反战情绪高涨，在国民议会中要求与胡志明直接对话的提议也得到了广泛支持。美国与朝鲜开展和谈的影响波及法国，因此巴黎政府只能寻求提早结束战斗——如果可能的话最好是通过谈判的形式。杜勒斯反驳称，美国在朝鲜半岛一路坚持战斗，是在取得了有力的谈判地位后才开始议和，法国也应该这么做；只有在军事局面有所改善时方可进入谈判程序。比多点了点头，貌似表示认同，但他并没有做出多少许诺，只是含糊其辞地说法国将"光荣地了结这场战争"。[12]

大部分法国领导人在私下里已经完完全全放弃了获胜的念头，只是不愿意跟美国人承认这一点。前总理勒内·马耶尔说得很坦率："在那些相当了解印度支那局势的法国商人和公务员当中，显然已经没有人再相信还存在一丝一毫在军事上战胜越盟的可能性。不过，为了吸引华盛顿继续向法国提供可观的直接援助，我们还在鼓吹进一步加大投入有可能带来决定性成果的说法。"[13]

358　　　　　　　　　　　二

　　于 7 月 27 日签署的朝美停火协定对法国人的心态产生的毁灭性影响，进一步削弱了他们继续战斗的信念。联合邦部长马克·雅凯（Marc Jacquet）在数日后对英国官员表示，他的同胞已陷入困顿中：他们看到美国在朝鲜半岛议和，看到英国跟中国谈判，不明白为什么他们的盟友还指望他们在印度支那继续从事一场不再关系到法国切身利益的战争。他说，法国希望未来的朝鲜半岛和会能将其讨论范围延伸至印度支那事务，并请求英国在这方面提供帮助。他进一步说，美国对法国的战争援助并不充分，并推测拉尼埃的政府将是最后一届仍愿意继续投入战斗的政府。[14]

　　1953 年，在法国长大、参加过二战的伯纳德·B. 福尔为了完成在锡拉丘兹大学（Syracuse University）的博士学位论文在越南各地从事实地调查时，他亲眼见证了朝鲜半岛停战带来的影响，之后他成为法国和美国在越南的这两场战争中观点最为犀利的分析人士之一，最终在 1967 年年初陪同美国海军陆战队在顺化附近开展的一次军事行动时蒙难。1926 年，福尔在维也纳一个犹太商人家庭出生，父母死在纳粹手下，1942 年 11 月，16 岁的他加入了法国地下抵抗组织。作为马基团①成员，他很快就了解到在敌占区从事游击战意味着什么。他曾在德·拉特尔领导的法国第一集团军服役，后因一口流利的德语而被调到法军情报局。在纽伦堡军事审判法庭从事了一段时间的研究工作后，他开始继续其学业，先在巴黎大学读书，后去了慕

---

　　①　法国抗击纳粹德国的游击队组织。

尼黑。1951 年他作为富布莱特奖学金获得者来到美国，在锡
拉丘兹大学深造。在 1952 年暑期去华盛顿参加一次研讨会时，
福尔的导师鼓励他将研究方向集中在印度支那战争上，因为在
这个课题上至今未诞生多少学术成果。

　　福尔怀着巨大的热情接受了挑战。在 1966 年接受采访时
他回忆说："1952 年一个晴朗的日子，在华盛顿哥伦比亚特　　359
区，纯粹是因为意外，在那么多地区中我单单对越南产生了兴
趣，自此以后，这就仿佛是一个有毒的爱情故事。"[15]

**1953 年，伯纳德·福尔与法兰西联邦军队一起从事一次
空投补给任务。**

　　1953 年 5 月 16 日，福尔提着一个军用样式的行李包，带着
他心爱的莱卡相机，肩背一台全新的短波收音机来到了河内。
作为前法军军官，他获得了特别许可，可以跟着军队参加军事
行动、与军官一起吃午饭和晚饭，因此消息四通八达地汇入他
这里。后来他写道，朝鲜半岛停火协议的签订"显然让高级将

领们经受了一连串的愤怒与绝望,而他们还在对外人隐藏着这种情绪"。因为现在法国已经不可能再说自己是为了捍卫西方的需要,在这场拥有两条前线的战争中从事其中一条战线的战斗了。华盛顿单独在亚洲议和,这等于是打破了原有的协议。而现在摆脱了朝鲜这个负累的中国人可以集中精力对付南部的问题。此外,关于纳瓦尔,福尔听到的几乎是对他众口一词的抱怨——很多军官说这位司令性格内向、不善于跟人沟通,连他的手下对他都没有好感——也没有哪位将领对保大的越南国民军说过什么好话。[16]

360 　　福尔也在努力了解红河三角洲内部的安防形势。一位法国军官跟他担保说该地区的防线非常牢固:"我们会严格防止共产党进入拥有 800 万人口和 200 万吨大米的三角洲,阻止他们接触该地区的人民,最终把他们饿死。"福尔又问,那么越盟是否占领了三角洲的什么地区呢?"是的,"这位官员指着地图讲解说,"他们占据了 1、2、3、4 以上这些标蓝的点位,那边也有一小块地区。"他是怎么知道的呢?"简单啊,我们的人去了什么地方遭到枪击时,就自然知道了。"[17]

　　福尔的越南朋友们在听了这位军官的说法后乐不可支——不管法国人听到了什么说辞,反正在他们自己的村子里,村长统统都是越盟的人——福尔疑窦丛生,于是决定研究各村的纳税清册。这些文件清楚地表明红河三角洲的大部分地区已经数年未缴纳任何税项了。如果各村还将部分盈余上缴给什么人的话,那么肯定不是法国支持的保大政府。教师分配数据同样有说服力:越南的做法是由中央政府将教师委派到地方学校,而河内政府已经很长一段时间没有分派教师到这些村子了。福尔自行绘制了反映法越双方控制区域的地图,结果跟法国当局所称的情况"大相径庭，且到了令人震惊的地步"。他的结论是越盟控制了法国防线以内三角洲地区 70% 的区域——基本上除了河内、海防和其他有重兵布防的主要区域，所有地区都掌握在越盟手中。[18]

他在家书中谈到了在三角洲地区的一次行程，当时他所在的小队超过了一个火炮护卫车队，随后经过一个"安静得极为不祥"的村庄。"又走了几里路后，突然间［我们］听到了自动武器尖锐的啸叫声，之后又是一阵，几分钟后是激烈的枪声。这支火炮护卫车队在经过我们刚走过的这个村子时遭遇了伏击。"福尔所在的小队幸免于难，只是因为越盟想逮条大鱼。"整件事情是一种全然无法预见的幸运，因为我们原本想过跟车队一起走，觉得这样能得到更多的保护。"福尔继续在信中说，这个车队同样很幸运，只有一人身亡数人受伤，但形势从整体上说危机重重。"今天在南部，一辆火车在桥上爆炸，坠入了峡谷中。……目前局势尚未到白热化阶段。"[19]

一名英国军官在陪同一支法军小队前往河内以南数英里的 361 三角洲地区实行一次扫荡任务后，得出了类似的结论。他提及看见一个"貌似无辜的村庄"被坦克和大炮狂轰滥炸了两个小时，之后他跟着法军一起小心翼翼地进入村子里。一位被俘房的村民——法军认为他肯定是越盟的人——指着村子中央的一堆瓦砾说，那儿藏着一个地道的入口。

瓦砾堆很快被扫清，摩洛哥人举起铁锹开始狂挖一气。挖了 15 分钟后，地表深处出现了一条地道。之后，他们以堪称优雅的姿态将两枚手雷扔进地道里；随着硝烟散去，从地底下钻出一颗小头，接着又是一颗。从地道里走出了十个满身是泥的人。他们被逮捕，一个身材矮小的摩洛哥士兵面露趾高气扬的笑容，手持手电筒，打算去地道里找武器——下面肯定有武器。但他没能走出多远。这听来完全不可能，但地底下确实还有共产党。黑暗中一颗手榴弹向他掷去，在一声震耳欲聋的爆炸声后，这个失声尖叫的可怜人双腿被炸飞。又进行了一番说服工作后，剩下的两个人走了上来。"谁扔的手榴弹？"军官朝他俩大吼。两人中看起来更惊恐的那个指了指他的同伴，而后者立刻干脆地承认了自己的所作所为，完全没有流露出一丝一毫的顾虑。"武器藏在哪儿？"在听到这句问话时，他只是摇了摇头。摩洛哥人爽快地枪毙了他，但其他犯人丝毫没有动摇，甚至连头都没有转一下。在面对着同样的问题和同样的威胁时，他们始终拒绝回答。

"他们有的什么是我们没有的？"看到村民的表现和他们对胡志明的忠诚，这位英国军官痛心地追问道，"没错，[法军] 找到了武器，但还有大量武器他们没能找到。在我离开这个村子时，除了那个被炸的奇怪的地道，一切都很宁静。同样的小插曲或许在所有的村庄都在上演。第二天军队就将离开这个地区。越盟军队还将从很多未被发现的地道里钻出来，继续工作，重建他们的防线。到了来年，同样的情景还将如此重复。"[20]

在同一时期，一位灰心的法国情报上校说："只要村民们反对我们，我们就仍然只能原地踏步。"[21]

三

自从七年前枪声第一次响起以来，记者们同样一直在近距离地体验着这场战争，只不过他们中并非所有人都像伯纳德·福尔和这位英国官员那样如此接近军事行动。西贡大陆饭店的天台酒吧仍然是大家的碰头点，在这里，记者们探讨和争论着迫在眉睫的各种问题：沉默寡言的纳瓦尔能激励他的军队，反转局势吗？美国会进一步加大参战力度，甚至派出自己的军队吗？中国会干涉吗？在华盛顿的帮助下，法国是否有能力控制越南非共产主义的民族主义者？拉尼埃和比多将寻求与胡志明直接谈判吗？

　　在这一年夏天，没有哪篇报道比《生活》杂志在 8 月刊登的一篇辛辣的摄影报道更受到人们关注。"印度支那，全盘皆输"，杂志封面上赫然写着这样的标题，而由丹尼斯·邓肯（Dennis Duncan）撰写的文章描绘出了一幅毫无生气、黯然褪色的法国战争图景。"已经一年了，法军无效的战术和沉沦的意志让人们觉得，印度支那已经不再属于非共产主义世界了，"邓肯写道，"参谋们按钟打卯，守时程度让银行工作人员高兴不已……而军人们有模有样地学着上司，每天都睡个长长的午觉。"同时，美国援助根本到不了预期的接受者手中，因为法方任命印度支那官员不是看能力，而是看其政治立场。因此，"这场战争的大背景是一个渐渐腐朽的社会"。数百万人之所以投奔越盟，并非因为信奉共产主义，而纯粹是因为没有其他强有力的民族主义替代党派可供选择。这本杂志在同一期还刊登了一篇社论，支持邓肯的种种发现，指责巴黎政府在声称胜利"完全可行"，并呼吁美国提供更多战争援助的同时，实际上是在追求"世故的失败主义"。清楚知道《生活》杂志巨大发行量的比多对这篇报道恼羞成怒，威胁说要在所有巴黎书店中撤下这本刊物。他还指示法国驻华盛顿大使馆正式

363

对该刊提出投诉。[22]

时代公司（Time Inc.）高管兼主编 C. D. 杰克逊（C. D. Jackson）此时为艾森豪威尔的冷战策略担任顾问，他对邓肯的这篇跨页报道大发雷霆，称它充斥着"供想要撤离印度支那的人使用的证据，而这对那些人来说价值无法估量"。《生活》杂志的发行人兼总编亨利·卢斯同意这种看法。当时他人在罗马，由一位高级编辑负责签发这篇报道，他恼怒地斥责邓肯是一个"搅乱了基本政策方针"的"罗弗男孩"①。[23]应卢斯的要求，该刊在 9 月刊登了一篇题为《法国正在打一场漂亮仗》的回应文章。这同样也是卢斯手下另一本刊物《时代周刊》最流行的论调。在这年春夏，这本杂志虽然承认战争遭遇的挫败和问题，但仍然在每一期为读者们传递这样一种印象，那就是战争的大方向是正确的，法美合作运行得就像一台上了润滑油的机器那样流畅，而"赤匪"已命悬一线。不过这本杂志并未提及，时代公司的编辑部曾经多次收到记者们的电文，他们提供的是一幅全然不同的景象——法军踟蹰不前，而越盟不断开疆拓土。[24]

《时代周刊》在 9 月刊登的一篇关于纳瓦尔的报道跟《生活》的这篇摄影报道形成了完美的对比。这篇文章赞美这位"安静但强硬、斯文但坚韧"的将军对其职责的理解，并讴歌了他赴任初期的军事行动。（其中有"燕子行动"，这次于 7 月进行的空袭有 2000 名空降兵参加，由 10 架 B‒26 轰炸机和 56 架"熊猫"战斗机支持，目标是谅山周边的敌军补给站。

---

①　Rover Boy，美国 20 世纪初流行的系列童书，描写的是一所军事化寄宿学校里喜欢恶作剧的男孩子。

此次行动中大量补给站被摧毁，而法军在酷热中穿越约80公里路撤回到阵线后的行动也进行得十分顺利。）这本杂志的溢美之词喷薄而出，称纳瓦尔"是一位大师，他将零星碎片装配成一个模式，又将这个模式塑造成系统方案"。这篇文章谈及士兵当中出现了"新的激情和乐观态度"，他们誓言要在越南"展开一场恶战"，并以一位不具名的观察人士的话作为结语，而这句话之后将会反过来纠缠着法国人和美国人。"一年前，我们中没有人看到胜利的希望。……而今我们已经可以清楚地看到——有如隧道尽头的光芒。"25

　　这两本杂志存在一个共同点：它们都称在越南取得战争胜利"完全可以实现"。《生活》杂志或许对前景不那么乐观，但它主要将责任推到法国军方和文职领导们的身上，指责其在胜利指日可待的情况下放弃。在这方面，卢斯的这两本刊物之间几无分别。这年夏天，同样可以观察到在其他媒体的报道中也存在这种现象：一些人觉得杯子是半满的，一些人觉得杯子是半空的，但几乎没有人认为杯子里没有一滴水。如果这场仗真的输了，主要得怪罪于法国，因为它既不愿意投入更多的人力物力从事这场战争，又不愿意赋予印度支那人民真正的独立。比方说，鹰派的《纽约时报》坚持认为捍卫印度支那"不仅仅对于法国，还对于整个自由世界"都至关重要。这份报纸的编辑们警告称，假如印度支那陷落，通往泰国、马来亚、缅甸的门户将完全敞开，并最终使得印度尼西亚、印度和菲律宾引火上身。26

　　在美国政府内部，对这一事态的看法分歧也十分小，这是几年来从未有过的。在杜鲁门总统任期的大部分时间里，国务院中层官员间存在的严重分歧——连最基本的问题，比如美国

364

是否应加入针对胡志明的斗争，是否应保持中立，甚至是否应该支持胡志明都曾存在极其不一致的看法——而今几乎完全消失殆尽，不过在官员内部，对于事态的可能进展，看法仍不尽相同。中央情报局态度悲观，预测法国的处境将有可能持续恶化，而在 1954 年年中后，法国的"政治和军事立场将迅速转变"。报告指出，阮文心政府"并未起到实质作用，只是个幌子"，由于对巴黎过于俯首听命，它根本不可能赢得民众哪怕是表面上的支持。[27] 在五角大楼和国务院，都有人怀疑"纳瓦尔计划"是否真的能如支持者所言取得成效，而在白宫椭圆形办公室，艾森豪威尔对法国的决策一再表示失望。但是，如果说在华盛顿的权力核心层原本就没有所谓乐天派的话，不管怎样，在决策者中仍然普遍存在着战争终将获胜的共识——因此无论如何都值得为此一试。

365　　这就是 8 月初艾森豪威尔在西雅图一次全国州长会议上发表演讲时所传递出来的基本信息。此时美国刚刚与朝鲜签订停火协定，总统对实现了这个基本的目标备感欣慰。但他也意识到共和党内部对他跟不畏神明的共产党人谈判颇具微词，此外，他仍然相信印度支那在战略上至关重要。因此，他着手教育这些州长了解印度支那战争的结果对于美国安全的意义。在开场时，他先简要介绍了战争的起源，指出一些人认为这场战争是"法国殖民主义的副产品"，还有一些人则认为它是"东南亚的共产党和其他党派之间的"斗争。随后，在未点明本人持哪种看法的情况下，他迅速跳转话题，强调印度支那在当前的战略重要性，这就等于是暗示这场战争的起源已经无足轻重了。

　　"如果印度支那失守，"艾森豪威尔警告听众说，"会立刻

发生这么几桩事。拥有宝贵的锡和钨资源的马来亚半岛的处境
将十分脆弱、无法防御，而印度将被包抄。拥有大量资源的印
度尼西亚很有可能也将沦陷。……所以你们应该看明白了，沿
这条线的某一个区域必须被封堵住，而且必须现在就被堵上。
而这正是法国人在做的事情。"总统进一步表示，美国对战争
所做出的经济贡献花得物有所值；通过支持法国，美国人用具
体的行动"阻止了某些对美利坚合众国具有极其严峻影响的
事情发生——我们的安全，我们的力量，以及我们从印度支那
地区和东南亚获取某些必需的特定物资的能力"。[28]

　　这个区域必须现在就被牢牢封堵；这正是法国人在做的事
情。关于这场战争的重要性，很难想象还有比这个更为响亮的
背书。几天后在与两位英国官员共进午餐时，艾森豪威尔回顾
了此次演讲，并称印度支那在战略意义上比朝鲜半岛更重要。
印度支那是瓶颈，因此塞住瓶塞至关重要。遗憾的是，他很难
让美国老百姓和他们在国会的代表们接受这个基本的事实。无
知广泛存在：很多美国人还以为西贡是什么能吃的东西。总统
先生跟他的客人们保证说，自己会尽其所能说服国会领导人，
但现在很难判断他所做的是否足够，也正是因为这一点，他才
会在西雅图演讲中投入这么大的篇幅谈及这个话题。他说，他
必须说服国会"全力"支持越南战争一年或一年半的时间。366
如果无法取得国会支持，美国的援助将会枯竭。[29]

　　所谓"全力"支持，艾森豪威尔指的是有可能使用美国
地面军队吗？很难确认这一点。他知道在漫长而又令人挫败的
朝鲜战争之后，议员们不可能有心情立马同意再次派士兵回到
亚洲，而他本人对这种前景同样并不热衷，因此至少在短期内
重点应放在其他手段上。但美国必须做点什么，而且得尽快。

艾森豪威尔怀疑拉尼埃政府对战争的承诺，但他同样担心这恐怕将是最后一任勉强应战的法国政府。因此，美国必须迅速行动，加大对战争的支援力度。在这方面总统赢得了参谋长联席会议的支持，后者在 8 月表示纳瓦尔计划最终能否获得成功，或许将取决于美国增援是否能够安排到位。驻巴黎大使狄龙则警告称，"印度支那问题在此地正迅速发展为危机"，同时，"只是执行纳瓦尔计划中的基础部分，就需要追加大约 2 亿美元"。狄龙是个亲法派，在波尔多拥有数家酒庄。他力促发放这笔资金，并在后续继续追加援助。[30]

美国国会已经批准了政府 1954 财年对印度支那的 4 亿美元援助要求，尽管一些参议员发牢骚说这笔钱无非是用来帮助法国实施殖民主义镇压——这其中以刚当选亚利桑那州共和党籍议员的巴里·戈德华特（Barry Goldwater）最为引人注目。现在，总统决定要提升援助金额。9 月，由于国会在此后将休会至年底，他静悄悄地批准在已有的援助项目基础之上额外追加 3.85 亿美元。他指示下属们在宣布该决定之前先与部分遴选出的议员谘商，笃信自己会得到支持，哪怕只是勉强支持。

确实如他所料。一些接受谘商的议会领导人对于如此巨额的开支发了一些牢骚，可是没有人打算阻碍政府的印度支那战略。跟前几年战争只占据了国会山的零星兴趣不同，随着朝鲜半岛停火和对共产党在亚洲其他地区扩张的忧虑持续高涨，越来越多的参众两院议员开始注意到事态发展并发表声明。此外，尽管在前三年里已有约 350 艘次的美国货轮（也就是每周超过 2 艘）开往越南，向法方运送各类战争物资——卡车、坦克、自动武器、轻武器和弹药、炮弹、工程和医疗设备、无线电器材——议员们也做好了运送更多物资的准备。

一小部分参议员，比如首次进入参议院的马萨诸塞州民主党籍议员约翰·F. 肯尼迪，尖锐批评法国未能赋予印度支那"真正的独立"，而另一些议员则对巴黎政府的态度更为宽容，表示印度支那事实上已经享有切实的独立权了。但几乎没有议员对政府有关事态严重性的解读提出质疑。参议院多数党领袖、来自加利福尼亚州的威廉·诺兰（William Knowland）当然支持政府对印度支那战争的看法，他此前曾猛烈攻击杜鲁门"丢掉了"中国，且此后他的态度变得极其激进，气得艾森豪威尔直接质问他"你怎么能蠢到这种地步?"9 月初，诺兰在一次深入走访亚洲的行程中到了越南。在聆听法国官员对战情进行简要汇报时，他走到话筒前郑重宣布越南现在已经获得了自由和独立，法国的事业同时也是美国的。[31]

四

不过在这年秋天，诺兰的出访并不是美国参议员访问越南活动中最重要的一次。这项荣誉应当属于迈克·曼斯菲尔德（Mike Mansfield），这位刚刚进入参议院的蒙大拿州民主党籍议员注定将在今后的几年间成为国会在越南事务上最重要的声音。曼斯菲尔德曾在战时访问中国，战后出访日本，也在大学讲授亚洲历史，因此被视为亚洲事务专家，不过在 1953 年之前他其实对印度支那知之甚少。但在宣誓担任参议员仅仅七周后，即在 1953 年 2 月，他就已经对该地区的局势提出了警告。"印度支那是目前亚洲大陆最重要的区域，"他在一份备忘录中写道（他也将同样的文字发给了《纽约时报》），"失去印度支那将引发一连串甚至可波及波斯湾的连锁反应，苏联及其卫星国将得到橡胶、锡和石油，这些都是苏联严重短缺，而对实施一场战争来说意义重大的物资。"不可否认的是，印度支那本身或许只有一小部分他们需要的橡胶，但失去它意味着东南亚门户大开，而该区域拥有克里姆林宫急需的资源。"此外，失去印度支那将对东方的国家带来重大的政治后果，包括马来亚、泰国、缅甸、印度、巴基斯坦、伊朗，也许还不止于此。"因此，"我相信运往该区域的军事物资数量应得到显著增加"。[32]

这话简直如同出自约翰·福斯特·杜勒斯之口，尽管莫斯科甚少参与印度支那事务——尤其是跟华盛顿相比——但参议员和国务卿在早期都倾向于将苏联这只大熊视为这场战争的幕后操纵者。对于在印度支那战败的严峻后果，这两人的意见完全一致，而在后来的几个月间曼斯菲尔德也一直坚持这种看法。5月初，他在华盛顿出席了一次专为吴庭艳举行的午餐会，身为罗马天主教徒、持强硬反共立场的越南民族主义人士，吴庭艳此时居住在新泽西州莱克伍德市的玛利诺教会。在本书后面的章节我们将看到，曼斯菲尔德此后将成为吴庭艳在华盛顿最热心的支持者，事实上他被视为"吴的教父"，不过在此时我们只需要注意到，在这场午餐会结束时，这位参议员对于越南的重要意义，以及在法国和越盟之间建立"第三势力"的需要更加坚信不疑。席间，吴庭艳对包括约翰·F.肯尼迪在内的专注的听众解释说，越南的问题在于"在共产党人和法国人之间缺乏一个聚集点"，而他的使命就是创建这样的"第三势力"。[33]

曼斯菲尔德下决心亲自去印度支那看看。他从外交关系委员会那里获得了出访许可，而国务院予以了后勤保障，为他准

备了行程路线，并与美国驻老挝、柬埔寨和越南使领馆进行协
调。他在 9 月 21 日抵达西贡，一路并未得到多少关注——了
解他的人对此并不感到意外，因为他生性沉默、谦逊，跟通常
那种魅力四射、假作热情的政客完全是两码事儿。他既不诙谐
也不伶牙俐齿，在公众场合惜字如金，在很多方面让人联想起
那种典型的阴郁寡言的美国西部人（不过他其实是在东部出
生的）。为了对局势做出更准确的评估，他此前已经要求免除
60% 的官方视察和简报会，还将娱乐减至"最低限度"，并在
出访各站不安排陪同的宣传人员。尽管如此，他所能听到的
信息仍然十分有限，因为他接触的基本上只是法国官员和法
方任命的越南高层官员。他也没有近距离实地感受战争——
他只是坐飞机在红河三角洲上方绕了一圈——而且没有碰到
什么独立观察人士。唯一的例外是澳大利亚记者丹尼斯·华
纳（Denis Warner）。华纳告诉他，法国的战略存在严重缺
陷，很可能输掉这场战争。华纳回忆说，曼斯菲尔德拒绝接
受他的分析，回答说："我认为你说的肯定不对。我认为你
说的肯定不对。"[34]

　　在另一方面，纳瓦尔唱的是截然不同也是更加投参议员所
好的论调。他向曼斯菲尔德保证说，自己将实施纳瓦尔计划，
也将主动攻击敌军。曼斯菲尔德在回到美国时，进一步确信法
国发起的这场战争的重要意义，并在谈及纳瓦尔实施秋季战役
的意图时表现出了近乎狂热的信心。在递交给国会的报告中他
写道："种种迹象表明印度支那的僵持局面将会结束。接下来
的几个月将揭开一系列重大军事行动的序幕。"随着美国援助
升级，越南国民军建立，法国将主权移交给非共产主义的政
府，"只有中共直接侵略，才有望挽救越盟败局"。这份报告

369

承认胡志明获得的广泛支持，并注意到"在印度支那各地涌现出强烈的民族主义势头"，但报告的作者并不愿意将胡志明归为真正的民族主义人士。曼斯菲尔德在报告中称，这位越盟领导人的目标无非是利用"引入歧途的民族主义形式"来获得非共产主义人士的支持。[35]

　　在艾森豪威尔和杜勒斯看来，"曼斯菲尔德报告"简直是上天的恩赐，在战争进入危急关头、美国援助显著增加之时，它提供的恰恰是他们所需要的两党合作的正当性。他虽然只是个新当选的参议员，但十分受人尊重，在亚洲事务上尤其如此，更何况他还来自在野党。他认为印度支那军事前景较为乐观，而且正在不断好转，这进一步强化了国会山认为此仗非打不可的共识。东南亚和整个亚洲大陆的未来，以及美国今后的安全防务问题，全都指望这场战争。如果有一个像曼斯菲尔德这样沉稳、冷静、看上去满腹经纶的人——他还曾经是亚洲史的教授！——能对法国战争做出如此坚定不移的支持，那么众多议员只能扪心自问：我这是在反对谁呢？

五

　　美国政府继续坚定不移地支持战争，这对越南战场的主要演员们丝毫不起作用，这些人中包括法国人、越盟领导层，也包括非共产主义的民族主义团体，他们选择在此时开始大声疾呼，要求巴黎政府做出重大让步，这些团体的新口号是"我们将只为独立而战"。5月马耶尔政府单方面将皮阿斯特贬值的决定仍然让他们中包括保大和他的首相阮文心在内的很多人大为光火，而约瑟夫·拉尼埃在7月3日承诺的"完成"联合邦独立大计，看来也顶多算花言巧语。不过，显然巴黎政府仍然在这里拥有主导权。在官方仪式上，法国代表还是坐在前排，越南人坐在后面；在西贡街头，法国官员仍然在呼啸而过的摩托车队的护送下穿行于大街小巷。

在很多观察人士看来，58 岁的阮文心就像是法国人手里捏着的一个卒子。他出生在越南一个小商人家庭，在法国接受教育，曾担任过律师和教师。他那一头板寸已经冒出了几丛白发，他平时喜欢穿白色的鲨鱼皮外套。他看似不知疲倦，每天很早起床，常常工作到午夜时分，闲暇时间还会写诗。他对越盟怀有深仇大恨——在二战前和二战期间，他都曾参与过镇压共产党起义，1946 年他的两个儿子被武元甲军队杀害。他的另一个儿子现在担任越南国民军参谋长。在一次接受美国记者采访时，阮文心看着地图说："最重要的事情是争取到广大农民支持这项事业。我们的民族主义热情需要赶上越盟的，等到我们从法国手中接过大权时，胡志明只能按照我们提的条件来跟我们谈判。"[36] 不过，在面对下级时阮文心总是强调应该耐心，不要把法国人逼得太紧，催得太急。

10 月，为了向法国进一步施压，保大组织召开了一场为期三天的"全国代表大会"，邀请除越盟之外所有重要的宗教和政治派系代表参加（人选由保大亲自选定），包括和好教、高台教、平川派①等政治宗教派系及其关联党团。然而，此次大会所产生的结果比保大所期望的更为激进（而这反映出即使在反越盟圈子里，保大的势力也非常薄弱），大会宣布须经普选产生国民大会，而与法国缔结的所有协议都需经过该国民大会审议批准，同时通过了拒绝加入法兰西联邦的决议。提出

① Binh Xuyen，一个活跃于 1945 年到 1976 年的越南犯罪组织。

该决议的人指出，越南应彻底实现独立，不应加入任何由法国所主导的联邦。

代表们凝神等待。他们知道需要得到高层的支持，尤其是某一个国家的高层。一位代表回忆说："不管正确与否，我们确实对与美国的关系寄予了较大的希望，而且这些希望一直以来也得到了鼓励。这些鼓励并非来自官方，而是来自与美国新闻处、中央情报局和美国大使馆工作人员的一系列非正式接触。"[37]但在试图寻求美方的支持时，他们这才发现希望落空。不仅如此，在投票结束后，美国大使唐纳德·希思将包括保大堂兄保禄亲王（Prince Buu Loc）在内的几名关键代表召至自己的宅邸，指责他们采取的手段只可能伤及这场针对胡志明的斗争。他表示，美国支持越南，也赞成越南独立，但它同时与法国也是盟友；这个决议走得太远，因此必须软化其中的措辞。与此同时，保大从里维埃拉的住所被召唤至巴黎，奉命解释此次代表大会的行动，他也持同样的看法。次日，大会通过了一个更加温和的新决议，当中声明越南不会加入"现有形式"的法兰西联邦。[38]

希思不为所动，在向华盛顿发去的报告中，他着重指出了这些代表"情绪化的、不负责任的民族主义"："显然大部分代表完全不了解在他们刚刚通过的决议中所使用的语言的重要性。"而在另一封电文中他表示："言语无法将这些越南代表的天真与幼稚表达万分之一，他们竟然相信不管使用多么不堪的言语，都仍将得到法国和美国的庇护，令其免遭可怕的共产主义敌人袭击。"[39]

在巴黎，越南代表大会带来的反响还要更加强烈，各家报纸和不同派系的政客开始质问法国在印度支那打这场仗到底是为了什么。胡志明和他的共产党显然并非唯一的敌人。"让他们在自个儿的汤里熬着吧，"总统樊尚·奥里奥尔恐吓道，"我们将撤离远征军。"总理约瑟夫·拉尼埃也表示："如果法国为之牺牲的民族根本不领情、背信弃义的话，法国也没有理由继续在那里做无谓的牺牲。"很多人将这句话视为拉尼埃力主及早跟胡志明展开谈判的信号。与此同时，保罗·雷诺和爱德华·达拉第与前印度支那殖民部长阿尔贝·萨罗呼吁对相关政策重新进行全面的评估，而法国国民议会中要求全面清算、撤出印度支那的呼声比起以往任何时候都更加响亮。现在唯一存在分歧的是如何撤离：右翼想要通过或许包括中国在内的强国发起倡议来解决整个东南亚地区的争端，而左翼仍然坚称有必要与越盟直接对话。

"这场战争还有什么目的？"阿兰·萨瓦里（Alain Savary）——这是一位因其远见卓识而广受赞誉的年轻社会党人——问道，"这场战争甚至已经不再关乎捍卫法兰西联邦的原则。与共产主义作战？现在法国是孤家寡人。……和平不可能等待，只能积极争取。你可以跟莫斯科、北京、伦敦、华盛顿谈判，但这对你应对真正的问题来说于事无补。唯有跟胡志明谈判才可能带来停战。"[40]

知识分子对结束战争的诉求同样越来越强烈，很多人团结在亨利·马丁的事业周围。他是一位共产主义活动家，曾作为一名法国海军士兵在印度支那服役，1946 年 11 月时他在海防亲眼见证了双方的激烈冲突。马丁在回到法国后一心一意从事反战活动。1949 年 7 月，他开始在土伦的海军船厂向新兵发放政治传单，鼓励他们反对这场战争。他在 1950 年被捕，罪名是削弱军队士气，被判有罪并处以五年有期徒刑。但他的案子持续引发外界关注，也赢得了众多声援，这当中就有让－保罗·萨特，后者在 1953 年晚些时候出版了《亨利·马丁事件》（*L'Affaire Henri Martin*）一书。在该书出版时，奉奥里奥尔总统之命，当局已经悄悄地释放了马丁。

人们的谈话内容中渐渐出现了反美情绪，这种局面颇为不妙。一些评论家指出，随着朝鲜战争画上句号，法国现在是唯一一个在抗击共产主义的大型斗争中抛洒热血的西方国家。批评人士不禁开始追问，为什么华盛顿自己可以采取这一系列行动进行谈判以取得政治和解，却偏偏不许自己的盟友也这么去做？一些人（尤其是右翼人士）也在问，为什么以正义自居的美国人喜欢跟法国人长篇大论地宣讲该如何对待自己的附属国，可在美国自己的境内仍然纵容黑人遭到歧视？美国在巴黎签署的新援助协议几乎无人喝彩，反倒是有很多人抱怨他们在越南所做出的奉献太多了。"其中一方掏出美元，而另一方献出的是自己的鲜血和子民"，达拉第这句辛辣的评语得到了众多赞许。[41]

艾森豪威尔政府对批评置之不理，但它又一次寻找各种法子让盟友留在印度支那，专心致志地打赢这场战争。它坚持对巴黎政府表示，这七年的战争并非白费功夫，法国的事业正义而且必要，同时，必须在法国和西方掌握主导权时才能进行谈判。对于非共产主义的民族主义团体，它则不断灌输这样的信息，那就是法国远征军留在印度支那对于胜利至关重要。（潜台词是：如果留下越南国民军自个儿打仗，立刻就会被打得一败涂地。）希思大使在 10 月 24 日的一次演讲中宣称："在这个关键时刻，自由世界迎来了自己的宿命，只有法国能够做出这种军事贡献。……对于越南国民军联合法兰西联邦的远征军

373

所从事的光荣的军事行动将取得最终的胜利，我从未产生过一丝一毫的怀疑。"[42]

六

白宫迫切希望将这些观点传递出去，甚至特地为此派了一名特使前往印度支那。10 月 31 日中午，副总统理查德·尼克松偕妻子帕特抵达西贡，同行的还有一些幕僚、特勤局特工以及少量记者。在前一天，一行人先行到达柬埔寨，尼克松会见了诺罗敦·西哈努克亲王（King Norodom Sihanouk）和宾努（Penn Nouth）首相。而在他们的飞机抵达西贡前，突然天降阵雨，停机坪的仪仗队和接待团代表被淋了个透湿。但尼克松的热情完全没有被雨水浇灭，他在下飞机后脱稿发表了一个简

374

1953 年 11 月初，美国副总统理查德·尼克松在河内东北部一个邻近东交县的基地，试图跟越南国民军的一名战士聊天。

短的声明，之后立即与阮文心和亨利·纳瓦尔会晤。[43]当晚希思大使在大华酒店设宴迎接各位宾客，而在此后的几天，尼克松前往大叻会见保大，前往老挝与梭发那·富马亲王（Prince Souvanna Phouma）会晤，前往河内参加由高级专员莫里斯·德让（Maurice Dejean）主持的正式晚宴——晚宴上准备了"浆洗一新的亚麻布餐巾、闪闪发光的水晶高脚杯和银制烛台"——此外，他还在纳瓦尔和法军北圻司令勒内·科尼（René Cogny）的陪同下视察了一个法军要塞。尼克松身穿迷彩服、头戴钢盔，坐在一辆由美国提供的吉普车到河内北部的一处危险地带，观看了一场炮火阻击。[44]

375　如此忙碌的日程让他的一些随行人员精疲力竭，但尼克松对此甘之如饴，似乎每过一日就汲取到新的力量。在一次次的演讲中，他重申同样的基本理念：挫败印度支那的共产主义对整个自由世界的安全至关重要；唯有法国和越南联合起来，方有可能实现这个目标；切勿寻求谈判解决争端。在大叻时他说："以民族主义和独立的名义呼吁法兰西共和国立即撤军，这是件很容易的事情。乍看上去，这样做迎合了大众舆论，但那些呼吁撤军的人同时也要明白，如果采取了这样的举措，它意味的将不是独立或自由，而是彻底遭到外强统治。"在河内，他宣称自己深信法国与美国之间的所有分歧都可以被轻易化解，并补充说："我们必须承认，在任何情况下我们都不能进行和谈，因为这只能让那些保持着自由意志的国族遭到奴役。我们也应知道，通过彼此间建立紧密的联系，这场斗争将最终取得胜利。……侵略的潮汐已经到达顶点，现在终于开始消退。为取得决定性的胜利而应铺设的基石已经铺好。"[45]

在传递了这些信息后，尼克松与随从们离开河内，飞回美国。没有人可以预知，19 年后身为美国总统的尼克松将会在圣诞节期间下令派出 B - 52 轰炸机，对这座城市发起一场规模庞大而且极具争议的空袭行动。但即使是在那时也有充分证据表明，在艾森豪威尔－尼克松竞选团队获胜一年后，这个政府立志要在越南取胜，要让法国坚持战争，同时控制西贡的民族主义阵营。在共产党人和法国人中间培育"第三势力"的想法看来已经烟消云散。一位对尼克松此行印象深刻的英国外交官向他在伦敦的上级汇报说："尼克松先生反复强调当下的直接目标是击败敌人，而且这个目标需与法国联合达成，我确信在这场全国代表大会的白日梦之后，他已经将越南人拉回到现实中。"[46]

尼克松用果断的宣言掩饰着他内心深处的懊恼。几周后他对国家安全委员会表示，纳瓦尔计划不错，应该能如愿在 1955 年前取得成功，但政府不应对此抱有过高的期望。共产党人有敏锐的历史感，同时有决心有能力，而且相信时间站在他们这边。保大与非共产主义团体力量薄弱，法国最高指挥部内部的人士惶恐不安，担心巴黎方面将过早寻求和谈，而且这种担忧合情合理。"现在绝对有必要稳住法国本土"，尼克松说，因为如果纳瓦尔没有得到来自法国本土的全力支持，华盛顿在近期大幅提升的援助虽说必要，但实则没有丝毫用处。在谈及法军总指挥纳瓦尔时，尼克松基本给予了肯定的评价，他最大的不满是认为纳瓦尔未能有效利用越南国民军，同时又不愿意接受美国关于如何训练越南本地军队的建议。[47]不过即使这样，副总统仍然对法国人面临的困境持同情态度。他对国务院的一群官员表示：

在内心深处，我感觉到纳瓦尔、战地指挥官科尼以及其他跟我交流过的指挥官，对于越南人在脱离了法国上司的领导下独立作战的能力都没有多少信心。它可能掩盖了一个事实，那就是法国人本能地不愿意去建立一支强大而独立的越南军队，因为他们知道一旦完成了这件事，一旦越南有能力自行处理问题，那么不管在此之前他们就在法兰西联邦内部实现独立谈得有多么愉快——只要时机一到，越南人就会立刻将法国人踢走。

一直以来，我在公开场合发表的言论代表的是我的个人看法，而且对此我深信不疑，那就是只要越南、柬埔寨和老挝仍然像目前这样虚弱，而且未来也无法强大起来，那么即使建立了国家军队，他们保持独立的唯一希望仍然是在法兰西联邦的框架内实现独立。法国现在就愿意给予这种权力，但遗憾的是，法国人一直没办法将这种观点兜售给越南人、柬埔寨人和老挝人。[48]

从这些言论中可以看出尼克松的直率，但同时也可以发现，他似乎不愿意直面显而易见的悖论。如果共产党人拥有驱动力和"历史感"，而正义的一方没有，这对于此场战争意味着什么？同时，法国又何以能一方面为了留住越南而升级战争行动，另一方面却又要赋予越南人真正的独立？如果他们必须放弃这块殖民地，那么不断加大投入以争取挽留它，这样做的意义何在？

在和谈问题上，这位副总统同样措辞坦率，但同样忽视了其中的悖论。他坚决抵制通过外交途径解决争端，因为这将不可避免地导致共产党统治印度支那。法国人"无法撤出"，

"我们也不能听任他们撤出，因为一旦我们这样做了，共产党就将接管此地——现在越盟是唯一有能力统治和管理这个国家的政党"。这样一来，"我们在这里面对的是一个艰难的选择。它是真正的危险，是真正的赌博，但是既然已走到这一步，面对如此多的险情，在我看来，我们唯有继续予以军事援助，而且我认为军队在今后应该尽可能灵活，一旦出现任何疑问，他们就应该投入更多必要的军事装备。"[49]

因此，尼克松在越南时下定决心，只发表乐观的言论，敦促纳瓦尔前行，并大力鼓吹法兰西联邦欣欣向荣的局面。形势虽极其危险，但胜利必将到来，现在不是投降的时候。尼克松的乐观言论虽然并未让法国本土为之情绪高涨——在那里，萧瑟的秋色与消沉的心境十分吻合，但它确实给西贡和河内的法国垦殖者和高级官员带来了明显的影响。当纳瓦尔和德让听到尼克松大力表彰自己的工作，同时告诫越南人必须收敛自己的民族主义野心时，他们为之欢呼雀跃。尼克松向他们承诺说，美国的新援助项目一经到位，就将很快在地面战争中产生效果。可是究竟有多快呢？没有人说得准，但纳瓦尔和最高指挥部为战斗季节已经过去了一段时日，而武元甲尚未发起一次大型进攻而深感慰藉。在过去那几年，他的行动要比 1953 年快多了。法国情报机构推测武元甲认为自己尚未做好向红河三角洲发起进攻的准备，因此将把注意力放在北圻西北部的高地。

纳瓦尔决心应对威胁。他非但没有拱手让出高地，将有限的资源用来防守两个三角洲地区和中部的安南，反而决定前往地处边陲、地形险要的西北部，迎战那里的敌军。作为备战的一项工作，他下令重新攻下邻近老挝边界的一处阵地。这个看

378

似无关痛痒的行动将会在几个世界强国的政治中心引发一连串的行动与报复行动，并最终将战争推向高潮。这个阵地的越南名为奠边府，意即"大型边境管理中心"。

注释

1. Jules Roy, *The Battle of Dienbienphu*, trans. Robert Baldick（New York：Harper &Row, 1965），7；Stanley Karnow, *Vietnam：A History*（New York：Viking, 1983），204.

2. 纳瓦尔本人知道他们对自己的抱怨。他后来在自传中写道："我的军人生涯未曾为我胜任这个职位提供任何帮助。我从未在远东服役，而且对印度支那的了解跟稍有些见识的法国人差不多。" Henri Navarre, *Agonie de l'Indochine*（Paris：Plon, 1956），2.

3. 1953 年 5 月，也就是在纳瓦尔上任时，根据法国向英国提供的数字，"法兰西联邦和越南国民军的总数"为：正规军，316438人；空军，11394 人；海军，10890 人；雇佣军，104113 人；准军事人员，75380 人；翻译等人员，5468 人；总计 523683 人。"Appendix B," May 4, 1953, FO 371/106777, TNA. 越盟军队在此期间的军力相当，见 Vo Nguyen Giap, *Dien Bien Phu：Rendezvous with History*（Hanoi：Gioi, 2004），9。

4. Roy, *Battle of Dienbienphu*, 12.

5. 纳瓦尔的话引自《时代周刊》，1953 年 6 月 29 日，也可参见 James Cable, *The Geneva Conference of 1954 on Indochina*（London：Macmillan, 1986），22。关于纳瓦尔对印度支那任命的反应，见他的 *Agonie de l'Indochine*, 1 - 3。关于他对此次任务规模的认识，可参见 p. 67。

6. Pierre Rocolle, *Pourquoi Dien Bien Phu？*（Paris：Flammarion, 1968），21；Paul ély, *L'Indochinedans la tourmente*（Paris：Plon, 1964），25.

7. David Halberstam, *The Fifties*（New York：Villard, 1993），400.

8. George W. Allen, *None So Blind：A Personal Account of the*

Intelligence Failure in Vietnam （Chicago：Ivan R. Dee，2001），46 – 47；Ronald H. Spector，*Advice and Support：The Early Years of the U. S. Army in Vietnam，1941 – 1960* （Washington，D. C.：Center for Military History，1985），175；Hugues Tertrais，"Stratégie et decisions," in Pierre Journoud and Hugues Tertrais，eds.，*1954 – 2004：La bataille de DienBien Phu，entre histoire et mémoire* （Paris：Société française d'histoire d'outre-mer，2004），30 – 31；Pierre Journoud and Hugues Tertrais，*Paroles de Dien Bien Phu：Les survivants témoignent* （Paris：Tallandier，2004），46 – 51.

9. Navarre，*Agonie de l'Indochine*，28. 另见希思大使的评论，见 *FRUS，1952 – 1954，Indochina*，XIII，1：628。他在向华盛顿发去的电报中称："纳瓦尔的方针反映了……奥丹尼尔在此地的影响力。"

10. O'Daniel to Radford，June 30，1953，*FRUS，1952 – 1954，Indochina*，XIII，1：625；Spector，*Advice and Support*，175. 7月24日，纳瓦尔回到巴黎，在国家防务委员会的一次会议上递交该计划，并在该会议上获得支持。见 Rocolle，*Pourquoi Dien Bien Phu?*，51 – 53。关于奥丹尼尔力主加大军力投入，可另见 Saigon to FO，July 2，1953，FO 371/106761，TNA。

11. Bernard B. Fall，"Post-Mortems on Dien Bien Phu：Review Article," *Far Eastern Survey* 27，no. 10 （October 1958）：156.

12. Memcon，July 12，1953，*FRUS，1952 – 1954，Indochina*，XIII，1：656 – 67.

13. "Note générale sur la politique française en Indochine," July 21，1953，Box 31，René Mayer Papers，Series 363AP，AN.

14. Paris to FO，August 11，1953，FO 474/7，TNA；Kathryn C. Statler，*Replacing France：The Origins of American Intervention in Vietnam* （Lexington：University Press of Kentucky，2007），73.

15. 引自 Dorothy Fall，*Bernard Fall：Memories of a Soldier-Scholar* （Washington，D. C.：Potomac，2006），55 – 81。

16. Bernard Fall，*Street Without Joy：Indochina at War 1946 – 1954* （Harrisburg，Pa.：Stackpole Books，1961），255 – 56. 另见 Fall，*Bernard Fall*，55 – 81。

17. Fall，*Bernard Fall*，67.

18. Bernard B. Fall, "Insurgency Indicators," *Military Review* 46 (April 1966), 4.

19. Fall, *Bernard Fall*, 67 – 70.

20. "Appendix D," April 11, 1953, FO 371/106775, TNA.

21. 引自《新闻周刊》, 1953 年 4 月 20 日。

22. Dennis Duncan, "The Year of the Snake," *Life*, August 3, 1953. 关于接下来的争论, 参见 Bonnet to Bidault, July 24, 1953, Dossier 1, AN 457 AP 52, AN; 以及 Saigon cables 391 and 461 in Record Group 59, 751 G. 00/9 – 353, 9 – 1653, NARA; C. D. Jackson daily summary, August 5, 1953, Box 68, C. D. Jackson Papers, Eisenhower Library。另见 James Waite, "The End of the First Indochina War: An International History," Ph. D. dissertation, Ohio University, 2005, 98 – 99。

23. Robert E. Herzstein, *Henry R. Luce, Time, and the American Crusade in Asia* (NewYork: Cambridge University Press, 2005), 183 – 84.

24. 关于卢斯这两本杂志所收到的消息与其刊发消息之间的差距, 出处同上, 182 – 83。

25. 《时代周刊》, 1953 年 9 月 28 日。

26. 比如, 可参见《纽约时报》在 1953 年 3 月 28 日、6 月 5 日和 10 月 2 日刊登的社论, 以及由记者汉森·W. 鲍德温 (Hanson W. Baldwin) 撰写的多篇解释性报道。

27. *United States-Vietnam Relations 1945 – 1967: Study Prepared by the Department of Defense* (Washington, D. C.: Government Printing Office, 1971), 9: 46.

28. *The Pentagon Papers: The Defense Department History of Decisionmaking on Vietnam*, Senator Gravel edition (Boston: Beacon Press, 1971), 1: 591 – 92.

29. Washington to FO, August 1953, FO 371/103497.

30. Paris to State, July 22, 1953, *FRUS, 1952 – 1954, Indochina*, XIII, 1: 695. 另见 Spector, *Advice and Support*, 176。

31. 诺兰新闻发布会, 1953 年 9 月 16 日, "1953 Far East trip," Series 364, Box 3, Nixon Pre-Presidential Papers, NARA-Laguna Niguel。

32. Don Oberdorfer, *Senator Mansfield: The Extraordinary Life of a*

Great American Statesman and Diplomat（Washington，D. C.：Smithsonian，2003），110 – 11；《纽约时报》，1953 年 2 月 21 日。该报在一篇关于美国加大战争援助可能性的头版文章中引用了参议员的话，大标题下的小标题为："曼斯菲尔德称事态尤为紧迫。"

33. Oberdorfer，*Senator Mansfield*，117；Edward Miller，"Vision，Power and Agency：The Ascent of Ngô Dình Diêm，1945 – 54，" *Journal of Southeast Asian Studies* 35（October 2004）：446 – 47.

34. 华纳的话引自 Oberdorfer，*Senator Mansfield*，112。

35. Mansfield，"Indochina，"向参议院外交关系委员会呈递的出访越南、柬埔寨及老挝任务报告（Washington，D. C.：GovernmentPrinting Office，1953）。另见 Robert Mann，*A Grand Delusion：America's Descent into Vietnam*（New York：Basic，2001），120 – 21。

36. 《时代周刊》，1953 年 8 月 10 日。

37. Bui Diem with David Chanoff，*In the Jaws of History*（Boston：Houghton Mifflin，1987），79.

38. Ibid. ，79 – 80；Bao Dai，*Le dragon d'Annam*（Paris：Plon，1980），315.

39. Saigon to State，October 17，1953，*FRUS，1952 – 1954，Indochina*，XIII，1：828 – 30；Saigon to State，October 18，1953，*FRUS，1952 – 1954，Indochina*，XIII，1：834 – 36.

40. 《新闻周刊》，1953 年 11 月 2 日；Jacques Dalloz，*The War in Indo-China，1945 – 1954*（New York：Barnes & Noble，1990），166。

41. 《时代周刊》，1953 年 11 月 9 日；Paris to FO，October 2，1953，FO 371/106770，TNA.

42. Saigon to FO，November 10，1953，FO 474/7，TNA.

43. Ibid. ；Richard Nixon，*RN：The Memoirs of Richard Nixon*（New York：Grosset& Dunlap，1978），122；"Conversations of Vice President Nixon with *Bao Dai*，""1953 Far Eastern Trip，"Series 366，Box 2，Nixon Pre-Presidential Papers，NARA-Laguna Niguel.

44. Nixon，*RN*，122 – 25.

45. 尼克松河内演讲，1953 年 11 月 3 日，"1953 Far Eastern Trip，"

Series 366, Box 2, Nixon Pre-Presidential Papers, NARA-Laguna Niguel; Saigon to FO, November 10, 1953, FO 474/7, TNA。

46. Saigon to FO, November 10, 1953, FO 474/7, TNA.

47. Memcon, NSC meeting, December 24, 1953, Box 5, Ann Whitman File, NSC Series, Eisenhower Library.

48. 《副总统尼克松向国务院官员所做的近东和远东之行报告》，1954 年 1 月 8 日，Box 69, NSC Staff Papers, OCB Central File Series, Eisenhower Library。

49. Ibid.

让 我 们  一 起 追 寻

战争的余烬【下】

EMBERS OF WAR:
The Fall of
an Empire and the Making of
America's Vietnam

〔美〕弗雷德里克·罗格瓦尔
（Fredrik Logevall）/ 著

詹涓 / 译

法兰西殖民帝国的覆亡及美国对越南的干预

社会科学文献出版社
SOCIAL SCIENCES ACADEMIC PRESS (CHINA)

目 录

第四部分

坩埚

1953～1954 年

第十六章　众神竞技场

这个村寨有三分之一的部分地处一个心形的谷地，这个谷地长近 18 公里，最宽处有 11 公里，村落四面环山，一些山圆润和缓，另一些则由尖利的石灰岩层层相接，山顶陡峭险峻。一条名叫楠云河的小河自北向南流经村寨的平坦地带。尽管谷地看似平坦，但地表还是随处可见一些小坡小坎。这里散落着无数的小型自然村落和地处偏僻的民居。总计约有 1 万的居民，其中绝大多数是傣族人，他们在肥沃的平原上种植水稻、芒果和橙子，同时将山上赫蒙族人种植的鸦片贩卖出去。除了傣族和赫蒙族，这里还有其他一些部族和越南人。傣族人称这里为芒清，而越南人和法国人称这里为奠边府。

这里显然拥有重要的战略地位。向西走 16 公里，翻过群山，就到了老挝边境，而且在这个辽阔且大部分地区因为茂盛的植被和险要的地形而无法通行的高地地区，这里是少数几个盆地之一。这个村寨同时还是三条路的连接点。一条路可取道莱州向北通往中国，另一条东北方向的路通往巡教（Tuan Giao），第三条经由孟夸（Muong Khoua）向南通往老挝。民间传说，谁控制了这个盆地，谁就控制了整个高地区域和通往老挝和湄公河上游的要塞——也正因此，傣族人称它为这片土地的碗，而环绕它的群山是众神的竞技场。

奠边府先后被中国人、暹罗人、赫蒙族和傣族人占领，在　　　382

1889 年由法国探险家兼外交家奥古斯特·帕维（Auguste
Pavie）把控，他在这里停留了相当长的时间，甚至还将一条
向北到达莱州的马道用自己的名字命名，称为"帕维小径"。
此后，一个法国小队在完成了镇压傣族部落的行动后在村寨里
驻扎了下来，再后来，一支由法国人所控制的当地小型部队开
始负责处理此地的行政事务。同时，一名低层（而且可以猜
得出来，他是孤身一人）法国殖民行政人员也长住了下来，
负责管控鸦片出货规模——在法属印度支那，鸦片属于国家垄
断商品。1939 年，这里修建了一条小型飞机跑道，以供从河
内起飞的飞机（飞行距离约 274 公里）向莱州的军营空运物
资，而在二战期间，法军利用这条跑道安排反日抵抗组织
"136 部队"的特工秘密空降。法国飞行员曾两次利用奠边府
机场疏散在日军控制的北圻被击落的美国飞行员。而在 1945
年 3 月日军发动政变时，奠边府有近两个月是法军反日的抵抗
运动总部。由陈纳德将军所率领的美国陆军第 14 航空队驾驶
着小型飞机，利用这个简易机场向法军运送物资、撤离伤员，
另有两架老旧的法制波泰 25（Potez 25）战斗机将它作为抗击
日军侵略的行动基地。[1]

　　法国和越盟的战争开始后，这个岗哨重新由法军控制，但
从早期开始越盟部队就已在该地区行动。1952 年 11 月底，随
着越盟第 316 师和第 146 团逼近，萨朗将军要求驻守军队撤离
奠边府，但他几乎是当即就开始制订夺回奠边府的计划。他在
1953 年 1 月 10 日签发的第 40 号绝密指令中写道："重新占领
奠边府将列入下阶段行动的第一步，目标是重新夺取傣族聚居
区控制权，消灭黑水河以西地区的越盟势力。"[2] 尽管在将权力
移交给亨利·纳瓦尔之前，萨朗缺乏实施行动的各种手段，但

法国指挥部坚持认为奠边府对于捍卫老挝北部具有至关重要的作用，对其首都琅勃拉邦尤其如此。战略人员推测，最有可能实施侵略的一条路线是从越盟安插了一个小型前线据点的巡教县出发，经过奠边府，最后跨越边境，直至琅勃拉邦的南乌江峡谷（Nam Ou Valley）。

此外，奠边府还可以继 1952 年纳伞一役的例证后，再次证明空对地基地（用美国的军事术语来说是"空军前进基地"）的理论行得通，这种战术是在前进敌军的必经之路上安插一小批通过空中补给的环形筑垒阵地，这样可以为从储备军力中调配机动部队争取到有限的时间。在萨朗看来，纳伞是个卓越的例子，证明法军在精心准备的防守阵地上有能力抗击越盟的大规模进犯，他也很快就说服纳瓦尔相信了这一点。假如武元甲再一次被挑起斗志，发起跟纳伞战役类似的大型战斗，很有可能将再次在一个原本由越盟统治的地区徒劳地送掉成千上万名战士的性命，这必然可以提升法国在未来谈判中的地位，同时也可以回应美国人要求发起更具进攻性的军事行动的压力。

法军在北圻西北部建立一个据点还有第三个原因：它可以为傣族和赫蒙族游击队提供必要的支援，而这些游击队在过去几年对抗越盟军队中取得了一定的成功。纳瓦尔对于这类部族的"抵抗运动"怀有一种浪漫主义情结，将它跟法国被占领期间进行的抵抗德军的运动相提并论，而且他认为加强部族军力可以让正规军腾出手来从事机动军事行动。由此生发出了第四重考量：这些部落是鸦片的供应源，鸦片对于法国的特种作战部门来说是个重要的经费来源，而一旦它落入敌军之手，越盟就可以用它来为发起特种作战和购买军火提供经费。重新夺回奠边府可以确保法军在实质上把持鸦片产量。[3]

除了上述原因，或许还存在着另一个终极的原因，而它对于纳瓦尔的意义远没有对他的下层军官那么重要，毕竟纳瓦尔是初来乍到，而很多军官在该地区已经深深扎下根来。他们觉得自己跟这里建立了某种联系——跟这里纯粹而美丽的风光，跟与他们交好的少数民族部落首领，跟摇曳着裙裾在他们颈项上挂上花环、叫他们神魂颠倒的年轻女子。居住在这些崇山峻岭间的民族正遭受着危险，而且他们对于越盟丝毫没有感情；法国负有保护他们的崇高使命。

到了后来，当每走一步棋都是错的时，法国的指挥官们开始互相攻击重新占领奠边府的战略目的。[4]有传言说，从一开始时法国的高层官员对于是否该进行这场军事行动就存在着争议。不过事实上，最初在奠边府开展行动的法国指挥部在很大程度上能够团结一致，而且相信此次行动会成功。1953 年 7 月 24 日，包括纳瓦尔在内的军方和文职官员在巴黎会谈，并就捍卫老挝北部——如果真的可以捍卫的话——的重要性达成共识。[5]到了 10 月，这种意愿变得更加强烈，此时老挝与法国签订了共同防御条约，夯实了老挝与法兰西联邦的联系，并承诺力阻武元甲军队侵略老挝东部。巴黎政府希望与柬埔寨和越南缔结类似的条约；而一旦老挝落入任人宰割的境地，这样做的可能性将大大降低。[6]

战后，纳瓦尔的主要下属、北圻区司令勒内·科尼少将声称，自己最初之所以勉强支持重夺奠边府的计划，是因为他相信这将是个可以被轻松夺取的"据点"，主要是用于支持当地部族军队的机动作战行动，不过他的这种说法也不怎么可信。科尼最关切的始终是红河三角洲，而且他一直想要确保在那里保留尽可能多的资源，而档案记录非常清楚地显示出，他也支持空对地基地这个想法。他确实不喜欢纳瓦尔本人，而且在此后，这种反感还将发展为深切且挥之不去的恨意，但这不能掩盖起初两人意见大体一致的事实。因为无论是在科尼还是纳瓦尔看来，空对地基地战术都具有灵活多变、可守可攻的优势：它既能作为阻碍敌军主要进攻的筑垒阵地，也能成为在敌军大后方支持机动行动的"据点"。

在高地地区确实还有其他备选的阵地可供选择。纳伞显然跟奠边府有得一拼，但它的方位不够理想，而且越盟此时已有实力轻易实现夹击态势；8 月，纳瓦尔还特别指示将纳伞的驻军撤离，将军队重新部署到别处。法军将领也考虑过傣族部落省会莱州，但它的位置同样不理想。它距离中国边境仅有 48 公里，但远离通往老挝的主干道，而且地势险象环生，难以通过空中进行补给。在纳瓦尔看来，相对便捷的空中补给对于此类行动有着重大意义。因此，他和他的指挥官们得出结论，奠边府比纳伞或莱州的位置都更加优越，而且还已经有了一个很不错的机场。尽管阵地四面是高山，但法国人——他们自认为拥有一支全世界最出色的炮兵队伍——相信哪怕高地被敌军占领，这个阵地也已经超出了大炮的射程。马基雅维利所说的永远占领山巅的谆谆教诲在这里不适用。武元甲将别无他选，只能将他能弄到的大炮弄到山谷里来，而法国的反炮台火力和空中支援将把这些大炮炸成碎片。

可是在巴黎，官员们紧张不安。文职领导们根本无意于发起一场大型军事行动。11 月 15 日，联合邦部长马克·雅凯动身前往西贡。他对纳瓦尔留下了这么一句模棱两可的话："琅勃拉邦沦陷将使得这场战争无法进行。"他究竟是什么意思？

是说干脆让老挝失守，好结束这场让法国付出了沉重代价、理应结束的战争？还是恰恰相反，要守住老挝？纳瓦尔选择的是第二种解读。他说："毕竟就算在奠边府吃败仗，也就跟萨朗在谅山战败是一回事。"[7]

到 11 月 18 日时，海军少将乔治·卡巴尼耶（Georges Cabanier）奉命从巴黎来到西贡，负责通知纳瓦尔行动切勿过火，而且无论如何财政部已经不可能再为战争拨任何经费了。卡巴尼耶此行甚至有可能通知纳瓦尔中止军事行动，将一切交给希望寻求停火和谈判的政治家们来决定。可是此时纳瓦尔身在河内。他怕的就是听到这位少将通报的消息，于是宁愿让对方等着。当时他已经下达了命令：必须重新夺回奠边府。早在两周前，纳瓦尔已经指示科尼为这个代号为"海狸"（Castor）的行动制订作战计划。科尼力压下属的反对，接下了命令。法国空军运输部门指挥官让·尼科（Jean Nicot）在 11 月 11 日正式表示反对；他说自己不可能持续将供给物资发往奠边府。

386　纳瓦尔不为所动。11 月 17 日，他召集了所有主要的下级指挥官开会，而这些人挨个表达了对"海狸行动"的疑虑，科尼也在其中。纳瓦尔礼貌地听着，然后问大家："这个行动有可能吗？"大家嚅嗫着说倒是有可能实施的。很好，这位总司令回答说，那么，只要天气条件许可，行动将在三天后实施。[8]

1953 年 11 月 20 日，星期五，上午 8 点 15 分，60 架机首被漆成蓝色、黄色或红色的达科塔运输机依次从河内一个机场起飞。在 B-26 "入侵者"于两侧护卫下，它们组成了一支长约 11 公里的机队。两个多小时后，10 点 35 分左右，第一架飞机出现在盆地上方的山峰后面。由 2200 名法国远征军组成的精锐伞兵空降至村寨的北部和南部山谷。此次行动由脾气粗鲁、只有一只眼的让·吉勒准将指挥（他在跳伞时将玻璃义眼放在外套口袋里）。这次行动造成法方 15 人死、53 人受伤，而越盟方面在撤退前已有 90 人阵亡。[9]

1953 年 11 月 20 日，"海狸行动"开始，第一批空降兵密切注意着战友们的动静。

二

387

　　法军出兵收复奠边府的消息让越盟的将领们大吃一惊。当消息传到武元甲那里时，他正在太原省定化地区的一个丛林营地里，准备将 1953～1954 年的进攻方案拿给手下的师长们研讨。这个计划用了几个月方才成形，经过了包括中方顾问在内的高层官员的反复讨论。在 1953 年 1 月的共产党（正式名称为越南劳动党）第四次全体会议上，高层战略家们决定打击敌军的空虚地带，尽可能最大程度地迫使对手的战线分散，诱使其远离红河三角洲地区。这正是当年春天突袭老挝的动机，也是这年夏天他们的行动设想。武元甲曾认真考虑对法军位于红河三角洲的腹地实施一次大型行动，但他和胡志明都担心三角洲地区的"力量对比"仍然对自己不利。

中方顾问同样主张要采取一种更审慎的策略，建议将重点放在西北高地。"我们应当首先歼灭莱州地区的敌军，解放老挝中北部，随后将战场逐步延伸至老挝南部和柬埔寨，而后向西贡施压，"8月中共中央委员会在一份电报中声明，"通过采取该策略，我们将有能力牵制敌军在人力和财力上的资源，隔绝敌军各支部队，使其处于不利境地。……实现该战术计划将有助于最终击溃法国殖民主义者对越南、老挝和柬埔寨的殖民主义统治。当然，我们还需要克服一系列问题，同时要为持久战做好准备。"[10]

对于中方在避免于三角洲地区展开大型战役的决策中所起的作用，我们不能轻视，但也不应夸大。责任是双方共同承担的。正如纳瓦尔计划脱胎于法美两国的共同策划一样，在这个关键的节点，中国和越盟也是在共同商议的情况下选取了一条路线。胡志明和武元甲当然不可能无视中国人的建议。首先，北京给予的援助在前一年出现了显著增长。在1952年的大部分时间里，中方每月的援助量平均为250吨，但12月猛增到450吨。（相比之下，美方对法国的援助此时已达到每月超过8000吨。）1953年1月，中方的援助量达到900吨，其中多数为武器、弹药和机动车辆。随着这年夏天朝鲜战争结束，中方的援助可以被更加自由地调配到这里。大批中国军事顾问和技术员跨越边境来到越南，而很多越南军人同样来到中国南部接受无线电和防空训练。（至少在理论上，防空武器的配比为每20人配一门炮，其中大部分为苏制37毫米防空炮。）[11]

10月，胡志明、武元甲和党内其他高层领导人在高度保密的情况下会面，地点在太原省一处树木浓密的山林里，他们在竹屋里围坐在一张竹桌边召开会议。由于讨论的内容极其敏感，为了避免走漏风声，连速记员都不能入内。此时，他们对于纳瓦尔计划的细节已经有了相当程度的了解——越盟高层始终熟读法国的新闻报道，而且他们的情报网一直延伸至法国最高指挥部——在会上他们正式同意要在即将到来的作战季将重点集中在西北部，因为敌军在这个区域的实力非常虚弱，但又不得不奋起抵抗。随着战情推进，法军将被迫拉伸战线，因此在大后方更易遭到游击队和其他武装力量的突袭。[12]

"当你握紧拳头时，可以有力出击，"胡志明左手夹着根香烟，高举的右手张开又捏紧，对在场的人们说，"但是如果你把手摊开，别人很容易就可以将你的手指一根根拧断。我们必须找到办法迫使敌军突击队组成的紧密阵营分散成小批队伍，这样我们就能将对手逐一歼灭，使其彻底失败。"[13]

党内的资深理论家长征对此表示认同。他指出，

> 敌军在北圻低地阵容强大、防守牢固，而在其他战场敌军的部署则相对虚弱、没有掩蔽，但他们不能放弃这些地区，山地丛林地带尤其如此。如果我们对西北地区出击，必然将吸引敌军，并迫使敌军的战略性突击队分散阵线来应对我们的进攻。……敌军有可能只能通过空运进行补给和增援。如果我们能克服后勤和保障方面的问题，在这里打仗我们将拥有不少优势，而且有能力在整场战役中获得并保持军事优势，或者至少在战场上的某个特定领域保持优势。这样一来，我们将有可能取得伟大的胜利。[14]

389

　　然而，在这些自信的主张背后，隐藏的是真切的忧虑，甚至从正式的会议纪要都能反映出来。尽管已经做出了七年的巨大牺牲，持续面对各种艰难险阻，可是大获"全胜"的目标仍然遥不可及。法国本土对战争的支持在持续下滑，这固然令人振奋，但从军事上来看法国人仍然手握一把好牌，尤其是他们在红河三角洲和交趾支那还保持着相当强势的地位。同时，随着华盛顿政府在近期决定显著加大对法国的战争援助，要在战场上维持僵持局面看来并非不可能。[15]此外，还有越南国民军的建立。用一位代表的话来说，法国是在试图"用战争哺育战争，用越南人打越南人"。与会官员虽对法国的行径表示不齿，但他们显然对越南国民军的发展壮大感到忧虑，这支军队虽说在各方面都逊色于他们自己的越南人民军（PAVN），但有可能将显现出比以往更坚定的决心和更强大的战斗力，同时获得更广泛的支持。代表们宽慰着自己和彼此，表示胜利最终将会实现，但这项任务还远未完成。

　　胡志明担心的是在即将开始的战役中有可能出现士气下滑的问题，在会议进入尾声时他指出，在上次高地战役结束后，一些战士双手合十向着群山和丛林鞠躬致意，以表示感激和尊重。胡志明说，这些军队恐怕根本不想重返那个地区，因此必须向他们反复说明此次行动的重要意义。与此同时，他们还需要充足的补给，包括保暖的衣物。"我现在身上穿的这种新式夹棉外套，我们有没有缝制完毕？"他问，"什么时候才能把棉服发给军队？我希望你们大家回去后对这件事情把好关。在开始打响这次战役前，我们的军队必须人手一件棉服。"[16]

　　在1953年仲秋，武元甲决心把重点集中在西北部地区，他抵挡住了纳瓦尔的引诱，始终未在红河三角洲内部和周边地区发起大型行动。10 月 14 日，纳瓦尔亲自督导了"海鸥行动"（Operation Mouette）启动，目标是三角洲以南的敌军重要补给中心富儒关（Phu Nho Quan）。在坦克、两栖部队和两支海军陆战队的掩护下，法军六支突击队突破了宁平的山脉，旨在发起一场包抄越南人民军第 320 步兵师的钳形攻势。第 48 团和第 64 团奋勇抵抗，甚至对实力远强过己方的法兰西联邦军队发动防守反击，好让重要物资和军备能从富儒关全部转移出去。一俟任务完成，越盟军队就撤入乡间，而法军进入的是一座空城。越盟军队沿路不断遭遇比预期更猛烈的抵抗，但始终未与敌军发生大规模交战。在人们眼中无论是装备还是训练都不如第 308 师和第 312 师优秀的第 320 师虽遭到了重创，但远未被歼灭。越盟又一次显示出了在险要关头逃生的能力，这让法国人恼羞成怒。[17]

　　武元甲还下令拥有 1 万人的第 316 师离开邻近清化省的集结区，沿红河而上进军莱州。[18] 第 316 师还在行军时，海狸空中行动的消息传到了太原会议现场。武元甲显然被纳瓦尔的行动吓了一跳，但他还是对在场的将领们表示："这是一场可以为我们所用的军事行动。"不过，他对纳瓦尔的意图也表达了顾虑。据一份会议记录显示，武元甲向下属们抛出了一连串问题：这是临时入侵吗？纳瓦尔之所以下令发起这次行动，是因为他已经得知了第 316 师进军莱州的行动吗？空降兵是进入奠边府掩护莱州行动，还是说纳瓦尔现在已经放弃了莱州，意在奠边府？如果越盟做出强硬反应，纳瓦尔是否会像上次纳伞战役那样，将空军前进基地改建为加修壕沟的营地，还是干脆撤退了事？法军部队在这个山谷中的具体部署究竟如何？

　　"我们立刻给侦察部门打电话，让他们准备出发去莱州，"

武元甲的一位下属回忆说，"告诉他们要立刻动身去奠边府，跟当地军队合作侦察敌军形势，而且每天都将报告发回给情报部。"这位军官继续说，与此同时，越盟司令部指示技术侦察（无线电窃听）军队继续监听法军行动，而且目标不仅是奠边府，也要包括莱州和老挝北部。[19]

这些侦察活动很快就搜集到了有价值的信息，原因是法国的指挥官们口风太不严实了。高层军官们随随便便就将作战计划和行动方案和盘托出，这在此场战争中一直是个大问题；而法国和外国媒体也将听到的东西兢兢业业地记了下来，报道说在奠边府将要建立一个类似纳伞那样的壕沟防御营地，并为一次大型的傣族游击行动提供支援。科尼将军向一位记者轻率地透露说："如果我可以，会把整个纳伞照搬到奠边府。"更致命的是，报章还刊登了一系列报道，介绍越盟第316师向莱州的进军情况，而这种信息只可能通过无线电窃听才能得到。越盟立即改变了行动通信的密码，导致法国对外情报和反间谍局在将近一星期的时间里一无所获，十分恼火。[20]

察觉到法军对此次行动的重视程度，武元甲指示其他三个师，分别是"钢铁师"第308师、第312师和"重型师"第351师（炮兵和工程兵）准备开拔前往奠边府。法国情报部门截获了这些命令，并估计已经上路的第316师将在12月6日前后抵达该地，而其他三个师将在12月24~28日陆续抵达。与此同时，吉勒的空降兵部队的巡逻兵在向阵地北部和南部推进时碰到了一系列问题。这里地形十分险峻，生长着浓密的热带植物，山势陡峭，而且平地危机四伏。丛林守护着它的秘密，遮天蔽日的山林里潜伏着老虎，空降兵们疑心里面甚至还可能有敌军。11月25日，空中侦察兵已发现第148团和第

316 师先遣部队接近周围群山隘口。这可不是好消息，对于法军军团和所谓"混合空降突击队"（Groupement de commandos mixtes aéroportés，GCMA）的部落游击队来说尤其如此，后者是个高度保密的突击队，将奠边府作为在该地发起军事行动的大本营。如果越盟控制了通往村寨的各个入口，那么就几乎不可能再采取这些突击行动了。

　　11 月 3 日，已了解敌军几个师前进消息的纳瓦尔向科尼下达了一条宿命般的指令，标题为"关于 949 号行动实施的私人和机密指令"。在几句例行公事的开场白后，他切入正题：他已决定接受在西北一战。奠边府将成为行动中心，需要不惜一切代价守住这个阵地。一旦面对的威胁过于严重，应立即疏散莱州军力，同时应坚守通往北部莱州以及南部孟夸的路面交通，能守多久就坚持多久。在纳瓦尔的预期中，在这场战役的最初阶段，越盟将花几个星期的时间向基地进军，之后用一周或十天时间侦察，战役要打上一些日子，以敌军全军覆没告终。[21]

　　这是一个极其重要的决定，而且跟纳瓦尔计划中的一个核心宗旨是完全相悖的，那就是应避免在当前的作战季从事大型战役。这位法军总司令做出了如下的基本推断——他也知道自己的猜测将很快得到验证——武元甲会遇到后勤问题，而且由于离根据地太远，这个问题几乎是不可能克服的。由于高地地形险要，又有法国空军随时袭击，武元甲应该不可能在该地维持大规模的军力。法国第二局已清楚地向纳瓦尔表明，越南人民军是一支货真价实的军队，有卡车和大炮作为保障，但该如何将这些重型武器运送到奠边府这么远的地方？答案是：做不到。虽说武元甲如此顽强，但这支军队在运输方面固有的劣势决定了它不可能跟法军的军力将比，因此随着战役打响，它将一溃千里。

　　事后来看，纳瓦尔犯了一个严重的错误，可是这在当时并非如此。武元甲自己也担心眼前的这个任务过于艰巨。自1951年在红河三角洲地区被德·拉特尔打得惨败而归后，这位自学成才的战略家就下定决心，从此再也不能低估对手，或者在对手选定的战场陷入战争。1952年晚些时候，他在纳伞一役付出了惨痛的代价，又上了同样的一课。而今他需要再次面对抉择，决定是否要迎战远征军的精锐力量，打这样一场对手精心安排的战役。这将不可能是一场打了就跑的游击战，而是要运用阵地战术，对一个加筑防御工事的法军营地发出重击。在某种程度上，这将有点儿像是重演1951年的永安和沱江战役，而那一仗武元甲的军队输得极为惨烈。没错，他的军队现在在训练和装备上都比以往更好了，可是远征军也是如此。[22] 最让人纠结的还是如何将军队送往战场。军队必须步行大约380公里，而通往中国的供应路线还要更长，最远达到800公里。所谓的道路也非常原始，而且成千上万名士兵不得不扛着每一件武器、每一颗子弹行军。还不仅仅如此，这些处在崇山峻岭且十分脆弱的供应路线需要持续被打通，少则几星期，多则几个月。

　　难题还不仅仅是运输武器弹药。供应两周的粮食就意味着每个士兵要背上14～18公斤大米，再加上其他装备，他们几乎不可能在西北崎岖不平的山路间跋涉。因此必须找挑夫帮忙，但挑夫自己也要吃饭，如果一开始时挑夫是背着28公斤左右的大米上路，两星期结束时，留下的粮食就仅供他勉强回到出发点。这样一来，14天的行军道路上，每个士兵每天能分到的粮食还不到1公斤。在武元甲看来，这是个不容回避的问题：他的军队至少在部分阶段将不可能得到机动增援，在该地区必然会面临极其严峻的挑战。如果纳瓦尔选择在奠边府驻扎一个师的兵力，这事实上意味着越盟的整个主力部队都需要集结起来，以发动有效的进攻。[23]

可这场仗并不是毫无机会。武元甲研究起手中的地图——其中很多地图非常原始、不够精确——分析起一系列越南情报小队发来的报告时，看得越多，他就越是慢慢相信自己应当在奠边府应战。他可以为捕兽的猎人设一个圈套。他的中方军事顾问同意这一点，认为越盟可以抓住此次机会获得大胜，好为1954年可能的谈判做铺垫。[24]中国人在武元甲的计划中扮演多重要的角色，这一点尚不确定（在他本人的自传中，他在提及此事时语焉不详）。但可以肯定的是，中国人参与策划了武元甲最终拍板的作战计划，这份计划在12月6日被提交给了政治局。这份计划的核心前提是承认法军这个加筑防御工事的军营防守将相当森严，但它有着一个重大缺陷——它是与世隔绝的。这个军营将主要依靠空中补给，而一旦人民军将之包围，就要完全仰仗空军支援。这将是此役目标：以铜墙铁壁般的保护网围住军营，然后越卡越紧。[25]

该计划设想的是一场开战以来规模最大的常规战役，将需要调配9个越盟步兵团和所有能抽调的炮兵、工程兵和防空部队，总计约为3.5万人。再加上作战总部人员1850人和招募的新兵4000人（将被分批派往前线），外加1720名负责保护供应路线的士兵，这场战役总共将动员42570人。此外，它还需要一支14500人的挑夫队伍，这还没算上在大后方的挑夫。另外，需要将300吨弹药运送到前线，外加4200吨大米、100吨干蔬菜、100吨肉和12吨白糖。作为至关重要的任务，该

394

计划需要先进行庞大的后勤配合，好让山区能通行机动车——成百上千辆卡车需要行驶数百公里，达到战场附近。一旦战役打响，预计将持续 45 天。[26]

12 月 6 日，政治局决定发起奠边府战役，并批准通过了军事委员会的作战计划。武元甲任此次行动的总司令，总参谋部的工作人员还包括中方顾问梅嘉声、韦国清以及他自己的数名越南指挥官，其中要数参谋长黄文泰（Hoang Van Thai）最有名。胡志明在转身送别武元甲时说："你将是前线统率军队的总司令。……我授予你可做出任何决定的全权。如果胜利十拿九稳，你可以发起进攻。如果前途未卜，你必须坚决放弃进攻的想法。"[27]

395

三

当法国和越盟的两位最高指挥官正在为北圻西北部这场大型、甚至可能是此次战争高潮的军事较量制订计划时，政治前线的活动也开始升级——而且是在几个世界强国的首都同时展开。在朝鲜战争停火后的四个月间，中国和苏联领导层表现出了尽可能避免再次与美国交战的决心。1953 年夏天，这两个国家都公开表示希望通过外交途径解决国际争端——随着 6 月东德发生大规模起义，苏联的意愿表现得尤为突出。8 月 3 日，苏联《红星报》刊登社论，表示朝鲜半岛停火将有助于终结印度支那战争。同月，中国国务院总理周恩来宣称就朝鲜半岛未来展开的最终会谈应同时探讨亚洲的"其他问题"。9 月晚些时候，克里姆林宫提出召开五国外长会议，讨论国际争端。位居五国之列的中国赞同在 10 月初召开此次会议。几周后，周恩来在面对一群印度外交官时提出国家间应"和平共处"的理论。[28]

自从 3 月斯大林去世后，在莫斯科渐渐成为主角的格奥尔基·马林科夫（Georgy Malenkov）开始寻求与西方改善关系，部分原因在于他希望控制急剧增长的国防开支，好将更多的资金投入经济发展。而在周恩来和毛泽东看来，朝鲜半岛停火同样使得中国有机会将更多资源投入国内重大事务。他们正在考虑启动第一个五年计划，同时将政府资源转移到解放由国民党统治的台湾。[29]在历经与美国和西方长达四年的尖锐对峙后，他们现在想要缓口气。朝鲜战争严重消耗了中国财力，迫使北京政府向莫斯科借贷 20 亿美元填补军费开支。但朝鲜战争毕竟带来了更为积极的成果，这使得中国的领导人倾向于支持通过政治途径解决印度支那问题。朝鲜谈判提高了中国作为世界大国的地位，因为北京政府成功地强迫华盛顿政府妥协——杜鲁门政府和艾森豪威尔政府只能跟一个他们尚未正式承认的政府坐在一张谈判桌前。对于这些仍在寻求国内外合法地位的领导人来说，这种感觉令他们如痴如醉，也让他们愿意再次参与这场强国间的谈判游戏——至少是不反对参与。

1953 年秋天，莫斯科和北京向越南民主共和国的领导人们明确表示，应当敞开和解的大门。胡志明和他的同僚们起初持怀疑态度。在这年夏初，胡志明还曾警告同事们说，无论是法国还是美国都永不可能在谈判桌上接受大幅让步，除非他们在战场上吃了败仗。[30]不过最终他们达成初步共识，确认自己表达谈判的意图并不会带来什么损失，反倒有可能取得不小的收获——与此同时，在战场上他们仍将寸土不让。越南民主共和国的高层官员们不仅跟中苏两国一样想要避免引发美国直接出兵干涉，而且还深切地意识到越南上下，不管是战士还是平民，都已经身心俱疲、厌倦战争，因此民众需要看到更多希望，而不仅仅是一场永无止境的战争。在此期间，一份党内报告总结称，"努力恢复越南和平"已经开始"成为人民的心愿"。1953 年晚些时候，政治局开始迈出试探性但非常重要的一步，正如党内的另一份报告所说的，是开始踏上一条"新前线"，即外交前线。[31]

11 月 23 日，世界和平理事会（World Peace Council）的揭幕会议在维也纳召开，越南民主共和国的代表宣称，在越南寻求朝鲜式的外交和解"是完全必要，而且可行的"。他继续称，越南人民"支持越南战争画上句号，通过和谈和平解决越南争端"。[32]

三天后，瑞典《快报》（*Expressen*）刊登了胡志明回答该报驻巴黎记者斯万特·勒夫格伦（Svante Löfgren）的问题，后者听说法国总理约瑟夫·拉尼埃在国民议会上表示可以考虑由"胡志明和他的队伍"所提出的和平倡议，于是他灵机一动，决定试探一下这个提议。他直接给越盟领导人写信，让他万万没想到的是，他真的收到了回信。胡志明写道，如果法国表达出"在越南进行停火谈判、通过和平途径解决越南问题的"真诚意愿，"越南民主共和国的人民与政府都乐意满足对方的希望"。胡志明进一步说，这种协商可以是越南民主共和国和法国之间的双边对谈，但他也不排除第三方调停者。值得注意的是，勒夫格伦此前也将他的问题通过电报发给了北京政府，而中方很有可能征询了莫斯科的意见，想要了解接受此次采访能带到什么好处。在《快报》刊出胡志明答复的两天前，克里姆林宫接受了西方已提出许久的提议，就德国问题与美国、英国、法国进行四边磋商，并有可能将谈判内容延伸至印度支那问题。在该文发表几天后，北京政府通过在《人民日报》刊登社论的方式，明确表示赞成胡志明的和谈提议。[33]

在接受《快报》采访后，胡志明在自 1946 年以来首度召开的越南民主共和国国民大会上进一步阐释了自己的政策。胡志明的话与莫斯科和北京的如出一辙，表示眼下的策略是防止美国入侵，同时他指出，正如印度支那影响了国际事态一样，国际局势也对越南事态带来影响。华盛顿政府正在破坏"政治会谈的顺利举行"，在重新武装日本的同时坚决拒绝中国加入联合国，并大力扶持西德，防止德国统一。"我们的阵营正在日益强大、更加团结一致地共处在由苏联领导的和平民主的最前线。我们目前的目标是缓和国际紧张局势，通过协商解决所有争端。"[34]

他的这番话效果应该不错，至少可说是差强人意，因为在两周后的 12 月 19 日，政治局审议并通过了一项有关越南民主共和国努力促成"和解会谈"的政策决定。党内的一份报告记录了与会人员的想法："一条新前线已经拉开帷幕，我党相信，在适当的时候开启外交前线，同时与战场上的军事行动密切配合，这将是一个明智的策略，有利于我们逐步、渐进地实现我国的基本目标。"在政治局进行会谈时，他们并未正式承认这一点，但它显然是当天会议的一个潜台词，那就是八年的战争与牺牲已经带来了重创，现在亟待出现新的举措。[35]同日，胡志明向越南民众发表电台讲话，纪念"全国抵抗战争"七周年。这位革命老将誓言要继续战争直至取得最终胜利，但他再次表示政府已经做好了进行停火谈判、结束战争的准备。可是，法国愿意诚心诚意地跟越南谈判吗？[36]

很多巴黎的官员恐怕会回答说，"愿意"这个词还太轻

398

了。胡志明答《快报》记者问的文章于 12 月 1 日被《世界报》转载，引来一片哗然。这是不是将开启一次有意义的对话，并推动一场灾难，一场持续七年的血腥而又胶着的战争走向尽头？是的，很多左翼人士回答说。在 11 月初，社会党迫使国民议会组织了一场大型辩论，议题是既然法国已经无法自圆其说，声称这场战争的目的是在捍卫法兰西联邦（有鉴于 10 月保大召集的大会的结果）或者抵御亚洲共产党的侵略（有鉴于朝鲜半岛停火），那么眼下唯一能做的就是与胡志明展开直接的双边会谈，结束战争。社会党的代表阿兰·萨瓦里承认，胡志明或许不是真正的民族主义者，他的越盟也不是那么深得人心，但称胡志明为"北京的傀儡"同样是不对的。他谈不上是中国的傀儡，就好比毛泽东也谈不上是苏联的傀儡一样。萨瓦里进一步指出，同理，法国的士兵也谈不上是"美国人的雇佣兵"。而在会上，爱德华·达拉第抱怨法国对美国的态度如果不算是"奴颜婢膝"的话，起码也是"可悲的自鸣得意"，而让·普龙托（Jean Pronteau）极富预见性地警告称，越南的这场战争恐怕要拖 30 年之久。[37]

国民议会最终驳回了社会党提出的立即与越盟和谈的动议（330 票反对，250 票支持）。反对者强调称，如果该动议获得通过，将会灭法国军队和保大内阁志气，长敌人威风，而且这种说法占据了上风。拉尼埃和比多闻讯后松了口气，但他们还是对胡志明在《快报》上做出的表态大感震动。在此之前，这两人尚能坚持表示自己对谈判的公开支持——"这是高尚的方案……这是通过外交途径解决冲突"——未能得到另一边的回应。而现在这种说辞再也站不住脚了，拉尼埃只好咬紧牙关坚持说，胡志明的提议不可能行得通，因为它没有将联合邦全盘考虑进去。[38]

拉尼埃和比多二人在极力打消外界的期盼。11 月 30 日，总理拉尼埃向美国驻巴黎代表保证说，胡志明的声明不会改变法国政策，也不可能进行法国和越盟的双边会谈。同日，比多则在接受《世界报》采访时表示，这份声明无非是摆出"宣传的姿态"。[39]国防部部长勒内·普利文在读到《快报》影印件时兴奋不已，想请阿兰·萨瓦里（他在殖民问题上持自由主义立场，因此在北非和亚洲的民族主义人士中备受尊重）主动联系身处北圻丛林中的越盟领导人，但比多制止了他的想法。[40]拉尼埃和比多对越南战场令人担忧的前景再清楚不过，也知道政治和解的必要性，但仍然希望能采取多边谈判的形式，而且最好法国能取得更强势的谈判立场，这就意味着留给纳瓦尔更充足的时间扭转局势。跟以往一样，他们需要承受华盛顿方面反对过早和谈的压力，而且也需要注意西贡非共产主义民族主义人士的动态。越南国民军总司令阮文馨（Nguyen Van Hinh）将军称胡志明的提议是"政治手段"，而吴庭艳的胞弟吴廷瑈（Ngo Dinh Nhu）斥责拉尼埃竟然考虑跟胡志明谈判。阮文馨的父亲、任越南国政府首相的阮文心态度则更为审慎，他承认胡志明打破僵局做出的声明虽然远未称得上令人满意，但毕竟是一次回应，而且还带有几分还价的色彩。阮文心对一位记者说："我相信，如果我们不尽一切可能阻止这场血腥的战争，无论是越南人的意见还是法国人的意见，都不可能得到理解。"[41]

四

面对这些负面的主张与指控，拉尼埃和比多实在不堪其扰，他们逃离了巴黎恶意满满的氛围，前往百慕大参加三方峰

会，与会者还有英国和美国的领导人。这次会议原定于 1953
年 6 月召开，但因为温斯顿·丘吉尔在当月发作了一次严重中
风而推迟。这或许是个不祥之兆，因为从 12 月 2 日丘吉尔的
专机率先抵达百慕大开始，数位参会者都患上了热带流感。从
会议开始时，身体虚弱、听力不佳（他在会议中轮流使用了
各种不同型号的助听器）的丘吉尔情绪就一直很差，而且这
种坏脾气好像能传染。法国人愤愤不平，因为在他们抵达时没

400 有奏响《马赛曲》，而《天佑女王》和《星条旗永不落》这
两首国歌都被演奏了。所谓的解释——拉尼埃并不是真正的国
家元首——并没有平复他们的情绪。对于英国和美国代表将大
部分注意力放在彼此身上，无论是从事实上还是从象征意义上
说，这样做都背弃了法国人，他们自然也不会开心。据一位美
国观察人士说，英国官员"始终用旁人能听得见的耳语互相
商讨，而在法国人讲话时，他们或咯咯轻笑，或放声大笑，几
乎不假掩饰"。[42]

　　丘吉尔在出发前去开会时，选择阅读的书恐怕也算不上吉
利——这本书是 C. S. 福雷斯特（C. S. Forester）的《法国人
之死》（*Death to the French*）。

　　拉尼埃在抵达不久后就发起了 40 摄氏度的高烧，被人抬
回酒店房间，得以免遭羞辱。于是比多只好一人扛起重担，这
压力立刻就在他身上显现出来。他向来喜欢在面临重压时喝上
几杯，在这次会议中，他在宴会上更是喝得毫无忌惮，有一次
甚至在晚上的社交活动中睡死过去。他抱怨自己面临的窘境，
在一次会议中场休息时，他反复跟约翰·福斯特·杜勒斯说：
"我的处境太难了。我的总理不单单病了，他还是个傻瓜。"
英国外交大臣安东尼·艾登的私人秘书伊夫林·舒克伯勒

（Evelyn Shuckburgh）在他那本极具可读性的日记中总结了自己的见闻："每个人都在发火、恳求、伤感，比多看起来像是个将死之人，拉尼埃根本就是在楼上的房间里垂死挣扎……艾森豪威尔和温斯顿总是火冒三丈，先是怒气冲冲地离开谈判桌，然后回来，换衣服去吃饭，再闷坐四个小时。"[43]

在这场四分五裂的峰会上，关系最为和谐的竟然是艾登和杜勒斯两人，鉴于今后将要发生的事情，这一点确实挺离奇的。两人常常一起懒洋洋地坐在沙滩上，肤色苍白得不可思议的杜勒斯穿一条鲜艳的大裤衩，而六个月前动过一场大手术、尚未痊愈的艾登晒着日光浴。在峰会的第五天，也是最后一天，两人合力写出了一份联合公报——为了完成任务，他们甚至闯进了可怜的拉尼埃卧床休息的酒店房间。[44]

在这次峰会上，很多内容围绕着对核武器的顾虑展开，对于一旦中共违背朝鲜半岛停火协议，美国人是否会使用核弹袭击中方目标，欧洲人一致表达恐慌态度。[45]关于欧洲安全，美国人和英国人向腹背受敌的比多施压，要求法国尽快批准欧洲防务集团提议。杜勒斯警告说，假如法国没有这么做，美国将唯有"痛苦地重新评估"美国对欧洲的防务政策。而在谈及超级大国之间的关系时，艾森豪威尔对后斯大林时代的新苏联发表了一番生动的讲话，在座的欧洲人挤出一脸不安的微笑。他宣称，苏联是"一个站街女，不管她是穿上了新衣服，还是依旧披着旧衣烂衫，骨子里依然是原来的那个娼妇"。美国打算将她从目前的"据点"赶回到后巷中。[46]

在百慕大峰会上，印度支那没有受到多少关注，这部分是因为从会议第一天开始，法国就声称那里的战事对自己有利，而越盟处在守势。然而，关于战争的讨论仍然深具启示。法国

1953 年 12 月，在百慕大参加"三巨头"峰会的领导人。从左至右：乔治·比多、温斯顿·丘吉尔、约翰·福斯特·杜勒斯、安东尼·艾登、德怀特·艾森豪威尔和约瑟夫·拉尼埃（在高烧不退后他一直卧床休息）。

人在明确考虑着和谈问题。在高烧击倒他之前，拉尼埃告诉艾森豪威尔，尽管在巴黎有不少人想要立即会谈，但他决定首先要巩固优势地位。至于比多，他说自己希望坚持战斗，但法国人对战争的支持度正在持续下滑，尤其是在朝鲜半岛停火后。他们当然不可能接受胡志明近期有关双边会谈的提议，但只要能将联合邦纳入其间，五方会谈（包括中国在内）或许不失为一个解决办法。

作为回应，艾森豪威尔赞扬了法国在印度支那的奉献，但声称五方会谈是"亵渎美国"。这位总统仍然希望通过军事途径解决争议，并向比多承诺更多的美国援助已在路上，但在比多看来，这压根不是问题的关键。疲态尽显的丘吉尔感谢法国为帝国和自由以及为印度支那所做出的一切，并对英国放弃了印度表示后悔。他勉励法国考虑将兵役期限延长（这样军队可以"自我传承"），同时态度含糊地暗示说，英国在马来亚的平暴经验也许会为法国在印度支那提供一些教训。[47]

就这样，这三位西方领导人的会谈画上了句号。没人怀疑这也将是他们三人的最后一次会谈（确实如此）。不过，虽然他们之间存在众多分歧，出现了如此多的不得体的行为，且三人间气场完全不对，但在印度支那议题上，代表团看似达成了一致：最终的公报向"法国和三个联合邦的英勇军队"致敬，并表示"他们的奉献对于捍卫自由世界至关重要"。[48]但这些八股语言回避了一个核心问题：在何时、以何种形式进入和谈。法国和越盟进行双边会谈的提议已经被踢出局，而比多试探性的五边会谈提议，在美国人的词典中有亵渎之意，这就意味着未能从这个最关键的国家那里赢得支持。艾森豪威尔清楚地表示，这场战争得继续坚持下去，需要再给纳瓦尔将军一点时间。

注释

1. Bernard B. Fall, *Hell in a Very Small Place: The Siege of Dien Bien Phu* (Philadelphia: Lippincott, 1966), 22 - 23.

2. Raoul Salan, *Mémoires: Find'un empire*, vol. 2: *Le Viêt-minh mon adversaire* (Paris: Presses de la cité, 1971), 417.

3. 关于鸦片贸易对于法国决策的重要作用，参见 *The French Secret Services: A History of French Intelligence from the Dreyfus Affair to the Gulf War* (New York: Farrar, Straus & Giroux, 1995), 319 - 38。

4. 1955 年，纳瓦尔和科尼在媒体上互相攻击，政府随后决定就奠边府的决策成立正式的调查委员会，负责人为乔治·卡特鲁将军。法军最高指挥官、上将和部队指挥官都参加作证调查。Pierre Pellissier, *Diên Biên Phu: 20 novembre 1953 – 7 mai 1954* (Paris: Perrin, 2004), 548 – 68.

5. "Comité de defense nationale du 24 juillet 1953; Extrait du process verbal no. 821/CND du 18 septembre 1953," 10 H 179, Service historique de l'armée de terre. 另见 Joseph Laniel, *Le drame indochinois* (Paris: Plon, 1957), 20 – 22; Pierre Charpy, " 'Pourquoi je ne me suis pas suicidé,' par le général Navarre, responsable de Dien Bien Phu," *Nouveau Candide*, October 17, 1963; Général René Cogny, "Lalibre confession du général Cogny," *L'Express*, November 21, 1963; and *L'Express*, December 6, 1963。

6. Georges Catroux, *Deux actes du drame indochinois* (Paris: Plon, 1959), 168 – 69; Alphonse Juin, *Le Viêt Minh, mon adversaire* (Paris: Plon, 1956), 237. 该协议的内容见 Press and Information Division, French Embassy, Washington, D. C., *Indochinese Affairs* 1 (February 1954): 25 – 28。

7. Georges Boudarel and Francois Caviglioli, "Comment Giap a faille perdre la bataille de Dien Bien Phu," *Nouvel Observateur*, April 8, 1983. 感谢 Chris Goscha 为我发掘出了如此深具启发的文章。

8. Henri Navarre, *Agonie de l'Indochine* (Paris: Plon, 1956), 121.

9. 关于巴黎方面直至行动开始后才知道消息，见 Laniel, *Le drame indochinois*, 36。关于 11 月 20 日的行动，另见 Pierre Journoud and Hugues Tertrais, *Paroles de Dien Bien Phu: Les survivants témoignent* (Paris: Tallandier, 2004), 67 – 74。

10. Chen Jian, *Mao's China and the Cold War* (Chapel Hill: University of North Carolina Press, 2001), 132; William J. Duiker, *Ho Chi Minh: A Life* (New York: Hyperion, 2000), 448.

11. 这些数字援引自 BMA Saigon to War Office, June 7, 1953, FO 371/106748, TNA。另见 Taquey to Craig, May 14, 1953, Box 12, NSC Staff Papers, PSB Central Files, Eisenhower Library。

12. Dang Huu Loc (Military History Institute of Vietnam chief editor), *Lich Su Quan Doi Nhan Dan Viet Nam* [History of the People's

Army of Vietnam］, 4th printing, with additions and corrections (Hanoi: People's Army Publishing House, 1994), 387. 另见 Cao Pha, *Nhung Ky Uc Khong Bao Gio Quen* ［Memories I Will NeverForget］(Hanoi: People's Army Publishing House, 2006), 84 – 86. 感谢 Merle Pribbenow 的翻译。另见 Vo Nguyen Giap, *Dien Bien Phu: Rendezvous with History* (Hanoi: Gioi, 2004), 13 – 26。

13. Le Kinh Lich (chief editor), *Tran Danh Ba Muoi Nam: Ky Su Lich Su, Tap 1* ［The Thirty Year Battle: A Historical Report, vol. 1］ (People's Army Publishing House, 1995), 593. 感谢 Merle Pribbenow 的翻译。另见 Trinh VuongHong, "Dien Bien Phu: A Historical Inevitability," in *Dien Bien Phu: History, Impressions, Memoirs* (Hanoi: Gioi, 2004), 49。

14. *Tran Danh Ba Muoi Nam*, 593.

15. 参见 Vu QuangHien, *Tim hieu chu truong doi ngoai cua Dang thoi ky 1945 – 1954* (Hanoi: Nha xuat ban Chinh tri quocgia, 2005), 169 – 701; Pierre Asselin, "The DRVN and the 1954 Geneva Conference: New Evidence and Perspectives from Vietnam," 文章未被发表，由作者所有，p. 5。

16. *Tran Danh Ba Muoi Nam*, 593.

17. Bernard B. Fall, "Indochina: The Last of the War," *Military Review*, December 1956; Pierre Rocolle, *Pourquoi Dien Bien Phu?* (Paris: Flammarion, 1968), 169 – 76.

18. *Lich Su Quan Doi Nhan Dan Viet Nam*, 393.

19. "Dinh Cao Chien Cong Tinh Bao Thoi Chong Phat" ［The Peak of Intelligence Success During the Resistance War Against the French］, *Quan Doi Nhan Dan* ［People's Army］, October 21, 2005, 网址见 http://www. quandoinhandan. org. vn/sknc/? id = 1587&subject = 8, 2009 年 6 月 5 日最后一次访问。感谢 Merle Pribbenow 帮我查找到这篇文章并翻译出来。

20. Rocolle, *Pourquoi Dien Bien Phu?*, 206; Martin Windrow, *The Last Valley: Dien Bien Phu and the French Defeat in Vietnam* (Cambridge, Mass.: Da Capo, 2004), 257.

21. Jules Roy, *La bataille de Diên Biên Phu* (Paris: René Julliard, 1963), 83 – 86.

22. Windrow, *Last Valley*, 258 – 59.

23. George W. Allen, *None So Blind: A Personal Account of the Intelligence Failure in Vietnam* (Chicago: Ivan R. Dee, 2001), 51 – 52.

24. Chen Jian, *Mao's China*, 133 – 34。陈兼坚持认为中国在此次的决策中起到了决定性的作用。

25. *Quan Doi Nhan Dan* [People's Army] newspaper supplement, "Su Kienva Nhan Chung" [Events and Witnesses], Special issue no. 1 commemorating the fiftieth anniversary of the Battle of Dien Bien Phu, June 12, 1953. 感谢 Merle Pribbenow 为我提供本文翻译。

26. Ibid.; Giap, *Rendezvous with History*, 47 – 48.

27. *Lich Su Quan Doi Nhan Dan Viet Nam*, 1: 387 – 95; Christopher E. Goscha, "Building Force: Asian Origins of Vietnamese Military Science (1950 – 54)," *Journal of Southeast Asian Studies* 34 (2003): 556.

28. Ilya V. Gaiduk, *Confronting Vietnam: Soviet Policy Toward the Indochina Conflict, 1954 – 1963* (Stanford, Calif.: Stanford University Press, 2003), 14; Duiker, *Ho ChiMinh*, 449.

29. 参见 Chen, *Mao's China*, 167 – 70。

30. Ho Chi Minh, *Toan Tap I*, no. 6, pp. 494 – 96, 引自 Duiker, *Ho Chi Minh*, 451.

31. 党内报告引自 Pierre Asselin, "The DRVN and the 1954 Geneva Conference: New Evidence and Perspectives from Vietnam," 论文未出版，由作者所有。

32. 引自 Allan W. Cameron, ed., *Viet-Nam Crisis: A Documentary History*, 2vols. (Ithaca, N.Y.: Cornell University Press, 1971), 1: 217 – 18。另见 Vu Quang Hien, *Tim hieu chu truong doi ngoai*, 171。

33. Ho Chi Minh, *Selected Works*, 4 vols. (Hanoi: Foreign Languages Publishing House, 1961 – 1962), 3: 408 – 10; Pellissier, *Diên Biên Phu*, 116 – 17; James Cable, *The Geneva Conference of 1954 on Indochina* (London: Macmillan, 1986), 35.

34. Ho Chi Minh, "Report to the Assembly of the DRV," December 1 – 4, 1953, in *Ho Chi Minh on Revolution: Selected Writings, 1920 – 1966*, ed. Bernard B. Fall (NewYork: Praeger, 1967), 258 – 69.

35. General Hoang Van Thai, *Tran Danh Ba Muoi Nam*, 730.

36. Ho Chi Minh, *Selected Works*, 3：431.

37. Edward Rice-Maximin, *Accommodation and Resistance： The French Left, Indochina and the Cold War* (Westport, Conn.： Greenwood, 1986), 139.

38. Cable, *Geneva Conference*, 35.

39. 《世界报》, 1953 年 12 月 1 日。

40. Cable, *Geneva Conference*, 36；Jean Lacouture, *Pierre Mendès France*, trans. George Holock (New York：Holmes & Meier, 1984), 200.

41. "Situation enIndochine de 1 au 9 Décembre 1953," F60 3038, AN. 阮文心的话引自 1953 年 12 月 4 日的《世界报》, 转引自 Waite, "End of the First Indochina War," 73。

42. C. D. Jackson notes, "Bermuda Commentary," December 1953, Box 68, C. D. Jackson Papers, Eisenhower Library.

43. Ibid.；Sir Evelyn Shuckburgh diary, 引自 Cable, *Geneva Conference*, 37。

44. Lord Moran, *Winston Churchill：The Struggle for Survival 1940 – 1965* (London：Constable, 1966), 503 – 12；Cable, *Geneva Conference*, 37；David Carlton, *Anthony Eden：A Biography* (New York：HarperCollins, 1986), 335 – 37；John Colville, *The Fringes of Power：Downing Street Diaries, 1939 – 1955* (London：Hodder & Stoughton, 1985), 643.

45. 见 Memcon, December 4, 1953, *FRUS, 1952 – 1954, Western European Security*, V：1739。

46. Colville, *Fringes of Power*, 683, 转引自 Kevin Ruane, "Anthony Eden, British Diplomacy, and the Origins of the Geneva Conference of 1954," *Historical Journal* 37 (1994)：155。

47. Dulles to Acting SecState, December 7, 1953, *FRUS, 1952 – 1954, Indochina*, XIII, 1：901 – 2；Eden minute to Churchill, December 7, 1953, FO 371/105574, TNA.

48. 摘自《公报》, 1953 年 12 月 7 日, *FRUS, 1952 – 1954, Indochina*, XIII, 1：901n2。

第十七章　"我们有种感觉，他们将在今晚发动总攻"

———

亨利·纳瓦尔并不需要政客们的鼓励。他已经自己下定了决心，要先占领奠边府，而后想办法在此地一战。1953 年 12 月初，当各国领导人的飞机离开半个地球以外的百慕大时，他仍然坚信偏远的北圻山谷将上演一场伟大的胜利，情形跟一年前的纳伞类似，但规模要更大，也更具毁灭性，将是纳伞的几何倍数。不过这里已经出现了一些不祥之兆，就算这位法军总司令没看到的话，他身边的一些随从也已经看到了。驻扎在山谷外的营一级突击队持续遇到麻烦。比如在 12 月 4 日，由让·苏凯（Jean Souquet）少校领导的第一殖民伞兵营在东北方向约 5 公里处遭到猛烈袭击。这个营在付出了 14 死 26 伤的代价后终于脱身。从越盟军人尸体上找到的文件（他们身穿胡志明之前所要求的夹棉外套）显示，他们并不像大家希望的那样属于地方军，而是第 316 师 176 团的正规军。[1]

勒内·科尼少将意识到了敌军的快速行进，于是要求莱州全面疏散。大部分正规军是通过空中疏散的，但有约 2100 名士兵——其中大部分是傣族援军——受命步行向 90 公里以南的奠边府行军。他们在 12 月 5～11 日相继出发。尽管得到了空中支援，但这群训练和武器严重不足的傣族士兵很快就遇上了麻烦，接二连三遭到伏击。被迫逃离主路的幸存者要么绝望地

想要逃离敌军的追捕，要么选择做出英雄般的最后一击。最终 404
的损失难以估计，不过一份资料显示，截至 12 月 22 日，只有
185 个幸存者到达奠边府。当然，剩下的人并没有悉数被杀——
不少人潜入丛林中并成功逃脱——但死伤数仍然相当可观。在
规模较大的部队中，只有维梅斯中尉的三个连因为向东面走了
条迂回路线，才在到达奠边府时没有蒙受什么损失。[2]

对于在傣族聚居区的法越派系的反游击战的军队来说，莱
州撤退是一次沉重的打击。它也使越盟得以将其全天候公路从
昆明延伸至临近封土（Phong Tho）的前线，再向南经过莱州
直至巡教县。就连最熟稔的军队媒体官员也不能掩盖这样一个
事实——莱州失守是一次重大的军事失利。从心理上来说，这
同样让人痛心，因为这里是傣族部落的省会，象征着法国的支
持和当地的军事实力。而现在，莱州已经覆灭。12 月 12 日，
第 316 师的数个团进入这座被匆匆遗弃的城镇。[3]

即使对于一支早就证明了能在复杂地形下完成长途跋涉的
军队而言，第 316 师的速度也实在是十分惊人。这支军队白天
可行进 32 公里，通常不走主路；夜间则可达 48 公里，因为晚
间不需要担心突袭。每个人都自背武器、一周的大米（通常
在沿路库房得到补给）、一个水瓶、一把铲子、一顶蚊帐和装
在竹筒里的一小撮盐。他们要从黎明行军到日落，或者完全颠
倒过来走，每小时休息 10 分钟。夜行军的好处是天气凉快，
但对体能的要求要远高于白天。在到达目的地时，士兵们就地
挖一个掩体，在身底下铺一块尼龙睡一觉，起来时用盐水将脚
清洗一下。一些士兵有鞋子穿，还有一些只能穿用轮胎做成的
拖鞋。他们整天疲倦不堪，而伙食有时只有青菜和从林子里挖
出来的竹笋。[4]越南人的文献记载中甚少提及胡志明在 9 月指

出的士气问题，但这个问题肯定存在，至少在部分队伍中如
此。行军速度实在是太快，条件实在是太恶劣，而地势又实在
是太险要了，否则不可能这么艰难。但不容否认的是，第316
师以如此之快的速度行进了如此远的距离，表现出了无与伦比
的毅力与凝聚力；同样不容否认的是，这个师的位点给帕维路
（Pavie Piste）南端的军营带来了严重威胁。

　　接受任务迎接挑战的是克里斯蒂安·马里·费迪南·德
拉·克鲁瓦·德·卡斯特里（Christian Marie Ferdinand de la
Croix de Castries）上校，在莱州疏散开始时，这位身材高大、
温文尔雅、有着贵族风度的骑兵成为奠边府战役统帅。不过，
51岁的德·卡斯特里并未流露出多少顾虑。他向来喜欢在面对
重大的挑战时故意摆出一副冷淡的姿态，而在碰到不那么紧要
的事情时又显得过于严肃。德·卡斯特里曾跟随过一连串高级
将领，包括一位元帅、一位上将、八位将军（其中一位曾与拉
斐特将军一起参加过美国革命）。他时髦又无畏，喜好艺术，在
追逐女人方面是把好手，履历中满是年轻时犯过的小错。在两
次世界大战期间，倘若巴黎要举办一场时尚的上流社会活动，
德·卡斯特里几乎不可能不出席，而且每次臂弯里搂着的女人
都不一样。他马术精湛，在20世纪30年代曾两次在世界骑术
大赛上夺得冠军，也是唯一一个同时创跳高和跳远纪录的骑手。
他在法兰西战役中成为德国人的战俘，于1941年越狱，随后任法
国抵抗军少校，领导过在意大利、法国和德国进行的战役。1946
年，德·卡斯特里前往印度支那，1951年再次受命来到这里，并
在永安战役中全身多处受伤。纳瓦尔跟他是老相识，1944~1945
年占领德国期间是他所在团的团长；两位同样是骑兵出身的军官
非常合得来。科尼对此次任命表示赞同，但背后的原因多半是觉

得此人既傲慢又虚荣，最好是将他从河内的总部支开。[5]

12 月 8 日德·卡斯特里抵达奠边府，他拄着一根锃亮的折叠手杖，搭配绯红色的软绸围巾和红色船形帽——似乎是用这种尖顶军帽来彰显自己的骑兵出身。一眼便知，这可不是一位凡事畏首畏尾的人。即将离开的让·吉勒如释重负，带着德·卡斯特里在营区转了一圈，并将他介绍给军官们，其中一些军官当即指出，山谷外的突击行动已经遭遇严重问题。他们告诉他，敌军业已逼近并形成围攻态势。对德·卡斯特里来说，这本应是一记警钟，可他是出了名的不喜欢僵持防守战役，而且这次被选中执行任务，多半就是因为他身上带着骑兵的赌性，因此可以执行纳瓦尔的进攻战术。他在早期始终持乐观态度，即便是在听说了傣族游击队在莱州以南的行军路上遭遇到血腥攻击时依然如此。他觉得，这些军官恐怕只是在夸大机动行动的难度罢了。更何况敌军不可能拥有他所持有的重型武器。就算太阳打西边出来，敌军在山脚下真的安置了一些重型武器，法军的大炮也会立马将它们摧毁。[6]

就这样，德·卡斯特里开始紧锣密鼓地监督山谷里几处要塞的修建工作。最终这里的目标是建成九座要塞，起的都是女性的名字——据说这些女人都是德·卡斯特里的前任情妇（不过，它们也代表着字母表上从 A 到 I 的字母）。其中大部分要塞（多米尼克［Dominique］、于盖特［Huguette］、克洛迪娜［Claudine］和埃利安［Eliane］）是围绕着飞机跑道而建的，以便形成守势；西面则是相对较小的弗朗索瓦丝（Françoise）。在约 2.5 公里外，分别位于北部和东北部两座小山包上的是加布丽埃勒（Gabrielle）和贝亚特丽斯（Béatrice）分别守卫着两处军营。从于盖特往西北，一连串由傣族游击队

407

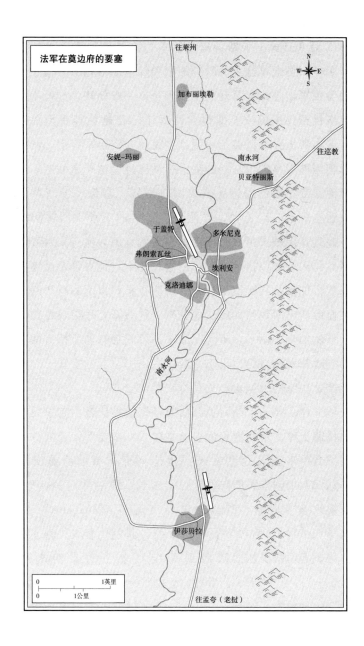

法军在奠边府的要塞

防守、连接松散的要塞被统称为安妮－玛丽（Anne-Marie），
而在于盖特南边不到 5 公里处，是孤零零的伊莎贝拉
（Isabelle）。两个营受命用炮火掩护中央阵地，同时防守一条
辅助飞机跑道。法军需要投入很大的精力来修建掩体、壕沟和
带刺铁丝网以保护防守阵地，同时还要建成一个地下总部和医
院。这里还应有水过滤厂（当地流行阿米巴痢疾）、发电站、
维修和保养坦克的车间、弹药供应站以及储藏室。

　　问题在于要为这项工程获取充足的建筑材料——工程兵指挥
官安德烈·苏德拉（Andre Sudrat）估计，总共需要 3 万吨原材
料。苏德拉很快就意识到，连将这些材料中的一个零头空运到战
场都不可能（尤其是应当优先考虑粮食和弹药），但他认为起码
应把必需的原材料送来：3000 吨带刺铁丝网。如果他满心以为能
从资源充沛的山谷中找到剩余物资的替代品，他很快将大失所望。
这里没有水泥、沙子、石头、砖块，而且特别离奇的是，还几乎
没有木材。这个盆地里几乎完全没有植被，而树木繁茂的山坡又
无路可走。想要走远一点儿寻找木材则是自找苦头，因为那里很
可能潜伏着越盟的侦察员和游击队。这位工程兵指挥官别无他
法，只能下令夷平当地农民的房屋，好搜刮一点儿木材——而
这显然会招来怨恨。可这对于越盟来说是个再好不过的消息
了，他们派出的先头侦察员已经从高高的山上清楚地看到法国
人像蚂蚁一样，在山谷的盆地里进进出出，同时也观察到他们
的路线，了解到他们的行踪。通过望远镜，他们甚至能清晰地
看到德·卡斯特里和他戴着的红围巾。[7]

二

　　平安夜这天，当一位特殊的客人乘机抵达这里时，越盟的

408

望远镜无疑也捕捉到了他的身影。这是纳瓦尔将军，他来这里是要跟军队一起参加弥撒活动。此时，法军军营的规模已经十分令人震撼，至少从规模上来说是如此。在过去的几周里，飞机将一批批的增援部队送来：有外籍军团、摩洛哥军团和阿尔及利亚营队；有主要由非洲裔黑人炮兵构成的殖民炮兵团；有情报和工程兵部门；有医护人员；甚至还有两个专供外籍军团战士享用的移动战地妓院。这个山谷里的法兰西联邦军队人数总计已达 10910 人，达科塔运输机还在源源不断地将大量武器和弹药运来。美国人提供的"熊猫"战斗机已经就位。纳瓦尔甚至还亲眼看到了由三辆美制 M–24"霞飞"坦克组成的第一个坦克排做好了战斗准备。这些坦克是被拆成底座和炮塔两部分空运到营地，然后使用滑轮和转轴装置费尽千辛万苦才重新装配起来的。[8]

　　总指挥来到营地的消息不胫而走，很快就从一个要塞传到另一个。他在官兵们当中不算有人气，但好歹他亲自来跟大家欢庆佳节了（按欧洲大陆的习俗是在平安夜这天庆祝），这为他赢得了不少加分。军人们互相议论着，纳瓦尔将军或许确实冷漠、内向、笨拙，也没多少实战经验，但至少今天他来到了这里。他的到来提振了军队的士气，一群士兵和护士想方设法弄到了一些彩纸和棉布，将又细又矮、看起来不怎么喜庆的圣诞树装饰了起来。黄昏时，德国兵团战士哼唱的《寂静的夜晚，神圣的夜晚》（Stille Nacht, heilige Nacht）在黑暗中回响起来，远处的大炮声依稀可闻。而在海外军团的军官营地，随着香槟酒在杯中荡漾，歌声此起彼伏，人们谈话的内容也越来越粗俗。[9]

　　从某种程度上来说，人们是在借此机会逃离现实。你必须强迫自己庆祝节日，就好像被夜色和雾气笼罩的群山间并没有

**1953 年平安夜,纳瓦尔将军(图左)来到奠边府。
坐在驾驶座的是守备部队总指挥德·卡斯特里上校。**

挤满一心想要置你于死地的敌人那样。你必须强迫自己暂时忘记已经四面受敌。"营地中有种奇怪的气氛",霍华德·辛普森回忆说,这位美国新闻署的通讯员在一两天前到达这里,他敏锐地注意到,"军官们仍然自大、坚定,但士兵们,尤其是北非、傣族和一些越南人连日来缺乏活动,觉得憋闷,而且不知道'外面'究竟存在着什么威胁,看来他们已经受到了这种情绪的影响。日落后,令人不安的静谧降临在这片黑暗的山谷里。紧张的炮手不时地将曳光弹射入夜色中,光线的轨迹看起来行进得特别缓慢;带着罩盖车头灯的吉普车在高低不平的路面上颠簸前行;散发着臭味的公共厕所闪动着亮光,那是蠕动的蛆虫呈现的微微磷光。"[10]

纳瓦尔注意到了这种潜在的不安情绪,事实上,他本人也有所感知。在这次视察中,他表现得阴郁又孤僻——虽然以他通常的标准来说也是如此。他没有发表鼓舞人心的演讲,没有给官兵们打气鼓劲。"我们已经将制胜的军事条件全部准备好了，"在刚开始与德·卡斯特里的闭门会议，以及之后与一群军官的会谈中，他都如此保证道。但他的话没有多少说服力，因为他同时也对情报所表明的大批越盟补给卡车正开往该地区表示担心。"我们没法切断敌军路线，"他对军官们表示，对此其中不少人都持异议。[11]在平安夜弥撒后，纳瓦尔在德·卡斯特里的营房主持了一场节日晚宴，但很快就离席了。在他告退前，第九突击队的朱尔·戈谢（Jules Gaucher）中校——这是一位魁梧、务实的老兵，自1940年起就在印度支那服役——多喝了几杯酒，开始事无巨细地描述起离开营地哪怕几里，完成军事任务都将遭遇重重困难。第二天，一等到雾气散去，纳瓦尔就立刻乘机离开，动作跟他来时一样迅速。

这样一位生性如此现实冷峻的人，为什么没有取消整个作战计划，下令立即撤退？此时确实为时已晚——越南人民军的第308师和第316师已经建立了防御阵地，以防止对手撤离。但武元甲的大炮尚未就位，而且要到几周后才能安置妥帖，纳瓦尔其实还有时间。但下令撤退会让他脸上无光，也会招致种种骂名，比方说软弱无力，胜利在望时偏偏要认输，在决定性的大胜唾手可得时轻易放弃。撤退同样会赢得支持的声音，当中包括授权他可以做出任何决定的巴黎官员。指挥官在不能确保胜局时选择撤退，虽然在最初时会遭到痛斥，但最终会因其睿智英明而备受称许，这样的历史事例并不鲜见。

几年后，美国一位副国务卿在徒劳地想要阻止越南战争升级为一场大规模的美国战争时，曾这样说道："没有哪位伟大的首领，不曾为一次伟大的战略撤退而背负过骂名。"[12]

撤退的想法确实曾浮现在纳瓦尔的心头，至少是一晃而过。

在到访奠边府四天后，纳瓦尔收到多份报告，确认现在不可能打通一条道路连通这个加筑壕沟的军营，于是他命令勒内·科尼为可能的撤退起草机密方案。科尼写了两个方案，其中"阿里安行动"（Operation Ariane）是为营救撤退的守备部队做准备，而"色诺芬行动"（Operation Xenophon）则是要一边作战一边向南撤退。这两个方案都未向守备部队的指挥官们透露，而且规定直到最后一刻方能实施。但是，这个时刻到来了吗？没有，总司令认为它尚未到来。（或者，在他内心深处恐怕会相信，它已经又化为泡影了。）用几个星期撰写撤退方案的科尼同样认为此想法尚不成熟。两个人坚持说，成功终将实现；奠边府的山谷将会迎来一场辉煌的胜利，这场比纳伞战役规模更大、赢得更漂亮的战役将使得巴黎的文职官员们能开展"光荣的谈判"。 411

巴黎的领导人们明白，这场在北圻西北边隆高地上进行的激战，恐怕将是决定性的一场硬仗。其他观察人士，包括华盛顿、伦敦、莫斯科和北京的官员们，同样心知肚明。英国驻西贡大使馆在元旦前夕发的电报这样写道："现在看起来，奠边府必有一场鏖战。"[13]

纳瓦尔的劲敌同样感觉到形势已经发生变化。随着新一年的到来，加上越盟先头侦察员向总部报告称法军的营地仍在飞速地建设中，武元甲宣布自己已经做好了准备：他要将自己位于太原省的指挥部搬到500公里开外的奠边府附近。他告诉自己的手下，眼前的这场战争实在是太艰巨了，他不可能不亲赴现场。胡志明唯恐当下还有任何不确定性，在给武元甲的信中他叮嘱道："这场战役十分关键，不仅在军事上如此，在政治上也同样如此；不仅基于国内因素，同时还基于国际因素。因此，我们的所有人民、所有军人，以及全党上下都必须团结一心，誓将完成任务。"[14]

三

进攻定于 1954 年 1 月 25 日下午晚些时候展开。下午 5 时，越盟军队将直捣法军守备部队心脏。在盆地西部囤积重兵的第 308 师最远将探至德·卡斯特里上校所在的战地指挥所，这个方位的守军受地势所限，配备不可能十分完善。第 312 师将从东北部一路进发，连续攻陷加布丽埃勒（位于独立山 [Doc Lap]）和安妮 – 玛丽要塞（位于班胶 [Bankco]），进而控制机场跑道。随后，越盟军队将由中心向外缘移动，将法军守备部队切成碎片，并迅速歼灭。

412　　武元甲和他的中方顾问花了几周时间反复研讨，最终制定了这个行动方案。1 月 5 日，武元甲出发前往北圻高地。此行跟以往不同的是，这次他大部分时间都乘坐吉普车，只有一天一夜是步行穿越了顺州（Thuan Chau）和巡教县之间艰险的发丁山道。他这一路基本上是沿 13 号省道前行，定期接收前线最新消息，并与中方的头号代表人物韦国清保持密切联系。两人都担心一件事情：法军会像数月前在纳伞，以及 1952 年年初在和平时那样撤退。一天晚上，法军营地附近着火的消息传来，他们的担忧升至顶点。法军是要先把他们的储备烧毁，接着开始撤退吗？不是，后续报告终于来了：法国人没走，他们点火是为了清除军营周边的杂草。[15]

1954 年年初的这几个星期里，武元甲和韦国清之间的讨论细节现在多半已经无从考证，但可以猜想到两人不可能一团和气。在武元甲近年来公开出版的回忆录中，他表示自己一开始时就对"速战速决"的战略持怀疑态度，这显然指的是中国军队曾运用于朝鲜战场的人海战术。在他看来，更好的办法是通过在几周时间里采取"稳扎稳打"的方式缓慢向前推进。

越盟工炮师政委范玉茂（Pham Ngoc Mau）形容说，在这两者间做出选择，就好比是用一把水果刀将橙子切成几瓣来吃，还是花点时间用手剥了橙子皮来吃。韦国清坚持认为应该用刀子切，武元甲顺从了，但他在私下里要求跟自己关系最亲近的越南副官频繁通报法军援军的补充速度。他担心，如果1月25日的总攻失败，将会给人民军造成巨大损失，并将一次重大的军事和政治胜利拱手送给法国人。[16]他没有忘记胡志明的警告：除非胜券在握，否则不得冒进。

前往新总部的路走了大概一星期。一支先头部队在奠边府以北14公里的芒峰（Muong Phong）群山中，在一处瀑布边找到了一个洞穴，将它作为指挥部。这个洞四面被丛林环绕，位于四五米高的山崖下，入口被巨石遮蔽。在抵达48小时后，武元甲就召集了一次会议，包括参谋长黄文泰和政治总局副主任黎廉（Le Liem）在内的高层将领悉数参加。韦国清和其他中方顾问当时肯定也在场，但越南的文献对此几乎只字不提，倒是在文件中提到有一位罗马尼亚画家和两位记者列席会议，其中一位记者是意大利人，一位是中国人。[17]

越南这个阶段的史料中频繁出现"韦国清"这个名字，但对于这位幻影般的将军总是语焉不详，那么，韦国清究竟是何许人也？他来自广西，距离越南的谅山边境不算远。他是壮族人，这个民族在血统上跟奠边府的傣族有着一定的渊源。他在1931年加入中国共产党，走过二万五千里长征。他在1948年的国共内战中立下赫赫战功，1949年新中国成立后成为老家广西的领导人物①，从1950年起开始担任中国军事顾问团负责人，

413

---

① 韦国清在1955年被任命为广西省省长。

奉北京之命协助越盟。除了有一年告病假外，大部分时候他都
是武元甲的亲密顾问，常常出现在越盟的指挥部里。[18]

　　1 月 14 日的会议批准了 11 天后对法军守备部队发起猛攻
的计划。行动有着双重目标：歼灭敌军大量有生力量，同时解
放西北地区，为向位于老挝巴特寮（Pathet Lao）的大本营扩
张创造条件。几周前，武元甲已从第 304 和第 325 师中抽调了
几个营刺入老挝中部，这样就与巴特寮连成一气，眼看有可能
从老挝最狭窄的部分将其拦腰斩断。这次行动打得法军措手不
及（法国二局暂时未能注意到这些部队的动静），虽然行动半
途而废，但它还是让武元甲看到了夺取奠边府将进一步引发怎
样的后果。与会人士对于"速战速决"和"稳扎稳打"两个
战术进行了多大程度的探讨，这一点不得而知，但可以确定的
是，在会议结束时他们坚定地选择了前者。到了 1 月 25 日这
天，法军守备部队很有可能仍然非常脆弱，而人民军在从事一
场长期的军事行动方面既无资源也无经验。

414

<h2 style="text-align:center">四</h2>

　　接下来这 10 天紧锣密鼓的备战工作，其强度恐怕比史上任
何一场战役都有过之而无不及。一个月前发起的劳动总动员开
始以令人惊异的速度展开——因为在 1 月 14 日这天，一切都尚
未准备就绪。大炮并未在俯瞰奠边府的山峰安放妥当，而通往
那里的道路不仅没有建好，甚至还未规划完成。此时最繁重的
任务仍是将物资通过 13 号省道从位于睦南关（Mu Nam Quam，
旧称友谊关）的中国边境运往红河，之后再经过 41 号省道送往
奠边府所在的高地，全程达 800 公里。工程兵和战士们在挑夫
的帮助下，夜以继日地沿这条道路施工，清除、拓宽和修复路

面，以保障车队通行。整条路被划为八段，每段终点都以山脊或水渠这类障碍物作为标记，并建立了配套的检查站。越南人民军现在已经拥有了约600辆苏制莫洛托夫2.5吨重卡车以及数量略少的美制道奇卡车（由中国军队在朝鲜，或者越盟在越南缴获）。每辆卡车只在一段距离行驶，到了一处检查站后挑夫就会将货物卸下来，再装上受命向下一站行驶的卡车。[19]

法国的飞机是个挥之不去的威胁，虽然越方从未公布挑夫的伤亡人数，而且恐怕也未曾统计过，但伤亡无疑十分惨重。（新出现的美制杀伤炸弹在爆炸后可以射出无数致命的小碎片，这尤其令人胆寒。）但越盟的工程仍在继续，一旦某个地段遭到轰炸，数以千计的挑夫就会填平弹坑或者绕过它修建边道：法军的机组人员慌乱地报道说，他们在路面上成功破开的口子往往会在几小时内被越南人修复。让飞行员更加为难的是，越盟军队使用了各种巧妙的手段来伪装路面。他们会紧贴着河面搭设浮桥以逃避侦察，在树顶上罩上绳网以遮住道路，在机动车上盖着带叶子的树枝，在卡车驶过后立刻擦去轮胎印迹。他们还开发了一套原始但有效的突袭预警机制，即树顶上的侦察员通过敲击三角铁或吹口哨的方式来警告有飞机正在接近（这些都不是喷气机，因此在到达很久之前就可以听到）。飞行员曾报告说，没等到飞抵目标，就眼见着排成长队的卡车车头灯戛然熄灭。[20]

碰到空袭带来的破坏或者自然障碍物实在太巨大，无法在短时间内克服的情况时，越南的军队就会叫来挑夫搬运物资，他们往往要扛着走很远。挑夫们会戴上临时使用的肩垫、挑着竹制扁担，如果有大件货品就得一群人一起搬。现在还可以找到一些资料照片，照片上四人一组的挑夫用扁担挑着75毫米日制山炮的炮管和炮闩，在树木繁茂的陡峭山坡上攀爬着。

　　自行车多年来一直是越盟青睐的运输工具，眼下，它又被派上了大用场，其中大部分都是法国制造，在圣艾蒂安或者标致的厂房生产。一辆经过改装的自行车——用木头架子加固车身，用竹枝延长车把和刹车握把——载重量甚至超出了一头大象。武元甲后来回忆说："我们出动了所有能使用的自行车，总计达 2 万辆。"

　　每辆驮运自行车最初能够运送 100 公斤货物，后来逐渐加码到 200 公斤甚至 300 公斤。有一个苦力叫马万胜，来自富寿省，他能推着自行车运 352 公斤货物。这种驮运自行车的载货空间是扁担的十倍，这样一来，运送补给的人所消耗的粮食量也可以相应减少。这类驮运自行车还有个好处：它们能在卡车无法通行的公路或小道行进。这种运输方式让敌军极为意外，打了对手一个措手不及。[21]

　　不过，在卡车一路蜿蜒行进至 41 号省道的终点站纳岩（Na Nham）后，最激动人心的征途才真正开始。从这里开始，为了避免法军侦察，战士们需要将大炮零件从小路上拖到炮位，这条小路是在既定的进攻日 10 天前才刚刚在地图上被标注出来的。他们要将大炮从卡车上卸下来，为了穿越海拔1100 米高的布帕山山麓（Pu Pha Song mountain），他们需要连续攀登数个山峰；接着下山，朝着连接奠边府和莱州之间的帕维路前进，横穿班多（Ban To）附近的小山；接着他们还要再爬一座高山，好将大炮架设在班华纳（Ban Nghiu），从那里可以向法国守备部队进行近距离射击。

　　越南军队花了七天七夜，不眠不休，使用了滑轮组、牵引

1954 年 1 月，一队挑夫推着经过改装的自行车（其中很多是
法国制造的标致牌）向奠边府前进，车上满载着粮食和弹药。

绳和用来防止零件滑落的制动楔子，终于将重炮安装到位。重
达半吨的 75 毫米山炮不是问题，因为它可以被拆成 11 个部
分，尽管又笨重又烦琐，但大家尚能应付。而牵着 105 毫米的
榴弹炮爬上坡度有时能达到 60 度的山地，这简直是个荒唐的
挑战。第 312 师指挥官陈度（Tran Do）与其他步兵们一样，
陷入牵拉 105 毫米大炮的"沉默的战役"中。"每天晚上，当 417
白雾……开始飘荡在平原上空，一队队的士兵们就立刻开始上
路。这段长 10 公里的小径极其狭窄，轮子只要稍稍歪一点儿，
大炮的零件就会坠入万丈深渊。新近打通的小道很快就成了齐
膝深的沼泽。我们流血流汗，以血肉之躯代替卡车，将大炮零
件一点点地运到目标位置，"后来他写道。

　　陈度继续写道，疲劳和缺乏补给始终困扰着众人。伙食只

有大米，而且常常是生米，因为伙房在白天时不能生烟，在夜间不能有明火。可即便如此，工程仍然在继续。"为了翻上一个山坡，成百上千人在大炮前爬行，拖曳着长绳，一寸一寸地拖着零件往前挪动。在山顶上，防止零件滑落的绞盘吱吱嘎嘎响着。"接下来的任务更加令人生畏："下坡远比上坡更难。眼前的景象刚好颠倒过来：成百上千人紧握大炮零件后面的长绳，他们的身体向后仰靠着，绞盘一寸一寸地将绳子放出来。"用这样的方法，军人们整晚借着手电筒的亮光作业，能行进 500~1000 米。[22]

即便如此，他们仍然总是要面临需要做得更多、走得更快的压力。当工炮师政委范玉茂听到一位下属通报说，105 毫米大炮眼下每小时的推进速度为 150 米左右时，他大发脾气："速度个鬼！你怎么能跟其他人一样，说我们就是做不到一小时走 200 米？"如此残酷的速度不可避免地引发了事故和其他灾祸，也带来了质疑。一次，在爬一段特别折磨人的山路时，一门大炮开始倾斜，轮子慢慢陷进小道的一侧。看起来它将坠入山谷，连带着将士兵和挑夫也拉下去，大伙儿哀叹起来。"我们就要白白送命了，"他们哭着控诉道，"有那么多卡车是干吗使的？为什么要拿我们自己的双臂当发动机？"[23]这些绝望的瞬间似乎并不算多，但军队还是组织召开了各种会议来为大家加油打气，同时寻找各种法子，好让人们的劳作不再如此艰巨危险。下面是其中一项改进：他们在大炮的炮架下安装了一种装置，可以在不需要抬起它的情况下将大炮滑到地面，这既减轻了士兵们的负担，同时也降低了事故发生的风险。[24]

418

五

法军司令部知道越盟即将展开进攻。1 月 20 日，情报部门的操作员截取并破译了越盟的数条信息,上面说的是进攻将在 25 日晚间,借着下弦月的月色展开。河内和海防的官员们闻讯后兴高采烈,过了这么久,敌人终于浮出水面准备挨揍了。而当消息传到守备部队的官兵那里后,同样到处都是欢声笑语。这是虚张声势?在某种程度上也许是这样,尤其是对于那些掌握了有关越南备战的深度和广度信息的高级军官来说。但大部分人还是愿意配合演这场戏。战士们一再听闻越盟的进攻迫在眉睫,结果一次又一次发现是假警报,这让人又沮丧又紧张。在这个偏远的山谷里,倦怠如影随形地陪伴着人们,他们思念着故土,想念妻子和女友,想念家门口咖啡馆的冰啤酒,想念热水澡和可口的饭菜。他们拿到了脱干的深色劣质酒——一种罐装、啫喱状的红酒提取物,必须冲水饮用——这反而让他们更加怀念真正的酒。至于营地妓院里的姑娘们,她们确实能给人慰藉,但给不了爱情。

飞机川流不息,将人员和物资运送到营地,这同样让人觉得宽心,也让大家相信一旦战役打响,法军将必然拥有优势地位。每天,只要天气允许,美国援助的 C - 47 达科塔和 C - 119 运输机每 15 分钟就会降落一班。到了后来,这个运送频率看来是远远不够的——战后的一项预测认为要想为这个谷地建立牢固的防守阵地,本应需要 1.2 万架次飞机运输,也就是五个月连续不断的起降——但在当时看来,大部分人都认为眼下已经准备就绪。到了 1 月中旬,已有 12 个营就位,负责守卫各个要塞。在北面,加布丽埃勒有阿尔及利亚第 7 军团第 5 营和一个外籍军团迫击炮连守护;防守贝亚特丽斯的是外籍军队第 13 团第 3 营;安妮-玛丽则由傣族第 3 营和一个外籍军团迫击炮连防守。于盖特、多米尼克、弗朗索瓦丝和埃利安获得了类似规模的防守护卫，而在德·卡斯特里所在的指挥部周边，给克洛迪娜安排了第 8 殖民伞兵营、两个坦克排、炮兵和一个外籍军队重炮连驻守，并有安全、情报和医疗小分队配合。位于南边的伊莎贝拉得到了外籍军团第 3 步兵团第 3 营、阿尔及利亚第 1 步枪团第 2 营、一个坦克排、炮兵和一个傣族连的重兵保护。

在 1 月，不断有访客视察法军这个持续加固的营地。他们中的大部分人都对工程进展、要塞的选址，以及蓄势待发、准备朝着越盟阵地开火的 28 门大炮和 16 门重型迫击炮表示满意。而且只要有人对这一切兵力是否足够表示疑虑，德·卡斯特里就会开足马力改变对方的看法。[25]至于科尼和纳瓦尔，随着预期中的越盟进攻日益临近，他们的态度比起德·卡斯特里要更加审慎。情报报告令人警醒。早在 12 月 27 日，法国空军就已发现越盟将重型装备运往奠边府的证据。那时，情报分析人士已经预测武元甲将调动 4.9 万军力，其中参战人员达 3.3 万人，这个数字与实际数字之间只相差不到 10%。1 月 9 日，空中俯拍照片显示 105 毫米榴弹炮离开了越盟大后方，正向高地前行。[26]

纳瓦尔避免对战果妄作揣测。12 月 28 日，德·卡斯特里的参谋长在营地周边被狙击手击杀，这让他在心中大呼不妙。而在 12 月 31 日，纳瓦尔对美国大使希思透露说，无论他怎么努力，奠边府恐怕都在劫难逃。他告诉对方，越盟现在恐怕已经有能力将 105 毫米大炮搬上高地，进入对山谷的射程范围之内。次日纳瓦尔向巴黎方面称："最近两周来收到极为严峻的情报消息，预示着我们要面临着这些新的可能性……我再也不敢担保取得战争胜利的任何可能性——如果对手果真拥有如此大量的物资，而且有能力有效使用的话"。[27]

这就是核心问题了：武元甲有办法有效使用他的重武器吗?

1 月时，纳瓦尔和科尼仍然坚持认为他做不到这一点。如果他像通常的做法那样，从山顶后头开炮，那么弹道是偏移的，不可能重创法军阵地；如果他选择在前面的山坡开炮，那么又非常容易暴露位置并遭到打击。守备部队的独臂炮兵司令夏尔·皮罗特（Charles Piroth）上校坚持表示不管武元甲发起怎样的火炮进攻，自己都能轻松应付，这进一步加深了他们的信念。科尼对于几处偏远的要塞，尤其是对北边的贝亚特丽斯和加布丽埃勒特别担心，认为在战斗中这些阵地将被轻易攻下，而且几乎不可能重新夺回来，但在此时，他只能祈祷皮罗特的想法没错。他知道，大炮将在这场战争中起到决定性作用——对于双方都是如此。

　　科尼和纳瓦尔彼此都厌憎对方这一点，对于法军备战显然有害无益。他们的关系一向疏远，而在近来他们对彼此的憎恶已经不假掩饰，他们分别在河内和西贡的工作人员对此更是了如指掌。从任何方面来看这两人都截然相反。纳瓦尔身材瘦小、沉默寡言、不善交际，特别怕跟记者打交道；而科尼则是个身高 1 米 93、体重 95 公斤的大块头，他性格开朗，处理公关事务是把好手，而且天生就是个将才。现年 49 岁的科尼拥有法学和政治学双博士学位，曾经历过布痕瓦尔德集中营的非人折磨，在获释时已经严重营养不良——体重降到了 54 公斤——而且瘸了一条腿（之后他一辈子都需要拄拐杖）。他曾在德·拉特尔手下担任北圻一个师的师长，因为跟战士们一起走过水齐腰深的稻田、涉水蹚过溪流查看对岸战情，在这群士兵中享有盛誉。德·拉特尔去世后，他留在印度支那服役。他远比纳瓦尔敏感，哪怕是最微妙的批评也会让他深感受伤，因此，他哪怕是当着战士的面也会抗命的名声为众人所知。饶是如此，纳瓦尔仍然在 1953 年 5 月任命他统领关键的越南北部地区。[28]

　　对于科尼和纳瓦尔之间的冲突，历史学家们有时说得太过火了——正如我们所看到的那样，不管战后科尼的说法如何，他并没有反对"海狸行动"——可是到了1954年1月中旬，两人间的不和已经对战事带来了不小的干扰。科尼对于这位"吹空调的将军"坐守西贡豪华的办公室，在墙上的地图上挪挪大头针了事，而真正的战士们要在北方应对真正的问题公开表示愤怒。他向巴黎发出警告称，红河三角洲的安保形势一天

421 比一天严重，越盟游击队仍然在密集开展行动，而且该区域的6000个村落里，已经有越来越多的村子落入敌人手中。（这当中顶多有三分之一的村落对法军和保大政府持友好态度。）河内和海防间至关重要的铁路枢纽几乎每天都会遭到袭击，而且现在敌军往往使用远程遥控地雷，河内—府里—南定公路也是如此。此外，科尼向来就不怎么信得过越南国民军，而且在1954年年初这几周里，他对这支军队的看法更是一落千丈，因为它内部发生了数起叛变——有几次，越南国民军的士兵趁着夜色把越盟突击队放进了法军把守的战俘营，导致守卫（通常是外籍军团战士）被屠杀。而在河内，1月时针对法兰西联邦战士的手榴弹袭击事件数量在攀升，而且在要塞周边区域的街道上情况尤为严重。[29]科尼表示，自己本来有能力遏制越盟的这类行动，但前提是他得拥有足够的兵力可供调配。

　　他特别恼火的是纳瓦尔一意孤行，坚持要从事"阿特朗特行动"（Operation Altante），这个野心勃勃的计划是要进攻由越盟把守的中南部地区，行动于1月20日展开。水陆两栖部队在绥和（Tuy Hoa）登陆，美制格鲁曼"地狱猫"战斗机空投的凝固汽油弹在海岸线上遍地开花，超过30个步兵营在大炮和装甲部队的配合下席卷越盟控制的大片区域。行动的首

要目标是拿下从芽庄（Nha Trang）到顺化的越南中部沿海区域，其次也是为了让越南国民军的几个轻型步兵营能得到一次展示作战勇气的机会。科尼对行动目标的重要性提出质疑，认为此次行动削弱了自己的空中和地面军事力量储备。当阿特朗特行动从一开始时就未能达到所希望的结果时，他认为这进一步证明了自己才是对的。越盟跟以往一样难以捉摸，在遇到袭击后立刻潜入山林间，而且在之后的一次反击中还歼灭了法军一整支曾在朝鲜半岛与美军第 2 师共同作战的突击队。[30]

六

1 月 25 日，奠边府，法军营地里的每个人都在焦虑地等待着，等待着。到了黄昏时分，枪声没有响起。一架达科塔飞 422 机在盆地上方盘旋，就像一只银色的金属老鹰一样，准备一看到挺进的敌军就投下炸弹，可是这里没半点儿动静。到了次日拂晓，一切平静如往常。下午 1 点 50 分，纳瓦尔和科尼来到营地，同行的还有另外两位要员：联合邦部长马克·雅凯和法国驻印度支那高级专员莫里斯·德让。德·卡斯特里和皮罗特到场接机，德·卡斯特里的红围巾依旧在微风中飘动，而皮罗特将一只空荡荡的袖管系在皮带里。这队人随后前往德·卡斯特里的指挥所——只有这个防空壕由钢板防护。在德·卡斯特里年轻漂亮的女秘书葆丽·布尔雅德（沾着她的口红印的烟蒂一直是伞兵们疯抢的目标）为大家倒咖啡时，所有人都在讨论一个问题：武元甲在前一夜为什么没有动手？

人们没有得出一个可信的结论。一些人试探着说，他也许会在今晚进攻。此时月光还算亮堂，他也许还需要一天时间才能准备就绪。这个解释看似行得通，人们的讨论旋即转到了守备部队的防守情况上。跟以往一样镇定的德·卡斯特里淡然表示，他已经为战争做足了准备。雅凯将皮罗特拉到一边说："上校，我知道河内还闲置着成百上千门大炮，你需要趁着部长（也就是说，雅凯本人）在场的机会要求送些到你这儿。"跟所有军人一样，皮罗特受不了一位文职官员在打仗这件事情上出谋划策，他拒绝了这个提议。"看看我的炮击计划吧，部长先生。我现在拥有的大炮已经超出了需要。"

有人问他此话是否当真。"只要能得到 30 分钟的预警，"皮罗特回答说，"我就能进行有效的反炮兵战。"接下来的一个问题悬在半空中，没人再追问下去：万一他得不到 30 分钟的预警呢？[31]

眼看太阳西下，纳瓦尔转身对雅凯说："我们总感觉今晚他们要进攻。最好不要让我们的部长遇到任何危险。"于是，没过多久达科塔飞机就再次起飞，消失在层层云海间。这天晚上，以及第二天、第三天的晚上，越盟依旧没有动手。[32]

这是怎么一回事？奠边府战役为什么没有在 1945 年 1 月底，趁着月明之夜打响呢？多年来，了解最初战争计划的历史学家都猜测是中方顾问临阵退缩，要求武元甲取消战役。不过现在看来，想要取消战事的恰恰是武元甲本人，而中方顾问对此表示反对——说得好听点儿，是心不甘情不愿地默许。

事实上，越盟曾两次推迟战役。第一次发布延期令是在 1 月 24 日。这天第 312 师的一名战士落入法国人手中，在严刑拷打下，他交代了法国人早就知道的事实：进攻将在次日傍晚 5 点开始。监控法军通信的越盟电台捕获了风声走漏的消息，武元甲下令将进攻推迟 24 小时，也就是到 1 月 26 日傍晚 5 点开始。[33]

这 24 小时十分关键。中方顾问、高级指战员和前线部队的压力从四面八方向武元甲袭来。这些主战派希望能尽快全力发动进攻，并坚持认为一切业已就绪，进一步拖延只会给军队和数以万计为战争做出了艰苦卓绝贡献的挑夫制造紧张情绪。但武元甲忧心忡忡，他不确定是否已经为一场成功的进攻做好了一切准备。1月25日这天晚上他十分焦虑，反复追问自己一个问题：他的军队能够取胜吗？有几件事情困扰着他，首先就是战场的规模。奠边府比纳伞大了3倍，而越盟部队还没有接受过相应的训练，以在如此广阔的战场上，面对拥有坦克、重炮和空中支援的劲敌。他自己的军队确实十分庞大，超过了五个师，但这些军人是否具备了应有的作战纪律与对抗能力？他手下这些未曾参加过大规模战争的炮兵，是否能在得到了掩护、但条件并不是十分理想的阵地实施协同作战？武元甲最近刚从一名炮兵团指挥员那里得知对方甚至不知道如何操纵大炮，这让他十分担心。最后，还有作战时间的问题。截至目前，越盟参与的战役鲜有持续时间超过24小时的而且参与过的大部分战役是在黄昏开始，到次日清晨结束。他的军人们有能力应对一场大量时间都需要在白天打仗的持久战吗?[34]

更为根本的问题在于，武元甲感觉形势已经出现了变化。上一年12月得到批准通过的战术，在1月并不见得仍然有价值，因为法军的实力已经大为增强。他们的整体实力已经翻了一番，而且防御工事在加装了带刺铁丝网、配备了大炮后，取得了长足的改进。而另一方面，人民军尚未将所有大炮安放就位。武元甲因此总结道，此时进攻将是"一次冒险"。

"整晚我都无法合眼，"武元甲在自传中回忆起那一夜，他身处山脚下那间搁了一张简易床的小屋，竹桌上放着山谷的地图，"我头痛得不行。医务兵阿水（Thuy）在我的额头上裹

424

了一条装着艾草的绷带。"

第二天早上，武元甲请来了韦国清，对方看到他头上的绷带吓了一跳。"战斗应该尽快开始了"，这位中方顾问说道，然后问武元甲，他觉得下一步将如何展开。"我正想跟你说这件事，"武元甲回答道，"从对形势的观察来看，我认为敌军的布防已经从权宜的发展为持久牢固的。基于这一点，我认为我们不应遵循之前既定的计划。如果照那种打法，我们必输无疑。"

"那你说我们该怎么解决？"韦国清追问。

"我认为今天下午应立即下令推迟进攻，战士退回训练阵地，在'稳扎稳打'这个方针的指导下备战。"[35]

关于韦国清的态度，不同的人给出了不同的说法，有说他对推迟战役表示支持的，也有说他抱怨武元甲缺乏"布尔什维克精神"的——也许这两种说法都没错。无论如何，那天下午越盟指挥部展开了一场激烈的讨论，会上有几名越盟指挥官力促当晚发起进攻，但最终会议做出决定，宣布推迟行动，并转而采用"稳扎稳打"策略。[36]越盟军队需要再花几星期时间备战，深入了解法军防守策略，并确保在获胜上做到万无一失。这只橙子需要用手一点一点地把皮剥开。[36]

"通过采取这个正确的决定，我们严格遵循了实现一场革命战争的基本原则：通过战斗来获取胜利，并且只打有把握之战；如果没有把握，就宁愿不打。"武元甲之后在自传中写下的这段话跟 1953 年 12 月胡志明对他说的那番话如出一辙。[37]

如果他做出了不同的选择将会怎样？如果他向压力低头，如期发动进攻，将会怎样？这个假设极其值得玩味。当然，没人能做出任何确切的推断，但回过头来，你似乎不可能批驳这位革命老将的推测。事实上，武元甲的军队确实没有为如此庞

大的任务做好准备；在 1 月 25 日或 26 日发动进攻，将很有可 425
能引发一场灾难。从这一点来说，不管是纳瓦尔有关"海狸行
动"的最初构想，还是德·卡斯特里和皮罗特在 25 日雅凯和德
让到访时表现出的自信，看起来都并不是那么荒唐。或许没有
多少人意识到，在奠边府，人民军距离一场惨败曾如此之近。

注释

1. Martin Windrow, *The Last Valley: Dien Bien Phu and the French Defeat in Vietnam* (Cambridge, Mass.: Da Capo, 2004), 320.

2. Bernard B. Fall, *Hell in a Very Small Place: The Siege of Dien Bien Phu* (Philadelphia: Lippincott, 1966), 72. 另见 Vo Nguyen Giap, *Dien Bien Phu: Rendezvous with History* (Hanoi: Gioi, 2004), 48 – 51。

3. Pierre Rocolle, *Pourquoi Dien Bien Phu?* (Paris: Flammarion, 1968), 225 – 26.

4. Jules Roy, *La bataille de Diên Biên Phu* (Paris: René Julliard, 1963), 89.

5. Ibid., 81 – 82; Pierre Pellissier, *Diên Biên Phu: 20 novembre 1953 – 7 mai 1954* (Paris: Perrin, 2004), 118 – 20; Fall, Hell in a Very Small Place, 54 – 56。

6. Pellissier, *Diên Biên Phu*, 124 – 28; Howard R. Simpson, *Dien Bien Phu: The Epic Battle America Forgot* (Washington, D. C.: Brassey's, 1994), 25.

7. Fall, *Hell in a Very Small Place*, 88 – 90; Roy, *Bataille de Diên Biên Phu*, 98.

8. Simpson, *Dien Bien Phu*, 36 – 38.

9. Roy, *Bataille de Diên Biên Phu*, 111 – 13.

10. Howard R. Simpson, *Tiger in the Barbed Wire: An American in Vietnam, 1952 – 1991* (Washington, D. C.: Brassey's, 1991), 102.

11. 引自 Simpson, *Dien Bien Phu*, 40。

12. George Ball, "Cutting Our Losses in Vietnam," June 28, 1965, *FRUS, 1964 - 1968*, III: 222.

13. Saigon to FO, December 31, 1953, FO 371/106779, TNA.

14. *Lich su Dang Cong san Viet Nam* [A History of the Vietnamese Communist Party] (Hanoi: Su that, 1984), 691, 引自 William J. Duiker, *Ho Chi Minh: A Life* (New York: Hyperion, 2000), 453。

15. Georges Boudarel and Francois Caviglioli, "Comment Giap a faille perdre la bataille de Diên Biên Phu," *Nouvel Observateur*, April 8, 1983, 97; Giap, *Rendezvous with History*, 86 - 92.

16. Vo Nguyen Giap, with Huu Mai, *Dien Bien Phu: Diem Hen Lich Su* [Dien Bien Phu: A Historic Meeting Place] (Hanoi: People's Army Publishing House, 2001), 93 - 94 (感谢 Merle Pribbenow 为我翻译); Christopher J. Goscha, "Building Force: Asian Origins of Vietnamese Military Science (1950 - 54)," *Journal of Southeast Asian Studies* 34 (2003): 556。

17. Boudarel and Caviglioli, "Comment Giap a faille perdre," 97.

18. Ibid.; Qiang Zhai, *China and the Vietnam Wars, 1950 - 1975* (Chapel Hill: University of North Carolina Press, 2000), 38, 45 - 46。

19. Windrow, *Last Valley*, 266.

20. Simpson, *Dien Bien Phu*, 34.

21. Vo Nguyen Giap, *Dien Bien Phu: Diem Hen*, 183. 感谢 Merle Pribbenow 为我翻译。另见 Dinh Van Ty, "The Brigade of Iron Horses," *Vietnamese Studies* 43 (1976)。

22. Tran Do, *Stories of Dien Bien Phu* (Hanoi, 1963), 30 - 37.

23. Boudarel and Caviglioli, "Comment Giap a faille perdre," 99.

24. Ibid.

25. Roy, *Bataille de Diên Biên Phu*, 134 - 35. 另见 Pierre Journoud and Hugues Tertrais, *Paroles de Dien Bien Phu: Les survivants témoignent* (Paris: Tallandier, 2004), 104 - 5。

26. Fall, *Hell in a Very Small Place*, 104.

27. Saigon to SecState, January 3, 1954, *FRUS, 1952 - 1954, Indochina*, XIII, 1: 937 - 38; Navarre to Monsieur le Secrétaire d'Etat à la Présidence du Conseil, chargé des relations avec les Etats Associés, January 1, 1954, Dossier IV, DPMP, Indochine, Institut Pierre Mendès France (hereafter IPMF);

Rocolle, *Pourquoi Dien Bien Phu?*, 243.

28. Bernard B. Fall, "Post-Mortems on Dien Bien Phu: Review Article," *Far Eastern Survey* 27, no. 10 (October 1958).

29. 在下述文献中对于此类事件有详细描述: Hanoi (Fish) to FO, February 8, 1954, FO 371/112024, TNA。

30. 关于"阿特朗特行动"，参见 Phillip B. Davidson, *Vietnam at War: The History, 1946 - 1975* (New York: Oxford University Press, 1991), 204 - 13; Fall, *Hell in a Very Small Place*, 45 - 49; Michel Grintchenko, *Atlante-Aréthuse: Une opération de pacification en Indochine* (Paris: Economica, 2001)。

31. Ted Morgan, *Valley of Death: The Tragedy at Dien Bien Phu That Led America into the Vietnam War* (New York: Random House, 2010), 241.

32. Roy, *Bataille de Diên Biên Phu*, 151 - 54; Boudarel and Caviglioli, "Comment Giap a faille perdre," 90.

33. Vo Nguyen Giap, *The Most Difficult Decision: Dien Bien Phu: And Other Writings* (Hanoi: Giao, 1992), 21; Goscha, "Building Force," 557; Hoang Minh Phuong, "Ve mot cuon sach xuat ban o Trung Quoc viet ve Dien Bien Phu," *Xu'a va Nay* 3 (1994): 14.

34. 此处的分析见 Goscha, "Building Force," 557。另见 Bui Tin, *Following Ho Chi Minh: The Memoirs of a North Vietnamese Colonel* (Honolulu: University of Hawaii Press, 1995), 20 - 21; Giap, *Dien Bien Phu: Diem Hen*, 103。

35. Giap, *Rendezvous with History*, 107 - 8.

36. Pellissier, *Diên Biên Phu*, 198 - 207; Giap, *Rendezvous with History*, 108; Boudarel and Caviglioli, "Comment Giap a faille perdre," 90; Ngo Dang Tri, "Le service logistique du Vietnam dans la bataille de Dien Bien Phu," in Pierre Journoud and Hugues Tertrais, eds., *1954 - 2004: La bataille de Dien Bien Phu, entre histoire et mémoire* (Paris: Société française d'histoire d'outre-mer, 2004), 121.

37. Giap, "Most Difficult Decision," 23 - 27; Bui Tin, *Following Ho Chi Minh*, 20. 38 Vo Nguyen Giap, *People's War, People's Army: The Viet Cong Insurrection Manual for Underdeveloped Countries* (Hanoi: Foreign Languages Publishing House, 1961), 170.

第十八章 "越南是世界的一部分"

一

　　除了那些军事考量，还有一个因素或许也对武元甲推迟 1 月 25 日的进攻产生了影响。柏林外长会议同样定在这一天举行，而印度支那问题肯定会被纳入议题中。对法军守备部队发起的进攻倘若不成功，将对此番会谈的进程，以及四强（法国、英国、美国和苏联）关于印度支那前途所做出的决定带来严重冲击。武元甲和胡志明知道，在这个进入较量的阶段，任何军事计划都需要考虑在国际外交方面产生的深远影响，反之亦然。正如胡志明在一个月前的 1953 年 12 月，在呈递给越南民主共和国国民大会的报告中所写的那样，越南是"世界的一部分"。[1]

　　胡志明和他的高级将领们仍然对涉及印度支那的列强磋商持怀疑态度。时机还是不对。如果真的可以展开和谈，胡志明希望是越南民主共和国和法国之间的双边对话，而且即便这样仍需谨慎进行，并且在军事方面不能放松。但是越盟官员们也明白，他们恐怕无力阻止由莫斯科提议，而巴黎和北京看来也能接受的五边会谈。如果其他大国，尤其是美国同意展开这样的会谈，那么，不管越南人怎么说，会议也势必会举行。

　　关于这一点，现存的越南民主共和国内部文献说得很清楚：1954 年年初，胡志明和政治局最关心的是美国而非法国的政策；现在的头号敌人是美国，而非法国。[2] 如果德怀特·

艾森豪威尔总统选择通过向战场派遣地面部队，或者下令对越盟战场发动空袭的方式进一步参与法国战争，这可能对双方的力量对比造成巨大的影响。相反，如果这位美国总统改变了对通过外交途径解决争端的抵触情绪，转而支持协商和解，这同样将从根本上改变形势的发展。

对于越盟的领导人，以及巴黎、北京、莫斯科和伦敦的官员们，这个问题又一次悬在半空：美国人将怎么做？

从柏林会议即将召开，到会议召开后的这几天中，仍然没有一个一目了然的答案。一方面，华盛顿政府无论是在公开场合还是私下里，都继续坚持表示获胜的要素已经完全具备，现在只需要法军将现有的战略更好地贯彻落实就行。没错，纳瓦尔计划并未取得多少成果，但它也尚未失败，而且需要再等待数月才有可能取得重大的军事成果。1月16日，艾森豪威尔批准了"NSC－177"号文件（编号后来被改为NSC－5405），该文件肯定了印度支那对美国防务的关键意义，并对整体军事形势做出了一个从根本上来说较为乐观的评价。这份文件称："有了美国持续不断的经济和物资援助，法－越联军将不会面临遭到越盟击溃的危险。"[3]

另一方面，美国的高级官员们对于战场形势恶化或者法国突然撤军该如何应对，给予了密切且空前的关注。美国派出地面部队看来是不可能的，至少在总统心目中如此；他在1月8日的一次国家安全委员会会议上表示，自己根本无法设想将美国的军队派到东南亚，唯一的例外可能是马来亚，因为他认为这个区域才是美国防务圈的关键一环。他还说，美国不管派出多少个师去越南，都会被这片土地吞噬。但也是在这次会议上，艾森豪威尔对其他干预形式表达了更大的兴趣。当参谋长

428　联席会议主席阿瑟·雷福德上将提出使用美国空军力量援助在
奠边府的法军，而财政部部长乔治·汉弗莱（George
Humphrey）对此表示反对时，艾森豪威尔插话说，现在也许
有必要"往堤坝的漏洞插进一根手指"来捍卫美国在该地区
的切实利益。当听到国家安全委员会顾问罗伯特·卡特勒暗示
说，这也许是法国人的手指时，艾森豪威尔和雷福德齐声说，
这么多年来最大的麻烦就是法国。两人一致同意或许确实应
该出动美国空军。此时法军并未大难临头，与会人士也未达
成统一意见，因此在这次会议上空军援助的问题悬而未决，
只是同意应法国要求进一步提供 B－26 轰炸机的支援——据
法国人说，为了应对敌军升级的防空能力，需要加拨轰炸机
才行。[4]

　　艾森豪威尔还要求组建一个高规格的特别事务小组，它将
代表国务院、国防部、中情局和国家安全委员会对东南亚局势
做出分析，并制定针对该区域的行动方案。这个小组的任务包
括研讨是否向印度支那派出美军地面部队和空军，而做出一切
评估的前提是基于一种假设，即印度支那战败是否将对美国国
土安全造成严重冲击。此外，总统还下令成立一个规模较小、
高度机密的印度支那特别委员会，负责人为副国务卿沃尔特·
比德尔·史密斯（Walter Bedell Smith），这个委员会的使命是
就印度支那及其周边地区"制订详细计划，计划需要具体到
由谁使用什么方式对谁做出什么行动"。[5]

　　1954 年 1 月晚些时候，史密斯领导的这个委员会建议派
出 200 名穿制服的美国空军机械师前往印度支那，他们负责保
养包括新一批 B－26 轰炸机在内的美制飞机，但前提是"他们
将始终在空军基地活动，要免于被俘危险，同时免于置身冲突

中"。艾森豪威尔批准了该提议。他还同意派出由中情局雇用
的美国民航飞行员，驾驶中情局下属的民用航空运输公司
（Civilian Air Transport，CAT）的飞机，协助法方的空中运输行
动。没过几周，一个基地设在台湾岛的 C–119 运输机中队就开
始向奠边府运送物资，这个由 24 名 CAT 飞行员组成的飞行中队
所起的作用极为重要，因为这种机身被漆成灰色的"飞行车厢"
拥有可装 6 吨物资的载货空间，而相比之下，由法国飞行员驾 429
驶的达科塔运输机仅为 2.5 吨载货量。如果没有它们，奠边府
的后勤保障将不可能实现。⁶

　　"不要以为我想把他们送到那儿，"艾森豪威尔对他的新
闻秘书詹姆斯·哈格蒂（James Hagerty）谈到这群机械师时
说，"但如果我们光坐在华盛顿，什么事情都不做，那在亚洲
将一事无成。上帝啊，我们真的不能丢了亚洲，所以只能直面
这件事。"⁷

　　国务卿约翰·福斯特·杜勒斯并未直接参与这些决策，此
时他身在柏林。在此次大会上，欧洲安全问题是议题的重中之
重，但杜勒斯知道苏联人也想把五方会谈的正式提议摆上台
面——五国中将包含中华人民共和国——以在会议上处理包括
印度支那事务在内的亚洲问题。杜勒斯坚决抵制这个提议。艾
森豪威尔政府在上任的第一年，始终坚定拒绝在印度支那问题
上展开谈判，现在仍然坚持这一立场。白宫也秉持着同样的坚
定态度抵制任何有可能被解读为承认中华人民共和国合法地位
的行动，而将它纳入大国俱乐部就更加免谈了；现在，无论是
杜勒斯还是总统都无意改变这一姿态。正如艾森豪威尔在百慕
大会议上所说的那样，五方会谈"对美国来说是一种亵渎"。

　　在说出此番话的时候，艾森豪威尔或许是在暗示自己受到

了两党政治的掣肘。如果真是如此的话，他本人也难辞其咎。正如我们所看到的那样，他自己的共和党在四年前攻击杜鲁门和艾奇逊将中国"拱手让予"毛泽东及其共产党，此后中国就一直是最让共和党念念不忘的议题。共和党还坚持称这个国家为"红色中国"，好跟在台湾的"中华民国"区别开来；此外，它在美国的政治进程中创造出了一种狂热，甚至可以被称为宗教般的反共情绪，这在 1952 年总统大选中最为显著，而艾森豪威尔对这一切采取了默认的态度。1953 年 11 月底，英国外交大臣安东尼·艾登哀叹道，美国官员"很难在中国问题上追求务实的政策"。次日，艾登在跟丘吉尔私下交流时再次提及这一点："以美国人目前的情绪来看，美国当局在政治上几无可能坐下来，参加一场五方高规格会谈。"[8]

430　　　　又或者如英国外交部国务大臣塞尔温·劳埃德（Selwyn Lloyd）所说："现在美国对于共产党领导的中国以及苏联存在着一种近乎癔症的情绪，而且对中国的情绪比对苏联更强烈。"[9]

这是美国与它在大洋彼岸的主要盟友英国之间的一个重大区别：对于共产主义阵营渗透进政治和流行话语的恐惧程度。看到像参议员约瑟夫·麦卡锡这样极端的迫害"赤色分子"的人在美国中部貌似极受欢迎，看到他们对白宫持续施压，要求其坚守反共强硬标准，让艾登、丘吉尔和英国其他保守派人士大惑不解。同样，他们和工党的领导们也都不明白为什么麦卡锡的助手斯科特·麦克劳德（Scott McLeod），在被杜勒斯任命为安全和人事局局长后可以在国务院挥舞着反共大旗进行残酷的政治迫害——至行动结束时，已有几十名甚至数百名官员和职员的职业生涯被白白葬送，而且其中有不少人是中国问题专家。[10]

反共仇恨不仅仅限于麦卡锡和他的党羽。多年来，英国分析人士一直感到不可思议，他们不明白美国人在跟敌人进行谈判方面，怎么就怀着如此深切的仇恨——这种仇恨甚至跨越了党派；不明白美国人为什么不愿意妥协，始终要求对手"无条件投降"（一个英国人形容这是"美国人单纯的理想主义信念"）；也不明白美国人为什么就是不肯承认中国，或者同意它恢复联合国席位。[11]几年来，他们注意到由于伦敦政府愿意跟北京和莫斯科打交道，美国国会和媒体——赫斯特和斯克里普斯-霍华德报系尤甚——会周期性地发作反英情绪。英国人被形容成"和事佬"，他们背信弃义、胆小怕事，跟强盗和杀人犯沆瀣一气。到 1953 年年底时，这种情绪看来在持续高涨。英国人推测，这很大程度上是由于美国人无法在朝鲜半岛大获全胜，因而气急败坏。一次，塞尔温·劳埃德在纽约与美国资深外交官 W. 艾夫里尔·哈里曼共进晚餐，直接问及此事。哈里曼对此持赞同态度。他谴责了当下压倒性的仇恨情绪，并表示艾森豪威尔政府总是习惯公开采取僵硬刻板的外交立场，同时请求英国人能"凭借着你们的成熟睿智"包容这些问题。[12]

哈里曼大可不必担心。伦敦的领导人此时除了忍让并不打算另做他想。他们互相提醒说，无论如何，"我们和〔美国人〕本质上是站在一边的"，而且"不管怎样，跟一个歇斯底里症发作的病人讲道理，终归没有什么好处"。英国人只能接受这一点：国内政治考量从一些关键的角度塑造着美国的外交政策。尽管对中国执着的敌意"或许不能反映美国多数人的真实态度，但美国政府确实显现出了一个令人不安的现象，那就是它貌似相信需要不惜一切代价，起码是在当下'姑息'中西部的民意（即孤立主义和排外思想）。因此，我们几乎可以确信，美国在制定外交政策时将把此种情况置于一个主要的，有时甚至是最重要的位置上"。[13]

可是，尽管英国人一心一意地想要避免激怒华盛顿政府，但英美之间关于中国政策和在与共产党协商方面根本性的认识差异，将在 1954 年上半年渐渐发挥作用，并对印度支那战争带来深远且重要的影响。自 1945 ~ 1946 年支持法国重返印度支那以来，英国第一次在这场战争中扮演核心角色，并让美国人产生了更严重的焦虑和愤怒情绪——也让更多的美国人指责英国人在面对共产主义危险时怯懦无力。艾森豪威尔政府一再促请伦敦政府同意将这场支持法军的军事斗争国际化，但每次英国人都表达了异议，指出有必要通过政治手段协商解决争端——尽管英国官员也构想了他们自己的多米诺理论，但他们希望法军获胜的心情跟艾森豪威尔政府一样迫切。

二

在英国对越南外交政策方面，有一个人发挥了主导作用：安东尼·艾登，外交大臣、首相丘吉尔显而易见的继任者。1954 年对于这个才华出众、英俊、虚荣、极其有野心的人来说将是胜利的一年，而这主要得归功于印度支那。一位作者曾形容说，这是他的"奇迹之年"；这个说法本身就很能说明问题，因为直至此时，艾登的政治生涯已经十分辉煌。1897 年他出生于达勒姆郡（Country Durham）的一户上流社会家庭，后在一战中侥幸从枪林弹雨中活了下来，而他三个兄弟中的两个以及伊顿公学中三分之一的同学就没有那么幸运了。他曾因在 1916 年索姆河战役中的英勇表现而荣获十字勋章。在两次世界大战期间，他的仕途平步青云，并于 1935 年成为英国有史以来最年轻的外交大臣。对于他的升迁，没有人感到意外：

毕竟这是一个能够阅读波斯语和阿拉伯语原著，而且让人如沐春风的人——"不管穿什么，他都能显得气度不凡，这就是他的本事，"一位敏锐的观察者这样形容他优雅的外表——更何况他对国际事务和外交史的了解无人能及。直到多年后，不少人才开始意识到，他从容的气度和遇事镇定的能力在某种程度上是种伪装，用受到他认可的传记作家的话来说，艾登是"一个极度紧张、孤独和羞涩的男人"。[14]

艾登在 1938 年辞职，以表达对首相内维尔·张伯伦绥靖政策的抗议，但在二战期间重返政府。1951 年他再度回到政府，坊间传说他很快就能升任首相。艾登本人也相信这一点，因为丘吉尔在私下里告诉他，会在一年后将权力移交给他。一年成了两年，而今就要迈入第三年。等待令人倍感挫败，尤其是丘吉尔的执政热情渐渐转淡，他开始选择将自己的大部分精力集中在国防和外交上，而这原本是艾登的职责范围。艾登的身体状况在 1953 年的大部分时候都不佳，这既是因为积劳成疾，也是因为 4 月他在伦敦接受了胆囊摘除手术，但手术没做好，之后又被迫挨了几刀，其中一次还差点送了命，这对他的心情同样有害无益。

1953 年 12 月，他在百慕大会议期间跟杜勒斯一起在沙滩晒起了日光浴，此时他感觉好了一点儿；随着新的一年即将到来，他决定在世界舞台上证明自己的能力。他觉察到，1954年无论是对于国际政治还是他个人的政治野心来说都将是极其重要的一年——在这两方面他的判断是准确的。艾登在 1954年所做出的外交决策将要证明很多人——而不单单是艾登自己——的判断，那就是他是一个一等一的谈判高手。他总是有能力可以比别人多想两步甚至三步，能找到突破口，也能找到对手的弱点，并使出必杀技。可与此同时，他的表现也证明了多年来一直关注着他的人的看法，那就是认为他过于自负，对于自己的判断过度自信，因此不愿意将任务假手于人。此外还能证明，尽管近来他的身体状况已经不甚理想，但他还是跟以往一样不辞辛劳，工作起来夜以继日，这让他的部下们都精疲力竭。

在1953年晚些时候的一份内阁备忘录中，艾登暗示了跟华盛顿捆绑在一起将会出现的麻烦。他提醒同人们注意，英国应采取务实的方式与北京政府建立关系，而且英国在较早期就决定在外交上承认毛泽东的政府，并接受中国作为大国俱乐部的合法一员。他说，英国的政策结合了遏制与妥协，而非遏制和对抗——后者指的就是美国。伦敦政府确实需要抵制中国人的"侵略扩张"行径，但从更广泛的角度来说，制定政策的基础是"认可当前局势，避免挑衅，逐步推进贸易和外交关系正常化，同时不放弃机会，这样才能在中苏分歧进一步恶化时得到可以利用的空间"。此外，与北京政府保持良好关系，也有利于伦敦确保在马来亚和香港的利益。[15]

因此艾登在来到柏林时，已经完全做好了同意在未来召开包括中国在内的大国会议的准备。他知道杜勒斯会碍手碍脚。艾登已经提醒丘吉尔说，美国领导层不可能认可"血腥的中国侵略者进入倡导和平的国家的理事会"。尽管上一年12月的时候他跟杜勒斯在百慕大相处得十分融洽，但在会议结束时，艾登还是为英美关系间逐渐增大的鸿沟而感到忧虑。他认为，百慕大会议上美国对相关问题的态度表现得非常粗浅，艾森豪威尔时不时就提到用核弹进攻远东，并将后斯大林时代的苏联比成穿了新衣的"老娼妇"，这一点尤其令人不安。[16]

艾登在他的回忆录中表示，在来到柏林时，他已经坚定地认为有必要通过谈判解决印度支那问题。[17]这恐怕也有点儿事后诸葛亮的意思，因为同时期的文献显示，在1954年1月，他仍然渴望在进行任何和谈之前先扭转军事形势。对于发展中国家的革命民族主义，艾登并不怎么热衷，他宁愿看到胡志明的事业遭到致命打击。但他是个现实主义者，因此他清楚地知道这种结果不可能出现。在柏林会议初期，他就表达了列强聚首商讨此事的意愿，并争取到内阁支持自己的主张，那就是相信此时反对包括中国在内的国家参加这类会议绝非明智之举。

而在法国，职务跟艾登相对应的外交部部长乔治·比多的态度模棱两可。在私底下，直觉告诉他应该坚定不移，要求北京首先做出善意的姿态，因为"它一直在为越盟军队资助设备，帮助训练"。[18]但他仍然相信亨利·纳瓦尔将军刚刚展开的阿特朗特行动将会引人注目地扭转北纬18度以南的军事格局，而奠边府一役也将为武元甲的野心带来毁灭性的一击。他还相信，美国人将支持这种强硬路线。[19]但比多也知道，法国政界期待他能在终结这场"肮脏的战争"方面取得进展。在约瑟夫·拉尼埃的中右翼联合政府的大部分成员看来，包括中国在内的五方会谈看来有望加速进展，因此有必要大力拥护。同时，法国舆论对战争取胜的信心在逐日下滑。在柏林会议期间举行的一次民意调查显示，只有7%的受访者支持通过武力继续占领印度支那。比多深知，如果政府拒绝尝试每一种可能的停火解决方案，包括与中国进行国际和谈，一场骚乱必将爆发。[20]

比多知道，就连在1945～1946年时坚持强硬立场，与这场血腥的战争有着莫大关联的夏尔·戴高乐，现在也放弃了在印度支那取得军事胜利的希望。在最近几个星期以来，这位将军告诉身边的很多随从和记者，法国应当从这场战争中抽身。"我们在印度支那根本没有直接利益，"1月中旬戴高乐对一位美国记者说道，"这是事实。现在在那里进行的无非一场荣誉战争，而且牵涉的再也不是法国的荣誉了。印度支那越来越多地关系到国际利益，而越来越少地关系到法国利益。……我们将怀着深切的遗憾［撤军］，但我们应该离开。"[21]

凡此种种，都昭示着在1月25日柏林会议（在美国占领的西柏林波茨坦大街的一幢由盟国驻守的大厦里举行）拉开

435 序幕时，西方社会存在着相当严重的意见不统一。苏联外交部部长维亚切斯拉夫·莫洛托夫（Vyacheslav Molotov）显然对会议的前景有所期待，在会上即刻提出要举行一场包括中国在内的会谈来讨论"减少国际争端的方式"。杜勒斯表示反对，他在会议开始的几天里数次坚称美国不会参加五方会谈，因为这样做等于是跟执迷不悟的"侵略者"探讨国际问题。莫洛托夫并未善罢甘休，他强调作为"国际强国"，中国发挥的重要作用将有助于缓和国际紧张局势，并提议这场会谈可以在5月或6月举行，而且可以将议程限制在朝鲜和印度支那问题上。

要是没有一心一意将自己摆在调停人位置上的艾登，苏联的这些愿望恐怕等于空想。艾登从丘吉尔那里获得了坚定的支持，后者为了促成个人的"和平攻势"，也愿意对苏联做出让步。[22]眼见会议的其他议程，比如二战后遗留的德国问题和奥地利和约纷争看来毫无解决的可能，艾登和丘吉尔都渴望从遥遥无期、议而不决的柏林会谈中取得些成果——哪怕是一点儿也好，而五方会谈看来最有希望实现。提出这个话题必

然会遭到美国人的反对，可这非但没有让艾登却步，反而平
添了几分斗志。首先，杜勒斯冥顽不灵，其坚持不同意中国
加入国际社会这一点，让他觉得很烦心。其次，从更广义的
角度来说，他厌倦了英国在这种"特殊的关系"中总是扮演
配角，而且自打他成年以后，眼见着自己的国家在国际事务
上的卓越地位一步步被美国取代，这也让他心怀怨恨（不过
这种情绪多半不足向外人道也）。尽管从理智上出发，艾登
明知自己的国家缺乏资金、地位衰退，但他仍然在寻找各种
方式来强调它的力量和自主性，这样做的好处不止一个，当
中包括能够巩固政府和他本人在国内选民中的地位。眼下正
是一个绝佳的机会。[23]

于是艾登着手推动一个伟大的个人使命：争取赢得五国同
意，在5月或6月展开会谈，地点待定。他注意到美国人貌似
滴水不漏的防线出现了一道裂缝：在1月23日进行的一次预
备战略会议中，杜勒斯表示自己或许愿意就一个问题与中国进
行会晤，那就是朝鲜问题，因为这当中仍然存在很多悬而未决
的议题。杜勒斯暗示说，莫洛托夫恐怕不能接受如此狭隘的议
程。他的猜测果真没错：这位苏联外交家宣称，如果不是就
"国际性"议程展开讨论，那么这个想法可以就此打住了。面
对众多棘手问题，艾登花了差不多三周时间，总算是将这两个
人一点点儿地拉拢。比多原本就同意谈判，而且希望通过将中
国拉进会谈，好让这个国家停止对越盟的援助；他也同意召开
五国会议，而且他青睐的会议举行地日内瓦获得了大家的一致
同意。2月18日，柏林会议同意"在［朝鲜问题］会谈中也
将讨论重建印度支那和平的问题，美国、法国、英国、苏联、
中华人民共和国和其他有关国家的代表将获邀参会"。[24]

1954 年 2 月，参加柏林会议的安东尼·艾登和乔治·比多离开了约翰·福斯特·杜勒斯下榻的住所。

三

　　这位外交大臣实现了看似不可能的任务。他是如何做到的？凭借坚韧与机智——还有恰到好处的时机。一位参加柏林会议的美国代表事后语带敬意地评价道："艾登行动迅速、行事圆熟，他貌似慵懒的态度掩饰着他生机勃勃、富于创造性、敏锐的洞察力。……他拥有一种天赋，即在面对任何冲突、任何纷争的情况下，不管问题有多么严重，他总能找到折中之道。"[25]

　　事实证明莫洛托夫和比多是最容易被说服的，前者是因为他得到了自己最想要的东西——一场他倔强的中国盟友受到正式邀请的会议，而且在这场会议上将要讨论的不只是朝鲜问题；而后者则是因为别无他选。如果比多放弃了这样一个强国就印度支那展开会谈的机会，他所服务的政府将轰然倒塌。杜勒斯是最难被攻克的一个，其信念在早期议程和闭门会议中看起来坚若磐石。导致这位国务卿心态发生变化的不是一件事，而是几桩与之相关的考量事项。首先，他也看到了比多和艾登看到的事情，那就是反对莫洛托夫的提议将会使得唯一一个愿意继续捍卫印度支那的法国政府倒台。其次，拉尼埃下台也将意味着葬送在欧洲防务集团中赢得法国认可的机会，因为相比可能的继任政府，拉尼埃政府更加支持这个防务计划。

在会议第二周时，杜勒斯在给艾森豪威尔的信中提及了他极度苦恼的心态转折："昨天晚上，我敦促比多不要涉及任何印度支那和谈的提议，且讲明哪怕只是启动讨论，都会将我们置于岌岌可危的境地，也可能导致印度支那和法国的士气一落千丈。但是他觉得如果不能在这里做出点儿什么来表明终结印度支那战争的决心，那么法国国内的形势就将相当危险。我会在这里尽一切可能将潜在的危险降到最低，但我不敢把比多逼得太紧，以免他认为那会危及他在法国的地位，因为无论是欧洲防务集团还是印度支那事务，他都是我们主要的依靠。"[26]

回到华盛顿后，这位国务卿对国家安全委员会说："如果比多回到巴黎时不能在印度支那问题上拿出点儿成果，拉尼埃政府将立刻崩盘，取而代之的新政府不仅将不惜一切代价下令结束战争，还将反对法国认可欧洲防务集团。"而在与参议员休伯特·H.汉弗莱（Hubert H. Humphrey）召开的秘密会议上，他说得非常直率：要么接受五方会谈提议，要么"我们

在法国事务上，不论是印度支那问题还是欧洲防务集团，所能
施加的影响力将降为零"。[27]

438   几天后，一位大受震动的英国观察人士评论道："人们不
禁猜想，杜勒斯先生在柏林时是否已经得出结论，相信印度
支那的未来前景不甚乐观，因此容不得他忽略协商解决的可
能性。"[28]这样的猜测未免有点儿过头。杜勒斯并未改变自己
对于越南重要性的判断，他也根本没打算寻求"协商解决"，
而且一想到要跟共产主义政权打交道仍然会不寒而栗。他希
望法国能坚持到季风季节到来，然后重新部署，取得更有利
的形势。

　　虽然如此，不能否认的是杜勒斯在柏林时也表现出了一定
程度的变通能力，而这一点是国际社会此前甚少可以想见的。
看来他并不是一个僵硬的理论家。或者说，他的刻板至少是可
以与日常行为的机敏共存的，这一点确实有些矛盾。饶是他对
艾登把自己推到了这番境地大为光火（他跟比多讲了不少关
于艾登的坏话，但他有所不知，比多同时也跟艾登说了不少关
于他的难听话），这也并未阻止他同意五国会议的提议。[29]同
样，虽然明知回国后将因此挨不少批评，但这也没有阻吓住
他。[30]为了照顾政府内部共和党强硬派的情绪，杜勒斯确保在
会议公报中增加一个限制条款，即举行日内瓦会议不应"被
视为是以任何形式对未被给予承认的政权予以外交承认"。在
他的要求下，公报没有提及"五大国"，没有提到主办国和邀
请国，只是欢迎"其他有关国家"参加。

　　这些措辞足以平息右翼人士的批评吗？在回到华盛顿后，
杜勒斯率先展开攻势，在2月24日参议院外交关系委员会上坚
持表示，他在柏林别无他选，只能同意在接下来的会谈中纳入

印度支那议题，否则拉尼埃政府必将倒台。但他同时向在场的议员们保证，美国"在参加此次会议时，不承担任何推动议程的义务，也并不受外界的投票左右，一切听凭自己意愿。我们将有机会施加可观的影响力，因为法国需要依靠我们的军事援助来继续进行这场战争"。当晚，在一个名为"柏林报告"的全国电视广播节目中，他进一步谈到法兰西联邦军队在印度支那进行的这场斗争"至关重要"，并向观众们担保道，公报在措辞中绝对没有做出任何美国对华政策改变的暗示。[31]

四

比起比多和艾登，杜勒斯看来更加清楚地认识到，就印度支那问题召开日内瓦会议的决定意味着奠边府战役已经开始进入倒计时。他比这两位外长都更加担心决议将使得敌军进一步加强在那里和其他战场的攻势，好向日内瓦会议的代表们展示手中的一连串胜利果实，因此这将是一个将冲突推向白热化的决议。在德国的最后一天，杜勒斯向比多警告说，举行和谈的前景将刺激共产党"在这个作战季节击溃对手"的决心。[32]他的担忧合情合理，不过，现在亦很难判断如果没有柏林会议协议，事件的走向是否将会完全不同。确实有史料表明，在2月18日的公报发表之前，法国就已经收到了大量预警信号，而且在此之后法国的官员们也感到十分庆幸。但还有史料表明越南民主共和国的领导人在2月底和3月制定战略决策时，确实始终将日内瓦会议谨记于心。正如杜勒斯所料想的那样，胡志明和他的同侪希望当外交官们抵达这座瑞士的湖滨城市时，越盟已经占据了最有利的军事地位。

柏林公报至少在最初并未给战场带来多少可以察觉的影

响。2 月 19 日，正在视察印度支那的法国国防部部长勒内·
普利文飞抵奠边府，他发现守备部队里到处洋溢着乐观的气
氛。从德·卡斯特里到基层炮兵，每个人都告诉这位部长，他
们期待越盟尽早动手，并说他们怕就怕武元甲像 1 月 25 日那
样突然放弃进攻。官兵们装作有信心的样子让普利文和他的随
行人员（包括参谋长委员会主席保罗·埃利［Paul Ely］）印
象十分深刻，但当亲眼看到周围被敌军镇守的群山时，他们又
不能不产生深深的忧虑。[33]

　　进入下一站琅勃拉邦时，普利文看到的是类似的乐观信
号。随着奠边府进攻叫停，武元甲开始重新进攻老挝，此时他
的先头部队距离法军要塞只有不到 50 公里，眼看就要大举进
440　犯。但法军军官跟普利文保证说他们已经做好战斗准备，而老
挝王国政府也提出不会撤退，将留守这座都城，言下之意是表
明他们信得过法军的防守。可是到了 2 月 24 日，当普利文仍
在琅勃拉邦逗留时，越盟军队突然停下了前进的脚步，随后迅
速向奠边府方向撤退。一些人立刻将此举跟柏林公报和武元甲
在日内瓦会议前取得大胜的决心联系在一起（现在我们知道，
这种猜测是准确的）。

　　在向拉尼埃和国防委员会提交报告时，普利文尽责地提到
了官兵们的乐观情绪，但他的结论是客观的。他此行的目的是
确认时间究竟是站在法国这边还是越盟那边，而他所看到的方
方面面都指明是后者。他认为，只要中方没有直接干预，越盟
又没有空中力量支援，武元甲就无法决定性地击溃远征军。在
越南南部和红河三角洲地区，法军依然占据上风。他进一步分
析称，尽管如此，双方的力量对比也并未向法军方向倾斜，在
当下的这个作战季节，纳瓦尔的努力最终取得的结果，只可能

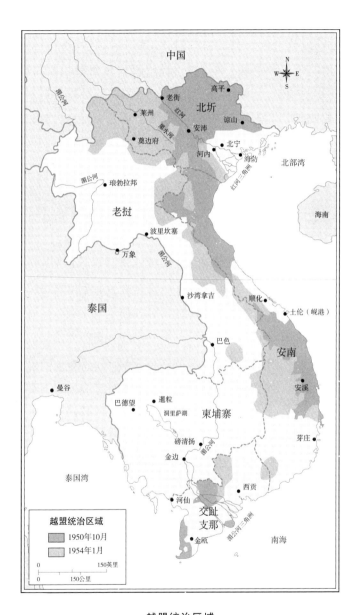

441

越盟统治区域

是进一步使伤亡人数增加。尤其需要注意的是，阿特朗特行动
在 2 月遭遇了各种所能想象的困境。北京政府对越南民主共和
国的援助在不断增加，而这也引发了越来越多的问题。另外，
越南国民军虽然表现出了一些可喜的迹象，但是除非军人们能
找到某种他们愿意为之战斗、牺牲而又不仅仅满足法国利益的
东西，否则这支军队仍然难成气候。至于保大政府，它在越南
普通民众那里完全不得人心。[34]

　　在奠边府问题上，普利文甚至更加直言不讳。他说，尽管
守备部队渴望进行决战，"但从个人的角度来看，我并不希望
如此"。[35]

　　在这位国防部部长看来，这一切指向了一个无法逃避的结
论：法国在日内瓦会议上需要尽一切努力为战争争取一个可以
接受的解决方案。在会谈前，它必须占据军事优势，同时尽可
能地让越南国民军做好从远征军手中接过重担的准备——不过
要实现后者看起来遥遥无期。[36]它还必须否决法国 - 越盟双边
谈判的可能，因为这类谈判将被外界看成是背叛了保大和他的
支持者。但是，联合邦可以派代表出席的日内瓦国际会议是一
个不容错过的机会。普利文承认，在这次会议上达成的协议恐
怕远称不上完美，但也不大可能带来灭顶之灾，毕竟它将引导
着法国走出那条毁灭之路。

　　比多同样相信不能跟胡志明直接谈判，至少目前不可能，
但对于国防部部长报告中的其他信息，他并不怎么欣赏。他告
诉部下，眼下的军事前景比年初时更加乐观，而奠边府取得的
伟大胜利将使得法国能在日内瓦会议中占上风。他和拉尼埃坚
持认为，法军必须不惜一切代价守住要塞。[37]按照比多的计划，
在日内瓦会议上他将以美国武力干涉相要挟，迫使莫斯科和北

442

京同意放弃支持越盟。这并不是没有先例，1947年斯大林就抛弃了希腊领导人马尔科斯（Markos），因此比多推断，如果中国和苏联听了他的劝告抛弃了胡志明，法国就可以确保获得一个有利己方的和解方案。至少他貌似做出了这个推断——事实上很难确切剖析比多当时的心态，用作家让·拉库蒂尔（Jean Lacouture）的话来说，比多当时"被自己的仇恨和梦想"撕扯着。[38]不管是苏联人还是中国人都没有流露出一丝一毫愿意配合他的暗示，所以人们可能也会怀疑他曾经相信的事情。但是，比多仍然坚持着。2月晚些时候，在印度支那战争中基本保持沉默的印度领导人贾瓦哈拉尔·尼赫鲁提议在日内瓦会议前暂时停火，比多对此不屑一顾（他得到了华盛顿的鼓励）。[39]距离会议开始还有好几周，需要给纳瓦尔将军留下尽可能多的时间来重创敌人。

五

　　鉴于接下来将要发生的事情，法国现在仍然坚信能在日内瓦会议前巩固自己的军事地位和相应的外交地位，这看起来有点儿荒谬，但笃信这一点的并非只有比多一人。正如我们所看到的那样，在奠边府，德·卡斯特里在备战的这几个星期以来一直传递出一种镇定与信念，看似稳坐泰山。没错，从1月底起，武元甲的军队就在炮轰山谷间的不同方位，但这些轰炸断断续续，通常在午后或傍晚进行，而且并未造成任何严重的损毁；在德·卡斯特里看来，这些无非是在证明越盟已经被法军压过了一头。炮兵司令皮罗特虽然一直想不明白自己为什么总也找不到敌军的大炮方位，但他仍然充满自信，甚至不愿意给大炮挖掘掩体，好为他们的炮兵提供一点儿掩护。毕竟谁能击

中他们呢？最好还是在开阔地带安置火炮，以便于他们从各个
角度开火。皮罗特最多只能接受将大炮放进沙包围起来的浅坑
里，以免遭到敌军迫击炮袭击。

儒勒·戈谢（Jules Gaucher）中校负责指挥守备部队中心
区域和位于贝亚特丽斯要塞的第 13 团。2 月 22 日他在给妻子
的信中写道："目前越南人几乎没有半点儿动静。这是个决定
性的阶段……大家会不禁问自己，越南人是不是真的会发起进
攻。我们已经建造起了一个强大的防御体系，没有一张大嘴，
也吃不下去这样的大餐。敌方的绅士们被迫消停了一阵子，取
消了［1 月 25 日］进攻计划。但我仍然相信，虽然他们已经
遭到了我们的大炮和空袭重创，但为了自尊心不受践踏，他们
还是会来的。"在另一封写于 3 月 5 日的信中，这位中校表示
对未来的战役无所畏惧："这里依然很平静，但他们告诉我
们，这场战斗即将打响。这是真的吗？他们当然想在日内瓦会
议前闹出点儿大动静。但我相信如果他们胆敢这么做，会被我
们打得满地找牙。"[40]

到访营地的客人往往会被这里的狂热劲头所打动——跟 1
月时一样，在 2 月和 3 月初来这里参观视察的人依然川流不
息，他们通常是上午从河内出发，下午晚些时候离开。成千上
万名士兵又是挖掘又是建造，又是搬运又是堆垛，而上方的
C – 47 运输机不断起降，如此繁忙的景象会让最老练的军事视
察员们也备感心慰。比方说，有"钢铁人"之称的美国将军
约翰·奥丹尼尔尽管对一些要塞的位置和暗堡的安全性感到担
忧，但他仍然宣布这个大本营将"顶得住越盟有能力发起的
任何形式的进攻"，并这样总结当前的军事形势："法军不会
面临遭到严重军事逆转的危险。相反，他们将有能力在这场战

争中取得成功，并从中汲取力量和信心。"[41]在西贡，无论是私下里面对希思大使，而是公开面对记者，纳瓦尔都表示如果奠边府的战役不了了之，他将会很失落，因为他认为这是一个重创敌人的绝佳机会。2月21日他对希思说，这个营地是"名副其实的凡尔登丛林"，将会给越盟造成巨大损失，法军不可能失败。四天后他提醒记者们说，共产党没有攻下奠边府，连进攻琅勃拉邦的行动也中途受阻，到现在还没有在目前的这个作战季实现他们的主要目标。[42]

444

大部分记者对此持怀疑态度。《世界报》记者罗伯特·吉兰（Robert Guillain）刚刚发表了关于奠边府的系列调查报道，之后坐火车取道泰国和老挝回到河内。据说在纳瓦尔离开房间后，他对几个同事说："我们的职业太神奇了。总司令刚刚斩钉截铁地跟我们解释了所有事情，而我，一个卑微的记者，可以拿我的性命打赌，他要么正在犯一个可怕的错误，要么是在跟我们撒谎。我跟你们发誓，他所描述的形势跟事实毫无半点相似之处。这位总司令跟他的随从们一样，看待事件时缺乏像我们这样新颖、不偏不倚的想法。"[43]

格雷厄姆·格林也前来探访。他接受了《星期日泰晤士报》一个关于印度支那的约稿任务，又一次来到西贡过冬。他在一个星期二的清晨飞抵奠边府，停留了24小时。一位向导带他在营地四处转了转，德·卡斯特里邀请他在高级官员食堂里共进午餐。格林回忆道，这位总司令"像老派演员那样神经质"，在饭桌上，当炮兵司令皮罗特和另一位军官提到前一年的纳伞撤退时，德·卡斯特里的反应让这位小说家非常困惑。"安静，"德·卡斯特里用拳头敲着桌子，怒气冲天地说道，"我不允许在这个食堂里听到有人提起纳伞。纳伞是防御阵地，这里是进攻阵地。"吃完饭后，格林好奇地询问他的向导，德·卡斯特里所说的"进攻阵地"究竟是什么意思。这位向导嗤之以鼻，他告诉格林，想要建成一个进攻阵地，我们需要的不是一支坦克队，而是一千头骡子。[44]

445　　对于吉兰、格林和其他外部观察人士来说，现在的问题还不仅仅在于奠边府远比官方所说的更加脆弱不堪，还有红河三角洲的安保形势仍然十分可怕（尽管武元甲已从该区域撤出了四个师），南部的阿特朗特行动也没有吹嘘的那么成功，就连交趾支那此前的绥靖地区现在也变得不那么太平了。[45]这些军事问题重要归重要，但并不能最终决定战争的前途。问题的症结是政治。法国向保大政府所授予的独立权虽然超出了1945~1946年胡志明政府的诉求，但这并没有让广大越南民众相信法国会兑现让越南获得充分主权的承诺。部分因为这点，部分因为保大政府本身的软弱、内讧和腐败，它几乎没有获得半点儿支持。在12月的一次人事震荡中，保大任命自己的堂兄保禄担任首相，换下了亲法派的阮文心，但这种做法换汤不换药，因为保大本人看起来在不断远离这场战争。就算他人不在法国蔚蓝海岸的别墅里，但他的心还在。在大叻，一位综合军事学院的年轻毕业生抱怨道："为了这样一个穿着里维埃拉西服、系圆点领带、鞋子的绉胶底有几厘米厚的家伙，在丛林里拼死拼活，换成是你，你会怎么想？"[46]

　　从3月8日开始，法国政府和保大的代表在巴黎展开了又一轮谈判。对于完全独立权的构成要素，对于两国间应建立何种形式的联合，双方争论不休。一位法国观察人士阐明了法方对越方立场的解读："既然承诺要赋予联合邦独立，也就是即便我们在战场上大获全胜也要离开印度支那，那么，我们又为何而战，为谁而战呢？"对此越南人反唇相讥：我们现在打的这场仗，除了维持你们不平等的制度外，还能为了什么？[47]

这个问题仍在风中飘荡。几天后，虽在人们的预料之中，但仍然令人震惊的消息传来：奠边府遇袭了。

六

3月13日星期六，午后时分，进攻打响了。先是从远处的山间传来一声轰鸣，紧接着，105毫米和75毫米榴弹炮、120毫米迫击炮如同雨点般从上方落下，震耳欲聋的烈性炸药爆炸声摇撼着法军军营的土地。[48]贝亚特丽斯要塞已经被敌军不断逼迫的工事包围了好几天，它成了首当其冲的靶子，这既是因为它位置关键，也是因为它由一支一流的部队把守——外籍军团第13团第3营。"地堡和壕沟接二连三地垮塌，将士兵和武器埋在下面，"一名驻守贝亚特丽斯要塞、侥幸生还的军团战士这样回忆最初的一轮炮火进攻。下午5时10分，越盟第312师的两个团从壕沟中跃起，冲向相隔不到200米的贝亚特丽斯要塞。紧接着就是血腥的厮杀。傍晚6时15分，营长保罗·佩戈（Paul Pégot）少校要求炮火支援，向他的最后一道防线的正前方开火。6点30分，一轮越盟炮轰击中了贝亚特丽斯要塞的指挥所，佩戈和他的下属全部身亡。很快，又是一枚炮弹击中戈谢中校的胸膛、炸飞了他的双臂，他在几分钟内就咽了气。（前一天他在给妻子的信中说起了即将到来的进攻："漫长的等待终于要结束了，希望它的结局是正面的。"[49]）

随着两位指挥官阵亡，贝亚特丽斯的士兵们只能为了生存背水一战，但他们根本没有一丝希望。晚上10点30分，第10连的无线电设备突然安静了。晚上11点，第11连发出无

446

线电，说敌军已在指挥部地堡外。午夜刚过，所有无线电设备都没了声音。贝亚特丽斯陷落，750 名法军士兵中战亡 550 人。越盟的死亡人数总计 600 人，另有 1200 人受伤。

法军在加布丽埃勒要塞起初的形势要好一点儿。第一天晚上，第 312 师两次尝试拿下这个据点，但均被击退。安妮－玛丽同样挡住了敌军的三次进攻，但代价惨重。14 日黎明时分，双方达成了一个临时停火协议，好让两军搬运死伤战士。整个守备部队对于前一晚的行动大受震动。戈谢死了，贝亚特丽斯落入敌军手中。看起来牢不可破的第 13 团，一支曾在哈肯井之战中抵挡住了隆美尔的非洲军团的劲旅，竟然在短短几小时内全军覆没。更糟糕的是，此次进攻甚至并不出乎人们意料——截获的无线电情报已经确切预告了行动的日期和时间点。正如法国人一直以来预料的那样，战役是在光线足够越盟炮兵对准目标，而又不足以让奠边府的"熊猫"战斗机采取有效干预的时间段打响。不仅如此，敌军连日来的行动已经清楚地表明，最初的进攻目标就是贝亚特丽斯和加布丽埃勒。

可是，德·卡斯特里和他的下属们并没有充分掌握敌军的备战规模。七周前，越盟总司令在行动打响几小时前突然叫停进攻计划，令人们陷入深深的失望之后，这支军队的战士和挑夫就开始夜以继日地拼命工作。武元甲要求炮兵阵地进行更好的准备，准备更充足的弹药和补给，并在人力和军火两方面建立压倒性的优势，只有满足了这些条件后方可继续行动。他们耗费了巨大的精力，在环绕着盆地的群山正斜面的坡上挖出了无数凹槽以安放 75 毫米和 105 毫米榴弹炮。这比常规在反斜面阵地上安放大炮要冒险些，但能取得更可观的回报：炮手将可以从四面八方向法方目标开火。很多大炮被逐一安置在又深又窄的洞中,这样可以保证抵御空袭和炮火攻击的岩石完整无缺。如果安放稳妥的话,在开火时只需要将炮筒露出来。为了吸引敌军炮火和空中袭击,越军甚至还制作了伪装大炮并将它们安置好。与此同时,炮兵指挥官和他们的中方顾问还精心绘制了法方防线的地图,以确定特定目标的准确坐标。在2月和3月初,他们断断续续向法军营地开火,为的就是让炮手们精确校准靶位。[50]

与此同时,武元甲下令围绕着法军营地挖一条巨大的壕沟。此时,铲子成了他们最主要的武器,成百上千的越南人没日没夜地挖掘着壕沟和地道,他们常常要冒着被敌军炮火击中的危险,而且有时一天只能往前挖四五米。到了3月初,法军的情报站报告说,在营地的防务线附近听到了铲子发出的敲击和刮擦的声音,这让他们非常不安。到3月12日时,法军甚至可以看到这些工兵在岗哨的保护下,大白天公然掘土三尺。此时,他们挖出的这条壕沟已经一路蜿蜒向堡垒前行,用一位观察人士的话来说,"它就像是死心塌地要在陆地上生活的大章鱼的触角"。[51]

武元甲急于尽可能地削弱敌军的空中支援能力,下令突击队员袭击法军在红河三角洲的机场。在2月初,一小队越盟战士悄悄爬进了排污管,进入了海防以南的涂山(Do Son)空军基地,在夜色的掩护下他们捣毁了5架达科塔运输机、污染了10万升汽油。2月20日,一些美国空军技师(1月底艾森豪威尔批准了200人的机械师小分队前来进行后勤保障,他们就是其中的部分成员)在来到基地后发现,越南战士让油管里混进了水,污染了汽油库存。3月4日,越盟的突击队员又进入了嘉林(Gia Lam)空军基地,在10架达科塔运输机的机身下绑上了混入炸药的汽油包，导致这 10 架飞机悉数被炸毁。尽管嘉林基地守卫森严，可这群突击队员中只有一人未能逃脱。三天后，越盟军队又在吉碑机场——这是另一个由美国民航飞机机师驻守的机场——破坏了 4 架 B - 26 轰炸机和 6 架莫拉纳侦察机。3 月 10 日，越盟的大炮首次轰炸奠边府飞机跑道，而在 12 日，也就是进攻前夜，一小队突击队员穿越了法军营地的防线，捣毁了跑道上的部分铁制格栅，顺便确认了特定的轰炸目标方位。[52]

武元甲的进攻方案分为三个阶段。在第一个阶段，需要摧毁贝亚特丽斯、加布丽埃勒和安妮 - 玛丽三处外围要塞。随后的第二个阶段越盟将收拢战线，包抄飞机跑道周边的主要阵地和守备部队总部。最后一个阶段则是向所有仍然存在的目标发起进攻，包括另一处外围据点，即南部的伊莎贝拉。为了完成此次行动，武元甲集结了越南人民军第 308 师和第 312 师，以及第 316 师的两个团、第 304 师的一个团，加上第 351 重型师。第 308 师占据东部山林，而第 312 师在北边。刚结束老挝任务的第 316 师暂时在后方整顿等候，而第 304 师则把守着伊莎贝拉据点东部的高地。[53]

此次行动不容有失。"我们观察到了所有细节，并且在进攻前的那几个晚上借助模型，一点一点地研究地形，"一位越盟军官后来对一名法国记者说道，"每天晚上，我们都会潜入阵地，抓紧时间剪断带刺的铁丝网、扫除地雷。我们的出发点一再往前推进，最后距离贝亚特丽斯的制高点只有不到 200 米，我们也没有想到，你们的炮兵竟然不知道我们在哪儿。此外，一些傣族逃兵也为我们提供了大量信息。"[54]

在武元甲看来，3 月 13 日的首次进攻事关重大。在贝亚特丽斯这个要塞大获全胜将鼓舞士气，也让他们有信心迎接此后必将出现的挫败；另外，如果法军一开始就丢掉了自己的据点，那么他们的士气必将一落千丈。因此武元甲和他的副手们不断向士兵们传递这样的信息：他们可以赢，他们将会赢。武元甲深知，只有旗开得胜才会真正帮助他们建立信心。他谨记久经沙场的老将的箴言："永远打赢第一场战斗。"[55]

七

德·卡斯特里上校显然也坚信这则箴言，在贝亚特丽斯落入敌人手中的这天上午，他的情绪跟头顶笼罩的厚厚的乌云一样阴郁。已经有人在嘀咕他前一晚的表现：他向各个据点传递的信息实在太含糊，整晚缩在指挥所里显得他太没种，未能发起猛烈反攻又说明他太软弱。现在，他必须拿出一套方案，而且得抓紧时间，因为一场屠杀将在几个小时内重新开始。他们已经丢了一个关键据点和几百名官兵的性命。飞机跑道布满了弹坑，原先铺设的格栅现在像锯齿一样支离破碎，基本上已经没法再使用了。而炮兵指挥官皮罗特为了回应武元甲激烈而且致命的密集炮火进攻，已经用了 6000 发 105 毫米榴弹炮炮弹，也就是说，已用掉了他的总库存的四分之一。

皮罗特的举止让人忧虑。这个 47 岁的军官向来表现得很坚定，对自己的炮火能实现的杀伤力充满自信，可是一夜间他像是换了个人，仿佛灵魂被从这副躯壳中抽走。事后有好几位军官回忆说，他看起来心不在焉，没办法理解当时的形势。连德·卡斯特里都担心起来，请牧师帮忙看着他点儿。这天晚些时候，接替戈谢担任中心区域指挥官的皮埃尔·朗格莱（Pierre Langlais）上校碰到了皮罗特，发现他目光涣散。

"你还好吗？"朗格莱问。

450　　"我们完了，"这位炮兵指挥官喃喃自语道，"我早就跟德·卡斯特里说，让他停止这一切。我们眼看就要迎来一场屠杀，这都是我的错。"[56]

这天晚上越盟重新发起进攻。整晚，由阿尔及利亚第7步兵团第5营和外籍军团一个重炮连防守的加布丽埃勒要塞与越盟发生激烈交火。越盟取得了几处据点，但顽强的阿尔及利亚军团仍然守住了部分阵地。3月15日清晨，法军发起了一次反攻，主力部队是14日刚刚空降的一个新的伞兵营（越南国民军第5营），想要夺回对加布丽埃勒的控制权。这次行动虽然有7辆霞飞坦克支持，但人手不足、规划也有欠缺，在牺牲了大量人员后被迫放弃。就这样，加布丽埃勒也失守了，阿尔及利亚军团有540人死亡、220人被俘、114人逃跑。越盟总计有1000人阵亡。越盟的密集轰炸让法军的土方工事满目疮痍，而且不仅仅是在北部区域，在中心位置也是如此。此情此景跟1916年凡尔登战役中最惨烈的那几天如出一辙，敌军的炮弹将地上的整整一层土碾成细沙，并导致掩体和壕沟内爆。[57]此外，法军的防守火力虽较第一天晚上更为有效，但事实证明他们在执行此次任务时并不能完全胜任。

皮罗特上校陷入了极度的绝望中。"我真是丢尽了脸，"他对一位军官嘟哝道，"我曾跟德·卡斯特里拍胸膛保证过敌军的大炮碰不到咱们——可是现在我们就要输掉这场战役了。"[58]他也许还回忆起了1月26日对马克·雅凯夸下的海口："我现在拥有的大炮已经超出了需要。"3月15日上午，不知是什么时候，皮罗特悄悄回到自己的防空洞里。因为缺了一条胳膊，他没法给手枪上膛。于是，他躺在床上，用牙齿拉开一枚手榴弹的导火线，将它搁在了自己的胸口上。德·卡斯特里起初想要隐瞒皮罗特自尽的消息，向河内汇报说皮罗特是被敌军杀害，但还是有人走漏了风声，并很快在各支部队中不胫而走。[59]

安放皮罗特尸体的停尸房早已不胜负荷。成堆的遗骸被堆在一起，有些被放在担架上，有些就被搁在光秃秃的地上。在手术室，格罗万（Grauwin）和然德雷（Gindrey）两位医生打着赤膊，一刻不停地动了两天两夜手术。3 月 13 ~ 14 日的夜间，也就是 451 遇袭不到几小时里，这个邻近营地总部的战地医院就挤满了伤员，其中很多人身受重伤，需要立刻治疗。法国人、军团战士、阿尔及利亚人、非洲人和越南人——军官和士兵，他们在这个

3 月 16 日，奠边府战役进入第三天，第 6 殖民伞兵营驻守伊莎贝拉要塞的两名士兵奔跑着寻找掩护。

拥挤的小医院里等待着治疗，呕吐物、血液和大小便的恶臭味四处弥漫。两位医生拼命想要保住伤员的四肢，同时避免出现坏疽，但对其中一些人来说已为时太晚：在头一个晚上，格罗万和然德雷就做了 14 台截肢手术。然德雷一度抱怨说营部医疗站太不懂事，没有就地救治，而是把所有伤员都送到了他这里——后来他才得知医疗站也已人满为患。有些救护车司机是冒着生命危险，一路把伤员从伊莎贝拉要塞运到这里的。[60]

3 月 15 日对于守备部队的官兵们来说是个情绪低点，因为此后的几天他们的情绪开始有所好转，或者说至少不再持续低落——事后来看这一点恐怕有点不可思议。他们感觉自己已经经受了最严峻的风暴洗礼，甚至在 17 日安妮 - 玛丽陷落后（作为主力防守该要塞的傣族营已经开了小差），很多法国军官仍然相信胜利没有理由不属于他们。武元甲或许已对北部阵地取得了有效控制，但他也蒙受了巨大损失，前几天的大规模正面进攻可能导致最多有 2500 名官兵阵亡，因此肯定不可能持续这样的进攻势头。此外，他在北部要塞的成功经验也难以在中部的法军精锐部队身上复制。

没错，武元甲确实要面对他自身的问题，而战场惊人的死伤还只是其中之一。他的弹药库存不多了，救治伤员的药物也是如此。整个部队只有孙世松（Ton That Tung，音译）大夫是有资质的医生，他带领着 6 个助手，要负责处理大概 5 万人的军队的医疗事务。因为缺乏头盔而导致的头外伤是个棘手的问题：大群黄蝇飞来，在伤口上产卵，这导致伤员的伤势更加难以处理。医务室里尽是虱子，而且病床紧缺。在法军空袭和雨水的冲刷下，他们在 12 月和 1 月于丛林间开出的各条支路路况变得极为糟糕，尽管仍可通行，但速度往往非常缓慢，而且导致大量工程兵、卡车驾驶员和劳工死伤。最致命的要数美军新近向法军提供的杀伤性炸弹。随着武元甲三阶段战役的第一阶段在 3 月 17 日接近尾声，他的政委们相应地接下了维持军队士气的任务。他们慷慨陈词，就两个并行的要点进行爱国主义演讲：所有人的牺牲都不是徒劳的，同时应不惜一切代价取得胜利。武元甲向部队官兵们发出了特别的讯息："他的〔指敌军〕士气受到了影响，他的困难数不胜数，但不要小瞧了他。如果我们小瞧他，这场战斗我们就输定了。"[61]

与此同时，在河内和西贡，科尼和纳瓦尔的下属们已经被前几日的战况吓得目瞪口呆，高级专员莫里斯·德让和他的随从们也同样如此。他们现在开始私下里嘀咕这个不容说出来的事实：这场战争法国可能要吃败仗。虽然说，从 3 月 17 日开始奠边府的战事暂时不再吃紧，守备部队中的部分将领也仍然表示出乐观态度——这让人们感到一丝安慰——但总体来说局势看起来极度糟糕。纳瓦尔得出结论，只有尽快加强对守备部队的空中支援，同时确保阿特朗特行动取得突破，才有可能避免一场全面溃败。[62] 他们认为这条飞机跑道或多或少已经作废了，因此当务之急是空投补给和伞兵，而且要想办法疏散伤兵。与此同时，他们还需要袭击敌人的后方，骚扰其补给线，截断其军火供应，压制其炮火袭击，同时使用凝固汽油弹在守备部队外围制造一条死亡地带。德让立即请求美国驻西贡大使馆将增加 B–26 轰炸机、"熊猫"战斗机和 C–47 运输机援助作为第一要务。他还请美方授权他们使用借来的 C–119 轰炸机——由法国飞行员驾驶——以求"大量使用凝固汽油弹"。[63]

华盛顿政府尚在斟酌这些要求时，一位法国高级军官前来与美国高层领导人会晤。这是法国级别最高的现役军官、武装

部队参谋长保罗·埃利，就在几个星期前，他陪同勒内·普利
文视察了印度支那各个战区。那次旅行虽然很重要，但无论如
何也不及这一次。[64]因为此行将开启自七年多前战争爆发以来，
法美和英美间最为密集的磋商阶段。此次会晤持续了一个多
月，它揭示了这三个西方盟国间的深层次分歧。三方探讨的是
一个最紧迫的问题：美国是否应当直接干涉这场战争？采取的
形式是独自行动，还是与英国和其他盟国联手？

注释

1. Ho Chi Minh, "Report to the Assembly of the DRV," December 1 - 4, 1953, in *Ho Chi Minh on Revolution: Selected Writings, 1920 - 1966*, ed. Bernard B. Fall (NewYork: Praeger, 1967), 258 - 69.

2. Pierre Asselin, "The DRVN and the 1954 Geneva Conference: New Evidence and Perspectives from Vietnam," 文章未被发表，由作者 所有; Truong Chinh, "Making Great Efforts to Smash the French and U. S. Imperialists' Schemes for Intensifying the War of Aggression," February 22, 1954, 文章未被发表，由作者所有。

3. NSC 5405, January 16, 1954, *FRUS, 1952 - 1954, Indochina*, XIII, 1: 971 - 76.

4. 讨论备忘录，国家安全委员会第 179 次会议，1954 年 1 月 8 日，*FRUS, 1952 - 1954, Indochina*, XIII, 1: 947 - 54。

5. Richard Immerman, "Between the Unattainable and the Unacceptable: Eisenhower and Dienbienphu," in Richard A. Melanson and David Mayers, eds. , *Reevaluating Eisenhower: American Foreign Policy in the 1950s* (Urbana: University of Illinois Press, 1987), 124 - 25. 这个特别委员会的其他成员还包括国防部副部长罗伯特·凯斯 (Robert Kyes)、总统特别助理 C. D. 杰克逊 (C. D. Jackson)、雷福德上将以及中情局局长艾伦·杜勒斯。

6. 关于这些机械师的初期体验，见 Robert K. Scudder，"Tonkin Taxi: Hanoi to Saigon and All the Stops in Between," *Friends Journal* 29 （Winter 2006 – 7），8 – 14。

7. 詹姆斯·哈格蒂日记，1954 年 2 月 7 日，Eisenhower Library。

8. Eden to Cabinet，November 24，1953，CAB 129 64，TNA；Eden to Churchill，November 25，1953，FO 800/784/95，TNA.

9. Lloyd note，August 23，1953，FO 371/103518，TNA.

10. E. J. Kahn，Jr.，*The China Hands: America's Foreign Service Officers and What Befell Them* （New York: Viking，1975）；and Robert P. Newman，*Owen Lattimore and the "Loss" of China* （Berkeley: University of California Press，1992）.

11. Paul Wright memorandum，August 22，1953，FO 371/103518，TNA.

12. Lloyd note，August 23，1953，FO 371/103518，TNA.

13. Paul Wright memorandum，August 22，1953，FO 371/103518，TNA.

14. Robert Rhodes James，*Anthony Eden: A Biography* （New York: McGraw-Hill，1987），158. 另见 Dominic Sandbrook，*Never Had It So Good: A History of Britain from Suez to the Beatles*，vol. 1: *1956 – 1963* （Boston: Little，Brown，2005），7 – 8。

15. Eden to Cabinet，November 24，1953，CAB 129 64，TNA. See here the fine analysis in Kevin Ruane，"Anthony Eden，British Diplomacy，and the Origins of the Geneva Conference of 1954," *Historical Journal* 37，no. 1 （1994）: 156 – 57.

16. Rhodes James，*Eden*，374 – 75.

17. Anthony Eden，*Full Circle: The Memoirs of Anthony Eden* （Boston: Houghton Mifflin，1960），87.

18. 引自 Philippe Devillers and Jean Lacouture，*End of a War: Indochina，1954* （New York: Praeger，1969），55。另见 Pierre Grosser，"La France et l'Indochine （1953 – 1956）: Une 'carte de visite' en 'peau de chagrin' " ［France and Indochina （1953 – 1956）: A Visitor's Pass to the Land of Sorrow］，doctoral dissertation，Institut d'études politiques de Paris，September 2002，483 – 500。

19. 法国政界对于美国将坚定支持战争继续进行持有一致意见，参见 Le Général des Corps d'Armée Valluy à Monsieurle Général d'Armée Chef d'Etat-major Général des Forces Armées, February 4, 1954, Dossier 295, Indochine, Asie-Océanie 1944–1955, MAE。

20. André Siegfried, *L'Année Politique 1954* (Paris: Presses universitaires de France, 1955), 511–16.

21. C. L. Sulzberger, *A Long Row of Candles: Memoirs and Diaries, 1934–1954* (New York: Macmillan, 1969), 949.

22. Churchill to Eden, February 8, 1954, PREM 11/648. 丘吉尔在电报中写道："我认为你尝试推动远东会议的做法极为正确。这对于推进会谈意义重大。"

23. David Dutton, *Anthony Eden: A Life and Reputation* (London: Hodder Arnold, 1997), 474.

24. 此次会议公报的部分内容载于 *FRUS, 1952–1954, The Geneva Conference*, XVI: 415。

25. 引自 David Carlton, *Anthony Eden: A Biography* (New York: HarperCollins, 1986), 339。文中提及的这位代表是利文斯顿·麦钱特 (Livingston Merchant)。

26. Dulles to Eisenhower, February 6, 1954, *FRUS, 1952–1954, Indochina*, XIII, 1: 1021.

27. 讨论备忘录，第 186 次国家安全委员会会议，1953 年 2 月 26 日，*FRUS, 1952–1954, Indochina*, XIII, 1: 1080–81; Lawrence S. Kaplan, "NATO and French Indochina," in Lawrence S. Kaplan, Denise Artaud, and Mark Rubin, eds. , *Dien Bien Phu and the Crisis of Franco-American Relations, 1954–1955* (Wilmington, Del. : Scholarly Resources, 1990), 239。

28. W. D. Allen note, February 24, 1954, FO 371/112047, TNA.

29. Georges Bidault, *D'une résistance à l'autre* (Paris: Les Presses du siècle, 1965), 193; James Cable, *The Geneva Conference of 1954 on Indochina* (London: Macmillan, 1986), 43.

30. 关于美国国内政治以及它给美国外交政策所带来的冲击，国外的很多观察非常敏锐。2 月 11 日，伊夫林·舒克伯勒在他的日记中语带同情地写道："他很可能会因轻易地同意跟中共坐下来谈判而受到美国舆论的抨击。"Evelyn Shuckburgh, *Descent to*

Suez: Diaries, 1951 - 1956 (New York: W. W. Norton, 1987),
133.

31. William C. Gibbons, *The U. S. Government and the Vietnam War:
Executive and Legislative Roles and Relationships* (Princeton, N. J.:
Princeton University Press, 1986), 1: 165 - 66; "Report on
Berlin," February 24, 1954, 引自 Robert F. Randle, *Geneva 1954:
The Settlement of the Indo-Chinese War* (Princeton, N. J.:
Princeton University Press, 1969), 40 - 41。

32. Dulles to State, February 18, 1954, *FRUS, 1952 - 1954,
Indochina*, XIII, 1: 1057.

33. Pierre Pellissier, *Diên Biên Phu: 20 novembre 1953 - 7 mai 1954*
(Paris: Perrin, 2004), 231 - 32; James R. Arnold, *The First
Domino: Eisenhower, the Military, and America's Intervention in
Vietnam* (New York: William Morrow, 1991), 146 - 47.

34. Conversation tenue, Comité de defense nationale, March 11,
1954, vol. 297, Série Asie-Océanie 1944 - 1955, Sous-série
Indochine, MAE; Pellissier, *Diên Biên Phu*, 243 - 45; Joseph
Laniel, *Le drame indochinois* (Paris: Plon, 1957), 16 - 17;
Pierre Grosser, "La France et l'Indochine," 624 - 37.

35. Devillers and Lacouture, *End of a War*, 62 - 66; Yves Gras,
Histoire de la guerre d'Indochine (Paris: Plon, 1979), 541 - 42;
Laniel, *Le drame indochinois*, 79 - 80.

36. 关于提高越南国民军作战能力的迫切需要，见 Général C.
Blanc, "Situation d'ensemble," February 8, 1954, Dossier IV,
DPMF Indochine, Institut Pierre Mendès France, Paris。

37. Laniel, *Le drameindochinois*, 82.

38. Jean Lacouture, *Pierre Mendès France*, trans. George Holock
(New York: Holmes & Meier, 1984), 201.

39. Text in India, *Parliamentary Debates, Official Report, House of
the People*, Part 2, 6th Session, vol. 1, no. 6 (February 22,
1954), cols. 415 - 16.

40. Pierre Rocolle, *Pourquoi Dien Bien Phu?* (Paris: Flammarion,
1968), 327, 引自 Martin Windrow, *The Last Valley: Dien Bien
Phu and the French Defeat in Vietnam* (Cambridge, Mass.: Da
Capo, 2004), 363。

41. General O'Daniel, "Report on the U. S. Special Mission to Indochina," February 5, 1954, Box 1, George Kahin Collection on the Origins of the Vietnam War, Carl A. Kroch Rare and Manuscript Collections, Cornell University.

42. Saigon to State, February 9, 1954, *FRUS, 1952 – 1954, Indochina*, XIII, 1: 1026, 1065 – 66; Time, March 1, 1954.

43. 引自 Jules Roy, *The Battle of Dienbienphu*, trans. Robert Baldick (New York: Harper & Row, 1965; reprint Carroll & Graf, 1984), 144。另见 Robert Guillain, *Diên-Biên-Phu: La fin des illusions* [*Notes d'Indochine, février-juillet 1954*] (Paris: Arléa, 2004)。

44. 格雷厄姆·格林日记, 1954 年 1 月 5 日, Box 1, Greene Papers, GU; Graham Greene, *Ways of Escape* (New York: Simon & Schuster, 1980), 189。格林的文章在 3 月 21 日和 3 月 28 日分两次被连载。

45. 关于越盟在 1954 年年初不断攻向南部, 参见 David W. P. Elliott, *The Vietnamese War: Revolution and Social Change in the Mekong Delta, 1930 – 1975* (Armonk, N. Y. : M. E. Sharpe, 2007), 80 – 82。

46. Bernard B. Fall, "Solution in Indo-China: Cease-Fire, Negotiate," *Nation*, March 6, 1954. 2 月 20 日, 保大把美国和英国大使吓了一跳, 当时他严肃地表示, 解决三角洲地区"腐败坏死"局面的最佳办法是将所有居民——或者是几乎所有居民——撤离, 把他们送到安南南部。此后, 军队可以在这个人去楼空的区域展开全面轰炸。Saigon to FO, February 25, 1954, FO 371/112024, TNA。

47. Fall, "Solution in Indo-China."

48. 有关早期战役的描述, 要属下书最佳: Rocolle, *Pourquoi Dien Bien Phu?*, 343 – 90。另见 Pierre Journoud and Hugues Tertrais, *Paroles de Dien Bien Phu: Les survivants témoignent* (Paris: Tallandier, 2004), 111 – 31。关于令人惊惧的最初几小时的进攻, 见 Erwan Bergot, *Les 170 jours de Diên Biên Phû?* (Paris: Presses de la cité, 1979), 85 – 98。

49. 戈谢的信引自 Ted Morgan, *Valley of Death: The Tragedy at Dien Bien Phu That Led America into the Vietnam War* (New York:

Random House, 2010), 256。

50. Howard R. Simpson, *Dien Bien Phu: The Epic Battle America Forgot* (Washington, D. C.: Brassey's, 1994), 53 – 54.

51. Ibid., 63。

52. *Lich Su Bo Doi Dac Cong*, *Tap Mot* [History of the Sapper Forces, Volume I] (Hanoi: People's Army Publishing House, 1987), 68 – 70; Hanoi to FO, February 17, 1954, FO 371/112024, TNA. 另见 John Prados, "Mechanics at the Edge of War," *VVA Veteran* 22, no. 8 (August 2002); Simpson, *Dien Bien Phu*, 64 – 65。

53. Edgar O'Ballance, *The Indo-China War, 1945 – 1954* (London: Faber & Faber, 1964), 218.

54. 引自 Roy, *Battle of Dienbienphu*, 167。

55. Phillip B. Davidson, *Vietnam at War: The History, 1946 – 1975* (New York: Oxford University Press, 1991), 236.

56. Roy, Battle of Dienbienphu, 172.

57. Bernard B. Fall, *Street Without Joy: Indochina at War 1946 – 1954* (reprint ed., Mechanicsburg, Pa.: Stackpole, 1994), 321.

58. Bernard B. Fall, *Hell in a Very Small Place: The Siege of Dien Bien Phu* (Philadelphia: Lippincott, 1966), 156.

59. Pellissier, *Diên Biên Phu*, 268 – 72.

60. Paul Grauwin, *J'étais médecin à Dien-Bien-Phu* (Paris: France-Empire, 1954). 该书有删节的英文译本: *Doctor at Dienbienphu* (New York: John Day, 1955)。

61. Simpson, *Dien Bien Phu*, 89.

62. Navarre pour Ministre Etats Associés, March 23, 1954, Dossier I 457 AP 53, Conférence de Genève, AN.

63. Devillers and Lacouture, *End of a War*, 72.

64. Comité de défense nationale to Schumann, March 11, 1954, vol. 297, Série Asie-Océanie 1944 – 1955, Sous-série Indochine, MAE.

第十九章　美国人涉足

一

　　1954 年 3 月 20 日，在这个星期六的早晨，当保罗·埃利
将军的飞机经过了 14 个小时的跨大西洋飞行抵达美国国家机
场时，华盛顿的官员们并不知道，此次访问标志着美国对印度
支那事务决策最密集的时期拉开帷幕，而这个阶段将持续超过
一个月，并推动美国走向战争边缘。盟国的军事领导人常常突
然造访美国的首都，如果此行称不上是例行访问的话——埃利
是法国最高层的军官，而且他的军队正在越南面临严峻的困
境——它对于这座城市也算不上是关注焦点，因为绝大多数人
正将注意力集中在即将开始的美国陆军对麦卡锡的听证会上。
美国人对越盟最终进攻奠边府的消息有所耳闻，也表示了关
注，但他们仍然寄希望于法国人能抵挡住此次进攻，可毕竟无
论怎样，一场在北圻偏远山区进行的战役并不可能拥有至关重
要的意义。3 月 18 日的国家安全委员会会议上，尽管中情局
局长艾伦·杜勒斯（Allen Dulles）发表讲话，表示法军守住
要塞的机会只有五成，但艾森豪威尔总统并未对奠边府的形势
流露出多少特别的关切。这位行伍出身的总统指出法军拥有制
空权和凝固汽油弹，而且各个阵地的防御工事相当坚固，因此
越盟以二敌一的人数优势无足轻重。杜勒斯局长没有表示异
议，称法方从西贡发来的悲观报告有可能只是个幌子，这样一
旦打了胜仗则可以吹嘘他们的胜利是多么来之不易。[1]

如果说此时有人将埃利的到访视为一个分水岭式的时刻，那么这个人当属参谋长联席会议主席阿瑟·雷福德——也就是在美国跟埃利职位相对应的人物。雷福德信奉麦克阿瑟秉承的亚洲优先策略，对空中力量的效果坚信不疑，在他看来，奠边府既是潜在的灾难，又是一种机遇：它可以成为法国遭遇象征性的战败的战场，同时也是美国向该地区真正的"威胁"，也就是中华人民共和国发起进攻的机会。在接下来的几周里，雷福德上将将成为印度支那事务的主要角色，他积极倡导美国通过空中力量，必要的时候甚至可以出动地面部队，直接干预越南。3 月 19 日，就在埃利到访的前一天，他会见了让·瓦吕将军——前印度支那总司令、现任法国军事特派团团长兼北约驻华盛顿常设小组的法国代表。刚从巴黎回到华盛顿的瓦吕告诉雷福德，埃利此行将要传递一个令人警醒的消息：巴黎当局相信不可能在 1954 年或者 1955 年取得胜利，而法国在 1956 年继续战争的前提将是美国为这场战争提供军力。[2]

星期六早上，雪花纷纷扬扬飘落，雷福德前往白宫，与艾森豪威尔和杜勒斯两人进行了一个半小时的密谈，所有内容不做记录备案。尽管现在无据可查，但可以想见雷福德应该是在此次会谈中传达了瓦吕此前的说法。雷福德接着从白宫出发到机场迎接埃利，当晚在家里举办了一场小型的只限男士参加的宴会来款待这位法国客人，赴宴者包括艾伦·杜勒斯、副总统尼克松和其他领导人。埃利毕业于法国圣西尔军校，参加过两次世界大战。这位瘦削的、性格坚韧的将军非常了解华盛顿：在成为参谋长之前，他曾是北约常设小组的法方代表，这个商讨军事策略的机构定期在华盛顿召开会议。这天晚上，人们显然没有提及美军直接涉足战争的话题，但埃利承认奠边府有可能保不住，而这将进一步影响到法军的士气。他说，这支守备部队的命运从军事上来说并没有那么关键，因为法国仍然手握越南两大三角洲地区的优势，但从心理上来说，这个盆地的战果造成的影响将十分重大。

在接下来的几天里，埃利与美国官员进行了数次磋商，表示要求美国进一步援助 25 架 B－26 轰炸机以及派出能够驾驶它们的美国志愿者，外加在奠边府继续执行空中支援任务的 800 具降落伞。艾森豪威尔点头认可，并尽其所能鼓舞法国人的斗志。3 月 22 日早上，在椭圆形办公室结束了一场会议后接受摄影师拍照时，人们听到总统对埃利说，在二战期间，盟军也遭遇过一些看起来极为低迷的时刻，"但最终我们赢了，而且我们还会再赢"。雷福德插话说："法国将会获胜。这场战争将会在我们的帮助下结束。"[3]

埃利的到访看似取得了开门红，他相信翌日在国务院与国务卿约翰·福斯特·杜勒斯进行的会议也会取得类似的成效。这不仅是因为在 1950 年代中期，人们普遍将杜勒斯视为美国外交政策的总设计师，也是因为他一直明确地表达着阻止越盟在印度支那获胜的强烈意愿。但在这一天的会议上，国务卿非常谨慎，他始终没有如埃利所愿，讨论如果中国派飞机参战，华盛顿将会做何反应。他告诉埃利，在做出任何类似的决定前，都需要先考虑几个因素，而现在对他来说，甚至连形成想法都为时尚早。只要采取任何干涉手段，美国的声望就必将卷入其中，因此他需要慎之又慎。美国将坚持在规划战争和训练越南国民军中发挥比目前更为显著的作用，同时希望法国能就向联合邦赋予完全独立权一事做出更大的承诺。[4]

**1954 年 3 月 22 日，艾森豪威尔总统在椭圆形办公室接见
埃利将军（图中）和雷福德上将。**

　　在 3 月 24 日早上与艾森豪威尔进行的会谈，以及之后和
雷福德的电话沟通中，杜勒斯的态度仍然很谨慎。他对这两位
都表示，只有在巴黎政府切实保证两国政府可以密切合作的情
况下，美国才有可能进行武力干涉。做出任何承诺都有可能带
来深远的影响，美国政府只有在一些关键问题上得到满意的答
案时，才能做出任何举动，这些问题不仅涉及印度支那，还关
乎法国在西方的地位。值得注意的是，总统和参谋长联席会议
主席雷福德看来已经做好了将步子迈得更大、更快的准备。艾
森豪威尔同意杜勒斯的说法，那就是在美国对越南进行任何重
大干预之前，都需要满足政治上的先决条件，但他又进一步
说，他"并不会彻底排除单独出兵打击的可能性——只要能

基本确定行动可以带来决定性的成果"。[5]

　　雷福德则与埃利进行了多次长谈，甚至想要挽留埃利在华盛顿多停留一天，好对几项紧要事项进行适当的评估。最后一次会谈在 3 月 26 日进行，其结果在当时仍然不是十分明确，但它将是未来几个月乃至几年法美两国间激烈争论的核心主题。会议记录表明，双方谈到了如果中国派空军干涉战争将做出哪些可能的反应，但谈话也涉及华盛顿将为被围困的奠边府要塞提供何种军事援助。双方都了解一个代号为"秃鹫"（Vulture）的军事行动，这个由美国和法国驻西贡军官所构想的计划提出要对包围要塞的越盟阵地实施大规模夜间空袭，实施作战计划的是美国舰载飞机和菲律宾克拉克空军基地的 B - 29 战斗机。美方表示，他们可在两天内部署约 350 架飞机抵达奠边府。后来埃利声称雷福德强烈支持该计划，并在私下里表示自己能够压制住杜勒斯的保守态度，赢得总统的支持。而雷福德则只是承认他告诉过埃利，只要美军接到正式请求，可在两天内飞抵谷地。他坚持说，自己并未做出任何承诺，并强调在做出关键决策前必须取得更高层的批准。[6]

　　或许这个过程中存在一些误会。美法双方决定在最后一次会议中不使用翻译，而是用彼此都不怎么精通的语言进行沟通。埃利很有可能将自己希望听到的跟实际听到的混为一谈：将美国参谋长联席会议主席的言外之意跟真正表达的说法混为一谈，将美国的能力跟美国的意愿混为一谈。可是借用一位有见识的历史学家对此事件的结论，最有可能的情况是"埃利捕捉到了雷福德的心中所想"。[7]这位上将本人更倾向于在奠边府使用空中力量，在战争中加大美军的参与度；他甚至曾多次鼓吹要对中国动用核武器。雷福德知道埃利因为杜勒斯的表态而心灰意冷，或许他还想要给法国人鼓鼓劲，以避免法军的战斗意志被进一步消磨殆尽。此外，雷福德很有可能曾经想到，在"NSC – 5405"号文件和其他数不胜数的文件中，美国官方不是已经明确阐释了避免越盟获胜的政策了吗？早在1月的时候，艾森豪威尔总统本人不是已经像自己一样表示有可能必须使用美国的空中力量了吗？秃鹰行动难道不是对这两种如出一辙的观点的肯定吗？[8]

就在一天前，也就是3月25日一场主要讨论战争议题的国家安全委员会会议上，艾森豪威尔为雷福德的磨坊里添了一把谷子。在听到国防部部长查尔斯·威尔逊（Charles Wilson）谈到大家或许"应暂时把印度支那抛到脑后，而应致力于努力帮助东南亚的其他自由国度抵御共产党的大肆入侵"时，艾森豪威尔态度明确地回应道："印度支那如果完了，将会引发一连串连锁反应，整个东南亚都会落入共产党的手中。"越盟获胜将是一场灾难，因此有必要寻找避免这种局面的新举措。总统因此进一步说："现在我们或许有必要促请国会研讨将为干预印度支那提供哪些恰如其分的支持。"他宣称，国会将是关键：议员"必须支持美国干涉印度支那的任何举措。只有书呆子才会另寻他法"。[9]

当艾森豪威尔说出此番话的时候，雷福德也在场，而且他领会到了总统的意图。这位美国总统已经强调印度支那落入共产党之手将是一场灾难，而他也在考虑进一步加大美国在这场战争中的参与力度，以免这种局面真的发生。艾森豪威尔已经清楚地表明，在进行任何干预前都需要先取得国会的认可，但如果雷福德想当然地认为可以轻松获得国会的支持，哪怕很多议员厌恶在朝鲜战争后紧接着又打一场仗的前景，这也是无可厚非的。因为他深知，这当中不会有哪位议员胆敢拦住总统的路。如果次日雷福德真的对埃利做出了美国将坚定不移支持法国的承诺，这也不足为奇。

459 　　如果雷福德听到 3 月 25 日约翰·福斯特·杜勒斯在宴会上的讲话，恐怕会更加有底气。在这天早些时候，国务卿也听取了总统在国家安全委员会上的讲话，他此后的立场看起来因此出现了一些转变。在与澳大利亚驻华盛顿大使，也是跟他私交很好的朋友珀茨·斯彭德（Percy Spender）共进晚餐时，杜勒斯表示越南的地位太重要了，不能丢给法国听之任之，而拉尼埃政府并未充分认识到这场斗争的重要性，看来将会怀着摇摆不定的心态前去参加日内瓦会议。现在一定得寻找到什么办法让法国人坚持战斗，直至季风季节到来后双方进入一年一度的休战期为止。[10]

二

　　3 月的最后几天，随着奠边府的战火迅猛蔓延，美国政府开始为直接干预印度支那的前景向国会和舆论做铺垫。3 月 28 日的《纽约时报》报道说，一个由杜勒斯牵头的公共教育项目已经展开，目的是向公众解释"印度支那关乎哪些利益"。[11]而据《纽约客》的理查德·罗维尔（Richard Rovere）报道，杜勒斯着手进行的是"美国政治家有史以来发起的最大胆的政治游说活动之一"，该活动是为了广泛动员来自各种背景的议员、记者和电视名人"走到一起，参加各种演讲和简报会"，阐释在越南实现胜利的关键意义。彩色图表生动地展示

460 了这样一幅图景：如果印度支那"沦陷"，共产党的影响将呈半圆状，从印度支那向泰国、缅甸和马来亚辐射，一直延伸到

印度尼西亚南部。这些做简报的官员还列明了苏联和中国将因此有可能获得西方永远不可能触及的原材料数量，且严重警告说，美国失败将可能导致从印度到日本，以及遍及亚洲各地的反共抵抗运动裹足不前。罗维尔写道，国务卿在出席这些简报会时表示，"我们应勇敢尝试任何能够阻止共产主义胜利的事情，切勿裹足不前"，包括在必要时派出美军地面部队。[12]

秃鹫行动本身不是公共教育行动中的一项议题：进行一次孤立的大规模空袭以拯救奠边府要塞只是武力干预的其中一种形式，而且可能算不上最佳选项。（就连主战派也怀疑发起这样一场行动的时机是不是已经过去了。）从事此次行动更主要的目的是更广泛地试水，评估一旦在越南使用美国武力——而不管局面和程度如何——国会山和外界将做何反应。

艾森豪威尔已经明确表示需要先获得国会的首肯。毕竟他在参众两院都只拥有微弱的票数领先优势（参议院为48票赞成、47票反对、1票弃权，众议院为221票赞成、213票反对、1票弃权），而且想要维持统一意见不能指望他的共和党。尤其是在参议院，约瑟夫·麦卡锡耸人听闻地指控美国陆军遮盖了所谓的海外间谍行动，这严重分裂了共和党阵营。从更广泛的意义上来说，共和党对于外交政策和对共产党在亚洲的扩张采取何种规模的制衡手段，同样缺乏共识。该党的右翼是靠不住的。比如加利福尼亚州的多数党领袖威廉·诺兰就既不愿意与共产党坐在同一张谈判桌前（他宣称日内瓦有可能成为"远东慕尼黑"），同时也不情愿派出美国军队拯救法国。另一方面，民主党虽然在1953年一直大体上支持政府的外交政策，但是由冬入春，这个党派的态度变得摇摆不定。对于杜鲁门在1950年单方面派美军进入韩国并因此遭到共和党的攻击，他们记忆犹新，其中一些民主党议员现在表示自己并不怎么热衷于支持一位共和党总统从事类似的行动。

461　　　　政府公共教育运动的核心是约翰·福斯特·杜勒斯于3月29日在纽约海外记者俱乐部所发表的演讲，后来人们通常将它称为"联合行动演说"（United Action Speech）。跟往常一样，这位国务卿自己拟写了演讲稿，同时汲取了助手和部分议员的建议，免得他们"念叨自己的意见不受重视"。艾森豪威尔也反复推敲了演讲稿的内容，毕竟将这份演说的基调和内容拿捏得恰到好处实在太重要了。为了确保演讲能获得听众们的支持，总统还请来了包括诺兰和众议院议长约瑟夫·马丁（Joseph Martin）在内的多位共和党议员，他本人也发表讲话，表达了对越南形势急转直下的顾虑。参加了此次活动的副总统尼克松在日记中写道，艾森豪威尔声称奠边府的局势令人绝望，他甚至因此考虑干扰战术，比方说让蒋介石的国民党军队在海南岛登陆，或者对中国大陆实施海上封锁。"我现在就得提出这个问题，这是因为在未来48小时内的任何时候，可能都有必要参与奠边府战役，以免它对我们不利。如果确实出现了这种局面，我将召请民主党和共和党的领导人，并告知我们将要采取的行动，"总统这样表示道。[13]

　　　　总统此话当真吗？还是说他只是使用如此强硬的语言——美国也许将被迫在任何时候"参与战役"；他将"告知"议员，而非与他们进行商讨——以好去评估议员们的反应，同时让杜勒斯的演说在相比之下显得更为稳妥？对此现在我们不得而知。但可以肯定的是，他在通知时间极短的情况下召开这次会议，而且措辞如此强硬，这足以证明在3月底时他对于印度支那问题已经极其投入。还有一点值得注意：艾森豪威尔在审阅杜勒斯的演讲草稿时，将几处措辞修改得更为严厉。[14]

这天晚上，杜勒斯在 9 点刚过一点儿时步上讲台，态度一如往常那样僵硬而又阴郁。房间里四下都是饱含期待的目光，有消息说他将不仅仅像平常晚宴过后发表一篇外交政策那样概述了事。他果然没让在座的听众失望，不过要到之后的几天，各家报社的编辑部和遍及世界各地的使领馆才开始对他的演讲内容字斟句酌，分析其真实的意图。这番演说与其说是一个行动纲领，倒不如说更接近政策声明，它强调了印度支那对美国利益的重要性，并谈到了采取军事行动"挽救"这一切的可能前景。杜勒斯宣称，哪怕是越盟的局部胜利都将带来灾难性的后果。"如果共产党军队对印度支那或该地的任何重要区域取得了无争议的控制权，他们必然将对该地区其他自由的民族沿用同样的侵略模式。"

462

红色中国和苏联的宣传家们的态度已经十分明确，他们的目的是控制整个东南亚。东南亚是所谓的"米仓"，能为这个从印度至日本的人口稠密地区提供粮食。这片土地物产丰富，包括锡、石油、橡胶和铁矿石，它可以向工业化的日本提供有可能极为关键的市场和原材料资源。该区域拥有着非常重要的战略价值。东南亚横跨太平洋以及南亚间最直接、开发程度最高的海路和航线，拥有大型海军和空军基地。若共产党控制了东南亚，将会给菲律宾、澳大利亚和新西兰带来严重威胁，而这些国家与我们都缔结了互助协议。整个西太平洋地区，包括所谓"大洋岛屿链"，也会在战略上陷于危险境地。

前景甚至还会更加糟糕。杜勒斯进一步说，越盟接连在战场上取胜，这是因为得到了中共的积极援助。毛泽东的副手们在训练胡志明的军队，并为他们提供武器，甚至直接在战场上指挥。如果美国及其盟国未能阻止中国人的扩张政策，北京的领导人肯定以为只要他们不做出公开的侵略行动，就能够自行其是。我们必须打消中国人的这种念头。如果北京选择"将自己的军队派往印度支那，那么也许将不仅仅是印度支那蒙受严重的后果"。[15]

那么，如何才能阻止共产党的这些计划呢？杜勒斯呼吁美国、英国、法国、澳大利亚、泰国、菲律宾和联合邦组成一个国家联盟，承诺共同捍卫印度支那和东南亚的其他国家，防止它们遭到侵略。这便是所谓的"联合行动"，而且它的目标看起来十分宏伟：阻止越盟攫取印度支那——无论越盟是在战场上大获全胜，还是在谈判桌上获得有利于自己的和谈结果。杜

463 勒斯和艾森豪威尔（总统本人批准了演讲稿中的每一个字）看来是在说，要么胡志明投降，要么美国将加入这场针对他的战争。

当然，他们并没有这样明说，至少没有这么明确。这篇演讲稿总共被修改了 21 次，措辞经过了精心的修饰，目的是在听上去具有威慑力的同时，还能在具体问题上保持含糊不清的口吻；正如杜勒斯的一位手下所回忆的那样，它事实上并没有"向任何人承诺任何事情"。[16] 杜勒斯和艾森豪威尔希望强硬的辞藻能够对中国人产生震慑作用、提升法国人的士气，同时希望它能破坏即将到来的日内瓦和谈，促使英国承诺支持未来可能必需的双边干预。鉴于国内形势，此番演讲还可以用来试水，测试民众对于美军参战前景的反响。杜勒斯和艾森豪威尔

当然明白，一旦他们使用了如此宏大、在私人会谈中几乎不可
能出现的字眼儿来描述眼前的危险，也就意味着将冒着让自己
受到严重制约的风险。既然你在危言耸听，就差明说若印度支
那陷落将导致亚洲面临全面饥荒，而苏中领导的联盟正在力争
统治世界，越盟只是他们的一个傀儡时，说出来的话恐怕就很
难再变了。但是，他们最终还是说了出来。人们难免因此推
测，这两位领导人已经下定决心：必须守住印度支那全境，必
要时美国将直接干涉。

三

　　对于很多听了演讲或者看了讲稿的人来说，他们很自然地
会得出上述结论。"艾森豪威尔政府已经做出决定：决不允许
印度支那落入赤色分子手中——付出多大的代价都在所不
惜，"次日《华尔街日报》这样宣称道。《美国新闻和世界报
道》对此的观感如出一辙："传递给共产党的是一则明确的信
息，那就是美国不容许印度支那被生吞活剥，哪怕这意味着一
场大战。"《新共和》杂志谈到艾森豪威尔点头认可了演讲稿，
同时也表示此番演讲只可能传递一种意图："政府决定做出一
切必需的行动以赢得东南亚——必要时，还将派出美国地面部
队。"《纽约时报》则在头版刊登了詹姆斯·雷斯顿的新闻分
析，他在文章的导语中写道："艾森豪威尔政府已经做出了一
个阻止共产党征服东南亚的基本决策——哪怕这意味着需要与
法国和其他国家采取'联合行动'。"雷斯顿是怎么知道这个
的？因为"当局最高层"就是这么跟他说的。[17]
　　诚然，东南亚并不等于印度支那，因此《纽约时报》和
《新共和》杂志也许是将天平轻微地向当下最直接的后果，也

464

就是对越开战倾斜。但是很多观察人士并未注意到这个区别，也没有注意到运用空军干涉奠边府（杜勒斯对此举的作用尤其充满怀疑）与干涉印度支那其他地区的区别。在国会山，人们对此次演讲最主要的反应是惊讶和不确定，在民主党人中尤其如此。政府是想要引导国家步入战争吗？"联合行动"究竟指的是什么？"我非常认真地研究了国务卿杜勒斯的演讲，但还是没法弄明白他所说的'联合行动'究竟是什么意思，"密西西比州民主党籍参议员约翰·斯坦尼斯（John Stennis）如此说道。而犹他州共和党籍参议员阿瑟·沃特金斯（Arthur Watkins）警告白宫不要重蹈杜鲁门的覆辙，"不要在未征询国会意见的情况下贸然行动"。[18]

在发表此番演讲后，一个令人意想不到的群体也对此产生了疑虑，这个群体就是参谋长联席会议成员。3月31日，拉德雷德上将召开会议，想要确认同侪们是否建议派出美国的海军航空兵和空军保卫奠边府——引申开来，则是他们对印度支那战争更全面的看法。如果他原本指望得到对出兵计划的一致支持，他恐怕很快就会失望了。其他军种的参谋长对这个提议都不怎么热衷。美国陆军参谋长马修·李奇微（Matthew Ridgway）表示，出兵增援法军要塞所得到的任何好处，都及不上它所需要付出的代价。李奇微说，在奠边府使用空中力量并不会对越南的军事图景带来决定性的影响，反倒会极大地增加全面战争的危险。这位陆军参谋长也不喜欢雷福德提出问题的方式。"除非问题是由恰当的权威机构提出，否则给出任何建议——不管是支持还是反对——显然都超出了参谋长联席会议的权限。"倡导某个特定的政策将"让参谋长联席会议不可避免地跟政治扯上关系"。[19]

　　李奇微和他陆军情报部门的下属对出兵计划所持的反对态　　465
度，从根本上反映了他们对在越南使用空中力量的深切怀疑。
虽然一些人认为李奇微等人的观点过于狭隘，指出他们是在为
由来已久的陆军陈腐观念寻找借口，但事实上这个想法合情合
理。在李奇微看来，近年来的历史已经清楚表明，只要敌人有
资源，有保障补给的决心，那么单一使用制空权就不能有效地
切断敌人的交通线路——而越盟恰恰满足这两个条件。二战中
的意大利战役以及朝鲜战争已经证明了这一点。更何况印度支
那的障碍更大，因为它不像意大利和朝鲜，这两个地方通往前
线的道路没有受到一个半岛的局限。越盟已经一再证明，他们
可以相对轻松地克服法军的空中封锁行动，况且现在没有理由
相信由美国舰载飞机所执行的军事任务就一定能取得更大的成
功。此外，雨季即将到来，又低又厚的云层将进一步削弱执飞
任务的效果。[20]

　　白宫注意到了国会和各军参谋长的疑虑。在 3 月 31 日召
开的一次新闻发布会上，艾森豪威尔先是声明自己与杜勒斯在
印度支那政策上意见"完全统一"，不过接着又表示派美国军
队"大规模驻扎世界各地，但凡出现任何风吹草动都要干
涉"，这样的举动"对美国的危害未免过大"。[21]这段话根本没
有清楚表明他想在印度支那做什么抑或不做什么，但一些人将
此解读为他想要缓和国会的顾虑。次日早上，总统告诉国家安
全委员会，他对于参谋长联席会议内部在关于雷福德的空袭计
划上出现的意见分歧感到不安，可是又声称真正要负责做出决
定的不是参谋长，而是"政治家"——而且他们需要尽快做
出决定。但是，参与决策过程的并非国家安全委员会的全体成
员——艾森豪威尔宣布他不会把这项重任交给整个委员会，而

是要在会后，在椭圆形办公室和一小群成员继续研讨。

现在无法觅得第二次会议的文件记录，但是想必这次会议开得跌宕起伏。在两天前的 3 月 30 日，武元甲进入了奠边府进攻计划的第二阶段，白宫收到的情报听起来十分令人惶恐：法军要塞接连两晚遭遇血腥袭击，其中又以埃利安和多米尼克要塞尤为惨烈。雷福德关于越盟即将获胜的预言眼看就要成真。当天晚些时候杜勒斯的数次电话会议摘要显示，在第二次会议上一种强烈的紧迫感占据上风，与会人士同意与两党议员领袖进行一次会议磋商。杜勒斯在参加完国家安全委员会和椭圆形办公室会议后紧接着就打了这些电话，内容基调是暗示秃鹫行动或类似的行动极有可能很快实施。而艾森豪威尔在第二次会议结束后，在跟两位报社主编共进午餐时说，他可能要从两艘航空母舰中抽调飞行中队空袭奠边府的赤色军队。紧接着他补充道："当然了，如果我们真这么做了，也必须永远不要承认。"[22]

第二天是 4 月 2 日星期五，艾森豪威尔大清早就在椭圆形办公室会见了杜勒斯、雷福德、国家安全委员会负责人卡特勒以及国防部部长威尔逊。摆在台面上的是这样一个问题：如何推动国会批准军事行动？杜勒斯拿出了一个草拟的国会印度支那事务决议，希望议员们能在次日的一次关键会议中对此进行讨论。这个草案是这样的：

> 作为美利坚合众国的总统，他将得到授权，在他认为有必要采取行动保护和捍卫美利坚合众国安全和防务之时，部署美国的海军和空军协助正在东南亚抵抗侵略的军队，防止侵略行动持续和蔓延，以保护和捍卫美国的安全。

466

在草案的这个段落中没有提及陆军地面部队，这可能意味着什么，也可能没有。毕竟海军也包括了海军陆战队，而且根据对接下来几段的解读，总统同样可以动用地面部队来防止共产党的进一步攻势以及捍卫美国安全。[23]

在这天早上的会议中杜勒斯主导了大部分的谈话。在此前几天，他越来越真切地意识到奠边府战役拥有无与伦比的象征意义——远甚于战场事实上的战略价值——同时相信输掉这场战争真的有可能促使法国立刻从印度支那撤军。撤军将引发灾难性的后果，因此现在必须找到一种办法让法国人的脊梁骨硬起来。杜勒斯仍然怀疑一次空中干预是否真能挽救法军守备部队，不过他表示自己将这个国会决议视为阻挡北京当局，以及与盟国政府推进联合行动的手段。不过，因为没有得到其他联席参谋长支持而倍感羞愤的雷福德表达的观点则有点儿让人意外：现在他分析说，奠边府的大局将在几个小时内见分晓，因此目前美国干预并不明智。艾森豪威尔专注地聆听着，接着他发话说，他喜欢这份草案，但是——他一直是个精明的政治家——他指示杜勒斯要在呈递这份草案前，先去好好了解下国会领导人对该议题的想法。总统还建议说，一定要让这份议案看起来像是议员们的决定，而不是"我们自己拟写的"。[24]

四

与议员的会议在4月3日星期六上午9点30分开始。当游客们陆续来到华盛顿国家广场欣赏怒放的樱花时，在几个街区之遥的国务院里，14名面色肃穆的男人鱼贯而入会议室内。在接下来的几个月乃至几年里，这场会议将会被人蒙上一层神秘的色彩，这部分是因为《华盛顿邮报》记者查默斯·M.罗

467

伯茨（Chalmers M. Roberts）的报道，也部分是因为会上参议
院少数党领袖林登·约翰逊（11 年后他作为美国总统，带领
自己的国家发起对越南的大规模战争）发表的声明。罗伯茨
写了两篇文章，第一篇在春末发表于《华盛顿邮报》头版，
第二篇则是几周后在《记者》（*The Reporter*）周刊上刊登。这
两篇文章写得极为细致，而且看起来精确无误，甚至因此导致
FBI 对究竟谁向罗伯茨走漏了风声展开了一次调查。[25]

第二篇文章的标题是《这一天，我们没有迈向战争》
（The Day We Didn't Go to War），笔法虽跟通常的新闻报道一
样略带夸张，但无论如何从中可以反映出一些事实。这是个关
键时刻，对此与会人士都有着充分的认识。除了约翰逊，来自
参议院的民主党籍代表包括理查德·拉塞尔（Richard Russell，
佐治亚州）和厄尔·克莱门茨（Earle Clements，肯塔基州），
共和党籍代表包括尤金·米利肯（Eugene Millikan，科罗拉多
州）和诺兰（加利福尼亚州）；来自众议院的则有议长、共和
党议员约瑟夫·马丁（马萨诸塞州），民主党领导人约翰·
W. 麦科马克（John W. McCormack，马萨诸塞州）和 J. 珀
西·普里斯特（J. Percy Priest，田纳西州）。由于艾森豪威尔
去了戴维营，会议由杜勒斯主持，坐在他身边的是雷福德上
将、国防部副部长罗杰·凯斯（Roger Kyes）、副国务卿沃尔
特·比德尔·史密斯、海军部部长罗伯特·B. 安德森
（Robert B. Anderson），以及助理国务卿、未来的美国肯塔基
州参议员思拉斯顿·B. 莫顿（Thruston B. Morton）。[26]

会议气氛从一开始就很紧张。会议当天杜勒斯手头上可能
已经有了一份决议草案，他开场时就表明此次会议是应总统的
要求而召开的，目的是对东南亚危机群策群力，做出回应。之

后他直奔主题：政府希望国会能就批准总统在印度支那使用空军和海军武装力量达成联合决议。接着他表示，单单是批准通过这项决议或许就可以令他们最终不需要真正使用武力，而这一点恰恰证明了它的重要性。总统认为，国会和白宫就战争问题达成一致，这一点非常关键。

随后轮到雷福德讲话，他向议员们详细介绍了军事局势，把奠边府的局势描绘成一幅可怕的画面。他宣称，法军的要塞已经命悬一线，可能随时都会彻底崩溃。杜勒斯表示自己完全同意雷福德的分析，并称输掉奠边府一役将带来灾难性的政治后果——法军将因此彻底撤军，印度支那也将完全落入共产党之手，美国在亚洲的防御线将因此遭到严重威胁。如果放任印度支那陷落，"东南亚和印度尼西亚彻底沦陷也只是个时间问题"。国务卿表示，为了防止一场浩劫发生，国会应当全心全意地支持总统，"如此一来，为了国家安全利益考虑，他将可以在必要的时候在该区域使用制空权和制海权"。

诺兰立刻表示支持，但在他的几位同僚发出了连珠炮似的问题后陷入了沉默。克莱门茨问雷福德，通过空中打击挽救奠边府法军的想法是否得到了参谋长联席会议其他成员的认可。

"没有，"这位上将回答说。

"那三位中，有几位同意您的看法呢？"

"没有一位。"

"您对此有何解释？"

469

"我在远东服役的时间比他们中的任何一个人都长，我比他们更明白现在的形势。"

议员们仍然步步紧逼：盟国将如何参与进来？"我们不需

要再来一场朝鲜战争，害得美国要投入90%的人力，"林登·约翰逊直截了当地表示，在几周前威廉·诺兰也曾提到过类似的说法。对此杜勒斯和雷福德回应说，他们所预想中的行动远比朝鲜战争的规模要小，因为法国和越南要负责所有地面战役。议员们不为所动。他们质疑法国继续承担其应尽责任的意愿和能力，同时担心一旦他们做出了郑重承诺，就很难再把美国的行动圈定在空军和海军的范围之内，地面部队将免不了卷入战争——10年后，约翰逊也将面临这个棘手的问题。通过口头表决，八位议员对国务卿的请求做出了回应：在请求其他议员们支持美国出兵印度支那的任何动议之前，他们需要先得到保证，确保这将是多边行动的一部分。可是，杜勒斯该拿什么做保证呢？

　　他意识到自己陷入了"第二十二条军规"中，故唯有闪烁其词。他解释道，有可能争取到各国盟友加入联合行动的承诺的前提条件是他自己的政府已经达至了一致认可；可是，现在议员们又口口声声说国会支持的先决条件是先得到盟国支持。他只能采取缓兵之计，告诉他们自己已经开始与英国和菲律宾政府商讨此事，很快也将跟法方会谈，并补充说他感觉已经取得了澳大利亚、新西兰、泰国和菲律宾的非正式支持，这些国家看来都愿意提供军力加入防御联盟。据拉塞尔当时所记的笔记显示，议员们的回应是：这一切听上去都不错，但最关键的还是伦敦。英国政府做出承诺的可能性有多大？杜勒斯承认，他本人"并不看好"。[27]

　　就这样，会议在开了两个小时多一点儿后就宣布结束。与会人士达成了共识：只要能取得足够多的盟国承诺，国会将通过决议，授予总统在印度支那地区部署美国军队的权力。杜勒

斯在当天下午给总统打了电话，想要尽力把事情最好的一面展
现出来："总体来说进行得非常好——不过也出现了几个需要　470
认真思考的问题。"国会将非常愿意批准实施"某些相当强有
力的行动"，但前提是"我们并非孤军作战"，而且"能发动
当地的人民"一起参战。艾森豪威尔表示同意。"如果当地老
百姓不接受，你确实没法在那里取得胜利，"他对杜勒斯说，
"假如人民站在法国那边，这场战争他们原本可以在六个月内
就拿下。"[28]

　　杜勒斯立刻行动起来，争取得到盟国对联合行动的支持。
他安排澳大利亚和新西兰大使在次日（4月4日）下午来自己
家做客，并着手发起一场将伦敦拉进来的行动。他还会见了法
国驻华盛顿大使亨利·博内，对其表示，和谈等于投降，而将
越南北部的统治权划给越盟的分裂计划虽然在伦敦和其他地方
得到了一定的认同，但实际上等于战败。他警告博内，法国在
北非和其他各地的声望已经危如累卵，因此法国别无他选，只
能继续战斗。博内问，那么，国会可以批准美国的军事干预行
动吗？杜勒斯回答说，可以，但前提是这类行动是包括英国在
内的盟军行动的一部分，而且法国还得积极参战。博内继续问
下去：伦敦如果拒绝，那该如何是好？杜勒斯承认"如果英
国真的不同意，难度将大增"，但这并不意味着行动就不可能
继续了。博内后来说，这位国务卿的言外之意是英国参战并非
必要之举，这个立场貌似与杜勒斯3月29日在纽约的演讲内
容一脉相承，他悬着的心因此放了下来。[29]

　　事实上，英国参战至关重要，至少在目前的环境下如此，
次日下午在家与澳大利亚大使珀茨·斯彭德和新西兰大使莱斯
利·芒罗（Leslie Munro）会面时，杜勒斯就是这样明确表示

的。客人们在书房中还没坐稳，雷福德和沃尔特·比德尔·史密斯就开始向他们讲述避免法国战败的重要性，否则可能出现整个东南亚沦陷、日本被迫向中共求和的局面。杜勒斯说，现在亟须一支新的军队，而且必须包括英军在内，否则国会根本不可能通过。可是丘吉尔政府看来只想从印度支那寻找一条"不算太坏"的出路，他们的解决之道也许是分裂越南。

471　　说到这里，杜勒斯站起身来，走到书架前，从里面抽出了丘吉尔那部波澜壮阔的二战史的第一卷。他翻到某一页，像个学究那样高声诵读丘吉尔对 1931～1932 年事件的描述，当时任美国国务卿的亨利·L.史汀生想要说服英国协助从事一次联合军事行动来抵抗日军侵略，但没能成功。在书中，丘吉尔为伦敦开脱，说当时英国同样没有指望美国在欧洲参战，而欧洲战场才是真正的要害所在。杜勒斯合上书卷，将它放回书架，面色阴郁地向客人们说，在当时这是个合情合理的论点，但现在再也不是了。现在美国已经全面卷入战争，而且已"彻底证明"了它对欧洲发展的深切关注。[30]

斯彭德和芒罗专注地聆听着，但没有和盘托出他们自己的想法。他们并不是对美国的说法无动于衷，而且他们承诺会将杜勒斯有关海军支援的明确要求转达给各自的政府，可能每个国家各出一艘航空母舰，但也仅此而已了。杜勒斯单纯地希望通过将堪培拉政府和惠灵顿政府拉入自己的心腹队伍中，以有效改变伦敦的策略，可这说得好听点儿也只是个机会渺茫的尝试，因为英联邦的外交政策原本就有着紧密的联系，而且在国际军事战略上这些弱小的伙伴对至高无上的英国仍然残存着一丝恭顺。在离开杜勒斯的官邸时，两位大使不仅将会议内容通报各自的政府，而且也告知了英国驻华盛顿大使馆。[31]

此时，艾森豪威尔已经从戴维营返回白宫。在同一天晚上8点20分，他在白宫楼上的书房与五位外交政策顾问召开了一次不做记录的会议，参会者包括杜勒斯、史密斯、雷福德、凯斯和国务院顾问道格拉斯·麦克阿瑟。据总统助理谢尔曼·亚当斯（Sherman Adams）介绍，总统同意"在满足了特定的严格条件的情况下派美军前往印度支那"，条件包括：（1）需要与包括英国和其他相关国家在内的各国采取联合行动；（2）法国同意维持对该地区的投入力度；（3）巴黎政府承诺赋予联合邦完全独立权，以免出现任何殖民主义的迹象。尽管亚当斯并没有明说，但当晚会议的与会人士想必相信前两个条件远比第三条更为紧迫，也认为第一条将是确保第二条实现的必要保证。[32]

艾森豪威尔决定在武力干涉一事上取得国会的支持，对此该如何解读？学者们对于他在决策的节骨眼上仍然愿意吸纳立法机构的意见而大为激赏，也常常赞美他没有像他的众多白宫继任者那样从事单方面行动，但是历史学家们在评价他潜在的动因方面存在一些分歧。一些人断言他是有意利用4月3日的会议孤立政府中像雷福德和尼克松这样的鹰派，因为他并不赞赏他们直接进行军事干预的想法。按照这种说法，艾森豪威尔无意在1954年的春天批准美军进入印度支那，因此机智地利用国会的质疑来避免实施行动，同时保护自己的政党免遭法军败北的牵连。[33]而另一些人则认为总统本人就是鹰派，他深信印度支那的意义非同小可的说法，也慎重考虑了武装干预的可能，但他决意要将国会和盟国政府一并拉上。由于此时漫长而煎熬的朝鲜战争仍然鲜活地留在每个人的脑海中，在没有得到国会山明确支持的情况下，让美国人再次在亚洲流血牺牲，这

472

对他来说是难以想象的。[34]

　　现有的证据并不能有力地支撑各方观点，不过第二种说法或者说是从中延伸的说法更加合理，那就是艾森豪威尔积极推动美国步入战争，并希望从国会那里拿到一张空白支票，好腾空双手，占据比盟国更有力的谈判地位；或者说他至少不排除军事干预这个选项。一个想要拿议员的恐慌情绪作为借口以避免被更深地卷入战争的总统，不可能想方设法扫清未来执行决策的障碍，而艾森豪威尔就是这么去做的。[35]一个决心远离战争的总统不可能大谈特谈印度支那的威胁，而且也会禁止自己的高层官员这么去做；他也不可能如此大动干戈地拉英国入伙。总的看来，3月20日~4月4日埃利将军到访期间，以及之后数日，从艾森豪威尔的言行上看，他已经做好充分准备，意欲在特定的情况下进行武力干涉，并希望在发生各类不可预见的事件时能够自由地调遣军队。

五

　　4月4日晚上，当麦克阿瑟离开白宫时，他决定回国务院查看有没有什么最新消息。晚上10点15分，他读到了一份由巴黎大使馆发来的绝密电报。内容让人目瞪口呆：拉尼埃政府决定正式提请美国出兵干预奠边府战役，采用的形式是发起秃鹫行动。两天前的4月2日，法军中级军官雷蒙·布罗翁（Raymond Brohon）上校抵达河内，他的任务是评估纳瓦尔将军对秃鹫行动的看法，更宽泛地说，是这位将军是否认为美军空袭可以挽救奠边府。布罗翁指出，美国的雷福德上将已经对保罗·埃利表达了对此类行动的支持。3月29日，巴黎的领导层已做出决定，只要纳瓦尔同意，法国政府就将正式向华盛顿政府提出请求。[36]

　　纳瓦尔起初半信半疑，他不太相信秃鹫行动的军事效力，同时担心将引起中方的报复，但到了4月3日，他开始渐渐接受这个计划。在刚刚过去的这一夜，奠边府的局势发展得更加不妙。位于阵地中心位置北面的埃利安和多米尼克要塞的部分区域已经被敌人占领，而且他们再也没法运走伤员——最后一班救援飞机是在3月26日驶离的。现在整个守备部队完全依靠空投，而且由于敌军的高射炮火力越来越猛，并且在稳步向环形防御带压迫，法军的领地在不断遭到蚕食。4月4日，在布罗翁起程返回法国后，纳瓦尔向巴黎发去无线电报表示同意："布罗翁上校此前告知我的干预计划可能带来决定性的影响，尤其是如果能在越盟发动［大规模］进攻前实施的话。"[37]这天下午在凯旋门举行的烈士纪念活动中，被印度支那战争老兵惹得不胜其烦的国防部部长普利文在收到电文后立刻安排在当天深夜召开"战争委员会"会议——这是个新近成立的组织，由各军参谋长和部分内阁核心成员组成。在会上，他们很快通过了表决，同意请求美军实施空袭，就连那些担心美国干预将引发"国际并发症"，以及怀疑大规模空袭是否有效果的官员也不例外。在绝望的形势下需要采取绝望的举措。所有人都一致同意，此次干预需要快速实施，而且规模需要尽可能地大。[38]

　　时不我待。普利文很快宣布散会，好将美国大使道格拉斯·狄龙请到马提翁府（法国总理官邸）商谈大计。但此时是周日晚上11点多了，这么晚可以请得动他吗？可以。狄龙在将近午夜12点时赶来，恭迎他的是外交部部长比多。拉尼埃总理随后到达，并立刻切入正题：他代表法国政府，在此请求美国

474

立即派出有能力搭载 2 吨或更重弹药的重型轰炸机，以拯救奠边府的法国营地。除此之外别无他法。拉尼埃随后说，考虑到中方已经向越盟提供了包括物资援助、技术顾问和通信系统的各类支援，此时美国政府启动埃利将军和雷福德上将早前在华盛顿讨论过的行动，看来十分恰当。狄龙不置可否。不过他说，他个人认为在采取任何行动前都需要征求国会的意见，但他承诺将立刻向政府转达这个要求。[39]

美国当地时间晚上 9 点 43 分，狄龙的电报到达国务院。麦克阿瑟在大约半小时后看到了电报。在 10 点 30 分前，他已将详细内容转告杜勒斯、雷福德和史密斯。杜勒斯并未立刻行动，部分是因为他在忙着拟写一份总统发给丘吉尔的电报，用一位历史学家的话来说，"这是发起战争的请求"。[40]艾森豪威尔在通信中通常不会使用花里胡哨的字眼，可是这次他和国务卿在电文中堆砌了大量辞藻，这反而更像是丘吉尔的作风。艾森豪威尔首先对在奠边府"英勇奋战"的法国人表示敬意，接着警告说，不管此役结果如何，西方强国都需要付出更大的努力保护印度支那免受共产主义"荼毒"。简单地要求法国人将他们的努力再提高一倍，这也不是办法，至少在代价如此之大时行不通，因为印度支那沦陷将导致"亚太各区域"的力量对比发生灾难性的改变，并将严重危及美国和英国的全球战略地位。从广泛的战略视角来看，甚至连柏林的意义都没有印度支那这样重要。一旦越南失守，东南亚将随之陷落，而澳大利亚和新西兰也将受到威胁。日本在得不到非共产主义国家市场和粮食供给的情况下，肯定会向共产主义世界求和。"这一切使得我们得出了一个冷峻的结论，那就是我们需要就东南亚的局势尽快做出严肃且影响深远的决定。"

艾森豪威尔写道，具体来说，现在必须组建一个致力于在该地区阻止共产主义扩张的各国联盟，而且这个联盟"应在必要的时候愿意加入战斗。在我看来，您或者我方并没有派出任何数量可观的地面部队的必要性。只要联盟军队拥有坚定的决心，就足以向中共清楚表明，他们越是持续向越盟提供物资援助，就越会遭到强大的军力抵抗"。

艾森豪威尔在结语中表示可以"在对您最方便的日期尽早"派杜勒斯前往伦敦，他还谈起了此前经历过的类似危机："如果我再次论及历史，我们曾因为未能团结且及时地行动起来，结果没有阻止裕仁、墨索里尼和希特勒，由此我们历经了多年可怖的悲剧和绝望的险境。难道这还不足以让我们的国家从中吸取教训吗？"[41]

人们不禁会问：一位决心避免军事干预越南的总统会向他昔日的战争盟友发出这么一封信——又是哄，又是夸，又是讨好，又是恐吓，并且将他们对待轴心国的恢宏斗争跟此时的威胁画上等号吗？几乎不可能。他会在涉及联合行动中武装部队的这个最重要问题上打马虎眼，说自己认为英国或者美国都没有必要派出"数量可观的地面部队"吗？也不太可能。历史学家凯文·鲁安（Kevin Ruane）曾指出，艾森豪威尔的信件（"这是一个精准心理剖析的典范，瞄准了首相的所有弱点"）提供了强有力的证据，证明他已经在严肃地考虑在适当的情况下出兵干预印度支那战争，这种说法显然是准确的。[42]

这封信由美国大使馆通过电报发给伦敦，它是在深夜11点54分发出的，由于信号问题，直到次日（4月5日）傍晚6点才到达丘吉尔手中。次日美方收到了回复：

"我亲爱的朋友，

我已经收到您在 4 月 4 日发来的最重要的信息。我们的内阁将对此予以最严肃认真的考虑。温斯顿。"[43]

六

4 月 5 日一大早,白宫就忙于应对法方提出的立即动用空中力量干预奠边府的要求。杜勒斯这天早上做的第一件事情是打电话给总统,告知拉尼埃已经跟狄龙通过气,并提出了空中打击的请求。艾森豪威尔对于雷福德跟埃利的数次谈话中言行失检表示恼怒——这位上将传递出的信息超出了他的权限——并表示在没有得到国会的明确支持前,任何军事干预的计划都免谈。他进一步说,政府当然应当"慎重考虑,看看还可以对此做点儿别的什么",但是"我们不能参与到战争中去"。杜勒斯同意总统的看法。他发了一封电报到巴黎,告诉狄龙,"除非能组建一个联盟,并取得英联邦的积极参与",否则美国不可能出兵干涉。他进一步说,同时,国会也需要投出赞成票。[44]

当天晚些时候在得知美国回绝的消息后,比多有种吃了当头一棒的感觉。他告诉狄龙,建立联盟的时机已经过去了,因为印度支那的命运将在未来的十天后,在奠边府见分晓。在美国大使起身告退时,比多郑重宣告,法军就算只能孤军奋战,仍然不会轻言放弃。愿上帝赐予他们成功,他说。[45]

或许是上帝给添置了一些额外的美国飞机。第二天(4 月 6 日),比多再次召请狄龙来到位于奥赛码头的外交部,这一次他是请美国支援 10 ~ 20 架配备维修技师和炸弹的 B - 29 轰炸机,并需迅速调拨到法方手中。由于印度支那的飞机跑道太短,无法承担 B - 29 起降,法方政府希望这些飞机能在美军位于菲律宾的军事基地中起降。这相当于"B 计划",与秃鹫行动类似,只不过美国不需要提供飞行员。法国人希望,B‐29 轰炸机如果能在未来几天内迅速到位,可以毁灭越盟向奠边府行进的增援部队,从而可以争取到一点儿时间。[46]

跟以往一样对拉尼埃政府的越南立场持同情态度的狄龙向　477
杜勒斯建议说,政府应当批准这项请求。他警告称,如果未能做到这一点,巴黎将会把奠边府陷落的责任一股脑儿地推到美国身上,并将"增强法国政府内部羽翼颇丰、主张不惜一切代价在印度支那取得和平的议和派阵营的力量"。美国的资深决策者们担心他的话可能成真,但在 4 月 6 日星期二下午,国家安全委员会召开会议,将法国提出的"B 计划"也推翻了。雷福德上将指出,法军几乎没有操作 B‐29 轰炸机的经验,在这么短的时间内也不可能学会有效驾驶它们以给奠边府的形势带来任何转机,甚至连美国已经给他们的 B‐26 轰炸机也一直没派上用场。艾森豪威尔表示同意。委员会决定向法国提供其他飞机,包括"海盗式"战斗机(Corsairs)和轻型海军轰炸机,外加技师和维修人员,并将此动议交给国会审议。

在这天下午的会议中,国会议员们成了房间里的大象①,他们被纳入了讨论的每个部分。早在 1 月的时候由艾森豪威尔组建的史密斯委员会在此前一天递交了一份报告,表示反对谈判,呼吁在可能的情况下使用美国地面部队,以期在印度支那实现"军事胜利",但国家安全委员会拒绝走得这么远。艾森豪威尔首先宣布战争仍然有很大的胜算,哪怕奠边府丢了也并

---

① 意指在人们秘密生活和公共生活中,对于某些显而易见的事实,集体保持沉默的社会现象。

不一定就等于失败，"因为法军也已经给敌军带来了重创"，并"大力强调"大家应面对一个基本的事实：美国不可能单方面干涉。"就算我们做出了这样的尝试，也必须把提案交到国会那里，并像狗一样顽强争取，哪怕没有多少成功的希望。"约翰·福斯特·杜勒斯同意总统的看法。他说，4月3日与议员领袖召开的会议表明他们不可能在单方面行动上取得国会支持。只要出兵干预，就必须是多国参加，而且一定得有英国在内。他继续说，他已得到总统的许可，开始和盟国政府沟通，尤其是把重点放在向英国说明两个最突出的事实上：第一，如果印度支那没能保住，它在马来亚的地位也会受到影响；第二，它的"两个孩子"，即澳大利亚和新西兰也有可能受到波及。

艾森豪威尔和杜勒斯肯定知道，在此时，就在隔着几个街区的美国参议院，一场关于印度支那的讨论会正在如期召开。478 首个参议员任期刚进入第 15 个月的马萨诸塞州民主党议员约翰·F. 肯尼迪在越南事务中表现出了前后矛盾的态度，这一点在他的总统任期内也有体现。在演讲中，他首先指责政府对于战争缺乏勇气。他大声宣布道，现在是时候让"美国人民聆听印度支那的真相"。然而，他虽然支持联合行动的理念，但同时也对这项政策将把美国引向何处表示担忧："将我们的财力、物资和人力源源不断地输送到印度支那的丛林中，全然看不到半点儿获胜的前景，这种徒劳无功十分危险，具有极大的危害。"他不禁追问，是不是连联合国出手也没有能力在世界的这个角落带来多少不同？"美国提供的军事援助纵使规模再大，也难以征服一个无处不在，与此同时又无处可觅的敌人，'这个来自人民中的敌人'得到了人民的同情与令人觊觎

的支持。"肯尼迪得出结论：除非法国能赋予联合邦完全且充
分的独立权，否则在那里不可能取得令人满意的成果；不赋予
独立权而想要得到本土居民的充分支持犹如天方夜谭。

　　肯尼迪议员对联合行动的支持，以及有关获得更广泛的本
土民众支持是成功先决条件的信念，得到了来自两党很多同僚
的支持。不过，没有几个人跟他一样质疑美国军力在战场上的
实际作用，而且就连肯尼迪本人也暗示只要提出了多国军事干
预的议案，他会投出赞成票。在讨论转向联合行动的实际意义
时，来自蒙大拿州的民主党议员迈克·曼斯菲尔德问肯尼迪，
约翰·福斯特·杜勒斯九天前在海外记者俱乐部上发表这一理
念时，心中究竟想的是什么。

　　"当他谈到美国将采取终极手段时，当中蕴含了各种潜
台词。"

　　"那么究竟是什么？"曼斯菲尔德问。

　　"一场战争。"[47]

　　在宾夕法尼亚大道的另一头，开了大半个下午的国家安全
委员会会议在结束时形成了一项共识，决定就保持东南亚免受
共产主义侵略而尝试推动区域集团化。这次会议开得大家晕头
转向，在该争取什么样的政策，甚至在奠边府和印度支那对于
西方的终极意义方面，与会人士并没有清晰的认识，不过最终
他们在基本原则上达成了一致。当财政部部长乔治·汉弗莱狐
疑地问，关于联合行动的杜勒斯式理念是否能最终催生"一
项可以监管世界各国政府的政策"时，艾森豪威尔坚定地予
以回应。他对汉弗莱宣称，印度支那是一列多米诺骨牌中的第
一个。如果它倒了，邻国将随之倒塌。那么这个进程最终的目
标是什么呢？"乔治啊，"他说，"你把事情想得太夸张了。不

过，我们在特定的区域确实无法承受让莫斯科再控制一丁点儿的地盘。奠边府本身就是这么一个转折点。"[48]

总统显然喜欢这个多米诺骨牌的比方，因为他在次日的新闻发布会上——这可能是他总统任期，甚至是整个冷战期间最著名的一次新闻发布会——又抛出了这个说法。在记者请他对印度支那的战略重要性发表评价时，他警告称，由于"多米诺理论"，印度支那战败对于自由世界所产生的可能后果将是不可估量的。他宣称一旦印度支那沦陷，东南亚其他地区也将"迅速陷落"，而这样的崩盘将会产生"最为深远的影响"。尽管这个隐晦的比喻在 1954 年，甚至是对于艾森豪威尔政府来说都并不新鲜——毕竟早在 1947 年艾奇逊就曾打过"烂苹果"这个比喻——但此前还从未有人如此开诚布公地说出来；这个比喻很快就占据了民众的想象，并定义了美国外交政策的一个时代。为了避免有任何记者质疑自己的决定，总统还表明现在美国承受不起再次输给共产主义，日内瓦会议上恐怕也不可能产生任何可以接受的和解协议，而联合邦获得独立也并非美国干涉的前提条件。然而，他没有告诉记者们的是，就在此时，一支部署在南海的航空母舰打击群已经前进到距离海南岛不到 160 公里的海域，并开始对中国空军基地和其他军事设施实施侦察。[49]

这天下午，约翰·福斯特·杜勒斯接到威斯康星州共和党籍参议员亚历山大·威利的电话。这位外交关系委员会主席想知道，现在人人都在谈论印度支那，他对此究竟该发表何种意见。杜勒斯说，政府正在尽一切努力创建一个各国联合阵线，致力于防止将该地区拱手让给共产党。这一切都悬于英国人和法国人身上，前者到现在都没给一句痛快话，后

者的政府眼看就要崩盘了，而且"一直赖着我们，就像我们　480
是个永远掏不空的银行账户一样"。杜勒斯判断，摊牌的时
刻也许快要到了。[50]

　　确实如此，摊牌的时刻即将到来。4 月 10 日，杜勒斯前
往欧洲进行高层访问，他想要利用最后的机会全力以赴将联合
行动变为现实。"这堪称美国历史上外交角力最集中的一个时
期，"一位权威学者这样形容道，事实也确实如此。[51]因为眼前
的风险实在太大，而时间转瞬即逝。

　　他的第一站是：伦敦。

注释

1. 讨论备忘录，国家安全委员会第 189 次会议，1954 年 3 月 18 日，
FRUS，*1952 - 1954*，*Indochina*，XIII，1：1132 - 33。

2. 讨论备忘录，1954 年 3 月 19 日，*FRUS*，*1952 - 1954*，*Indochina*，
XIII，1：1133 - 34；Comité de defense nationale to Schumann，
March 11，1954，vol. 297，Série Asie-Océanie 1944 - 1955，Sous-
série Indochine，MAE.

3. Télégram a l'arrivée，March 24，1954，vol. 297，Série Asie-
Océanie 1944 - 1955，Sous-série Indochine，MAE；Memo for the
record，March 21，1954，*FRUS*，*1952 - 1954*，*Indochina*，XIII，
1：1137 - 40；*NYT*，March 23，1954；Paul Ely，*Mémoires*：
L'Indochine dans la tourmente（Paris：Plon，1964），59 - 60.

4. Conversation tenue，March 23，1954，vol. 297，Série Asie-
Océanie 1944 - 1955，Sous-série Indochine，MAE；Ely，
Mémoires，65 - 67.

5. 与总统会谈纪要，1954 年 3 月 24 日，FRUS，1952 - 1954，
Indochina，XIII，1：1150；Dulles-Radford telcon，March 25，
1954，Box 2，Telephone Calls Series，John Foster Dulles Papers，

Eisenhower Library。

6. Ely, *Mémoires*, 67 – 83; Bonnet to Paris, March 24 and 25, 1954, vol. 297, Série Asie-Océanie 1944 – 1955, Sous-série Indochine, MAE; Arthur Radford, *From Pearl Harbor to Vietnam: The Memoirs of Admiral Arthur W. Radford*, ed. Stephen Jurika (Stanford, Calif.: Hoover Institution Press, 1980), 391 – 401; Joseph Laniel, *Le drame indochinois* (Paris: Plon, 1957), 83 – 88; Kathryn C. Statler, *Replacing France: The Origins of American Intervention in Vietnam* (Lexington: University Press of Kentucky, 2007), 89; George C. Herring and Richard H. Immerman, "Eisenhower, Dulles, and Dienbienphu: 'The Day We Didn't Go to War' Revisited," *Journal of American History* 71 (September 1984), 347 – 48.

7. Richard H. Immerman, "Between the Unattainable and the Unacceptable: Eisenhower and Dienbienphu," in Richard A. Melanson and David Mayers, eds., *Reevaluating Eisenhower: American Foreign Policy in the 1950s* (Urbana: University of Illinois Press, 1987), 131.

8. 关于秃鹫行动, 见 John Prados, *Operation Vulture* (New York: ibooks, 2002)。

9. 讨论备忘录, 国家安全委员会第 190 次会议, 1954 年 3 月 25 日, *FRUS, 1952 – 1954, Indochina*, XIII, 1: 1163 – 68。

10. Reported in Washington to FO, April 1, 1954, FO 371/112050, TNA.

11. 《纽约时报》, 1954 年 3 月 28 日。

12. 《纽约时报》, 1954 年 3 月 28 日; 理查德·洛维尔, "Letter from Washington,"《纽约客》, 1954 年 4 月 17 日, pp. 71 – 72。

13. 引自 Richard Nixon, *RN: The Memoirs of Richard Nixon* (New York: Grosset& Dunlap, 1978), 151。

14. Prados, *Operation Vulture*, 112.

15. 此番演讲的讲稿在 1954 年 4 月 9 日的《美国新闻和世界报道》上刊出。

16. Robert Bowie, 引自 Immerman, "Between the Unattainable and the Unacceptable," 132。

17. 《华尔街日报》, 1954 年 3 月 30 日;《美国新闻和世界报道》,

1954 年 4 月 9 日；《新共和》，1954 年 4 月 12 日；《纽约时报》，1954 年 3 月 30 日。

18. Melanie Billings-Yun, *Decision Against War：Eisenhower and Dienbienphu, 1954*（New York：Columbia University Press, 1988），66；Robert Mann, *A Grand Delusion：America's Descent into Vietnam*（New York：Basic, 2001），142.

19. Ronald H. Spector, *Advice and Support：The Early Years of the U. S. Army in Vietnam, 1941 – 1960*（Washington, D. C. ：Center for Military History, 1985），202. 另见 Robert Buzzanco, *Masters of War：Military Dissent and Politics in the Vietnam Era*（New York：Cambridge University Press, 1997），42；李奇微向参谋长联席会议提交的备忘录，1954 年 4 月 6 日，Folder 17, Box 37, Ridgway Papers, U. S. Army Heritage and Education Center, Carlisle, Pa。感谢该中心的文献历史学家 Arthur Bergeron 为我提供这份文件。

20. George W. Allen, *None So Blind：A Personal Account of the Intelligence Failure in Vietnam*（Chicago：Ivan R. Dee, 2001），65.

21. 引自 Mann, *Grand Delusion*, 143.

22. James C. Hagerty diary entry for April 1, 1954, Eisenhower Library.

23. 相比之下，1964 年由林登·约翰逊推进通过的《北部湾决议》的影响更为深远。决议并没有"授权"总统得到行动权，而是通过谨慎措辞，避免出现任何总统需要国会授权的暗示。事实上，它的目的是让议员们同意总统拥有军事行动总司令的权力。1964 年的决议表明，国会"同意并支持总统作为总司令的决定，可使用一切必要的手段击退任何针对美国的武装进攻，并防止进一步侵略"。1954 年决议草案的终止日期为 1955 年 6 月 30 日，而 1964 年决议没有订立终止日期。

24. 与总统谈话备忘录，1954 年 4 月 2 日，*FRUS, 1952 – 1954, Indochina*, XIII, 1：1210 – 11。决议草案见 pp. 1211 – 12。另见 Lloyd C. Gardner, *Approaching Vietnam：From World War II Through Dienbienphu*（NewYork：W. W. Norton, 1989），205。

25. 没有迹象表明 FBI 的调查有任何发现。1954 年 6 月 18 日，《美国新闻和世界报道》发表了一篇题为《美国是否差点迈入战争?》(Did U. S. Almost Get Into War?）) 的文章, 有证据表明该文是政府授意, 代表了官方对《华盛顿邮报》罗伯茨报道的回应, 参见 Dulles-McCardle telcon, July 23, 1954, Dulles Telcons 3, Dulles Papers, Eisenhower Library。

26. 查默斯·M. 罗伯茨,《这一天, 我们没有迈向战争》(The Day We Didn't Go to War),《记者》周刊第 11 期 (1954 年 9 月 14 日): 31 – 35。罗伯茨在文中主要用了对几位与会人士的采访内容, 以及麦科马克允许这位记者阅读的"详实笔记"。一些历史学家对这篇报道持怀疑态度, 因为它大量依靠的是民主党人的回忆, 存在抹黑政府的可能性, 不过事实上它跟杜勒斯所写的文件简报的主要议题是大体一致的, 而杜勒斯的简报是本次会议另一份仅存的记录, 见 Dulles memorandum for the file, April 5, 1954, *FRUS*, *1952 – 1954*, *Indochina*, XIII, 1: 1224 – 25。另见 Chalmers M. Roberts, *First Rough Draft*: *A Journalist's Journal of Our Times* (New York: Praeger, 1973), 114 – 15; William C. Gibbons, *The U. S. Government and the Vietnam War*: *Executive and Legislative Roles and Relationships*, *Part 1*: *1945 – 1960* (Princeton, N. J. : Princeton University Press, 1986), 191 – 95。罗伯茨最初的文章发表在《华盛顿邮报》, 1954 年 6 月 7 日。本处的描述建立在上述所有消息来源的基础之上。

27. Dulles memcon with congressional leaders, April 5, 1954, Chronological Series, April 1954, Dulles Papers, Eisenhower Library; Billings-Yun, *Decision Against War*, 91 – 92.

28. Dulles-Eisenhower telcon, April 3, 1954, Dulles Papers, Eisenhower Library.

29. Memo of conversation, April 3, 1954, *FRUS*, *1952 – 1954*, *Indochina*, XIII, 1: 1225 – 29.

30. High Commissioner in Auckland to Colonial Office, April 7, 1954, FO 371/112051, TNA; Munro to Auckland, April 6, 1954, FO 371/112052, TNA; Gardner, *Approaching Vietnam*, 207 – 8. 杜勒斯朗读的这段文字出自 Winston Churchill, *The Gathering Storm* (Boston: Houghton Mifflin, 1948), 78 – 79。

31. James Waite, "Contesting the Right Decision: New Zealand, the Commonwealth, and the New Look," *Diplomatic History* 30

（November 2006）：908；Washington to FO，April 5，1954 FO 371/112050，TNA.

32. Editorial note，*FRUS*，*1952 – 1954*，*Indochina*，XIII，1：1236；Sherman Adams，*Firsthand Report：The Story of the Eisenhower Administration*（New York：Harper & Bros. ，1961），122.

33. 例如参见 Billings-Yun，*Decision Against War*，尤其是 Gareth Porter，*Perils of Dominance：Imbalance of Power and the Road to War in Vietnam*（Berkeley：University of California Press，2005），70 – 71。有人提出艾森豪威尔是有意为这场他明知不可能成功的干预行动创造条件，下书指出了这种观点的问题所在：William J. Duiker，*U. S. Containment Policy and the Conflict in Indochina*（Stanford，Calif. ：Stanford University Press，1994），190 – 91。

34. 例如参见 Prados，*Operation Vulture*；Gibbons，*U. S. Government*，178。

35. Duiker，*U. S. Containment*，161，提出了这种观点。

36. Ely，*Mémoires*，76 – 78，83 – 85；Philippe Devillers and Jean Lacouture，*End of a War：Indochina，1954*（New York：Praeger，1969），75 – 76；Paris to FO，April 10，1954，FO 371/112104，TNA.

37. Jean Pouget，*Nous e'tions à Dien-Bien-Phu*（Paris：Presses de la cité，1964），280；Laniel，*Le drame indochinois*，83 – 86；Henri Navarre，*Agonie de l'Indochine*（Paris：Plon，1956），242 – 43.

38. Devillers and Lacouture，*End of a War*，76 – 77。下述文件对事件的总结很有揭示性：Paris to FO，April 10，1954，FO 371/112104，TNA。

39. Paris to State，April 5，1954，*FRUS*，*1952 – 1954*，*Indochina*，XIII，1：1236 – 38；Devillers and Lacouture，*End of a War*，77；Laniel，*Le drame indochinois*，83 – 86.

40. James R. Arnold，*The First Domino：Eisenhower，the Military，and America's Intervention in Vietnam*（New York：William Morrow，1991），169.

41. State to London，April 4，1954，*FRUS*，*1952 – 1954*，*Indochina*，XIII，1：1238 – 40.

42. 凯文·鲁安与作者的私人通信，2010 年 11 月 18 日。艾森豪威尔是有意加入"可观"一词，好激发英国人做出负面的回答吗？有道理，但不可能；这看起来未免过于滑头了。另见本章注释31。

43. White House to Dulles, April 5, 1954, *FRUS*, *1952 – 1954*, *Indochina*, XIII, 1: 1238n2.

44. Eisenhower-Dulles telcon, April 5, 1954, DDE Phone Calls, Eisenhower Library; Dulles to Dillon, April 4, 1954, *FRUS*, *1952 – 1954*, *Indochina*, XIII, 1: 1242.

45. Paris to State, April 5, 1954, *FRUS*, *1952 – 1954*, *Indochina*, XIII, 1: 1242 – 43.

46. Ibid. ,1: 1248 – 49。

47. Mann, *Grand Delusion*, 153.

48. Immerman, "Between the Unattainable and the Unacceptable," 137.

49. 总统新闻发布会，1954 年 4 月 7 日，*Public Papers of Eisenhower*, 2: 382 – 84; George C. Herring and Richard H. Immerman, "Eisenhower, Dulles, and Dienbienphu," 355。《纽约时报》喜欢这个比方和它隐含的情绪，参见 1954 年 4 月 8 日的该报社论。

50. Dulles-Wiley telcon, April 7, 1954, Box 2, Telephone Calls Series, John Foster Dulles Papers, Eisenhower Library.

51. Immerman, "Between the Unattainable and the Unacceptable," 138.

第二十章　杜勒斯 VS 艾登

一

　　截至 1954 年 4 月，约翰·福斯特·杜勒斯在任职国务卿期间的外访飞行里程已达几十万公里，出访了绝大多数欧洲和亚洲的非共产主义国家的首都，足迹甚至触及非洲和南美。他平均每天的行程超过 300 公里，是美国最出色的推销员。他在很短的时间里就能做好准备奔赴海外，而且酷爱从事短短几小时的过境访问，他通过不间断的空中飞人之旅，一手改变了美国的外交图景。他始终在路上，孜孜不倦地在世界各国出入，回国后他的时间紧张得只够跟艾森豪威尔碰个头，在一两次国会委员会上发言，接着又要抓起礼帽起程飞往下一个遥远的目的地。这恐怕让负责报道他的记者们叫苦不迭，其中一位曾语带双关地说："不要忙个不休，福斯特，您且等一等再出发。"[1]

　　但他不能等一等，至少这次不行。如果还想从共产党人手中救下印度支那，美国直接军事干预的威胁甚至于真切的行动都将是必不可少的。对此杜勒斯深信不疑。国会已经清楚表明，只有在包括英国在内的多国军队协同行动的情况下才会点头放行，但丘吉尔政府至今对联合行动表现出了极大的抵触情绪，这实在让人恼火。杜勒斯等人还需要继续将法国人拉进来；尽管法国人大声嚷嚷着要求美国立刻进行空袭来拯救被围困的奠边府军营，但他们固执地反对将战争国际化，而且貌似离彻底放弃这场战争已经不远了，这也令人担忧。杜勒斯认

482　为，印度支那和东南亚的未来，更进一步说是美国和西方在远
东的未来，将在很大程度上取决于从 4 月 11 日伦敦晚宴开始，
未来三天在巴黎继续进行的谈判。

　　杜勒斯对自己作为调停人和政治家的能力相当自信，但他
并不奢望在欧洲的任务将能够一帆风顺地完成。驻伦敦和巴黎
的美国大使馆对于此前几周当地政府和民间的态度做出了细致
的报告，而且两国驻华盛顿的大使——分别是英国的罗杰·梅
金斯（Roger Makins）和法国的亨利·博内——也都跟他进行
了深入交流。从这些信息来源中他可以知道，尽管三个西方国
家的政府都希望法国在战争中获胜，但在获胜的最佳途径、军
事手段可以取得的效果，以及定于当月底召开的日内瓦会议预
计将会诞生什么成果方面存在着很大的分歧。不过，一直要到
杜勒斯到达目的地开始展开会谈时，在这些议题上创造哪怕是
表面上的一致的任务的艰巨性才真正涌现出来。直到此时，英
美两国在印度支那议题上的分歧之深，法国和华盛顿政府之间
相互不信任的范围之广，才开始暴露出来。

　　在伦敦，自柏林会议以来，人们对于艾森豪威尔政府政策
的不安情绪在持续增长，而且他们担心的不仅仅是印度支那。
3 月 1 日在马绍尔群岛的比基尼环礁进行的"布拉沃"
（Bravo）氢弹试爆引发了英国官员和民众的极度关切，也给人
们对于一场也许不受控制的核武器竞赛的恐慌再添了一把火。
一艘名为福龙丸号（Lucky Dragon）的日本捕鱼船虽然并不在
"布拉沃"既定的危险区域内，但仍然遭到了核辐射的伤害，
23 名船员患急性放射病，其中 1 人身亡，这加剧了全球恐慌。
丘吉尔对于 1953 年 12 月艾森豪威尔在百慕大会议上漫不经
心，称核弹无非"另一种武器"的淡漠态度记忆犹新，当时

他表达了对这种新型氢弹威力的惊惧感。在 3 月中旬，他给艾森豪威尔写信——在百慕大会议中他也做出过类似的举动——指出，不列颠群岛，尤其是伦敦人口稠密，面对核弹时尤其脆弱不堪。[2] 后来人们得知，"布拉沃"的爆炸当量比专家预计的高了 3 倍，可达到 1500 万吨级，这平添了人们的担忧。正如一位英国官员在他的日记中所写的那样，事态已经超出了控制："到处洋溢着极度激动的情绪，就好像人们已经开始看到了世界末日。"[3]

英国下议院因此对氢弹议题展开了一次激烈的辩论，丘吉尔险些没能从会场中活着走出来。他在私底下蔑视这种"血腥的发明"，但在议院他顽强地捍卫美国人测试这种核弹的权力，甚至赞美这种新式武器的震慑效果，但他全程只是照本宣科，显得呆板而又迟疑。他在讲话时不断有工党代表插话，而他自己的人只是面色阴郁、一言不发地坐在他身后。甚至连一些托利党人都暗示这位老人家应该辞职。议会和媒体怨声载道，将他描绘成一个对艾森豪威尔卑躬屈膝的首相，将内阁描绘成一个对美国的核进程以及总体外交政策一无所知的政府。印度支那不可避免地成为争论议题中的一部分，工党指出应当否决任何由美国人主导以挫败胡志明的行动议案。他们说，这类干预将导致冲突向危险的、不可控的方向升级——将把中国和苏联给牵扯进来——而它的高潮将是第三次世界大战。[4]

这类恐慌在政府最高层也引发了共鸣。在 4 月 7 日的全体内阁成员会议上，丘吉尔宣读了艾森豪威尔在 4 月 4 日写来的信件，而安东尼·艾登在一张纸上写下了他本人的观点概述。艾登表示，美国人的计划中有一个致命的缺陷，那就是它错误地以为报复中国的威胁"将导致其放弃继续支持越盟"。这种

483

威胁不可能立刻让北京政府退让，至少在一开始时做不到。这样一来，西方国家将面临一个痛苦的抉择：要么"耻辱地撤退，要么针对中国从事一场军事行动"，而且这类军事行动也不可能成功。"在我们的参谋长们看来，在军事上无论是封锁还是轰炸中国境内或境外的交通路线——美国政府貌似已经有此打算——都欠缺效力，这一点在朝鲜战争上已经得到了验证，"艾登主张，"而且这反而给了中国缔结中苏条约的借口，并可能因此引发世界大战。"他总结道，需要再等待些时日，在日内瓦达成和约，待毛泽东已经充分了解到违反该条约的后果时，方可对北京采取警告行动。[5]

484　内阁支持艾登的立场，继而考虑在印度支那可能开始的行动类型。艾森豪威尔在给首相的信中承认或许需要动用一些美国和英国的地面部队，可在座的领导人中，没有人怀疑只有在进行了空中和海上打击后方会使用陆军。那么，针对中国的空中行动将包括使用核武器吗？这将是一个在杜勒斯到访期间亟待讨论的问题。

艾登不愿意阻吓中国还有另一层考虑：他不相信中国向越盟提供的援助具有决定性的作用。联合情报委员会（Joint Intelligence Board）的粗略评估显示，美国向法国提供的援助规模"远远超过了"中方对越盟的援助。"的确如此，"艾登在这份报告上批注道。他和其他英国人相信，就算有人说服中国人放弃对越支援，越盟仍然将在未来相当长的时间内保持令人畏惧的战斗力，因为致胜关键并不在中国，而在越南和印度支那其他国家。考虑到保大政府和越南国民军始终软弱无能，法军不愿意派出可观的陆军增援部队，更何况在西欧防御体系中也需要法国全力以赴。英国的决策者们认为，在日内瓦所能得到的最乐观的和解方案就是将越南一分为二。[6]

　　伦敦的官员们知道，这种解决方案对艾森豪威尔政府来说无异于一种诅咒——将地盘让给共产党人？在谈判桌上认输？在这样一个大选年？——但他们找不到其他合理的选项。但是他们仍然担心艾森豪威尔将一意孤行，毕竟他在给丘吉尔的信中表现得极其坚定。艾登的私人秘书伊夫林·舒克伯勒通常可以被划为亲美派，他在 4 月 8 日的日记中谈到了艾森豪威尔信件送来后带来的反响："非常糟糕的两天……艾森豪威尔的远东方案让所有人都捏了一把汗。"[7]

二

　　4 月 11 日星期日，杜勒斯在美国大使馆设宴款待艾登。席毕，人们抽起了雪茄，开始进行一位外交部代表所说的"一轮可悲的讨论"。[8]杜勒斯在讨论一开始就说了谎，声称参谋长联席会议在两周前已经建议在印度支那使用空军和海军，多艘航母也已从马尼拉重新部署。（事实正如我们此前所看到的那样，在参谋长联席会议中只有雷福德上将支持这类行动。）他进一步说，政府确定采取军事行动需要满足两个先决条件，其一是法国批准联合邦获得完全独立权，其二则是各国政府宣布将联合实施该行动。如果这两个条件都能满足，那么他有充分的理由相信国会将授权总统在印度支那使用空军和海军，甚至连陆军也包括在内。杜勒斯请求英国人同意发表公开宣言以表示支持这个共同目标，不过他刻意没有提出要通过行动对北京提出明确警告，因为他感觉到这种说法在艾登那里永远行不通。[9]

　　艾登反对这个提议。他说，他的政府在日内瓦会议前不可能缔结这种协议，而且对盟军干预行动将只限于空中和海上的说法表示怀疑，他相信在不久后动用地面部队将是不可避免的事情。无论如何，守住印度支那的希望都将十分渺茫，不过他们现在确实可以讨论能在该区域的其他什么地方设置一道防火墙。之后两人就仍处在假想中的联盟构成争执不休。美国人提议由泰国和菲律宾充任亚洲代表，艾登则强调范围还需要进一步拓宽——他曾告诉部下，这两个国家都过于亲美，无法代表亚洲的声音——而且特别点明了印度和缅甸。杜勒斯强烈质疑印度的中立主义倾向和其对中共居间调停的态度，所以立刻表示反对，并说作为回应，华盛顿只好再在名单上添加台湾地区和韩国，甚至还有日本。可是接下来会如何呢？他问道。在他们为了参与方的名单进行着无休无止的拉锯战时，共产党已经吞噬了更多的领地。[10]

杜勒斯显然认为艾登本人应对僵局承担很大责任，而且整晚对此不假掩饰。一位与会人士观察发现，在这位外交大臣讲话时，杜勒斯埋头在本子上涂鸦，"只是偶尔抬起头来用眼角向艾登扫去一个嘲弄或者怀疑的眼神"。[11]

486　　第二天（4月12日）早上，轮到下属们开会讨论，但他们也未能在核心事务上找到共同点，而此后艾登和杜勒斯的第二轮会谈同样未能取得实质上的突破。杜勒斯想要以史为鉴，将现状和1931年日本入侵中国东北和希特勒占领莱茵兰相比，在这两起事件中西方都未能及时做出反应，付出了惨重的代价，而艾登否认这其中有共通之处。杜勒斯想要采用恐吓战术，声称"如果现在不能缔约"，美国在东南亚承担额外责任的意愿就将消失殆尽；英国人不为所动。接着杜勒斯又想要动之以情，表明法国派驻印度支那的空军机械师的人手十分紧缺，请求英国能给予支持，这样美国国会将同意相应地增加人力物力援助，而艾登又一次果断拒绝。[12]

杜勒斯这天在猛烈开火，但在英国外交部的很多人看来，如果是跟他那位狂热反共的助理国务卿沃尔特·罗伯逊（Walter Robertson）相比，他还算是温和的了。负责远东事务的罗伯逊来自弗吉尼亚的上流社会家庭，生性好斗，至今仍为美国未能阻止蒋介石在中国内战中战败而懊恼不已。他形容中国总理周恩来"风度翩翩，也能在形势需要时当机立断——但凡这样做有好处"。在下午与舒克伯勒对话时，罗伯逊赌咒发誓说在日内瓦会议上，他跟杜勒斯都绝对不愿意跟中国人一起啜饮威士忌——"开庭时，你不可能跟受审的犯人一起喝酒。"舒克伯勒反唇相讥：可是这不是法庭啊，您这是在外交会议上跟他们会面。"不是这么回事，我们是把他们搜到了国际舆论的审判席前。"舒克伯勒绝不容许出现这样的措辞，他指出："您在说什么啊？您不是把他们搜来的，他们是受邀参加会议的。"

在日记中，舒克伯勒记录了余下的对话内容："我问这个叫罗伯逊的，杜勒斯是否已彻底放弃了在日内瓦会议上利用中国人对付苏联人的主意。他对此嗤之以鼻，说我关注的全不在点儿上，还问我，你们（英国人）对中国予以外交承认，从这当中究竟能捞到什么好处？他们利用完你肯定会一脚踢开。此人真是又僵硬又自以为是。"[13]

双方最终于 4 月 13 日上午对会议公报达成一致，它内容空洞，而且不同的人可以做出不同的解读。当中的关键句是这样的："我们愿意支持其他相关国家，审议建立集体防御体系的可能性。"可以看到，就连何时开始"审议"，与哪些参与

方一起，都没有一个明确的说法，不过杜勒斯在发给艾森豪威
尔的电报中声称艾登同意请梅金斯大使参加日内瓦会议前的策
划讨论。这份电报语气十分乐观昂扬——杜勒斯在结尾时语带
讽刺地说，《伦敦每日工人报》(London Daily Worker) 把自己
称作从 1066 年①以来最不受英格兰欢迎的访客——但它并不
能掩盖这位国务卿未能实现其主要目标的事实。联合行动距离
实现仍然遥不可及。尽管因为同意发表联合公报，当天下午艾
登在议会中遭到痛斥，但舒克伯勒的判断更加准确。他在日记
中写道："事实上这个协议对我们太有利了，它跟杜勒斯在来
之前的演讲中令所有人假定他要提出的诉求相去甚远，这将导
致［下议院］极端势力受到重挫，反对派也将遭到分裂。艾
登现在已经乐开花了。"[14]

三

　　杜勒斯希望在巴黎能取得更满意的结果，早年在巴黎大学
读书时他就非常熟悉这座城市。他一直热爱法国的首都，倾心
于这里可爱的林荫大道、优雅的建筑，以及对传统和历史显而
易见的尊重（在这方面美国城市要逊色得多）。但他对法国政
府和领导人的评价一直不太高，眼下更是降至最低点。在伦敦
时，他曾跟艾登提及法国的衰退和它"将不可避免地丧失强
国地位"，也曾促请英美两国间的合作伙伴能"慎重考虑"该
问题。（从青年时代起就是亲法派的艾登当时未发表评论，但
在几天前他曾亲口对外交部的同僚说："法国已经一天比一天
无助，叫人瞧不起。"）[15]现在，他既然已经回到了这座"光明

————————
① 这一年法国诺曼底公爵进攻英国并在伦敦登基。

之城"，他希望能在印度支那和欧洲防务集团这两个问题上再次给拉尼埃和比多打打气，同时说服他们不要寄希望于日内瓦会议。

在巴黎开展的会谈议题比在伦敦的范围更狭窄，且安排的时间也更短暂，这反映出美国政府对此次行程中巴黎站不甚重视——毕竟在联合行动和在印度支那实施多国军事干预行动的前景上，英国的分量最吃重。杜勒斯想要说服东道主向联合邦授予充分的主权，结果未获成功（比多的回应是：如果印度支那跟法国再无瓜葛，那么继续打这场仗还有什么意思？），他也强调英国同意派驻华盛顿大使加入一个非正式的印度支那工作小组，在日内瓦会议前进行磋商。这位国务卿进一步称，为了让国会支持美国加大对这场战争的投入力度，就必须让其他国家明白印度支那威胁到它们的自身安全。如果无法达成这样的共识，议员和公众几乎铁定要反对政府的干预计划。

比多相信美国人基本上是用联合行动来破坏外交和解的前景，对于杜勒斯强调说需要先争取国会和民众的支持，他挑不出来什么刺来，但他回应说他也得考虑本国的民意，现在法国国内政治形势极其紧迫，他的政府需要抓住一切机会协商解决战争问题，正因为此，这个计划中的工作组的最早会谈时间悬而未决。法国的决策者们无论如何都不能容忍有人指责他们希望日内瓦会谈破裂，也不愿意被人指摘说想要在会议开始前进一步扩大战争规模。舆论不可能接受政府的这种立场。这样一来，只有在等到日内瓦会议失败的情况下，才有可能出现各国结盟，将战争国际化的可能。[16]

比多的看法一点儿没错：他的政治操作空间极其有限。法国的左派一直在叫嚷着这场战争是不道德的，拒绝承认它实际上对国家利益有益，并且鼓吹要争取赢得最合适的条件来达成和解。右翼——官场和支持拉尼埃政府的政党——的态度更加复杂，不过他们的出发点仍然是认为这场战争令人厌恶，已慢慢消耗着这个国家。右翼领导层和其他意见领袖担心法国在国际社会的声誉和地位，而且仍然希望法国能从这笔巨大的战争投资中捞一点儿战利品，这既让他们不愿轻言放弃，与此同时又让他们对美国政府加大战争投入的做法持怀疑和怨恨的态度。日内瓦会议上他们面临的是一项艰难的任务：在通过和谈终结战争的同时，订立保护法国在印度支那物质利益的条款，而且还得看起来体体面面。政府和支持者们都在猜测，这个任务有可能实现吗？

　　此时在伦敦，艾登对于与杜勒斯谈判的结果开始感到有点儿不安了。他害怕白宫可能扭曲公报中模棱两可的措辞，拿来为军事干预所用；此外，几天后，前亚洲殖民地将参加科伦坡会议，他也担心与会国的看法。他怀疑几乎所有参加科伦坡会议的代表都会把它解读成一场殖民战争，而这必然将在会议前疏远它的联邦盟友，这是英国不愿意看到的。更何况在艾登看来，应该让尽可能多的亚洲国家加入未来可能建立的新的防务体系。印度在这方面的角色显得尤为重要，而艾登知道尼赫鲁对他产生了点儿负面看法，觉得他对艾森豪威尔政府过于随和了。这位外交大臣因此让下属草拟了一份电文，要求驻华盛顿的梅金斯大使务必用明确的语言向美国政府重申艾登的看法。这份电报在 4 月 15 日发出，可以看出艾登本人也参与了撰写——他喜欢在行文中使用双重否定，定稿的核心句子是这样的："我认为，即使向印度支那的共产党做出让步，也不会导致共产党不可避免地统治整个东南亚，尤其如果我们拥有了一个拟建的安全体系的话。"[17]

　　梅金斯奉命转达了艾登的信息，但徒劳无功。4 月 16 日，已回到华盛顿的杜勒斯告诉这位大使，政府将召集新防务组织的预期成员国代表参加一次会议，其中有澳大利亚、英国、法国、新西兰、菲律宾、泰国和联合邦，会议定在 4 月 20 日于华盛顿举行。艾登听说后勃然大怒，而在收到梅金斯的电报后更是按捺不住怒意，因为大使在电文中说："我本人倒是可以同意这个计划。"电报是在 4 月 17 日到达英国的，此时正值复活节前夕，外交部几乎没什么人值守；在这一天和周日，素有工作狂之称的艾登给梅金斯前后发了六通电报，每一封都是他本人写的。"我完全不能接受，"他在电文中声明。在伦敦时双方压根没有达成这样的协议，而且选在日内瓦会议前召开这样的会议将让人们疑窦丛生，更何况会议还是在华盛顿召开，这更进一步坐实了人们的猜测。"假如这件事还有半点儿成功的机会，就需要让它看上去像是那些国家自发而为，而不是在看到美国人扬起鞭子后的被动回应。"[18]

　　"我认为杜勒斯根本没有理由抱怨，"在另一封电报中他的怒火看来更旺了，"美国人也许认为需要考虑盟友感情或困难的年代已经一去不复返。我相信，这种趋势日复一日地越来越明显，而这给我们国家中所有想要维护英美紧密关系的人制造了巨大的难题。我们至少应时刻将所有英联邦的盟友谨记心头，哪怕这其中的一些国家入不了美国的法眼。我也请你务必密切留意我国事务的该方面特点，在向美国施加压力时切勿迟疑。"[19]

　　在梅金斯要求政府发来伦敦会谈的文字记录，好跟美国人手头的版本做个比较时，艾登又一次大发雷霆。这位大使向杜

勒斯转告说，艾登不允许自己参加 4 月 20 日的会谈，结果杜
勒斯镇定地援引了美国这边的会议记录中的说法，当中表明他
和艾登就日内瓦会议前先期在华盛顿进行磋商已取得了充分一
致。梅金斯还绘声绘色地形容说杜勒斯的态度与其说是生气，
不如说是悲哀，而这恐怕进一步激怒了艾登，因为他原本就认
为梅金斯过于同情美国人的立场，曾多次质疑他对事件的态度。
英国和美国的会谈记录存在严重不一致——前者并未提及双方
同意在日内瓦会议前组织工作小组会谈——这使得人们很难确
定究竟哪个版本才是准确可靠的，不过从艾登过于激烈的回复
来看，这可能意味着他知道自己在此前的会谈中被杜勒斯用策
略击败了，甚至有可能在未充分意识到后果的情况下，默许谈
判对手取得了想要的结果。梅金斯和英国大使馆参赞丹尼斯·
艾伦（Denis Allen）在此后表示，他们认为美国人对伦敦会谈
的解读是正确的。[20]

491 　　　杜勒斯在与梅金斯的交流中，刻意冷静地掩饰他深深的憎
恨。在结束了与梅金斯的通话后，他跟正在自己华盛顿家中前
厅的妹妹埃莉诺说，艾登禁止他的大使参加此次会议，"这根
本就是出尔反尔，背信弃义"。埃莉诺回忆说，在说这句话
时，"他看上去极其懊恼"。[21]国务卿非常明白，英国如果不出
席，整个工作小组的想法都得跟着泡汤——事实也确实如此，
他们大幅修改了 4 月 20 日的会议日程，只对即将到来的日内
瓦会议做了例行简报。杜勒斯怀疑，想要取悦印度是艾登态度
转变的原因，不过他只猜对了一半。艾登确实相信，但凡建立
任何新的亚洲防务协定，取得新德里政府的同意，哪怕是默
许，这一点很重要，但他并没怎么费心研究过印度的态度或策
略。他知道尼赫鲁跟自己一样自视甚高，因此觉得只要说一些

恭维的话就能让印度支持英国的政策。然而，在私底下他对这位印度领导人不屑一顾，称他"鼠目寸光"，是个"又可悲又渺小的印度版克伦斯基①"。[22]

这场由艾登出演的"复活节反转大戏"无疑是一个至关重要的转折点。当时詹姆斯·凯布尔（James Cable）在外交部只是个小角色，他对于外交大臣在这个周末的行为做出了不留情面的评价，也捕捉到了事件的严重性。"他连珠炮般的回复跟逼到墙角的兔子做出的暴躁举动别无二致，"凯布尔这样点评艾登在 4 月 16 日和 17 日发出的六通电报道，"这样的表现让人嗟叹，将持久伤害艾登与杜勒斯之间的关系，但它也确实阻止了形势向一场徒劳的战争演进。尽管此后美国还会一再提出要求，但是将艾登的复活节大爆发视为四月危机的转折点，这么说也是合情合理的。自此之后，艾登将需要捍卫自己的地位。"[23]

四

在复活节的那个周末，让杜勒斯劳神费心的不只有跟艾登发生摩擦这一件事情，他还需要处理 4 月 16 日，也就是耶稣受难日这一天副总统尼克松惹出来的乱子。自半年前出访印度支那以来，尼克松对战争的强硬立场并无半点儿软化的迹象，这天在出席美国报纸主编协会的活动时主办方怂恿他大胆发言，并承诺在正式报道中不会透露他的真实身份，而只会称他为"高层行政官员"，因此他在谈及印度支那将带来的风险时

492

---

① 俄国政治家，曾领导二月革命推翻沙皇统治，但他的政府很快被布尔什维克领导的十月革命推翻。

的言论相当危言耸听。他告诉在座的编辑们，尽管奠边府战败将带来极其严重的打击，但法国看来缺乏"获胜的决心"，所以一旦法军堡垒陷落，巴黎政府将在日内瓦"不惜一切代价地求和"。这样的结果将给美国利益带来灾难性的影响。法国一旦撤军，"不出一个月"印度支那就将落入共产党手中，美国在亚洲的地位也将遭到严重伤害。一位编辑问了个显而易见的问题：法国如果真的撤军，美国应该派军队去印度支那吗？"美国作为自由世界的领袖，不能承担在亚洲进一步退让的后果，"尼克松开宗明义地表示。

接下来就是重头段落了："我们当然希望美国不需要派军队去那里，但如果这一切避免不了，政府一定要勇敢面对，派出我们的军队。因此美国应当参加日内瓦会议，同时积极呼吁自由世界采取联合行动。如果行不通，政府也将独自把问题承担下来，并试图说服其他国家。……现在放眼全世界，只有本国在本土政治上足够坚定，只有本国方能挽救亚洲。"[24]

这段话在次日出现在世界各地的报纸头条。很多报纸信守约定将他称为"高层行政官员"，但《法兰西晚报》和《泰晤士报》点出了演讲者的真实身份就是尼克松，只不过后一份报纸的提法比较拐弯抹角。几家美国媒体紧随其后，尼克松觉得眼前只有大方承认这一条路可走。不过他坚持表示这些话只代表了他本人的看法，而且只是对一个假设的问题做出即兴回应。这个说法在当时和事后都受到了很多人的质疑。首先，演讲的时间点安排得再合适不过，与此同时杜勒斯正在竭尽全力争取盟国对联合行动的支持。其次，尼克松为什么要如此详细地回答一个突如其来的问题？而且在场很多人都明明看到他是照着一份事先准备好的讲稿读的。这貌似跟"即兴"毫无半点儿相似之处。

　　在《华尔街日报》和《华盛顿邮报》看来，事实再明显不过了：尼克松的答案肯定得到了事先批准。《纽约时报》的阿瑟·克罗克（Arthur Krock）对此持同样的看法，没错，这无非是政府认可的试验气球，先飞到半空去评估民众对于向越南派出地面部队的态度。[25]尼克松立刻对此予以否认，而且至今也没有任何显示他事先跟艾森豪威尔或杜勒斯讨论过演讲稿内容的证据浮出水面。但这位副总统在当时和后来的采访以及自传中都坚持表示，他那天说的每一句话跟美国政策都是一致的，在杜勒斯 3 月 29 日纽约讲话以及在其他地方的发言对相关政策都有着明确的表达。[26]政府在很早以前就宣布印度支那是冷战的一个关键战场，而他在主编协会上的发言是在重申这一立场。他的这种说法确实很有说服力。不过两者的差别在于，国务卿在 3 月 29 日的发言是在巧妙地玩着文字游戏，不同的人可以做出不同的诠释，而副总统的演讲每字每句都毫不含糊。[27]

　　如果杜勒斯和艾森豪威尔对尼克松的遣词造句不甚满意的话，他们也没有表现出来。杜勒斯在电话中跟尼克松打趣说他的名字红遍世界各地，并跟他保证说总统并没有因为他的发言而不高兴。艾森豪威尔之后也在电话中让尼克松不要担心，说他本人也可能说出同样的话。总统拒绝公开置评此事，这让记者们不禁猜想他同意这些评论。《华尔街日报》宣称，尼克松"表达了经政府慎重考量的观点"。[28]

　　不管是有意还是无意，尼克松的声明确实成为对美国政策制定者有用的试验气球，谁都说不准它将飘到何处去。看起来，很多在现场听到演讲的编辑被尼克松打动了，或至少他们

493

相信演讲的潜台词。"30多年前,列宁曾立下豪言壮语,声称共产主义欲征服世界,就须先征服亚洲,"《纽约时报》发表了如此的高论。该报进一步指出,共产主义世界确实遵循着列宁的教导,自1945年后,亚洲的很多地区不再属于西方。现在绝不能允许这样的进程继续下去,因为奠边府一役的结果关乎"自由世界的存亡,对我们和印度支那的所有人都是如此。也正是因为这一点,副总统和我们的政府正在慎重对待该问题,我们也应同样如此"。《华尔街日报》也宣布支持出兵的决定:"尼克松先生直率且极富说服力地宣布了这个决定,并因此获得无数好评,该决定的前提是相信印度支那对美国的安全至关重要。因此,如果不幸将要面对最终的抉择,美国只能做自己必须做的事情。"同时,该报极富预见性地指出,就算"穿越印度支那的道路对于美国来说极其漫长",美国人仍然应当出兵。[29]

与大多数野心勃勃的政治人物一样,尼克松密切关注着关于自己的新闻报道,看到各类报纸发表社论支持自己,他感到很欣慰。[30]不过,在看到国会的负面反应时他感觉有点儿措手不及,没想到有那么多议员担心《华尔街日报》的评论可能道出了真相:一旦打响这场战争,就将持续很长时间。更何况他们不是早就跟白宫明确表示军事干预应该是多国行动吗?民主党人在表达这些顾虑时态度最为激烈,不过甚至连共和党人也承认政府需要努力争取民众的广泛支持。在尼克松演讲后的一次盖洛普民意调查中,68%的受访者反对派出美国地面部队前往印度支那。[31]

很难判断对这次演讲的错综复杂的反应是否会对政府在4月的政策造成任何显著的影响。也许没有——除了它或许提醒高层官员认识到，在国内鼓吹美国陆军参加的单方面干涉行动很难有市场。在这次演讲后，高层政策制定者对实施联合行动的决心和此前一样坚定，对在日内瓦会议上向共产党人做出任何形式的妥协也和从前一样警惕。艾森豪威尔和杜勒斯对于伦敦政府在这两个问题上的态度十分愤怒，但并未放弃改变英国政策的希望，同时也决定一旦失败，将在没有英国的情况下寻找继续推动军事行动的方式。两人对法国在向美国索取大规模援助的同时仍然坚持对战争策略保持绝对掌控，而且对法国坚持不向联合邦赋予完全独立权感到极其恼火；但他们发现自己别无选择，只能在雨季到来前让法国坚持战斗，同时持续给拉尼埃和比多阵营打气，让他们为日内瓦会议做好准备。4 月 24 日，也就是尼克松演讲的一个多星期后，总统新闻秘书詹姆斯·哈格蒂在日记中写道，使用美国空中力量“支持奠边府法军”的可能性仍然存在。[32]

负责远东事务的助理国务卿沃尔特·罗伯逊是个大体上已经被历史淡忘的人物，不过 4 月 22 日在巴黎的一场晚宴上，495
他在跟一位美国记者的交流中让人们瞥见了政府的决心。罗伯逊是政府中的鹰派，喜欢用夸张的语言，可即便如此，他的话仍然很有启示性。“我们必须承认，”他对《纽约时报》的 C. L. 苏兹贝格（C. L. Sulzberger）说，“我们不可能承受失去东南亚的损失——可是一旦丢了印度支那，这就是必然的结果。”美国的“整个文明将蒙受伤害”，因此干预是唯一的解决办法。罗伯逊追问：“共产党主动挑起一场侵略战争，抑或是我们因为未能采取强有力的姿态而被迫丢失自己的文明，这两者间有什么区别？”在苏兹贝格看来，这等于是在重复两周前艾森豪威尔阐述的多米诺理论，也等于开了一张“预防性战争"的处方，但这位记者注意到罗伯逊还提到，无论形态为何，一场战争意味的都是"'我们的文明'终结，即使从预算的角度来看都是如此，更遑论新式武器的毁灭性威力了。［罗伯逊］指出当时的国债为 2750 亿美元，而'再来一场战争将让这个国家破产'"。尽管如此，美国仍然应当打响战争，而且要拿出尽可能多的军力。罗伯逊警告说："在此时，我们应勒紧裤腰带；在此时我们需要采取不得人心的举措，征收更高的税赋——此时容不得追求舒适、轻松、奢侈的生活。"

罗伯逊进一步说，越南人痛恨法国人，而华盛顿政府不能摆脱法国选中的那位傀儡国王。"讨厌的小矮人保大，"他沮丧地咕哝道，"假如胡志明站在我们这边，我们还能做点儿什么。可他偏偏是我们的敌人，这太不幸了。"[33]

五

罗伯逊和苏兹贝格见面的地点之所以在巴黎，这是因为刚离开法国首都不到一周，约翰·福斯特·杜勒斯就再次到访，这一次他参加的是包括英国人在内的三方会谈。用官方的说法，此番会议将专门探讨北约事务，不过印度支那问题自始至终占据了会议重心。在与会者中，没有一个人怀疑这个时刻的重要性：日内瓦会议将在几天后召开，这是最后一次在会前缔结西方统一战线的机会。

496　　　　4 月 22 日早上，在英国代表团尚未抵达的时候，比多率先向杜勒斯出击。在过去这几天来，奠边府传来了更多惨淡的消息，纳瓦尔将军再次强烈要求美国立刻提供大规模空中援助，以展开"秃鹫行动"，不过他在内心深处同样怀疑这类援助行动恐怕已经来不及挽救整个法军营地。（4 月 21 日，他发电报给巴黎："从此时起，我们的这场仗既是为了自己，也是为美国。"）4 月 18 日，正在访问华盛顿的瓦吕将军向美国官员打探消息，但对方态度模棱两可——他得知一切得取决于艾森豪威尔，而总统先生尚未做出决定。灰心的巴黎领导人考虑过跟敌军缔结暂时停火协议，好疏散伤员，但他们又普遍担心停火协议将让越盟在日内瓦会议前占据宣传优势。那么，现在还剩下什么选项呢？或许只剩下一个了，比多盘算着：政府恐怕只能接受联合行动和它可憎的政治意味，如果这就是为了拯救奠边府而该付出的代价的话。[34]

但比多不愿意接受美国人的指示，至少不能全盘接受。他希望杜勒斯起码也能做出些许让步。在 4 月 22 日的首场会议中，这位法国人看起来心力交瘁、郁郁寡欢，坐在他身边的只有保罗·埃利将军一个人。他描绘了一幅奠边府的阴森图景，说在过去这几天里，这个战场实际上已经毫无指望。最高将领之间意见不一、相互指责——这显然指的是纳瓦尔和科尼之间不可逾越的分歧——进一步恶化了战情。同时，现在也不可能从营地取得任何突破，因为伤兵无法被挪动，而身体健全的官兵又不可能将他们抛在后面不管。纳瓦尔和埃利进一步指出，想要挽救局势，现在只剩下一个办法，那就是实现大规模空中军事行动，而只有美国有实力从事这场需要出动 200～300 架舰载飞机的行动。英国方面可以不予考虑，反正它即使参与也派不上太大用场。比多明确表现出了让步姿态，强调说：一旦在奠边府立刻采取空中干预，华盛顿将战争国际化的要求将会成为可能，尽管法国政府截至目前一直对此表示反对。[35]

杜勒斯听后一喜。巴黎终于准备接受联合行动了。不过，

尽管他当场就想拍板跟法国人订立协议，但他知道自己不能这
么做：国会已经明确要求，在进行任何干预行动前都应先将集
体防御体系准备就绪，最起码英国需要明确和直接地参与这个
防御体系。他告诉比多，除此之外法国还应当在这个新防御体
系里赋予联合邦"独立"角色，也就是说它们应有能力在接
受美国援助方面自行参加谈判。比多摇摇头，回答说，如果奠
边府垮了，法国人也就没有加入防御联盟的需求了，事实上他
们不会再想加入联盟，因为到了那种境地，法国民众会认为联
盟的唯一作用是无谓地拖延法国人在东南亚的流血牺牲。据杜
勒斯说，在会议结束时比多发出了一个不详的警告：如果奠边
府要塞垮了，法国将彻底从东南亚撤离，不再承担任何后续责
任，"我们其他人将在该地区面对没有法国的局面"。[36]

　　会谈开始就显得十分不祥。几份不同的资料都显示，比多
在退出会场时大发雷霆，他不明白当自己一心想着奠边府的时
候，为什么美国人对于联合行动的立场仍然如此固执；而杜勒
斯在午餐时告诉英国代表，他认为法国人濒临彻底退出越南的
边缘。[37]下午三边会谈继续展开，比多的情绪依旧没有好转。
他喋喋不休、语带讽刺、说话含糊不清，在场的20多位与会
人士都知道他有贪杯的毛病，怀疑他是喝多了。一位英国观察
人士则认为他并没有喝醉，而是累坏了，但这带来的后果是一
样的：没人能弄明白这位法国人在说什么。"他说自己要冲进
狼群中，冲到波涛里，冲到火车下，但我们真的搞不清楚狼
群、波涛和火车究竟指的是什么。"比多还宣读了一份"法国
行动意图宣言"，指出法国承诺将不惜一切代价捍卫联合邦，
不过在会议晚些时候，他又表示这不过是"某种倾向"，并不
打算公开发表。[38]

497

接着，比多转过身来对杜勒斯说，他注意到美国的航空母舰已经到达北部湾，也知道杜勒斯多次发表公开声明，表示美国绝不能容忍共产主义扩张。他进一步说，如果华盛顿政府愿意，那么通过援助在奠边府战场的法军可以一箭双雕。"他眼神空洞地看着我，甚至没有答应将我的要求转达给华盛顿，"比多后来回忆说。[39]

1954 年 4 月 23 日，正当北约领导人齐聚巴黎讨论印度支那的下一个行动步骤时，法国的空降兵在该市郊区的奥利机场集合，鱼贯走入美国援助的"环球霸王"运输机，准备前往奠边府。

但杜勒斯的确做出了回应，只不过在接下来的半个世纪里人们一直对回应的内容争执不休。据比多说，杜勒斯在一次会间休息时将自己拉到一边，问他原子弹对于奠边府战场是否有用；如果有用的话，美国政府愿意向法国提供两枚原子弹。比多自称回绝了这个提议，因为如果在战场上投放的 498

话，原子弹在消灭越盟军队的同时也会炸毁法军军营，而在远离战场的补给线上投放的话，恐怕又有与中国开战之虞。几个月后在听到比多的这种说法时，杜勒斯说自己怎么也想不起来曾说过这样的话，并坚持表示这当中肯定有误会。考虑到比多当天的疲态和他含混的发言，加上没有任何英国人或美国人证实这种说法，人们推测杜勒斯的说法属实不无道理。可是另一方面，高级官员让·肖韦尔在自传中、埃利将军在日记中都支持比多的说法。有每天写日记习惯的埃利写道，"对于两枚原子弹的提议"，他的内心很矛盾，"它在心理上可以给人带来巨大的冲击，但其军事效力并不确定，而且有可能造成战争扩大化"。[40]

此外，比多所指出的华盛顿提议向他的政府提供原子弹的说法本身存在合理性。在这年春天，美国战略家多次考虑过使用原子弹，而且有一种说法认为从"秃鹫行动"酝酿之初，就存在着原子弹方面的考量。4月初，五角大楼的一个研究小组审视了在奠边府使用核武器的可能性，得出的结论是在合理部署的情况下，三枚战术原子弹就足以瓦解越盟在这里的攻势。[41]雷福德上将援引该判断，在4月7日的国家安全委员会会议上建议使用原子弹。4月29日，也就是假设的比多-杜勒斯对话几天后，国家安全委员会规划委员会的一次会议上再次讨论了在印度支那使用"新式武器"。一些与会人士提出在越南使用核武器将有可能起到阻止中国做出报复举动的作用，如果不使用，毛泽东和他的政府将认为美国缺乏利用自身技术优势的胆识。国家安全顾问罗伯特·卡特勒在次日上午向艾森豪威尔和尼克松提出了该问题，总统和副总统则回应说核武器在奠边府也许起不到多大的作用。不过，从会议记录来看，他们曾表示，"我们也许应该向法国人表示，我们至今未给他们任何'新式武器'，如果他们现在想要一些以备不时之需，我们也许能给他们几枚"。[42]

杜勒斯本人在此次巴黎会议上正式谈到过核武器和它的可能用途，只不过没有明确提及印度支那。在 4 月 23 日晚间对北约理事会发表的演讲中，他宣称苏联的人力优势实在太强大了——从军事上、政治上或是经济上看都是如此——西方实在无法克服。因此，必须考虑将核武器作为北约的"常规"武器之一。国务卿进一步表示，无论是在全面战争还是局部战争中，"无论何时何地，只要是在全盘考虑了所有相关要素的情况下，确认它将对我方有利"，使用核武器都应是"我们一致的政策"。[43]杜勒斯做出这样的表述，想必与近期的氢弹试爆在欧洲引起的轩然大波有关，此外或许也是希望让莫斯科和北京猜测西方将在印度支那采取什么手段；但他的话进一步暗示，从美国政府的角度出发，1954 年春天在北圻的丛林中使用核弹，这是完全有可能的。

4 月 23 日的会谈主要围绕着北约事务展开，但印度支那仍然盘踞在每个人的心头。睡了一觉后比多状态有所好转，在早上的会议中他的思维更加清晰，外表上看也没那么憔悴了。但纳瓦尔将军发来的信让他再一次陷入绝望，到了下午，他将杜勒斯拉到一边，将信递到对方手中并告诉这位美国人，奠边府马上就保不住了。德·卡斯特里手下具备战斗力的兵力损失了三分之二，现在只有区区 3000 人，而且已无储备部队。空投补给持续落在越盟的地盘上。只要这支守备部队被打垮，武元甲的主力部队就将移向红河三角洲，并对河内发动进攻——很有可能赶在雨季尚未充分到来前完成。比多继续说，如果真

500

的出现了这种局面，巴黎别无他法，只能寻求通过最可能的途径争取全面停火。现在只有一件事能挽回这一系列灾难：美国的 B-29 轰炸机对被围困的守备部队立刻实施大规模空中支援。他问，美国是否能重新考虑实施"秃鹫行动"？

杜勒斯凝神倾听，接着表示他需要先征求艾森豪威尔和正从华盛顿赶来的雷福德上将的意见，将在次日做出答复。尽管奠边府的形势已经迫在眉睫（越盟军队进入了进攻的第三阶段），但这个回答还是让比多看到了一丝希望，其他法国官员在那天同样认为"秃鹫行动"仍然有希望进行。比方说，埃利将军就考虑向越盟提出停火，好将伤员从奠边府撤出。他在日记中写道："一旦越盟拒绝，美国的干预行动就可以开始。"[44]

杜勒斯此时事实上倾向于接受法国人对事态的看法，至少在一定程度上如此。他仍然怀疑空袭对奠边府是否有军事上的价值，更不消说拯救法军守备部队了，但他认为如果还想提振法国人的抵抗决心，这是唯一的办法。在晚宴上，法国国防部部长勒内·普利文的话进一步坚定了他的认识。杜勒斯原本希望停火协定只限于奠边府，但普利文坚持说，一旦和谈，停火协议将适用于整个印度支那，那么在日内瓦会议上西方国家的交涉能力基本上等于零，而共产党注定将获得大胜。杜勒斯知道自己应该做什么：他必须赢得英国对联合行动的支持——这是国会同意军事干预的必要条件——而且得加快速度。习惯未雨绸缪的艾登向丘吉尔发去电报，告知杜勒斯貌似已经决定实施空袭。后来艾登回忆说，这天自己"在睡前愁得不得了"。而他的私人秘书舒克伯勒特意吃了一粒安眠药，但也只睡了四个钟头。[45]

六

4月24日星期六，破晓时分天气晴好温暖，这是一个美好的巴黎春日。杜勒斯在前一天晚上给在佐治亚州奥古斯塔度周末的总统发去电报，告知他比多的出兵请求。"这里的形势太悲惨了，"杜勒斯写道，"法国几乎是在我们眼前一点点儿地垮掉。"奠边府的象征意义已经跟它的军事意义完全不成比例，如果这里的堡垒陷落，很有可能"法国政府将成为失败主义者的天下"。[46]

这个消息让艾森豪威尔警醒起来，他想过要回华盛顿监控危机，不过后来又决定暂时按兵不动，但在这个星期六，他一直在为印度支那的局势担心。早上他致电代理国务卿（在杜勒斯不在国内时代行其职）沃尔特·比德尔·史密斯，对方告诉他无论是在巴黎还是在越南，局势都瞬息万变，因此几乎不可能做出审慎的评价。不过总统还是给出了两点评价：首先法国不断找美国要援助，同时还坚持要求华盛顿甘当配角，这一点十分可鄙；其次，艾登和英国人没有认识到在印度支那跟共产党开战是个更加有利的选项，毕竟这里已经有几十万法兰西联邦军队了，相比之下其他国家并没有这样的军力，这一点十分愚蠢。艾森豪威尔进一步指出，需要请雷福德上将在离开巴黎时去伦敦转一转，坦率地问问英国军方将领，为什么他们宁愿在"死了20万法国人后"才肯投入战斗。[47]随后总统发电报给杜勒斯，表扬他至今做出的种种努力，并建议他替自己向拉尼埃总理捎个口信，敦促法国坚持战斗，"哪怕奠边府的雄伟前哨有可能在军事上被攻陷"。[48]

这条口信再清楚不过了：在1954年4月的最后一个周末，

502

美国总统认为军事干预印度支那的可能性极小。

　　艾森豪威尔的电报是在当地时间下午 3 点左右到达巴黎，在那会儿，杜勒斯和艾登的高峰会谈即将开始，会议在狄龙大使位于耶拿大街的官邸进行。英国人对即将发生的事情已经猜出了七八分，就连最后的一丝怀疑在他们到达时也被打消了：在花园里迎接他们的不仅有杜勒斯夫妇和大使夫妇，还有包括雷福德在内的一大群美国高级陆军和海军军官。杜勒斯将客人们带进书房后迅速切入正题，承认现在恐怕已经难以挽救奠边府局势，接着提出了英美联合干预印度支那的可能性。杜勒斯说，只有这样做才有可能将法国留在战争中，而且即便行动未能实现防止北圻要塞陷落的直接目标，仍然将有极大的用处。英国人眼中的好战分子雷福德表示，奠边府眼看将要陷落，这必然导致美国和英国别无他选，只能接手战斗，将法国推向幕后，同时希望这些行动能鼓舞越南国民军，并防止法国军队遭到叛军屠杀。杜勒斯说，如果女王陛下的政府能在名义上加入一次空袭（指驻马来亚和香港地区的英国皇家空军中队），美国政府将争取取得国会对美国干预行动的支持；但如果没有盟军（具体指英国）加入，这将永远不可能成为现实。

　　杜勒斯又一次向英国人提供了两个选项：是选择联合行动还是采取绥靖政策？[49] 艾登拒绝上钩，再次重申了他对空袭效果的疑虑，并担心美国人提议的干预行动将导致冷战出现危险的升级态势。艾登对多米诺理论日益持怀疑态度，他并不认为印度支那沦陷会导致邻国一个接一个地陷落。他还指出，干预行动将"在国内掀起轩然大波"，必然将导致英国舆论哗然。美国人并不怎么同情他们的处境。据艾登后来评价，杜勒斯在对话中貌似"状态激动得吓人"，而且当雷福德和"更加壮怀激烈、激情四射的"沃尔特·罗伯逊谈到要轰炸中国，一劳永逸地给它点颜色看看时，杜勒斯也没有表示异议。[50]

比多在下午 4 点 30 分加入会谈时，美国人继续保持攻势。杜勒斯追问，如果奠边府沦陷，法国政府将持何种立场？还会继续战斗吗？比多对此语焉不详。他说，拉尼埃和他希望继续战斗，但他们必须与这场败仗带来的极其棘手的军事和心理反应做斗争。杜勒斯穷追不舍：巴黎会像普利文前一天晚上说的那样，在日内瓦会议前宣布一个覆盖全印度支那的停火方案吧？法国人回答说，不会，法国政府不会这么做，而且在进入谈判时仍将具备可观的操作空间。这打消了杜勒斯的顾虑，他草拟了一封标注为写给比多的信函，信中这样写道：尽管此时美国不可能出兵干涉奠边府，但为了捍卫东南亚的安全，华盛顿政府仍然愿意将"武装部队"送往印度支那，以满足法国和其他盟国的热切期盼。他把草稿递给艾登，艾登草草看了几眼，递给了比多。比多花了好几分钟时间一边读，一边思量。他的关注重点仍在奠边府，他也仍然对战争国际化充满警惕，但这样做也许能从一艘沉船里打捞点什么。他清了清嗓子说，好的，他已做好正式接收这封信函的准备。[51]

似乎是在刹那间，事态进入了一个全新的分水岭：联合行动再次跃入人们的视野，而且这场战争眼看就要国际化。艾登立刻插进来说，他的政府并不应受到 4 月 14 日"杜勒斯－艾登公报"的约束而加入印度支那战争。他现在除了立刻回伦敦与内阁同僚商讨此事，不可能再做出其他承诺。但这位外交大臣明白，至关重要的时刻已经来临；正如他在出发前往机场前向外交部发去的电报中所说的那样："现在非常清楚，我们将必须在最高级别的事态中做出决定，即是否告诉美国人，我

504　们是否愿意追随他们的计划。"在临行前他接到法国前外交部部长莫里斯·舒曼打来的电话，对方告诉他，拉尼埃和比多热诚期盼他从同僚那里赢得批准，继续推动"杜勒斯先生希望采取的进程"。[52]

眼前是一道极其棘手的难题，这天晚上舒克伯勒在日记中写道："如果我们拒绝配合美国的计划，将给联盟带来裂缝。可如果照杜勒斯的要求去做，显然将激发印度甚至其他所有亚洲国家的敌意，破坏英联邦团结。此外，在印度支那开战这件事，是你所能设想的事情中最难得到英国民众支持的。"[53]

艾登一行在晚上 10 点 20 分降落，乘坐两辆安排好的车子直奔丘吉尔的乡间别墅契克斯阁，在将近午夜时分到达。首相在两件套丝绸西服外套了一件晨褛迎接他们。佣人们送上酒水，艾登开始讲述形势要点。丘吉尔专注地听他讲完，接着若有所思地说："我们伟大的帝国，我们伟大的印度帝国，我们已经割舍了它"——在舒克伯勒看来，丘吉尔的言下之意是说，英国为什么要在自己放弃了印度帝国后，支援这场腐朽的法兰西殖民战争？在之后的冷餐会上，官员们达成一致意见：英国应拒绝美国人的要求。次日一早，内阁成员和各军参谋长在伦敦召开会议——他们几乎不曾在星期天早上开过会。不消做多少说服工作，他们就共同表示反对美国提议。几位参谋长表示，美国计划的行动将毫无效果，并补充道，即使印支全面崩溃，也未必对英国在马来亚的地位造成决定性的影响。多米诺理论是站不住脚的。[54]

七

周末的这场闹剧还没有剧终。同一天上午在华盛顿，沃尔特·比德尔·史密斯得知法国政府在周六深夜回绝了杜勒

斯的信件要求，而只是简单要求对奠边府实施空袭，于是他
向法国大使给出了一个新的提议：如果巴黎能说服英国加入
这场阻止共产主义在东南亚扩张的联合行动，哪怕是名义上
的也好；如果拉尼埃政府同意批准美国得到在印度支那的战
术指挥权，那么美国政府将寻求国会通过决议，在三天内，　505
即在 4 月 27 日前对奠边府发动舰载飞机空袭。此次行动也
许已来不及拯救要塞，但可加强法军在印度支那其他地区的
抵抗能力。

　　这天下午一两点钟的时候，艾登在和法国大使勒内·马西
利进行的仓促会面中得知了美国的新提议，于是他立刻召集部
长和各军参谋长回来开第二次会议，这次会议在下午 4 点开
始。艾登丝毫没有掩饰自己的怒意。他告诉在座的同僚，华盛
顿这是在赤裸裸地让英国人背黑锅，万一在该地区没能阻止住
共产党扩张，责任到时候就得由英国来负，而且他极其憎恶
"［美国人］通过法国来向英国传话的这种迂回手段"。史密斯
只与驻华盛顿的法国大使沟通，刻意避开了英国方面，这一点
很值得玩味。艾登进一步说，在奠边府实施空中打击是不可能
成功的，这无非在转移视线，真正的目标应该是中国。内阁并
没有从议会得到授权支持这种行动，而且很有可能将遭到联合
国的谴责。这样的行动可能导致战争发生危险的升级，从而不
可避免地导致"第三次世界大战"。

　　丘吉尔同意这种看法。他告诉与会者，他不喜欢被人要
求"帮忙误导美国国会"授权批准一场对法国形势于事无
补，而且有可能将全世界拖入大型战争边缘的军事行动，所
以必须驳回巴黎政府的要求。没有官员对此提出异议，此次
会议再次肯定了早先会议达成的共识。艾登启程飞往日内

瓦，中途短暂在巴黎奥利机场停留，向比多转告了英国政府的决议。比多原本就相信自己不可能得到肯定的答复，他默默承受了这个消息。[55]

雷福德上将则不然，4 月 26 日他前往契克斯阁，亲自向丘吉尔陈情。雷福德开足了火力，他强调，如果法国在奠边府战败，而英美又未能采取适当的行动试图阻止，将会让共产主义大获全胜，历史将就此走向转折点。法国政府将会垮台，欧洲防务集团将无法获得批准通过，而北约组织自身也可能遭到摧毁。东南亚将随之沦陷，日本投身共产主义怀抱，而澳大利亚和新西兰也要面临危险。北非的民族主义势力将起来反抗法国，这场骚乱与动荡还会席卷到非洲其他地区和中东。简而言之，它带来的灾难性影响将遍及全球。但是，现在还不算太迟。雷福德说，他在日前与国会领导人进行过会谈，议员们明确表示可以批准拯救印度支那的行动——前提是英国明确表示愿意合作。但现在已经不容再浪费一分一秒，因为每过一天，都意味着共产主义国家又吞噬了一点西方的地盘。雷福德告诉丘吉尔，现在必须站起来阻止中国，而且没必要担心苏联人，他们害怕打仗，不可能加入战争公开支援中国。

丘吉尔并不否认奠边府沦陷将成为一个重大的历史转折点。他说，他联想到了 1919 年华沙的局势，当时苏俄一路西进，好在毕苏斯基（Pilsudski）得到了魏刚（Weygand）将军和达伯农（d'Abernon）勋爵的建议和帮助，得以力挽狂澜。但现在的问题是，这次是否还能做同样的事情。丘吉尔认为做不到，而且无论如何，在日内瓦会议前采取任何行动都为时过早。现在最重要的应该是外交手段，用他的话来说，是"核

心对话"。这类谈判可能成功，也可能以失败告终，但是对于
英国民众，谈判远比在遥不可及的东南亚打仗更得人心。首相
总结陈词道，他将自己很大一部分的生命和精力用于巩固英语
国家之间，尤其是英国和美国之间的联系。但这两大盟国现在
绝不应该致力于一项可能导致自身毁灭，而且显然在军事上毫
无效果的政策。"我们应直面要塞失守的结果"，丘吉尔坦率
地表示，而且法国的军力不足以守住印度支那的其他地区。现
在法国退回到它实际上可以守住的地区，英国和美国政府按兵
不动、静观日内瓦会议成果，这才是明智之举。[56]

　　丘吉尔的一个论点让雷福德格外难以接受。这位首相说，
他怀疑英国是否愿意帮助法国挽救印度支那，毕竟当年它自己
都没有挽救印度。三天后雷福德对尼克松吐露心声说，丘吉尔
在 1947～1948 年明明透彻地认识到了共产主义威胁的严重性，
可现在他怎么能跟换了一个人似的，做出如此愚蠢的表态，将
这两场危机在重要性上画等号呢?[57]

　　雷福德感谢首相花时间跟自己谈话，表示将在次日返回华
盛顿后将会谈内容全部转告艾森豪威尔。雷福德隐晦地补充
道，如果英美之间缺乏密切合作的话，美国和英国都将滑向灾
难的深渊。[58]

　　英国官员们普遍觉得雷福德是个蠢材，缺乏细致的观察
力，而且用一个旁观者的话来说，他貌似一直渴望跟北京
"干一场仗"，这样一个人竟然能大喇喇地来到英国向他们施
压，要求其加入"雷福德对中国之战"（语出艾登），这让英
国人尤其光火。[59]英国外交部原以为雷福德不假掩饰的强势并
不能完全代表美国政府的立场，这当然没错，但他们没有注意
到一个关键的要点：要求这位上将在结束巴黎会谈后穿越英吉

507

利海峡，专程来伦敦跟自私而优柔寡断的英国人讲讲道理的，不是别人，正是艾森豪威尔。

当心灰意冷的雷福德乘坐返程飞机穿越大西洋时，美国外交史上最惊心动魄的两周随之画上了句号。从 4 月 11 日起，约翰·福斯特·杜勒斯两次从华盛顿出发前往欧洲，力争将印支战争国际化。两次，他都在国会态度、美国的军事意见和采取军事干预的必要条件方面有意误导盟国领导人，可是两次他都未能在关系最重大的伦敦获得支持。安东尼·艾登始终拒绝配合。他和他的同僚们在看待印度支那的风险与可能性上，与他们的美国表亲存在着很大的分歧，而且他们更加担心战争升级的危险。早在几个月前，杜勒斯与艾登之间的不和就已经颇为明显，如今更是发展为公开而且不假掩饰的反感。而且分歧不可能在短期内结束：现在他们都来到了瑞士，为日内瓦会议做准备。在这里，他们无处回避彼此，也无法回避对即将到来的关键谈判进行战略规划的需要。

在华盛顿，德怀特·艾森豪威尔的口吻活脱脱是个鹰派，看到伦敦的蓄意阻挠和其对第三次世界大战"病态的困扰"，他十分恼火。在 4 月 27 日的日记中他发牢骚说，英国人对于"我们在该地区遇到的"危险表现出"浑然不觉"的态度。法国人也是一样差劲。在同一天，总统对他的儿时好友斯韦德·黑兹利特（Swede Hazlett）说："法国人在承诺独立权这件事上使用了各种模棱两可的表述，光是因为这个，他们遇到的种种挫败就可以说是罪有应得。"不过，就连在指责自己的盟友时，艾森豪威尔仍然将问题置于军事解决的框架中。他对黑兹利特说，他希望看到共产党"在印度支那被人好好揍一顿"，而在向共和党的议员领袖讲话时，他描述了不对法国进行援助将引发的危险。"你还能再让共产党往哪里扩张？我们真的不能再作壁上观了。"[60]

艾森豪威尔知道，前面存在着无法预见的障碍。他的政府已经发话一定要守住印度支那，也公开宣布如果那里失守，将给美国和西方的防务带来毁灭性的后果，现在他们无论如何都得做出强有力的行动来阻止这样的灾难发生。不管是在国际上还是在国内，政府的威望都悬于一线——至少总统和他的幕僚存在这种担忧。一个月前开始的公共信息宣传活动在国内收效显著，国会和媒体普遍相信了政府对印度支那重要性的描述和多米诺理论，但这种成功恰恰导致总统的操作空间大为缩小。一旦无法阻止越盟胜利，美国社会的意见领袖就将指责白宫眼见共产党占领了一块生死攸关的领土却坐视不理。

然而艾森豪威尔也明白，动用美国地面军队实施单方面干涉行动必将带来政治风险，毕竟那场不得人心的朝鲜战争仍然深深刻在人们的记忆里，而共和党将在这年秋天迎来中期选举。民众固然将像每次面对国际危机时所做的那样，在行动初期团结在国旗和总统周围，可是越南毕竟离美国腹地太远了，而它的核心问题又实在太模糊，因此不足以维系民众持久的支持。它将是场"小型战争"，而基于政府的大规模报复战略，这类干预行动应能免则免——先对那些坚持敌对行动的国家予以警告，给和平一个机会，如果对方仍然不予理会，这才会使用美国军力进行全面打击。随着冲突升级，原子弹和氢弹将取代地面部队。

509

此外，艾森豪威尔也知道，单独出兵的合理性还存在其他方面的疑问。首先，考虑到涉及的区域面积如此之广，很可能需要一支规模很大的军队。如果将越盟 1954 年 4 月底在印度

支那的控制范围在一张美国地图上重叠，会发现它从佛蒙特州
一直往南延伸到佐治亚州的萨凡纳市。用同样的方式比较后还
会发现，交火最激烈的地区是在纽约州罗契斯特市附近的要
塞，而越盟在夜间发动突袭的主要地区集中在新英格兰州、北
卡罗来纳州和南卡罗来纳州，并一路推进至宾夕法尼亚州西
部。[61]另一个棘手的问题是从哪儿调配美国军队。在 22 个现役
师（19 个陆军师和 3 个海军陆战队）中，有 5 个驻扎在欧洲，
无法抽调过来从事其他地区的局部战；有 9 个师常驻韩国或日
本，以防止朝鲜半岛再次爆发战争；剩下的 8 个师留守美国本
土，要么在接受训练，要么在备战"大型战争"——五角大
楼的军事首领们坚持认为这个人数已经接近维护本土基本安全
的最低限度。最后，从地缘政治的角度来看，如果美国单方面
出兵，美国会不会被世人看成种族主义的侵略者？美国的声誉
（以及艾森豪威尔的个人历史遗留问题）是否将不可避免地与
这样一场战争的成败联系在一起？总统担心，这两个问题的答
案都是"是"。

　　基于这些原因，他做出了决定：重点仍然是集体行动，既
包括在日内瓦的外交举措，也包括在越南的军事行动。必须诱
导伦敦加入，或者找到什么办法绕过它，毕竟当雷福德回到华
盛顿时，他已经绝望地称英国对美国政策行使了"一票否决
权"。[62]或许有什么办法能在没有英国参与的情况下敲定一个联
盟。但这不可能在短期内实现，至少不足以对奠边府的局势带
来立竿见影的影响。尽管丘吉尔政府和艾森豪威尔政府出现了
如此多的矛盾甚至敌意，但在下面这个问题上他们如今的意见
是一致的：奠边府要塞十有八九是保不住了。联合干预不可能
力挽狂澜。现在只能祈祷奇迹出现。

注释

1. 有些人认为做出这句评语的是艾森豪威尔。

2. Martin Gilbert, *Never Despair：Winston S. Churchill，1945 – 1965*（Boston：HoughtonMifflin，1988），959 – 60.

3. 伊夫林·舒克伯勒日记，1954 年 3 月 26 日，Evelyn Shuckburgh, *Descent to Suez：Diaries，1951 – 1956*（New York：W. W. Norton，1987），155 – 56。

4. Lloyd C. Gardner, *Approaching Vietnam：From World War II Through Dienbienphu*（New York：W. W. Norton，1989），188 – 91，215；Roy Jenkins, *Churchill：A Biography*（New York：Farrar，Straus & Giroux，2001），876. 当时担任议员的 Jenkins 参加了当天的众议院会议，他写道："当时的场景至今仍深深印在我的脑海里。"

5. Geoffrey Warner, "Britain and the Crisis over Dien Bien Phu, April 1954：The Failure of United Action," in Lawrence S. Kaplan, Denise Artaud, and Mark Rubin, eds., *Dien Bien Phu and the Crisis of Franco-American Relations，1954 – 1955*（Wilmington, Del.：Scholarly Resources，1990），65 – 66；Anthony Eden, *Full Circle：The Memoirs of Anthony Eden*（Boston：Houghton Miffl in，1960），104 – 5.

6. Strong memo, April 12, 1954, PREM 11/645, TNA；Confidential Annex to COS42nd meeting, Item 2, April 10, 1954, FO 371/112053, TNA；Warner, "Britain and the Crisis over Dien Bien Phu," 66 – 67. 澳大利亚外长 R. G. 凯西（R. G. Casey）对此有同感，参见凯西在 1954 年 4 月 12 日写的日记，34 – M1153, National Archives of Australia（hereafter NAA）。

7. 舒克伯勒日记，1954 年 4 月 8 日，引自 James Cable, *The Geneva Conference of 1954 on Indochina*（London：Macmillan，1986），55。

8. Cable, *Geneva Conference*, 56.

9. Record of conversation, April 11, 1954, FO 371/112054; Memcon, April 11, 1954, *FRUS, 1952–1954, Indochina*, XIII, 1: 1307–9. 另见 Eden, *Full Circle*, 107–8。

10. Ibid.

11. Walton Butterworth, Oral History Interview, Dulles Papers, Mudd Library, Princeton University, 引自 Gardner, *Approaching Vietnam*, 221–22。

12. 会谈记录, 1954 年 4 月 12 日, FO 371/112054, TNA; Memcon, April 12, 1954, *FRUS, 1952–1954, Indochina*, XIII, 1: 1319–20。

13. 舒克伯勒日记, 1954 年 4 月 12 日, *Descent to Suez*, 164。罗伯森对于周恩来的评价引自 Robert E. Herzstein, *Henry R. Luce, Time, and the American Crusadein Asia* (New York: Cambridge University Press, 2005), 173。

14. Memcon, April 13, 1954, *FRUS, 1952–1954, Indochina*, XIII, 1: 1321–23; 舒克伯勒日记, 1954 年 4 月 13 日, Shuckburgh, *Descent to Suez*, 164。

15. Gardner, *Approaching Vietnam*, 221; Eden minute, March 26, 1954, FO371/112048, TNA. 在下列文件批注中也可看到他的评论: W. D. Allen to I. Kirkpatrick, March 23, 1954, FO 371/112048, TNA。

16. Philippe Devillers and Jean Lacouture, *End of a War: Indochina, 1954* (New York: Praeger, 1969), 87–88. 关于比多对联合行动的尖锐看法, 见 Ministèredes Affaires étrangère, "Note," April 7, 1954, Dossier 2 457 AP 52, Archives Nationale。

17. FO to Washington, April 15, 1954, FO 371/112053, TNA; Cable, *Geneva Conference*, 58.

18. FO to Washington, April 17, 1954, and April 18, 1954, FO 371/112053, TNA; Cable, *Geneva Conference*, 58–59; Eden, *Full Circle*, 99.

19. FO to Washington, April 19, 1954, FO 371/112053, TNA.

20. 相关分析见 Warner, "Britain and the Crisis over Dien Bien Phu," 69–70; David Dutton, *Anthony Eden: A Life and Reputation* (London: Hodder Arnold, 1997), 343。

21. Townsend Hoopes, *The Devil and John Foster Dulles* (Boston:

Little，Brown，1973），216. 另见 Douglas Dillon oral history，Dulles Oral History Project，Princeton University。

22. 舒克伯勒日记，1954 年 4 月 15 日，Shuckburgh，*Descent to Suez*，166；Cable，*Geneva Conference*，60。

23. Cable，*Geneva Conference*，59.

24. 《美国新闻和世界报道》，1954 年 4 月 30 日；《纽约时报》，1954 年 4 月 17 日。

25. 《华盛顿邮报》，1954 年 4 月 20 日；《华尔街日报》，1954 年 4 月 19 日；《纽约时报》，1954 年 4 月 20 日。

26. Richard Nixon，*RN：The Memoirs of Richard Nixon*（New York：Grosset& Dunlap，1978），151 – 52；Nixon interview，Dulles Oral History Project，Princeton University；Arthur Radford，*From Pearl Harbor to Vietnam：The Memoirs of Admiral Arthur W. Radford*，ed. Stephen Jurika（Stanford，Calif.：Hoover Institution Press，1980），405.

27. 尼克松从未对自己的立场表示后悔。在 1985 年出版的著作《不再有越战》（*No More Vietnams*）中，他写道，没有干预奠边府是美国在越南犯下的“第一个关键的错误”。“在我们的盟友一路滑向失败的深渊时，美国袖手旁观，错失了以极小的代价阻止共产主义在东南亚扩张的最后一个机会。”Richard M. Nixon，*No More Vietnams*（New York：Arbor House，1985），31.

28. JFD-Nixon telcon，April 19，1954，JFD Phone Calls，Eisenhower Library；Eisenhower-Nixon telcon，April 19，1954，Box 5，DDE Diary，Ann Whitman File，Eisenhower Library；*Wall Street Journal*，April 19，1954.

29. 《华尔街日报》，1954 年 4 月 19 日；《纽约时报》，1954 年 4 月 19 日。

30. 例如参见《华盛顿邮报》，1954 年 4 月 30 日；《美国新闻和世界报道》，1954 年 4 月 30 日。后者持赞许态度：“白宫尽管在外交上屡次否认，但并未排除一旦共产党统治东南亚将会出兵的可能性。”

31. Robert F. Randle，*Geneva 1954：The Settlement of the Indo Chinese War*（Princeton，N. J.：Princeton University Press，1969），92；Herbert S. Parmet，*Richard Nixon and His America*（Boston：Little，Brown，1990），318 – 19.

32. 詹姆斯·哈格蒂日记，1954 年 4 月 24 日，Eisenhower Library。

33. C. L. Sulzberger, *A Long Row of Candles: Memoirs and Diaries, 1934 – 1954* (New York: Macmillan, 1969), 836 – 37; C. L. Sulzberger, "Foreign Affairs: The Day It All Began,"《纽约时报》, 1967 年 1 月 11 日。

34. "Rapport Navarre," April 21, 1954, 74 AP 39, Paul Reynaud Papers, Archives Nationale; Laurent Cesari and Jacques de Folin, "Military Necessity, Political Impossibility: The French Viewpoint on Operation *Vautour*," in Kaplan, Artaud, and Rubin, *Dien Bien Phu*, 112 – 13.

35. Eden to FO, April 24, 1954, FO 371/112055, TNA; Dulles to Eisenhower, April 22, 1954, *FRUS, 1952 – 1954*, Indochina, XIII, 1: 1361 – 62.

36. Dulles to Eisenhower, April 22, 1954, *FRUS, 1952 – 1954*, Indochina, XIII, 1: 1361 – 62.

37. 例如参见舒克伯勒日记，1954 年 4 月 22 日，Shuckburgh, *Descent to Suez*, 169; Cable, *Geneva Conference*, 61。

38. 舒克伯勒日记，1954 年 4 月 22 日，Shuckburgh, *Descent to Suez*, 169。

39. Georges Bidault, *Resistance: The Political Autobiography of Georges Bidault*, trans. Marianne Sinclair (New York: Praeger, 1968), 196.

40. Jean Chauvel, *Commentaire: De Berne à Paris, 1952 – 1962* (Paris: Fayard, 1973), 3: 45 – 46; Georges Bidault, *D'une résistance à l'autre* (Paris: Presses de siècle, 1965), 198; Cesari and de Folin, "Military Necessity," 113. 另见 J. R. Tournoux, *Secrets d'état* (Paris: Plon, 1960), 48 – 49; Roscoe Drummond and Gaston Coblentz, *Duel at the Brink* (New York: Doubleday, 1960), 121 – 22。

41. 见 MacArthur to Dulles, April 7, 1954, *FRUS, 1952 – 1954*, Indochina, XIII, 1: 1270 – 72。

42. Cutler memo, April 30, 1954, *FRUS, 1952 – 1954*, Indochina, XIII, 1: 1445 – 48; John Prados, *Operation Vulture* (New York: ibooks, 2002), 213; William J. Duiker, *U. S. Containment Policy and the Conflict in Indochina* (Stanford, Calif. : Stanford

University Press, 1994）, 167.

43. Gardner, *Approaching Vietnam*, 236, emphasis added.

44. Navarre to Ely, April 22, 1954, 1 K 233（35）, Ely Papers, Service historique del'armée de terre；埃利日记, 1954 年 4 月 23 日, 1 K 233（19）, Ely Papers, Service historique de l'armée de terre；Cesari and de Folin, "Military Necessity," 113 – 14。

45. Eden, *Full Circle*, 102；舒克伯勒日记, 1954 年 4 月 24 日, Shuckburgh, *Descent to Suez*, 171。

46. Dulles to Eisenhower, April 23, 1954, *FRUS*, *1952 – 1954*, *Indochina*, XIII, 1：1374. 在发这封电报的几个小时前, 杜勒斯告诉澳大利亚外交官理查德·凯西, 法国"正在垂死挣扎, 以苦苦保住强国地位"。凯西日记, 1954 年 4 月 23 日, 34 – M1153, NAA。

47. Eisenhower-Smith telcon, April 24, 1954, Box 5, DDE diary, Ann Whitman File, Eisenhower Library.

48. 新闻秘书哈格蒂在当天的日记中写道, 使用舰载飞机"支援奠边府军队"的选项仍然存有可能性。哈格蒂日记, 1954 年 4 月 24 日, Eisenhower Library。

49. 这一提法见 Gardner, *Approaching Vietnam*, 237。

50. Eden, *Full Circle*, 114 – 15；Iveragh McDonald, *A Man of the Times：Talks and Travels in a Disrupted World*（London, 1976）, 137, 引自 David Carlton, *Anthony Eden：A Biography*（New York：HarperCollins, 1986）, 345 – 46。

51. Dulles to Smith, April 24, 1954, *FRUS*, *1952 – 1954*, *Indochina*, XIII, 1：1398 – 99；Eden to FO, April 24, 1954, FO 371/112056, TNA；凯西日记, 1954 年 4 月 26 日, 34 – M1153, NAA；Eden, *Full Circle*, 116；Hoopes, *Devil and John Foster Dulles*, 217。

52. Eden to FO, April 24, 1954, FO 371/112056, TNA.

53. 舒克伯勒日记, 1954 年 4 月 24 日, Shuckburgh, *Descent to Suez*, 172。

54. Shuckburgh, *Descent to Suez*, 173；Eden, *Full Circle*, 117.

55. "Indochina," April 27, 1954, CAB 129/68, TNA；entry for April 25, Harold Macmillan, *The Macmillan Diaries：The Cabinet Years*, *1950 – 1957*, ed. Peter Catterall（London：Macmillan,

2003），309.

56. Record of conversation at dinner, April 26, 1954, FO 371/ 112057, TNA. 另见 Chester L. Cooper, *In the Shadows of History: Fifty Years Behind the Scenes of Cold War Diplomacy* （Amherst, N. Y. : Prometheus, 2005），123 - 24。

57. RN dictabelts, VP diary, April 29, 1954, Nixon Library, Yorba Linda, Calif.

58. Record of conversation at dinner, April 26, 1954, FO 371/ 112057, TNA.

59. Carl W. McCardle to Dulles, April 30, 1954, Box 2, General Correspondence and Memoranda Series, Dulles Papers, Eisenhower Library；舒克伯勒日记，1954 年 4 月 24 日, Shuckburgh, *Descent to Suez*, 172。

60. 德怀特·D. 艾森豪威尔日记，1954 年 4 月 27 日, diary series, "April 1954," Ann Whitman File, Eisenhower Library；Eisenhower to Hazlett, April 27, 1954, Ann Whitman File, Eisenhower Library。

61. 《美国新闻和世界报道》，1954 年 4 月 30 日。

62. RN dictabelts, VP diary, April 29, 1954, Nixon Library, Yorba Linda, Calif.

第二十一章 眼泪谷

一

1954 年 4 月 27 日，星期二，奠边府笼罩在灰暗潮湿的晨雾中。夜间下起了暴雨，没有一架飞机能够在厚厚的雨云间穿行，20 架满载着补给的达科塔运输机无法在营地上方实施空投，盘旋了几圈后飞回位于红河三角洲的基地。一共只有 50 名志愿兵作为增援，空降到守备部队。次日夜间，达科塔运输机再次被迫返程，不过有约 80 名外籍军团战士在伊莎贝拉要塞上方成功空降。

执飞任务无功而返，这成了眼下的常态，因为季风季节已经来临，它将持续五个月左右，为傣族高地带来约 1500 毫米的降雨量。营地的生活在之前已经够艰难了，现在的惨状更是超出了想象，在地势较低的西部区域和南部的伊莎贝拉要塞尤其如此：此时周围已成一片泽国，而且他们的防守线因为大炮、迫击炮和狙击手的攻击，还在不断收紧。官兵们的活动大体上只能在迂回的壕沟中进行，在这里，湿湿黏黏的泥浆已有齐膝深，而且人们不敢冒险冲到厕所，所以常常就地解决大小便问题。眼前的一切犹如 1917 年帕斯尚尔战役（Passchendaele）再现。食物供应紧张，加上睡眠不足，所有人都疲倦不堪。大部分空降部队士兵和外籍军团士兵到目前为止已经至少连续作战 45 天了——对二战士兵的研究显示，过了这个时间长度，疲劳不仅会引起危险的麻痹大意，而且会导致身体和精神全面

511　崩溃。[1]与此同时，增援飞机往往无法到达战场，这如果不是因为天空中覆盖了厚厚的积雨云的话，就是因为在北圻高地全年都会出现的蒙雨天气。

连绵不断的降雨让营地里伤兵和医疗组的状况雪上加霜，这个医疗组的领导是令人尊敬的格罗万少校，他带着几名医生和一名有资质的护士（29 岁的吉娜维芙·德加拉尔 - 泰尔罗布［Geneviève de Galard-Terraube］），外加一些妓女——这些是营地中仅存的女性，她们被法国媒体盛赞为"奠边府的天使"——一连几周不知疲倦地工作着，成功建立起了一个临时但还算管用的外科病房。但如今这个医疗组开始垮塌。4 月 17 日，这间战地医院报告称确认出现了首个坏疽病例，在此后几天，雨水开始横扫各处。到此时，已有约 800 名士兵等待被疏散，医院的空间开始越来越紧张，第 31 工兵营的摩洛哥工程兵夜以继日地在营地挖掘新的地道，好为伤员腾出地方。格罗万医生此时还要面对一个全新的敌人：蛆虫。它们开始在浸着鲜血的绷带和石膏里产卵，在医院安营扎寨。格罗万后来回忆道："在夜里，看着这些令人憎恶的白色小虫子在沉睡的伤员手上、脸上和耳朵里爬来爬去，这种景象实在太惊悚了。"他只好告诉那些吓坏了的伤员，蛆虫吞食的是坏死和感染的人体组织，实际上可以加速伤口愈合。[2]

面对这一切，法军军营的士兵虽然在减少，但他们仍然在继续坚守，甚至基本上保持着军纪，这一点看起来着实不同寻常。4 月到目前为止，已有 701 人战死，1948 人受伤，375 人失踪，47 人叛逃。[3]可是增援的志愿兵在天气条件如此恶劣的情况下，仍然在持续空降到营地。他们的人数完全不

足以弥补死伤数字——在 4 月晚些时候平均每天有 50 ~ 100
人身亡——但这无论如何都是个受人欢迎的迹象。更加惊人
的是，很多士兵仍然保持着信念，甚至在进入 5 月的第一周
时，他们仍然相信胜利最终将会到来，敌人将被打得落花流
水、被迫撤退。每当新来的战友讲起弥漫在河内的悲观情绪
时，这些人总是一脸无法置信的神情。这怎么可能呢？毕竟
敌军的遭遇并不比他们好多少，从对方远甚于自己的死伤人
数来看，肯定还要艰难得多。敌军的壕沟肯定跟自己的一
样，也会一下子就被雨水浇透。深夜，当他们从碉堡中眺望
四周黑黢黢的群山时，他们会揉着因为疲倦而发红的眼睛，
对彼此说，只要他们还能守住关键的要塞，最终总会有解决
办法的。日内瓦会议上的政治家们会缔结和约，或者从老挝
派来的军队将能帮助他们脱困。要不然，最好的结果就是传
言能够成真，美国人将派来 B - 29 轰炸机，将越盟阵地和补
给线炸成齑粉。

512

　高级军官对战况前景的看法更为冷静，而即使是他们也没
有放弃自己终将脱困的希望。每天傍晚他们会聚到中央指挥所
的掩体里，聆听德·卡斯特里的主要下属皮埃尔·朗格莱上校
和马塞尔·比雅尔中校做战情总结。(4 月 16 日这三人获得火
线升迁，德·卡斯特里现在是准将军衔。)在数日前，朗格莱
预测说守备部队的可战斗兵力为 2400 人，较战斗之初的 1.1
万人，外加战争开始后空降的四个营出现显著减员。一些人追
问道：这怎么可能？毕竟战场上并未出现 1.2 万人的死伤情
况。朗格莱回答说，他只计入了战士，没有算进"影
子"——有成百上千名士兵已经停止战斗，夜里偷偷出去四
处搜刮空投的补给。又有人问，对于这些消极战斗的军人，也

就是所谓的"楠云河硕鼠",是否应该给予一点儿军纪处罚？
不行，朗格莱总结说。已经有这么多人战死，这么多人受伤，
惩罚他们又有什么好处？大家过些日子再处理这个问题也不
迟，如果真的有人能活着出去的话。[4]

　　与此同时，在奠边府山谷外，法国人的士气非常低落，而
且仍在持续下滑。在西贡和河内，纳瓦尔和科尼将军彼此间的
憎恶虽然比以往任何时候都更加强烈，但他们认识到了身处要
塞的指挥官们尚未充分认识到的事情（这对他们反而是件幸
事）：不可能再调集什么额外的资源投入这场战役了。[5]目前只
有第 1 殖民伞兵加强营仍处在备战状态，而非空降机动部队已
经投入红河三角洲和中央高地的地面军事行动中，目的是吸引
武元甲在奠边府的军队。那么，是否已经没有办法将现有的军
事形势向有利法军的方向转移？眼看美军大规模空中干预的希
513 望越来越渺茫，只剩下了一种可能性。纳瓦尔和科尼考虑到，
为了对奠边府的越盟阵地大后方造成压力，可以从老挝展开行
动。这个代号为"秃鹰行动"（Operation Condor）的计划貌似
有一点希望，但面临着两个主要问题。第一，行动需要运输八
个营并提供补给，这意味着在奠边府守备部队最需要各种补给
和增援的时候，可使用的飞机量可能将大幅削减三分之一。第
二，该计划需要依靠老挝部队，而那支部队几乎没有经受过任
何实战考验，并且外界普遍认为它过于"软弱"、"热爱和
514 平"，因此根本不是骁勇多谋的越盟军队的对手。不管怎样，
法军还是启动了一个规模较小的秃鹰行动，尽管无论是行动指
挥官，还是纳瓦尔或科尼，都对它能及时改善北圻战场的局势
不抱希望。[6]

　　奠边府战役的最后几天，越盟架起了高音喇叭敦促法兰西
联邦军队投降："投降吧。我们会优待战俘。举起旗子排好队
走出来。有枪的，把枪管对准地面。"

二

　　不过，在行动开始的 4 月 27 日，比起揣测西部的行动是
否会带来帮助，奠边府司令部有更紧急的问题需要操心。其中
最紧迫的是越发严重的补给问题。问题不仅出在由于天气原因
一些飞机被迫返航上，更在于一些飞行员拒绝执飞，他们已经
受够了由于空投场面积不断缩小，必须飞得离高射炮射程越来
越近。4 月 23 ~ 24 日夜里，一架 C – 119 "飞行车厢"运输

机——这种机型配备的美国飞行员最多——被苏制高射炮射出的两枚 37 毫米炮弹击中。飞行员成功回到了基地，但到了第二天，这群月薪只有 2000 美元的美国飞行员宣布，他们不会再执行飞往奠边府的任务——风险实在太大了，而负责压制高射炮的法国战斗机飞行员又不太中用。科尼将军花了两天时间，总算得到纳瓦尔的批准，可以让法国飞行员驾驶"飞行车厢"运输机，但谁都不知道他们能否胜任。

与此同时，敌人在继续步步逼近。两周前武元甲放弃了大规模进攻，转而对法军阵地采取"蚕食战术"，这是在重演一战在伊普尔突出部的堑壕战战术。成百上千名工兵奉命进一步延长壕沟，逼近敌军工事，武元甲告诉他的副手们，这种战术可以"彻底阻止对方的增援和补给"。先头部队在壕沟底部挖出深深的洞，将沙土传送到后方，殿后的工兵立刻将之填进沙包，而其他工兵将原木和木梁传到前方，确保掘土的战友得到掩护。这是个简洁而又完美高效的运作体系。在大多数夜晚，埃利安要塞的法国士兵听到掘土发出的叮当声仿佛从他们的脚底传来，有时他们直接用耳朵就能听到，有时则是用酒壶和听诊器做成的简易探听器来听。此情此景同样让人联想到 40 年前的帕斯尚尔战役，当年德军能听见威尔士隧道连的工兵在他们底下的梅西讷山脊掘土，就是在了将德军从堡垒中炸出来做准备。[7]

武元甲为什么要改变战术？在 4 月第二个星期，法军眼看已经在垂死挣扎中，为什么不乘胜追击，以期取得快速且决定性的胜利？最主要的原因在于他和他属下的指挥官们都认识到在战役的第一个月，法军已对己方造成了巨大的人员伤亡，他们需要休整。越盟在奠边府遭遇的死伤，有近半数是在 4 月 5日前发生的，其中死亡人数约为 4000 人。很多官兵死于多米尼克、埃利安和于盖特要塞的激烈交火中，而法军的空袭也带来了毁灭性的后果。C－47运输机装备有深弹滚架，可以灵活地投放凝固汽油弹，在离地面18米的上方爆炸。更大型的C－119运输机可以低空飞行，在投放凝固汽油弹后突然拉高升空。虽然这些空袭所带来的实际损害往往有限，尤其是在天气情况不佳、高射炮火力猛烈的情况下，飞行员不可能精准定位，但是光是想到如此骇人的武器将会随时从天而降，就足以令越盟的士兵胆战心惊。

　　到了4月中旬时，有多份报告指出越盟军队的士气开始下降。忠于职守的政委们发表了激昂的演讲，鼓吹牺牲、责任和粉碎法美帝国主义的必要性，但最吃这一套的是希望速胜的新兵；对于经历了正面进攻，眼见战友们在周围纷纷倒下、自己也可能负伤的疲惫的老兵来说，这些听起来就是空话。法军情报部门截获的无线电报显示越盟出现了动荡不安的迹象，一些低层指挥员报告说部分士兵拒不服从上级指令，而在4月20日，一个越盟逃兵告诉法国人，新招募的士兵对于战争的艰难险阻感到非常泄气。政委们只能比以往逼得更紧，在救治伤病员的战地医院尤其如此，他们一再强调，不管持续多久、牺牲多大，这场仗都得坚持打下去。[8]

　　很多新兵一路走到了奠边府，他们往往组成100人的小队同行，在长途跋涉来到战场时才发现，这里的情况还要更险恶。人民军虽然可以在战壕和周围的丛林休息区之间轮换，但后者能给人们带来的舒适是有限的。即使是在后方，士兵通常也只能睡在竹席或香蕉叶上，下面隔一层塑料布。他们几乎没有蚊帐，可此地偏偏疟疾流行。用来治疗这种疾病的奎宁十分短缺，所以士兵们只能将一粒药片在一杯水里化开，每人喝一

516

小口再传下去。随着雨季在 4 月 25 日正式开始，条件开始恶化，而且不仅限于战壕里的官兵。疾病在不断蔓延，如果说起初伤员的情况可以用悲惨来形容，此时就如同坠入炼狱。坏疽病例在不断增加。孙世松仍是整支军队唯一合格的大夫，他和他的六名助手虽然拼尽全力治疗伤员，但由于缺乏现代药物和器材，有时甚至得站在齐膝深的水里动手术，而这场与死神的搏斗看来毫无希望。和以前一样，头外伤是最突出的问题，孙医生教会了他的助手如何吸出异物再缝合头颅。没有烧灼器，医疗队想出了一个办法，用烧得滚烫的铂丝触碰血管来止血。[9]

孙世松在 4 月 27 日的日记里记录了他和他的医疗队面临的难以想象的困难：

> 凌晨 0∶45 分，有人按铃，叫我起来做下面的手术。我一个人坐在手术间等着他们把伤员送进来，一盏煤油灯为这间小草房提供一丝微弱的光线。蟋蟀的鸣叫声被溪水的汩汩流淌声淹没。我们的大炮有规律地轰鸣着，仿佛是在计时。天气突然变化，这让我的心情也跟着糟糕起来。我想起了胡主席的建议："你必须克服一切困难。"可那么多的困难一下子涌现出来。奠边府，这是一个挑战人们忍耐极限的地方。[10]

越盟里有一位叫阮氏玉全（Nguyen Thi Ngoc Toan）的护士后来这样回顾当时的恶劣环境：

> 雨下得很大，积水很深，伤员需要尽量干燥的环境，所以我们得在各处挖出渠道，疏通水流，好让伤员们有个

可以平躺的地方。但你需要不时地查看伤员，尤其是那些头外伤，颅骨或者脑内有伤的人，如果发现有人死了，需要执行遗体处理的相关规定。我们得把他们的手脚束住，这样负责掩埋的人就可以进行适当处理。我们应当保护好遗体，让他们体体面面的。但因为周围还有平民苦力走动，而且这些苦力有时需要一件衬衫或者一条裤子，所以有可能会从死者身上扒下衣服。我就看到有人把遗体放在外头，没有做恰当的掩埋，所以我把这个人换了下来，他也受到了相应的惩罚。现在我真的特别害怕这份工作，很紧张，整天担惊受怕，而且有各种各样的问题需要操心。[11]

越南劳动党（后正式更名为越南共产党）政治局对士气低迷的问题很关切，在 4 月 19 日专程开会进行讨论。与会者达成一致，确认有必要更努力地提升军人信心，并尽快确保最终胜利。奠边府的政委们承认"错误的路线"会影响实现最重要的使命，并誓言要把工作做得更扎实到位。4 月 27 日，他们发动了一场"道德动员和'纠正'右倾化运动"。武元甲在这天的讲话中勉励狙击手和机枪手要弹无虚发——"每射出一枚子弹，就要杀死一个敌人"——并承诺将为战绩最显赫的士兵授勋颁奖。[12]

在武元甲关于这场战役的回忆录里，他坦诚地记录了 4 月底的形势：

> 战役进入这个阶段，最主要的特点是战斗的严酷性。……这场战役已经持续了相当长的时间，不少部队——他们都在连续作战没有喘息之机——开始感到身心

疲惫不堪，而且精神上十分紧张。……也就在这个时候，在我们的干部和战士中开始出现右倾化——他们担心遭遇大量伤亡，他们受到了疲劳的侵蚀，他们过于主观，他们高估敌人。……这些右倾化问题非常严重，在一定程度上限制了我们胜利的范围。[13]

518

"右倾化"是缺乏忠诚、态度摇摆和战斗疲劳的政治简称。当初级和高级军官考虑到持续战斗的前景，想到他们的士兵还将继续流血牺牲时，就难免会出现这种倾向。其中一位是以姓名缩写 N. T. 自称的连长，他是农民出身，奠边府战役时才 25 岁，多年后他回忆起了眼睁睁地看着全连人数不断缩减的心情。"你也会死的，别东想西想了，"他记得在一次交火中他对自己这么说。尽管被击中了头部，他还是侥幸死里逃生，而且不断受到提拔——他的上级们都死了。一次，指挥官下令对一个要塞发动进攻，他请求推迟几天，因为他手下的士兵们已经连续挖了快一个星期的战壕，实在是太累了。"我们的人已经累得不行了，哪怕进攻能推迟一天，我们都肯定能打赢，"他对指挥官说。他的请求被驳回了。在这次行动中，他的 71 名士兵中只有 3 个人活着回来。N. T. 暗自发誓，以后再也不会听从这样的指挥，务必将自己部队中的死伤人数降到最低，上级军官渐渐把他当作"不守规矩"的代表。[14]

越盟的高级指挥官们还需要与法军可能取道老挝前来解围的可能性做斗争（他们已经得知"秃鹰行动"），而更严峻的则是美国将采取大规模空中干预的前景。他们知道，这样的空袭行动将会让置身空旷地带的上万名越盟步兵陷入灾难，也必然将摧毁军队设在巡教县的前方补给站。就算上述可能性都未成真，就算一切都照计划进行，如果纳瓦尔趁此时机在关键的红河三角洲组织防线，而越盟的大部分兵力都集中在西北边陲，奠边府这一仗很可能虽胜犹败。武元甲要面对的是这么一个令人不安的事实：奠边府或许只吸引了法军在印度支那 5% 的军力，但它占用了越盟最高可达 50% 的兵力和来自中国的大量军事援助。

此时，不断有人指出应尽快进入战役的第三阶段，考虑到 519 最后阶段的后勤准备此时已基本就绪，武元甲大感欣慰。借天气情况极差、云层很低之便，在 4 月 27 日黎明时分，一队队满载武器的越盟卡车到达了作战区域附近。在此前几天，越盟的后勤运输也达到了类似规模，其中一些卡车还装着 75 毫米无后坐力炮和汽油。[15]

时机非常关键。日内瓦会议即将召开，在一两周时间内，它将把全部注意力放在印度支那上。如果武元甲的军队能在会议前于奠边府大获全胜，这对越盟的谈判者将带来巨大的优势。也是基于同样的原因，如果在条件不成熟的情况下发动进攻，在世人面前吃了败仗，可能会给日内瓦会议带来毁灭性的后果。武元甲知道，自己必须极其审慎地选择这个时机。

三

从公开文献中很难推测越南民主共和国的领导层对于日内瓦会议和更广泛的谈判有何想法，但有一点很清楚：最高层官员仍然没有打消疑虑和不确定性。毕竟他们几乎可以肯定将在奠边府获胜，而这也必将极大影响到法国民众继续进行战争的意愿。此外，在红河三角洲，这支军队实际上已经控制了河内—海防公路线的中心部位，总体而言，越盟已经控制了 80% 的越南人居住的地区。在这种形势下，为什么要冒险去谈判呢？

更何况是要冒险参加一场越盟外交人员从未参加过的多边会谈？

　　但在胡志明看来，在一如既往确保维持军事优势的同时，也有理由给外交一个机会，而且这个理由不容忽视。一方面，奠边府的士气问题表明，在革命战争进入第八个年头时出现了一个重大且持续激化的问题：越南人民——包括那些解放区的人民——已经疲惫不堪，渴望从战争中获得喘息之机，在他们身上出现了种种对革命事业丧失热情的迹象。他们希望因战争需要造成的经济混乱局面尽快结束，也希望过上更好的生活。可是从双方兵力对比来看，这场战争还可能持续相当长的时间。法军虽然在印度支那的大部分地区表现疲软，但在火力上仍保持优势，而且拥有绝对的制空权；在西贡和南部湄公河三角洲的多数区域，他们仍占据有利地位，而且极有可能在未来很长一段时间内保持这种优势。另一方面，现在存在着美国军事干预的可能性，而且这种可能性随着时间推移在不断增大，越盟因此需要尽一切可能避免出现这种后果，毕竟击败法国及其越南同伙已经够艰难的了，千万不能再让强大的美国搅和进来。这年春天，党内的理论家长征在内部讨论会上谈道，"我们的主要敌人"并非法国，而是"美帝国主义"。随着法国"逐日衰弱"，美国人"对印度支那的干预程度也在逐日提升"。[16]

　　将美国拦在越南门外，意味着越南民主共和国要在国际上争取支持，这同样需要其对外交途径敞开大门。抛弃和平的机会将丧失国际舆论的支持，这是不明智的做法。一位官员说，"我们始终关注着世界局势"，并"顺应世界人民对和平的呼声"。和平协议可以满足"全世界热爱和平人士的迫切需求"，因此可以将它视为一种"胜利"。在越南民主共和国副总理兼外交部部长范文同看来，这个国家需要得到"世界各国的同

520

情与支持"，只有这样方可牵制敌人，捍卫主权。[17]

党的领导不太热衷于谈论拖延战争的另一个可能后果，那就是随着时间推移，这场战争将日益发展为手足同胞相残。到目前为止，死于同胞之手的越南人数量已经十分可观。越盟的战略家们仍然相信绝大多数国人站在自己这边，对于法国人创建的越南国民军，他们也一如既往地表示轻蔑，在官方文件中始终称其为"傀儡军"，但在私下里他们对战争的性质发生变化感到忧虑。他们鼓吹的革命事业应该建立在民族统一的基础上，而其合法性也应来自作为全体人民唯一真正代表的地位。在 1954 年春天，他们的革命事业貌似并未受到严重威胁，但谁知道六个月、一年或者两年后，形势将如何发展呢？

521

胡志明知道，毕竟他们必须在日内瓦尝试通过和谈来结束战争，因为这是他在莫斯科和北京的庇护人的要求。自 2 月柏林会议结束后，苏共和中共始终明确表达通过政治途径解决印度支那问题的意愿，甚至声明他们继续对战争提供物质和道义支持的前提是越南民主共和国公开宣布希望寻求和平。苏联仍希望与西方改善关系，也想引导法国同意达成一个彼此心照不宣的互惠条件——莫斯科促成印度支那和解方案，换得巴黎对计划中的欧洲防务集团投反对票。至于中国，它将日内瓦会议视为巩固自身在大国俱乐部地位、阻止美国在其南部边境附近进行军事干预的机会。这两个共产主义强国也相信可以利用此次会议离间西方强国。2 月 27 日，中国国务院总理兼外长周恩来在外交部的会议上对下属们表示："尽管法国看起来有意在印度支那问题上取得和平解决，但美国不是。从这方面推断，法国应该不愿意让美国插手越南事务。"[18]

但是如何才能实现"和平解决"？克里姆林宫方面很早就

开始支持"分割"计划，也就是像对待朝鲜半岛问题时那样，暂时将越南一分为二。这种解决方案既尊重了法国在交趾支那持续保持的地位，同时也承认越盟对北圻和安南广大区域的实际控制。此外，这也有利于中国的安全需要——可以防备美国干预，在中国的南部边境拥有了一个友好的"缓冲"地带。同时它也能阻止战争，哪怕不是一世，起码也是一时。在1954年1月晚些时候，苏联政府已经指示驻巴黎大使将这个想法转达给法国领导人。美国的一份情报评估报告这样介绍苏联的提议："可以在北纬16度划一条临时的停火线，而法国人可以撤出河内和北圻三角洲。"[19]法国人对此态度谨慎，但并未彻底排除这个想法，在接下来的几周里英国政府开始对分割计划发表支持意见，苏联人的态度得到了进一步的鼓励。

522　　　中国人同样喜欢这个想法。驻苏联大使张闻天在3月6日告诉苏联外长维亚切斯拉夫·莫洛托夫，沿北纬16度线划界对胡志明将"非常有利"，而且"如果正式探讨这个问题，各方应该都会接受"。几天后，周恩来在给胡志明的电报中称，将重点转移到外交努力的条件业已成熟，不管在日内瓦会议上将取得何种成果，"我们都应积极参与此次会议"。周恩来进一步说，之所以需要慎重考虑"分割"这一选项，是因为"如果希望达成停火，能确立一条相对明确的分界线会更好，这样越盟可以控制一个连为一体的区域"。至于这条线应该划在哪里，这位中国领导人将北纬16度线作为"我们的选择之一"。[20]

越南劳动党政治局在3月召开了三次会议，以讨论日内瓦会议上的谈判策略，更具体来说是对"分割方案"的态度。现在无法查证会议的具体细节，不过可想而知这几次会议肯定发生过激烈争吵。在月初，越南民主共和国驻华大使黄文欢

（Hoan Van Hoang）在听到苏联大使提及分割的想法时，表现得并不积极。黄文欢追问，在这场没有前线的战争中，你该怎么划出一条分割线？不过，随着在奠边府的初期进攻未能取得决定性的胜利，政治局的态度开始向支持分割的方向倾斜，至少他们不再那么抵触了。委员们得出一致结论：只要分割是暂时的，就可以考虑这种可能性。分割线应该体现军力平衡，而且要尽可能往南移。劳动党发表的宣言避免提及分割，而是颂扬日内瓦会议是"民主斗争的胜利"，"配合以战场上的伟大胜利"，它将使"占领区的人民欢欣鼓舞，傀儡政权迷茫不安"。[21]越南劳动党在有关五一劳动节的相关指示中，鼓励民众向政府写信，表达他们"对日内瓦会议的支持，像和平解决朝鲜问题那样探寻各种结束印度支那战争的方法"。[22]

不过，当胡志明在副总理兼外长范文同的陪同下于3月底抵达北京，参加日内瓦会议前的策略讨论会时，他的心情肯定依然很复杂。尽管他的军队在战场上形势一片大好，但他强大的盟友一直在念叨着分到半壁江山比争夺一整块更好。虽然他本人也有探索通过外交途径达成和解的想法，但这绝不是他想要听到的话，他和他的同志们打了七年多的仗，为的不是得到这个国家的部分统治权。而现在，他只能听着毛泽东和周恩来强调在奠边府取胜、继而在日内瓦实现谈判成果的必要性，但这两位也警告他说，要对在此次谈判中取得何种成果保持"现实的期待"——简而言之，他们预测越南民主共和国在这次谈判中多半不可能取得对整个越南的控制权。据中方的文献显示，越南人对这两点都表示同意。[23]

越南代表从北京启程前往莫斯科，在周恩来的陪同下与包括赫鲁晓夫和外长莫洛托夫在内的苏联领导人会面。作为后斯大林时代领导层斗争中的重要人物，赫鲁晓夫跟斯大林一样对印度支那兴味索然；跟斯大林一样，他在看待这场战争时，主要考虑的是它对欧洲事务的意义，因此希望在日内瓦会议上能破坏意欲支持德国重整军备的欧洲防务集团计划。赫鲁晓夫提醒他的越南客人不要对此次会议抱太大的期望，不过同时言辞含糊地表示苏联将支持越南民主共和国的利益。4 月晚些时候周恩来再次到访莫斯科，莫洛托夫坚持表示有必要在日内瓦会议上开展现实的苏 - 中 - 越策略，因为西方强国必然将奋起保护自己的利益。莫洛托夫还表示，虽然美国人肯定将在这次会议上搞破坏，但只要共产主义盟友采取机智的谈判策略，就一定能争取到有利的政治和解方案。周恩来对此表示同意。[24]

不过，很多事情悬而未决，需要视奠边府的战果而定。随着 4 月渐渐进入尾声，各国代表团陆续抵达日内瓦，共产主义盟友达成一致意见，那就是武元甲必须向法军守备部队发起致命一击，而且需要在关于印度支那的讨论进入实质阶段，或者至少在进入关键回合谈判前完成进攻。向来勤奋钻研军事战术和策略的毛泽东早在 4 月 3 日就表示，"应当坚决攻克"法军堡垒，一旦条件具备，越盟就应当尽可能迅速地实施总攻。[25]武元甲一直在等待，决意确保进入战役最后阶段前将一切准备就绪。现在不容他再有半点儿拖延了。

四

总攻从 5 月 1 日开始，时间跟往常一样：下午晚些时候。整整一天，源源不断的证据汇集到德·卡斯特里将军的指挥所，证明一定有事将要发生；到了下午一两点的时候，空气中已经可以嗅到一场总攻即将到来的死亡气息。战壕线受到的试探性袭击火力越来越猛，拦截的无线电情报表明越盟已大规模集结军队。前三天晚上的暴雨下得比以往更大，所以到 4 月 29 日时，营地部分区域报告称壕沟里的积水已达 90 厘米深。士兵们的靴子和衣服始终是湿漉漉的，而且饿得够呛，因为现在每个人的军粮供应都已经减半。4 月 30 日他们迎来了一点儿好消息，据说民用航空运输公司的美国飞行员同意继续驾驶 C–119 运输机了，条件是法国空军承诺在压制敌军火力方面一定要做得更好（不过这个承诺并没有兑现）。在这一天和 5 月 1 日，空投补给显著增加，所以到袭击开始时，法军有了 3 天的口粮和急需的弹药。

下午 5 点前，密集炮火进攻开始。超过 100 门越盟野战炮向营地各个位置开火。在如此强劲的火力下，碉堡和被水浸透的战壕纷纷垮塌，将很多士兵活活埋在底下。3 小时后火力渐缓，与此同时，第 312 师和第 316 师冲上了埃利安和多米尼克据点所处的东部高地，而第 308 师则将目标对准于盖特。主要由阿尔及利亚和傣族军队守卫的多米尼克 3 号阵地迅速陷落，到凌晨 2 点前，埃利安 1 号阵地也失守了。在 9 个小时的交火中，整个守备部队有 331 人死亡或失踪。这标志着这场战役已经走向终结了吗？法军高级指挥官们觉得可能如此。朗格莱上校在进攻开始不久后向河内发电报称："已经没有后备军了。疲惫和耗损给军队带来严重后果。补给和弹药匮乏。很难再抵抗住共产党的又一次推进了，除非提供一支状态上佳的营队增援。"[26]

德·卡斯特里随后也发出了自己的呼声，在快到午夜时他向科尼将军发去电报："损失极大，需要在明晚给予一个营的支援。请立即回复。"[27]

科尼服从了，他在第二天晚上派出了他仅存的空降兵，即第 1 殖民空降营的部分军力。运输机也空投了更多的武器和补给，但跟前几晚一样，约有三分之一的物资要么落入越盟手中，要么坠入了极度危险的区域，由于担心遭到狙击手伏击，这些包裹只能原封不动地躺在原处。新加入的部队让人感到一丝慰藉，但他们无法弥补其他营的严重减员。随着迫击炮弹如同雨点般射向法军阵地，他们的防守线在一点一点地后缩。在于盖特 4 号阵地，80 名外籍军团战士和摩洛哥步枪兵抗击一整个越盟团外加 4 个营（总计约为 3000 人），绝望地死守了几小时。5 月 4 日夜间，德·卡斯特里和他的下属们无助地听到了阵地失守的消息。凌晨 3 点 55 分，指挥所收到了唯一幸存的军官发来的无线电消息，他简短地表示身边只剩下了几个人。紧接着，指挥官们听到他被越盟军队的子弹击中，发出了一声临死前的嚎叫。[28]

次日清晨，德·卡斯特里发电报给科尼，通报了敌军不顾惨重损失一路前进的消息，并请求立即调派第 1 殖民空降营的剩余军力。电报的最后一段对战役进入第 53 天的局势做出了严苛的评价：

各类军需供应量跌至最低点，15 天来一直在不断缩减。我们没有充足的弹药阻止敌军发动进攻或进行扰乱射击，而这些火力原本不应该停顿；看起来没人在努力改善这种情况。我了解机组人员面临的危险，但这里的每一个人都要面对严峻得多的险情——不应该有双重标准。夜间空投必须在晚上 8 点而不是 11 点开始。早上的空投时间因为起雾的关系已经大打折扣，现在因为夜间空投之间的间隔拉长，导致出现了荒谬可笑的结果。

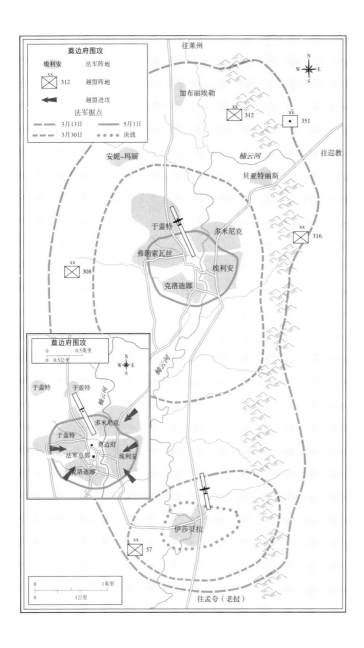

　　由于防御核心区已经十分狭小，加上守卫防线的部队一旦离开掩体就会遭遇狙击枪和无后坐力炮的袭击，这意味着越来越多的空投包裹无法被我方获取。加上缺乏汽车和劳力，我只能使用极度疲惫的部队从事捡拾空投物资的任务；结果自然十分凄惨，同时这也给我们的人带来了额外的伤亡。我甚至没法取回半数空投物资，尽管给我的数量仅仅占到了我所需要的极小一部分。情况不能再这么下去了。

　　基于我所拥有的广泛权力，我再次坚持上述要求。我已经无法再维持官兵们的士气了，他们在被要求做出超人般的努力。我已经不敢再摊开空空的双手直视他们。—完—[29]

　　德·卡斯特里并没有对这个请求能带来多少好处抱有希望。到目前为止河内向战场提供的物资远未满足实际需求，这一点现在为什么就应当改变？事实上总部现在已经授权他考虑可能的逃离方案，在德·卡斯特里看来，这显然表明河内已经对挽救战情丧失了信心。这个方案的代号叫"信天翁"，听起来就带着些许不祥之兆，它要求尚有行动能力的幸存者趁着夜色，在炮火、空中和能行走的伤员的轻武器火力援助下突破敌军西南防线，而这批提供掩护的伤员，以及更严重的伤兵、医疗人员将被遗弃。逃离的小分队将前往老挝前线，在此后约10天在孟湟（Muong Nha）附近的某地与从事"秃鹰行动"的纵队集结。纳瓦尔认为"信天翁计划"是个不错的选择，总比任由整个守备部队坐以待毙强，但科尼对此不怎么热衷。他认为逃亡的军队将必然遭到阻击，如果不是在最初的突破行动中全盘失利，也会很快在之后被越盟赶尽杀绝；毕竟他们实在是太疲惫了，而敌军的势力又如此根深蒂固。越盟将以此大打宣传牌，而法国媒体显然不会对如此怯懦的行动说一句好话。不过科尼也赞同，一旦法军在战场上无力抵抗，是否应试图逃脱需要由德·卡斯特里将军决定。[30]

在 5 月 5 日的白天，德·卡斯特里有充足的时间来考虑"信天翁计划"，对于一个每分每秒地位都越发岌岌可危、手下的将士正在浴血奋战的指挥官来说，这本身就够吊诡的。德·卡斯特里意识到自己已经用尽了所有储备军力，将弹药用量降至低点，现在除了这个逃脱方案，他确实已经没有什么好规划或者领导的了。可是他并不怎么喜欢眼前的这个机会。科尼曾对他说过，无论如何他都不应投降，而现在他却在思考如何在不影响军队士气的情况下对这个可能的逃脱方案做准备。他将自己的高级下属召至指挥所，通报了计划内容。没有人对此表示多少热情，但所有人都认同，视未来几天战场上的情况，需要考虑执行该方案。

然而，现在还不是时候。形势确实严峻，但尚未绝望到需要从事一场连少数支持者都认为极度冒险的逃跑行动。敌军所遭遇的伤亡情况远比法军惨重，而且显然要面临自身的补给问题；如果堡垒还能再守几天，武元甲或许将被迫下令休战或者撤退，哪怕只是暂时的也好。5 月 6 日清晨，随着三周来最大规模的补给空投成功（总计近 196 吨），人们的情绪变得更为乐观。91 名志愿军在此前几小时空降，其中不少是越南人。（这也是最后一批到达奠边府的增援。）与此同时，越盟向埃利安 3 号高地的一次虚弱进攻被法军轻易制服，向于盖特两座阵地发起的更大规模的进攻同样也被法军击退。[31]

528

很快雾气散尽，几周来最罕见的一幕出现在人们眼前：清透的蓝天。几乎就在同时，山谷上方的天空布满了飞机，这为德·卡斯特里那极度疲惫的士兵们带来了更多的希望。在法国空军和海军战斗机与轰炸机进行集中火力压制的情况下，一些运输机志愿飞行员尽量降低飞行高度，以便更准确地在空投区投放物资。美国民用航空运输公司（CAT）一位名叫阿特·威尔逊（Art Wilson）的飞行员负责向伊莎贝拉据点运送弹药，他的飞机尾翼被一枚 37 毫米高射炮炮弹击中，尽管飞机升降舵失控，但他还是完成了任务并成功返回位于吉尼（Cat Ni，音译）的基地。

529　　接着轮到另一位 CAT 飞行员詹姆斯·B. 麦戈文（James B. McGovern）上尉遭遇袭击。来自新泽西州伊丽莎白市的麦戈文身材魁梧壮硕，人们用动画电影《亚比拿奇遇记》（*Li'l Abner*）中那个大块头乡巴佬的名字给他起了个绰号，叫他"地动山摇麦古恩"，他的飞行舱座位经过了特别改装，只有这样才能容得下他的身体。在二战期间，麦戈文在陈纳德的飞虎队就是位传奇人物，现在在印度支那的飞行员中依然如此。他嗓音浑厚，对美食和美酒不知餍足，流连于从台北到西贡的酒吧，在得知有机会从事奠边府的飞行任务时，他一刻都没有犹豫。这是他第 45 次飞往这个山谷，与他同行的是来自犹他州奥格登市的副驾驶华莱士·布福德（Wallace Buford）和两名法国机组人员。在麦戈文最后一次驾驶着 C-119 运输机俯冲时，飞机左翼发动机被击中；他迅速拉高，但飞机尾梁再次被 37 毫米高射炮击穿。这架装载着 6 吨弹药的飞机眼看就要成为一枚威力极大的炸弹，两名飞行员绝望地想要保持平衡。他们向西南方向飞行了一段距离，飞离了山谷，飞机在剧烈地摇摆，一切都是那么无望。"看起来就是这样了，小子，"麦戈文冷静地向另一名飞行员说道，几秒钟后，飞机翻滚着坠向老挝边境，巨大的黑云瞬间笼罩着天空。[32]

次日，美国驻河内领事馆向华盛顿发去电报，据法国官员介绍，电报的内容为："昨日在奠边府以南，一架 C – 119 运输机被高射炮击落。整个机组失踪，机上包括两名 CAT 美国飞行员（姓名不详）和两名法国机组成员。"[33] 从 3 月 13 日起，37 名 CAT 飞行员在奠边府谷地一共进行了近 700 次空投，他们对于法军守备部队的意义难以尽述。在他们中，只有麦戈文和布福德丧生。[34]

五

当麦戈文的飞机最后一次进入空投区时，下方营地的法军指挥部从河内收到了一则惊人的消息。破译的电文已经确认了越盟最终进攻的日期和时间：就在当天，即 5 月 6 日日落以后。对于德·卡斯特里和他的下属们，这是另一种重磅炸弹。他们知道，自己不可能对这次进攻做好准备了。没错，在前夜运输机确实投放了更多弹药，但很多包裹一直要到天黑后才能去取，而到那个时候，恐怕一切为时已晚。敌军战壕工事已经逼得越来越近，而他们的要塞守备力量严重不足。但是考虑到一批增援正在从老挝赶来的路上，而日内瓦会议即将召开并对印度支那问题展开谈判，再死守几天对他们来说又是至关重要的。朗格莱上校在上午 10 时对一群军官强调："我们必须坚持。我们必须打成平局。毕竟现在敌军跟我们一样疲劳。"[35] 如果守军能在抵挡住进攻的同时给武元甲军队造成重创，对方有可能选择停火几周，或者被迫在日内瓦会谈上同意停火协定。

530

可是如果反过来，越盟的这位总司令成功地攻陷了最后几座据点，他将被外界视为印度支那的赢家。这天早晨，身处碉堡中的军官们并没有把这些更广泛的考量作为他们的核心关注点，但他们明白眼前的风险极大——在未来几天能否守住这方小小的土地，将关系整场战争的前景。

他们将要面对的是怎样的任务啊！武元甲的军力包括了4个步兵师和30个火炮营，外加大概100门大炮。而反过来，作为守军，他们所拥有的无非是因为绝望而生出的勇气与毅力。从这方面来说，他们的防守线不断收缩反而对其有利：现在它主要涵盖了于盖特、克洛迪娜和埃利安的大部分地区，总共大约900平方米，外加南面5公里开外孤零零的伊莎贝拉要塞。为了掩护通往战地医院的道路，他们在克洛迪娜和埃利安之间新建了一个加强守备的要塞，取名为朱诺（Juno）。此时法军总军力约为4000人，其中在中央区域的步兵有将近2000人，包括外籍军团、越南伞兵、摩洛哥步枪手、几支被打散了的傣族军队、法军伞兵营（其中半数为越南人）、阿拉伯和非洲炮兵，而在南边的伊莎贝拉仍以阿尔及利亚军人为主。最集中的军力部署在埃利安要塞上部，这里也是最重要、最危险的阵地，守卫它的是大约750名伞兵。[36]

531　　下午4点，越盟的炮火声隆隆响起，其主要目的是掩护步兵前往前沿阵地，在这次进攻中越盟的第351工炮师使用了一种全新的武器："斯大林的管风琴"。这种火箭炮的前身是二战期间给德国国防军带来重创的苏联24联装喀秋莎火箭炮，"斯大林的管风琴"在发射时炮筒会发出骇人的啸叫声，一位外籍兵团战士将它比作一列疾驰而过的火车发出的声音。相比那些更大口径的火炮，由于炸药在弹体中的占比更多，它的爆炸声和随之产生的威力往往也更大。几枚火箭一发即中，摧毁了法军的弹药库和湿透了的工事，并给医疗补给站造成了严重破坏。当晚，守备部队的资深医疗专员发电报给河内："由于内涝和几处壕沟垮塌，伤员的处境极其危险。……急需各种医疗设备，我的储备已经损失殆尽。"[37]

"斯大林的管风琴"的轰炸持续了整整两小时，之后越盟转而使用更精准的传统大炮，向法军营地发起密集炮火进攻。与此同时，大雨又开始下了起来，将壕沟泡在雨水中。快到晚上7点时，大批士兵冲向法军防守线的各处，死者的尸体压在带刺的铁丝网上，为后面的士兵搭成了一座桥。所有哨所都遭到了进攻，到了晚上10点，埃利安据点险象环生，而克洛迪娜5号阵地已经失守。尽管法军受到重创且人手不足，他们竟然还能发起一波波的反击，一度逼退越盟军队。晚上10点30分，来自3个连的兵团战士拼凑成一支队伍，向克洛迪娜5号阵地发动反击，并将它从有3000多人把守的越盟手中抢了回来。比雅尔和朗格莱绝望地调配着手头仅有的兵力以应对各种险情，但他们知道获胜的概率实在是太小了。空中盘旋的达科塔运输机载着第1殖民营的一个连，但无法实现空降；即使真的能降落，恐怕也于事无补。

快到11点（不同文献对确切时间表述不同）时，埃利安2号阵地下方突然传来巨大的轰鸣声，大地随之晃动。越盟竟然成功在埃利安2号阵地下方挖出了一个矿井，并填充了1300多公斤的TNT炸药，这让人回想起1864年联邦军在彼得斯堡、1916年英军在霍索恩山背堡（Hawthorn Reoloubt）的类似战术。老兵们回忆起脚下突然开始隆隆作响，之后空中升腾起飞沙走石。守备部队遭遇了巨大伤亡，

532

但法军最核心的碉堡并没有崩溃，越盟军队愚蠢地等待了一阵子才继续前进。这给了让·普热（Jean Pouget）上尉领导的守军宝贵的时间，使他们得以在爆炸点上方外沿布置人手，对前进的越盟步兵展开猛烈扫射。三个小时后，法军仍然在据点坚守，普热要求派出增援。他通过无线电告诉总部，哪怕只给他一个连，他也能守住埃利安2号阵地。可另一头的少校回答说，一个连也不行，"没有人，没有炮弹，我的朋友。你是伞兵，你去那里就是当炮灰的"。[38]

然而普热没有当炮灰。在确认了少校的信息后，他宣布通话结束，并准备把无线电设备砸烂。一位正在窃听的越盟话务员插了进来，请他先别把机器弄坏——接下来要播放一首歌曲了。在一片静默中，普热可以听到战时法国抵抗运动的歌曲《游击队之歌》（Chant des Partisans）。"这些猪猡，"他显然听出了越盟士兵的反讽，喃喃自语道。他向无线电设备开了三枪，随后加入了士兵中。快到凌晨5点时，他和他的最后几个士兵被团团包围，成为战俘。[39]

结局已经临近了。5月7日，太阳最后一次在法军营地上升起。埃利安4号和10号阵地在黎明时分仍在法军手中，但到上午10点左右已经双双失守。德·卡斯特里将军眼见敌军离自己的指挥所只有不到300米，他仅存的一点儿希望是将河西岸一直死守到晚上，并接着尝试"信天翁"逃离计划。他通过无线电向科尼通报了局势，并要求自行决定适时实施逃离方案，他的请求得到了批准。两人间的通话记录被保留至今——任何战争中的此类文件，都难免让阅读者为之动容。尽管形势岌岌可危，德·卡斯特里却表现得冷静、坦然而又高傲，这些在被围困之初很不招人喜欢的特质，如今却给予了他

的高级军官继续前进的力量。相比之下，安稳地坐守河内的科　533
尼反倒沉不住气，结结巴巴地说着陈词滥调。德·卡斯特里说
他将留下来，与伤员和非战斗人员在一起；而撤退小组则将向
南面的伊莎贝拉前进，与此同时，该据点的军队也将收到撤退
的命令。科尼表示同意。

　　越盟的指挥官们对于战情的推进速度深感纳罕。他们原打
算下令休整，接着再对河西岸法军的剩余阵地发动猛攻。不
过，到了下午一两点钟的时候，有战报传来，说是法军守备部
队已濒临崩溃，对手可能将尝试逃跑，于是武元甲（有些文
献指出因为武元甲暂时缺席，是他的副参谋长阮志清做出的决
定）下令开始总攻，并堵截法军向南逃跑的路线。第 312 师
的几支队伍渡过了小河进入西岸，第 308 师则从西面进军与其
会合。到下午 4 点时，埃利安 3 号阵地陷落，埃利安 11 号和
12 号阵地则出现了肉搏战。法军报告说："大量越盟军队渗透
入中央区域的整个西方前线。"[40]

　　与河内的最后一通无线电联系是在快到下午 5 点时进行
的。在几小时前，德·卡斯特里和他的主要下属就已经确定
战役结束，而逃跑只会导致一场大屠杀。选择参加逃跑的各
个小队指挥员表示他们的士兵太疲惫了，无法边打边逃，也
不可能承受在丛林中的跋涉。科尼现在坚持要求不得投降：

　　"老兄，你现在当然得把整件事情做完，尽管你到目前为
止所做的一切已经够了不起的了。不要因为举起白旗葬送了这
一切。你们将被敌人吞没，但是不要投降，别举白旗。"

　　"好的，将军，我当时只是想保住伤员，"德·卡斯特里
回答说，他的声音镇定沉着。

　　"我懂。好吧，你尽力而为，让你的下属部队自己保护自

己。你所做的这一切太了不起了，不值得功亏一篑。你懂的，老兄。"

德·卡斯特里沉默了一会儿。接着道别："好的，将军。"

"嗯，再会了，老兄，"科尼说，"希望尽快见到你。"[41]

不到一小时后，从进入法军营地中心区域的几千名越盟士兵中精选出来的一队人马来到了德·卡斯特里的指挥所，发现他穿着干净的军装、戴着红色的骑兵帽，装扮无可挑剔。他们俘虏了他，与此同时，一名士兵在指挥所上方升起了越盟的红旗。

不过任务还没结束。南面的伊莎贝拉尚未投降。它的指挥官安德烈·拉朗德（André Lalande）上校曾经历过纳尔维克战役、阿拉曼战役和孚日山战役，他已经获得许可，可以自行决定尝试逃跑。此时他已经决定要试试这个方案，但在进入晚间时，他仍然对该选择哪条路举棋不定。到了晚上 9 点，由外籍兵团、阿尔及利亚士兵、傣族人、越南人和法国人组成的两个营终于匍匐通过了带刺的铁丝网，并沿楠云河河岸向南前进，拼命想要找到一条可以突破越盟包围的路。他们没有找到，相反，他们发现敌军部队已经在等待自己，战斗迅速在他们的前方、侧翼和后路爆发。午夜时分，一切结束了。"结束了，重复一次，结束了，"哨所向河内发去无线电消息。拉朗德及其主要副官被俘。只有 70 个人——其中大多数是傣族人——成功逃脱，并穿越了长达数百公里的敌对区域，平安到达老挝。

奠边府战役画上了句号。越盟获胜。武元甲颠覆了历史，完成了前所未有的伟业，在一场由西方国家设定的游戏中击败了对手。在殖民战争的编年史中，这是亚洲军队第一次在阵地战中击败欧洲军队。

六

德·卡斯特里被俘，在他的指挥所上方升起越盟红旗的消息在 5 月 7 日正午时分传到巴黎——两地有 7 个小时的时差。这是巴黎一个美好的春日，布洛涅森林里的栗子树绿意盎然，码头边鲜花怒放。下午 4 点 45 分，国民议会的礼堂里挤满了人，总理约瑟夫·拉尼埃站起身来，宣布了法军守备部队陷落的消息。这位身材高大、外表木讷的纺织大亨在风雨飘摇的这 10 个月里管理着法国的内政外交，他并不知道，半个世界之隔的伊莎贝拉据点就在此刻轰然垮塌了。

"政府已经得知，奠边府的中央阵地在经过了 20 个小时不间断的激烈交战后已经陷落，"他哽咽着说，声音几不可闻。在场的人陷入沉默，只能偶尔听到有人震惊地倒吸一口气。接着，除了共产党议员及其少数盟友之外的所有人都起立致意。一位女议员抽泣了起来，拉尼埃继续说道：

伊莎贝拉据点仍在坚守。敌人想要在召开印度支那事务会谈之前攻克奠边府。敌人相信这样能决定性地挫败法国的斗志。对于我们的善意，对于法国和平的意愿，敌人做出的回答是通过牺牲自己成千上万的士兵来践踏我们的英雄，在这 45 天里，这些英雄已经为世人所敬仰……

法国必须提醒它的盟友，在迄今为止的七年多来，法兰西联邦军队一直在锲而不舍地捍卫着亚洲一个极其关键的区域，以一己之力保卫着各方利益。全体法国人民对于奠边府勇士们的家人致以深深的哀痛。他们表现出无比伟大的英雄气概，国际良知因此需要敦促敌人优待伤员、给

535

予其特殊礼遇，因为他们值得受到勇士般的对待，同时需
要强调，创造一个和平的氛围比其他一切都更重要。[42]

　　巴黎大主教决定举行一场追思弥撒以纪念奠边府的死者和
战俘，巴黎歌剧院则推迟了莫斯科芭蕾舞团一系列备受期待的
演出（这是该团自二战结束后首次来到巴黎献演）。电视台取
消了晚间节目；电台则不再播放娱乐节目，取而代之的是法国
古典音乐，比如柏辽兹的《安魂曲》。很多电影院、剧院和餐
馆关门两天以示哀悼。81 岁高龄的法国前首相爱德华·赫里
欧（Edouard Herriot）亲身经历过这个国家的种种坎坷不幸，
他注意到："一层哀痛的薄纱笼罩着法国。"[43]

536　　仿佛是一个开关骤然被打开：在过去这七年多以来，这场
只是间或引起法国民众稍纵即逝的关注的战争突然停留在每个
人的心头。这场败仗跟法国两个最大的节日刚好撞到了一
起——二战欧战胜利日九周年和圣女贞德节——但今年人们不
再有欢庆的兴致。当拉尼埃的车子驶过凯旋门无名英雄纪念碑
时，过往的路人大声叫骂。"把他派到奠边府，"有人叫道。
"枪毙他，"另一些人喊着。在同一场合，国防部部长勒内·
普利文招来了一片"辞职！辞职！"的叫声。《游击手》（Le
Franc-Tireur）杂志质问道："是谁将德·卡斯特里和他的战士
送入了这个陷阱？谁该正式或者非正式地为此负责？谁？哪个
党派？哪任总理？哪位将军？"还有一些报刊指责美国一边宣
称法国在印度支那的战争对西方安全至关重要，另一边却没有
在最需要的时候施以援手。此外，也有些报刊呼吁美国民众审
视自己的行为。"奠边府的勇士们为国捐躯，这是因为我们对
自己说了谎，"《费加罗报》宣称，"目睹这些牺牲，是时候检

视我们自己的良知了。"[44]

《世界报》记者罗伯特·吉兰做出了十分犀利的评论，他从河内发电报给所在的报社："我们必须引领人们，尤其是法国人民看到真相。他们必须看到，他们的淡漠、他们难以置信的无动于衷、他们的幻想、他们肮脏的政治已经引发了怎样的后果。我们如何才能让他们明明白白地看到这一切？通过死亡，这样一来至少大家可以挽回荣誉。我得说，我们的战士在奠边府流血牺牲，是在以一个他们所尊崇的法国的名义来抗议和抵制今日之法国。我们仅存的一点儿胜利，是我们的荣誉的胜利。"[45]

作为外国观察人士，《新闻周刊》的美国通讯员本杰明·布拉德利（Benjamin Bradlee）对这些说法意兴阑珊。"法国受到了惊吓，而且程度相当不轻，他们因爱国主义情怀而以奠边府的军人为荣，"他在巴黎写道，"但他们并未表现出在爱国主义情怀下团结一心的倾向——也并不打算为战败复仇。这个国家几乎是全体一致地寻找替罪羊，此情此景真是丢脸。"[46]

有趣的是，在这一波寻找替罪羊的运动中，身为这场灾难的总设计师的亨利·纳瓦尔却成功逃脱了最初几轮责难。大多数分析人士指出，是巴黎命令他在前一年夏天保卫老挝，而在此后又未能给予他完成任务的充分资源。如果这位将军对国内的反应深感宽慰的话，他也没有表现出来，因为现在他把全部精力放在了如何维持军事局面上。在研读眼前的棋盘时，他看到了希望：如果将防守集中在红河三角洲，而在印度支那其他地区按兵不动，他就可以维持现在的局势，一直坚守到1954年秋天作战季重新开始，巴黎派出大量增援为止。为了在河内—海防走廊周边的关键地区集结必要的军队，恐怕得牺牲三角洲的部分地区，但这不至于立刻引发整片地区沦陷。与此同时，

537

纳瓦尔相信在包括湄公河三角洲在内的越南南部，情况相对要好一点：武元甲显然没有在短期内发动大型进攻的必要资源，尤其是在奠边府折损了数以千计的精锐部队之后。幸存的军人眼下已精疲力竭，需要一段时间休整恢复，而且季风季节仍要持续好几个月，在这段时间武元甲也没办法移动他的人力和物资。

这是个经典的"半杯水"问题。纳瓦尔知道也可以用一种截然不同的方式来看待当前的局势：至少在北圻，这杯水恐怕已经涓滴不剩了。就在两年前的1952年春天，越盟在红河三角洲只有约1.5万人；到了1953年3月，数字上升到5万，而今则逼近10万大关。在这个呈三角形、面积跟美国康涅狄格州差不多大的平原生活着800万越南人，其中绝大多数人对殖民统治心怀敌意。尽管理论上它由法国人占领，但这个三角洲实际上还是越盟行动的大本营，供应人民军80%的粮食和补给其70%的新兵。尽管在前一年秋天，这里勉强还能说是白天由法国人控制，夜晚是越盟的天下，而今几乎每时每刻它都由越盟统治着。法国人只占领了河内、海防和少数几座较大型的城镇。交通要道很不安全——即便在白天也是如此。至于连接河内和海防的近100公里的重要铁路和公路线，其脆弱程度更是与日俱增。法军的车辆不到中午绝不敢上路，而且即使上了路，在出了河内城10公里的时候护卫车队就需要加速，好尽量躲避越盟的交叉射击。即使如此，车流也常常被迫击炮和火箭炮的火力切断。现在，武元甲已经能将自己的主要军力调到红河三角洲了，这意味着法军得被迫放弃整个北圻，而将538　主要精力放在维持对交趾支那和安南南部的统治上吗？纳瓦尔在公开场合否认北部已经完了，但在私下里，他明白前景一片黯淡，而且还会越来越黯淡。

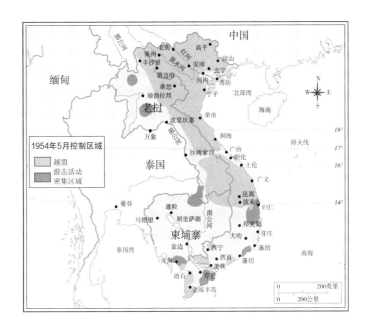

七

纳瓦尔猜得一点没错：奠边府的硝烟尚未散尽时，武元甲就已经将他的军队从那里调往红河三角洲了。到了5月的最后一个星期，在奠边府大获全胜的人民军四个师的先头部队到达河内以西约120公里处的木州（Moc Chau）。他尚未做好准备向三角洲的法军阵地发动全面进攻——他的军队需要休整一段时间，同时他们也得给日内瓦谈判一个应有的机会——但他希望在时机到来时，一切已经尽在自己的掌握中。法军情报分析人员预测到了6月15~20日，参加奠边府战役的这几个师将能做好进攻三角洲的准备——这个想法恐怕是对的。

眼下更让武元甲烦心的是在奠边府的数千名敌方伤员和数　539

千名俘虏。在战役结束时，他总算得以确定敌方守备部队的真实力量，这个数字大得惊人：在 5 月 7 日双方交火结束时，有超过 1 万名士兵（包括轻伤员）为法兰西联邦效力，来自不同国家的人渐渐出现在空旷的战场上。[47]这个数字跟德·卡斯特里在最后几周能部署的兵力存在着很大差距，其中一个原因在于总部和其他地方安排了数目可观的非战斗人员。但最主要的增幅出在了"楠云河硕鼠"身上，这些士兵一早就决定消极怠战，钻进了河堤边废弃的壕沟和土洞里。最后清点时发现，他们的人数达到了 4000 人。

越盟迅速让俘虏们上路，这样一来既可以更好地控制他们，也能阻止任何的法军营救行动。一些战俘被送往马江（Song River）下游沿岸的战俘营，那里位于奠边府西南约 480 公里的清化省；而大部分人是向东北走，沿陆路前进 720 公里，到达越北的北干省。重伤员留在原地，由少数医护人员和工兵照顾。越盟缺乏在路上和大后方处理重伤员的医疗和运输设施，因此按照一种有趣的传统惯例，同意将大约 900 名伤员通过运输机疏散到法国医院——在此之前，越盟也曾偶尔遵从这种惯例。一些伤员刚开始时加入了长途行军，但事实证明他们甚至连在丛林里走几个小时也坚持不了，结果又被送回了谷地。同样被送回的还有一队主要由北非战俘组成的士兵，他们是因配合拍摄电影需要而重现其中"奠边府陷落"的场景。[48]

此前其他著作讲述过这群总共约为 9000 人的战俘在行军中受到的折磨。[49]这是一个极其令人痛心的故事。作为一个整体，他们甚至在出发前体能状况就已经相当糟糕，而现在他们需要在雨季里连续 40 天不间断地跋山涉水，每天走近 20 公里。每个人每天的口粮是 800 克大米，偶尔能吃到一点儿香蕉

或一把花生补充营养，如果说他们在经历了围困后身上还存有 540
一点儿脂肪，那么现在也被迅速消耗光了。他们的免疫系统因
此受到影响，很多人难以抵抗感染和疾病，疟疾、脚气病和痢
疾迅速流行。身体本就特别虚弱的战俘再也不可能用担架扛着
患病的战友同行；没过多久，他们就将那些病得太重的人丢在
原地自生自灭，任由丛林、老鼠和蚂蚁将他们吞噬。仅剩的几
位医生被要求跟军官一同行军，不得为法国伤病员提供哪怕一
点点帮助，这样一来，绝望的人只能诉诸绝望的行动——有士
兵甚至用一柄小折刀切下了自己已发生坏疽的胳膊。

　　在重伤员中，几乎没有人能侥幸活过一两天，甚至有很多
按道理说体格健壮的人在行军结束前也纷纷倒下了。三四十岁
的人往往比二十几岁的小伙子情况好些。塞内加尔人、北非人
和越南人的存活率高于法国和外籍兵团战俘，尽管这些越南士
兵因被视为"叛徒"，所受到的待遇比其他人还要更严酷些。
由于外籍兵团的士兵主要来自中欧，发色和皮肤颜色较浅，因
此先天更难抵御恶劣天气，而且相比其他群体，他们与法国士
兵看起来也更容易患各种传染病。外籍兵团中那种个人主义、
"落后者就应挨打"的态度恐怕也是死亡率居高不下的原因之
一，因为他们有时根本不愿意照顾体能较弱的战友。[50]

　　这些灾难恐怕得完全由越盟负责。总体来说，并没有多少
有关看守残酷虐待或殴打战俘的文献记载，通常他们只会严惩
那些被抓回来的逃犯，而且往往只打越南人或者惯犯。幸存的
战俘还回忆说，一些看守尽管自己也只能靠所剩无几的口粮度
日，但偶尔还是向他们表现出了善意。不过总体来说，越盟看
守和政治官员（即"干部"）在越来越多的战俘被恶劣的条件
压垮的情况下，对俘虏的生死存亡和《日内瓦公约》仍然毫

541 不在意。作为回应，越盟恐怕也可以辩称这些战俘是罪有应
得，因为在过去这几十年里，法国人给越南人带来了那么多的
伤害。至于越盟自始至终残忍地漠视犯人的处境，而其中只有
一小部分是法国公民，这也不算是与整个说法相悖。越盟的干
部把主要精力放在发动心理战上，举行各种晚间讲座和自我批
评会。他们强调被俘者是需要认识自身错误的"战犯"，还诉
诸种族差异，抨击帝国主义的罪行，好让战俘们将矛头对准彼
此。他们问北非战士，你们自己的国家仍在殖民主义的铁蹄
下，却为什么要来越南打仗？[51]

　　侥幸活着到达战俘营（最早一批建于 1950 年晚些时候越
盟在 4 号公路获胜时）的人会发现，这里的情况也好不到哪
儿去。无休止的心理操控训练仍在继续，其中一些活动在当时
是由据称已经"洗心革面"的法兰西联邦战俘来主持，越盟
和中国人对他们加以训练，将其当作共产主义的宣传工具。疟
疾仍旧盛行，经水源传染的肠道疾病死亡率居高不下，因为只
有军官的战俘营才供应开水。（比如说，在 1954 年 7～8 月，
在 70 号战俘营的 120 人中有 70 人死亡，多数人死于阿米巴痢
疾。）所有人都需要参加强制的体力劳动，那些病得太重或者
身体太虚弱的战俘分不到口粮。[52]

　　很难准确判断在走出奠边府谷地之后的这几个月间一共有
多少战俘死亡，但是他们在被俘期间死亡的总人数肯定远超过
了整场战役的死亡人数。1955 年 3 月，国际监察委员会
（International Control Commission，ICC）的一名代表做出了审
慎的估计，指出在从 1954 年 8 月 18 日双方开始交换战俘时，
由越盟交还的奠边府战役俘虏总数为 3900 人，也就是说，占
最初出发时总人数的 43%。当然，并不是说剩下那 57% 的战

1954 年 8 月 25 日，法军战俘在获释后到达河内。

俘都死了，有一些人成功地消失在深山老林间，还有最多可达
1000 名的外籍兵团士兵有可能被直接遣返回各自的共产主义
国家。但无论如何，眼前的这幅景象都极为阴森恐怖。加上在
战役中阵亡或失踪的约 3500 人，你可以得出这个可怕的答案：　542
在楠云河谷地里身穿法兰西联邦制服的官兵当中，只有不到一
半人最后回到了家——他们是否受了伤姑且不论。历史学家马
丁·温德罗（Martin Windrow）推测这场战役的死亡率为
60%，并指出这个数字可与 20 世纪几场最残酷的战役相匹敌，
这个评价非常准确。[53]

　　当然了，越盟同样为了在奠边府获胜付出了巨大的人力代
价。多年来研究人员提出了各种不同的死伤数据，包括 1955 年
法越联合小组曾着手清点尸体、将其入土为安，但该项目中途

夭折。这样一来，对死伤数字也就不存在共识，不过可以稳妥估算，越盟自始至终总共有 1 万人死亡或失踪，至少 1.5 万人受伤。根据历史学家克里斯托弗·戈斯查（Christopher Goscha）发掘的内部资料，武元甲的军队在 3 月第一波进攻中的阵亡率达到了触目惊心的 32%——换言之，在最初的进攻中，每 10 个率先跃出壕沟的越盟士兵中，就有 3 个人没能活着回来。在

543　后续的进攻中阵亡率有所下降，但从未低过 20%。这批文件显示，在伤员中，在近四分之一（23.7%）的人是头颈部受伤。不言而喻，在这些伤员中就算有人活了下来，也不可能彻底痊愈。[54]

八

时至今日，人们仍然难免反复揣测，这场战役是否本可出现完全不同的结局。如果法军指挥部能换一种方式用兵布阵，奠边府一役的情况是否会完全不同？如果法兰西联邦军队打赢了这场仗，整个战争的局面是否有可能完全被改写？

从战略上来说，纳瓦尔在奠边府发起对抗战争的最初决定并不像传统的历史学家们说得那么不堪。一方面他想要在红河三角洲以外挑起战争，另一方面法军还负有保卫老挝的责任，所以他将这个谷地看成阻止武元甲通往老挝首都琅勃拉邦最适合的阵地，这些想法都没有错。将"海狸行动"视为复制前一年纳伞大捷的机会，甚至相信有可能取得更大规模的胜利，这也合情合理——纳瓦尔相信他可以将奠边府作为一个军事行动的重点，在条件有利于己方的情况下吸引敌军投入大量机动部队参与战斗。此外，他想要阻止敌人进入这片获利丰厚的鸦片产区，这也是有道理的。而反方认为纳瓦尔不如牺牲老挝北

部，将他有限的资源投入更重要的红河三角洲，并迫使武元甲在此地发动进攻，这样一来，他将不至于遭遇严重的后勤问题并最终导致法军守备部队覆没。这么分析也很到位。此外，如果武元甲按照原定计划在 1 月 25 日发动进攻——正如我们在此前所看到的那样，他差一点就这么做了——他的部队有可能遭到毁灭性的失败，纳瓦尔的想法也将彻底站住脚。"海狸行动"将作为军事杰作名垂青史，而它的设计师也将被后人视为第一流的战略家。有许多军事专家在 5 月 7 日后痛斥纳瓦尔建立了一个只能通过空中实现后勤和增援的要塞的决策，可事实上，也正是这群人曾赞美他机智的选择，并预言这场战役将取得大胜——必须强调的是，这其中有不少是美国专家。

武元甲当然没有在 1 月最后一周的周一发动进攻。他又等了 7 周，一直等到了 3 月 13 日的黎明时分。到了那时，纳瓦尔、科尼和德·卡斯特里早已明白了一件事，那就是他们将战线拓宽到谷地以外、射程之外的希望泡汤了。到了那时，他们意识到越盟对外界的各种预判不屑一顾，集结了大规模的火力，而且在兵力上也大规模超过了自己这方。一场阵地战、消耗战如今看来或多或少已经不可避免，但问题是法军的指挥官们是否可以在战术上做出更多准备来迎接战斗？答案是"确实如此"，哪怕有些东西超出了他们的能力范围——最显著的是法国空军能力欠缺，他们的兵力已经用到了极致，同时缺乏足够的飞机和机组人员提供充分的空中掩护。但尽管如此，他们仍然本应能够更有效地运用有限的空中力量。他们犯了一个常见的错误，那就是高估了空中力量的战略能力，为了封锁越盟补给向 41 号和 13 号公路投放了大量炸弹，但收效甚微。事实证明越盟在将物资运送到位方面驾轻就熟。法军的规划人员本应将他们的空袭集中于这个谷地本身。[55]

　　进入谷地，可以看到阵地布局也有许多可以改进之处。防守据点网络规划得非常差劲，伊莎贝拉据点位于一个极度偏远的位置，根本不可能用炮火支援中央阵地，而加布丽埃勒和贝亚特丽斯配备的防守力量十分不足，无法胜任守卫飞机跑道的规定任务。此外，科尼始终没有要求德·卡斯特里测试自己的后备部队是否能在夜间以及敌方火力压制下到达这些据点。这几个据点，尤其是伊莎贝拉，或许本来就没必要把守，尽管它们能迫使越盟从远离跑道的方位开始进攻，但如果将负责守卫它们的部队调到中央阵地发动反攻，效果肯定更好。比雅尔和朗格莱的反攻取得了很好的效果，事实上守备部队之所以能坚持这么久，这类反攻是主要原因。美国供应的霞飞坦克在此类袭击中发挥了至关重要的作用，看起来，德·卡斯特里本应再要求并得到 12 辆坦克——哪怕是先空投再重新组装也好。进行反攻既可以帮助法军夺回丢掉的高地阵地，也能夺取越盟的高射炮，因为很多高射炮安放的位置离跑道很近，是从主阵地发动突袭的理想目标，但德·卡斯特里貌似始终未能理解反攻的重要作用。他是一位有勇有谋的指挥官，但他根本不懂壕沟战的具体细节，所以并不适合担任这个职务——而用伯纳德·福尔的话来说，奠边府"在很多方面，都像是将阿尔贡森林或者凡尔登的一小块搬到了热带的背景中"。[56]

　　甚至像加固火炮掩体、加固医院等必需服务设施的房顶这种最基本的事项，如果法军踏踏实实地完成了，结果都会大不相同。大部分地堡极其不牢固，根本抵挡不了越盟的炮火袭击或者季风的侵袭；同时，他们也没有想办法给这些地堡做任何伪装。他们所处的谷地资源十分匮乏——在此前我们提到过这里甚至连木材都没有——但德·卡斯特里和他的工兵司令显然应对这场事先张扬的进攻做好更充足的准备。可结果呢，薄弱的工事导致这支守备部队面临的处境远比应有的水平更加脆弱。

最后必须提到亨利·纳瓦尔和勒内·科尼之间的分歧，随着这个春天不断推进，这种分歧也变得越来越深（战后科尼甚至向纳瓦尔提起诉讼——但未能胜诉）。到了最后，两人间的相互厌憎达到了深切而且挥之不去的程度，连话都几乎不说一句，这种局面对于做出快速且富有创造力的决策显然有百害而无一益。可是纳瓦尔又不愿意撤下科尼，换一个与自己能够共事的人上来。相反，他继续任由这种敌意周复一周地不断发展恶化，这表现出了他在领导力方面的惊人欠缺。

如果改善了法军的部分甚至全部问题，这场战役将向何处去？我们当然不得而知，但设想一个截然不同的结果也并不算想入非非。武元甲取得了无与伦比的胜利，在运用高射炮和火炮、使用一战的围攻战术方面表现出了杰出的战略天赋。在进攻北部三个据点时，他的顺序是先贝亚特丽斯，然后是加布丽埃勒，最后轮到安妮－玛丽，负责防守安妮－玛丽的傣族士兵眼睁睁看着两个更强大的据点崩塌，所以决定放弃对抗，这种策略受到了军事史学家们的赞许，也对战役的走向起到了莫大的作用。然而法军本可以守住奠边府，即便不是无限期地守下去，起码也能熬过雨季进入秋天。哪怕法军有这样那样的缺陷，出了那么多错，武元甲仍然要被迫动用自己的全部资源，而且到最后他的军队也已经遭到了血洗。尽管敌军有 3000 名决定弃战的"内部逃兵"，但自始至终武元甲手头的兵力也没有半点儿余裕。（万一"楠云河硕鼠"全部——哪怕是半数——选择加入战斗，结局会是怎样？）哪怕法军堡垒再坚持

546

几天，武元甲恐怕都要被迫下令再次停战，这将使得"秃鹫"纵队有时间从老挝赶过来增援。

进行这种非事实讨论并不是说法军本可以赢得战争。因为即便法兰西联邦军队守住了谷地，重创了武元甲的大军，甚至于说战役的结果严重挫伤了越盟军队在印度支那其他地区的士气，但整体的实力对比仍然对法国人不利。他们在乡村的控制急剧恶化，说得好听点，甚至到了连提出重建法国统治都如同痴人说梦的地步，而且不仅仅是在北圻，在安南的狭长地区和交趾支那也是如此。越南国民军仍然软弱无力，而在法国本土，民众的斗志更是每况愈下，越来越多的法国人相信这场战争已经不存在任何正当目的，而且法军在以惊人的速度持续损失自己的军官——平均每年阵亡 600 人，等于圣西尔军校一整年毕业军官的总数。

这些猜测，都无损于这个时刻的重大意义——5 月 8 日下午，在日内瓦会议所在地万国宫，过去八年间处在印度支那政策核心层、与这场战争有着莫大关联的法国外长乔治·比多缓缓站起身来，走上讲台。这位身材矮小、情绪紧张的领导人向各国代表和世人承认，奠边府已经陷落。

注释

1. 在过去 60 年间，涌现出大量描述奠边府战役高潮部分的文献，不过近年来相关的英语文献相对较少。这其中尤其有用的著作有 Pierre Rocolle, *Pourquoi Dien Bien Phu?*（Paris：Flammarion，1968）；Martin Windrow, *The Last Valley：Dien Bien Phu and the French Defeat in Vietnam*（Cambridge, Mass.：Da Capo, 2004）；

Bernard B. Fall, *Hell in a Very Small Place : The Siege of Dien Bien Phu* (Philadelphia : Lippincott, 1966); Jules Roy, *The Battle of Dienbienphu*, trans. Robert Baldick (New York : Harper& Row, 1965; reprint Carroll & Graf, 1984); Pierre Pellissier, *Diên Biên Phu : 20 novembre 1953 – 7 mai 1954* (Paris : Perrin, 2004); Ted Morgan, *Valley of Death : The Tragedy at Dien Bien Phu That Led America into the Vietnam War* (New York : Random House, 2010); Pierre Journoud and Hugues Tertrais, *Paroles de Dien Bien Phu : Les survivants témoignent* (Paris : Tallandier, 2004)。

2. Howard R. Simpson, *Dien Bien Phu : The Epic Battle America Forgot* (Washington, D. C. : Brassey's, 1994), 138. 另见 Paul Grauwin, *J'étais médecin à Dien-Bien-Phu* (Paris : France-Empire, 1954), chaps. 10 – 11。

3. Morgan, *Valley of Death*, 504.

4. Simpson, *Dien Bien Phu*, 137; Marcel-Maurice Bigeard, *Pour une parcelle de gloire* (Paris : Plon, 1975), 176 – 79.

5. 纳瓦尔的悲观看法在以下文献中有所涉及 : Navarre à Monsieur le Ministre des Etats Associés, May 6, 1954, Dossier 1, 457 AP 53, Conférence de Genève, Archives Nationale。

6. John Keegan, *Dien Bien Phu* (New York : Ballantine, 1974), 126.

7. 引自 Simpson, *Dien Bien Phu*, 122; Fall, *Hell in a Very Small Place*, 341。

8. Fall, *Hell in a Very Small Place*, 237, 266.

9. Windrow, *Last Valley*, 538; Roy, *Battle of Dienbienphu*, 226 – 67.

10. Ton That Tung, *Reminiscences of a Vietnamese Surgeon* (Hanoi : Foreign Languages Publishing House, 1980), 47.

11. 阮氏玉全口述史，河内，2007 年 6 月 11 日。感谢采访者 Merle Pribbenow 为我提供了这份口述史。

12. 政治局决议，1954 年 4 月 19 日，Archives of the Ministry of National Defense, Document 173, sheets 49 – 51, Central Department, as cited in Vo Nguyen Giap, *Memoirs of War : The Road to Dien Bien Phu* (Hanoi : Gioi, 2004), 114; Fall, *Hell in a Very Small Place*, 341 – 42; Carlyle Thayer, *War by Other*

Means: *National Liberation and Revolution in Viet Nam, 1954 – 1960* (Sydney: Allen& Unwin, 1989), 3 – 5。

13. Giap, *Road to Dien Bien Phu*, 114.

14. Truong Huyen Chi and Marc Jason Gilbert, "Voices of Dien Bien Phu," 论文未发表，由作者所有。感谢 Marc Gilbert 为我提供了这份手稿。

15. Rocolle, *Pourquoi Dien Bien Phu?*, 484; Fall, *Hell in a Very Small Place*, 340.

16. 长征的这句话引自 Pierre Asselin, "The DRVN and the 1954 Geneva Conference," 论文未发表，由作者所有，25。

17. 文件引自 Asselin, "DRVN and Geneva Conference," 29。

18. 周恩来的话引自 Chen Jian, "China and the Indochina Settlement at the Geneva Conference of 1954," in Mark Atwood Lawrence and Fredrik Logevall, eds. , *The First Vietnam War: Colonial Conflict and Cold War Crisis* (Cambridge, Mass. : Harvard University Press, 2007), 242。

19. Ilya V. Gaiduk, *Confronting Vietnam: Soviet Policy Toward the Indochina Conflict, 1954 – 1963* (Stanford, Calif. : Stanford University Press, 2003), 18. 另见 Mari Olsen, *Soviet-Vietnam Relations and the Role of China, 1949 – 1964: Changing Alliances* (London: Routledge, 2006), 32 – 34。

20. Gaiduk, *Confronting Vietnam*, 18; Zhou Enlai to Ho Chi Minh, telegram, March 11, 1954, in Cold War International History Project binder; Chen Jian, "China and Indochina Settlement," 244 – 45.

21. 引自 Nguyen Vu Tung, "The Road to Geneva: How the DRV Changed Its Positions," 论文未发表（系冷战国际史项目），由作者所有。

22. Qiang Zhai, *China and the Vietnam Wars, 1950 – 1975* (Chapel Hill: University of North Carolina Press, 2000), 51.

23. Chen Jian, "China and the Indochina Settlement," 245; Trinh Quang Thanh, interview by author, Hanoi, January 2003.

24. Zhai, *China and the Vietnam Wars*, 51 – 53. 关于根据苏联文献整理的莫斯科会议记录，可参见 Gaiduk, *Confronting Vietnam*, 22 – 24。

25. Zhai, *China and the Vietnam Wars*, 48.

26. Fall, *Hell in a Very Small Place*, 354；Erwan Bergot, *Les 170 jours de Diên Biên Phu*（Paris：Presses de la cité, 1979）, 267 – 69.

27. Fall, *Hell in a Very Small Place*, 354.

28. Simpson, *Dien Bien Phu*, 151.

29. Ibid., 151 – 52，作者对引文略有编辑。

30. Fall, *Hell in a Very Small Place*, 360 – 61.

31. Ibid., 371 – 72.

32. Windrow, *Last Valley*, 597；Fall, *Hell in a Very Small Place*, 373 – 74.

33. Simpson, *Dien Bien Phu*, 158.

34. 1997 年，美国的一支战争失踪人员调查小组从事一次无关的调查，结果在老挝班索附近发现了一架 C – 119 飞机的螺旋桨，照片分析员进而在航拍照片中找到了可能的坟墓。2002 年的挖掘工作发现的残骸被证明就是麦戈文的；CIA 安排他的侄子飞往火奴鲁鲁附近的希卡姆空军基地，从那里护送他的遗体返回新泽西故里。布福德的遗体至今未能找到，在印度支那，现有还有 35 名美国平民和超过 1700 名士兵的尸体尚不知所踪。

35. 引自 Roy, *Battle of Dienbienphu*, 264。

36. Keegan, *Dien Bien Phu*, 141.

37. Captain Le Damany, 引自 Windrow, *Last Valley*, 601。

38. Rocolle, *Pourquoi Dien Bien Phu?*, 530 – 31；Windrow, *Last Valley*, 602 – 3；Roy, *Battle of Dienbienphu*, 268.

39. Roy, *Battle of Dienbienphu*, 268.

40. Rocolle, *Pourquoi Dien Bien Phu?*, 538.

41. Bernard B. Fall, "*Dien Bien Phu：Battle to Remember*,"《纽约时报杂志》，1964 年 5 月 3 日。奠边府的上空是否飘起了白旗，在此后很长一段时间里都存在争议。卡斯特里称"当时我只是想保住伤员"，这个措辞说明他确实在某一刻举起过白旗。

42. 引自 Fall, *Hell in a Very Small Place*, 415 – 16。

43. Ibid.；Roy, *Battle of Dienbienphu*, 286。赫里欧的话引自《时代周刊》1954 年 5 月 17 日刊。

44. 引自《时代周刊》1954 年 5 月 17 日刊。

45. 引自 Michael Maclear, *The Ten Thousand Day War*（New York：

Avon, 1982), 46. 还可参见 Robert Guillain, *Diên-Biên-Phu: La fin des illusions* [Notesd ' Indochine, février-juillet 1954] (Paris: Arléa, 2004), 163 – 69。

46. 《新闻周刊》1954 年 5 月 17 日刊。

47. 战俘总数为 10061 人, 按来源划分为: 2257 名法国人, 932 名摩洛哥人, 804 名阿尔及利亚人, 221 名非洲人, 2262 名外籍军团战士, 3585 名越南人和包括傣族人在内的少数民族。Morgan, *Valley of Death*, 559.

48. Windrow, *Last Valley*, 638 – 39.

49. 例如参见 Pierre Journoud and Hugues Tertrais, *Paroles de Dien Bien Phu*, chap. 4; Fall, *Hell in a Very Small Place*, 432 – 47; Robert Bonnafous, *Les Prisonniers de guerre du corps expéditionnaire français en Extrême Orient dans les camps Viêt minh (1945 – 1954)* (Montpellier: Université Paul Valéry, 1985)。

50. Douglas Porch, *The French Foreign Legion: A Complete History of the Legendary Fighting Force* (New York: HarperCollins, 1991), 561 – 62; Bernard B. Fall, *Street Without Joy: Indochina at War 1946 – 1954* (reprint ed., Mechanicsburg, Pa.: Stackpole, 1994), 301 – 2.

51. Jean-Louis Rondy, " Les méthodes Viet-Minh de lavage de cerveau," *Revue historiquesdes armées* 4 (1989), 74 – 81.

52. Bernard B. Fall, "Communist POW Treatment in Indochina," *Military Review* (December 1958): 6.

53. Windrow, *Last Valley*, 647; Rocolle, *Pourquoi Dien Bien Phu?*, 548 – 49; René Bail, *L'enfer de Diên Biên Phu, novembre 1953 – mai 1954* (Bayeux: Éditions Heimdal, 2001), 158.

54. Christopher E. Goscha, "The Body Under Siege," 文章未发表, 由作者所有。被俘时, 德·卡斯特里将军表示越盟在奠边府的伤亡人数总计为 3 万。

55. Keegan, *Dien Bien Phu*, 153 – 54.

56. Bernard B. Fall, "Post-Mortems on Dien Bien Phu: Review Article," *Far Eastern Survey* 27, *no.* 10 (October 1958): 158; Keegan, *Dien Bien Phu*, 154.

第五部分

某种形式的和平

1954 年

第二十二章　拥有像这样的朋友

一

1954 年 5 月 8 日，星期六，在这个下午，当乔治·比多踏上万国宫的讲台时，日内瓦会议已经进入第二个星期会议的尾声。随着比多发表讲话，关于印度支那的正式讨论终于开始了，不过，幕后的紧张博弈早在首批代表于 4 月 24～25 日到达日内瓦时就已经拉开帷幕。4 月 24 日，大批记者赶到宽特兰机场（Cointrin Airport）迎接中国总理兼外长周恩来，超过200 人、齐刷刷穿着蓝色高领西服的中国代表团让记者们兴奋不已。每个人都知道，这是北京政府在国际舞台上的亮相。当气度不凡、外表英俊的周恩来缓缓走下舷梯时，一大群摄影师对着这个宽额、阔嘴、黑眼睛能够洞穿人心的领导人一阵猛拍，周恩来向人群微笑，接着迅速步入了等待他的专车。[1]

不管是当晚抵达的维亚切斯拉夫·莫洛托夫，还是次日的安东尼·艾登，甚至是第三天到达的比多，都无法引起这样的轰动；4 月 25 日晚些时候，当面色沉郁的约翰·福斯特·杜勒斯走出飞机，宣读了一份几分钟前草拟的宣言时，同样没有让记者们为之疯狂。杜勒斯表示，有必要在印度支那实现"持久的和平"，但不该由西方强国提出该问题。"我们希望看到来到这里的侵略者有心情来涤清自己的侵略行径。"[2]

周恩来拒绝跟苏联人住在一起，而是选择下榻在壮观而华丽的弗勒里山大酒店（Le Grand Mont-Fleuri）。这座拥有 26 间

套房的府邸位于风景如画的湖边小镇韦尔苏瓦，距日内瓦仅 8
公里路程。比多、莫洛托夫和艾登也都住在类似的酒店，不过
艾登的运气没那么好，他最开始住在美岸酒店（Hotel Beau
Rivage），住了几天牢骚不断，向随从们抱怨说窗外太吵、食
物太难吃，而且无法忍受跟中国的代表团成员们住在一家酒店
里，因为他怀疑那些人在偷听。下属们急匆匆地为他寻找新住
处，在 4 月 29 日，艾登和妻子克拉丽莎（Clarissa）以及几名
高级助手转而入住勒波苏瓦酒店（Le Reposoir），这栋优雅的
别墅位于日内瓦北部，以精致的家具和艺术品装饰著称。只有
超过 100 人的美国代表团选择住在一起，他们的落脚点是后现
代的、让人感觉冷冰冰的罗纳酒店（Hotel du Rhône）。一些人
觉得，美国人选择这么一个地方，目的是要表明杜勒斯只是路
经此处，随便什么时候他的代表团都可以立即动身离开。[3]

　　那么越南人呢？他们还没到。他们也不需要，因为会议的
首项议题是朝鲜，而且到现在为止，哪些越南人应该参加会议
还没有确定下来。巴黎政府一直在努力动员联合邦内部的代
表，而它的领导人，尤其是保大和他的部长们对整件事都表示
怀疑，对可能的结果更是深感忧虑。这些越南人还反对任何越
南民主共和国的代表参加会议，而且起初得到了比多的支持，
这倒不是因为他赞成他们的主张，而主要是因为他根本不希望
有任何越南人出席会议。这位法国人既不信任越盟，同时也认
为保大内阁外加美国政府代表了在日内瓦取得和解的最大障
碍。既然如此，那最好能阻挠这两大越南派系在会议进程中发
出一点儿声音。到了 5 月 3 日，保大声称他的政府参加会议的
先决条件是法国保证不分裂越南，比多更加坚信了自己的看
法。但是，莫洛托夫和周恩来坚决反对阻止越盟参会的企图，

甚至连杜勒斯也对比多表示，越盟将铁定参加会议，尽管他跟保大一样反对分裂方案。

比多对杜勒斯说他同意这种看法，但随后变了卦。过了一会儿他又改变主意，转眼再变卦。这就是他头几天在日内瓦的惯用伎俩，通过在核心议题上反复改变态度来拖延时间，因为他此时在焦急地等待着奠边府的消息，还被人指责说不重视外交和解的拉尼埃政府，正拼命争取在国民议会中获得信任票。最终比多同意越盟出席此次会议，同时在 5 月 6 日向保大去信一封，表示自己将保证反对分裂，以此确保保大政府参会。但他在所有事情上总是举棋不定，这让包括杜勒斯在内的其他主要代表大为光火。杜勒斯向艾登发牢骚说，法国看起来在任何问题上都无法下定决心。

艾登应和了两声。不过在私底下，他对美国人未能承认如此明显的事实同样十分恼怒：美国的政策在很大程度上要为比多的不够果断负责。毕竟艾森豪威尔政府就像是莎士比亚笔下爱发牢骚的学童那样，"像蜗牛一样慢腾腾地拖着脚步，不情愿地"来到了日内瓦，而且丝毫不忌惮对达成一项可以接受的协议的前景做出悲观的评判。艾登疑心，甚至到了此时，他们仍附在比多耳边嘀咕着什么危险的想法——告诉他需要坚守信念，告诉他那些共产党人永远不可能遵守任何协议，告诉他万一谈判失败，美国领导的军事干预行动仍然有可能对远征军提供支持。这位英国人深知，这些想法对比多来说别提多诱人了，比多知道自己别无选择，只能寻求外交和解——法国的舆论对此施加了压力——但他仍然死死抓着那么一点儿可能性，那就是他能够从印度支那的一片狼藉中打捞点儿什么，而印支如今成了这样一番景象，他本人在其中也"厥功至伟"。5 月初，比多仍然希望美国干预的威胁——或者是事实——将有可能改变战场局面，即使对奠边府于事无补，至少也能对红河三角洲的法军阵地带来一些帮助。

艾登的看法一点儿没错：艾森豪威尔政府根本没资格抱怨比多玩拖延战术，因为它自己在会议进行中所持的立场同样前后矛盾、反复无常。尽管置身如此令人身心愉悦的美景中，杜勒斯从一开始时就不苟言笑、神色冷峻，只要一想到将会跟中共出现在同一个舞台上，他的脾气就很暴躁。他对自己的政府未能在西方强国中争取到联合干预感到失望，对英方力促巴黎政府接受停火协议感到不满。他在4月29日给华盛顿发去的电报中说道："英国的态度日益成为一大软肋。英国人看来是以为我们已经打算接受跟中国开战的危险，再加上他们担心我们将动用核武器，现在真的是怕得要命呢。"[4]

在4月的倒数第二天，艾森豪威尔准备召开国家安全委员会的一次重要会议，此时的他同样很沮丧。在这几天，他不断跟友人们发牢骚说法国未能听取他将战争国际化的建议，对于国务卿所谈到的英国人的软弱无力，他也有同感。问题是该拿这些问题怎么办呢？"总统极其严肃，而且看来对该采取什么样的路线十分关切，"副总统尼克松在日记中记录了当晚国家安全委员会会议的情况。这场会议在晚间10点召开，持续了三个小时。在听取了军事形势和日内瓦最初回合较量的报告后，尼克松、雷福德上将和国务院海外工作总署（Foreign Operations Administration）署长哈罗德·史塔生（Harold Stassen）促请总统考虑批准美国进行军事干预。史塔生希望在交趾支那用美国的地面部队取代法国部队，而尼克松和雷福德倾向于在奠边府或者其他地区实施空袭。

艾森豪威尔对使用地面部队进行军事干预表示怀疑。他对史塔生说，用美国地面部队取代法军，这一切都"好说"。"可如果法国真的垮了，美国进入印度支那，在很多亚洲国家看来，我们无非是用美国殖民主义取代了法国殖民主义。"因此此举行不通：任何干预都必须采取多边的形式，而且需要在得到联合邦的请求下方可实施。至于空袭，艾森豪威尔表示自己或许可以接受这类行动，但前提是有理由相信空袭能坚定法国人继续战斗的决心。史塔生没有被总统吓回去，他阴郁地警告说，如果美国没有行动——必要时是单边行动——会引来世人质疑美国的勇气。总统摇摇头。他说，单独进入那里意味着美国是在尝试插手全世界的事务，也有可能遭到国际社会的谴责。因此，必须结盟；没有盟国，他在世人眼中将无异于成吉思汗这样的冒险家。此外，如果将宝贵的资源浪费在此类区域事务上，自由世界的事业恐怕永远都不可能取得成功。

尼克松觉察到再这样下去就将出现僵局，于是试图采用新的策略。他问在座的各位，是否有可能在排除英国的情况下建立一个联盟，毕竟英国在亚洲"既是个可用的资产，同时也是个包袱"。在二战前英国人没能奋起抵抗日本，现在他们又一次表现得软弱不堪。代理国务卿沃尔特·比德尔·史密斯喜欢这个提议，指出它满足了总统对武力干涉设定的条件，因此可以借此对越盟在奠边府的阵地发动空袭。即使法军据点最终陷落，这类行动也能如总统此前暗示的那样，推动法国继续战斗。艾森豪威尔说，他本人也想到了这个方案，但他不知道是否真的能够在没有英国的情况下缔结一个联盟。他感觉到一些国家，比如澳大利亚的孟席斯政府不愿意脱离伦敦政府单独行动，这让他有点儿不安。尼克松提出了异议：在堪培拉的消息人士告诉他，孟席斯目前正在参加选举，需要对公开表态谨小慎微，但他最终有可能追随美国的脚步。

这次会议就这样结束了。没人确切地知道在会上做出了什么决议，不过尼克松在他的日记中记录道，与会者达成了关于"联合行动协定"的共识，决定在必要的情况下排除英国缔结联盟，同时美国将可能通过使用空中力量确保法国继续战斗。而地面部队则是另一回事，艾森豪威尔在会议快要结束时强调说，绝对不可以出动陆军。他说，美国民众格外担心这个前景，必定会对此提出反对意见。[5]

在越南事务上，白宫考虑最多的受众是美国民众——不是西方盟友，不是苏联人或中国人，也不是越南人，这样的决策考量几乎是常态（到了尼克松本人任总统时尤其如此）。自3月底以来，政府在鼓励议会、媒体和民众对联合行动的支持方面成效显著，这反而导致他们现在的立场十分尴尬，因为需要继续解释为什么至今还是未能建立起联盟。《华盛顿邮报》指出这是"美国外交的重大失败"，而国会山开始显得无所适从，尤其是共和党议员，他们发现自己受到了来自相反的两方面力量的撕扯。一方面，他们在分析民意后发现，几乎没有什么人支持在亚洲再打一场地面战争。另一方面，他们在反对与各国共产党人间缔结外交协议方面比谁都不遗余力，照他们的说法，这些协议分文不值，因为共产党人道德败坏，根本没有信用可言。

深具洞察力的观察人士已经看出了症结所在。"只要共和党议员仍然坚持认为缔结和约的前提条件是敌人无条件投降，或是发动一场现在根本无人响应的集体军事行动，那么，美国在日内瓦就将处于两难境地。"专栏作家沃尔特·李普曼在4月29

日的文章中这样阐释道。《新闻周刊》对此也有同感："目前最高层官员既不愿意发动战争，也没有能力加入和谈。"[6]

　　1954 年是中期选举年，这使得共和党人更加战战兢兢。他们在两年前获得大选胜利，这部分是因为他们大肆抨击民主党人"丢掉了中国"，并向选民保证，像杜鲁门在朝鲜半岛加入的这类"不必要的战争"（语出罗伯特·塔夫特）不可能发生在他们的任期内。共和党人——而且这当中不仅只有麦卡锡及其追随者——努力说服美国人，如今的美国无比强大，因此一旦在外交政策上面临挫败，肯定是犯了蠢到足以蹲班房的错误或者是通敌卖国。身处这样的环境中，这条路还能怎样坚持走下去呢？共和党在进入秋季选战时，面临的局面要么是美国军人在"另一个韩国"，在共产主义帝国的边缘从事另一场遥遥无期的战斗；要么是硬着头皮向选民们解释，为什么又有一块土地消失到竹幕背后。

二

　　理解共和党身处的困境——它将被贴上"主战派"还是"主和派"的标签？——对理解五六月间日内瓦会议上的诡异场景至关重要。瑞士人在主办这类大型会议方面驾轻就熟——已经做好准备帮忙筹备各种豪华宴会，毕竟当年维也纳会议时举办的宴会让人们赞不绝口——可是到头来他们发现自己无事可做。把大量鱼子酱运到日内瓦的俄罗斯人同样很失望，他们期待中的盛宴始终未能举行。越南代表团成员穿着不合身的西服匆匆现身，但为了避免团员有机会感染上"资本主义病毒"，他们在多数情况下被安全人员隔离开来。代表们在晚上举行歌咏会、上外语学习班，傍晚时分大群人在盛开的栗子树花和丁香花间散步、一起做游戏，可是没有人能在日内瓦单独行动，尽管这里有那么多琳琅满目的商店、灯光明亮的咖啡馆和设计时尚的夜总会。[7]

然而，对于参会的美国人来说，与共产党人进行社交往来是一种禁忌。假如有人对此持有异议的话，那么杜勒斯下达的明确指令也会彻底打消他的想法。这位国务卿强调说，不得与中国人发生任何语言或行动上的联系，否则这会让外界理解成美国对毛泽东政府出现软化的迹象。这当然意味着美国人不得跟中国人同坐一张桌子，这给工作组的座位安排带来了很多麻烦。最后，主办方给每个代表团安排单独的小桌子，呈 U 形排开，座位的问题虽然看似解决了，但这种安排对于外交对话来说实在没什么用处。

杜勒斯身体力行其个人主张。他将自己的社交活动减到最低限度，每晚都早早回到罗纳酒店 545 - 546 号套房休息。有一次，他与周恩来挨得很近，避无可避，周恩来伸出手向他致意。杜勒斯转身而去。[8]

然而他的下属们在回避与共产党人的接触方面做得就未必有那么出色了。切斯特·L. 库珀（Chester L. Cooper）是一位年轻的中情局官员，后来他写了一本关于美国介入越南事务早期历史的书，这本书堪称该类专著中的上乘之作（他在日内瓦的第一项任务就是确定已经数月都杳无音信的胡志明是否还活着，如果真的还在世的话，他是否还在领导越南民主共和国；库珀很快确定，这两个答案都是肯定的）。有一次，他在中国代表团里看到了一个熟悉的面孔，对方曾是他在麻省理工学院（MIT）的同班同学。几天后，两人竟然巧合地共搭一部电梯，而且周围再没有别人。他们拥抱，短短问候了几句，接着开怀大笑。当电梯门徐徐打开时，两人已经迅速分开，恢复了镇定。他们再没说过一句话。[9]

美国人假装中国人不存在的游戏让外人——国内政治根基比杜勒斯扎实的安东尼·艾登，以及根基不如杜勒斯的乔治·比多——看了难免困惑不解。比多虽对北京政府的意图也存有猜疑，并且回绝了与周恩来一对一面谈的要求，但他对中国人的敌意还不至于强烈到拒绝握手的程度。与此同时，艾登则担心美国人是在有意扼杀和谈的前景。他不喜欢他们的举措，也不喜欢杜勒斯本人，这种心态战胜了艾登的理智，正如在日内瓦会议的第二天，伊夫林·舒克伯勒就在日记中忧心忡忡地指出了这一点（他的观点一如往常那样武断）："A. E.（艾登）今天的反美情绪太激烈了，这很难让他寻找积极的方式促使杜勒斯建立更耐心的心态。"[10]

杜勒斯这么急躁，这跟他未能在会议进入印度支那日程之前成功缔结西方联盟有关，同时也是因为他认为艾登提出的策略"不够严密"。在 4 月 30 日午餐前，当他拜访这位英国人时，他的态度很不友好。这天早上杜勒斯发表了措辞严厉的演讲，而周恩来的演说同样咄咄逼人，他谴责华盛顿对印度支那发动了帝国主义干涉。艾登并没有维护杜勒斯的立场。舒克伯勒在日记中这样写道：

> ［杜勒斯］说没人支持美国；没人说一句话来帮他们反击周恩来的指控；联盟已经接近完蛋了；亚洲覆灭了；法国玩完了；诸如此类。"我们曾见证了身处的最好的时代……但现在父与子的纽带断裂了"（他引用的是《李尔王》吗？）……他希望有人能发表一份跟他一样攻击共产

主义的演说。我觉得我们中有谁最好能完成这件事。安东尼·艾登说，"在伦敦的人恐怕都以为我疯了"……福斯特·杜勒斯的愤怒和忧郁几乎已经到了病态的程度，这让人担心，我们真的得做点什么让他平静下来。（这件事不那么容易；安东尼已经烦透了杜勒斯，不愿意对他做出半点让步，甚至连看到他都会反感。）[11]

次日晚上，他们在晚餐时再次尝试沟通。结果很不理想。随着夫人们退席，杜勒斯和他的三位副手，包括这天早上刚从华盛顿赶到的沃尔特·比德尔·史密斯和走强硬派路线的助理国务卿沃尔特·罗伯逊，开始大谈特谈英美关系。杜勒斯评价

557 说，他们之间的关系以往非常牢固，而今却混乱不堪。而艾登这边只有一位同事在侧——他是外交部国务大臣雷丁勋爵（Lord Reading）——感觉在被人合伙攻击。美国人说，英国一直让他们失望，但他们没有为了印度支那向英国寻求任何物质支持，没要过一架飞机、一个士兵、一毛钱。他们知道英国已经捉襟见肘（这个词让艾登受到了很大的侮辱）。他们现在所要求的无非是"道义上的支持"。艾登于是问，什么类型的行动需要此种道义支持。对方回答说，现在他们还没有想好，但在后续的讨论中杜勒斯提到有可能在未来两年，在越南设立一个桥头堡或者据点，直到越南军队接受了充足的守卫自己国家的训练为止。在艾登和雷丁听来，美国无疑是计划从法国接手军事行动，这让他们非常警惕。当雷丁指出，桥头堡这个想法"意味着在接下来的几年来局势仍然没法消停下来"时，杜勒斯反唇相讥："那不是好事一桩嘛。"[12]

有了这几次不愉快的对话，也就不难想象艾登在数日后对

英国驻华盛顿大使做出的一番表述了。他表示，自己构想中的东南亚防务组织，其目的是确保外交和解，而艾森豪威尔政府貌似正在构思一个帮助自身重新征服印度支那的框架——而这一点是伦敦政府万万不能接受的。[13]

　　至于温斯顿·丘吉尔，在他得知杜勒斯在日内瓦的举动和议题时，他说自己已经受够了这个美国人，认为杜勒斯是一个"无趣、缺乏想象力、不善解人意的男人。这人太不得体了，我真希望他赶紧消失"。[14]

　　丘吉尔如愿以偿：杜勒斯确实消失了——至少他离开了日内瓦。从一开始时杜勒斯就说，自己只会在瑞士短期停留，5月3日，也就是在抵达一周后，他信守诺言，动身回到华盛顿。事实证明他的离开称得上是及时雨，因为到了那会儿，英美两国的随从人员都担心艾登和杜勒斯之间的分歧已经到了无法修复的程度，有可能毁了全盘大计。接替他担任美国代表团团长一职的是沃尔特·比德尔·史密斯，在艾登和雷丁看来，在5月1日晚间的会谈中，他是四个美国人中唯一对涉及问题的复杂程度有所感知的人，这一点同样值得庆幸。史密斯是官场老手，二战期间任艾森豪威尔的参谋长，此后先后担任驻莫斯科大使和中情局局长。自从艾森豪威尔就职以来，他就担任杜勒斯的助手，有时人们难免会饶有兴味地猜想，假如当初艾森豪威尔选择他担任国务院一把手，将发生什么事情。他说话生硬、性情急躁，身板像军人一样挺得笔直，乍看上去并不像是人们心目中那种圆滑随和的外交官。4月在华盛顿进行的商议环节中，他对印度支那也表现出了显而易见的鹰派作风。

　　但他身上也有另一面，正如法国外交官让·肖韦尔所评价的那样："这是一个非常瘦小的男人，脸上沟沟壑壑，尽是皱

纹，看起来像在嚼什么苦药。事实上他有胃疾，因此容易害消
化不良的毛病，也容易发短暂但激烈的脾气……不过他十分机
智，欣赏切实的事务，理解政治，而且不跟人玩虚的。"[15]

雷丁勋爵将杜勒斯的离开视为"极大的收获"。"他开始
成为安东尼和其他人的眼中刺，似乎一心一意地要告诉我们从
哪里下车，但从不告诉我们怎样上车。比德尔自然是另外一回
事，他和安东尼之间的关系日趋'坦诚友好'。"雷丁欣赏史
密斯的另一点在于，他看起来对下属拥有更严格的控制力——
这说的无疑是罗伯逊，一个令英国代表厌憎的角色。[16]

对于艾登来说，此举带来的改善可谓立竿见影。"我亲自送
福斯特离开，"在 5 月 3 日的日记中他写道，"我这是在做做姿
态，不过我觉得这也没什么用。美国人很恼怒，我疑心这主要
是因为他们知道自己把这次会议弄得一团糟。……比德尔来与
我们共进晚餐。我们花了很长时间安排计划，我对印度支那和
谈提了一些建议。我觉得我们取得了进展。"当艾登听到史密斯
力劝自己"不要对在美国国内出现的少数愚蠢言论太在意"时，
他感到很满意，在 5 月的最初几天，他使用了类似"富于同情
心"和"通情达理、善于接受"这些词来形容史密斯。或许艾
登影影绰绰地也有一点儿感觉，觉得史密斯并不喜欢他的老板
杜勒斯，觉得他是个华而不实的大话王。5 月 5 日，艾登向史密
斯做出让步，同意就东南亚地区防务政策展开五国军事人员会
谈——换成是杜勒斯，他恐怕不会做出这种让步。[17]

三

559　　因此，在 5 月 8 日关于印度支那的议程开始时，西方在达
成统一方面初现曙光。但是，未来还有很长的路要走。即使在

此时，当比多准备启动议程时，三方代表仍未对谈判应实现的结果达成一致意见：艾登致力于通过和谈结束战争，而比多或史密斯对此都不是很热心。在此前的这几天里，比多一如往常地犹豫不决，甚至连 5 月 7 日奠边府陷落的消息也没有打消他采取强硬谈判姿态的决心。至于需要根据华盛顿的指令行事的史密斯，他表示自己的政府不希望跟一个推翻联合邦政府、出卖西方利益的协议有半点瓜葛，这个看法也得到了保大的外交部部长阮国庭（Nguyen Quoc Dinh）的认同。在另一边，周恩来在会谈第一周说得很少，透露的信息更少，而由范文同领导的越盟代表团在 5 月 4 日抵达后同样讳莫如深。只有莫洛托夫看似与艾登想法类似，希望积极开始会谈，在 5 月 5～7 日，正是这两人共同努力——鼓动他们各自的盟友，跟他们再三保证谈判谈不出什么坏事——才将会议推进到了这一步。

在这天下午，恐怕没人想要充任比多的角色。这个小个子男人不仅需要在开幕式上致辞，而且得当着全世界的媒体和范文同及其共产主义盟友的面，亲口承认奠边府陷落的事实。他疲惫不堪，面色灰败，不过在刚开始讲话时他的声音听来很平静。他向要塞的守军致敬，回忆了法国在印度支那承担的教化使命。如果这些话没有让范文同血压飙升的话，比多对战争的描述——"向我们强加的这场冲突"——以及他坚持表示法国只是出于自卫才被卷入这场战争，肯定能达到效果。比多之后提出，"在本次会议上，应当采取在印度支那全面停止敌对行动的原则，并得到必要的防务保证支持。……这类支持手段的意图是确保双方军队安全，并保护平民免遭任何因休战而引发的虐待剥削行径"。他进一步指出，双方还应释放战俘、解除非正规军武装，而且任何最终协议都需要得到日内瓦会议与

560

会国家的担保。[18]

接下来轮到越盟发言，但是范文同还没有做好亮出自己底牌的准备。这也许是因为他太震惊了——法国外长竟然能在奠边府陷落 24 小时后，就大言不惭地说出类似让越盟举手投降的要求。范文同外表瘦削，颧骨深陷，他在 1946 年时曾带领越盟代表团在枫丹白露与法国谈判，不过那场谈判中途夭折。此后他在党内平步青云，1949 年任越南民主共和国副总理，1951 年进入政治局。他的谈判风格顽强坚韧，且不时辛辣好斗，任何人都不会把他当成和蔼可亲的谈话对象。

5 月 10 日，范文同站上了讲台，他指出比多并未提供任何政治提案，而只拿出了军事建议，这个建议的基础是"落伍的殖民主义观点"；此外，比多彻头彻尾没有考虑到真实的战情。之后，他对美"帝国主义"及其对印度支那的干涉发表了激烈而尖锐的谴责，并提出了越南民主共和国方面的核心观点——在前几天，他已与莫洛托夫和周恩来就此达成共识。[19]他特别强调印度支那三国应取得独立权和自治权，各国举行选举建立统一政府，外国军队和顾问应撤离，并在日内瓦会议中纳入由越盟支持的巴特寮和自由高棉（Khmer Issarak）"抵抗"政府。此外，应保证曾与战争敌对方合作的人员在未来免受镇压，双方也将交换战俘。在实施这些条款前双方需要停火，之后则应重新调整被占领区以分隔交战双方，并禁止继续向印度支那输入新的军队、武器和弹药。范文同在这里甚至给了法国人一点儿小恩小惠，承诺越南民主共和国愿意在自由意志的基础上考虑加入法兰西联邦，并声称他的政府认可法国在越南、柬埔寨和老挝重要的文化和经济利益。[20]

此后，谈判双方开始各据一方，不过两者间的鸿沟并不像

人们预期的那么宽广。考虑到越盟三天前刚刚在奠边府取得了　561
压倒性的胜利，范文同竟然还能向敌人做出任何形式的让步，
回头来看这已经让人纳罕不已。更加值得注意的是，他的提案
显然将国家大选后南北分割视为终止战争的最佳途径。正如我
们在此前提到的那样，三个共产主义国家在数周前已就分割的
可行性达成基本一致意见，而且在 5 月 1 日，一位参加会议的
苏联高层官员再次重申了其政府对该方案的支持。[21] 然而，随
着北圻高地局势出现惊人发展，人们或许猜想范文同现在会提
出一个最极端的要求：法军立刻撤离，建立由越盟领导的国民
政府。毕竟从越方的角度来看，既然武元甲已经基本上让远征
军陷入了重重险境中，要求停止敌对状态反而会产生反作用。
范文同没有采取这种强硬立场，部分是因为中国和苏联在最近
几个月以来一直保持着灵活的谈判姿态。同时，这也能反映出
越南民主共和国的领导层感到有理由议和，他们始终认为双方
总体的力量对比十分接近，这令他们不安，也始终在担心军队
和支持者的斗志下滑。至于他们对美国政策的激烈谴责，则反
映出了他们的另一重顾虑：担心战争持续进行下去，会把强大
的美国人拉进来。

法国代表团成员米歇尔·德·布雷比松（Michel de
Brébisson）上校认为有充分的证据表明越盟想要停止战争。
"八年战争，他们所要面对的压力日甚，由于所处的经济形势
岌岌可危，他们的军队也在一定程度上面临紧张态势，"当时
他写道，"在他们所控制的区域，民众对于这场战争带来的负
担已经心生厌倦。奠边府是一场付出了高昂代价的胜利。他们
或许还有能力拿下北圻三角洲，但需要付出的代价将更加惨
重，而且需要进一步加重对老百姓的劫掠。最后，也是最重要

的一点在于，他们无法排除将这场战争国际化的危险。"可以回想在本书前一章，越南民主共和国的领导人在坦诚地描述自身的窘境时，所用的语言几乎如出一辙。[22]

562　　然而，上述这些并不能说明越盟领导人迫切地希望在日内瓦取得及早和解，或者说它已经克服了此前对多边外交前景的怀疑。5月11日，越南劳动党下达一系列指示，警告越南人民切勿出现"和平幻觉"，并告诫称，日内瓦会议并不能终结独立和民族统一的斗争。与此同时，武元甲继续准备对红河三角洲展开大规模进攻。越盟代表团在日内瓦与中苏代表磋商时，也在强调有必要迫使对手接受苛刻条件。[23]

越盟在提案中暗示其支持分割计划，这一点无论是对保大的越南国，还是对艾森豪威尔政府都不起作用：前者在5月12日斩钉截铁地反对"分割国土，不管是直接的还是间接的，有具体时限的还是暂时的，事实上的还是法律上的"；后者则在次日紧随其后表态。[24]尽管安东尼·艾登在发给英国外交部的报告中，满含希望地指出美国政府中的一些人现在认识到分割不失为一种可能的选项，但同时期美国的文献资料描绘了一幅完全不同的图景。5月14日，约翰·福斯特·杜勒斯两次表示——其中一次是对行政班子，一次是对他的弟弟、中情局局长艾伦·福斯特——考虑到印度支那目前的力量对比和地理条件，他认为不可能"划出一条线"。同时，他相信分割国土也不可能制止越盟在南部的叛乱活动。长期相信北圻是整个东南亚防务核心的参谋长联席会议则警告说，分割将让胡志明获得毗邻的领土，供其改编军队。沃尔特·比德尔·史密斯在5月15日与比多和艾登的一次会议上称，这种解决方案意味着将永远丢掉北圻，因此需要极力避免。[25]

比多对此表示认同，他说，没错，万万不能允许这一点：法国绝不同意放弃海防和河内。将交战双方的官兵分隔开来，这一点自是必要的，但应当采取的形式是将分散在全国各地的军队集中到指定的地区（即所谓"豹皮式停火"［leopard skin approach］），而非将双方军队分到两个隔开的集结区。[26]拉尼埃政府希望能保持对越南南部的统治——不管是为了法国还是为了保大政府——但同时它也希望能在红河三角洲保持一个据点。奠边府的战果也未能改变他们的这种心态，至少没有影响到比多或者是像莫里斯·舒曼和勒内·普利文这些同僚的认识。豹皮式方案是在巴黎政府的敦促下由纳瓦尔将军在西贡的参谋们拟定的，它将最南部的金瓯半岛、西贡周围的三小块、中部安南的一长片和北圻绝大部分区域划给越盟，而法兰西联邦得到的是该国包括河内和海防在内的所有城市，同时要求越盟从柬埔寨和老挝彻底撤军。该方案可以保护法国在印度支那的政治和经济利益，同时确保法国最高司令部在需要时重新开始作战行动。[27]

不过，一些法国军事规划人员对此低声表达异议，质疑豹皮式方案的战略价值。"这个休战方案需要确保交战双方在全国各地处于共栖状态，因为再没有比这更危险的了，"法国驻曼谷陆军武官在与中国官员会面，并听取对方清楚表明对分割计划的支持后说道。安东尼·艾登在领会纳瓦尔意欲放弃多少领土给越盟后深感震惊，而英国各军参谋长斥责该方案将"遍及全国的据点"留给了敌人，这无异于"放弃越南"。[28]

对比多来说更加棘手的问题在于，奠边府陷落进一步巩固了法国的和平力量。留给拉尼埃政府的时间已经不多了。在要塞陷落前夕，国民议会对政府的印度支那政策进行信任投票，

563

结果以 311 票赞成对 262 票反对而获胜。可仅仅是在六天后的
5 月 13 日，两者相差就减少到区区 2 票：289 对 287。政府的
印度支那政策不得民心，而在报界，有越来越多的评论员公开
表示，只要分割计划能确保和谈成功，他们就会支持该计划。
比方说在《世界报》，备受推崇的罗伯特·吉兰表示，有大量
可将越南分割为两个集结区的方案，每种方案都意味着"和
平的国际化"。[29]

四

　　比多把他的希望寄托于有可能带来相反效果的秘密谈
判上——也就是将战争国际化，这与其说是因为他想要寻求升
564　级战争，倒不如说他希望通过这样的可能性迫使共产主义国家
做出让步。从 5 月中旬起，法美双边谈判就开始考虑发起联合
军事行动的方案。法国和美国的档案记载对此次谈判的起源表
述不一，但有一点很清楚，那就是在 5 月 11 日，杜勒斯在向
驻巴黎大使道格拉斯·狄龙发去的电报中谈到了美国干预的条
件，而后者一直等到拉尼埃从信任票表决中死里逃生，才在 5
月 14 日将电报转交给巴黎当局。杜勒斯强调，干预请求必须
得到国民议会的支持，而且同时也需要向其他国家提出请求。
法军需要在印度支那保留与此前同等规模的军力，同时需要在
训练越南军队和联合干预指挥架构方面取得一致。最后，这位
国务卿表示，法国政府还需要向联合邦授予全面独立权，并赋
予其脱离法兰西联邦的权力。[30]
　　艾登在此前已经得到了其他代表团的暂时同意，决定将大
会改成限制性会议，他相信只有这样才能展开实质性的谈判。
他对法国和美国之间的接触一无所知，直到 5 月 15 日星期六

早上，他才在瑞士的报章上读到了相关的消息。报道说杜勒斯将很快在巴黎与拉尼埃展开会谈。艾登惊得目瞪口呆。他在次日与比多和史密斯当面对质：前者闪烁其词，但后者承认报道属实。史密斯本人对于华盛顿方面连个小小的秘密都无法保守住也感到十分郁闷，于是干脆偷偷地把一些涉及密谋细节的绝密电报拿去给艾登看。艾登感谢对方做出的姿态，但表示英方恐怕不可能再像 5 月 5 日所同意的那样继续参加五方会谈。两天后，比多向他保证法国只有在日内瓦会议破裂的情况下才会请求别国干预，艾登因此重新考虑了自己的决定，但他的疑虑仍然没有消除。巴黎和华盛顿看来仍旧对努力推进和谈缺乏兴趣，而且美国人的好斗在 5 月 1 日那场糟糕的晚宴上暴露无遗——当时他们说到在帮助越南国民军得到恰当训练的同时，在越南维持一个桥头堡——显然他们至今仍然没有抛弃这种天性。[31]

怀疑人士也许会问：法美之间讨论制定方案，是否真的指望取得成功？考虑到国民议会的情绪，会有哪一任法国政府满足美国的先决条件吗？此外，这么绝密的计划又怎么能被媒体听到风声？这是否纯粹是白宫在惺惺作态，一方面向国内和日内瓦的共产党人表达强硬立场，同时又将条件设得如此苛刻，几乎杜绝了任何真正干预的可能性？

有证据显示不仅如此。艾森豪威尔确实希望将条件尽量设得苛刻点，同时需要在做出任何干预的决定时都取得国会的批准，但他和杜勒斯在 5 月的下半个月一直在努力实现尼克松于 4 月 29 日所倡导的计划：建立一个排除英国的联盟。5 月 19 日，杜勒斯在白宫提醒艾森豪威尔，在美国筹划的军事干预中，"英国积极参与并不是必要条件"。总统表示认同，不过他进一步指出如此一来，澳大利亚、新西兰、菲律宾、泰国，

当然还有联合邦就显得尤为重要了。次日，杜勒斯与澳大利亚
驻华盛顿大使珀茨·斯彭德和新西兰外交部部长克利夫顿·韦
布（Clifton Webb）会面，后者从日内瓦回国，中间在华盛顿
落脚。杜勒斯告诉他们，在美国国会内部，对于英国充任美国
盟友的批评声日甚，"美国准备在不包括英国的情况下坚守在
一个联盟中"。在英国可能不参加的情况下，美国政府是否可
以指望堪培拉政府和惠灵顿政府加入这个联盟？这两国领导人
的反应都不怎么积极，情况跟六周前杜勒斯要求斯彭德和新西
兰的莱斯利·芒罗帮忙夯实英国决心时的表现别无二致。他们
只是答应会跟各自的政府商议此事。[32]

　　"拥有像这样的朋友啊……"杜勒斯也许会这样感叹道。
他已经受够了。受够了那些瞻前顾后的盟友，他们总是需要更
多时间、更多商讨、更多谈判，总是无法看到做出迅速、果决
行动的必要性。在写给前助理国务卿、时任洛克菲勒基金会主
席迪安·腊斯克的信中，他表达了自己的沮丧之情——十年
后，担任国务卿的腊斯克本人也将在盟友对越南的看法上体会
到这种挫败感。"我觉得大家都没有充分考虑过所谓的'盟
友'的含义，"杜勒斯写道，"我们是否应该把自己牵制在从
众多事实来看并无协议可言的地区？"这封信暗示两人在前一
周已经讨论过该问题，杜勒斯表示再过几星期，约莫是在6月
中旬时可能将就该议题召开一次重要会议，他将十分珍视腊斯
克的建议。[33]

　　那些事情得从长计议，而在当下，杜勒斯必须在现行体制
里施展身手，这就意味着他需要继续呼吁采取联合行动。总统
已经表明，自己在没有得到国会支持的情况下不会下令采取单
方面干涉，而国会偏偏对单独行动始终提不起兴趣。杜勒斯因

此在继续开展关于干涉行动的法美谈判，继续向澳大利亚和新西兰施压，继续警告英国和法国不要同意分割计划。最后一点在 5 月 25 日显得尤其艰难，因为在这一天的限制性会议上，范文同明确表示支持该计划——或者是在未说出相关词语的情况下尽可能明确地做出了示意。他用自成一派的、讲得不连贯的法语表示，交战双方都可以对各自领地采取全面的行政和经济控制，并从对方区域撤军。在老挝和柬埔寨也应实施类似方案，将一块区域划给联合邦的皇室政府，另一块划给越盟支持的巴特寮和自由高棉政府。范文同强调称，他的提案并不代表想要破坏各国的国家统一；各国的分割状态都只是暂时的，最终将通过公投实现重新统一。

范文同知道，他所描绘的总体框架会赢得英国代表和很多媒体团成员的好感。更重要的是，他知道分割方案在法国阵营中也渐渐获得了支持。乔治·比多急于打消南越政府的恐慌，因此仍然反对这个方案，但有几位官员——包括印度支那问题专家克洛德·谢松（Claude Cheysson）和雷蒙·奥弗鲁瓦（Raymond Offroy）以及让·肖韦尔和德·布雷比松上校，他们都相信对越南采取某种形式的分割，让每一方各获得一块三角洲的做法不无道理。一周前，德·布雷比松与越盟的何文楼（Ha Van Lou）上校开展了面对面的会议，这是法国和越盟首次进行这样的会谈。他们的首要任务是讨论疏散奠边府的伤员（在此前我们提到过，有数百名法国重伤员无法步行前往越盟战俘营，被留在了营地），同时也要商讨交换战俘的可能方案，但在此后几天，他们也涉及了其他议题，包括停火的具体办法和如何在双边实现重编。在接下来的几周里，两位自战争爆发时就站在对立面的上校——德·布雷比松属于 1945 年 11 月首批登陆

567

西贡的法军之列，而何文楼曾在法国殖民体系中担任文员，后成为第 320 师政委——在为最终的和谈贡献自己的力量。[34]

史密斯看似也意识到了对这个国家采取某种形式的分割的必要——这种转变是缓慢而潜移默化的。在 5 月 27 日的一次新闻发布会上，他承认人们不可能假装看不见胡志明纪律严明、令人生畏的军队以及它控制了相当可观的领地，假装越盟在战场上不存在优势。史密斯进一步表示，艾森豪威尔政府寻求的是在遵循美国原则的前提下，通过某种措施缓解此种对立现实，"在体面的基础上停止双方的敌对状态"。[35]（请见第711 页地图）

当然，这就是阻碍所在了：怎样才能称得上"体面的"？此时，国会和美国媒体还在痛斥分割等于背叛——《美国新闻和世界报道》将"温斯顿·丘吉尔的提案"与张伯伦在慕尼黑会议上允许分割捷克斯洛伐克相提并论，而《纽约时报》指责英国的领导人"看起来是活脱脱的绥靖主义者，这真是叫人心生警惕"——史密斯在华盛顿的上司仍希望在保留回旋余地的同时，避免美国做出任何有关停火政策层面的具体计划。[36]白宫相信，相比一个会奖励"共产主义侵略"的协议，倒不如压根没有协议的好。

在 5 月 29 日进行的限制性会议中，艾登和史密斯对英国的提案争论不休，这份提案建议法国和越盟的军事将领召开会议，讨论"敌对状态的休战安排，第一步就是圈定越南的重编区"。史密斯警告说，他的政府将保留权利，评判此类双边谈判的提议是否会有损美国对越南、柬埔寨和老挝独立自主所持的一贯尊重的立场。这一招算是美国人的保留动作，艾登听后显得很不高兴，不过更让他恼火的还在后头：史密斯宣布他

希望将自己的保留态度公之于众——他显然将美国国内的舆论
反响一直谨记在心头。艾登反唇相讥道，他不会将自己的提案
拿给媒体看，所以史密斯大可不必公布自己的想法。"出于种
种原因，这显然让美国人挺不开心的，"他在日记中轻描淡写
地写道。史密斯不只是"不开心"，他恼羞成怒，在给杜勒斯
的电报中，他称艾登"表现出了不耐烦和小家子气"。不顾这
位外交大臣的恳求，史密斯将这份提案和美国人不甚热心的看
法统统捅到了媒体那里。[37]

　　如果艾登看到了史密斯那天给杜勒斯发的电报中说到的其他
话，恐怕会气得脸发白："我要告诉你，我相信有朝一日假如艾登
当上了英国首相，那对英国和美国来说都是悲哀的。在进行了长
时间的接触后，我相信此人既不正直，又欠缺诚信，而且他的虚
荣和暴躁没有保持一定的平衡，但这一点在丘吉尔身上结合得就
很好，他既拥有睿智的思想，也拥有强大的人格魅力。"[38]

　　当晚艾登听到了一些更加让人惊恐的消息。晚上 7 点 36
分，外交部收到了英国驻巴黎大使格拉德温·杰布（Gladwyn
Jebb）发来的电报，并要求立即转发到日内瓦。电报内容让人
震惊：据法国外交部副部长莫里斯·舒曼表示，法美间有关美
国干预印度支那的谈判在当天取得了突破性进展，法国"实际
上已与美国在各个方面达成了一致"。舒曼告诉杰布，法国政府
其实并不希望美国干涉，而只是希望这个涉及美国空中和地面
部队的一致计划能对越盟的谈判人员及其苏联和中国支持者造
成"震慑作用"。这个说法根本安抚不了艾登。他在次日给丘吉
尔的信中断言美国人"想要干预"，决定将在日内瓦会谈尚有一
线生机之时用最强烈的语言再次重申英国无意支持任何军事行
动。舒曼也许说过法国不愿意将战争升级，但"他们在怯懦和

固执之间来回游移，很可能恰恰会造成战争升级的后果"。[39]

当艾登找到比多对质时，这位法国人证实了舒曼的说法。他表示，如果日内瓦谈判未能取得可接受的和平，艾森豪威尔将动员国会，争取批准干预行动。美国将出动空中力量，也可能会派出三个师的海军陆战队。美国政府甚至已经要求法国赋予联合邦脱离法兰西联邦的权力。艾登听比多说完，然后重申他的政府拒绝参与军事行动，而比多表示他个人认为这个计划主要是用于加强法国外交手腕的政治武器。[40]

美国人也确实这么认为的吗？他们是否也将远处的隆隆雷声视为诱导日内瓦的共产党人降低要求的手段？这个展示力量的举措真的只是虚晃一枪吗？抑或艾登对丘吉尔坚称"华盛顿想要干涉"的说法是对的？现在并没有盖棺论定的证据，但几乎可以断定这两者皆有。说得轻一点儿，很难设想艾森豪威尔政府仅仅将法美协议视作精心筹划的计谋；总统和他的幕僚们当然知道一旦日内瓦谈判告吹（这既是他们的预期，也多半是他们的心中所愿），他们将面临实施计划的巨大压力。基于意识形态和实际的党派因素，美国政府不愿意跟"远东慕尼黑"联系在一起，同时也害怕越盟获胜后带来的地缘政治和国内政治后果，因此一直筹划着可能的军事干预，也一直希冀在英国不参加的情况下，澳大利亚和新西兰能加入联合行动。6月2日，比德尔·史密斯受政府之命，在一次新闻发布会上说，美国不会将自己跟"任何分割或瓜分越南的方案"联系在一起。[41]

五

此后某些事情发生了改变——确切地说，是两件事情。第一件事是华盛顿得知澳大利亚和新西兰都不愿意在可预见的未来前往印度支那参与军事行动。在太平洋共同防卫组织（ANZUS）中更具影响力的澳大利亚政府事实上已经悄悄采取这种立场达几周之久。一方面，它仍然热切地希望跟美国保持良好关系，希望美国人能确保负责东南亚防务；另一方面，它又不想公开跟英国政策对立。战场上的局势对它的立场改变起到了举足轻重的作用。随着武元甲在奠边府获胜，并对红河三角洲地区持续施压，澳大利亚军事官员认为法兰西联邦军队在北圻气数已尽，甚至连在安南和交趾支那的前途都十分渺茫。美国领导的多边干预无疑将改善局势，但不足以扭转局面，至少在短期或中期不可能，这样一来，阻止共产主义扩张的最佳途径当是及早停战。孟席斯政府对此表示认同。5 月 23 日，其外交部部长理查德·凯西（Richard Casey）在一份密电中总结说，最佳解决方案应是"通过某些政治解决途径（甚至包括分割在内）"实现停火。[42]

值得注意的是，当美国驻澳大利亚大使阿莫斯·J. 皮斯利（Amos J. Peaslee）得知澳大利亚的立场时，指出这种将政治解决方案置于军事之上的做法与他对美国政策的理解并不一致。同样有一点值得注意，在 6 月 4 日星期一时，凯西正式向澳大利亚政府提出自己的主张，声称他相信华盛顿希望通过多边军事干预达到延长战争的目的。但他同时也提出应该通过外交途径解决争议，强调尽管政府希望美国继续参与东南亚防务，但是"澳大利亚的命运不应完全跟美国捆绑在一起，支持一场在我们看来是错误的军事行动"。政府批准了凯西的提案。而在堪培拉，没有几个官员认为美国对印度支那采取的这一套捶胸顿足、咄咄逼人的做法仅仅是恫吓共产主义代表团做

570

出巨大让步的计策。[43]

所以可以这么说：澳大利亚支持政治解决方案的决定拥有历史意义。在消息传到白宫后不久，艾森豪威尔政府的论调就开始陡然转变。在 5 月底，皮斯利向华盛顿暗示了将要出现的结果，而斯彭德大使在 6 月 4 日正式告知美国国务院。次日晚上，杜勒斯表示政府有意寻求通过协商解决战争问题。据斯彭德说，当时杜勒斯称"如果法国希望实现停火，那么不管对方提出什么条件他们也只能照单全收"。杜勒斯还暗示美国

571 "不会在没有取得澳大利亚和新西兰支持的情况下采取单边干预"。（惠灵顿当局在同期也表示不会参加联合行动。）在英国驻华盛顿大使罗杰·梅金斯看来，杜勒斯的意图再清楚不过：美国在越南开展的任何行动都应是联军行动的一部分。[44]

如果说来自澳大利亚的消息是美国想法显著改变的其中一个原因，那么还有第二个原因：美国人日益了解到越南战场的形势有多么悲惨。在同一个周末，来自美国、英国、法国、澳大利亚和新西兰五国的参谋长在华盛顿召开军事会谈。大概两周前，一个由法军总参谋长保罗·埃利将军领导、前印度支那司令官拉乌尔·萨朗参加的法军代表团视察了印度支那，他们带回了对战争的令人警醒的评估。他们告诉国防委员会，必须对印度支那提供大量增援，而且考虑到越南国民军水平有限，这批增援只能由法国提供。而这将意味着修改法律，允许将征召入伍的士兵派到那里。而且在满足了这样的条件后，也有必要放弃其他地区，将防守集中在真正重要的红河三角洲地区，尤其是河内—海防走廊。[45]

在五边会谈中，法国代表团团长传递的基本信息事实上跟 1946 年战争开始时远征军总司令让·瓦吕将军（他目前担任

法国军事代表团驻华盛顿的代表）的话如出一辙。瓦吕在 6
月 2 日晚间沮丧地告诉雷福德上将，法兰西联邦军队的士气一
落千丈，而越南国民军成了四处逃散的乌合之众。而另一方
面，越盟受到奠边府大捷的鼓舞，已经蓄势待发，集结了多达
100 个营的兵力，做好了进攻红河三角洲的准备。三角洲能守
住吗？瓦吕在跟雷福德的会面以及次日的五国会谈中都对此表
示怀疑。在谈到守住北圻的重要性和联合行动的必要性方面，
他放出了一些大话，但他知道在与会的其他四国代表团中，有
三个国家根本无意参与多边干预行动。随着会谈深入进行，瓦
吕暗示法军的态度现在已向分割方案倾斜，不管是通过在日内
瓦会议达成协议，还是通过法兰西联邦军队自行向南撤退。瓦
吕承认，胡志明只有在取得了对河内统治权的情况下才有可能
接受停火，因此提议在尽可能偏北的地区划出一条分隔线，最
理想的方案是北纬 18 度线。[46]

572

　　在阿瑟·雷福德和其他抱有类似心态的美国军方人员看
来，这类"失败主义"论调让人心生鄙夷。在华盛顿会谈中，
这位上将始终在施加采取联合行动的压力；始终坚称西方面临
着要么实施军事干预，要么迅速丢掉整个印度支那甚至东南亚
的前景；始终强调北圻是整个区域的关键。他坚持表示，只要
法国能派出大量增援，辅以美国的空中和海上行动，就可以将
北圻再守 6 ~ 9 个月，而美方则可以利用这段时间对越南军队
做出有效训练。但是，尽管艾森豪威尔和杜勒斯对这位上将的
评估持有同感——《美国新闻和世界报道》在该周的报道中
称，总统认为雷福德的计划相当有道理——但他们现在必须要
跟越南的战情以及主要盟国日益强硬的看法相抗衡。此外，他
们还必须考虑美军内部对雷福德观点的反对声。外表一板一

眼、灰色双眸冷峻慑人、心思缜密到散发出严肃庄重气场的陆军参谋长马修·李奇微将军始终对在越南使用空中力量的效果持深深的怀疑态度。此外，他确信只要采取了空中和海上行动，那么地面部队将是避免不了的事情——而且数目将相当可观。李奇微警告说，考虑到美国已在世界各地承担了各种防务义务，这将给五角大楼的规划者带来巨大的压力，而且将"在一个不具决定性的战场发生危险的战略偏离"。[47]

安东尼·艾登感觉到了美国观点的转变。6月5日，他在英国内阁发表讲话时一脸阴郁地说，他认为现在不可能达成协议，因为比多优柔寡断，而华盛顿方面又只对军事干预感兴趣。但在当天晚些时候，英国驻华盛顿大使梅金斯传来了一个消息，说美国人现在制定了一个新政策，表示只有在中国动用军队和飞机的情况下才会对印度支那采取干预行动。艾登在日记中嘲讽了北京政府出兵干预的猜想——"他们怎么会在眼看取胜的情况下做这种事情呢，我真是想不明白"——但他将此解读为美国改变策略的信号。如果这个推测被证实，那么这就意味着干涉主义者（他在这里指的是雷福德、杜勒斯、罗伯特·B.卡尼［Robert B. Carney］上校和参加五方会谈的美国代表团）遭遇了挫折。[48]

比多同样感到了风头不一样了，而且这股风吹得他直打哆嗦。他通过亨利·博内大使问杜勒斯，如果干涉已经不再是一个可行的选项，那么继续法美谈判还有什么意义？杜勒斯回答说形势不一样了：在六周前，美国的空中和海上力量，再加上"象征性的地面军队"就已经足够了，而现在恐怕总共需要四到五个师的美军。此时的军情十分黯淡，且法国及其在越南的盟友的士气也已经坠入最低谷。此外，法国政府也未能达到美国干涉的先决条件。博内在会谈结束时气冲冲地指责说，两国政府间原本已经达成了协议，现在华盛顿是事到临头突然抽身。[49]

六

如果说美国在越南采取军事干预的方案到头来已经被排除出讨论议程，那么，艾森豪威尔政府也仍然不愿意走出下一步——支持协商解决争端。甚至当日内瓦会议上的其他主要国家都已经倾向于把分割看成最可取的方案时——乔治·比多本人仍然不情愿，但越盟和法国的谈判人员在6月4日、5日和10日的秘密会议中已就具体细节取得重大进展——美国仍然心存抗拒。（至少在明面上如此；在私底下，比德尔·史密斯在6月13日告诉澳大利亚外交部部长凯西，称他本人接受分割的想法。）[50]单从美国国内政治来看，日内瓦会议彻底失败，总归是比向共产主义妥协要好，如果对手还包括了中国就更是如此了。

这样一来，就可以解释为什么在6月中旬的限制性会议上出现分歧时，美国官员是那么镇定自若了。分歧主要跟监管和平的国际监督委员会的权威与组成有关，同时涉及柬埔寨和老挝的地位。达成决议看来几无可能，很多代表相信会议眼看就要失败，艾登也是这么想的。杜勒斯很宽慰，至少他不怎么担心。在6月14日他发电报给比德尔·史密斯说："在我们看来，日内瓦会议最终休会最符合我方利益，但前提是它最好不要给法国人造成一种印象，让他们觉得在这个节骨眼儿，法国已经被美国和英国抛弃，因而别无选择，只能在印度支那战场上向共产党投降，或者在欧洲向苏联妥协。"[51]

574

　　可是，如果这类投降和妥协真的发生了，或者共产党拿和谈失败当成攻占整个印度支那半岛的借口，那该怎么办？在 6 月 15 日的国家安全委员会会议上，国务院政策计划参事室主任罗伯特·鲍伊（Robert Bowie）恰恰这样表达了自己的顾虑。鲍伊指出，美国退出日内瓦会议，是因为它认为共产党的提议无法接受，但它又不愿意做出任何行动来巩固法国的立场。这可能会导致越盟沿半岛一路南下，获得的领土甚至比他们在会上要求的更多。如果出现这种局面，尼赫鲁和其他"亚洲人"将倒向共产主义阵营。他因此表示，更好的办法是保卫"南越"，如果必要的话美国应当拿出四个师的兵力。[52]

　　尽管美国驻西贡的外交官好几周以来一直发出类似的声音，但对于华盛顿的权力核心来说，这是个让人耳目一新的想法。[53]鲍伊不只是主张分割比和谈破裂更合乎美国利益，他还强调越南南部在军事上是可以防御的。五国会谈得出了同样的结论，一致认为从他曲（老挝）到洞海一线——北纬 17°50′线——是可以防守的。在当时，鲍伊的论点没有几个人支持，但此后几天里这种观点在高层官员中渐渐赢得青睐。到了 6 月 17 日，约翰·福斯特·杜勒斯在国家安全委员会的另一场会议中的论调已经全然不同。从会议记录来看，他同意艾森豪威尔所说的东南亚原住民视战争为殖民主义侵略的主张，并表示要求法国彻底退出印度支那，然后努力"从基础开始进行重建"的"时机或许已经到来"。在同一场会议的晚些时候他说："对美国或其盟国而言，现在几乎不可能在三角洲地区作战，就算其他条件允许，法国人也无意邀请我们加入。他们急于将我们甩出印度支那。……也许现在最好让他们放弃。"[54]

　　"也许"和"或许"二词很重要。尽管回头来看，杜勒斯的话代表着一个分水岭式的时刻——它是美国政策发生重大转变的首个清晰标志，自此以后，美国就从要求法国继续战斗、抵制谈判，开始转向要求法国彻底撤出印度支那，并在没有任何殖民主义玷污的情况下"从基础开始进行重建"——不过在1954年6月中旬那会儿，无论是他还是艾森豪威尔都并不知道自己究竟想获得什么。他们仍然犹豫不决，想要寻找什么办法调和印度支那事务上互相抵触的任务——既要防止这个国家沦为"另一个朝鲜"，又要避免出现任何向共产主义国家"求和"的苗头。他们知道无论走哪条路，眼前都险象环生，尤其这一年还是国会选举年，因此仍然认为日内瓦会谈彻底崩盘对他们最有利。6月12日，史密斯坦率地告诉艾登，他刚刚收到艾森豪威尔一封"直言不讳"的私人邮件，总统在信中命令他要努力尽快终止和谈进程。总统本人则是这样回忆自己在6月的决定："我们相信，破坏日内瓦会议的有效参与性对美国最有利。在一场拖沓冗长的会谈中，让西方强国在无所作为的同时又制造出政策裂隙的日子需要画上一个句号了。"[55]

在巴黎，有一个人的看法截然不同。在6月18日，即拉尼埃政府未赢得信任投票（306票对296票）的五天后，皮埃尔·孟戴斯－弗朗斯成为法国新任总理，相比法国的其他主要政界人物，他最早反对这场战争，言辞也最为激烈。为了赢得国民议会的支持，激进党的这位资深代表不仅声称自己的首个目标就是实现印度支那停火，还发誓说如果未能达成协议，将在上任30天内辞职。他还进一步说，自己在辞职前要做的最后一件事将是提出用新征募的士兵为印度支那战场补充新鲜血液，而国民议会必须在同日投票表决。孟戴斯－弗朗斯敢放出此言，显然是受到了德·布雷比松和何文楼秘密会谈结果的鼓

576 舞，但他知道这仍然是一场赌博。日内瓦的代表将做何反应？他能说服越盟、美国人、中国人和苏联人吗？又该拿保大的越南国怎么办呢？就在这周这个政权刚刚完成了领导层变更，保禄不再担任总理，取而代之的是吴庭艳，这个变化在当时乏人问津，而在未来将产生重大的影响。此外，当即宣布反对任何涉及分割国土协议的吴庭艳是否又将打乱孟戴斯－弗朗斯的时间表呢？

有那么多的问题，那么多亟待解决的争端。而时钟已经滴答响起。

注释

1. Philippe Devillers and Jean Lacouture, *End of a War: Indochina, 1954* (New York: Praeger, 1969), 122.
2. 《纽约时报》，1954 年 4 月 25 日。
3. Devillers and Lacouture, *End of a War*, 123.
4. 引自 James Cable, *The Geneva Conference of 1954 on Indochina* (London: Macmillan, 1986), 65。
5. VP diary, RN dictabelt, April 29, 1954, Nixon Presidential Library, Yorba Linda, Calif. ; 国家安全委员会会议，1954 年 4 月 29 日，*FRUS, 1952 - 1954, Indochina*, XIII, 2: 1431 - 35.
6. 《纽约先驱论坛报》，1954 年 4 月 29 日；《华盛顿邮报》，1954 年 5 月 5 日；《新闻周刊》，1954 年 5 月 14 日。
7. Chester L. Cooper, *In the Shadows of History: Fifty Years Behind the Scenes of Cold War Diplomacy* (Amherst, N. Y.: Prometheus, 2005), 118.
8. 两人是否真的有过这么一次邂逅，一直以来存在争议，但美国代表团的几位成员表示自己亲眼看到了这一幕。见 Cooper, *In the Shadows of History*, 113。

9. Cooper, *In the Shadows of History*, 117. 库 珀 的 第 一 本 书 出 版 于 1970 年, 书 名 为 *The Lost Crusade*: *America in Vietnam* (New York: Dodd, Mead, 1970)。在这本书里, 他说自己和这位中国人在电梯里没有说话, 只是先微笑, 继而大笑 (77)。

10. 1954 年 4 月 26 日, 伊夫林·舒克伯勒日记, *Descent to Suez*: *Diaries*, *1951 – 1956* (New York: W. W. Norton, 1987), 177。

11. 1954 年 4 月 30 日, 伊夫林·舒克伯勒日记, Ibid., 183 – 85; Matthew Jones, "The Geneva Conference of 1954: New Perspectives and Evidence on British Policy and Anglo-American Relations," 论文未发表, 由作者所有。

12. Geneva to FO, May 2, 1954, FO 371/104840; 1954 年 5 月 2 日, 伊夫林·舒克伯勒日记, *Descent to Suez*, 186。另见 Eden, "Discussions on the Situation in South-East Asia, March 29 – May 22," June 11, 1954, PREM 11/649, TNA。

13. Geoffrey Warner, "From Geneva to Manila: British Policy Toward Indochina and SEATO, May-September 1954," in Lawrence S. Kaplan, Denise Artaud, and Mark Rubin, eds., *Dien Bien Phu and the Crisis of Franco-American Relations*, *1954 – 1955* (Wilmington, Del.: Scholarly Resources, 1990), 150.

14. Moran Diaries, entry for May 4, 1954 from Lord Moran, *Churchill*: *The Struggle for Survival*, *1940 – 1965* (London: Constable, 1966), 573. 丘吉尔在几周后说:"[杜勒斯] 在这里所说的话完全无济于事, 而且他说的越多, 就显得他越没用。"Churchill to Eden, June 16, 1954, PREM 11/666。

15. Jean Chauvel, *Commentaire*: *De Berne à Paris*, *1952 – 1962* (Paris: Fayard, 1973), 3: 56, 引自 Cable, *Geneva Conference*, 71。

16. Reading letter to Lloyd, May 14, 1954, SELO 5/15, Selwyn Lloyd Papers, Churchill College, Cambridge. 英国人发的一份电报说:"正如我们都知道的那样, 罗伯逊是疯子。"Paris to FO, May 3, 1954, FO 371/112058, TNA. 另见 Donald Maitland, *Diverse Times*, *Sundry Places* (Brighton, U.K.: Alpha Press, 1996), 74。

17. 艾登日记, 1954 年 5 月 3 日, AP20/1/30, Anthony Eden Papers, University of Birmingham (hereafter UB); Cable,

Geneva Conference, 70. 关于史密斯对杜勒斯的差评, 见 Tim Weiner, Legacy of Ashes: The History of the CIA (New York: Doubleday, 2007), 79. 陪同艾登去机场送杜勒斯的唐纳德·梅特兰 (Donald Maitland) 回忆说, 一路上艾登都在抱怨杜勒斯。"我原本不知道他能放出这么多的狠话。"Maitland, *Diverse Times*, 74。

18. Devillers and Lacouture, *End of a War*, 151-52. 比多的演讲刊登于 1954 年 5 月 11 日的《世界报》。

19. 参见周恩来致毛泽东和其他人员《关于第一次全体大会形势》, 1954 年 5 月 9 日, 文件编号 no. 206 - Y0049, 中华人民共和国外交部档案馆, 北京; 以及中央委员会致周恩来, 5 月 9 日, 文件编号 no. 206 - Y0049, 中华人民共和国外交部档案馆, 北京。感谢陈兼为我查找这些文件并提供翻译。

20. "Indochine, Propositions faire par le Délégation de la République du Viêt-Nam," May 10, 1954, Box X, Indochine, Institut Pierre Mendès France (hereafter IPMF), Paris.

21. 见 Tahourdin and Allen, "Record of a talk with a member of the Soviet delegation," May 1, 1954, FO 371/112060, TNA。

22. 德·布雷比松备忘录, 1954 年 6 月 17 日, 引自 Edouard Frédéric-Dupont, *Mission de la France en Asie* (Paris: Éditions France-Empire, 1956), 172-73。

23. Pierre Asselin, "The DRVN and the 1954 Geneva Conference: New Evidence and Perspectives from Vietnam," 论文未发表, 由作者所有; 周恩来致毛泽东和其他人员,《关于第一次全体大会形势》, 1954 年 5 月 9 日, 文件编号 no. 206 - Y0049, 中华人民共和国外交档案馆, 北京。

24. 日内瓦会议印度支那事务第三次全体大会, 1954 年 5 月 12 日, *FRUS, 1952-1954, The Geneva Conference*, XVI, 780-83。

25. "Notes made by Mr. MacArthur for his own information, following a meeting between the Secretary and Mr. Allen Dulles," May 14, 1954, *FRUS, 1952-1954, Indochina*, XIII, 2: 1562-64; Eden to FO, May 15, 1954, FO 371/112065.

26. Bidault à MAE, May 11, 1954, Dossier IV, Conférence de la Genève 26 avril - 17 juin, 457 AP 55, AN; "Décision prise en Comité de Défense Nationale le 15 May 1954," Dossier IV, DPMF,

Indochine, IPMF; Jacques Dalloz, *Georges Bidault：Biographie politique*（Paris：Éditions L'Harmattan, 1993）, 367 – 68.

27. "Memcon：French Military Briefing, Indochina," May 11, 1954, Box 49, CF 312, Record Group 59, NARA.

28. Guillermaz quoted in James Waite, "The End of the First Indochina War," Ph. D. dissertation, Ohio University, 2005, pp. 225 – 26; Eden to FO, May 11, 1954, FO 371/112063, TNA; Chiefs of Staff Committee, "Confidential Annex," May 12, 1954, FO 371/112064, TNA.

29. 《世界报》, 1954 年 5 月 7 日。

30. 例如参见 *FRUS*, *1952 – 1954*, *Indochina*, XIII, 2：1534 – 36, 1566 – 68, 1574 – 75, 1586 – 90, 1618 – 20; Paris to FO, May 16, 1954, FO 371/112065, TNA。

31. Eden to FO, May 1954, FO 371/112065, TNA; Eden to FO, May 16, 1954, FO371/112066, TNA.

32. Spender to Tange, May 21, 1954, A5462/1, pt. 3, CRS National Archives of Australia; Webb to Holland, May 20, 1954, EA1, 316/4/1, pt. 7, CRS Archives of New Zealand.

33. Dulles to Rusk, May 24, 1954, Box 8, "General Foreign Policy Matters（3）," White House Memoranda Series, Dulles Papers, Eisenhower Library. 感谢 Matthew Jones 为我找到了这份文件。看似在 6 月时并没有哪次会议涉及该主题。

34. Devillers and Lacouture, *End of a War*, 201 – 2, 232.

35. 引自 William J. Duiker, *U. S. Containment Policy and the Conflict in Indochina*（Stanford, Calif.：Stanford University Press, 1994）, 176 – 77。

36. 《美国新闻和世界报道》, 1954 年 5 月 29 日;《纽约时报》, 1954 年 5 月 31 日。

37. Geneva to FO, May 29, 1954, FO 371/112068, TNA; Geneva to State（Dulles）, May 30, 1954, *FRUS*, *1952 – 1954*, *The Geneva Conference*, XVI：974 – 78; 艾登日记, 1954 年 5 月 29 日, AP20/17/231, UB; Cooper, *Lost Crusade*, 85。

38. Smith to Dulles, May 30, 1954, Box 9, Indochina May 1953 – May 1954（1）, Dulles Papers, Eisenhower Library. 这段电报摘自 *FRUS* 印刷版。感谢 Matthew Jones 为我找到了这个版

本的文件。

39. Paris to FO, May 29, 1954, FO 371/112089, TNA; Geneva to FO (for Churchill), May 30, 1954, FO 371/112089, TNA.

40. Eden to FO, June 1, 1954, FO 371/112089, TNA; Eden diary, May 30, 1954, AP20/17/231, UB; Eden diary, June 1, 1954, AP20/17/231, UB.

41. Geneva to State, June 2, 1954, *FRUS, 1952 – 1954, The Geneva Conference*, XVI: 1005 – 8.

42. Hiroyuki Umetsu, "Australia's Response to the Indochina Crisis of 1954 Amidst the Anglo-American Confrontation," *Australian Journal of Politics and History* 52, no. 3 (2006), esp. 406 – 14; 凯西引语见第 414 页。另见 Gregory Pemberton, "Australia, the United States, and the Indo-China Crises of 1954," *Diplomatic History* 13 (Winter 1989): 45 – 66。

43. Umetsu, "Australia's Response," 414.

44. Ibid.; Memcon, June 4, 1954, *FRUS, 1952 – 1954, East Asia and the Pacific*, XII, 1: 537 – 39; Washington to FO, June 3, 1954, FO 371/112089, TNA.

45. Pierre Pellissier, *Diên Biên Phu: 20 novembre 1953 – 7 mai 1954* (Paris: Perrin, 2004), 459 – 68; Devillers and Lacouture, *End of a War*, 181 – 83.

46. "Fiche sur la Conférence à cinq de Washington sur le Sud-Est Asiatique," Indochine 295, Asie-Océanie 1944 – 1955, MAE; British Joint Staff Mission (DC) to MOD, June 7, 1954, FO 371/112070, TNA; "Report of the Five Power Military Conference of June 1954, Pentagon, June 11, 1954," FO 371/111866, TNA. 法国代表团的陈述见 Enclosure C, Annexes 2 and 3。

47. Robert Buzzanco, "Prologue to Tragedy: U. S. Military Opposition to Interventionin Vietnam, 1950 – 1954," *Diplomatic History* 17 (Spring 1993): 201 – 22. 李奇微的话引自 David L. Anderson, *Trapped by Success: The Eisenhower Administration and Vietnam, 1953 – 1961* (New York: Columbia University Press, 1991), 29。

48. Cabinet minutes, June 5, 1954, CAB 128/27, TNA; 艾登日记, 1954 年 6 月 6 日, AP20/17/231, UB。

49. June 16, 1954, *FRUS, 1952 – 1954, Indochina*, XIII, 2: 1711 – 13.

50. R. G. 凯西日记，1954 年 6 月 13 日 – M1153，NAA。

51. SecState to Paris，June 14，1954，in *FRUS*，*1952 – 1954*，*Indochina*，XVI：1147.

52. 国家安全委员会会议记录，1954 年 6 月 15 日，*FRUS*，*1952 – 1954*，*Indochina*，XIII，2：1693 – 94。

53. 在 5 月中旬，美国大使馆参赞罗伯特·麦克林托克（Robert McClintock）就在电报中写道："尽管我非常反对分割越南的方案，但我宁愿诉诸这个极端手段，以保留重要的土伦空军基地，无论如何这都比在柬埔寨和老挝苦苦从事壁垒战更好。"Saigon to State，May 13，1954，*FRUS*，*1952 – 1954*，*Indochina*，XIII，2：1552 – 53。

54. 会谈备忘录，国家安全委员会会议，1954 年 6 月 17 日，*FRUS*，*1952 – 1954*，*Indochina*，XIII，2：1713 – 18。

55. Geneva（Eden）to FO，June 12，1954，FO 371/112089，TNA；Dwight D. Eisenhower，*Mandate for Change*：*The White House Years*，*1953 – 1956*（Garden City，N. Y.：Doubleday，1963），366.

第二十三章 "我们必须尽快行动"

一

这是一次赌博，不过它是在经过深思熟虑后做出的。皮埃尔·孟戴斯 - 弗朗斯向世人宣布，如果他不能在一个月内（也就是说在 1954 年 7 月 20 日之前）结束他的国家在印度支那长达八年的战争，他将辞去法国总理一职。自 6 月 13 日同意担任候任总理以来，以工作孜孜不倦、注意力高度集中著称的孟戴斯 - 弗朗斯一头扎进了对越南军事局势的调研中。他知道得越多，就越发意识到自己必须尽快行动以达成协议。战争此时仍在持续。高级军官们在 6 月 14 日告诉他，红河三角洲的景象日益惨淡，越南国民军中开小差的情况已经如同瘟疫一般蔓延，而且河内—海防的道路持续面临被切断的危险，如果以前断路只会持续几小时的话，现在已经发展成常态。几周之内，武元甲就可以做好从三角洲周边的几个不同据点发动大规模进攻的准备。更糟糕的是，越盟将领甚至有可能大可不必发动类似的全面进攻，因为事实上三角洲的局势已经恶化到了法军据点有可能会迅速崩溃的境地。"我们必须尽快行动，"这些军官们催促候任总理，"我们必须让他们尽快摊牌。"[1]

促使孟戴斯 - 弗朗斯孤注一掷，将自己的政治前途押在迅速取得和解的前景上的，并不仅仅是惨淡的军情。正如我们所看到的那样，多年来他一直是法国议会中叫嚷着不祥之词的预言家，凭借着自己身为经济学家的资历，他强调法国承担不起这场战争，不可能在努力使国内获得复苏的同时还负担得起在 亚洲从事一场大规模的军事战役。同时，如果法国的经济无法 复苏，这个国家在欧洲和北非的更广泛的外交目标，也将无法 企及。[2] 各种问题环环相扣。他知道，在未能大获全胜的情况 下放弃印度支那事业不是一件易事，必将遭到国内部分评论人 士的诋毁，而且法国的国际声誉也将受损，但除此之外还有其 他办法吗？"管理即选择"，孟戴斯－弗朗斯曾这样宣称，也 曾不断批评此前的法国政府一直在回避就印支事务做出艰难的 选择。现在，他得到了一个践行个人理念的机会。

何况他们未必会满盘皆输。虽然军事前景看起来非常黯 淡，但在外交方面，孟戴斯－弗朗斯有理由心怀希望。从让·肖韦尔发回的电报中他得知法国和越盟在日内瓦的双边会谈取 得了缓慢但稳步的进展，这似乎说明越盟同样想要及早结束战 争。与此同时，美国以外的代表团（他知道美国人会怀疑他 的左翼背景）对他当选的结果很欣慰，所以现在他的任务就 是趁着新鲜劲还在，趁着他在议会里拥有广泛支持，快速且果 断行动。他希望通过宣布这个最后期限，创造出一种接近休战 的心理状态。毕竟，在这四周的窗口期发动一场大规模进攻行 动将会招致国际骂名，同时，既然只有敌军有能力在不远的未 来发动这种行动，那么法国在战争机动性方面所遭受到的损失 是可以忽略不计的。在朝鲜半岛，谈判能够几个月几个月地拖 延下去，但他不能容许同样的问题出现在这里。[3]

然而，设定最后期限总会是有风险的，而且是巨大的风 险，孟戴斯－弗朗斯对此心知肚明。如果他未能在 7 月 20 日 前达成协议，他本人的声誉将蒙受可能致命的打击。此外，法 国的对手们有可能忍不住要故意拖延谈判进度，好让法国在最后一分钟做出巨大让步。最近几周已经可以明显感觉到西方强国之间的摩擦，而在法英美三国于截止日期前争取建立共同立场的过程中，这样的摩擦将只增不减。可尽管如此，孟戴斯－弗朗斯还是迎难而上。在 1954 年 6 月 18 日凌晨 2 点，就在发表让国民议会的代表们为之一振的印度支那宣言几小时后，皮埃尔·孟戴斯－弗朗斯以 419 票支持、47 票反对、143 票弃权的结果当选为法国总理。这是法兰西第四共和国历史上最一边倒的选举结果之一。左翼媒体固然为这个结果欢呼雀跃，但在更加中立的报刊，比如《世界报》、《游击手》、《战斗报》（Combat）和《法兰西观察家》（France Observateur）上，也可以见到"孟戴斯式的"喜悦。

他步入欧陆政坛最高席位之一，这一点既在意料之中，又在意料之外。1684 年他的犹太人祖先逃离了葡萄牙宗教裁判所，他于 1907 年在巴黎出生。在年岁尚幼时，他就接受了第三和第四共和国中产阶级犹太裔家庭长期以来对身份认同的世俗观念，相信一个主张社会同化同时兼容并蓄的法国将是最令人满意的归宿。1938 年，这个野心勃勃、机智聪明的年轻人在莱昂·布鲁姆的第二个总理任期担任经济部副部长一职，1944～1945 年则是戴高乐政府的经济事务部部长。不过，从某种程度上来说，从战时到战后初期，他一直是政坛的边缘人士：他既玩不转政治手腕，也不会操纵议会，他的力量在于自己的知识和道德激情，在于愿意直面难堪的事实，做出艰难的抉择，同时将各项事务完成。年轻的支持者和下属像称呼罗斯福为 FDR 那样，称呼他为"PMF"，而参与创办了《快报》周刊的记者盟友不断鼓吹他的理念，现在，期待已久的时刻终于到来了。[4]

孟戴斯-弗朗斯保留了由让·肖韦尔领导的日内瓦会议代表团的多数成员，不过将联合邦部长一职交给了激进党的老将、前空军部长居伊·拉尚布尔（Guy La Chambre）。孟德斯-弗朗斯自己兼任外交部部长，因为他认为自己的主要任务是建立印度支那和平，而这基本上是个外交使命。

日内瓦会议的比多阶段在持续了七周半，印度支那战争的比多阶段在进行了七年半后，就这样戛然而止。早在1946年枪声响起之前，这位前历史教员就一直站在舞台中央，但是他无法坚守到曲终人散的一刻。在日内瓦会议上，他起初仍然坚守着胜利者的姿态，呼吁根据"豹皮式方案"（由敌对双方所控制的不规则领土轮廓）实施停战，并固执地拒绝讨论越南的政治前景，甚至不愿意跟范文同会面。"我不大习惯跟暗杀者打交道，"比多傲慢地表示，并补充说，"你们非得强迫我跟他谈什么呢？我知道他只有一个想法：把我们踢出大门。"[5] 不过，随着时间一周周地推移，比多也看到了改变立场的必要性，表现得更加灵活。他允许德·布雷比松与何文楼谈判，不过他本人仍然不愿意与范文同进行私人会面。到了最后阶段，他矛盾重重、敷衍拖延、步步为营。[6] 他始终不愿意将军事和政治问题联系起来，或者放弃出现某种奇迹转机的希望，而这种奇迹不可避免地将要涉及美国军事干预。即便是在他的代表团里有很多成员都将分割视为唯一真正解决之道的情况下，他仍然保持抵制态度，直至6月中旬仍然声称豹皮式方案是自己唯一能接受的方案。[7]

可能会有人指出，豹皮式方案能为法国带来真正的成果——比多和他的支持者，以及当时的一些观察人士确实是这么认为的。这种说法认为，通过抵制分割，以及与华盛顿方面

580

讨论以为可能的军事升级做准备，比多可以引导共产主义国家做出在六周前奠边府惨败时难以想象的让步。而另一种观点则认为，比多的"外交梦游症"（语出法国社会学家雷蒙·阿隆［Raymond Aron］），以及他显而易见地厌恶与范文同及其中苏盟友谈判，取得的效果无非是拖延了和谈进程。[8]莫洛托夫在6月初返回莫斯科时，向中央委员会发牢骚说，正是因为比多不愿意讨论停火线的位置，才导致会谈进程缓慢无比。中国的周恩来和英国的安东尼·艾登，甚至连法国代表团的核心成员也都有同感。6月19日，随着比多终于退出舞台，让·肖韦尔告诉艾登，法国代表团终于可以就越南分割问题展开严肃的讨论了。[9]

　　在艾登看来，一切就好像突然拨云见日一般。就在几天前，他还绝望地向同僚们倾诉说，这次会议看来将无果而终（而且他怨怼地指出，这正中美国人下怀），他此前几个月的努力也将化为乌有；而现在，他认为自己有理由心怀希望，甚至持乐观态度了。比多走人了，而新的当权派希望能缔结协议。还不仅如此，想要利用巴黎动荡局势的莫洛托夫和周恩来在近期都做出了让步。6月15日，莫洛托夫提出可以在会后的监督委员会组成方面做出妥协，暗示中立的印度可以出任主席国。他还重申，只要与会国不故意忽视政治议题，他愿意把军事议题放在首位。至于周恩来，他先是在6月14日隐晦地暗示，而后在6月16日明确表示，越南、老挝和柬埔寨的局势不尽相同，因此需要区别对待。他对艾登表示，可以将老挝和柬埔寨视为跟印度和缅甸一样的中立国，因此，只要不在这些国家建立美国或其他国家的基地，它们就可以继续留在法兰西联邦。6月18日，周恩来在正式会议中再次提出这个建议，并得到了范文同的附议，后者表示他的政府愿意从老挝和柬埔寨撤军，但前提是在印度支那各地不能设立外国军事基地。[10]

二

艾登将周恩来视为共产主义国家外交策略的真正力量，事后来看，他的判断是正确的。

莫洛托夫乐意让其扮演核心角色。在日内瓦会议的最初几周里，周恩来在大部分时候坚持强硬路线，几乎没怎么流露出他优雅的魅力，而这种魅力将在此后的几年里迷倒很多跟他谈判的人士。大部分时候，他易怒、较真，随时都会做出长篇大论的抨击，而他针对的主要是立场强硬的美国助理国务卿沃尔特·罗伯逊，后者作为东亚司司长参与制定了美国政府的对华政策。周恩来会辛辣地嘲讽罗伯逊的声明，提醒他和所有在场人士，华盛顿在有关蒋介石和中国革命的活力方面是有过误判的前车之鉴的。[11]

但是这次并非如此。这次，当罗伯逊起立发言（艾登在日记中形容他发起了"猛烈攻击"），批评共产主义国家拿出的新提案太不严密、令人无法接受时，周恩来按捺住怒火，重申了自己的提议。[12]他为什么会风格突变，采取息事宁人的态度？当时的观察人士推测，毛泽东不希望日内瓦会议破裂，同时也想要阻止美国在老挝和柬埔寨建立军事基地。在让人生厌的比多离开，巴黎主政者换成了一位长期反战人士，与此同时艾森豪威尔政府貌似一心一意要让谈判无果而终时，现在毛泽东和周恩来或许想要更积极地行动起来，确保和谈取得成果。

近期被准予公开的中国文献记录支持了这一推测。文件显示，中国、苏联和越盟代表团 6 月 15 日在日内瓦进行会谈，对巴黎变化的形势进行评估，进而调整策略。周恩来立场坚定，他警告范文同，如果越盟拒绝承认他们在柬埔寨和老挝部署了军队，将会扼杀此番谈判，葬送取得政治协定的大好机会。周恩来相应地提出共产主义阵营可以采取一个新策略，即支持所有外国军队从这两个王国撤军，这当中也包括由越南民主共和国派出的"志愿军"，这样一来，"我们在柬埔寨和老挝做出了让步，也将使［对方阵营］在越南敌对双方划定集结区上做出让步"。此前与周恩来进行过数次私人磋商的莫洛托夫强烈支持这个提议。范文同不置可否，不过最终看来还是暗示同意了。[13]"中国代表团提出了一个建议，做出了不少让步，"范文同在发给越南民主共和国中央委员会的电报中写道，"譬如承认老挝和柬埔寨的问题与越南问题之间存在差异，而老挝问题与柬埔寨问题也不尽相同，此外还提出让所有外国军队从老挝和柬埔寨撤军（这意味着如果我方军队确实派驻这两国，也需要撤离）。"[14]

越南民主共和国希望自己在老挝和柬埔寨的两个"姊妹"政府（巴特寮和自由高棉）能获得承认，而这个提案不啻是一个巨大的打击。范文同在来到日内瓦时，寻求的是用一个革命的新印度支那取代法属殖民地的旧印度支那，而这三个"抵抗政府"将统一在越南民主共和国的领导旗帜下。这个梦想眼看就要破灭了。周恩来希望推动谈判，同时对亚洲的非共产主义政府——其中最主要的是印度、缅甸和印度尼西亚——保持警惕，他不愿意越盟将共产主义输送到越南边境之外，并清楚表明老挝和柬埔寨的局势跟越南不同，需要区别对待。[15]在发给中共领导层的长篇电报中，他强调了自己争取越盟协议的决心，并表示有必要在悬而未决的核心问题上展现出灵活性。如果没有这种灵活性，"谈判就无法进行下去，而这……
将不利于我们的长远利益"。周恩来进一步写道：

> 如果我们采取主动，在柬埔寨和老挝两国问题上做出
> 让步，将有能力在越南争取到更多，并可以此作为对我方
> 的补偿。从几个方面来看，我们在越南的地位相对更加牢
> 固，将不仅能在那里保持我们的优势，同时逐步巩固和扩
> 张我们的影响力。……我们在现阶段的策略重心应放在鼓
> 励法国的积极性上，要使法国不完全听美国的话，并使英
> 国对停战也表示支持，只要条件合理，就应求得迅速达成
> 停战。[16]

此外，也有越南人士猜测周恩来在提出这个新主张时，恐
怕还存有其他的动机：中共不希望让老挝和柬埔寨落入越南之
手，而是想将这两国纳入中国的影响范围。那么，与其放任胡
志明的政府统治整个印度支那，倒不如让这两国获得中立地
位。[17]

6月19日，也就是在主要代表团计划离开日内瓦回国与
各国政府商讨大计的前一天，周恩来告诉加拿大外交官、中国
问题专家切斯特·朗宁（Chester Ronning），只要法国愿意通
过政治途径和解，那么达成协议将是一件唾手可得的事情。周
恩来进一步说，中国和它的盟友已经做出了重大让步，现在是
时候请法国紧随其后了。次日早上，他向艾登重申了这几点，
并表示自己热诚地想要与法国新总理会面。当天晚些时候返回
伦敦的艾登在巴黎短暂停留，愉快地将周恩来的口信转达给了
孟戴斯－弗朗斯总理，并力促对方一定要及早跟周恩来见面。 584

孟戴斯 - 弗朗斯此前也从让·肖韦尔那里听到了同样的请求，于是应承了下来。[18] 但是他们应该在哪里会面呢？中国的这位外长不愿意来巴黎，因为他的政府尚未得到法国的正式外交承认，而孟戴斯 - 弗朗斯担心如果自己太快赶到日内瓦，会显得姿态过于卑微。备选地点设在了第戎，但双方最终选定了瑞士伯尔尼，借口是向提供谈判场地的瑞士联邦委员会主席表示感谢。此次会面定在了 6 月 23 日，即次周周三，地点是法国大使馆。[19]

这是一次伟大的会面。周恩来没有像通常那样穿蓝色高领束腰大衣，而是穿了灰色西服并系了领带，这让他看起来比在日内瓦的时候更显年轻，状态也更加松弛，一见面他就凭借着一句法语"久仰大名"（L'homme était impressionnant）博得了孟戴斯 - 弗朗斯的好感。周恩来的开场白虽然措辞强硬——中国既不畏惧威胁，也不害怕挑衅，而且认为这两种手段都不应该用在谈判中——但之后他的态度渐渐变得缓和。他说，自己曾在法国生活过，对法国人民有种亲近感，而且他的观点与法方是一致的，那就是军事问题应置于印度支那的政治议题解决方案之上，取得双边停火应是当务之急。之后，周恩来清楚地表明他认为缅甸、柬埔寨和越南问题应分而治之，还迂回地承认"越南可以存在两个政府"，这让孟戴斯 - 弗朗斯如释重负，倍感欣喜。周恩来进一步表示，在停火后越南应在统一选举的基础上建立联合政府。

周恩来表示自己的政府与越南民主共和国一样，希望迅速承认老挝和柬埔寨独立，并对这两国采取不干涉政策。他甚至暗示说，如果这两国之一或者都希望附属于法兰西联邦，北京政府也不会反对。不过，中国不能接受美国将中国和越南民主共和国的政策当成是将这两个王国变成"侵略基地"的借口。为了推动国家统一,柬埔寨和老挝王国都应承认自由高棉和巴特寮抵抗运动。尤其是巴特寮运动已经在老挝发展成为一股不容忽视的力量,它需要得到相应的行政管理的空间,但渗透进老挝领地的越盟军队应在实现停火后撤离。 585

孟戴斯-弗朗斯听后十分满意,从让·肖韦尔的表情上可以看出,这位大使也很满意。法国总理表示,在柬埔寨和老挝都不应设有美国基地,并对越南大选表示支持。当然,越南不可能立刻举行大选,此外还要解决在此期间如何进行暂时分割的问题。中国政府支持分割吗?周恩来起初回避直接作答,但之后表示他倾向于涉及"整块区域"的分割方案。孟戴斯-弗朗斯同意,表示进行"横向切断"是可行的,但不能像越盟在日内瓦会议上所暗示的那么偏南。他进一步表示,其余一切都取决于对集结区的划分问题。周恩来表示认同,并称"这也是艾登先生的意思"。他推测,只要大家辛勤努力,日内瓦的军事谈判人员应该能够在"三周内"缔结协议,到了那个时候各国外交部部长将重返日内瓦,做好签约的准备。孟戴斯-弗朗斯觉得这个时限(7月15日)离他自己划定的7月20日的截止日期实在太近了,让他感到有些不安,于是回答说三周时间"应该是上限"。[20]

会谈进入尾声。双方对取得的成果都感到欢欣鼓舞,并表示已经增进了对彼此的了解,但谁都清楚未来仍将充满艰险。孟戴斯-弗朗斯飞回巴黎,与此同时,在早些时候与柬埔寨和老挝领导人进行会晤的周恩来(他向他们承诺,北京政府将尊重他们的主权和独立)启程前往亚洲参加一系列会议,包括与胡志明进行为期两天的秘密会谈。

次日是 6 月 24 日，回到巴黎的皮埃尔·孟戴斯-弗朗斯将他的四位主要印度支那顾问召到家中商讨应对策略，这四人是从西贡返回法国短期停留的埃利将军、外交部秘书长亚历山大·帕罗迪、拉尚布尔和肖韦尔。他们的任务是为日内瓦会议的高潮环节（这是他们的看法）建立法国外交战略。

1954 年 6 月 22 日，河内以南的府里市，越南百姓被迫修筑工事。

586

从军事上看，眼前是一片阴沉的景象——自六周前奠边府陷落以来，越盟已经巩固了对北圻大部分区域的统治，并将主要军力集结并部署在红河三角洲周边。法国的情报部门预测，现在对手已经做好了在任何时候发起大规模进攻的准备（不过分析人士认为武元甲将暂且按兵不动，视日内瓦谈判的结果而定）。越盟侦察队在沿三角洲外围的北部行动非常活跃，同时有迹象显示他们在南部的渗透也在加剧。另一边，法军正在逐步从荒废的哨所撤离，把军力集中在河内周边和河内—海防枢纽一带，将其他地区的防线留给了不甚可靠的越南国民军。法国的规划人员承认，他们很快将被迫放弃三角洲第三大城市南定。而在南部，除了由法兰西联邦军队把守的沿海狭长地带，中间区域都已主要由越盟控制。重要的海军和空军基地土伦岌岌可危，而在仁越和芽庄之间的区域，越盟已掌握先机，正在逐步施压。

长期主张分割方案的肖韦尔意识到形势正在向有利于自己的方向转移，他强调眼下军情惨淡，可以在土伦，也就是大致以北纬 16 度线为界，不过法方应当争取把线划得更偏北一点儿，以 17 度线为宜。没人对此表示异议。而在谈及印度支那统一的投票表决时，与会的五个人一致同意，最好是回避设定一个具体的日期，或至少应尽量把这个日期推迟。拉尚布尔强调，保大的越南国需要时日来巩固在南越的地位。肖韦尔回应道，一点儿没错，而且在执行这个任务时，一定需要美国人的协助。

可是华盛顿能接受分割吗？肖韦尔笃信副国务卿沃尔特·比德尔·史密斯已经接受了这件事，而且后者也找不到其他现实的替代方案，但是艾森豪威尔和杜勒斯是怎么想的？"美国倾向于从积极反共的立场考虑问题"，肖韦尔如此认为，也正因为此，艾森豪威尔政府想要留住海防，将其作为今后在亚洲进行军事行动的基地——比如以此为基础发动一场将共产党从印度支那甚至中国赶出去的战争。另外，仍然渴望与中国实现关系正常化的英国可以接受由越南民主共和国统治的越南，只要日内瓦会议上的各国能够确保该国中立就行。如此一来，在

587

今后几周一个关键的问题在于英美两国能否实现一致的立场，如果能的话，这个立场又将是什么。

这天在总理家中开会的五个人中，没有一个人相信在未来的协议中他们可以保留河内或海防。埃利将军说，他们也许能保住北部的一个或两个天主教辖区，至少确保其获得某种形式的中立地位。但肖韦尔预见到法国将彻底从北圻撤出，且整个过程分为三个阶段：先退往河内，继而海防，最后全面退出越南北部。孟戴斯 - 弗朗斯提出，如果能将海防保留一两年，美国也许会满意些，但这个提议遭到了几位顾问的一致否决。肖韦尔说，他找不到任何留住这个港口城市的正当借口；现在不如把精力放在划出分割线，并确保在这条线以南没有越盟的小片领土。其他人对此表示认同。[21]

588　　　"我们必须尽快行动，"孟戴斯 - 弗朗斯宣称，"这不仅是因为我们给自己设定了时限，也是因为形势对我们非常有利。目前所有人多多少少都在犹豫不决，探寻出路。如果法国能表现出决心，明确指出什么是在它看来至关重要的东西，什么是它无论如何都不会放弃的东西，什么是它愿意做出的让步，法国将能转变目前的形势，在谈判中重新获得政治先机。"[22]

1954 年 6 月 24 日这天，皮埃尔·孟戴斯 - 弗朗斯做出了乔治·比多和约瑟夫·拉尼埃一直以来拒绝做的事情：他正式同意暂时分割越南，为漫长而血腥的印度支那战争画上句号。[23]

三

在这位法国总理家里进行的会谈中，有那么多的问题是围绕着美国政策和美国干预展开，这一点非常具有启示性。在场的五个人一致认为任何分割协议都需要得到美国或缄默或公开的认可，也认为如果想要得到亲美倾向日益明显的越南国政府的支持，必须先过美国人这一关。在日内瓦会议上，西贡政府始终不是个关键的角色，但从一开始它就明确表示对整个会议持怀疑态度，并且坚定反对分裂这个国家。保大深知法国一早就已经不再信任自己，因此他越来越多地将自己的命运与美国捆绑在一起。担任越南国总理的保禄庸碌无为，各方力促保大换帅，以应对日内瓦会议后的复杂局面。保大因此选择了一个人，这个人不仅是坚定的反共人士和忠诚的民族主义者，有过在美国生活的经历，而且拥有几位在美国深具影响力的支持者，这个人就是吴庭艳。

吴庭艳身材魁梧、清心寡欲，这个单身汉既是虔诚的天主教徒，也是无懈可击的民族主义者，而且拥有显赫的反共资本。1933 年，他已经是当时保大皇帝政府的部长，但为了抗议法国拒绝给予越南更充分的自治权，他在几个月后就辞了职。在二战末期，吴庭艳拒绝了胡志明提出的与越盟合作的要求——据说他曾当面称胡志明是战争罪犯——而且在 1947～ 589
1948 年，他表示除非法国赋予越南真正的独立权，否则将拒绝支持"保大解决方案"。此后，保大曾请吴庭艳组建政府，他再次拒绝。1950 年，他选择流亡海外。他先是访问欧洲，在罗马停留期间成为教皇的信众，之后加入了新泽西和纽约的玛利诺外方传教会。在美国期间，他大多数时候都在冥想写作，但有时也会走出与世隔绝的教会，去纽约市或华盛顿走走看看，或者给高校师生们演讲。比方说，在 1953 年 2 月，他在康奈尔大学的演讲中严厉抨击法国固执地坚守已经破产的殖民体系，并呼吁美国亲自担任训练越南国民军的角色。

在此期间，吴庭艳展现出了一种过人的天赋——他可以跟各种能为自己的事业提供帮助的人挂上钩。通过大学教授韦斯利·菲谢尔（Wesley Fishel）的引荐，他结识了天主教纽约教区的主教弗兰西斯·斯佩尔曼（Francis Cardinal Spellman），后者又向他介绍了华盛顿的多位议员。其中有两位同样是天主教徒：蒙大拿州民主党籍参议员迈克·曼斯菲尔德和马萨诸塞州民主党籍议员约翰·F. 肯尼迪（他先是众议员，后为参议员）。吴庭艳还间或与国务院的中层官员见面，并赢得了不少人的信任，比如联邦最高法院法官威廉·O. 道格拉斯（William O. Douglas）和乔治城大学教授埃德蒙·沃尔什（Edmund Walsh）。[24]

没有哪个越南政治人物像吴庭艳这样，在美国拥有如此深厚的人脉网，或者从事过这种规模的游说活动，一些作家因此总结说，美国官员肯定在 1954 年 6 月强迫保大撤下保禄，而将自己的"被保护者"硬塞过去。这种猜测未免想得太远了。首先，强有力的证据表明在 1954 年春天，美国高层政策制定者充其量只是知道有吴庭艳其人其事而已。（直至 5 月 22 日，杜勒斯都对参加日内瓦会议的美国代表团说，对于现有政权"没法立刻找到替代人选"。）[25]其次，吴庭艳在越南同样拥有权力基础，而且早在 1950 年出国前，他就已经拒绝过保大让他出任总理的邀请。1953 年 5 月，他离开了美国，在比利时的本笃会修道院停留，并开始向在巴黎的重要越南裔团体进行游说。这些努力带来了成果，到 1954 年春天时，但凡任何推测取代保禄的候选人名单上，总会有他的名字。[26]

　　　　不过，他跟美国人的交情最终确实起到了巨大的作用。在这方面，可以看看保大本人在回忆录中解释为什么选择吴庭艳当总理："从我早期跟他交往的经历来看，我知道吴是个很难对付的人。"

　　此外我也了解他的狂热和他的救世情怀。不过，以当时的形势，再没有比他更好的选择了。美国人对他非常了解，并且欣赏他坚定不移的立场。在他们看来，他是最适合这项工作的人，因此华盛顿方面也不遗余力地为他撑腰。鉴于吴在过去的表现，也因为他的胞弟现在担任"民族统一运动"负责人，他可以赢得最狂热的民族主义者的合作，那些人已经扳倒了阮文心和保禄。最后，因为他的坚定和他的狂热，外界可以指望他抵抗共产主义。是的，在当时的形势来看，他确实是最合适的人选。[27]

　　保大本人没有参加日内瓦会议，但他选择吴庭艳的弟弟吴廷练（Ngo Dinh Luyen）出任越南国代表，负责与美国代表团沟通，这一点也很值得玩味。从5月的第三个星期开始，吴廷练不断向包括沃尔特·比德尔·史密斯在内的美国代表团吹风，提出越南国政府需要彻底换血，而且吴庭艳应成为领导人。史密斯及其部下向国务院转述了他们对保大的印象，认为保大"显然希望确认美国是否倾向于在印度支那取代法国，如果确实如此的话，他将不必再考虑法国人的意见"。美国人的结论是保大"如果确信我们将支持他的话，很有可能会打吴庭艳这张牌；否则的话将不会"。几天后，保大的外交部部长阮国庭再次询问，如果保大采取了"截然不同的立场"，是否有望得到美国的支持。国务卿约翰·福斯特·杜勒斯向美国代表团发电报称：

"考虑到美国有可能被要求在印度支那采取的责任，我们反复思考了保大提出的要求。……我相信需要对此要求小心地加以利用。"[28]

591　　这算是铁证吗？未必如此。但它进一步证明了保大在着手任命吴庭艳前坚持先取得美国人的同意，而且这个要求得到了认可。吴庭艳得以上台，是否也取决于越南内政，取决于他在越南天主教社群得到的强有力的支持，而且他和他的盟友（其中又以他的胞弟吴廷瑈最引人注目）在 5 月到 6 月初那决定性的几周运用了娴熟的政治手腕？这同样毫无疑问。艾森豪威尔政府并未像此前人们常常声称的那样，操纵了吴庭艳任命一事，但它仍然发挥了至关重要的作用。

　　有趣的是，在这个阶段跟吴庭艳打过交道的人，有不少人跟保大一样，认为他"很难对付"，兼有"救世情怀"——这当中不仅只有那些由于他毫不动摇的民族主义立场，对他的看法原本非常严苛的法国官员。在身处巴黎的越裔团体的重要人物中，人们认为他是一个啰唆、毫无幽默感的反启蒙主义者。美国驻法国大使道格拉斯·狄龙认为吴是一个"瑜伽修行者式的神秘人物"，看起来"太不谙世事，不通人情，根本没有能力应付重大的问题，也应对不了他在西贡将遇到的那些无耻之徒"。而在 6 月底，当吴庭艳回国就职时，美国驻西贡大使馆的罗伯特·麦克林托克认为他是一个"不发一言的救世主"，在他身上"英雄主义与视野狭隘、自我中心奇异地交融在一起，这将是一个很难应付的人"。这个判断十分有预见性。[29]

　　然而，这些观察人士也在吴庭艳身上发现了更多正面的特质。他对共产主义的敌意与对法国的一样深远，而这将是两记连续出击的重拳。甚至连一些批评人士也承认他为官清廉,胆识过人。此外,有个非常简单的事实:他的对手太弱了。所有其他有望接替保禄职位的候选人都存在自身的短板,而且有些比吴庭艳的弱点更加明显。至于越南国现任和此前的领导人,则是少提为妙。驻巴黎的狄龙评价得十分贴切:美国政府应当接受吴庭艳接手这个"看似荒谬的前景",哪怕"只是因为他的前任们将标准拉得如此之低"。[30]

吴庭艳反对分割的态度甚至比保禄此前更加激烈,这一点并没有出乎所有人的意料。他坚持说,分割是一场灾难,是对国际共产主义侵略的奖励,是一种背叛。6月20日史密斯从日内瓦回国后,极力强调越南已经难逃分割的命运,而且美国对分割予以监管是有好处的,可以防止越南民主共和国违约。但五角大楼的规划人员旧调重弹,念叨红河三角洲对整个东南亚防御至关重要,而且一旦南北分割,不管这条线划在三角洲南部哪里,都将是失去整个区域的前奏。这个看法在国务院政策规划署内部得到了支持——在得知周恩来–孟德斯伯尔尼会晤取得的成果后,该署的一些成员甚至力主"破坏"日内瓦会议,以创造更有利于延续越南军事抵抗的"新气候"。这些分析人士坚持认为,政府至少应清楚表明不能接受分隔线位于从他曲(老挝)到洞海一线,即北纬18度线以南,而且必要时美国将派出军队捍卫这条线。[31]

美国驻西贡大使唐纳德·希思认为华盛顿存在几乎一面倒的倾向。"自国务卿和副国务卿以下,所有人都一致表示不管有没有法国参与,我们都应该进行干预,"他在给国务院菲律宾和东南亚事务办公室负责人菲利普·邦斯尔(Philip Bonsal)的信中如此写道。而在日内瓦参加会议的邦斯尔回信说,美国代表团的态度倒是不尽相同，参会人员对武力干涉是否能产生比协议更有利的成效持怀疑态度。[32]

艾森豪威尔和杜勒斯事实上持折中态度，而这将在未来产生极大的影响。他们尽管拒绝向共产主义敌人做出任何形式上的妥协，但同时也不愿意在未得到盟友支持的情况下急于插手印度支那战争。新的法国领导人与英国人已经明确表明了各自的意图。"我并不认识孟戴斯－弗朗斯，但我认为他已经做好了一旦争取到最佳条件就将立刻清场走人的准备，"丘吉尔在 6 月 21 日给艾森豪威尔的信中写道，"果真如此的话，我认为他的看法没错。"这位首相还补充道："在可以预见的情况下，除非实施本土营救行动，否则我认为英国的军队不可能用于支援印度支那。如果您真的想要了解我们的意见，那么我们会建议美国也不要实施营救行动之外的本地干预行动。"[33]

艾森豪威尔和杜勒斯意识到，唯一的办法就是接受越南部分区域将在日内瓦会议中被分割出去的可能性，同时为印度支那和东南亚其余部分的防守进行筹划。正如我们此前看到的，他们已经为此考虑了几周时间，不过直到此时才开始落实。6 月 24 日，杜勒斯对国会领袖们表示，不管在日内瓦达成什么协议，恐怕"都会令我们倒胃口"，但他对美国在印度支那将"打捞些未受到法国殖民主义玷污的东西"表示乐观。具体来说，华盛顿政府应承担防御柬埔寨、老挝和南越的职责，而目前的首要任务是划定一条共产党不可逾越的界线。这位国务卿进而表示，此后，美国将"守住该区域，尽全力与内部的颠覆行动做斗争"，并将向非共产主义政府和一个以北约为蓝本的、由美国领导的区域防务组织提供经济和军事支援。[34]

这是个意义深远的决定，其重要程度不亚于从富兰克林·

罗斯福到杰拉尔德·福特的任何一届美国政府就印支事务所做出的决策。它真实的意义要随着时间推进才会日益清晰，但即使是在国务卿发言当天，当他告诉议员们，美国此后将承担捍卫印度支那大部分地区的责任，而且不应"受到法国殖民主义的玷污"时，人们也不会忽视这些话的重大影响。

四

美国政策转变有助于缓和原本有可能四分五裂的英美"峰会"气氛，这次会议于6月最后一周在华盛顿举行。杜勒斯在6月26日承认，他们固然反对分割越南，但更加反对较早实现越南大选——因为他和艾森豪威尔都相信胡志明会在这样一场大选中获胜，而且将赢得易如反掌。同时英美两国还同意建立一个英美联合研究小组，定期在华盛顿召集小组会议，研讨包括实现东南亚安全协定在内的各类事务，暂定名为东南亚条约组织（简称SEATO）。

此次峰会的切实成果是由丘吉尔和艾森豪威尔在6月28日签发的联合公报，以及杜勒斯和艾登在次日秘密达成的"七点纲领"。英美两国之所以发布公报，部分是基于孟戴斯–弗朗斯的要求，他尽管希望在争取到最佳条件的情况下取得政治解决，但同时也想用背后的盟友来巩固自己在日内瓦的谈判立场。他请求在公报中加上这么一条：如果日内瓦会议上未能实现任何可以接受的和谈成果，将会导致局势"严重恶化"。他得偿所愿——声明警告说一旦会谈破裂，"国际形势将遭到严重激化"。[35]与此同时，杜勒斯和艾登在"七点纲领"中列出了各自政府将"尊重"的最低条件。[36]值得注意的是，其中指出协议必须确保柬埔寨和老挝完整独立，确保越盟军队

594

撤出；保住越南的南半部，可能的话，在红河三角洲保留一块
"飞地"；不包括任何可能会使越南落入共产党控制之下的政
治条款；不排除任何用和平手段最终统一越南的可能。

　　法国政府从联合公报和"七点纲领"中都看到了不少值
得庆祝的内容。前者向世人证明，法国的盟国仍然对印度支那
和日内瓦会议保持着强烈兴趣，后者则等于美国政府承认了分
割的解决方案（至少是私下里承认）。[37]与此同时，孟戴斯－弗
朗斯也对"七点纲领"中一些含糊不清的表述有点儿困惑。
杜勒斯和艾登说要"尊重"这些条款，言下之意何在？在谈
到国家统一可能性的同时，又排除共产党接管，这难道不是自
相矛盾吗？万一胡志明赢得了全国大选将会怎样？在孟戴斯－
弗朗斯和肖韦尔看来，有一点很清楚，那就是美国政府仍在盘
算牌面，仍然不愿把赌注全部押在谈判上。而这将是一个大问
题，用肖韦尔的话来说，会议能否取得最终成功取决于苏联和
中国向越盟施压，与此同时美国也向保大的越南国做同样的事
情。而他不会将赌注押在这两件事情都能成真上。[38]

注释

1. 引自 Philippe Devillers and Jean Lacouture，*End of a War：
   Indochina，1954*（New York：Praeger，1969），246。另见 Eric
   Roussel，*Pierre Mendès France*（Paris：Gallimard，2007），226；
   Jean Lacouture，*Pierre Mendès France*，trans。George Holock
   （New York：Holmes & Meier，1984），213。
2. 关于这场战争的经济问题，在下书中有非常深入的阐述：Hugues
   Tertrais，*La piastre et le fusil：Le coût de la guerre d'Indochine
   1945–1954*（Paris：Comité pour l'histoire économique et financière

de la France，2002）。

3. Devillers and Lacouture，*End of a War*，246.

4. Robert O. Paxton，"Mr. France，"*New York Review of Books*，June 13，1985.

5. 引自 Lacouture，*Pierre Mendès France*，205。

6. 例如参见 "Entretien de Bidault et Chou En Lai，"June 8，1954，Indochine，Box V，Oc，IPMF。

7. 关于比多在这个阶段痛苦而又充满仇恨的回忆，参见 Georges Bidault，*Resistance：The Political Autobiography of Georges Bidault*，trans. Marianne Sinclair（New York：Praeger，1968），chap. 10。

8. 阿隆的话引自 Lacouture，*Pierre Mendès France*，217。

9. "Extract from Minute #6 of the Plenum Conference of the Central Committee of the Communist Party of the Soviet Union，Conference June 24，1954，"Molotov's report to CPSU Central Committee on the Geneva Conference，Harvard Project on Cold War Studies Online Archive，http：//www. fas. harvard. edu/ ~ hpcws/documents. htm；Geneva（Eden）to FO，June 19，1954，FO 371/112074，TNA.

10. Geneva（Eden）to FO，June 16，1954，FO 371/112073，TNA；艾登日记，1954 年 6 月 16 日，AP20/17/231，Eden Papers，UB；周恩来给毛泽东和中共中央委员会电报，1954 年 6 月 19 日，见熊华源：《周恩来初登世界舞台》（北京，中央文献出版社，1998），第 98 页，由陈兼为我翻译。

11. Lacouture，*Pierre Mendès France*，220. 关于在这两位共产主义巨头中，中国所扮演的主要角色，另见 Mari Olsen，*Soviet-Vietnam Relations and the Role of China，1949 – 1964：Changing Alliances*（London：Routledge，2006），40。

12. 艾登日记，1954 年 6 月 18 日，AP20/17/231，Eden Papers，UB。

13. 周恩来给毛泽东和中共中央委员会电报，1954 年 6 月 19 日，见熊华源：《周恩来初登世界舞台》（北京，中央文献出版社，1998），第 98 页。Chen Jian，"China and the Indochina Settlement at the Geneva Conference of 1954，"in Mark Atwood Lawrence and Fredrik Logevall，eds.，*The First Vietnam War：Colonial Conflict and Cold War Crisis*（Cambridge，Mass. ：Harvard University Press，2007），251 – 52；François Joyaux，*La Chine et le*

règlement du premier confl it d'Indochine, *Genève 1954* (Paris: Publications de la Sorbonne, 1979), 227 – 31.

14. 引自 Christopher E. Goscha, " Geneva 1954 and the 'Deinternationalization' of the Vietnamese Idea of Indochina," 论文未发表，由作者所有。

15. Goscha, "Geneva 1954"; Joyaux, *La Chine et le règlement du premier conflit d'Indochine*; Gilles Boquérat, "India's Commitment to Peaceful Coexistence and the Settlement of the Indochina War," *Cold War History* 5 (May 2005): 211 – 34.

16. Chen Jian, "China and the Indochina Settlement," 251 – 52.

17. William J. Duiker, *U. S. Containment Policy and the Conflict in Indochina* (Stanford, Calif. : Stanford University Press, 1994), 182 – 83. 并没有什么证据支持越方的这一主张，但它也不算毫无根据；在此后多年间，中共多次暗示希望保持中国在老挝和柬埔寨的影响力，在 1975 年南越政府垮台后，北京政府公开站在柬共书记波尔布特一方，反对北越政府发展横跨三个印支国家的"特殊关系"。

18. Geneva to Ottawa, June 21, 1954, CAB 12/69, TNA; James Cable, *The Geneva Conference of 1954 on Indochina* (London: Macmillan, 1986), 104.

19. Lacouture, *Pierre Mendès France*, 220.

20. Geneva to MAE, " Entrevue Mendès-France-Chou En Lai à Berne," June 23, 1954, Dossier V, DPMF Indochine, IPMF; Roussel, *Pierre Mendès France*, 238 – 40. 中方的会议记录现在也可供查阅，见 Minutes of Zhou Enlau's meeting with Pierre Mendès France, June 23, 1954, Record no. 206 – Y0007，中国外交部档案馆 (Chinese Foreign Ministry Archives, 后文简称 CFMA)，北京。感谢陈兼为我查找到这份文件。

21. "Réunion du 24 juin 1954 chez le Président Mendès France," June 24, 1954, Dossier V, DPMF, Indochine, IPMF.

22. 引自 Devillers and Lacouture, *End of a War*, 257。

23. "Réunion du 24 juin 1954 chez le Président Mendès France," June 24, 1954, Dossier V, DPMF Indochine, IPMF.

24. Edward Miller, " Vision, Power and Agency: The Ascent of Ngô Dình Diêm, 1945 – 54," *Journal of Southeast Asian Studies* 35

（October 2004）：433 - 58；and Philip E. Catton，*Diem's Final Failure：Prelude to America's War in Vietnam*（Lawrence：University Press of Kansas，2002），5 - 7。曼斯菲尔德后来否认吴庭艳的天主教信仰影响了他本人对吴能力的判断，见 Don Oberdorfer，*Senator Mansfield：The Extraordinary Life of a Great American Statesman and Diplomat*（Washington，D. C.：Smithsonian，2003），118。另见 Wilson D. Miscamble，"Francis Cardinal Spellman and 'Spellman's War'," in David L. Anderson，ed.，*The Human Tradition in the Vietnam Era*（Wilmington，Del.：Scholarly Resources，2000），3 - 22。

25. 在本书后面将提及的爱德华·兰斯代尔，到这年夏末成了南越政权的核心顾问，但直到 1954 年春末动身前往西贡时，他还从来没听说过吴庭艳这个人。见爱德华·兰斯代尔采访，1979年，WGBH Vietnam Collection，http：//openvault. wgbh. org/catalog/org. wgbh. mla：Vietnam（last accessed on October 25，2010）。

26. Miller，"Vision，Power and Agency."

27. Bao Dai，*Le dragon d'Annam*（Paris：Plon，1980），328。另见曾作为美国代表参加日内瓦会议的切斯特·库珀（Chester Cooper）回忆录，Cooper，*The Lost Crusade：America in Vietnam*（New York：Dodd，Mead，1970），126 - 27；Cooper，*In the Shadows of History：Fifty Years Behind the Scenes of Cold War Diplomacy*（Amherst，N. Y.：Prometheus，2005），120。据理查德·凯西说，保大 4 月 24 日在巴黎与杜勒斯会面时，就已经呼吁美方支持选择吴庭艳，凯西日记，1953 年 4 月 26 日，34 - M1153，NAA。

28. 引自 Seth Jacobs，*America's Miracle Man in Vietnam：Ngo Dinh Diem，Religion，Race，and U. S. Intervention in Southeast Asia，1950 - 1957*（Durham，N. C.：Duke University Press，2005），54。

29. Cooper，*Lost Crusade*，124；Paris to State，May 24，1954，*FRUS，1952 - 1954，Indochina*，XIII 2：1608 - 9；Saigon to State，July 4，1954，*FRUS，1952 - 1954，Indochina*，XIII，2：1782 - 84.

30. Paris to State，May 24，1954，*FRUS，1952 - 1954，Indochina*，XIII，2：1609.

31. Stelle to Bowie, June 24, 1954, *FRUS*, *1952 – 1954*, *Indochina*, XIII, 2: 1741 – 43.

32. 引自 Duiker, *U. S. Containment*, 185。

33. Churchill to Eisenhower, June 21, 1954, PREM 11/649, TNA.

34. 哈格蒂日记, 分别记于 6 月 23 日、24 日和 28 日, 引自 George C. Herring, *America's Longest War: The United States and Vietnam*, *1950 – 1975*, 4th ed. (New York: McGraw-Hill, 2002), 47 – 48。

35. Editorial Note, *FRUS*, *1952 – 1954*, *Indochina*, XIII, 2: 1751.

36. "美国政府和女王陛下政府将尊重以下条款: (1) 必须保持老挝和柬埔寨的完整及独立, 保证越盟军队从这两个国家撤出; (2) 至少应当保住越南的南半部, 可能的话, 还应在红河三角洲保留一块"飞地"。南北分界线最南不得超过由洞海向西延伸的那条线 (在北纬 17 度线和 18 度线之间); (3) 对老挝、柬埔寨和越南, 不得施加任何将严重损害它们维持稳定的非共产党政权能力的种种限制, 尤其不能损害它们为了内部安全而维持足够数量的军队以及输入武器装备和聘请外国顾问的权利; (4) 不包括任何可能会使越南落入共产党控制之下的政治条款; (5) 不排除任何用和平手段最终统一越南的可能; (6) 应规定在国际监督下实现那些希望从越南一个地区迁入另一个地区的人民的和平和人道的转移; (7) 应提供对协议实行国际监管的有效机构。"参见 "The Secretary of State to Embassy in France," June 29, 1954, *FRUS*, *1952 – 1954*, *Indochina*, XIII, 2: 1757 – 58; "The Ambassador in France (Dillon) to the Department of State," June 30, 1954, *FRUS*, *1952 – 1954*, *Indochina*, XIII, 2: 1768 – 69。

37. Chauvel (Geneva) to PMF, July 1, 1954, Dossier V, DPMF Indochine, IPMF.

38. Paris to FO, June 30, 1954, FO 371/112075, TNA; Chauvel (Geneva) to PMF, June 29, 1954, Dossier V, DPMF Indochine, IPMF.

第二十四章 "我亲眼见证宿命被意志折服"

　　当西方三国正在努力协调策略，而较低一层的官员们在日内瓦继续谈判时，一场不同类型的外交斡旋正在别处展开。启程回北京的中国总理周恩来通过介绍"和平共处"的理念来争取亚洲领导人的认同。在新德里，他向印度总理贾瓦哈拉尔·尼赫鲁保证北京政府将不会在东南亚实施干预，并承诺协商解决印度支那事务。两人达成一致意见：老挝和柬埔寨应保持中立，以将自身转化为"和平的桥梁"；他们也同意有必要建立中印合作，以建立去殖民化的亚非国家不结盟运动。周恩来先是与尼赫鲁，接着在仰光与缅甸领导人吴努（U Nu）达成共识，并共同发表声明，承诺将相互支持和平共处原则，主张不同社会体制的国家有权在不受到外界干涉的情况下共存。中缅联合声明表示："革命是不能输出的，同时，在一个国家内所表现的共同意志也不应容许其他国家干涉"。[1]

　　新德里和仰光这两站相对轻松。但周恩来知道，他将在面对自己的下一个谈判对手时迎来严峻的考验：7月3～5日，他在中国南部城市柳州与胡志明会谈。周恩来发现，由国防部副部长、资深谈判专家谢光堡（Ta Quang Buu）牵头的越南民主共和国代表团近期在日内瓦会议上表现得更加好斗，这让他很担心。6月26日，谢光堡痛斥法国与周恩来展开了最高级别会议，却没有邀请他们参加；两天后，他提出在越南南部划定一条线，这条线十分偏南，都快接近北纬 13 度线了，也就是说，比法方提出的北纬 18 度线向南推进了大概 560 公里。他进一步要求，法军应在停火后的三个月内从北部撤军，同时，巴特寮也应获得老挝东半部实质上的主权。周恩来推测越盟姿态之所以变得强硬，背后有几方面的原因：孟戴斯－弗朗斯貌似将不惜一切代价争取和平；法军军事地位日益恶化，6 月底最高司令部下令在"奥弗涅行动"（Operation Auvergne）中从红河三角洲整个南部区域撤离就是明证；同时，日内瓦会议上暂时未能出现压制越盟要求的高层官员。但是现在，周恩来的任务就是让胡志明要求下属们悠着点儿来。[2]

从近期公布的越南和中国文献材料来看，周恩来基本上达到了他的目的，不过会谈中也出现了一些较为紧张的时刻。会谈第一天，双方主要讨论的是军事局势和军力对比，由武元甲负责描绘战场上的图景。他在开场时就表示，奠边府代表的是法国殖民主义的一次失利，但法国远未全面溃败。法国在军力上仍然占优——军队总数约为 47 万人，其中半数为越南人，相比之下越盟只有 31 万人——此外，法国也仍控制着越南的主要城市（河内、西贡、顺化、土伦）。武元甲进一步表示，尽管奠边府告捷，但双方力量对比的根本性逆转时刻尚未到来。听到这里，越盟的中方顾问团团长韦国清开口表示同意。

"假设美国不干预，而法国继续派兵的话，你估计我们夺取整个印度支那需要多久？"周恩来问。武元甲回答说，在最理想的情况下，可以在两年到三年间实现全面胜利。那么最不理想的情况呢？三年到五年。

当天下午，周恩来对印度支那冲突所带来的广泛国际影响

（他认为远甚于朝鲜战争），以及避免美国出兵干预的意义做了长篇解读。考虑到华盛顿当局对中国革命持有的强烈敌意，又鉴于副总统尼克松 4 月 16 日的演讲内容，可以想见，如果越盟想要赢得全面胜利，这个政府不会熟视无睹。这样一来，597"如果我们［在日内瓦会议上］要求得太多，如果未能实现和平，可以确定美国将向柬埔寨、老挝和保大提供武器弹药，帮助他们训练军事人员，并在这三个地方建立军事基地"。

朝鲜战争已经给人们敲响了一记警钟。"朝鲜问题的核心所在就是美国干预。我们完全没有料到，［美国］增援能那么快赶到……没有美国干预，朝鲜人民军原本能将李承晚的军队赶到海里去。"而正因为美国干预，"我们最终只能取得一场平局，而不能赢得战争胜利。"这样的事情不应在越南重演。周恩来告诉胡志明，"最核心的议题是避免美国干预，同时实现和解"。老挝和柬埔寨只要不加入军事联盟，或者禁止外国在各自的领土建立军事基地，就有必要对这两国予以区别对待，允许其走自己的道路。同时，有必要对承诺争取和解的孟戴斯－弗朗斯政府予以支持，以免这个政府垮台，被一个力争继续战斗的政府取而代之。[3]

胡志明对这些论点都没提出什么异议，不过在接下来的两天里双方的分歧开始显现出来，分歧的核心在于两块集结区的分割线位置。胡志明并不像在日内瓦的谢光堡那样坚持北纬13 度线，但他死守着 16 度线不放。周恩来回应说："我们将尽全力推行胡主席的意愿，但同时希望胡主席给予我们一定的自由度。"周恩来指出，唯一连接老挝和入海口的 9 号公路离17 度线很近，因此这个位置有可能是条合适的分割线。胡志明不为所动，但看起来他并不完全排斥对这条分割线稍微做出调整，哪怕在 16 度线偏北点也可以。[4]

　　会后两人分道而行，周恩来回北京，胡志明回越南。越南劳动党中央委员会迅速做出了内部指令（通常被称为《7 月 5 日文件》），对周恩来和胡志明的柳州会议内容进行了回顾。不过，一直是等到几天后的劳动党第六次中央委员会全体会议，越盟才对它目前的选项进行了全面审视。这是一次值得注意的会议，在会上，胡志明和总书记长征依次发言，强调实现尽早政治解决、避免美国军事干预的必要性，并指出美国如今是越南"主要且直接的敌人"。[5]

　　"在新形势下，我们不能再遵循旧模式，"胡志明宣称，"此前，我们的座右铭是'奋力抵抗，直至胜利'。而现在，鉴于新形势，我们必须坚持新的座右铭'和平、统一、独立、民主'。"为了取得谈判成功，双方都需要采取妥协态度，越盟不应再鼓吹彻底歼灭所有法国军队，同时需要划定一条分割线，以供双方暂时集结之用。

　　全体大会支持胡志明的分析，通过了支持双方采取妥协途径结束战争的决议。但胡志明和长征仍然忧心忡忡，他们担心在日内瓦达成协议后，国内将出现不满情绪和"左倾趋势"，尤其担心分析人士未能看清局势的复杂性而低估了美国和法国敌对势力的力量。他们于是提醒同僚们注意，法国仍将控制这个国家的大片区域，而生活在该地区的民众在面对敌人的政治手腕时，可能会被迷惑，疏远和孤立我们。胡志明提醒说："我们必须明确告诉我们的人民，为了国家的利益，为了长远利益，［他们必须］接受这一点，因为这是一项光荣的任务，全国人民都会为此表示感谢。我们不应让人民感到悲观消极；相反，我们应鼓励人民为了使法国撤军、确保越南独立而继续斗争。"[6]

胡志明指示在日内瓦的越南民主共和国代表团尽快促成和解协议:"鉴于法国的积极态度……我方应秉承积极进取的态度推动双方达成一致。我们不应被动消极,退守等待。"[7]

与此同时在北京,7月7日,周恩来告知中共中央委员会的委员们,柳州会议进展顺利,所有的努力都为的是一个共同的目标,那就是在日内瓦会议上达成和解。毛泽东表示同意,在讲话中他表示:"我们要跟一切愿意实现和平的人合作,来孤立那些好战分子,就是孤立美国当局。在谈判中该让的就必须让,该坚持的就必须坚持。"[8]

对于中国和越盟来说,有一件事显然是重中之重:尽量别让美国卷入。[9]

599

二

日内瓦会议最终回合的谈判从7月10日开始,此时皮埃尔·孟戴斯-弗朗斯赶来领导法国代表团。苏联外长维亚切斯拉夫·莫洛托夫已经于7月8日从莫斯科回到日内瓦,而周恩来和英国外交大臣安东尼·艾登也即将抵达。这样一来,就只剩下美方没有派出最高层官员参加峰会了——美国人到目前为止仍然在拼命抵抗英法施加的压力,国务卿约翰·福斯特·杜勒斯和副国务卿沃尔特·比德尔·史密斯都坚持留守在华盛顿。此时距离孟戴斯-弗朗斯自己订下的最终期限只剩下10天了,而杜勒斯本人坚决不来,也不派高级助手来,这让他大为光火。这会传递出关于西方联盟的什么样的信息?杜勒斯冷漠地回答说,不管怎样,现在在西方联盟中都不存在"任何与印度支那有关的联合阵线",并进一步表示,如果谈判对手始终在猜测华盛顿的最终意图，那么反倒更有可能取得可以接受的和解方案。杜勒斯对驻巴黎大使道格拉斯·狄龙称，行政部门不愿意参与一个表面上类似"七点纲领"，实则上条款内容将使得共产党在不出几个月的时间内就能攫取整个印度支那的协议。[10]

杜勒斯还有别的顾虑。在7月的第一周，美国政府承受了来自国内舆论的一片批评声，人们指责政府是在日内瓦配合一场共产主义的胜利大游行——"慕尼黑重现""第二个雅尔塔"，当加利福尼亚州共和党代表威廉·诺兰站在参议院的讲台上做出这些指控时，白宫惊惶失措。新闻秘书詹姆斯·哈格蒂在他的日记中写道："我们面临的最急迫问题是诺兰在演讲中提到的以及我们中的很多人都怀有的恐惧感，而这也意味着国内的恐惧情绪正在重新被点燃，进而熊熊燃烧。这背后的始作俑者当然是孤立主义者，他们认为我们最好洗手不干，不碰这件事情为妙，甚至退出联合国。"诺兰力促杜勒斯和史密斯都不要回日内瓦开会。副总统理查德·尼克松和参议院少数党领袖、得克萨斯州民主党籍代表林登·约翰逊对此表示同意，后者说："最好我们在日内瓦不要派出高层代表。"[11]

德怀特·D.艾森豪威尔总统自始至终都清楚，日内瓦会议有可能为国内制造各种政治问题。但他知道，避之不及同样也会带来问题。向来擅长从正反两方立场做出充分辩论的哈格蒂这次支持美国在瑞士捍卫自己的目标，而且认为杜勒斯或史密斯中应当有一个人到场，以防止美国看起来"像是个躲在帐篷里生闷气的小男孩"。在7月10日的一次行政班子会议中，总统说他在这个问题上还没有想好，暗示倾向于派出这两人中的一个。杜勒斯在私底下反对这种做法，艾森豪威尔因此同意直到最终协议内容渐趋清晰时再做决定。如果这个即将诞生的协议看起来可以接受，杜勒斯或史密斯将直奔机场。[12]

无论是法国政府还是艾登都很难接受这个决定，后者持续要求美国派高层代表出席会议，而且不是晚些时候，应是立刻动身。艾森豪威尔做出让步，派杜勒斯前往巴黎与英法领导人会谈。杜勒斯在 7 月 13 日抵达，在马提翁宫用过餐后，他对孟戴斯 – 弗朗斯和艾登表示，华盛顿政府将留在后台，作为某种"邪恶的搭档"，好让共产党继续瞎猜。

"但是你知道吗？"孟戴斯 – 弗朗斯用英语回答说，"如果美国没有派出部长级的代表出席日内瓦会议，东方的代表团们会高兴坏了。你知道吗？单单是宣布你抵达巴黎的消息都会在他们的心中播下怀疑的种子。你出席日内瓦会议，将会巩固西方国家的地位。"

杜勒斯于是给出了他反对出席会议的真正原因。"你在日内瓦签署的东西将会很糟糕，"他嘟哝着说道，"我们不希望通过自己出场，鼓励一个新的雅尔塔协定出炉。"

"但是我们希望您能出席，恰恰是因为这样，协议才不会太难看，也将能符合您在 6 月 29 日提出的'七点纲领'啊！"[13]

杜勒斯在来到巴黎时，对法方是否真能坚持"七点纲领"充满极大的疑虑，但法国总理做出的保证给他留下了很深的印象。孟戴斯 – 弗朗斯指出，越盟在日内瓦的论调近期有软化的趋势，现在（受胡志明指示）已经提出可以接受北纬 16 度的分界线，并暗示甚至还能再做出些许让步。他们还承认老挝可统一在王国政府下，而只是坚持要求为巴特寮留出一块集结区。他们不能接受美国在老挝建立任何基地或派驻军事人员，但是可以容忍法国在那里设一个训练代表团，并表达了可在越南选举和监督委员会组成方面做出妥协的意愿。这位总理进一步说，法国将继续力争北纬18度分界线——他表示不能接受9号公路以南的分界——并称做好了谈判破裂后继续战斗的准备。

目睹这场交锋的艾登对于"孟戴斯－弗朗斯在被逼到墙角时仍然勇猛作战"大为惊叹，同时，他认为杜勒斯"不断念叨雅尔塔"，"显得很不成体统"。后面的这条评语貌似有点儿苛刻，因为杜勒斯事实上充分理解了自己听到的内容所暗含的意思。7月14日午餐用毕，孟戴斯－弗朗斯承诺将争取缔结一个体现"七点纲领"的协议，以此换取杜勒斯承诺派比德尔·史密斯去日内瓦。在返程途中，这位国务卿对同事们说，政府当尽力避免出现任何"类似雅尔塔"的结果，但同时应该支持法国。现在他的说法是，美国不可能"不露痕迹地撤走"，同时又不至于遭到"过多顽固的长老会教徒、伪道学者的指摘，被人拿崇高的道德准则说事儿"。他也赞美了孟戴斯－弗朗斯的决心和真挚。[14]

到了离最后期限只剩六天的时候，法国领导人觉得他已经具备了完成协议的条件。但是这场闹剧仍未结束，此时仍存在重大的分歧。巴黎政府基本上向保大的越南国隐瞒了谈判的绝大多数细节，所以现在的一个重要问题在于新总理吴庭艳是否能接受这个已现雏形的协议，或者至少不会因此再添风波，毕竟他此前毫不掩饰地坚决反对分割计划和整个日内瓦会谈。7月12日，美国驻西贡大使唐纳德·希思谨慎地向吴庭艳介绍了"七点纲领"，并称华盛顿政府将"尊重"一个"至少保留了越南南部"的停火协议。吴庭艳不为所动。他指示在日内瓦的首席谈判代表、外长陈文都（Tran Van Do），让他要求法国不要交出河内和海防。陈文都在次日与让·肖韦尔的会议中提出了此要求，不过或许因为他是现实主义者的关系，语气较为和缓。肖韦尔在给孟戴斯－弗朗斯的报告中称，陈文都看来愿意接受分割方案，并补充说，他"看来并不像［吴庭艳］那样自欺欺人，没有提出过分的要求"。7 月 15 日，陈文都告诉艾登，尽管吴庭艳希望在北部保留一块飞地，但他本人认为，考虑到目前的军事形势，这个想法很天真。在两天后的限制性会议中，陈文都正式反对分割原则——因为协议"未考虑到越南人民对于国家统一的一致期望"——但之后又跟艾登说，这些话无非是为了会议记录留个底而已。[15]

敏锐的观察人士也许会说，不管陈文都的反对显得有多么三心二意，实则上都是对日后麻烦的一种警示。考虑到吴庭艳对会议进程的敌意，这一点的确如此。这位新总理在就职的前几个星期里，不遗余力地谴责日内瓦会议，并表明自己绝对不会受会议结果约束。跟胡志明一样，他争取越南统一的决心同样非常坚定。不过在此时，法国官员有理由相信越南国不会大力阻挠协议。

最终期限前的那几天，是一系列令人眼花缭乱的双边会谈和特别会议，外加来自敌对双方指挥部军方代表的磋商。皮埃尔·孟戴斯－弗朗斯和范文同担当主角，周恩来、艾登和莫洛托夫同样备受瞩目。印度外长克里希南·梅农（Krishna Menon）在最后时刻是个变色龙式的角色，他看起来永远在后台，会随时点头以示支持，或说两句话作为鼓励。7 月 16 日赶到日内瓦的沃尔特·比德尔·史密斯则几乎不参加任何讨论。他的借口是胃溃疡犯了，实际上他接到了避免美国跟眼前这个肮脏的营生沾上边儿的指示。"美国代表团跟眼前的一切格格不入，与世隔绝，"代表团的一位成员回忆说，"我们只能从别的代表团那些消息更灵通的朋友和同僚那里听说些只言603　片语。史密斯本人主要通过跟艾登通电话来密切追踪事态发展，但在这个阶段，他的情绪远比以往更加恶劣，倘若有人胆敢借慰问之机，来到史密斯的床畔打探消息，那这个人也真是够有种的。"[16]

　　尽管一路磕磕绊绊（一直到 7 月 18 日早上，艾登在给丘吉尔的电报中仍然猜测达成协议的可能性只有 50%），协议终

1954 年 7 月 19 日，皮埃尔·孟戴斯－弗朗斯和周恩来在日内瓦，他们的谈判即将取得最终突破。

究开始渐渐成形。[17]7 月 18 日，在关于未来监督多项停火协议的国际监督委员会组成方面，周恩来打破了僵局。他提出的成员国包括印度、加拿大和波兰，这个提议获得了通过。在当天和次日，在有关越南、柬埔寨和老挝停火协议的具体条款上也取得了突破。

不过，仍然是一直等到 7 月 20 日，当时钟开始滴答作响时，主要议题才终于开始得以解决。[18]连日来，法国和越盟就分割线应该划在北纬 18 度还是 16 度线上争执不休；而现在，在苏联和中方的鼓励下，注意力集中在了 9 号公路以北约 9.7公里的一条线（即大致北纬 17 度线），这既能让非共产主义政府控制顺化和土伦，同时作为南越北部疆界（之后人们就是这么称呼它的），其对于法兰西联邦军队和将要接手的越南军队来说，也是一条较短的可防御的界线。大选将在签署该条约两年内举行——具体日期由两个越南政府的代表商议决定——同时，应在 245 天内集结双方军队，以实现分割。越南、老挝和柬埔寨将被有效中立化，三国均不得加入联盟，或者让外国军事基地进驻。

这一整天，范文同和孟戴斯－弗朗斯都在为具体条款进行最后的角力。到了下午晚些时候，他们达成了一致：分割线将定在北纬 17 度线，大选将不晚于 1956 年 7 月举行。法国总理原本希望为大选的时间表留出余地，而范文同希望大选最好在6 个月内举行，也可以是 1 年，甚至 18 个月也不是不可以。莫洛托夫——在此前曾做出及时干预，参与推动将 17 度线作为分割线——插了一句话："那么两年可以吗？"孟戴斯－弗朗斯表示可以，范文同虽然非常犹豫，但也点了头。安东尼·艾登的满意之色溢于言表。

604

到下午 5 点 15 分时，消息传出来了：协议已经达成一致！瑞士万国宫开始忙碌起来，为签约仪式做准备，这样一来，停火协议和决议文件将能在午夜前签署完成。但人们在狂乱中忽视了一个事实，那就是并不是所有问题都已经得到解决，尤其是涉及老挝和柬埔寨的协议仍处在起草阶段。结果，晚上 8 点传来消息说，柬埔寨代表团团长森沙里（Sam Sary）反对协议条款，将拒绝在协议上签字。他表示，实行中立化意味着对其国家的行动自由造成了令人无法容忍的限制，这并不是因为金边需要外国军队、武器或者基地，而在于它不应被剥夺获得这一切的选择权。[19]此举惊动了五国代表，甚至连比德尔·史密斯都恳求他回心转意，但森沙里毫不动摇。时间一点点地流逝。午夜过去了。凌晨 2 点，被高棉人的决心打动的莫洛托夫提出了一个新举措。这位俄罗斯人强调，不可能建军事基地，但"或许可以考虑特定形式的共同防务。假设我们说，在遇到特定威胁和危险的情况下，柬埔寨可以提请外部援助？"行啊，其他国家的代表回应说——他们已经太累了，拖到此时连反对的气力都没有；只有孟戴斯 - 弗朗斯提出，如果为柬埔寨设了这个补充条款，那么同样的权利也应赋予老挝。与会人士对此表示同意。森沙里承诺将在次日参加签约。[20]

为了照顾孟戴斯 - 弗朗斯的面子，三份协议标明的签署时间均为 7 月 20 日午夜，不过对于实际的签署时间，各份文献记录不一，美国人的记录多半是准确的：越南和老挝停止敌对行动协定是于 7 月 21 日凌晨 3 点 30 分签署，柬埔寨协定在 7 月 21 日上午 11 点签署。[21]

在河内的法军电台切断了环法自行车赛的直播，一个女人上气不接下气的声音被切了进来："停火协议刚刚在日内瓦签

605

署。"在城里的一家花店门外，一位法军中尉摇了摇头："停火协议对我来说唯一的意义就是今天我不用再为战友买更多的花圈了。今天我订了六个花圈。"不过，就在他说话的功夫，周围隆隆的炮火声渐渐变得细小。[22]

成功最终实现了——至少孟戴斯－弗朗斯是这么看的。他或多或少在最后期限前达成了目标。法国和越南民主共和国之间最终的停火协议将分割线定为北纬 17 度线，沿这条线南北各约 5 公里的范围为双方各自的非军事区（DMZ）。法军将在这条线以南集结，越盟军队在该线以北集结。协议准许南北两区域的民众在 300 天内自由搬迁，禁止两区加入军事集团或接受军事增援，并将建立一个由印度（主席国）、加拿大和波兰组成的国际监督委员会监督协定实施。停火协定和《最后宣言》（这是一个未签署的文件，在 7 月 21 日下午最后一次全体大会上获得口头通过）都明确指出分界线只是"暂时性的"。《最后宣言》规定："军事分界线只具有暂时性质，不能视为政治或领土分界线。"它同时提出应于 1956 年 7 月在越南全境"举行秘密投票的普选"，在此前一年，即 1955 年 7 月，两区代表人应开始商讨普选一事。[23]

越南国和美国都未正式在会议最终的成果上签字，但史密斯确实发表了一个单方宣言，表示华盛顿政府"注意到"停火协议将终结战争，并宣称它将"扼制威胁或通过武力破坏安定的行为"。此外，美国将"严重关切任何新的侵犯举动，否则将视其为违背上述协议，同时严重危害国际和平与安全"。至于选举条款，史密斯表示，"我们将继续寻求通过自由选举实现统一，该选举应由联合国监督，以确保公正无虞"。[24]

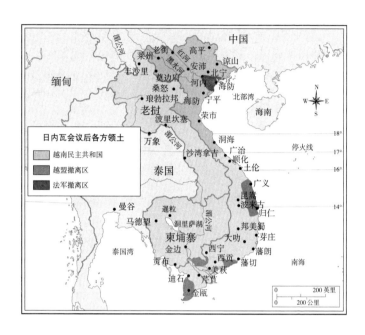

在向法国民众进行的每周一次的电台演讲中，孟戴斯－弗

607 朗斯介绍了刚刚实现的成果及其对这个国家的意义："相信我，在 7 月 20 日的这个晚上，就在我们的谈判还有一个小时就将结束之时，当无法预见的重重困难令我们的努力岌岌可危之时，我们突然感到在我们当中有一股力量存在，它如此居高临下统领一切，这个存在统治了我们，令我们做出了最后的决定，因为无人能够忽视或抵挡它。"

他顿了一下，接着说下去，声音饱含深情："这股力量就是你们的力量。无论是敌是友都感受到了如此深厚的情感，没有人可以怀疑法国人民决心争取和平，或者竭尽所能面对和平无法实现的结果。在那一夜，这一点无可辩驳。当一个伟大的民族的意愿被清晰地表达、深切地感知时，它将产生席卷一切力量，对于这一点，我已经亲眼见证了。是的，我见证到宿命被意志折服。"[25]

　　直到后来，人们才渐渐意识到法国的悲惨牺牲。从 1945 年 9 月到 1954 年 7 月，巴黎政府共计向印度支那半岛派出了 489560 名士兵，其中 233467 人是法国公民，72833 人是外籍军团战士，122920 人是北非军团战士，60340 人是非洲人。此外，还有几十万印度支那军队在法国军队或联军中效力。直至日内瓦会议结束时，约有 11 万法兰西联邦军人阵亡或被推定死亡。[26]

三

　　有一个问题浮现出来：为什么越盟没有得到一个更好的协议？换句话说，为什么事实证明相比战场上的斗志，法国的谈判能力更胜一筹？毕竟在会谈之初，比多曾发牢骚说自己手头只有"一张梅花 2 和一张方块 3"，而越盟手上抓着几张么点（A）、国王（K）和王后（Q）。就在谈判进行时奠边府陷落，而在此后几周，法兰西联邦的军事前景也显得越发惨淡。[27] 河内日渐脆弱不堪，与海防的交通很可能随时被永久切断。越南国民军的逃兵人数飙升，一度达到每天 800 人，而在北圻的法国占领区，平民斗志也一落千丈。在老挝，巴特寮控制了超过三分之一的领地。在本应安全的南越，法军同样腹背受敌，因为他们的军力集中在北部。而在法国本土，民众已经受够了战争，只想快速了结此事。"综合考虑这些信息，"在日内瓦参加会议的一名法国代表团成员说，"你会想当然地认为把分割线划在北纬 13 度线能更准确地反映事态的真实状况，而不是我们最终所争取到的 17 度线。"[28]

　　但是情况并没照这样发生。古老的箴言——"在战场上无

608

法实现的东西，你在谈判桌上也赢不回来"——在这种情况下并不适用，这一点要留到数年后越盟才会苦涩地意识到。

历史学家在解释日内瓦会议的结果时，通常会将原因归结为苏联和中国盟友向越盟代表团施加的压力。²⁹这确实起到了最主要的作用。这两个共产主义大国都不希望看到斗争升级：它们极力想要避免美国直接出兵干预，同时不希望孟戴斯－弗朗斯政府因为他未能在最后期限前完成任务而垮台。³⁰同时，这两国都想借日内瓦会议之机展示其在亚洲和亚洲以外的地区实现"和平共处"的意愿，更广泛地说，它们希望在世界舞台上留下正面的形象，提升各自的声誉。此外，苏联还希望能帮忙实现法国在印度支那的部分愿望，以期减少法国在西方联盟尤其是欧洲防务集团中的参与程度，而中国则希望巩固自身在印度支那的影响力，同时制衡越盟的扩张企图。

在 7 月 20～21 日实现最终协议的进程中，周恩来起到了至关重要的作用。在会议最初的几周里，他满足于保持尽量低调的形象，一直是到 6 月中旬以后才采取了更为积极的姿态。在他身上，日后为人称道的温文尔雅的风度和高超的外交技巧开始崭露头角，事实证明他的斡旋起到了决定性的作用，美国代表切斯特·库珀称周为"分割解决方案的教父"，这个评价十分贴切。因为尽管早在日内瓦会议很久之前，人们就开始将分割作为一个潜在的方案，但在很多人预言会谈即将瓦解的时候，有了这位中国总理巧妙而又强有力的倡导，才使得该方案成为可能。正如库珀所说的："一旦［周］推出该想法，就立刻在 7 月初获得了充分的推动力，此后的问题不再是是否可以分割，而是围绕着越南的分割线该划在何处展开"。³¹

当然，在周恩来的身后，永远影影绰绰浮现着毛泽东那令人

609

生畏的形象。在重大问题上周恩来总是听从毛泽东的意见,周恩来在日内瓦会议的高潮阶段始终遵循其领导的旨意,这一点毫无疑问。[32]在这方面,毛泽东可被视为分割方案真正的"教父"。不过,不管对这两人的作用持何种看法,一个更广义的论点都是可以成立的:中国对印度支那战争的最终和解至关重要。

越南民主共和国的代表在承受着强大盟友的压力时难免会恼羞成怒,这一点也毋庸置疑。"他出卖了我们",据说在一场争执不下的会议结束后,范文同曾这样向下属抱怨周恩来,这个评语貌似道出了几分真相。[33]但也不应过度演绎这个主张。正如我们此前看到的那样,越盟同样希望在 1954 年年中取得和解,他们原本也在担心战场上的力量对比,担心美国人会干预。内部文件显示,甚至是在日内瓦会议前,他们就曾考虑将北纬 16 度线周边地区作为可能的分界线,而且曾在日内瓦较早举行的法国 - 越盟秘密协商中提过这个建议。他们在后来确实抛出过北纬 13 度线的要求,但那是在孟戴斯 - 弗朗斯上任、立下了一个月内拿不到协议就辞职的军令状之后,因此这很有可能并不代表越盟强硬的谈判姿态,而更像是时移世易下试探着开个高价。这样一来,如果说北纬 16 度线是越盟一直以来真正的目标,那么文献中普遍记载的接受 17 度线是越南民主共和国面临盟友压力后被迫做出的投降,未免就显得太过了。它是让步没错,但绝非投降。[34]

对于中苏向越盟提出的另一项要求——将范文同提出的在六个月内举行统一投票选举的日程表大幅延后——"投降"一词则更加贴切。越南民主共和国的这位外交部部长和他的同事谢光堡相信越盟能在任何一场全国性的选举中获胜,因此直到最后几天都一直在坚持这项主张。西方官员同样知道胡志明肯定能在这类选举中取胜，所以他们希望尽可能地拖延选举日期，如果将具体日期空出来就更妙了。"在跟我会谈或通信的人中，但凡是对印度支那事务有一点儿了解，都会认为如果在交战之时举行投票，大概有 80% 的民众会选共产党的胡志明作为他们的领袖，而不是一国之君保大。"[35]

周恩来和莫洛托夫看来都不怎么愿意坚持要求尽快选举。6 月 23 日在伯尔尼与孟戴斯－弗朗斯进行这场至关重要的会议时，法国总理表示需要给越南人民充足的时间冷静下来，然后才可以举行选举，周恩来并未表示反对。周恩来还表示，最终的政治和解需要在越南两个政府间通过直接协商的方式得以解决，所以看起来，他也并不希望这类协商有必要立刻展开。他甚至向孟戴斯－弗朗斯保证，法国可以在这类协商中扮演有用的角色，而且表示最终取得统一的越南国不必非得脱离法兰西联邦不可。[36]至于莫洛托夫，他在最初阶段更加积极地鼓吹越南民主共和国的主张，直到 7 月 16 日，他仍然要求于 1955 年 6 月举行大选。然而就在同一天，他的态度突然转变，表示 1955 年的任何时候都是可以接受的。西方代表仍然不同意，到 7 月 20 日时，随着时间一点点流逝，他提出了 1956 年 7 月这个建议。

西方谈判者也做出了让步，但程度并不像他们最初以为的那么严重。安东尼·艾登在来到日内瓦时满心希望能争取达成协议，甚至连在前途一片渺茫之时也未曾放弃——有好几次，看起来是全凭着他个人的意志力才推动会议继续进行。可以说，他为这次会议的成功所做出的贡献不亚于任何人，而且他自始至终的表现得到了各方好评——恐怕只有美国的杜勒斯和史密斯除外。澳大利亚外长 R. G. 凯西在日记中写道，艾登

"拥有超乎常人的好脾气和耐心"。法国的让·肖韦尔有同感:
"在面对外交对手时,他表现出了极佳的谈判风度,这是我从
未看到过的。"[37]

还不止如此。艾登的倡议——这得到了留守伦敦的丘吉尔 611
的充分支持——搅乱了美国对会谈无疾而终的希望,而这希望
可谓世人皆知。他瓦解了艾森豪威尔政府老生常谈的那一套论
调——跟共产党谈判不可能谈出什么结果,除非协议条款涉及
共产党投降,否则应当坚决予以避免——早在几个月前,在
1~2月的柏林会议上,他也完成过类似的任务。毕竟,他代
表的并不是什么普普通通的盟国,而是英国——美国在国际事
务上最重要的搭档,一个但凡发表任何言论都不容被等闲视之
的国家。正如我们之前看到的那样,艾登和杜勒斯之间的矛盾
真实、深切而且影响重大,不过这也不能掩盖一个事实,那就
是这两个国家在印度支那政策方面存在着根本上的分歧,而英
国的立场又会限制美国政府的选项。

"我一直在提出各种建议," 艾登回忆说,"因为倘若我不
这么做,我们就将卡在原地动弹不得。另一方面,我们这样做
也受到了不少批评,尤其是来自美国媒体的批评。……我是被
迫承担下了在西方各国与共产主义国家间居中调停的职责,我
在这方面的活动也因此被各种歪曲,我很担心这会对英美关系
造成什么影响。"[38]这几句话透露了艾登具体考量中的几个重要
因素:在日内瓦达成协议将巩固他在国内的政治地位,他已经
等不及丘吉尔搬出唐宁街10号了;同时,一份和约也将提高
英国在东西方事务中的整体地位。总的来看,他对自己的评价
是恰如其分的:这位外长确实扮演了关键的仲裁人角色,尤其
是在会议的早期阶段。

在会议后期他就显得没那么重要了，这是因为皮埃尔·孟戴斯 - 弗朗斯粉墨登场。这位总理在立下一个月内不结束战争就辞职的誓言时，是押上了一个巨大的赌注——但他赌赢了。他清楚地表明自己既要取得和约，同时又要为法国争取更多利益，他也确实如愿以偿。通常并不怎么看好他的右翼媒体《费加罗报》在 7 月 21 日的社论中既向他的努力致意，同时也赞扬了拉尼埃和比多。文章这样写道：

612

> 我们在哀悼。我们在远东已失去半壁江山，其余部分也被严重动摇。被迫向共产主义在亚洲的扩张交出新领土的自由世界，同样也在哀悼。但是，既然情况已经如此糟糕，孟戴斯 - 弗朗斯如果又在日内瓦吃了败仗，这将使我们在不远的将来面对一片灰暗与动荡。
>
> 让我们感谢他为我们取得的成功。很快，法国人的鲜血将不会在一场无望的战役中继续流淌。
>
> 孟戴斯 - 弗朗斯总理在日内瓦为他的国家做出了辛勤而卓有成效的工作。让他独自承担投降的包袱是不公平的，毕竟在他掌权之前，胜负已有定局。同时，如果遗忘了他的前任在日内瓦曾接下任务、启动谈判，并提出解决方案，这同样是错误的——我们相信，他本人也不会这么做。[39]

同日在华盛顿举行的新闻发布会上，艾森豪威尔总统对达成协议、终止印度支那的杀戮表示满意。但他强调美国并不受协议约束，因为这其中包含部分美国政府不支持的内容。他进一步表明，现在的任务是争取组建集体防务组织，防止东南亚遭到进一步的直接或间接“入侵”。[40]艾森豪威尔在私底下知道

其他所有见多识广的观察人士都了解的事实，那就是从法国和
西方的角度来看，日内瓦达成的协议条款远比开会伊始时设想
的结局理想多了。他觉得要做出某种程度的自辩。早在1953
年9月，杜勒斯就发表演讲，指出一旦中国直接干涉战争必将
招致严厉回击，自此之后美国严厉的措辞已经收到了成效。美
国直接干预的威胁让北京和莫斯科紧张不安，同时在越盟最终
做出重大让步方面起到了一定的作用——各种信息来源都是这
样清晰说明的。

　　但这并不是说美国政府在有意识地做出政策规划方面可圈
可点。完全相反，高层政策制定者在试图摸索着绕过一连串令
人望而生畏的阻碍时，他们总是表现得犹豫不定、畏首畏尾。
这些阻碍包括：越南严峻的战场局势和日内瓦会谈的不利谈判
地位；国会议员强有力而且时常前后矛盾的压力，他们既不许
向共产主义交出任何领土，同时又要避免出现"又一个朝 　613
鲜"；华盛顿曾对拉尼埃政府寄予厚望，而且不单单是印度支
那，还有欧洲防务集团事务，但这个政府麻烦不断，最终崩
盘。尽管如此，艾森豪威尔和杜勒斯最终还是拿到了一份他们
可以忍受的和约。在大选前他们还有两年，可以利用这两年扶
植一个免受法国殖民主义玷污的南越政府。他们忠诚的盟友加
拿大在国际监督委员会中拥有一个席位，可以指望他们"阻
挡各种事情"。[41] 总的来说，这不算是一场惨败。

　　不过在其他人看来，向前看的时刻尚未到来，眼下大可以
回顾历史以及所取得的成就，这其中就包括协议的两位核心缔
造者。"日内瓦协议是自我们手中所能诞生的最好的成果，"
安东尼·艾登在7月21日深夜说道。让·肖韦尔更加清醒：
"大麻烦不可能有大团圆结局。"[42]

注释

1. Jawaharlal Nehru, *Selected Works of Jawaharlal Nehru*, 2nd series, vol. 26: *June 1, 1954 – September 30, 1954* (New Delhi: Oxford University Press, 2001), 371 – 72; Outward Telegram from Commonwealth Relations Office, June 30, 1954, PREM11/64, TNA; *The Pentagon Papers: The Defense Department History of Decisionmaking on Vietnam*, Senator Gravel edition (Boston: Beacon Press, 1971), 1: 148.

2. Philippe Devillers and Jean Lacouture, *End of a War: Indochina, 1954* (New York: Praeger, 1969), 260 – 62.

3. Chen Jian, "China and the Indochina Settlement at the Geneva Conference of 1954," in Mark Atwood Lawrence and Fredrik Logevall, eds., *The First Vietnam War: Colonial Conflict and Cold War Crisis* (Cambridge, Mass.: Harvard UniversityPress, 2007), 254 – 57; Pierre Asselin, "The Democratic Republic of Vietnamand the 1954 Geneva Conference: A Revisionist Critique," *Cold War History* 11: 2 (May 2011), 169 – 70. 另见 Christopher Goscha, "Geneva 1954 and the 'Deinternationalization' of the Vietnamese Idea of Indochina," 论文未发表, 由作者所有。还可参见越南外交部内部研究材料: *Dau Tranh Ngoai Giao trong Cach Mang Dan Toc Dan Chu Nhan Dan (1945 – 1954)*〔人民民族民主革命中的外交斗争, 1945 – 1954〕 (Hanoi, Bo Ngoai Giao, 1976), 2: 41, 由 Merle Pribbenow 翻译。

4. Chen Jian, "China and the Indochina Settlement," 257 – 58.

5. 关于中央委员会第六次全体会议的文字, 都引自 Nguyen Vu Tung, "The Road to Geneva: How the DRV Changed Its Positions," 论文未发表 (系冷战国际史项目), 由作者所有, 22 – 24; Asselin, "Democratic Republic of Vietnam," 171 – 73。

6. Nguyen, "The Road to Geneva," 25 – 26; *Dau Tranh Ngoai Giao trong Cach Mang Dan Toc Dan Chu Nhan Dan*, 43; Asselin,

"Democratic Republic of Vietnam," 171.

7. Goscha, "Geneva 1954 and the 'Deinternationalization' of the Vietnamese Idea of Indochina,"引自《人民民族民主革命中的外交斗争》, 119。

8. 毛泽东的话引自 Chen Jian, "China and the Indochina Settlement," 258。

9. 作者 2003 年 1 月在河内采访 Trinh Quang Thanh 的笔录。

10. Paris to Washington, July 9, 1954, Dossier V, DPMF Indochine, IPMF.

11. 哈格蒂日记, 1954 年 7 月 6 日, Box 1, George Kahin Collection on the Origins of the Vietnam War, Division of Rare and Manuscript Collections, Cornell University Library; Editorial Note, *FRUS*, *1952 – 1954*, *Indochina*, XIII, 2: 1803; William J. Duiker, *U. S. Containment Policy and the Conflict in Indochina* (Stanford, Calif.: Stanford University Press, 1994), 188。

12. 哈格蒂日记, 1954 年 7 月 8 日, Box 1, Kahin Collection, Division of Rare and Manuscript Collections, Cornell University; State to Paris, July 10, 1954, *FRUS*, *1952 – 1954*, *Indochina*, XIII, 2: 1807 – 10。

13. Jean Lacouture, *Pierre Mendès France*, trans. George Holock (New York: Holmes & Meier, 1984), 226 – 27; "Réunion des trois ministres des affaires étrangères," July 13, 1954, Dossier V, DPMF Indochine, IPMF; Washington to Paris, July 12, 1954, Dossier V, DPMF Indochine, IPMF; M. Roux, "Position américaine à Genève," July 13, 1954, Dossier V, DPMF Indochine, IPMF.

14. Paris to FO, July 14, 1954, PREM 11/646, TNA;《国家安全委员会第 206 次会议备忘录》, 1954 年 7 月 15 日, *FRUS*, *1952 – 1954*, *Indochina*, XIII, 2: 1834 – 40。

15. Eden to FO, July 15, 1954, FO 371/112078, TNA; James Cable, *the Geneva Conference of 1954 on Indochina* (London: Macmillan, 1986), 116.

16. Chester L. Cooper, *The Lost Crusade: America in Vietnam* (New York: Dodd, Mead, 1970), 97.

17. Eden to FO (for PM), July 18, 1954, FO 371/112079, TNA.

18. 7 月 20 日取得的进展在一系列研究中都有很好的介绍，例如参见 Devillers and Lacouture, *End of a War*, 290 – 313；Lacouture, *Pierre Mendès France*, 234 – 39；Cable, *Geneva Conference*, 120 – 23；Eric Roussel, *Pierre Mendès France*（Paris：Gallimard, 2007), chap. 14。

19. 《周恩来与柬埔寨代表团会议备忘录》, 1954 年 7 月 20 日, 档案编号 No. 206 – Y0008, CFMA, 由陈兼翻译。

20. 莫洛托夫的话引自 Lacouture, *Pierre Mendès France*, 237。

21. 参见 FRUS, *1952 – 1954*, *The Geneva Conference*, XVI, 1479。

22. 引自《新闻周刊》, 1954 年 8 月 2 日。

23. 关于法国-越盟停止敌对状态协议和《最后宣言》的全文, 以及最后一次全体会议原文记录, 见 Allan W. Cameron, ed., *Viet-Nam Crisis：A Documentary History*（Ithaca, N. Y.：Cornell University Press, 1971), 1：288 – 308。

24. 美国代表团致国务院, 1954 年 7 月 19 日, FRUS, *1952 – 1954*, *The Geneva Conference*, XVI, 1500。

25. 引自 David Schoenbrun, *As France Goes*（New York：Atheneum, 1968), 122 – 23。

26. Michel Bodin, *La France et ses soldats, Indochine, 1945 – 1954*（Paris：Éditions L'Harmattan, 1996), 7；Bodin, *Dictionnaire de la guerre d'Indochine, 1945 – 1954*（Paris：Economica, 2004), 214.

27. Saigon to MAE, July 10, 1954, Dossier V, DPMF Indochine, IPMF；Saigon to MAE, July 18, 1954, Dossier V, DPMF Indochine, IPMF.

28. 引自 Devillers and Lacouture, *End of a War*, 309。越南国民军在战争最后几个月的职责和表现, 在下列研究中有充分讨论：Michel Bodin, "L'armée nationale du Vietnam à fin du conflit（1953 – 1954)," in Pierre Journoud and HuguesTertrais, eds., *1954 – 2004：La Bataille de Dien Bien Phu, entre histoire et mémoire*（Paris：Publications de la Société française d'histoire d'outre-mer, 2004), 89 – 101。每天逃兵达 800 人的数字援引自《新闻周刊》, 1954 年 8 月 23 日。

29. 例如参见 George C. Herring, *America's Longest War：The United States and Vietnam, 1950 – 1975*, 4th ed.（New York：McGraw-

Hill，2002），48；Duiker，*U. S. Containment*，183。

30. 例如参见 7 月 13 日周恩来对艾登的谈话内容，记录于《周恩来与安东尼·艾登会议备忘》，1954 年 7 月 13 日，档案编号 No. 206 - Y0006，CFMA。由陈兼翻译。

31. Chester L. Cooper，*In the Shadows of History：Fifty Years Behind the Scenes of Cold War Diplomacy*（Amherst，N. Y. ：Prometheus，2005），126.

32. 周对毛的"恭顺态度"是下书的主旋律：Gao Wenqian（高文谦），*Zhou Enlai：The Last Perfect Revolutionary：A Biography*（New York：Public Affairs，2009）。关于毛泽东在日内瓦会议中的策略，另见杨奎松《毛泽东对印度支那战争态度的变化（1949 - 1973）》，冷战国际史项目工作报告，no. 34（Washington，D. C. ：Woodrow Wilson International Center for Scholars，2002），6 - 11。

33. 引自 Stanley Karnow，*Vietnam：A History*（New York：Viking，1983），220。这个观点在作者 2003 年 1 月在河内采访 Trinh Quang Thanh 的笔录中也得到了强调。

34. 感谢 Geoffrey Warner 分享了他对该问题的见解，此处还可参见 Asselin，"Democratic Republic of Vietnam"。

35. Dwight D. Eisenhower，*Mandate for Change：The White House Years，1953 - 1956*（Garden City，N. Y. ：Doubleday，1963），362.

36. Mendès-France，"Entrevue Mendès-France-Chou En Lai à Berne，"June 23，1954，71 - 77，IPMF.

37. 凯西和肖韦尔的话引自 Cable，*Geneva Conference*，88，134。

38. Anthony Eden，*Full Circle：The Memoirs of Anthony Eden*（Boston：Houghton Mifflin，1960），144.

39. 《费加罗报》，1954 年 7 月 21 日。

40. 这次新闻发布会的部分内容记录于 *FRUS，1952 - 1954，The Geneva Conference*，XVI，1503.

41. Cooper，*Lost Crusade*，99 - 100；Eisenhower-Dulles telcon，July 20，1954，Box 4，Diary Series，Eisenhower Library。

42. 艾登和肖韦尔的话引自 Devillers and Lacouture，*End of a War*，313。

第六部分

紧握火炬
1954～1959 年

第二十五章 除了在这里取胜，
我们别无他选

他们是在破晓时分进入河内郊区的，身穿人民军的绿色制服，有的坐莫洛托夫卡车和吉普车，有的骑自行车或步行。在打头的第 308 师步兵中，有很多人曾在奠边府征战，他们扛着迫击炮和机关枪，手里还捧着剑兰花束。消息在城里的居民中不胫而走，人们冲上了人行道，向队伍欢呼。"胡主席万岁！"他们欢呼道，"人民军万岁！""解放越南！"几乎每个窗口都飘扬着越南民主共和国绣有金星的红旗，而呼吁"独立"（Doc Lap）的标语也早已悬挂起来。这是越盟依照《日内瓦协议》正式接管这座城市的前夕。这一天是 1954 年 10 月 9 日，星期六。

当天晚些时候也上演了一幕截然不同的场景。在城中心的河内皇城附近，伴随着一位孤零零的法国号兵吹出的号音，一面三色旗最后一次徐徐降落。雨点渐渐沥沥。一小队被战争折磨得精疲力竭的官兵不发一言，看着一名轻轻抽泣的上校接过折好的国旗。在八年的战争里，法国远征军赢得的战役比输掉的更多，杀死的敌军比自己损失的更多，可是胜利最终未能到来。"我们永远都不应该再回到这里了，"一位法国上将垂着头喃喃道，"一想到我们丢弃的伟大传统，我的心情就沉重极了。"[1]

618　　　法军是一个区一个区，甚至一条街一条街地撤离的，挂在低速挡的装甲车发动机低沉地轰鸣着。走完最后三条街就将登上保罗·杜梅大桥，这座桥横跨在雨季后河水暴涨的红河之上。最终，到了傍晚时分，最后一辆车驶上了大桥引桥。三位负责指挥交通的法国军官先是环顾四周，而后看了彼此一眼，这才慢慢走上了引桥。越南的围观人群感受到了这个时刻的重要意义，纷纷冲上大桥的两侧。几分钟后，三个军官已经无影无踪。自从 1873 年那支由弗朗西斯·加尼埃中尉率领的特遣队进入河内，宣布该市为法国人所有以来，它一直被法国殖民者视为掌上明珠，而从眼下这一刻起，河内的控制权被彻底移交给越盟。

　　　次日，武元甲将军在观看了市中心的阅兵式后，在碧空下说："历经 8 年抵抗和对国家解放 80 年的不懈斗争，我们深爱的首都如今终于完全自由了。"[2]

　　　1954 年 10 月 10 日，凯旋的越盟军队在河内游行。上方的旗帜上写着："越南：和平、统一、独立、民主万岁"。

在欢庆的队伍中，有一个人离奇地没有出场，这个人就是胡志明。他是两天后坐在一辆查抄来的法国 0.75 吨货车后厢里溜进河内的，先与国际监督委员会的成员们见面握手，随后与几位副手一起消失在深锁的大门后面。直到 10 月 17 日印度总理尼赫鲁到来，他才重新公开亮相。[3] 在 10 月 18 日的一篇报纸社论中，他解释说自己不想大操大办举行庆典活动浪费同胞们的时间。他说："我们之间共同的爱并不流于表面。"不过，在最初几天里胡志明确实获得了无与伦比的满足感。此时，离他在凡尔赛和会上向列强发出呼吁已经过去了 35 年，距离 1945 年 9 月他在巴亭广场前向欢呼的人群宣布越南独立已经过去了 9 年。从 1946 年起，随着战争打响，他和他的副手们逃离了河内，前往北坡。而今他们终于回来了，在战场上他们击溃了一个强大的西方国家。在此之前，还没有哪个被殖民的国家完成了如此伟业。

甚至是在奠边府战役大获全胜的 5 个月后，这一切仍然让人目不暇接，在某种程度上可以说是难以彻底消化。法国撤军的一幕象征着彼此间的纽带被割断，对于众多受过教育的革命者来说，这一幕细究起来，是有些苦乐参半的，这也包括了胡志明。刘段黄（Luu Doan Huynh）亲历了法越战争和美越战争，半个世纪后他回忆说："在欢呼和歌声中，我突然感到一阵悲伤涌上心间。在法国人手底下，我们从来都不是快乐的奴隶，然而在 1946 年当我走进深山时，我随身带的是一本法国诗集！我相信永恒的真理：自由、平等和博爱。而这一切如今结束了。这个国家将要被分成两半。"[4]

二

对于胡志明来说，在 10 月中旬的这一天尽量让庆祝活动保持低调还有更重要的原因。首先，他们为了战胜法国付出了人力和财力上的巨大代价。从 1946 年到 1954 年，越盟约有 20 万士兵和 12.5 万名平民死亡，其中绝大部分是在北圻。[5] 其次，越南民主共和国的主要区域此时都处在一片狼藉中：道路和铁路被切断，桥梁被炸毁，建筑被破坏。红河三角洲的大米产量急剧下降。到了最后在日内瓦会议上，事实上胡志明跟他的法国对手皮埃尔·孟戴斯-弗朗斯一样，十分渴望达成停火协议。如今他和他的同僚们面临着重建这个被战争摧残的国家的重任，同时需要为越南民主共和国取得革命性变革。在很多地区，这意味着基本上要从零开始，因为撤离的法国人已经拆除了邮局和医院，工厂里的机器和工具也被统统搬走，甚至在有些厂子里连电灯泡都没落下。

620

最重要的是，对于胡志明来说，他无论如何都无法回避以下事实：他虽然取得了史无前例的惊人胜利，但是这个胜利并不彻底，而且很可能是暂时的。他一直梦想着实现越南民族的"伟大统一"，这个想法在 1945 ~ 1946 年曾短暂进入人们的视野，但随后被战争瞬间湮没。现在尽管法军被赶跑了，但民族统一的梦想仍然未能实现，因为这个国家被划成两块，而且越南社会已有的民族、社会和政治矛盾将有可能更加尖锐——在国际舞台上，这两个政权已被公认为是北越和南越。他知道，在西贡，由吴庭艳所领导的保大政权将努力扩张并巩固其权威。如果吴庭艳获得了美国的广泛支持——而这看起来是非常有可能的事情，那么北纬 17 度线的暂时分割就有可能根本不是权宜之计。他也担心，即使是苏联和中国也不可能全心全意地主张在 1956 年按既定日程举行统一公投；它们在国际政坛想要钓到更大的鱼，尤其是中国，从各方面来说，相比一个强大统一的越南，它恐怕宁愿选择一个软弱分裂的越南。

胡志明因此决定，他必须谨慎行事，越是能争取到外部世界的广泛支持，实现公投的机会也就越大。尽管他偷偷让一些越盟干部留守南部，好在为 1956 年公投造势的同时暗中破坏吴庭艳政府，但他同时相信自己应该传递出如今人们已经耳熟能详的形象：作为调停者的胡志明。[6]10 月 16 日他对一群党的干部说，新政府代表人民的意愿，因此理应接受人民的批评。同日他力促外国人能留在河内继续从事他们的工作，并强调说他认为向社会主义过渡的进程将十分缓慢。在挑选自己的住所时，他反对入住临近西湖的总督府——他觉得那里太奢华了，而是选择住在总督府内一幢小小的别院。在尼赫鲁到访时，胡志明向他的客人强调说，河内政府将与老挝和柬埔寨政府保持恰当且友好的关系，并寻求与东西方的各国进行外交接触。10 月 18 日，他向自己的老熟人、谈判对手让·圣特尼做出了同样的允诺，此次圣特尼是受皮埃尔·孟戴斯-弗朗斯之命，在北越担任代表法国利益的特使。胡志明告诉圣特尼，他希望法国能在越南民主共和国保留文化和经济影响力，并坚称自己并非政府强硬派的一枚卒子。[7]

圣特尼善意地做出了回应。在这场会议前，他就向巴黎警告称，越盟领导人恐怕永远不可能放弃在河内政府下争取越南统一的斗争，而且任何在该国推进永久分割的尝试都将不可避免地再次引发战争，葬送促进改善法越关系的全部努力。在结束了与胡志明的会面后，圣特尼继续大谈这个话题，同时也强调了这位越盟领导人的合作态度。他指出，胡志明想要恢复在1946 年夭折的枫丹白露会谈，而且对于这场刚刚结束的事关生死存亡的战争，他也并未流露出多少怨恨。"越南民主共和国表示，它做好了对话、协商，并为我们保留一个非常令人满意的地位的准备，换言之，它尊重日内瓦协议，并愿意'遵守游戏规则'，"圣特尼说。他还强调称，越南民主共和国绝非苏联或中国的傀儡：它当然将成为共产主义国家，但它想要走一条独立的路线。法国应将政策的目标聚焦于支持此项独立政策。[8]

孟戴斯－弗朗斯接受上述所有看法，但他必须将其他问题也纳入考虑之中。成功结束了战争并没有让他从印度支那事务中脱身，尤其是他与河内政府创造友好关系基础的决心与他对西贡政府的承诺是相违背的，在日内瓦会议结束时他曾承诺法国只会与南越建立外交关系——这是让吴庭艳政府不再抵触谈判的代价。这样一来，尽管从夏末到秋天，法国舆论对于吴庭艳的表现和越南国民军的能力的态度日益消极，孟戴斯－弗朗斯还是确认法国政策不可能发生根本性的改变。高级幕僚也都同意他的看法。[9]

结果就是：圣特尼并没被授予全权大使的地位，法国政府也坚定地拒绝圣特尼的代表团接受一位越南民主共和国的使节充任相应的人物。他的权力极度受限，因此他把主要精力放在了文化领域，而且取得了一定的成功。当地名校阿尔贝·萨罗学校和河内大学都向法国行政人员和教员重新敞开大门，后者甚至聘请了一位法国校长，同时还兼任河内医学院院长。在圣特尼的敦促下，胡志明的政府还在享有盛誉的法国远东学院（École français d'Extrême-Orient）和河内巴斯德研究所保留了法方工作人员，每月专门拨款 1.5 万美元，兑换成印度支那银行的皮阿斯特向这些职员支付薪水。[10]

如果不是因为美国向孟戴斯－弗朗斯施加的压力，如果不

1954 年 12 月 16 日，胡志明在河内会见让・圣特尼。胡志明的右手边是范文同。

是因为他在 1954 年秋天越来越强烈地感觉到维持法美稳固关系的必要性，孟戴斯－弗朗斯恐怕原本可以绕过对西贡政府所恪守的承诺，比方说声称兑现协议条款归根结底意味着要跟河内方面保持富有成效的关系。8 月 30 日，当法国国民议会以 319 票对 264 票永久性地否决了法国参加欧洲防务集团的提案后，维持法美关系的任务显得更加艰难。这个结果让华盛顿的官员们大惊失色，导致法国对艾森豪威尔政府的影响力进一步遭到侵蚀。

　　此外，欧洲防务集团的投票恰巧发生在巴黎面临来自北非的民族主义——包括突尼斯、摩洛哥，尤其是阿尔及利亚——压力日益升级之时。在孟戴斯－弗朗斯和其他法国外交部的高层官员看来，法国需要美国的支持（或者至少是默许），以维持其在马格里布地区的优势。加上法国仍然依靠美国援助以维

持在越军队的补给，而且国内舆论对结束印度支那任务的呼声
比以往更加高涨——最司空见惯的一句问话是"我们还在那
里做什么？"——这位总理认为现在有充分的理由与美国政策
保持一致。他指示圣特尼避免与河内领导层发生密切联系，同
时也放弃了促进法国与越南民主共和国及中国开展商业接触的
计划。当联合邦部长居伊·拉尚布尔要向胡志明提出新提案
时，孟戴斯－弗朗斯的回答可谓直白："在东南亚，美国人是
联盟的头头。"[11]

三

美国人的意图已经昭然若揭。正如我们此前看到的那样，
艾森豪威尔政府拒绝跟日内瓦协议扯上关系，甚至在协议尚未
签署前，就决心在不受"法国殖民主义玷污"的情况下承担
"拯救"南越的使命，并立志将那里作为"自由世界的堡垒"。
在日内瓦会议后，这个政府开始积极致力于将该愿景变为现实，
并打算独立从事此前原打算与法国共同完成的事业——在越南
创立并维持一个反共政府。美国官员们相信，这个摆脱了旧的
624 殖民主义负累、拥有充分的民族主义正当性的政府将可有效地
与胡志明的北越政府竞争——前提是它得到美国适当的指引和
支持。

在 7 月 24 日的一次新闻发布会上，国务卿约翰·福斯
特·杜勒斯指明了美国的基本目标。他宣称："从今往后，我
们不能沉湎于痛惜过去，而要把握住未来的机会，避免失去北
越后，东南亚和西南太平洋的共产主义势力进一步扩张，这一
点十分重要。"杜勒斯进一步指出，当前要务是争取组建一个
类似北约组织的区域性防务集团，其成员应当划定一条清晰的

界线，并且不应容忍共产党跨越这条界线继续扩张。"共产党一旦跨越这条界线，将被视为主动进攻，东南亚条约组织参与国应对此予以回应。"[12]这个结构松散的联盟通常被称为东南亚条约组织（Southeast Asia Treaty Organization，下文简称"东约组织"），包括美国、英国、法国、澳大利亚和新西兰，以及菲律宾、泰国和巴基斯坦这三个亚洲国家，其组织形式在1954年9月8日缔结的《马尼拉条约》（条约于1955年2月获得美国国会通过）中被确立下来。

这是对1954年春天艾森豪威尔和杜勒斯提出的强有力的"联合行动"的拙劣模仿。该区域的关键国家——印度、印度尼西亚、缅甸——都拒绝加入，同时由于日内瓦协议的限制，南越、老挝和柬埔寨也无法正式参加。巴基斯坦加入该协议倒并不是因为它决意牵制共产主义国家在东南亚的侵略，而主要是因为它把东约组织视为制衡其对手印度的手段。与此同时，菲律宾事实上根本没有参与或与大陆上的东南亚国家合作的先例。此外，会员国也并没有承担多少责任——它们只是在"面临共同危险"的情况下遵循其各自的"宪法程序"，并彼此进行"商讨"。日内瓦协议的主要设计师、英国外交大臣安东尼·艾登以行动表明了自己对此条约重要性的看法：他根本就没参加马尼拉会议，而只是选择派了个副手来开会。

无论如何，杜勒斯对于这份条约仍然深感欣慰。他得到了自己想要的联盟，虽然包括美国在内的成员国并未在其中做出什么坚实的承诺，但它很有可能将阻止共产主义国家在该地区的"扩张"。他同时还确保专就像老挝、柬埔寨和南越等有类似情况的地区订立一份单独的条约，指出一旦这些地区遭到威胁，将"威胁"到东约组织缔约国的"和平与安全"。在杜勒斯看来，这份条约至关重要，因为它为干预印度支那提供了法律依据，而这一点在这年春天有关"联合行动"的争论中是缺失的；同时它也表明，如果南越貌似有可能投奔共产主义而去，华盛顿政府不会坐视不管。在这方面，东约组织条约向北纬 17 度线赋予了日内瓦协议所回避的政治意义，也为南越地区成立独立国家提供了基础。正如杜勒斯向参议院外交关系委员会坦言的那样，"这些军事集结区事实上将逐渐走向实质性的政治分割"。[13]

　　有了东约组织条约为在南越建立一个得到美国保护的国家奠定的基础，行政部门着手让这个国家成为一个可行的实体。用美国国家安全委员会的话来说，美国应"在不公开违背美国立场和停火协议的情况下，尽一切可能的努力……维持一个友好的非共产主义南越，同时阻止共产主义在一场全越大选中获胜"。[14]新的政体保留了由法国支持的前政府的名字——越南国——而保大也依然担任国家元首。但在美国人看来，这两者的相似之处也仅止于此了。美国的政策规划者尤其想要尽快并明确地履行日内瓦协议中的一项条款，对此他们已经尝试了多年，那就是正式废止法国统治。这些官员并不怀疑法国仍将继续向越南施加显著的文化和经济影响力，但他们相信从今往后，西方针对胡志明革命的努力将在没有受到殖民主义玷污的情况下得以推行。现在，一个真正的"第三势力"——它既没有得到法国，也没有得到共产主义支持——终于得以发展出来，并赢得越南人民的真诚拥护。

　　领导第三势力的当然非吴庭艳莫属，他在 1954 年 6 月 25 日到达西贡，在 7 月 7 日正式就职。吴庭艳将日内瓦协议视为奇耻大辱，将分割国家看作是个人的背叛行为。但他很快意识到，自己除了接受现实别无他选，他将在北纬 17 度线以南承担重大的责任。他面对的是一个遭到政治阴谋打击的城市，而他的政府缺乏广泛的权力与雄厚的实力。[15]

吴庭艳初上台的表现也起不到太大作用。他离开越南差不多有 4 年之久，而且有超过 20 年未在政府工作，这让他已经脱离了自己的同胞，也无法掌握并管理一个庞大而又棘手的行政机器。他与国际监督委员会的初步接触显得踌躇而又僵硬，这与胡志明自信而亲切的态度形成了鲜明对比。吴庭艳欠缺个人魅力或实际的管理才能，而他的高级下属们又普遍缺乏行政经验。跟胡志明不同，在他身上丝毫找不到半点儿幽默感。媒体对他上任的反应平淡无奇、兴味索然。相反，他的胞弟兼最亲密的顾问吴廷瑈倒是一个有魅力、有才干、工于心计、英俊非凡的男人，不过此人无比自大。在吴廷瑈的协助下，吴庭艳努力建立起一个高度集权、排除异己的政府，保大的监督权被抛到一边，法国的影响力也在慢慢遭到清除，在这个政府中，所有非共产主义政党都必须服从于一个由政府支持的政党——由吴廷瑈领导的人民劳动革命党（Can Lao）。[16]

美国中央情报局的西贡分站在此前几周就兢兢业业地工作，好为吴庭艳上任铺平道路，这个部门在很早的时候就对他能否堪当与胡志明的竞争重任提出了疑问。西贡分站的秘密行动主任保罗·哈伍德（Paul Harwood）在 8 月时指出，吴庭艳不愿意将权力分散到一个紧密的小圈子之外，这说明他有意制造一个小集团政府，有党同伐异、不愿意做出政治妥协的倾向。哈伍德干巴巴地评论称，这样的举措不是"一个能吸引广泛支持的政治人物会做出来的"。[17]

吴庭艳身处的越南国已经极度分化——拥有武器的宗教团

体控制了湄公河三角洲，平川派犯罪集团控制了西贡大部分地区——这当然对他也起不到什么正面作用。[18]这些团体没有任何凝聚力和共同目的。曾支持过保大此前政权的法国人和越南

627 人，现在并不急于走出来支持新政府，尤其此时人们仍需与法国共同制定复杂的行政和军事安排——法军仍在南部行使权力，而且将继续留守两年以保护法国公民及其财产安全。吴庭艳并不掩饰抑制法国对南越影响的决心，西贡的法国垦殖者总体来说对此报之以满满的敌意。与此同时，越南国民军那位在政治上野心勃勃的参谋长阮文馨——他是个娶了位法国太太的法国公民——看来正在策划政变。吴庭艳当场解除阮文馨的职务，勒令他离开越南，阮文馨对此嗤之以鼻，他骑着摩托车在西贡横冲直撞，挥舞着驱逐令以示不屑。

但是，吴庭艳对自己克服重重挑战的能力表示乐观。9月2日，在家中招待美国参议员迈克·曼斯菲尔德时他表示，无论是宗派团体、平川派还是法国人，对他的政府都无法构成严重威胁，而在对待阮文馨的态度上，他貌似也开始"回心转意"。对此曼斯菲尔德持同情立场，但半信半疑，毕竟他此前曾听希思大使说吴庭艳"虽极其坦诚，但不怎么接地气"，其他关注事态发展的美国人也表示这位西贡领导人以自我为中心，而且过于执拗。不过，希思也强调说："如果吴庭艳走了，我们一时间也找不到能替代他的人。"[19]

曼斯菲尔德认同这种看法。在回到华盛顿时，他深信吴庭艳虽然有这样或那样的缺点，但仍然必须予以支持，否则美国在印度支那的宏大蓝图就将化为泡影。在10月中旬他对参议院外交关系委员会说，吴庭艳的大业"代表着真正的民族主义"；现在除了他，再没别人有望创建一个值得美国支持的

政府。曼斯菲尔德坚持表示，在没有其他可行的替代人选的情况下，美国的方向很明显："万一吴庭艳的政府垮了……我相信美国必须考虑立刻暂停对越南的所有援助。"吴庭艳感觉到这是一次绝佳机会，于是将这位参议员的报告印了 10 万份分发了出去。[20]

　　这不足为奇：曼斯菲尔德在越南事务上的影响力日甚，他的建议被广泛看作代表了美国的政策立场。毕竟他是国会的常驻印度支那问题专家——在进入华府前，他教授过亚洲史，并去过越南两次，尽管加起来总共也只停留了 12 天——而且大家都知道他跟杜勒斯关系很好，曾陪同国务卿前往马尼拉参加东约组织会议。现在，他将要承担起在印度支那事务上"无与伦比的角色"（语出他的传记作家唐·奥伯多弗［Don Oberdorfer］）。在马尼拉，他向杜勒斯着重指出，吴庭艳可能是领导南越避免被共产主义吞并的"最后的机会"。当居伊·拉尚布尔后来告诉杜勒斯，吴庭艳在争取广泛的群众支持方面"毫无作为"，应该被换掉时，国务卿回答称自己"看不出来换掉吴庭艳能取得任何有益的效果，因为至今没有一个比他更好的替代人选"。杜勒斯还解释说，自己之所以这么主张，是因为"参议员曼斯菲尔德近期刚走访了印度支那"，并引用曼斯菲尔德的说法，称吴庭艳是"最后的机会"。[21]

　　"从那天起，"奥伯多弗在给曼斯菲尔德写的传记中指出，"这位蒙大拿州参议员成为 20 世纪 50 年代中期国务院内部吴庭艳最主要的支持者，也是这位西贡领导人在国会中最重要的靠山"。[22]这个共和党政府仍然心有余悸，担心民主党会指出自己在日内瓦会议上将半个越南"拱手让出"，所以此时能有一位受人尊重的民主党人士为其撑腰，这将是个巨大的加分项。

628

杜勒斯和他的助手们当然没有浪费半点儿机会，在 1954 年秋季，他们随时都会拿出曼斯菲尔德对吴庭艳的观点来为己方态度提供支撑。曼斯菲尔德在 9 月 24 日的一份电报中盛赞吴庭艳有实现"真正的国家独立和内部改良"的决心，表示其他所有可能的领导人都跟法国殖民者走得太近。杜勒斯在次日的一次最高级别会议上就大段引用了这份电报的内容，并补充说："参议员的观点在外交关系委员会中举足轻重，在民主党人中间更是如此。"在同一天的晚些时候，副国务卿沃尔特·比德尔·史密斯也在与拉尚布尔的会议中引述了该电文。史密斯强调称，曼斯菲尔德如此拥护吴庭艳和美国在南越的责任，将"对国会，尤其是民主党议员产生重大影响"。拉尚布尔受制于维持与美国政府间顺畅关系的需要，心不甘情不愿地同意在私下里支持吴庭艳，并同意促请南越其他反共力量也做出同样的表态。[23]

从国内局势来看，曼斯菲尔德的倡议犹如及时雨，因为即使在此时仍然存在很多质疑的声音。8 月公布的一份《美国国家情报评估》（National Intelligence Estimate），其观点与中情局西贡分站相仿，提醒称即使是在得到了美国强有力支持的情况下，建立一个获得广泛民众支持的强大政府的前景仍然"惨淡"。在被问及是否可以创建一个训练南越军队的项目时，参谋长联席会议回答说，如果没有一个"相对稳健的国民政府掌握大局"，建立军队"毫无希望"。国防部部长查尔斯·E. 威尔逊建议美国"及早彻底"离开印度支那。他表示，有了法国的前车之鉴，"如果我们继续留在那个地区，除了伤痛，我们将一无所获"。[24]

《圣路易斯快邮报》（St. Louis Post-Dispatch）刊载了丹尼

尔·菲茨帕特里克（Daniel Fitzpatrick）创作的一幅漫画，画中山姆大叔望向标有"法国在印度支那的错误"的幽深沼泽。图片说明是："再犯错有意义吗？"[25]

　　这些看法都极富远见，可是它们最终未能在最关键的地方——白宫——占据上风。艾森豪威尔和杜勒斯虽然对越南的前景，尤其是吴庭艳政府的长期独立发展能力怀有疑虑，但他们的决心并未因此而动摇。什么都不做只有可能彻底丢掉印度支那，而从地缘政治和国内政治的角度考虑，这种前景对他们来说仍然不啻为一种诅咒。政府因此积极运作，想要争取对越南国民军予以整编和重新训练，这一想法最终赢得了参谋长们的默许。参谋长联席会议在 10 月中旬称，虽然"从军事的角度而言"，他们对承担训练项目的可取性仍然表示怀疑，但是"如果认为政治考量高于一切的话"，他们愿意配合。明眼人一望便知，参谋长们的立场严格来说是不合逻辑的：在他们看来，正是因为西贡现有的政府在政治上过于脆弱，才导致创建有效的南越军队成为不可能的任务。或许参谋长们指的是美国国内政治，这样一来他们的表述显得更合乎情理；或者——这也是最可能的推测——他们无非是精明的官僚，将对训练计划的反对意见写到纸面上，这样就能在允许行动推进的同时，将责任一股脑儿推到文职官员头上。[26]

　　1954 年 10 月 22 日，国务院指示军事援助顾问团立刻与越南政府共同制订并启动"一个用于训练越南武装部队的计划，军队人数需达到执行内部安保任务的需求"。次日在西贡，希思大使将艾森豪威尔总统的信件（早在几周前就已经起草）转交给吴庭艳，表示美国愿意向西贡政府扩大援助规模，以"发展并维护一个强有力的、可独立生存的国家，使它有能力

630

抵御各种颠覆活动或通过军事手段实施的侵略行径"。艾森豪威尔强调，美国当然早已提供援助，但此前主要得经法国之手，而这一次援助将"直接送到你的政府"。这封信提醒吴庭艳，美国提供援助的条件是西贡政府愿意"担保其有能力维持政府表现的水准"，同时要承诺"实施必需的改革"。[27]不过，华盛顿政府在公开宣布这一新政策时，倒是对那些顾虑轻描淡写。官员们表示，总统信件中的头等要务在于强调美国的支持，以及"巩固总理的地位，给予他的政权抗击政敌的弹药"。[28]可以说，这拉开了美国承诺保护南越的序幕。

在半个世界之隔的巴黎，杜勒斯也在敦促孟戴斯－弗朗斯在支持吴庭艳政府方面做出更多努力。此时是 10 月 23 日，距离吴庭艳收到艾森豪威尔的信只过了几个小时。杜勒斯发出警告：在越南，时间正在流逝，还提醒这位法国总理说，曼斯菲尔德的报告在华盛顿的分量非常重。孟戴斯－弗朗斯在听到杜勒斯宣称一旦吴庭艳垮台美国有可能彻底丢下越南不管时，表现得"大惊失色"，他只能咬紧牙关，重复拉尚布尔在几周前做出的保证：法国政府尽管对吴庭艳能否成功怀有疑虑，但还是将支持他。[29]

四

这一切都在强调，从一开始时日内瓦协议的前景就十分不妙。事实证明，在与会的所有主要角色中，只有胡志明的越南民主共和国表达了遵守协议中有关重新统一的条款的意愿，而其中最强大的角色，也就是美国，已经采取了公然违背这些条款的政策。其他主角也不怎么愿意推进越南统一。苏联的新任领导人赫鲁晓夫并不愿意因为主张越南公投而妨碍他与西方改善关系的大业。中国领导人此时的焦点是就金门岛和马祖岛问题，与驶入台湾海峡的美国第七舰队展开对峙，他们也基本上保持沉默，只是间或发表几通不温不火的抗议。法国则受到了1954年11月阿尔及利亚爆发起义的拖累，至今不愿意对美国的目标提出严肃质疑（孟戴斯－弗朗斯在当月访美时表明了该立场）。在日内瓦会议上与苏联共同推动和谈的英国起初是在争取推动各方贯彻实施协议内容，但在华盛顿政府明确表态后也有所让步。安东尼·艾登发牢骚说，他的政府在美国那里"得到的待遇和澳大利亚一样"，但他也不愿意因为区区一个印度支那，就得罪了自己强大的盟友。[30]

　　无论如何，在1954年下半年，越南各地终于取得了脆弱的和平。大约13.2万名法兰西联邦士兵（其中有约半数是越南辅助部队）撤向南方，而越盟士兵、管理干部以及他们的家人则搬到了北部，总数比前者略少。无论是北越还是南越政府都声称将统治整个国家，但双方也都没有抱住这个话题不放——至少暂时没有。双方都明白，他们亟待完成更紧迫的任务，最重要的一项就是巩固在各自区域内的地位。

　　对于胡志明和他的越南民主共和国来说，这年年底时的经济问题已经多到了令人应接不暇的程度。北方的大部分工厂都关闭了，很多老板已经离开了这个国家。在河内，外国记者报道称，大批餐饮商店歇业，而在港口城市海防的三十家法国人开的厂子里，只有一家还在继续经营。陆运所需的汽油供应短缺，铁路闲置。更紧迫的情况在于粮食产量持续下滑，受12月沿中部海岸线暴发的洪灾影响，一场大饥荒的阴影已经若隐若现。市场上商品价格一路飙升。北圻在传统上依靠土壤更肥沃的交趾支那供应大部分粮食，而今西贡政府却禁止这两个区

632 域进行经济往来。1955 年，幸亏在苏联的资助下从缅甸紧急进口了一批粮食，这才免除了让 1945 年大饥荒重演的命运。城市里的众多专业人才、店主和天主教徒由于担心在共产党的统治下前途未卜，都纷纷逃往南部，这对于经济恢复同样有害无益。

一开始时，政府在应对这些问题时态度谨慎。为了安抚富农和城市资产阶级，它起初承诺将尊重私人财产和宗教信仰自由。而在面对圣特尼和国际监督委员会时，它也在持续承诺支持日内瓦协议，决意保持与邻国的和谐关系。但与 1949 ~ 1950 年先采取怀柔政策，但此后手段日益严厉的中国情况类似，在短期内北越政府的官员们就开始采取更加激进的措施。

北越政府所采取措施的核心是一项野心勃勃的土地改革方案，1953 年年底它首先在解放区实施，现在延伸至整个北越，其目的在于缓解粮食短缺（1945 年的大饥荒犹在眼前），同时攫取大地主的权力——政府称此举是为了让山区最广泛的群众获得平等地位——从长远来看，在这方面它取得了可观的成效，但代价同样不菲。生搬理论的官员们并未拿出刺激生产的激励措施，而是将人们划分为从"地主"到"农场工人"等五类人，然后派出大队干部，在所谓"土改法庭"上揭批地主和其他"封建剥削阶级"。然而社会范畴之间的区分事实上并不总是那么泾渭分明，很多只是有些微薄收入的家庭眼睁睁地看着自己的土地被没收。小地主被定成富农。恐慌在蔓延。因为担心自己遭到武断的指控，农民们只好争相举报自己的邻居，还有些人给仇家安上了莫须有的罪名。任何被怀疑曾给法国人出过力的人都被扣上"叛徒"的帽子遭到处决。还有些人仅仅因为未对越盟表现出热情和忠诚，就遭到了批斗。[31]

"在战争期间，我父亲曾非常积极地为党打过仗，"富寿省山阳县（Son Duong）的一位越盟干部回忆说，"我们的家常常被用来供党领导们开会，我父亲还被任命为会计，因为他有钱。……在土地改革开始时我不在家，但我听说他们把所有东西都收走了，只给我们留下了一个水牛棚，而之所以为我们留了点儿东西，是因为有人提到我和弟弟都在部队里。……一家人唯一的收入来源是将水牛粪作为肥料售卖，但这笔钱也被充公了，因为'肥料属于人民'。"[32]

处决成了司空见惯的事情，尽管至今被杀的人数规模仍然无法确定——最高的估计人数达到了 4 万，不过更为可信的估测数量在 3000 到 1.5 万之间。[33]还有成千上万的人被送进了劳改营里。大部分人是无辜的，至少他们的所作所为跟罪名不相符。阮氏南（Nguyen Thi Nam）是一位很有影响力的地主，曾为越盟做出过诸多贡献，在她被人民法庭判处死刑并被枪决后，胡志明表示遗憾，但并没有再多说什么。"法国人说过，你永远不能打女人，哪怕是用一枝花儿来打她，而你们呢，你们竟然任由她被枪毙！"据传他曾这么说道。在 1955 年 2 月 8 日，胡志明借土改会议之机谴责滥用酷刑和羞辱手段："一些干部在镇压群众时，所使用的手段跟帝国主义者、资本主义者和封建主义者如出一辙。这些手段十分残暴。……我们应严禁使用体罚。"[34]

然而一些人并没领会胡志明的意图，或者是揣着明白装糊涂。野蛮行径还在继续。1956 年 8 月，胡志明发表公开声明，承认"之前犯了错"，并承诺"那些被错误地定为地主和富农的人将得到重新划定"。其他官员忠诚地附和着，渐渐有消息传来说，甚至有些忠诚的越盟老战士也遭到了不应有的审判和

633

处决。一些高层领导下了台，包括党中央总书记、土改运动的核心人物长征和农业部部长。土改法庭的审判告一段落。这些举措有助于缓和紧张气氛，但并没有从根本上奏效——这年晚些时候，在沿海的义安省，也就是胡志明出生长大的家乡，一个地区的农民公开起义，最后在出动了政府军的情况下才恢复了治安。而河内的知识分子们同样情绪激昂，他们认为当局执行的是独裁国家的文化政策。[35]

634　　　　不过，这些动荡并没有对北越当局的权威造成根本性的考验。胡志明的地位仍然稳如泰山，甚至比以往更加强大，在众多越南人的心目中，他甚至已经成为越南民族主义的化身。自他以下，一个有能力、有纪律、坚决无情的官僚体系顺利运行着——诸如监禁、处决、报禁和思想灌输这些手段是应有之事——此外，他们还拥有一支在长期对法战争中已然训练有素的强大军队。粮食问题也慢慢得到改善，而土改虽然制造了巨大的恐怖，但确实为北部超过半数家庭带来了土地。与此同时，尽管大批中产阶级专业人才、企业主和天主教徒逃到南部，造成了人才枯竭，从公共关系的角度上看显得有些尴尬，但这实际上也为越南民主共和国的地位巩固除去了潜在的心腹大患。

五

南部的形势还要更加动荡。由一群经验不足的委任官员所组成的吴庭艳政府面临着一系列困难，但随着1954年接近尾声，他们并没有做点什么来巩固自身的地位。宗教团体和平川派继续施加压力，同时，尽管巴黎领导人承诺他们将在越南追随美国人的脚步，但法美之间的摩擦仍然人尽皆知。[36]坊间有传言说，法国正在支持各种推翻南越政府的阴谋。但吴庭艳明白法国人缺乏制衡手段，而美国人才是他强有力的后盾，因此表现得稳如泰山。事实也确实如此，在这几周里，只要越南异见人士出现任何风吹草动敢挑战吴庭艳的统治，美国官员就会警告称，他一旦倒台，美国也将撤回援助，那样的话，南部就等着让越南民主共和国来收拾好了。这样一来，阴谋家们只得纷纷收手。

华盛顿为了巩固吴庭艳的地位，运用了各种举措，既要建立他的人气，又要暗中破坏其对手的支持度；既在北方开展，也在南方进行；既有常规手段，也使用了非常规手段。"中央情报局接到任务，务必帮助吴庭艳建立起一个强大且拥有独立发展能力的政府，如果有必要，这个政府需要有能力与胡志明的北方共产主义政府抗衡，"当时在中情局任职的切斯特·库珀后来回忆说。[37]

承担这个责任的是 48 岁的爱德华·兰斯代尔上校，他是个说话轻言细语、极具个人魅力的空军上校，现在在中情局供职。兰斯代尔在洛杉矶长大，曾从事过广告业，战时在战略情报局工作，其顶头上司是诨号为"野蛮比尔"的多诺万（Donovan）。兰斯代尔在华盛顿渐渐赢得了心理战和平叛大师的美名，20 世纪 50 年代初，他在镇压菲律宾左翼虎克（Huk）起义军、扶持菲律宾总统拉蒙·麦格赛赛（Ramon Magsaysay）的过程中起到了举足轻重的作用。（甚至有一份研究文献称，兰斯代尔是麦格赛赛"事实上的缔造者"。）[38]现在，他的任务是在南越完成同样的伟业。"做你在菲律宾做的那一套，"国务卿约翰·福斯特·杜勒斯对他指示道。中情局局长艾伦·杜勒斯则重复了哥哥的命令，另外加了一条个人的祝福：

635

"上帝保佑你。"[39]

1954 年 6 月兰斯代尔在西贡紧锣密鼓地工作起来,此时吴庭艳尚未回到越南,在日内瓦甚至尚未达成最终协议。他短期内就在常规的中情局分站之外创建了一个实际上与之平行并拥有自主权的部门,这个秘密情报部门被称为"西贡军事代表团",由十几位擅长秘密行动的士兵和分析人员组成,此外这些人还有两个共同点:效忠兰斯代尔,以及喜欢刀尖上舔血的生活。为了在北越播下不和的种子,这个团队在北纬 17 度以北从事一系列破坏行动——毁坏印钞机、污染补给的燃油、伪造越盟文件给农民制造恐慌情绪,他们甚至还招募了一帮算命的人,预言在共产主义的统治下将会大祸临头。与此同时,中情局也在征集反共越南士兵,以组建几支秘密小分队潜入北部,为今后可能的起义囤积武器弹药,同时搜集情报、煽动暴乱。可这些小分队几乎一事无成。大部分成员都被抓了起来,并受到了审判;一些人则见风使舵,声称将效忠胡志明的政府。

其间,兰斯代尔在努力赢得吴庭艳的欢心——他做得十分636 成功,通常除了家人谁都不信任的吴庭艳竟然很快就邀请他搬去总统府居住。兰斯代尔谢绝了,理由是他毕竟名义上还是美国空军的人,但在吴庭艳刚刚上任的这段艰难日子里,他几乎驻守在总理办公室里,常常在深夜被唤去开会,听着吴庭艳发表冗长的讲话。其他来访者认为聆听吴庭艳啰唆的讲话是一种折磨,但兰斯代尔毫不介意——他说,这位西贡领导人有时候确实一聊就能聊到天亮,但这只是因为他的兴趣太广泛了,从政治一直延伸到教育、经济和农业。不管多晚,兰斯代尔永远穿着整齐的军装随叫随到。[40]

谈话的议题往往会转到国内政敌以及如何对付他们上。这

位不怎么多话的上校很快就证明了自己在这方面的价值。当 10
月阮文馨打算实施政变的消息传来时，兰斯代尔立刻把这位将
军的关键下属全都送到了马尼拉，好吃好喝地招呼着他们，直
到危机过去。11 月，在兰斯代尔的力促下，华盛顿政府要求保
大下令让阮文馨离职——此时距离吴庭艳驱逐他出境已经过去了
近两个月。

爱德华·兰斯代尔和吴庭艳在西贡总统府。照片拍摄日期
不详。

"当时我只要拿起电话，这场政变就能成功，"事后不久　637
阮文馨说，"没人能拦住军队。但美国人告诉我，假如这一切
真的发生了，他们会切断援助。这对军队没什么影响，必要的
话我们的士兵可以光脚走路，只吃米饭过活。可是这个国家没
有美国的帮助将无法生存。发起暴动只会正中越盟下怀。"[41]

　　兰斯代尔还帮助安排难民从北方迁往南方——不过他在其
中所发挥的作用肯定在某种程度上被夸大了。从 1954 年夏天

起，按照日内瓦协议中有关允许平民自由迁移的条款（条款14d："任何居住在由一个党派所控制区域的平民，凡想前往并居住在分配给另一个党派的区域，其行动都应得到允许和帮助。"），大批难民搬到南方，其中绝大多数是天主教徒。8月，法国空军和海军发现有数十万难民聚集在海防，等待被当局疏散，越南国这才意识到自己准备不足，于是请华盛顿方面提供支援。五角大楼命令美国海军调集一个特别小组支援疏散行动，轮船迅速从菲律宾苏比克湾被调拨到海防。

在300天内，法国和美国的轮船总共实施了500余次运输，将大约90万人运往南方，这可能是史上规模最大的平民疏散行动——也是规模最大的海上迁徙。在牧师的带领下，北方的整个天主教社区抛弃了他们的大部分身外之物，进行了这场美国海军所称的"自由之路行动"（Operation Passage to Freedom）。其结果是越南的宗教版图被完全掉了一个个儿：在大迁徙前，大部分越南天主教徒住在北纬17度以北，此后则主要生活在17度以南。到1956年时，西贡教区的天主教徒人数甚至超过了巴黎或罗马，当时有超过100万越南的天主教徒住在南方，其中约有55%是从北方逃来的难民。[42]

美国和越南国从1954年到1955年的大规模南迁潮中收获了不少宣传点。它看似难民"用脚投票"的绝佳例证，是对越盟政权振聋发聩的谴责，尤其值得注意的是，反方向即从南向北的移民人数相比之下就少得多。美国报章连篇累牍地报道着疏散行动，图文并茂地告诉读者，难民们刚刚落脚就能收到一个"欢迎包裹"，里面装着肥皂、毛巾和牙膏，还有几罐牛奶，上面写着"美国人民送给越南人民的礼物"。不过这些报道没有提及的是，这些迁徙活动并非完全自发，尽管很多天主教徒不需要多少说服工作就会南迁，但对那些心存疑虑的人，兰斯代尔和中情局则启动了一项宣传攻势。在北部天主教盛行的地区，他们在电台广播中说"基督已经去了南方"、"圣母玛利亚离开了北部"，只要南迁他们就可以与虔诚的天主教徒吴庭艳同在。他们承诺要给每位搬迁的难民"五亩地外加一头水牛"。在另一场宣传攻势中，兰斯代尔安排人在这些天主教区域空投小册子，上面显示的是越南北部被一圈圈的同心圈围绕，中心是河内。不难猜出其中的含义：河内有可能是美国原子弹打击的目标。[43]

就连一些当时在场的美国人也有疑问。"我记得有一次，我因为一篇宣传报道跟兰斯代尔起了争执，这篇文章说村子里的一个孩子受到越盟酷刑折磨，被筷子扎穿了耳膜，"美国新闻处的霍华德·辛普森当时在西贡担任吴庭艳非正式的媒体顾问，后来他这样写道，"这个故事怎么听都不像是真的。我曾听说战争双方实施的各种酷刑，不过他们都不怎么喜欢拿筷子当作施刑的工具。……兰斯代尔只是对我露出了一个无所不知的神秘微笑，接着就改变了话题。这篇筷子施刑的故事很快传遍了海防，西贡媒体和一些西方记者把它写进了报道里。这位心理战老手显然非常懂行。"[44]

六

1954 年 11 月，西贡的权力发生了一次交接，带来的结果出乎人们意料。美国大使希思收拾起行囊，取而代之的是绰号"闪电乔"的 J. 劳顿·柯林斯将军，他的新职务是总统特别大使。行事镇定低调的希思在过去三年间与法方建立了有效的合作，促使其对现状怀有一定的满足感并能坚持战斗。但正是

639　因为这种成功，他在国务院和五角大楼一些人的眼中成了一个可疑的角色，他们认为他太亲法，太放任法国在暗地里对吴庭艳捣鬼——而且他本人对于南越领导层的态度也太矛盾了。在任职期间，希思熟稔地安抚了西贡的民族主义者，让他们相信华盛顿政府将支持其争取国家自由独立的梦想，这一点倒并不怎么能入批评者的法眼。太平洋舰队总司令费利克斯·斯顿普（Felix Stump）上将强调"务必无情地克服"法国式的拖延症，呼吁艾森豪威尔任命一个人全权负责监督美国在越南的各种事务。[45]杜勒斯喜欢这个提议，艾森豪威尔亦然。他们选择的是柯林斯，此人曾在朝鲜战争期间任美国陆军参谋长，二战期间是欧洲战场的军团指挥官之一，以富于决断力、性格坚忍著称。在 11 月初，这位曾于 1951 年来到越南评估战情的将军重返西贡，作为总统特别大使，他既拥有大使的职位，也拥有广泛的权力。[46]

柯林斯甫一来到越南，立刻让法国人坐立不安。法国高级专员保罗·埃利将军认为，华盛顿政府换下希思是因为"他务实的态度使得他与国务院针锋相对，但这反倒会捍卫与我方相当接近的立场"。埃利曾在北约常设小组与柯林斯共事，而且私底下很欣赏对方，他预言柯林斯任命的消息将在巴黎激起相当令人不快的反响，在巴黎，"人们肯定会认为这是美国想要接管印度支那的信号"。他没有到机场迎接这位美国人。果真，在柯林斯举行的首场新闻发布会上，他表示自己来到南越后，"将对吴庭艳政府予以任何可能的援助，而且只援助该政府"。[47]

不过没过多久，"闪电乔"就展现出他个性中的另一面：他对独立思考的包容。他与埃利一起讨论建立起一个法美联合指挥部以训练越南国民军，尽管这个"训练关系指挥代表团"

（Training Relations Instruction Mission，TRIM）初期运转得很不顺畅，但多亏了柯林斯和埃利双方卓有成效的伙伴关系，它终究发挥了一定的作用。埃利根本瞧不上吴庭艳，他不假掩饰地告诉柯林斯，这位总理"必输无疑"。柯林斯很快发现法国人 640 的看法不无道理。"吴庭艳是个矮小、害羞、胆怯的男人，几乎毫无个人魅力可言，"在抵达几天后给杜勒斯的电报中他这样写道，"我无论如何都不敢确定，在如此关键的时期，他是否拥有管理这个国家的与生俱来的能力。"几周后，柯林斯有了更进一步的认识。"吴庭艳仍然是我们最主要的问题"，他向华盛顿这样报告称，而且他对吴庭艳缺陷的看法"越来越严重，而不是趋于缓和"，需要"尽可能快地"考虑"其他可能的人选"。最好多快？柯林斯将最后期限定在 1955 年 1 月 1 日；如果吴庭艳到那时仍未表现出有效管理政府的能力，美国必须寻求替换人选。[48]

这绝非华盛顿政府想要听到的消息。在收到他那份高度机密电报的次日，杜勒斯派出了包括负责远东事务、持积极反共立场的助理国务卿沃尔特·罗伯逊在内的三名下属前往迈克·曼斯菲尔德的办公室，三个人手握电报副本，想征求参议员的意见。他的反应跟大家预期的如出一辙：表示自己完全支持吴庭艳，并警告称不能基于"某些未知的和未经审视的原因"就轻易放弃他。曼斯菲尔德进一步称，柯林斯提出一个这么短的最后期限实在很蠢，因为换成是任何一位领导人，都不可能在如此短暂的时间里取得显著政绩。他的表态被转达给杜勒斯，用于在政府内部和媒体宣传中使用，同时也发给了驻西贡的柯林斯。到 12 月晚些时候，柯林斯再次抱怨吴庭艳，甚至小心翼翼地暗示美国应考虑减小损失、撤离越南，罗伯逊再次赶紧来到曼斯菲尔德的办公室讨一个说法。曼斯菲尔德又一次表示支持吴庭艳，罗伯逊再次把他的话转给了杜勒斯。[49]

柯林斯在兰斯代尔那儿也碰了钉子，后者同样强调必须支持吴庭艳，而且南越实在太重要了，不能轻易抛弃。"我觉得我们要面临的损失实在太惨重了，眼下根本不是考虑失败或者撤退的时候，"1月3日兰斯代尔对柯林斯说，"我们别无他选，只能在这里取胜，否则我们面对的前景将越来越灰暗，这样的遗产，我们谁都不愿意传给子孙后代。"[50]

柯林斯动摇了。1955年1月，随着西贡政府开始显现出一丝活力，他的电报主题开始发生改变。政府起草了土地改革法规，并召集了一个临时议会撰写宪法。吴庭艳甚至表现出了一些迹象——虽然只是微妙的、试探性的动作，但确实是迹象无疑——表明他理解实施社会和政治改革的必要性，并将采取相应的行动。柯林斯告诉华盛顿政府，现在他在吴庭艳身上看到了希望，看到了政府表现取得进展的迹象，并明确肯定了美国扶持南越政府的重要性。对法国干预的疑心已经渐渐潜入他的分析中，他向杜勒斯提出警告说，法国想要建立一个愿意听命于它的新政府，最有可能是将保大扶为领导人；这样一来，对法国采取有效控制就显得至关重要了。"如果吴庭艳能获得坚定的支持和引导，取得法方的积极合作，或者至少是默许，其政府获得成功将是合理的预期，"这位大使在1月晚些时候总结说，"我不能担保越南将继续保持自由，甚至在得到我们支援的情况下也未必如此。但我知道，一旦没有我们的援助，越南必将成为共产主义的天下。"[51]

让柯林斯更加欣慰的是，从1月1日起吴庭艳政府就脱离了法兰西联邦的法郎区获得经济独立，南越政府如今成了美国经济援助的直接受益人。美国通过"商业进口计划"（Commercial Import Program，CIP）向南越输送资金，这个计划效仿的是马歇尔计划。华盛顿向西贡政府提供美元，西贡再向南越经销商销售进口货品。这些商人以官方汇率一半的价格用皮阿斯特元购买美元，随后用这些打折的美元买美国货。南越官员还可以从美国的补贴进口产品中收取关税。这是个很精彩的计划，至少理论上如此。这其中最重要的好处在于政府可以用外汇交易中获得的皮阿斯特承担军队、警察和文职部门的花销。[52]

1955 年 2 月国务卿杜勒斯首次到访南越，各种好消息让他心情很愉快。杜勒斯私底下向吴庭艳保证说，艾森豪威尔政府在他身上寄予了"厚望"，还在一次新闻发布会上宣称："在今天，任何负责任的派系都不会对支持吴庭艳作为政府首脑产生一丝一毫的怀疑。"而法国始终想要换掉吴庭艳，不过这无足轻重；柯林斯起初也曾对吴庭艳表示怀疑，这也不再重要。在场的记者们得到的是一个确切无疑的信息：吴庭艳的实验获得了成功。在国务卿发言时站在一边的柯林斯对此也未表露出半点儿异议。[53]

七

642

吴庭艳享受着这个时刻，但美好的时光总是短暂的。宗教派系制造的问题愈演愈烈。高台教与和好教都是从几年前就开始囤积军力，当时法国人急于争取任何可以帮助他们对付越盟的本土军事力量。法国此后一直向两派提供武器和金钱，换取其承诺守卫自己的领地。然而在日内瓦协议之后的权力真空期，高台教与和好教的领导人抓住机会扩张地盘，并在各自领地征收租税、募集军队。[54]当法方在 1955 年 2 月不再拨款后，派系领导人向南越政府要求将自己的军队原封不动整体编入越南国民军，在原来的地盘驻扎，此外政府还应继续按照法国人的标准提供补贴。吴庭艳拒绝了。在兰斯代尔的帮助下，他转而使用美国人的资金来引诱派系军队站在自己这边——为每个派系提供的经费高达 300 万美元。他在这方面拨出的款项总额有可能达到 1200 万美元甚至更多，不过兰斯代尔否认这构成了贿赂，而认为这只是"补发欠款"。高台教领袖郑明世在 1951 年带领部下脱离法兰西联邦军队时，一度被美国分析人士视为潜在的"第三势力"领袖。据说，在兰斯代尔说服他将自己的军队和吴庭艳军队整编后，他也拿了钱，人们认为郑会将这笔钱与他的部下平分。[55]

　　然而，吴庭艳在南部巩固力量的过程中遇到的最大障碍，来自平川派——这个帮派有 4 万多人，武器精良，而且以开赌场和妓院、敲诈勒索囤积了大量经费。吴庭艳试图在西贡掌控安全部队和警察局，结果仗着有保大撑腰，平川派首领黎文远采取了公然对抗的姿态。吴庭艳决定进一步施加压力，在 1 月中旬，他拒绝给黎文远在堤岸的 Grande Monde 夜总会发放新的赌场牌照，黎文远随即宣布他将与其他宗教派系组成"联合阵线"来抗击吴庭艳的"独裁"政府。戴着绿色贝雷帽的平川派军队在西贡—堤岸地区随意设置检查站和路障，并在其位于卡蒂纳街的总部四周布置了沙袋和带刺的铁丝护栏，而吴庭艳的宅邸就在这里的射程之内。3 月晚些时候，几个派系发出最后通牒，要求吴庭艳重组政府，将"全国联盟"纳入其中，并且只给了他五天时间做出答复。[56]

　　一场对决眼看就要发生。很多消息灵通的观察人士认为局面对吴庭艳不利，尤其是考虑到法国向平川派提供了情报和其他心照不宣的支持。美国官员则分成两派，而且不仅在对于吴庭艳的立场方面产生了分歧，在如何应对法国方面也是如此：一派认为法国只会添乱，希望他们能尽快离开越南；另一派则认为，法国仍能扮演息事宁人的角色。兰斯代尔属于前者，而此时对吴庭艳的看法再次恶化的柯林斯则属于后者。

3月28日，拒绝回应派系组织最后通牒的吴庭艳自己也发了个告示，要求平川派军队立刻撤出在西贡市内以及周边占据的军事设施。次日晚间，政府军和平川派警察与突击队之间爆发了短暂的公开交火。法军武装部队立刻到达现场，封住了路面，这才使交火告一段落。双方就谁开出了第一枪继续争论不休，埃利麾下的一名法国军官居间调停，强迫双方不情不愿地同意停火。吴庭艳怀疑法国人暗中授意平川派挑起暴力行动，对法方更加疑窦丛生。

吴庭艳对权力的掌控看来一天比一天弱。法国银行和商业利益团体仍然控制着南部的整体经济，因此是股不容忽视的力量。在西贡的法国商人领袖们集体要求巴黎政府立刻行动，换一位更容易摆布也更加亲法的新领导人。埃利在日记中写道，尽管他以前从法美合作的角度出发，打算将吴庭艳视为联盟政府的一部分，但属于吴庭艳的时机已经一去不复返了；现在有必要说服美国人抛弃他，换上保大。[57]保大在他位于蔚蓝海岸的别墅中加入战斗，命令吴庭艳速来法国"谘商"。吴压根儿没有理会他。至于柯林斯，他在3月31日告诉华盛顿方面，吴庭艳政府气数已尽，需要积极考虑其他领导人。他提出的建议是保大，或者从外长陈文都和前国防部部长潘辉括这两人中选择一位，他俩都是老资格的越南政治人物。杜勒斯致电艾森豪威尔，给他读了柯林斯的部分电文，并提议应再次征询曼斯

644

菲尔德的建议。总统起初不太愿意，但很快改变了想法，表示这类咨询应该会有帮助。次日曼斯菲尔德坚持表示所有现有的选择都比吴庭艳更糟糕，如果吴庭艳下台，最可能的结局是一场内战，而这样的结果无疑对胡志明最有利。[58]

此分析跟杜勒斯本人的想法一致，他下令柯林斯务必谨慎行事。在电报中他指出，国会不可能扶持一个刻有"法国印记"的继任政权，而行政部门在一系列立法提案——其中最引人注目的是建立州际高速公路——和台湾海峡危机方面，又要指望得到民主党的支持。这位国务卿字里行间的意思是担心将由法国支持的人物接替吴庭艳，如此一来，势必意味着美国在外交上遭遇一场尴尬的败局，而法国人则获得了胜利。[59]

柯林斯服从了命令，不过私底下他仍然表示南越政府应该换帅。他着重指出吴庭艳在政治上的孤立不断加深，而且固执地抗拒将自己的顾问团队扩展到家人以外的人群。随着时间在4月慢慢推移，西贡的混乱已经人尽皆知，驻守在当地的记者尽职地在报道中写到了这一点，有些人还注意到了柯林斯的悲观情绪。"将南越从混乱和共产主义之手中解救下来的机会微乎其微，"C. L. 苏兹贝格4月18日在《纽约时报》中写道，"盘桓不去的内战将有可能撕裂这个国家。事实证明，吴庭艳政府无能、低效、不得人心。几乎是从一开始，法国人就想要除掉这个小总理。现在看来他们已经向我们的特别大使柯林斯将军成功地灌输了这个想法。"深具影响力的专栏作家约瑟夫·艾尔索普也在从西贡发来的报道中轻蔑地形容吴庭艳"极其软弱无能"。[60]

白宫也开始修正自己的立场，这种改变起初很微妙，之后步子越来越大。杜勒斯在给西贡发去的指令中，留出的余地也越来越大，尽管他也提醒柯林斯说，改变该政府将给美国国内政治制造麻烦。到了 4 月晚些时候，在柯林斯回华府参与磋商时，艾森豪威尔和杜勒斯的立场进一步松动，在 4 月 22 日的午餐会上，他们事实上同意了大使的观点，表示"症结在于……那个家伙实在是太不像样子了"。他们决定果断采取行动。1955 年 4 月 27 日傍晚 6 点 10 分和 6 点 11 分，国务院向驻西贡和巴黎的大使馆分别发去绝密电报，下令启动罢免吴庭艳的行动，换上由柯林斯和埃利将军选择的领导人（不过一定要制造新政府貌似由越南人民选择产生的假象）。他们在向吴庭艳解释罢免理由时，应表示"他没有能力创建一个拥有广泛基础的联合政府，而且越南人民反对他"，美国和法国"不再有能力避免他被剥夺权力"。[61]

就在同一天，快到午夜时分时，西贡传来消息说：平川派和越南国民军在该市街头爆发冲突。几乎可以肯定，吴庭艳听闻了美国对自己的罢免令，而走漏风声的很可能是在这场危机中始终站在他这边的兰斯代尔。极有可能是吴庭艳挑起战事，因为他相信这不会给自己带来什么损失，反倒能从中大有可图。[62]吴庭艳始终否认自己是煽动者，而平川派开出第一枪也并非毫无可能；不过，在这方面至今没有决定性的证据。不管是谁挑起的，但战事很快就向有利于吴庭艳的方向倾斜：到了晚上 11 点 56 分，在杜勒斯下令撤换吴庭艳的电报发出不到六个小时后，他就收回了这个决定。此后数日，激烈的战斗仍在持续，导致 500 人死亡、2000 人受伤，政府军逐渐占据上风。宗派大佬们纷纷投降。郑明世在一旁观看自己的军队与平川派军队交战时，被人一枪射中后脑勺当场死亡，暗杀者究竟是何许人也至今仍是个谜。平川派很快溃败，西贡—堤岸的黑社会老大黎文远逃到了巴黎，从此退隐江湖。宗教派系则慢慢退守湄公河三角洲，再也无法危及吴庭艳的统治。

吴庭艳在"西贡之战"中的表现使得他在美国国会和媒体的很多人眼中成为英雄般的人物，这委实是个不祥之兆。参议员、加利福尼亚州共和党籍代表威廉·诺兰发表了一份冗长的赞美词歌颂吴庭艳的坚韧与勇气，而明尼苏达州民主党籍代表休伯特·汉弗莱宣称："吴总理是个诚实、正直、高贵的男人。我们应该支持的正是他这种人，而非凶残、阴险而腐败的阴谋家、匪徒和暴徒。"曼斯菲尔德也插话说，吴庭艳是"一个正直、诚实的政府"领导人。众议院外交事务委员会的成员声明他们反对政府放弃支持吴庭艳。康涅狄格州民主党籍议员托马斯·多德（Thomas Dodd）主张立刻开除柯林斯，换一位"堪当重任的人"。[63]

出版人亨利·卢斯在《生活》杂志每周一次的社论中也表达了自己难以抑制的激动之情："所有美国独立战争的子孙后代，哪怕只是远远的仰慕者，此时都会喜不自胜，高呼'吴庭艳万岁！'"卢斯继续写道，吴庭艳迎战"平川派暴徒"的决定"极大地简化了美国在西贡的外交任务。这个任务是——或者应该是——尽一切可能支持吴庭艳"。《美国新闻和世界报道》看法相同，只不过语言更加收敛；《纽约时报》亦然。后者做出了这样的预言："如果吴庭艳总理被匪徒、邪教信众和一直想要杀之而后快的法国殖民主义者推翻，共产党将获得一次重大胜利。"[64]

眼前出现了一个分水岭式的时刻。到 1955 年 5 月初时，吴庭艳已经获得了他长期以来一直在寻求的东西，那就是充分掌握西贡政府大权，并得到美国人的坚定支持。仅仅是在几天前，他看似已经在政治上一败涂地，而现在他的根基比以往任何时候都更牢固。他的政府存在的潜在问题或者是被他的美国支持者遗忘了，或者是被抛到了一边。美国决定专注于当下，而这是以忽略长期战略布局为代价的。"闪电乔"柯林斯曾对吴庭艳实验的可行性提出过意义深远的疑问；而今这些疑问统统被搁置，高层官员再次公开触及这些问题将是很久以后的事情了。

5月6日，卸下了调整政策方向之痛的美国政府重申了对吴庭艳政府的承诺："美国对自由且有效的民族主义事业怀有极大的同情。基于这个原因，我们一直并将继续支持吴庭艳的合法政府。"[65]

艾森豪威尔如此坚定地表示支持，这意味着在越南的选项减少了——无论是对于他本人还是他的接任者都是如此。吴庭艳政府的表现虽然并不能满足美国设定的提供援助所应达到的"表现水准"，但现在无论如何总统都决定支持他，而且艾森豪威尔的"私人代表"屡次驳回法方的要求，在排挤掉法国人的情况下，美国在南越下的赌注越来越大。白宫之所以相信坚定立场是更好的选择，主要是因为它害怕吴庭艳倒台所蕴含的意义：这意味着美国人的声誉将在世人面前遭受一次重创，也会使得吴庭艳那日渐增多的有势力的支持者恼羞成怒。这样一来，在美国对越南的决策中，坚持到底往往被证明是短期内最便捷的做法。

但是，艾森豪威尔或许本可以做出不同的选择。他或许可以接受柯林斯的看法，即认为通过吴庭艳建立一个强有力的民主政体以与胡志明的越南民主共和国抗衡纯粹是空想：在最低程度上，它需要运用美国的影响力强迫吴庭艳改变治理国家的

647

方式；若是想得远点，它可以与法国合作找到一个新领导人，一个更有可能赢得广泛支持的领袖；又或者他本可以胆子更大点儿，在越南寻求"铁托式"的解决方案。胡志明主要注意的是让越南从法国手上解放出来，并保持独立，这与铁托希望将南斯拉夫从苏联手中解放出来获得独立是完全一致的。那么按照这种思路，既然美国可以持续多年援助铁托，为什么就非得除掉胡志明不可呢？为什么非得如此？作为国务院情报分析员的保罗·卡滕伯格（Paul Kattenburg）当时在西贡工作，后来他就美国在越南的冒险撰写了一本极具洞察力的著作。1954 ~ 1955 年的冬天，他对一位同事说，对于美国来说现在最划算的交易是向河内政府提供 5 亿美元的慷慨援助，以用于修复战争损失。卡滕伯格坚持认为胡志明不可能拒绝这样的提议，因为这可以帮助他摆脱苏联和中国的控制。这笔钱固然非常可观，但也比不上华盛顿政府打算在吴庭艳身上花的钱。[66]

对于法国，"西贡之战"的结果是一记苦涩的当头棒，它令人震惊地证明了法国对南越的影响力正在逐渐减弱。在很多殖民主义者和为数不少的法国官员看来，派系暴动是维持某种
648 权威的最后一次机会。希望如今已经消逝，徒留仇恨与敌意。法美在西贡的敌对情绪在 5 月持续激化，甚至连来自两国的记者间的职业关系都深受影响。"我认识而且曾一起合作过的一些法国官员跟我在卡蒂纳街上擦肩而过，但连招呼都不打，"美国新闻署的霍华德·辛普斯后来写道，"如果大陆饭店露台上法国老垦殖者仇恨的目光是把刀子，我就早已被杀死上百回了。"[67]

最高层的紧张程度倒是较原先缓和了一点儿，但仍然很明显。在 5 月的第二周，总理埃德加·富尔（他在 2 月接替了皮

埃尔·孟戴斯－弗朗斯）在巴黎与杜勒斯会面时言辞激烈地指出吴庭艳"不仅无能，而且疯狂"，同时称法国"不可能再冒险与他站在一起"。如果华盛顿政府坚持继续支持吴庭艳，法国只能撤离越南。杜勒斯不为所动。他说，今后美国可以独立做出决策，不必再在行动前征求巴黎的意见。支持吴庭艳或许确实是一次"赌博"，但他理应得到毫无保留的支持。国务卿请求法国继续留在越南支持吴庭艳，直到越南人能够通过大选决定自己的命运为止——他的话等于是确定了底线，同时厘清了双方的关系。富尔阴沉地点了点头。他知道自己手头上并没有什么好牌可以打。

埃德加·富尔知道——所有其他关注事务发展的人现在也知道，尤其是胡志明和他在河内的同侪们——法国已经退出了南越，现在轮到美国人上场了。

注释

1. 引自《新闻周刊》，1954 年 10 月 18 日。另见 Donald Lancaster, *The Emancipation of French Indochina*（London：Oxford University Press，1961），359 – 67。
2. 引自《纽约时报》，1954 年 10 月 11 日。
3. Jawaharlal Nehru, *Selected Works of Jawaharlal Nehru*, 2nd. series, ed. Ravinder Kumar and H. Y. Prasad（New York：Oxford University Press，2002），27：21ff.
4. Luu Doan Huynh，本书作者 2003 年 1 月在河内对其进行采访。
5. 无论是越南民主共和国还是其继承者越南社会主义共和国都未披露其武装部队在 1945 ~ 1954 年的伤亡数字。法方估计在战争中共有包括平民在内的 50 万越南人死亡。这里提到的数据是从几份不同的文献中抽出来的，包括 Stein Tønnesson, *Vietnam 1946*：

How the War Began (Berkeley: University of California Press, 2009), 1; and Michael Clodfelter, *Warfare and Armed Conflicts: A Statistical Reference to Casualty and Other Figures, 1618 – 1991*, vol. 2: *1900 – 1991* (Jefferson, N. C. : McFarland & Company, 1992), 1122。

6. *Lich Su Bien Nien Xu Uy Nam Bo va Trung Uong Cuc Mien Nam* (*1954 – 1975*) 〔南越南部和中部委员会历史编年史 (1954 – 1975) 〕 (Hanoi: National Political Publishing House, 2002), 33 – 47, 由 Merle Pribbenow 翻译。

7. Sainteny to Paris, October 21, 1954, Dossier VII, DPMF Indochine, IPMF; Marcel Duval, "L'Avenir des Intérêts Français en Indochine," *France-Indochine* (December 1954), 236.

8. Philippe Devillers and Jean Lacouture, *End of a War: Indochina, 1954* (New York: Praeger, 1969), 355; Pierre Grosser, "La France et l'Indochine (1953 – 1956): Une ' carte de visite ' en ' peau de chagrin ' 〔France and Indochina (1953 – 1956): Visitor's Pass to the Land of Sorrow〕, doctoral dissertation, Institut d'études politiques de Paris, September 2002, 1253 – 54.

9. MAE to Washington, August 13, 1954, Dossier V, DPMF Indochine, IPMF; Claude Cheysson to PMF, "Note pour le Président," August 12, 1954, Dossier VII, DPMF Indochine, IPMF; Baudet to MAE, August 13, 1954, Indochine, vol. 157, Asie, 1944 – 1955, MAE.

10. Duval, "L'Avenir des Intérêts Français en Indochine," 239; "Projet d'instructions à M. Sainteny," September 1954, Dossier VI, DPMF Indochine, IPMF; Grosser, "La France et l'Indochine," 1258.

11. Note du Ministre des Etats Associés, September 30, 1954, *Documents diplomatiques français, 1954* (*21 juillet – 31 décembre*), 489 – 92 . 另见 Paul Ely, *L'Indochine dans la tourmente* (Paris: Plon, 1964), 246 – 49; and Laurent Cesari, "The Declining Value of Indochina: France and the Economics of Empire, 1950 – 1955," in Mark Atwood Lawrence and Fredrik Logevall, eds. , *The First Vietnam War: Colonial Conflict and Cold War Crisis* (Cambridge, Mass. : Harvard University Press,

2007），193 – 94。

12. 杜勒斯新闻发布会的演讲内容刊登在 *Department of State Bulletin*，August 2，1954。

13. 杜勒斯的话引自 George McTurnan Kahin，*Intervention：How America Became Involved in Vietnam*（New York：Alfred A. Knopf，1986），75。

14. 国家安全委员会，"Review of U. S. Policy in the Far East，" August 1954，*Pentagon Papers. United States-Vietnam Relations，1945 – 1967：Study Prepared by the Department of Defense*（Washington，D. C.：Government Printing Office，1971），10：731 – 41。

15. Saigon to MAE，July 10，1954，Dossier V，DPMF Indochine，IPMF. 另见 Frances FitzGerald，*Fire in the Lake：The Vietnamese and the Americans in Vietnam*（Boston：Little，Brown，1972），97。

16. 对此有两份重要研究，分别是 Edward Miller，"Grand Designs：Vision，Power，and Nation Building in America's Alliance with Ngo Dinh Diem，1954 – 1960，" Ph. D. dissertation，Harvard University，2004；Jessica M. Chapman，"Debating the Will of Heaven：South Vietnamese Politics and Nationalism in International Perspective，1953 – 56，" Ph. D. dissertation，University of California-Santa Barbara，2006。

17. Thomas L. Ahearn，Jr.，*CIA and the House of Ngo：Covert Action in South Vietnam，1954 – 63*（Washington，D. C.：Center for the Study of Intelligence，Central Intelligence Agency，2000），31. 在这几周间，哈伍德还尖锐地提出了另一个问题：这项"任务毫无希望，但必须为之付出努力"。Thomas L. Ahearn，Jr.，*CIA and Rural Pacification in South Vietnam*（Washington，D. C.：Center for the Study of Intelligence，Central Intelligence Agency，2001），2.

18. 关于这些派系的起源及其扮演的角色，参见 Jayne Susan Werner，*Peasant Politics and Religious Sectarianism：Peasant and Priest in the Cao Dai in Viet Nam*（New Haven，Conn.：Yale University Southeast Asia Studies，1981）；Frances R. Hill，"Millenarian Machines in South Vietnam，" *Comparative Studies in Society and*

History 13 (July 1971): 325 – 50; Hue-Tam Ho Tai, *Millenarianism and Peasant Politics in Vietnam* (Boston: Harvard University Press, 1983); Bernard B. Fall, "The Political-Religious Sects of Viet-Nam," *Pacific Affairs* 28 (September 1955): 235 – 53。

19. Don Oberdorfer, *Senator Mansfield: The Extraordinary Life of a Great American Statesman and Diplomat* (Washington, D. C. : Smithsonian, 2003), 120 – 21. 关于吴庭艳与美方的关系, 参见 Seth Jacobs, *America's Miracle Man in Vietnam: Ngo Dinh Diem, Religion, Race, and U. S. Intervention in Southeast Asia, 1950 – 1957* (Durham, N. C. : Duke University Press, 2005); Chapman, "Debating the Will of Heaven"; Miller, "Grand Designs"; David L. Anderson, *Trapped by Success: The Eisenhower Administration and Vietnam, 1953 – 1961* (New York: Columbia University Press, 1991)。

20. 迈克・曼斯菲尔德,《印度支那》, 呈递给参议院外交关系委员会越南、柬埔寨和老挝代表团的报告 (Washington, D. C. : Government Printing Office, 1953), 14 – 15。

21. Oberdorfer, *Senator Mansfield*, 128; Memcon, Dulles and La Chambre, September 6, 1954, *FRUS, 1952 – 1954, Indochina*, XIII, 2: 2007 – 10.

22. Oberdorfer, *Senator Mansfield*, 128.

23. 国务院会议纪要备忘, 1954 年 9 月 25 日, *FRUS, 1952 – 1954, Indochina*, XIII, 2: 2069。

24. George C. Herring, *America's Longest War: The United States and Vietnam, 1950 – 1975*, 4th ed. (New York: McGraw-Hill, 2002), 57.

25. Barbara W. Tuchman, *The March of Folly: From Troy to Vietnam* (New York: AlfredA. Knopf, 1984), 270.

26. Ronald H. Spector, *Advice and Support: The Early Years of the U. S. Army in Vietnam, 1941 – 1960* (Washington, D. C. : Center for Military History, 1985), 228 – 30.

27. 该信刊载于 Marvin E. Gettleman et al. , eds. , *Vietnam and America: A Documented History* (New York: Grove, 1995), 113 – 14。

28. 《纽约时报》，1954 年 10 月 25 日。

29. "Compte rendu de la conversation entre M. Mendès France, M. Dulles, et M. Eden," October 23, 1954, Dossier V, DPMF Indochine, IPMF; Memcon, Dulles and PMF, October 24, 1954, *FRUS*, *1952 – 1954*, *Indochina*, XIII, 2: 2198 – 99; Grosser, "La France et l'Indochine," 1282 – 85.

30. 艾登的话引自 Arthur Combs, "The Path Not Taken: The British Alternative to U. S. Policy in Vietnam, 1954 – 1956," *Diplomatic History* 19 (Winter 1995): 51。几周后，当孟戴斯－弗朗斯前往华盛顿访问时，他重申了自己的誓言。"Compte rendu de la conversation entre M. Mendès France, M. Dulles, et M. Eden," November 18 – 19, 1954, Dossier V, DPMF Indochine, IPMF.

31. Edwin E. Moïse, "Land Reform and Land Reform Errors in North Vietnam," *Pacific Affairs* 49, no. 1 (Spring 1976): 70 – 92; Moïse, *Land Reform in China and North Vietnam* (Chapel Hill: University of North Carolina Press, 1983), 178 – 268. 另见 Pierre Brocheux, *Ho Chi Minh: A Biography* (New York: Cambridge University Press, 2007), 152 – 60。

32. 引自 Hy Van Luong, *Revolution in the Village: Tradition and Transformation in North Vietnam, 1925 – 1988* (Honolulu: University of Hawaii Press, 1992), 190。另外一份第一手的叙述为 Xuan Phuong and Danièle Mazingarbe, *Ao Dai: My War, My Country, My Vietnam* (Great Neck, N. Y. : EMQUAD, 2004), 162 – 86。

33. Moïse, "Land Reform and Errors in North Vietnam," 73 – 78; Mark Philip Bradley, *Vietnam at War* (Oxford, U. K. : Oxford University Press, 2009), 70.

34. 胡志明的话引自 Brocheux, *Ho Chi Minh*, 158。

35. William J. Duiker, *Ho Chi Minh: A Life* (New York: Hyperion, 2000), 486 – 88.

36. 关于在此阶段法美有关越南事务的关系，以下研究十分关键：Kathryn C. Statler, *Replacing France: The Origins of American Intervention in Vietnam* (Lexington: University Press of Kentucky, 2007), chap. 4。法国政策在下面这部庞大的研究中亦得到详细审视：Pierre Grosser, "La France et l'Indochine," 1253 – 1342。

37. Chester L. Cooper, *The Lost Crusade*：*America in Vietnam*（New York：Dodd, Mead, 1970）, 129.

38. Stanley Karnow, *In Our Image*：*America's Empire in the Philippines*（New York：Random House, 1989）, 15.

39. 下面这份研究很出色：Jonathan Nashel, *Edward Lansdale's Cold War*（Amherst：University of Massachusetts Press, 2005）。另外一本非常能引起人们共鸣的书是由 Jonathan Nashel 前下属写的：Rufus Phillips, *Why Vietnam Matters*：*An Eyewitness Account of Lessons Not Learned*（Annapolis, Md.：Naval Institute Press, 2008）。另见 Ahearn, *CIA and the House of Ngo*；Cecil B. Currey, *Edward Lansdale*：*The Unquiet American*（Boston：Houghton Mifflin, 1988）。兰斯代尔本人的回忆见 Edward Lansdale, *In the Midst of Wars*：*An American's Mission to Southeast Asia*（New York：Fordham University Press, 1991）。杜勒斯的话引自 Nashel, *Landsdale's Cold War*, 1。

40. Phillips, *Why Vietnam Matters*, 14 – 15；J. Lawton Collins interview, 1981, WGBH Vietnam Collection, http：//openvault. wgbh. org/catalog/org. wgbh. mla：Vietnam（最后访问日期：2010 年 11 月 18 日）。

41. Peter Schmid, " Free Indo-China Fights Against *Time*," *Commentary*, January 1955, 28, quoted in Cooper, *Lost Crusade*, 136.

42. Peter Hansen, " Bac Di Cu：Catholic Refugees from the North of Vietnam, and their Role in the Southern Republic, 1954 – 59," *Journal of Vietnamese Studies* 4（Fall 2009）：173 – 211.

43. Nashel,*Lansdale's Cold War*, 60 – 61. 关于迁徙并不是完全出自自发的说法, 可参见 Cooper, *Lost Crusade*, 130。

44. Howard R. Simpson, *Tiger in the Barbed Wire*：*An American in Vietnam*, *1952 – 1991*（Washington, D. C.：Brassey's, 1992）, 127.

45. 斯顿普的话引自 Spector, *Advice and Support*, 231。

46. 关于柯林斯本人对此次任命的回忆, 见 J. Lawton Collins, *Lightning Joe*：*An Autobiography*（Baton Rouge：Louisiana State University Press, 1979）, 378。

47. Ely to Paris, November 6, 1954, Dossier VII, DPMF Indochine,

IPMF；Paul Ely, *L'Indochine dans la tourmente*（Paris：Plon，1964），168；Spector, *Advice and Support*，236 – 37；Collins interview，WGBH. 柯林斯的发言引自 Ellen J. Hammer, *A Death in November：America in Vietnam, 1963*（New York：Dutton，1987），71。

48. 埃利的话引自 Collins to Dulles，November 10，1954，Box 25，Collins Papers，Eisenhower Library；Collins to Dulles，November 13，1954，Box 25，Collins Papers；Oberdorfer, *Senator Mansfield*，132 – 33。埃利在这年年底对吴庭艳的恶劣评价见 C. Cheysson，"Opinion du General Ely sur le Viet-nam，" December 28，1954，Dossier IX，DPMF Indochine，IPDF。

49. 与曼斯菲尔德谈话备忘录，1954 年 12 月 7 日，*FRUS, 1952 – 1954*, *Indochina*，XIII，2：2350 – 52；Oberdorfer, *Senator Mansfield*，133。

50. Memo from Lansdale to Collins，January 3，1955，*FRUS, 1955 – 1957*, *Vietnam*，I：3 – 4；Edward G. Lansdale interview，1979，WGBH Vietnam Collection，http：//openvault. wgbh. org/catalog/org. wgbh. mla：Vietnam（最后访问日期：2010 年 11 月 20 日）。

51. Memo from Collins to Dulles，January 20，1955，*FRUS, 1955 – 1957*, *Vietnam*，I：56 – 57.

52. 关于 CIP，下书有详细详述：Kahin, *Intervention*，85 – 88。另见 Anderson, *Trapped by Success*，155 – 57。

53. Seth Jacobs, *Cold War Mandarin：Ngo Dinh Diem and the Origins of America's War in Vietnam, 1950 – 1963*（Lanham，Md. ：Rowman & Littlefield，2006），69.

54. 关于宗教派系危机，最好的研究出自 Jessica M. Chapman，"The Sect Crisis of 1955 and the American Decision for Diem，" *Journal of Vietnamese Studies* 5（Winter 2010）：37 – 85。另可参见 Chapman，"Debating the Will of Heaven，" chap. 3。

55. Currey, *Edward Lansdale*，172 – 73 . Lansdale, *In the Midst of Wars*，251；Collins to State，March 15，1955，*FRUS, 1955 – 1957*, *Vietnam*，I：125. 关于这笔拨款的数额，还可参见 Chargé in Vietnam（Kidder）to Department of State，February 8，1955，*FRUS, 1955 – 1957*, *Vietnam*，I：79 – 80；Miller，

"Grand Designs," 162 – 63。

56. Chapman, "Sect Crisis," 45 – 46.

57. 埃利日记引自 Grosser, "La France et l'Indochine," 1564。另见 Ely to M. Laforest, April 6, 1955, *Documents diplomatiques français* (hereafter *DDF*), 1955, Vol. 1, Document 178, 410 – 14; Ely to M. Laforest, March 31, 1955, *DDF*, Document 162, 364 – 77。

58. Collins to State, March 31, 1955, *FRUS, 1955 – 1957, Vietnam*, I: 168 – 71; telcon, Eisenhower and Dulles, April 1, 1955, *FRUS, 1955 – 1957, Vietnam*, I: 175 – 76; Mansfield, memo for files, April 1, 1955, *FRUS, 1955 – 1957, Vietnam*, I: 176 – 77.

59. Dulles to Collins, April 4, 1955, *FRUS, 1955 – 1957, Vietnam*, I: 196 – 97; Oberdorfer, *Senator Mansfield*, 135 – 36. 关于最后这种观点, 见 Grosser, "La France et l'Indochine," 1532。

60. 柯林斯采访, WGBH;《纽约时报》, 1955 年 4 月 18 日。

61. Dulles to Dillon, April 27, 1955, *FRUS, 1955 – 1957, Vietnam*, I: 297 – 98.

62. Anderson, *Trapped by Success*, 111 – 13; Ahearn, *CIA and Rural Pacification in South Vietnam*, 12.

63. 《纽约时报》, 1955 年 4 月 30 日;《华盛顿邮报》, 1955 年 5 月 2 日; Jacobs, *Cold War Mandarin*, 77。

64. 《生活》, 1955 年 5 月 16 日;《美国新闻与世界报道》, 1955 年 5 月 13 日, 引自 Jacobs, *Cold War Mandarin*, 77; Larry Berman, *Perfect Spy*: *The Incredible Double Life of Pham Xan An* (New York: Smithsonian Books, 2007), 79.

65. 《纽约时报》, 1955 年 5 月 7 日。

66. George W. Allen, *None So Blind*: *A Personal Account of the Intelligence Failure in Vietnam* (Chicago: Ivan R. Dee, 2001), 84. 另见 Paul Kattenburg interview, 1981, WGBH Vietnam Collection, http://penvault.wgbh.org/catalog/org.wgbh.mla: Vietnam (最后访问日期: 2010 年 11 月 18 日)。卡滕伯格的著作是 *The Vietnam Trauma in American Foreign Policy, 1945 – 1975* (New Brunswick, N. J.: Transaction, 1980)。

67. Simpson, *Tiger in the Barbed Wire*, 152.

第二十六章　带来奇迹的男人

一

河内的领导者同样没有忽视这个时刻的重要性。他们十分清楚，随着吴庭艳 1955 年 5 月初击溃宗派军队，他已经实现了自己长期争取的目标：在西贡巩固权力，同时获得美国对其政府的有力支持。与此同时，法国在南越的军事和政治影响力遭受了沉重的打击，恐怕再无回天之术。

对于胡志明和他北越的同志们，这个挫折让他们异常苦恼。他们原以为大选会如期在 1956 年 7 月举行——所有有见地的观察人士都相信胡志明将在这次选举中获胜，而在选举前法国仍将在南越保持强有力的地位，这样可以避免美国在越南事务中越卷越深，没承想他们又一次失策了。"我们是跟你们，跟法国签署了日内瓦协议，因此得由你们来确保协议得到尊重，"在 1955 年新年这天，很快将升任越南民主共和国总理的范文同对一位到访的法国官员说道。[1] 在这年年初，范文同仍然心存侥幸，以为法国仍然能坚持到底；而到四个月后的此刻，希望已经永远破灭了。越南民主共和国的领导们犯的错跟 1946 年大规模交战前在谈判中犯的错如出一辙：他们高估了巴黎政府中所谓"民主势力"的能量，以为这股势力能够改变法国对于河内政府的政策，或者至少确保其能遵守协议中所有关于大选的条款。事实上，法国的官场里几乎没有人仍然对越南事务如此上心。随着北非越来越多地占据了人们的注意力，印度支那已经退居次席，此外，他们始终需要保持与华盛顿之间的平稳关系。尽管驻守当地的一些法国将领还在帮宗派力量跟吴庭艳作战，但他们始终未能得到法国本土当局的全力支持。

1956 年 4 月 10 日，法国军队最后一次在西贡列队前进。

就这样，似乎是在一夜间，法国在南越的政治和军事影响力消失殆尽。1955 年 5 月 20 日，法军开始撤离西贡地区，在一处沿岸飞地集结，从这里开始分批坐船离去，直到 1956 年 4 月 28 日最后一名法军战士离开越南。有人说，这象征着法国在远东长达一个世纪的统治就此告终。1956 年 4 月 10 日，西贡街头出现了最后一批法国部队的身影。外籍军团战士戴着白得发亮的平顶帽；空降兵穿着迷彩服、戴暗红色贝雷帽；留着大胡子的摩洛哥军人裹着黄褐色的头巾，他们的旗帜在微风中飘扬。在围观的人群中可以看到身上别着勋章、曾为法军服役的越南人，当军人们消失在视野里、登上等候他们的运兵船时，一些越南人偷偷抹起了眼泪。[2]

该月巴黎还关闭了联合邦这个政府部门，将所有职能移交外交部。同时，为了彻底断绝与旧的殖民制度之间的关系，法国的高级专员被调离越南（取而代之的是一位大使，在此之前该职位已经有一年多是空缺的）。[3]

唯一一个受到日内瓦协议约束，与此同时因其拥有的政治军事资源，尚有能力在越南南部采取行动的强国，现在一去不复返了。越南民主共和国的领导人非常清楚吴庭艳对协议的敌意，立刻就意识到了一个问题：1956 年如期举行大选的机会将变得更加渺茫。事实确实如此，西贡街头的枪声刚刚平息，吴庭艳就发起了一次宣传活动，总体来说它谴责的是日内瓦协议，具体而言就是其中的选举条款。吴庭艳拒绝与河内方面就选举的准备事宜展开磋商（按照最后声明第七段的规定，磋商应于 1955 年 7 月 20 日开始），理由是（南）越南国既不是日内瓦协议的签署国，也未参与最后声明讨论；此外，只有在民选代表委员会的授权下，西贡政府才能对该问题表态。

吴庭艳和他的美国支持者们指出，此外协议还明文规定进行任何选举的先决条件是实现"基本自由和民主制度"（14A条款确实是这么明确规定的）。既然按照美国人老生常谈的说法，一个拥有自由意志的人不可能投票赞成共产主义体制，那么越南肯定尚不具备实现选举的条件。这样推演下来，现在绝不可能在越南实施一场合法选举，哪怕此次选举受到国际监督委员会的监督。

说得好听点儿，这种托词实在令人生疑。"法国是代表了南越的利益一并签署了日内瓦协议的。日内瓦协议同时明文规

652 定，签约方和其接任者也应负责确保协议和当中的条款得到尊重和履行，"一位恼怒的英国官员如此评价说。[4] 这位官员和其他英国分析人士坚持认为，美国已公开宣布不会干扰协议执行，因此现在按道理不应该公然支持吴庭艳，也不应该抵制与河内进行磋商。至于吴庭艳所谓"自由和民主"的说法，批评人士更是嗤之以鼻。另一位英国观察人士尖锐地表示："不幸的是，越南选举越是能自由举行——至少目前如此——越盟所得到的优势也就越大。"[5]

美国官员对这些反驳有所耳闻，而且非常敏感。尽管他们下决心尽量避免1956年大选举行——在私底下他们自己也承认，胡志明非常有可能赢得很漂亮——但他们也不愿被人当成是在背后捣鬼的人。为了面子上过得去，吴庭艳必须走这个过场，跟北越方面进行磋商并举行选举。否则他又怎能堂而皇之地声称这不可能是场公正的选举呢？"如果美国跟一种貌似逃避大选的政策联系在一起，总的来说它的国际地位将受到伤害；同时国际舆论——在此事上也包括美国国内舆论——会质疑为什么美国要反对在越南实施它在奥地利、朝鲜和德国曾大力主张的民主进程，"美国国家安全委员会总结称。[6]

但是美国的政策规划人员不愿意依据该分析的基础行事，促使吴庭艳参与磋商。美国的目标归根结底始终没有改变：在南越保留一个单独的、非共产主义堡垒，而且比起以往任何时候，华府的政策制定者都更倾向于将吴庭艳看作执行该政策的工具。在部分圈子中，人们对他疑虑重重，这一点是可以肯定的，但在1955年年中，事实上华盛顿没有哪位官员打算利用美国的影响力来尝试撼动他的强硬立场。美国拥有的影响力确实在迅速消失，由于政府在宗派危机最黑暗的日子里选择支持

吴庭艳，而且没有强制执行前一年秋天艾森豪威尔总统提出的
条件，美国实际上已经将自己绑在了南越。它再也不能将越南 　653
局势推到法国殖民主义身上，在制造了一堆麻烦后洗手出局。
双方渐渐形成了这样一种互动关系，它一直延续到吴庭艳时代
终结后：随着美国越陷越深，政策制定者所面临的利益纠葛也
越来越严重。他们面对的是种种令人厌憎的选项，要么甩手不
干，要么勉强默许这位西贡领导人的行为抑或不作为。这些官
员发现，在这种依从关系里，门徒往往可以通过耍赖的方式来
操控恩主。[7]

二

　　日内瓦会议的其他参与者都不打算向吴庭艳施加压力，迫
使他接受协议中的选举条款，这进一步加深了河内政府的孤立
感。英国和法国十分珍视自己与美国的关系，根本不会在印度
支那事务上公然跟它作对，而苏联和中国也都不会抓住这个话
题不放。作为日内瓦会议的共同主席国（与英国共同主持），
苏联本可以强迫各国重新回到日内瓦会议的谈判桌前，允许河
内政府争取国际舆论的同情。但以赫鲁晓夫为首的苏联领导层
不愿意为了这么一次冷战中的小插曲危及刚刚缓和的东西方关
系，因此他们情愿将责任推给法国，强调说巴黎政府应为确保
日内瓦协议中的条款得到执行承担主要责任。中国政府同样不
愿意为了坚定不移地支持北越，危及包括台湾冲突和解的各类
更广泛的政策目标。[8]

　　越南民主共和国又一次在外交上碰到了其最亲密的国际盟
友的软钉子。1955 年夏，胡志明在总书记长征和其他高级官
员的陪同下先后访问北京和莫斯科，对方都礼貌地表达了外交

支持，答应加大财政援助（中国给 2 亿美元，苏联给 1 亿美元），但这两个共产主义巨头都没有承诺将就越南举行大选一事向西方强国施压。苏联人甚至质疑了胡志明的马列主义信仰——30 年来他们一直怀疑这一点。外长莫洛托夫确实同意要跟英国讨论重开日内瓦会议，但他们并不怎么上心，在伦敦政府表示拒绝后，莫洛托夫立刻撂下了这个话题。[9]

654

　　该何去何从？诉诸日内瓦条款的努力显然是失败了，这迫使越南民主共和国重新调整路线。如果还希望与南方重新统一，那么就必须尽快动手，否则希望将化为乌有。在 8 月的中央委员会第八次全体会议上，情绪低落的胡志明指出，尽管在最近几个月里国际形势开始有所缓和，但东南亚的局势更加紧张，这主要是因为美国对该地区的革命施加了越来越显著的阻力。可是，如果说通过外交途径实现统一已经越来越不现实的话，军事选项看来顶多也只能说是存在不确定性。在可预见的将来，有了美国人撑腰的吴庭艳政权很有可能会发展得十分强硬，难以通过武力攻克；此外，越南民主共和国在重建和建设社会主义社会方面，也仍将背负着重担。同时，北越人民坚持要求履行日内瓦协议的呼声十分强烈，因此不可能公然违背它的规定。[10]

　　胡志明政府因此再次承诺通过大选，以和平手段实现国家统一。与此同时，一个新的问题渐渐在河内蔓延：万一吴庭艳真能成功在南部取得民众支持，那该怎么办？如此一来，原本已经黯淡的实现统一的希望恐怕将非常渺茫。为了赢得南方人的支持，营造一种他们牺牲了自己的一些目标以争取全国共识的印象，河内领导人在 9 月宣布建立“祖国阵线”。该组织在强调实现越南统一的同时，亦表明该进程将非常缓慢，而且南部并不一定要实现共产主义化（至少不需要立刻实现）。"改良"是它的口号。胡志明在成立大会上指出，祖国阵线的目标是"不分政治倾向、宗教信仰等，团结所有爱国人士"，所有爱国者都应反对美国和吴庭艳永久分裂国家的阴谋。[11]

然而，这个组织没有多少说服力。随着近期大批难民移居南越，关于越南民主共和国残酷推行土改的消息在民众间不断流传，所谓的"改良"听起来显得十分空洞。吴庭艳的宣传机器在南方大肆宣传和渲染这些消息，而且取得了相当可观的效果。这位西贡政府的总理同时发动镇压运动，在这场以"抨击共产党"为口号的运动中，大批群众需要参加会议以共同批斗越盟成员及其支持者；南越军警逮捕了成千上万被怀疑从事颠覆行动的人，并将他们发配到拘留营。政府在1956年1月发布"第六号令"，在压制政治对手方面赋予了官员几乎无限制的权力，这场镇压运动也因此得以升级。该法令提出，任何被怀疑将给"国防和公共秩序"带来危险的人都应被关进监狱或被软禁起来，直至实现"秩序与安全"——但该过程需要多久并未予以说明。南越当局处决了成百上千人，其中很多是被处以斩首或者剖腹这类极刑。暴烈的手段不无效果。1956~1957年，南部的秘密越盟组织渐渐绝迹了。[12]

为了巩固自己对权力的掌控，吴庭艳还巧妙地清除了保大所遗留的威胁，他发起了一次全民公投，让人民决定是保留这位君主还是建立一个共和国，由他来担任共和国总统。为了确保得到想要的结果，政府禁止人们组织任何支持保大帝的宣传活动，将票箱里塞满选票、威吓选民，并在城市和乡村展开各种反保大的宣传活动。在1955年10月23日的公投日，吴庭艳声称自己的支持率达到了98.2%，而此前五角大楼曾建议说，取得 60% ~ 70% 的得票率看起来更为可信。（他在西贡得到了 605025 张支持票，比该市登记选民数多了三分之一。）[13]

　　甚至连持支持态度的观察人士也对这种选举手段表示失望。"一边倒的'选战'和它所使用的确保人人都选吴庭艳的手法，实在是相当离谱，"南越一位热心的支持人士后来写道，"动用这些手段确保一个正当的事业获得胜利，对于该政权的未来委实不是吉兆，而它的领导人竟然还喜欢宣扬自己的行动是多么崇高。"国务院的官员们私下里认同这种看法，但在公开场合坚持表示相信此次选举"进一步促进了东南亚地区有序而高效的进程，该进程此前遭到了意欲实施集权主义统治的共产党行动的威胁，而且这种威胁仍将继续"。[14]

　　因为这场胜利而欢欣鼓舞的吴庭艳顺势宣布越南共和国（Republic of Vietnam，RVN）就此诞生，而他是共和国的首任总统。他拥有了至高无上的地位。就在六个月前，他似乎眼看就要倒台，而今则取得了对南越无可辩驳的统治权。他击溃了宗派力量，清除了法国政治和军事影响力，罢黜了保大。此后不久吴庭艳就废除了通过选举产生的村务委员会，取而代之的是他委派的管理人员，其中很多人是南下的天主教徒，他们根本不认识当地的村民。吴庭艳还再次宣布不会按日内瓦协议的要求参加全国大选，原因是选举不可能"完全自由"，从他的话中竟然听不出半点儿反讽的意味。

　　此后有很多分析人士在评判吴庭艳 1955 年所做出的这些举动和声明时，将他描述成一个充满权力欲且伪善的独裁者，一个保守的官吏，一个顺从的美国傀儡。这不足为奇，但这种评论并不充分。正如近期的研究显示的那样，吴庭艳是某种现代化的推进者，他对于越南的未来有自己的一套设想，并在取得进步与越南的文化传统间努力寻求平衡。"我们不会走回头路——徒劳无益地复制中国人的老路——我们希望能在现代体制中嫁接自己最优良的传统，"吴庭艳曾这样对记者玛格丽特·希金斯（Marguerite Higgins）说。[15] 他与弟弟，同时也是自己的主要顾问吴廷琛信奉的是人格主义理念（personalism）——在两次世界大战之间的那段时间，法国的罗马天主教知识分子想要在自由民主和共产主义间寻求经济发展的第三条道路，这便是人格主义的起源，它的核心代表人物是哲学家埃马纽埃尔·穆尼埃（Emmanuel Mounier），他在各种著作和《大众思想》（*Esprit*）月刊中曾详细阐述自己的思想。作为毕业于法国国立文献学校（École Nationale des Chartes）的知识分子，吴廷琛认为不同于个人主义，人格主义重视社群的价值，与此同时又避免了社会主义的集体主义，因此具有极大的吸引力，对于越南文化在传统上对社会关系的关注构成了补充。[16]

　　至少理论上如此。回过头来看，有一点很清楚，那就是吴庭艳和吴廷琛更主要的是将人格主义作为其赤裸裸的个人利益的幌子，或者粉饰基于其他原因而采取的政策；如果说它不是一些持同情立场的历史学家所暗示的驱动力量，那么也至少是一种激发因素。不过在 1955 年晚些时候，人们仍然无从判断这兄弟俩是否真的致力于实现人格主义的愿景，果真如此的话，人格主义能否适应于现实政治的真实世界。尤其是，这种意识形态对于越南自治和越南解决方案的强调，何以能与越南共和国真实而持久地依靠美国援助达到一致。吴庭艳对有关自己作为民族主义者正统性的质疑极其敏感，尤其是在有了越南民主共和国在战场上成功抗击法军的对比，因此他从一开始就对通敌叛国的骂名非常警惕。他担心依靠美国会玷污自己作为民族主义者的声望，为他的敌人所用。可是他还有什么选择吗？美国的物资和政策支持对他的政治生存至关重要，而且在未来的一段时间里仍将如此。

三

美国的政策规划人员并不是对吴庭艳的新殖民主义谜题一无所知，而且他们中一些深具洞察力的人已经意识到，这会对美国和南越关系造成根本性的问题。但他们还是从一个事实中得到了慰藉——在吴庭艳刚上任的这 18 个月里，他与美方顾问们合作得相当融洽。尤其是爱德华·兰斯代尔，他似乎永远身处其中，虽不在舞台中央，但总是在督促着吴庭艳，时而推他一把，在需要时又要把他按住。兰斯代尔甚至设计了吴庭艳与保大公投的选票，巧妙地将吴庭艳的名字铺在红底上（亚洲人将红色当作喜庆的颜色），而将保大的名字铺在绿底上（"绿帽子"的颜色）。在 1955 年该政权面临的一系列政治和军事问题中，兰斯代尔都提供了他的见解，而吴庭艳虽然未必次次都照他说的做，但至少总是表示接受。"可以准确地说，南越是爱德华·兰斯代尔的作品，"作家尼尔·希恩这样表示。他这句话虽显夸张，但确实把握住了这位美国人实质上的重要地位。[17]

兰斯代尔的重要性不仅仅在于他充任了吴庭艳的军师，他同时还不断向华盛顿发去电报，对南越的这位领导人和他的前景表示赞赏。兰斯代尔坚持表示，尽管看起来情况也许恰恰相反，但吴庭艳确实有能力击退多个敌人，没有其他候选人能带来同样的希望。这些信息深深打动了政策制定者们，正如美国新闻署的霍华德·辛普森所回忆的那样："［兰斯代尔的］电报对于他在西贡斗争中所见证的场景做出了让人精神一振的描述。他所汇报的这些支持吴庭艳行动的事件和谈判内容给人以一种'我在现场'的感觉，它们完全压过了政府官员们之间那些较为古板保守的外交通信。"[18]

但也不应夸大兰斯代尔的影响力。早在兰斯代尔抵达越南前，艾森豪威尔总统和约翰·福斯特·杜勒斯国务卿就已经决定在越南南部创造并维持一个非共产主义的堡垒；从这方面而言，他们在最初几个月对于吴庭艳本人以及是否保留他等方面是心存疑虑的，但对于是否坚守美国的承诺则不然。像曼斯菲尔德这样的主要角色，以及新兴的"越南游说集团"——这个松散的组织由吴庭艳在纽约的宣传人员哈罗德·奥拉姆（Harold Oram）协调，当中还包括联邦最高法院法官威廉·O. 道格拉斯和参议员曼斯菲尔德与约翰·F. 肯尼迪——其他成员同样乐见兰斯代尔信心满满的电报。[19]身材矮小、一辈子从事外交事业的唐纳德·希思虽然在 1954 年 11 月已经卸下美国驻西贡大使一职，但他本人仍然是新政府的重要顾问，他的专车常常停在总统府门口。还有些美国人也或多或少提供了一些支持，其中最引人注目的是韦斯利·菲谢尔教授，他领导了密歇根大学的一个顾问团，向吴庭艳提供跟公共治理和政策相关的建议。

不过这在某种程度上是关键所在：兰斯代尔之所以拥有不可磨灭的历史地位，在于他为一项已经呼之欲出的政策赋予了推动力，并在概念上给予了明确的阐释。他用一种得到美国人共鸣的方式描述了越南的风险与职责，并一如既往地坚持主张不应仅仅反对共产主义，还需要找到某项应该支持的事物。他的口头禅不是"帝国"或"干预"，而是"民主"和"自由"，同时他强调美国人进入越南不是为了成为像法国那样的殖民国家，而是为了创建一个国家。他们的动机是完全利他的。通过提供发展援助和技术知识，美国将帮助越南和其他新近获得独立的国家从一个"传统"社会过渡到现代社会，而不至于沦为共产主义口惠而实不至的承诺的猎物。因为尽管在659 文化和历史方面存在差异，但所有社会都将朝着同样的终极目标前进，那就是成为"第一个新兴国家"——这个目标美国已经实现了。兰斯代尔以及其他热衷于实现现代化的人士指出，国家建设符合美国的利益，同时也可以创建一个更安全、更和平的世界。[20]

　　如今我们知道，结果往往与主张并不相符。将改革主义者的热诚与可以轻易诉诸的武力结合起来，国家建设的努力有时可以催生独裁和专制的政体，而不是自由主义的国家——越南亦是如此。在实践中，美国的现代化者往往并不相信民粹主义政治，而是更青睐由精英领导的社会；他们时常将现代化作为镇压叛乱和社会控制的手段。但这种主张在当时得到了强有力的共鸣，爱德华·兰斯代尔又深谙鼓吹宣传之道。"爱德华为人低调，但他总能说得人心服口服，"一位同事回忆说，"老天啊！爱德华也太会解释越南的形势了。如果我们放弃了越南，整个亚洲都会每况愈下。这种说法真是让人无法忽视。……他真是个极其出色的广告人、销售员，他非常善于辞令，非常淡定，非常老练。"[21]

　　此外，兰斯代尔的观点事实上比后来一些批评人士的说法更加复杂，也更加矛盾。他固然笃信美国的方式可以解决所有相关问题，但这并不影响他强调美国官员有必要尊重当地的价值观和习惯。"让我们抛弃美国自欺欺人这一套吧"，他曾这样谈及自己那些一心只想从事间谍活动的中情局同事，以及那些看不起越南人的国务院官员。尽管他不懂外语，不过他对外国文化是真的很感兴趣。在菲律宾和越南时他总是喜欢跟村民们尽量多打交道，常常掏出自己的口琴学习吹奏当地的民歌，而且总是留意保持礼貌亲切的态度，这让一些当地人对他产生了极大的好感。在这方面，用历史学家乔纳森·纳谢尔（Jonathan Nashel）敏锐的描述来说，东南亚对于兰斯代尔"既充满异域情调，又是原汁原味的美国"。[22]

四

一个彬彬有礼、善于辞令的美国人来到南越，他对于自己反共目标的道德原则深信不疑，但对于实现这些目标所需要使用的手段则兴趣欠缺——这一切听来酷似另一个在 1955 年年底，随着吴庭艳的越南共和国诞生而粉墨登场的人物：格雷厄姆·格林《文静的美国人》中标题所点出的角色奥尔登·派尔。1955 年 12 月该书在英国出版，次年 3 月进入美国市场。小说的背景设在 1952 年的交趾支那，派尔——书名中指的这位文静的美国人——初来西贡，为中情局工作，急切地想要鼓动当地建立起一个既非共产主义亦非殖民主义的"第三势力"。他与英国记者托马斯·福勒成为朋友，后者介绍他与自己年轻的越南情妇凤儿认识。一种激烈的爱情三角关系就此不断发展。当福勒得知派尔向一位第三势力的将军提供用于炸掉西贡广场的军火物资时，他背叛了这位美国人，将他交给了越盟，派尔遭到暗杀，尸体被抛到河中。

正如我们在本书此前章节中所说的那样，兰斯代尔几乎不可能是派尔的原型——早在知道有兰斯代尔这个人之前，格林

660

就已经开始写这部小说了——而且这两人之间存在着显著的区别。兰斯代尔的年纪比派尔大多了，也没有他那种初出茅庐的青涩味道。此外，他不像小说中描写的派尔那样书呆子气十足、毫无处世经验，比派尔热诚的劲头也有所逊色。不过，两者之间的相似之处仍然令人惊异。这样就很容易理解为什么格林始终无法彻底打消文学批评界和记者们将兰斯代尔视作派尔原型人物的说法了——想必他对此也十分郁闷。

这部小说得到了英国批评界的广泛赞誉。"格林多年来最好的一部小说，绝对是自《权力与荣耀》（*The Power and the Glory*）之后的最佳作品，"在《新政治家》（*New Statesman*）杂志中署笔名为多纳特·奥唐奈（Donat O'Donnell）的康纳·克鲁斯·奥布赖恩（Conor Cruise O'Brien）这样写道。伊夫林·沃（Evelyn Waugh）在《星期日泰晤士报》中写道，这本书"精湛、独到、有力"。而南希·斯佩恩（Nancy Spain）在《每日快报》中表示，该书"是我在近20年读到的书中最接近大师之作的作品"。《泰晤士报文学增刊》报道说，考虑到各种岌岌可危的问题，"绝无可能在完成这本书的时候，结束一切讨论。在《文静的美国人》中，格林一步步精心布局，导致在他看来处于争议核心的道德问题最终爆发，其写法堪称精妙无比。……它带来了强有力而且持续的冲击，在评判全书时，我们必须考虑到这种效果"。而在《曼彻斯特卫报》中，诺曼·施雷普内尔（Norman Shrapnel）称这部小说"极其优秀，这是书评人尽责多年才会得到的奖励。……即使攻击该书最大的缺陷，也无损于它整体的精彩绝伦"。[23]

然而，很多美国的文学批评家看法有所不同，不过也并非全部如此：跟后来的传说不同，这部小说在美国的多家媒体事实上得到了广泛的好评，批评家赞美格林对节奏熟稔的把握，作品独特的地域感，以及他简洁干净的笔触。《芝加哥太阳报》称它"是关于印度支那战争最优秀的小说"，而《纽约时报》则称赞它"表现出了格林出色的写作技巧与想象力"。不过，即使是这些书评人，以及那些对作品持全然否定态度的评论者，都对作者"对海外美国人的夸张讽刺的描写"（语出《新闻周刊》）颇有微词。为什么格林要塑造一个像派尔这样肤浅而又空洞的角色，一个在跟故事的叙述者福勒辩论时一次都没有吵赢的人物，而后者偏偏被设定成一位看破红尘、游历甚广的英国人？唯一的解释是这位作家任由自己明显的反美情绪推动了他的故事发展，而之所以产生这种情绪，一些评论者推测部分原因在于他在 1952 年申请访美的短期签证遭拒。A. J. 利布林（A. J. Liebling）在《纽约客》一篇辛辣傲慢的书评中着重提出了派尔与无辜人士被杀害之间的直接联系，总结称格林——利布林欢快地指出，格林在文章里连地道的美式英语都写不对——无非是嫉恨美国人取得了国际领导权而已。"在将你飞黄腾达的旁系亲戚说成是傻帽，和指责他是凶手之间，总还是存在一点儿区别的。"[24]

　　格林只是触动了这些评论者的某根神经，在看到他描写的同胞的形象时，他们免不了要跳起来表示抗议。但这些书评人忽略了福勒和派尔这两个主人公的复杂性（不过有必要指出的是，他们两人都追求的越南女性凤儿倒确实是书中最空洞的角色，她徒有美丽的外表，但脑子空空如也，平时只喜欢看英国王室的八卦消磨时间）。福勒意志消沉，爱冷嘲热讽，喜欢通过肤浅的分析嘲笑一切跟美国有关的事物，但小说也揭露了这个角色的阴暗面。他感觉自己受到了派尔的生命力与勇气的

662 威胁，或许是出于嫉妒，福勒选择背叛派尔，同时，他对越南的普通人以及他们的命运表现出了极大的淡漠。甚至是在他设下圈套导致派尔被越盟杀害后，他仍然流露出对这个年轻美国人勇于为事业献身的钦佩之情："他的天真幼稚一向令我生气，但拿他的理想主义——他根据约克·哈定著作得出的不十分完善的观念——跟我的冷嘲热讽相比较，我发自内心地从对他的好感中总结出对他的某种评价。"毕竟他触动福勒意识到了一点："一个人迟早得选择站在一边，如果这个人还要继续做人的话。"[25]

在小说中那个著名的夜登岗楼的场景中，福勒告诉派尔，农民们只想有足够的米吃，而对此派尔则回答，他们想要独立思考。福勒说："思想是一种奢侈品。你认为农民们晚上回到土屋里，会坐下来想到上帝和民主吗？"在这一点上派尔显然是让了一步，他指出越南并不全是农民。那些受过教育的人怎么样呢？他们受到共产党的领导会幸福吗？"哦，不会，"福勒说，"我们已经用我们的想法把他们培养起来了。"[26]

几代大学生都曾就这场对话中谁更在理进行过辩论。英国记者理查德·韦斯特（Richard West）热爱这本著作，坦承自己是通过"格林的视角"来看待越南，对他来说答案非常清楚：美国人赢了。"在这场辩论中，我心悦诚服地站在了派尔这边，"在1991年格林去世后不久，韦斯特在一篇情真意切的文章中写道，"就因为一个人住在土屋里而想当然地认为他不会想到上帝或者民主，我认为这个想法大错特错、傲慢自大。"在20世纪60年代晚期，韦斯特拍了部讲述湄公河三角洲一个小山村村民的电影，尽管他"并不是特别了解他们的所思所想"，但他发现这些村民对外面的世界很感兴趣，而且喜欢收听 BBC 的节目。韦斯特有一个很准确的发现：在法国人统治时，农村往往是反抗和交战的中心，他因此认为派尔对农民将反抗共产党统治的预言完全没错，"这部分原因或许正在于他们想要独立思考"。[27]换言之，福勒常常指责派尔和美国人总体上想问题的角度都太肤浅，但他自己也不能免俗。他似乎没有看到一种可能性，那就是随着时势发展，派尔理想化的天真想法或许比他本人厌世的现实主义要有价值得多。

当然，在派尔的天真后头还隐藏着另一种更加阴暗的特质，一种运用起来毫不迟疑的自大和残酷的高效。他在哈佛念书时读到了一些理论并对此深信不疑，他做好了不计一切代价支持这些理论的准备。如果有越南人在建立第三势力的过程中被杀，那么这就是必须付出的代价。格林在小说中着重强调了派尔这种斗志昂扬的天真劲头中隐藏的更阴暗的特质；随着时间推移，它赋予了《文静的美国人》一种先见之明，一种看起来永远与时代同步的共鸣。不过，美国在南越发挥的顾问作用起初并不明显，因此大部分美国评论人随随便便略过了这种特性，他们完全没有从派尔这个角色中反观到自身。[28]

可以推测，美国人并没有怎么关注到格林的一篇新作。小说在美国上市不久后，一篇讲述他最近一次在越南旅行见闻的文章刊登在《新共和》杂志上。他写道："南部并没有以自由的样板与推行集权主义的北方对抗，而是滑入无效的独裁统治中：报纸遭禁，审查机制甚为严格，人们因行政命令而非法庭裁决而遭到驱逐。"在接下来那期的第二篇文章中，格林指出吴庭艳"至少代表了爱国主义的理念……但他本应无遮无拦地走在稻田中，艰难地学习该如何得到人民的热爱和服从——这两者密不可分——却被主教和响着警报的警车拦开，听任外国顾问大谈全球战略。在他的肖像下面，我想写这么一行标题：毁于西方之手的爱国者"。[29]

五

在 1956 年春天，美国人事实上看到的是一个经历了千辛万苦，政权才开始在南越渐渐被巩固的西贡政府。两年前让人大感不妙的共产主义前进势头貌似业已中止。华盛顿政府在后日内瓦时代做出的在印度支那建立亲西方堡垒的决策出现了很多成功的苗头——而且付出的代价相对较低。一些美国人承认，吴庭艳的政府确实施行了彻底的独裁统治，但在面临着如此重大的挑战时，他又怎么可能有别的选择呢？改革当然是必需的，但需要时间。正如美国大使 G. 弗雷德里克·莱茵哈特（G. Frederick Reinhardt）后来所说的那样，吴庭艳是在巩固自己的领导，而非"实施杰弗逊式的民主"。莱茵哈特的上司也有同感。"我必须承认，"这位大使说，"杜勒斯先生让我的日子好过多了，他对该问题采取了一种相当富有哲理的看法，明确表示一个真正的代议政府固然是我们的终极目标，但希望它能一蹴而就的看法就过于不切实际了。"[30]

当时的国会领袖和媒体几乎无人质疑这种逻辑。这中间一大批密切关注越南斗争的人属于一个名为"美国越南之友社"（American Friends of Vietnam，AFV）的倡导组织，这事实上就是一个更加有组织的越南游说集团，它大力支持美国在越南的使命，引申开来，也支持吴庭艳的统治。正如该组织在 1955 年的创立文件中所简明扼要指出的那样："自由的越南意味着全世界的自由获得更大保障。"在短期内，美国越南之友社吸引到了一大批显要的成员，包括民主党籍参议员约翰·

F. 肯尼迪、迈克·曼斯菲尔德和休伯特·汉弗莱，共和党籍
参议员卡尔·蒙特（Karl Mundt）和威廉·诺兰，学者则包括
小阿瑟·M. 施莱辛格（Arthur M. Schlesinger，Jr.）、韦斯
利·菲谢尔、塞缪尔·埃利奥特·莫里森，甚至还包括美国社
会党领袖诺曼·托马斯（Norman Thomas）。不过更为显赫的
则是它的媒体成员：《纽约先驱论坛报》主编怀特洛·里德
（Whitelaw Reid）、《费城问询报》出版人沃尔特·安嫩伯格
（Walter Annenberg）、《新闻周刊》出版人马尔科姆·缪尔
（Malcolm Muir）、《美国纽约日报》老板小威廉·伦道夫·赫
斯特（William Randolph Hearst，Jr.），而最重要的莫过于"时
代帝国"的亨利·卢斯。通过上述以及其他友好的媒体，"美国
越南之友社"在当时建立起了一个支持吴庭艳的宣传阵营，并
大量削减了哪怕只是对西贡政府略有微词的批评报道的数量。[31]

　　在 20 世纪中叶发行量惊人的《时代周刊》一如往常那样
身先士卒。用历史学家罗伯特·赫茨斯坦（Robert Herzstein）
的话来说，在当时该刊"不再是报道吴庭艳，而是在讴歌
他"。这本刊物周复一周地向美国读者介绍南越总理如何给他
的国家带来"和平与稳定"，因此他理应得到美国人的无条件
支持。五年或十年后将达到入伍年龄的美国学童需要每周完成
《时代周刊》上刊登的问答题；想要拿到高分，意味着学生得
知道吴庭艳是个伟大的爱国人士，是西方的盟友。这本杂志偶
尔也会轻描淡写地提及吴庭艳家族持"独裁论调"，但也仅限
于此；即使那样，它依然在赞美这个政权的成就。[32]

　　如此迅猛的攻势确实取得了可观的总体效果，如果说它没
有影响到执行层面的话——毕竟政府早已采取了支持南越的立
场——那么往下走，它也影响到了国会和更为广泛的美国人。

665

部分得益于美国越南之友社的努力，在舆论引导者中间渐渐形成了这样的态度，认为吴庭艳是领导西贡政府的恰当人选，且多亏了他的勇气和力量以及美国慷慨的支持，越南斗争的前景才是乐观的。白宫察觉到机会来了，于是通过与该社领导人会面、派人在它的会议上演讲等方式来拉它一把。1956 年 2 月，该社主席、退役将军威廉·J. 多诺万捎信给艾森豪威尔，敦促政府应抵制定于当年夏天举行的越南公投，总统立刻回复说他对此完全同意。那年春天晚些时候，多诺万的接班人、退役将军约翰·W. 奥丹尼尔对国会远东事务小组委员会发表讲话，他盛赞吴庭艳，声称有了美国的持续支持，南越必将获得繁荣昌盛。议员们全盘接受了他的讲话，同时也赞颂了吴庭艳以及奥丹尼尔将军及其组织所做的贡献。

1956 年 6 月 1 日，美国越南之友社在华盛顿的威拉德酒店（Willard Hotel）召开首次关于越南的大型会议，主题为"美国在越南的利害关系"。政府方面派出了助理国务卿沃尔特·罗伯逊，他向与会代表重申"本届政府支持自由越南的决心不会动摇"。不过这天的主要发言人是肯尼迪参议员，在曼斯菲尔德参议员没法参加会议时，主办方临时增加了他的名字。他对越南的看法已经转变了，至少在公开场合如此。那个在 1951 年出访印度支那时提出了一系列问题，质疑西方是否能在该地区为所欲为的年轻国会议员已经一去不复返。肯尼迪在 1954 年时支持通过联合行动拯救法国在奠边府地位的计划，从那时起，他的相关立场就得到确认，而现在他的改变更加明显。肯尼迪用热情洋溢的语言赞美吴庭艳的领导能力，接着宣布"越南代表了自由世界在东南亚的基石、拱门的楔石、堵住堤坝漏洞的土方，它是对美国人责任心与决心的挑战"。他进一步说，美国参与了南越的诞生过程，并为它的存活提供了支持："这是我们的后代，我们绝不可以抛弃它。"无论是美国还是"自由越南都绝不可以参与一场形势显然不利，而且政权将会遭到颠覆的选举"。[33]

这是肯尼迪将自己作为总统大热人选，想要在一群由有影响力的出版人和记者组成的观众面前表明自己的反共诚意吗？也许如此。肯尼迪知道，民主党早在六年前就已经饱受抨击，被视为"丢掉中国"的罪魁祸首，因此现在发表立场强硬的讲话以护住软肋是有意义的。不过，肯尼迪意识到自己有必要在公共场合以如此明确的语言发表声明，这一点仍然具有历史意义。他的发言得到了热烈的掌声。不过，几乎没有人记得在同一天晚上芝加哥大学著名教授汉斯·J. 摩根索（Hans J. Morgenthau）所说的那句叫人不敢苟同的话："我将誓死捍卫〔日内瓦〕协议的法律效力。"[34]

当天会议中还有另外一位演讲嘉宾，在塑造 20 世纪 50 年代中期美国民众对越南战争的普遍看法方面，这位年轻医生发挥的作用将超过其他任何人。虽然而今已被世人淡忘，但在当时的美国他是一位家喻户晓的人物——1961 年 1 月，当 34 岁的他因癌症英年早逝时，一项有关全世界"最受尊重人物"的盖洛普民意调查将他列为第三名，仅次于艾森豪威尔和教皇。他的名字是托马斯·A. 杜利（Thomas A. Dooley）。

杜利生于圣路易斯的名门望族，在天主教学校读书时他是个散漫的学生，险些没通过医学考试。毕业后他抓住了仅有的工作机会，加入海军医疗队。1954 年，时年 26 岁的他被分到了"蒙塔格"号驱逐舰，在海防的难民营中度过了相当长的时间，负责照顾在"自由之路行动"中从北越迁到南方的难

民。杜利能讲一口流利的法语，精力无穷无尽，他夜以继日地

667 跟难民罹患的各种传染病做斗争，直至将这些难民送上海军舰

艇为止。他的工作得到了上级的嘉许，赢得了一枚功勋勋章，

也获得了吴庭艳本人的嘉奖。[35]

1956 年 4 月，托马斯·杜利和演员科克·道格拉斯（Kirk Douglas）在一间餐馆里聊天，道格拉斯将在改编自杜利著作《引领我们脱离罪恶》的电影中扮演他本人。

　　这样的经历也给杜利灌输了强烈且坚定的反共信念。在《读者文摘》记者，也是此后参与写作冷战经典著作《丑陋的美国人》一书的作者威廉·莱德勒（William Lederer）于 1955 年早些时候逗留海防，想要寻找关于难民危机有人情味的故事时，他遇见了杜利，后者用扣人心弦的语言讲述了自己的工作。莱德勒说，这些素材看起来有可能被打造出一部"杰

作"，故主动提出可以帮他。杜利抓住了这个机会。结果就是一本名为《引领我们脱离罪恶》（*Deliver Us from Evil*）的书得以出版，这本书的删节版首先在《读者文摘》上刊出——当时这是全球最畅销的杂志，每期发行量达 2000 万本——之后以精装本的形式出版，反响甚为热烈。这本书讲述了越盟种种可怕的暴行，同时赞美了危机中杜利本人和美国的义举，在 1956 年成为一本大获成功的畅销书；在 6 月这场美国越南之友社的会议召开之际，其销售量更是达到顶峰（就在同一时期，杜利因为其"异常活跃的"同性恋行为被踢出军队，但事情并没有闹大，因为海军在已经为杜利和他的著作背书的情况下，不愿意横生枝节）。

杜利拥有电影明星般的外表，而且极其善于辞令，他进行了一次全国巡回演说，在 74 个城市举行了 86 场演讲，其中至少四分之三的演讲进行了广播。当杜利讲述着这些故事时，听众们屏息凝神；还有很多人在看到他拿出的那一张张令人痛苦的图片时流下眼泪。"当孩子们的耳膜被［越盟］用筷子刺穿时，你能做些什么？当老妇人的锁骨被枪托击得粉碎，你能做些什么？又或者，在面对耳朵被钳子生生拧下来的孩子时呢？你该如何对待一位钉子被敲入颅骨的牧师，而折磨他的人仅仅是想要拙劣地模仿荆棘王冠的画面？"他这样问听众。在杜利的描述中，难民是不幸的牺牲品，他们没有主见，也无法自己做主，完完全全依靠美国医生和海员的壮举，而越盟邪恶得不可救药、毫无良知，因此杜利只用"那些残酷的东西"来指代他们。[36]

吴庭艳认可杜利的所作所为。在杜利全国巡讲期间，他发来了一份电报，感谢他"为越南所做出的伟大的贡献。……你生动地讲述了我的几十万同胞渴望充分享受天赋权利的故事"。

668

此外，艾森豪威尔总统、埃莉诺·罗斯福、首席大法官厄尔·沃伦（Earl Warren）和主教斯佩尔曼（Cardinal Spellman）也都发去了热情洋溢的信。[37]

在适当的时候，人们将揭露《引领我们脱离罪恶》这本书的真相：它所描述的"自由之路行动"完全站不住脚，当中充斥着误导性的说法和彻头彻尾的谎言。一群与杜利同一时期在河内—海防地区服役的美国军官在 1956 年时就汇报说，他的描述"并非事实"，而且对共产党人暴行的描述"与事实不符，而且言过其实"。然而，他们的报告被丢进了机密文件柜里。莱德勒本人在 1991 年承认，杜利所讲述的那些暴行"从未发生过"。更要命的是，一位驻扎在海防，曾在杜利手底下干活的看护兵数年后表示，他从未见过书中详细阐述过的任何一项野蛮行径。[38]

不过，在 20 世纪 50 年代中期，很多美国人情愿相信他的说法。在他们看来，杜利令人毛骨悚然的说法恰恰印证了反共文化中其他很多人早已持有的看法：用福音传道者葛培理（Billy Graham）的话说，共产党人"受到了魔鬼的启迪、引导和推动，向全能的上帝宣战"。杜利对越南或地缘政治知之甚少——在他的书中和演讲里，他甚至连一些最基本的事实都搞错了——不过这无关紧要，因为他的崇拜者知道得更少。他说什么，他们就信什么，因此著作的销量甚至以百万计。在 50 年代中叶和后期，还有其他人为吴庭艳的事业大声疾呼，但没有哪个人能像这位来自圣路易斯的医生那样，以如此动情的方式触动那么多美国人。

六

1956 年 7 月来而复去。按照日内瓦会议最后声明的规定，由国际监督委员会监督的越南重新统一公投应于该月举行，然而并没有什么大选，7月在越南平安无事、国际上几乎未发表多少评论的情况下结束了。美国政策规划人员长舒了一口气：他们成功地逃避了一场选举，而且他们相信自己这边的人必输无疑。在之后的几个月里，随着美国援助的资金、技术知识和产品如潮水般涌入南越，一些华盛顿的官员开始充满希望地大谈"吴庭艳奇迹"，称越南共和国将成为美国对外援助项目的"展厅"。西贡的商店货架摆满了消费品，食品供应充足。现在有超过1000名美国人身处南越，在从文职到军事管理的几乎一切领域辅佐吴庭艳，这使得驻西贡的美国使团成为全球规模最大的一个。自1956年起，美国提供的经济和安防援助每年总计达3亿美元左右——对于纳税人来说这是个尚可以应付的数字，尽管它已经使得吴庭艳的这个弹丸小国成为美国对外援助第五大的接受国。

美国向南越援助的重点是军事。这与吴庭艳本人的要求一致，也跟杜勒斯早在1954年夏天就表达过的态度相符：一支强大有效的南越军队将是实现政治稳定的必要先决条件。（而在本书此前篇章中曾提及，五角大楼在1954年时表达了截然相反的意见：南越实施政治改革应是加大军事援助的条件。）从1956年到1960年，美国向南越援助额的78%用于吴庭艳的军事预算，而这个数字还没有将安保项目，比如警察训练和设备直接转让计算在内。与之相对应的是，南越只将美国资金中的2%用于卫生、住宅和社区发展这类项目。[39]

在塞缪尔·T.威廉姆斯（Samuel T. Williams）中将的领导下，美国军事援助顾问团承担起了一项紧迫的计划，需要将 670 新的南越军队（其正式名称为越南共和国军，简称ARVN）建设为一支有效的战斗部队。面容粗粝、留着两撇呆板的小胡子的威廉姆斯在得克萨斯州出生，参加过两次世界大战和朝鲜战争，是一位坚韧而务实的指挥官，因在朝鲜战争中将自己团中的一名强奸犯就地正法而得了一个诨号——"绞刑塞姆"。这个绰号跟他的性格也非常相符，作为一个厉行纪律的人，他常常用激烈的言辞斥责下属。

威廉姆斯在1955年来到西贡时，对越南的社会、政治和文化复杂程度一无所知，而且也不怎么打算赶紧了解。不过，他早在朝鲜战争期间就密切关注非常规军事行动，此时也非常热诚地想要学习游击战。他认为，想要获得成功，游击队必须获得相当大比例的平民百姓的支持，同时能取得友好势力提供的补给。在得到此类支持的情况下，得到良好领导的小规模游击队也能成功牵绊住规模大得多的正规军。想要成功获得并保持民众的忠诚，他们需要强调自己动机之纯粹：为了战胜殖民主义，为了抵制腐败，为了制止政府镇压，为了推行改革。威廉姆斯进一步推断，想要击败游击队，在军事力量上更胜一筹还不够；政府官员需要打出一套包括政治、心理、经济、行政和军事的组合拳。威廉姆斯的这段简要的总结在后来被称为"反叛乱"理论，他宣称："最核心的政治和心理使命是赢得民众积极且自觉的支持。"如果无法实现这一点，无法在同时切断游击队从支持者一方获得的补给，就不可能取得长久的胜利。[40]

从威廉姆斯分析的字里行间中，可以看出他的睿智与先见之明，奇怪的是他本人想的是一套，做的又是另外一套。他对关于南越军内部贪污和任人唯亲的所有报道不屑一顾，声称这无非"共产党的宣传"，甚至在看到了强有力的证据，证明一些军官挪用公款、经营卖淫集团、走私毒品、敲诈对其胜利原本至关重要的农民时，他照样视若无睹。[41] 他还基于自己在朝鲜战争中的经历，推断认为南越的游击队威胁并不致命，真正的威胁来自北纬 17 度线以北的正规军大规模进犯。当然，越南民主共和国将运用游击战术，但这只会将防守力量从边境地区吸引开。一旦防守人员落入了撤出边境的圈套，随之而来的将是重拳。威廉姆斯对吴庭艳说，

671

> 　　共产党的游击战术太简单了，通过使用较少数量的武器和装备以及几个不错的军事领导，他们可以迫使［对手］在一场耗费人力和财力的斗争中运用相对更大的军事力量。在 1950 年的朝鲜战争中，韩国人用了三个师，跟东南部不足7000 人的游击队打仗。在朝鲜进攻时，韩国的军队在战略或战术上都不足以抵挡朝鲜的进攻，因此军力被分散了。[42]

　　从该分析出发，威廉姆斯否认现在有必要进行广泛的政治改革，好为政府赢得民众支持铺路，反倒是力促吴庭艳建立自己的正规军队。在这方面吴庭艳当然与之一拍即合。他和威廉姆斯发展出了深厚的纽带关系，两人定期会面，一聊就是好几个小时，不过通常是吴庭艳唱独角戏。"有时将军能插进去谈一点儿重要的观点，"一位美国副手回忆说，"但大部分时候是总统滔滔不绝说个不停，而威廉姆斯将军只是偶尔闲聊几句。"两人围坐在一张小桌前，桌上摆着一套茶具和一盘越南产香烟，后头坐个译员。译员负责点烟，吴庭艳每次抽一两口就搁下，然后换个牌子的烟接着抽。这让译员压力很大，又要忙着记笔记、做翻译，还要将打火机放在手边。[43]

　　威廉姆斯开始行动了。受制于日内瓦协议中美国军事人员

的总人数须控制在 342 人以下的规定，他用了各种托词，将人数上限提高到 692 人，并运用这批人员重组和训练越南共和国军。与此同时，华盛顿政府每年提供价值 8500 万美元的制服、

672 武器、卡车、坦克和直升机，支付南越共和国军官兵的薪水，承担训练项目花销，负担军事设施的修建费用。

一支更加精简的新南越军队渐渐成型，总人数为 15 万，以机动师的形式组成。不过问题仍然摆在那里。这支军队严重缺乏军官，而且很多高级军官资质平平，这部分是由于吴庭艳习惯根据一个人的忠诚度而非才干来任命要员大将；同时，军中也缺乏受过训练的专业人才，比如工兵和炮兵，而且人们始终担心参战军队的后勤保障问题。"一旦面临有组织的全面游击队进攻和越盟派系'谋划'的叛乱行动，自由越南相对广泛的、未被开发的地区的控制权将有可能落入越盟手中，" 1956 年参谋长联席会议在一份令人警醒的评估报告中如此总结道。此外，参谋长们还预测说，如果遭遇来自北纬 17 度线以北的常规进攻，南越共和国军可能仅能坚守 60 天。[44]

说到这一点，那么吴庭艳的军队能够展示出与敌军誓死一战的斗志吗？在法国人统治之下的越南国民军始终存在士气低落的问题，即使是在停火两年后这个问题也依然挥之不去。几乎没有哪位美方顾问通晓法语，更没有人懂得最基本的越南语，而南越偏偏没有足够的口译等翻译人员，因此双方间存在着极其严重的语言壁垒。让问题雪上加霜的是，大部分美国的军事术语和表述并没有被翻译成对应的越南语。双方发生误解是司空见惯的事情，这让人们的沮丧之情日甚。更让美国分析人士警惕的是，很多越南军人不明白美国作为一个强大的西方白人国家，为什么要这么热心地来帮助和领导自己。"军事援

助顾问团面临的最严峻问题或许就是要反复向越南人担保说，美国并不是殖民国家——每次一位新顾问上任，这句话就要老生常谈地再强调一遍，"一位官员在当时这样写道。[45]

当然，随着时间推移，这些复杂的问题都可以解决，而南越军队也将成为一支按照美国规划建立起来的职业的、敬业的而且训练有素的军队，有能力击退任何危及吴庭艳统治的行动。至少美国军事援助顾问团的军官们是这样告诉自己的。他们在向华盛顿发去的报告中通常描绘出了一幅乐观的图景，指出军事训练任务进展迅速，再次发生大规模冲突的可能性非常小。这些消息很受艾森豪威尔和杜勒斯的欢迎，尤其考虑到此时其他海外政策议题开始浮出水面。1956 年秋，随着苏伊士运河危机和第二次阿拉伯－以色列战争爆发，中东四分五裂，也导致美国与其英法盟友发生严重摩擦。与此同时，在前一年巩固了后斯大林时代苏联领导权的赫鲁晓夫派出了红军部队，无情地镇压了匈牙利的反苏起义。艾森豪威尔在匈牙利问题上选择采取克制政策，但这两起危机，外加非洲局势日渐紧张，使得他情愿在越南事务上稍稍缓一口气。

在此时，吴庭艳正兴高采烈地准备访问美国。自他上一次去美国，一晃已经四年过去了。当时他只是一个寂寂无闻的流亡者，在大学校园里跟一小群观众演讲，与一批他自认为在今后的什么时候能派得上用场的社会名人攀交情。吴庭艳知道，这一次接待他的规格将完全不同；这一次，他将被视为凯旋的英雄、美国忠诚的盟友，作为自由越南无畏且明智的领袖，他立场坚定地阻挡着赤色国家的进犯。他和其他所有人都不知道，这将是他最后一次踏上美国的国土，而此次访问也标志着南越与美国长期而复杂的关系已发展到最高点。

注释

1. 引自 Philippe Devillers, "The Struggle for the Unification of Vietnam," *China Quarterly* 9 (January-March 1962): 8。

2. Bernard B. Fall, *The Two Viet-Nams: A Political and Military Analysis* (New York: Praeger, 1964), 319 – 20.

3. Chester L. Cooper, *The Lost Crusade: America in Vietnam* (New York: Dodd, Mead, 1970), 148.

4. O'Neill to Macmillan, "Elections in Vietnam," November 1, 1955, FO 371/106778, TNA.

5. J. E. Cable, "Elections in Vietnam," January 11, 1955, FO 371/117115, TNA.

6. U. S. Policy on All-Vietnam Elections, NSC report, May 17, 1955, *FRUS, 1955 – 1957, Vietnam*, I: 410 – 12.

7. John Prados, *Vietnam: The History of an Unwinnable War, 1945 – 1975* (Lawrence: University Press of Kansas, 2009), 51.

8. Mari Olsen, *Soviet-Vietnam Relations and the Role of China, 1949 – 1964: Changing Alliances* (London: Routledge, 2006), chap. 4.

9. Ilya V. Gaiduk, *Confronting Vietnam: Soviet Policy Toward the Indochina Conflict, 1954 – 1963* (Stanford, Calif.: Stanford University Press, 2003), 61.

10. Military History Institute of Vietnam, *Victory in Vietnam: The Official History of the People's Army of Vietnam, 1954 – 1975*, trans. Merle Pribbenow (Lawrence: University Press of Kansas, 2002), 18.

11. 胡志明的话引自 William J. Duiker, *Ho Chi Minh: A Life* (New York: Hyperion, 2000), 474。

12. Seth Jacobs, *Cold War Mandarin: Ngo Dinh Diem and the Origins of America's War in Vietnam, 1950 – 1963* (Lanham, Md.: Rowman & Littlefield, 2006), 89 – 90.

13. Jessica M. Chapman, "Staging Democracy: South Vietnam's 1955 Referendum to Depose Bao Dai," *Diplomatic History* 30, no. 4 (September 2006): 671 – 703.

14. Cooper, *Lost Crusade*, 151 – 52.

15. Seth Jacobs, *America's Miracle Man in Vietnam: Ngo Dinh Diem, Religion, Race, and U. S. Intervention in Southeast Asia, 1950 – 1957* (Durham, N. C.: Duke University Press, 2005), 37.

16. Edward Miller, "The Diplomacy of Personalism: Civilization, Culture, and the Cold War in the Foreign Policy of Ngo Dinh Diem," in Christopher E. Goscha and Christian F. Ostermann, eds., *Connecting Histories: Decolonization and the Cold War in Southeast Asia, 1945 – 1962* (Washington, D. C.: Woodrow Wilson Center Press, 2009), 376 – 402; Philip E. Catton, *Diem's Final Failure: Prelude to America's War in Vietnam* (Lawrence: University Press of Kansas, 2002), 44.

17. Neil Sheehan, *A Bright Shining Lie: John Paul Vann and America in Vietnam* (New York: Random House, 1988), 138. 另见爱德华·兰斯代尔采访, 1979 年, WGBH Vietnam Collection, http://openvault. wgbh. org/catalog/org. wgbh. mla: Vietnam (最后访问日期: 2010 年 11 月 22 日)。下书为兰斯代尔在 1954 ~ 1955 年所发挥的作用提供了很有洞察力的分析: Larry Berman, *Perfect Spy: The Incredible Double Life of Pham Xuan An* (New York: Smithsonian Books, 2007), 70 – 81。

18. Howard R. Simpson, *Tiger in the Barbed Wire: An American in Vietnam, 1952 – 1991* (Washington, D. C.: Brassey's, 1992), 172. 另见 Frances FitzGerald, *Fire in the Lake: The Vietnamese and the Americans in Vietnam* (Boston: Little, Brown, 1972), 98。

19. Joseph G. Morgan, *The Vietnam Lobby: The American Friends of Vietnam, 1955 – 1975* (Chapel Hill: University of North Carolina Press, 1997).

20. 关于现代化和战后美国的外交政策, 参见例如 Michael E. Latham, *The Right Kind of Revolution: Modernization, Development, and U. S. Foreign Policy from the Cold War to the*

Present（Ithaca，N. Y.：Cornell University Press，2011）；David Ekbladh，*The Great American Mission：Modernization and the Construction of an American World Order*（Princeton，N. J.：Princeton University Press，2009）；Nils Gilman，*Mandarins of the Future：Modernization Theory in Cold War America*（Baltimore：Johns Hopkins University Press，2004）。

21. Jonathan Nashel，*Edward Lansdale's Cold War*（Amherst：University of Massachusetts Press，2005），54.

22. Ibid. ，137.

23. 《泰晤士报文学增刊》，1955 年 12 月 9 日；《曼彻斯特卫报》，1955 年 12 月 6 日。其他书评引自 Norman Sherry，*The Life of Graham Greene*，*vol. 2：1939 – 1955*（New York：Viking，1995），472。

24. A. J. Liebling，"A Talkative Something-or-Other，"《纽约客》，1956 年 4 月 7 日，重印于 John Clark Pratt，ed. ，*The Quiet American：Text and Criticism*（NewYork：Penguin，1996），347 – 55。有趣的是，《新闻周刊》的这篇书评是在 1956 年 1 月 2 日刊出的，比该书在美国面市早了三个月。

25. Graham Greene，*The Quiet American*（New York：Viking，1956），156.

26. Ibid，87.

27. Richard West，"Graham Greene and 'The Quiet American'，"《纽约书评》，1991 年 5 月 16 日。下面这篇学术研究文章将小说置于美国后续行动的上下文中：Stephen J. Whitfield，"Limited Engagement：*The Quiet American* as History，" *Journal of American Studies* 30（1996）：65 – 86。

28. 见 Pico Iyer，"The Disquieting Resonance of 'The Quiet American，' " NPR *All Things Considered*，April 21，2008，http：//www. npr. org/templates/story/story. php？ storyId = 89542461（最后访问日期：2010 年 11 月 7 日）。

29. 格雷厄姆·格林，"Last Act in Indo-China，"《新共和》，1954 年 5 月 9 日，1954 年 5 月 16 日。

30. 莱茵哈特的话引自 David L. Anderson，*Trapped by Success：The Eisenhower Administrationand Vietnam，1953 – 1961*（New York：Columbia University Press，1991），133。另见 FitzGerald，*Fire*

in the Lake，112 – 13。

31. Jacobs，*Cold War Mandarin*，102；Morgan，*Vietnam Lobby*。

32. Robert E. Herzstein，*Henry R. Luce*，*Time*，*and the American Crusade in Asia*（New York：Cambridge University Press，2005），204 – 5.

33. *Pentagon Papers. United States-Vietnam Relations*，*1945 – 1967*：*Study Prepared by the Department of Defense*（Washington，D. C.：Government Printing Office，1971），2：part IV，A. 5，tab 1，31. 另见 Jacobs，*America's Miracle Man*，241 – 45。

34. 摩根索的话引自 Morgan，*Vietnam Lobby*，41。

35. 关于杜利，下面这本传记非常出色：James T. Fisher，*Dr. America*：*The Lives of Thomas A. Dooley*，*1927 – 1961*（Amherst：University of Massachusetts Press，1997）。

36. Ibid. ，chap. 3；Jacobs，*America's Miracle Man*，chap. 4；兰斯代尔采访，WGBH。

37. 引自 Jacobs，*Cold War Mandarin*，49。

38. Jacobs，*Cold War Mandarin*，50. 另见丹尼尔·雷德蒙德（Daniel Redmond）访谈内容，他在越南时曾是杜利的下属，见 Christian G. Appy，*Patriots*：*The Vietnam War Remembered from All Sides*（New York：Viking，2003），42 – 44。

39. David L. Anderson，*Trapped by Success*，133.

40. James R. Arnold，*The First Domino*：*Eisenhower*，*the Military*，*and America's Intervention in Vietnam*（New York：William Morrow，1991），306.

41. 见 Ronald H. Spector，*Advice and Support*：*The Early Years of the U. S. Army in Vietnam*，*1941 – 1960*（Washington，D. C.：Center for Military History，1985），278 – 82。

42. 引自 Spector，*Advice and Support*，274。

43. Ibid. ，275 – 76.

44. Defense Information Relating to the U. S. Aid Program in Vietnam，April 13，1956，in *FRUS*，*1955 – 1957*，*Vietnam*，I：673. 下面这本书是一本有关南越共和国军深具洞察力的历史书籍：Robert K. Brigham，*ARVN*：*Life and Death in the South Vietnamese Army*（Lawrence：University Press of Kansas，2006）。

45. Arnold，*First Domino*，318 – 19.

第二十七章　分崩离析

一

　　这次访问差点未能成行。1957 年 2 月 22 日，正当吴庭艳来到位于中央高地的邦美蜀（Ban Me Thuot）的一处露天广场准备发表演讲时，传来一声枪响。南越负责土改事务的部长杜文恭（Do Van Cung）捂着汩汩流血的身体一侧和左臂应声倒地。"他们击中我了，"他喘着气说。向来处变不惊的吴庭艳镇静地弯下腰查看同事伤情，尽管他确信这一枪是冲着自己来的，而且他当时并不知道杀手的半自动手枪卡了壳（杀手在匆忙间上膛，结果没有完全将子弹推入膛室），再不可能开第二枪。接着吴庭艳站起身来，望着集合的人群，一份报纸这样形容道，"他的目光锐利而深邃，态度坚定得不可思议"。几分钟后，在刺客被警方拖走后，吴庭艳开始发表准备好的演讲："亲爱的爱国同胞们……"[1]

　　此次谋杀未遂是对即将发生的事情的象征，是不祥之兆，可是待到 5 月 8 日吴庭艳的飞机降落在华盛顿国家机场时，已经没有多少人记得这件事了。接机的高官和记者们满怀期待。对于此次国事访问，白宫可谓不遗余力，甚至将艾森豪威尔总统的专机"子柱花三号"调配给吴庭艳使用。官方鼓励记者尽可能大篇幅地报道此次行程，他们对未来几日设置的行程规格之高，恐怕会让不少国家领导人暗自嫉妒。除了国宴，还安排了吴庭艳对国会两院联席会议发表演讲，对美国国家记者俱

乐部发表讲话，与艾森豪威尔、国务卿杜勒斯和副总统尼克松　675
共赴私人晚宴，同时在纽约百老汇举行一场彩带大游行。吴庭
艳本人也做了一次东，在南越大使馆举行了一场招待艾森豪威
尔总统的正式宴会。

**1957 年 5 月 8 日，在吴庭艳到达华盛顿国家机场不久后，
艾森豪威尔陪伴他离开。**

　　恐怕最能说明问题的例证还在于，在恍若盛夏的这一天，
艾森豪威尔忍受着湿热的天气亲自来机场迎接吴庭艳，在此之
前他只对一位来访的国家元首做出过同样的举动。"在您身上
体现了最崇高的爱国主义精神，"在陪同吴庭艳走过长长的仪
仗队，登上一个临时搭建的新闻发布会讲台时，艾森豪威尔对
这位南越总统说。穿着厚厚的双排扣深色西服一个劲儿冒汗的
吴庭艳对艾森豪威尔的恭维一笑置之，他告诉对方，是他的人
民的勇气，以及"您本人对我的国家的信任"，"才造就了越

南奇迹"。之后两人合影留念，接着坐进了一辆豪华轿车的后座，途经林肯纪念堂进入华盛顿市区。人群聚集在街头巷尾，随着车队离白宫越来越近，围观的人也越来越多。当两位总统经过时，军乐队奏响军乐曲，一支穿着苏格兰裙的风笛队也进行了表演。

676　　《纽约时报》记者拉塞尔·贝克（Russell Baker）简要地概括了华盛顿官方对此行的期盼："此行的主要目的是向吴总统展示政府对他本人和他此前作为的青睐程度。"[2]

　　记者们尽其所能助力，在赞美这位"创造奇迹的男人"充满远见卓识的领导力和坚若磐石的意志时，他们所使用的语言一个比一个华丽。美国越南之友社向超过100名出版人和编辑发去电报，敦促其在报道中务必描述吴庭艳受到了"最热情的欢迎"，得到了"正面的媒体评价"。[3]《纽约时报》赞美吴庭艳是"亚洲的救星，一个不屈不挠的人，一个意志坚定的人……他将自己的一生，整整一生，奉献给他的国家和他的上帝"。在《圣彼得斯堡时报》（St. Petersburg Times）的报道中，他是"民族主义领导人的典范，在英勇对抗着外部的赤潮和内部的反攻"。《（华盛顿）晚星报》（［Washington］Evening Star）以"欢迎战士"为题，赞许吴庭艳是"英勇而卓有成效的斗士"；而《波士顿环球报》赞美他是"越南铁汉"。《华盛顿邮报》承认美国"庞大的援助"对南越成功有所助益，不过还是认为它的成功主要缘于"这位非凡人物的决心与资源"。《星期六晚邮报》（Saturday Evening Post）也不甘示弱，别出心裁地夸奖吴庭艳是"穿着鲨鱼皮衣服的官员，让赤色分子完全乱了阵仗"。[4]

　　甚至连压根儿没有想到这位南越领导人能在位如此之久的

怀疑论者现在也开始改弦更张了，一位风趣的作者评价道："我一直认为，按照'per diem'① 的说法，吴庭艳只能支撑一天。"[5]

美国人的民族优越感在这些报道中无处不在，它们的重点在于强调吴庭艳热切的乐观精神，他对自由的热爱，他的西式穿着，而重中之重莫过于他的信仰。政府的新闻稿着重指出吴庭艳是个"极其虔诚的宗教徒"。假如吴庭艳跟绝大多数越南人一样信奉佛教——在20世纪中叶美国人对此几乎一无所知——官方还会强调这一点吗？恐怕不会。对于美国的政策规划者来说，吴庭艳笃信天主教的事实虽然在1954年受到保大任命时无足轻重，但在此时，在隆重向美国人介绍他的这次行程中，却极其有意义。

事实证明，吴庭艳在利用美方官员的情绪方面是把好手，在公开场合，他将谦卑、感激和决心这三种态度拿捏得恰到好处。他在国会发表的英语演讲虽然口音很重，但反响十分热烈，议员们不断用掌声打断他的发言。他一次次地感谢美国慷慨地提供"道义和物资援助"，称没有这些援助南越将不可能"克服战争和日内瓦协议带来的混乱。……无论重复多少次越南人民对美国援助的感激之情都不为过"。接着他又警告称：如果援助项目遭到削减甚至放弃，共产党人将立刻乘虚而入。

在闭门会议里，吴庭艳请求美国进一步提高援助水平，尽管美国官员们没有上钩——他们告诉他，国会想的是缩减海外援助开支，而不是进一步加大——但他们向这位客人保证，美

① 拉丁语，意为每日（per day），指公司按日给予员工津贴，diem也是吴庭艳的名字。

国对其政府的承诺不会动摇。在吴庭艳到达美国的第二天晚上，艾森豪威尔在餐后致酒辞中赞美对方抵御共产党任何攻击的能力，将此归功于他深刻地领悟到了"道德价值和人格尊严对于人们来说有多重要"。在吴庭艳激励人心的领导下，南越已经成为一个国际象征，证明一个小国能在抗击外来侵略时做出多大的努力。最后，艾森豪威尔举起酒杯，向吴总统、越南人民和"我们两国间伟大且持久的友谊"致敬。[6]

接着，吴庭艳在纽约逗留了两天，行程安排得极为紧凑。在从百老汇下区到市政厅的路上，竟然有大约 25 万民众聚集在两侧，挥舞着小旗子，向他的车队抛撒五彩纸屑，这让吴庭艳又惊又喜。[7]纽约市市长罗伯特·瓦格纳（Robert Wagner）向吴庭艳颁发了该市荣誉勋章，并郑重预言：历史将做出公正的评判，吴总统将成为 20 世纪最伟大的领袖之一。5 月 13 日当晚，美国越南之友社和国际救援委员会（International Rescue Committee，IRC）在国宾饭店举行晚宴迎接吴庭艳。亨利·卢斯主持活动，斯佩尔曼主教带领大家做了祷告，与会嘉宾还包括约翰·D. 洛克菲勒（John D. Rockefeller）、埃莉诺·罗斯福、约翰·F. 肯尼迪和迈克·曼斯菲尔德参议员，以及小威廉·兰道夫·赫斯特。"'朋友'一词是我今晚讲话的主题，"在晚宴过后，吴庭艳动情地对嘉宾们表示，"自从我来到贵国后，只要翻看报纸就会发现，现在美国的所有人都是越南的朋友。"[8]似乎恰恰是为了证明这一点，国际救援委员会主席利奥·彻恩（Leo Cherne）适时宣读了一份艾森豪威尔总统发来的电报，赞扬吴庭艳展现出了"英雄主义和政治才能的最高水准"。[9]

然后吴庭艳从纽约启程飞往密歇根州，之后是田纳西州和洛杉矶，最后一站是火奴鲁鲁，所到之处无不是一片赞颂之声。5 月 19 日在他登机回国时，人们得出了一个共同的结论：此次美国之行大获成功，是一次外交上的重大胜利。无论是从实际上还是象征意义上，美国人都为吴庭艳铺起了红地毯，而且在他刚刚到达该国首都后，艾森豪威尔就盛赞吴庭艳的领导力，宣布他是"各地仇恨暴君、热爱自由的人民的典范"，为此次访问奠定了基调。谄媚的媒体小心翼翼地避免对吴的独裁统治做出任何批评，而吴庭艳以前所未有的方式向世人证明，自己获得了地球上最强大的国家的全力支持。

接收到这个信号的不只是国际社会，中美洲亦然。正是从这个意义上来说，1957 年 5 月的这十一天才具有如此重大的历史意义。由于吴庭艳的此次访问以及媒体铺天盖地的恭维，美国对越南的承诺以从未有过的方式被个人化了——正如俗话所说的，在美国社会，"个人的即政治的"。由人数寥寥的精英人士所做出的冷战政治承诺发展成美国公开的承诺，继而予以强化和深入——然而在当时，人们对此只有依稀的认识。在民众心目中，作为无畏的斗士、西装革履的虔诚基督徒、在亚洲创造奇迹的人，吴庭艳借助美国无私的帮助击退了共产党，而此次访问使得民众心目中这种沾沾自喜的想法得以具体成形。无论是抛彩带游行仪式和参众两院联席会议演讲，还是美国总统站在正午的骄阳下，在机场停机坪前耐心地等待着客人的飞机着陆，都在强化着人们的认识。

二

也就是在同一时期，关于南越问题也出现了一种远为冷静的说法，考虑到围绕吴庭艳访美所出现的全民欣快症和盲目的

679　自大，这一点颇具讽刺意味。一些坚持这种观点的人仍然可以找到长期乐观的原因；而另一些人则发现，他们向隧道里窥探得愈是深入，所见之处就愈黑暗。吴庭艳的镇压管制尤其令人忧虑。"今日的南越已经成为准警察国家，其特点是随意逮捕和监禁、厉行报刊审查，同时缺乏实际的在野党。当局运用此类政治和心理战策略，以及包含大量军事行动在内的平定运动，以弹压地下组织，"1957 年 1 月，一位分析人士在《外交》（Foreign Affairs）杂志中如此写道。尽管这类镇压活动理论上对准的是共产党人，但在实践中它事实上针对的是任何胆敢挑战现政府的人，而不论其政治派系。[10]

　　甚至连在其他方面坚定支持吴庭艳的《生活》杂志也意识到有必要点明事实，在西贡领导人抵达华盛顿前夜被摆上报摊的一期杂志中出现了这样的段落："尽管到目前为止，吴庭艳和越南在复苏与发展中取得了奇迹般的成就，但仍有相当多的问题亟待解决。……南越尽管摆出了选举和立宪的架势，但在很多方面仍然堪称警察国家，与北越如出一辙，而且外界恐怕很容易将吴庭艳当成又一位独裁者。"[11]

　　这个政府越来越像是一个封闭狭隘的王室寡头政体，其实权掌握在吴庭艳和他的兄弟们之手——吴廷瑾（Ngo Dinh Can）镇守顺化，是越南中部事实上的军阀；吴廷俶（Ngo Dinh Thuc）是顺化总主教和越南主教；而权力最为吃重的吴廷瑈是总统主要的政治顾问，与举止优雅、珠光宝气的妻子陈丽春一起，在总统府中获得了越来越大的影响力。这个家族实施统治的主要工具是自己的秘密政党组织人民劳动革命党，主要由天主教徒组成的党员们把持了政府机构、军官团和警察局的要职。

新任美国驻西贡大使埃尔布里奇·德布罗（Elbridge
Durbrow）——一位矮墩墩的职业外交官——在还未上任时，
就已经对这种集权统治和吴庭艳貌似将镇压一切政治对手的决
心表达了顾虑。在吴庭艳出发前往美国的一周前，德布罗向国
务院警告称，西贡领导人"日益听不进任何反对意见"，而且
他始终"倚重一个包括家人在内的小圈子作为政治顾问"。德
布罗进一步指出，吴庭艳或许是南方不可辩驳的领导人，但他
缺乏广泛的群众支持，因为他的固执与轻易诉诸镇压手段的态
度疏远了相当一大批人。德布罗如此冷峻的评价显然部分源自
他与中情局驻西贡官员的交流，该情报机构已经对吴庭艳领导
素质匮乏，同时又无法安排有才干、有上进心的人进入他的政
府彻底失望了。[12]

680

甚至连美国越南之友社的一些成员在这年春天也开始后悔
自己当初轻信了吴庭艳。美国社会党领袖诺曼·托马斯宣布退
出该机构，他在给迈克·曼斯菲尔德的信中表示，美国应当积
极支持"反抗法西斯主义和共产主义镇压"的民主主义。更
为引人注目的人物则是越南之友社的联合创始人约瑟夫·布廷
格，他开始对西贡监狱里关押了大批政治犯一事感到不安，而
这其中大部分都是非共产主义的民族主义人士。让布廷格感到
忧虑的是，吴庭艳不仅不理睬要求释放政治犯的恳求，而且在
访美期间，他在这个问题上对美国媒体说了谎。[13]

不过，布廷格还没打算现在就放弃自己的事业，而美国越
南之友社作为一个团体，在未来几个月间依然处处维护吴庭艳
和美国对他的承诺。该组织的领导人指出，相比亚洲和非洲众
多前殖民地区域的混乱，南越眼下是稳定的样板；此外，它的
国家建设一路凯歌，而商业进口计划也依然在通过抑制通胀，

确保民众可以购买到数目可观的消费品。美国越南之友社还指出，现在已经有 1500 名美国专家来到南越，提供从农业技术到交通管理的各类专业建议，尤其是密歇根州立大学集团（Michigan State University Group）——领队韦斯利·菲谢尔本人也是美国越南之友社成员——带来了众多专业学者，就教育、执法和人事管理等问题指导南越。[14] 机构发言人表示，其中最重要的一点在于，美国和南越官员看来在例如土地改革和乡村移民安置等重大议题上合作融洽。

美国越南之友社还竭尽所能宣传好莱坞翻拍的《文静的美国人》。这部电影与原著相比，被做了彻底的改编，将派尔刻画成一个彻彻底底的美国好人，而福勒则是一个上当受骗的共产党人，纯粹是因为嫉妒背叛了派尔。在小说中，派尔是为经济使团工作，而在电影中他的东家是听起来更高尚的"自由亚洲之友社"。他也不再如书中所说的那样出生于新英格兰上流阶层、毕业于哈佛，而是朴素的得克萨斯人，念的普林斯顿大学。此外，在格林的书中，派尔支持的第三势力领导人郑明世需要为广场爆炸案负责，而在电影中，责任都归于共产党人身上。

这部技法娴熟的电影由约瑟夫·L. 曼凯维奇执导，在西贡取景。除了上述变化，在其他方面电影十分贴近原著的情节和对话，不过这对格雷厄姆·格林来说很难算是安慰。在得知电影对原著的改编后，他表达了自己的轻蔑。在给《泰晤士报》主编的信件中他这样写道："如果你的记者描述的电影改编属实，那么，这无非是使得国务院想让世人相信的东西，与越南实际发生的事情之间的区别更加明显了。果真如此，我可以想见，它不仅仅会给巴黎某些欢乐的夜晚带来欢笑，也会让西贡的影院里爆发阵阵笑声。"在他的回忆录《逃避之路》中，格林称电影为"后来约瑟夫·曼凯维奇的篡改"。而在另一篇文章中他写道，"这本书是基于远甚于美国［剧作家］对印度支那的深入了解而写成的，我虚荣地相信相比曼凯维奇先生那部不合逻辑的电影，这本书可以多流传于世几年。"[15]

身为该片顾问的爱德华·兰斯代尔的观点则恰恰相反，在给吴庭艳的信中，他赞扬电影对格林"充斥着绝望的小说"所做的改编，表示"我现在认为，您会非常欣喜地看到观众们的反响"。1957 年 10 月，兰斯代尔邀请了"事实上与心理、政治和安保事务相关的美国所有政府部门、机构和公职人员"代表参加了华盛顿的电影试映会；在给美国越南之友社主席的信中他写道："他们看来都跟我一样享受这部影片。"[16]

1958 年 1 月 22 日，由美国越南之友社赞助的电影"全球首映式"在华盛顿演艺剧场（Playhouse Theater）举行，嘉宾包括了曼斯菲尔德参议员、联邦最高法院法官威廉·O. 道格拉斯和 J. 劳顿·科林斯。"历史在某种程度上否定了格雷厄姆·格林著作中的故事，而在我们看来，这部电影通过将 1954 年（原文如此）这个动荡不安的时期置于一个更加精确的历史维度中，起到了澄清事实的作用，"美国越南之友社的新闻通稿这样写道，

該片对美国在帮助越南人争取国家独立的进程中所扮演的建设性的角色予以了恰当的肯定。格林先生的著作是在自由越南获得生存这事实得以清楚呈现之前写成的，它否认了在共产主义和殖民主义之间出现第三种选择的可能性。而奠边府之后的记录已经清晰表明——第三势力，

682

由越南人领导越南，这已经成为现实。因此，该片在尝试
厘清历史方面起到了极为重要的作用。[17]

<h1 style="text-align:center">三</h1>

美国越南之友社的判断为时过早。表象是会欺骗人的。西
贡储备丰富的商店货架和街头边锃亮的新摩托车掩盖了美国援
助项目的程度，尽管这种援助确实是必要的，但它未能催生出
一个假以时日可以自行发展的南越经济体。在 1957 财年，美
国援助支撑了南越军队的全部费用和政府其他所有开销中的近
80%，提供了近九成的进口商品。[18]经济援助在制造中产阶级
繁荣的假象的同时，也培育了南越的从属关系：一小群越南人
从中受益，而绝大多数人完全没有得到任何好处，即使有也非
常有限。市场上尽管各色日用消费品琳琅满目，但由于进口商
没钱支付，只能任由大批货物在码头上腐烂。美国一批政治学
者所做的一项研究发现，南越已经"成为永久的乞丐"，需要
彻底依靠外界的扶持，并指出"美国援助建立起来的是一座
沙堡"。[19]

在有 75% ~ 80% 南越人居住的农村，吴庭艳未能争取到
广泛的民众支持。用历史学家菲利普·E.卡顿（Philip E.
Catton）的话来说，很多地方官员实行的是"事实上的恐怖统
治"。他们靠行贿和勒索中饱私囊，将所有胆敢"犯上作乱"
683　的人一视同仁，当成是对社群的安定和福祉造成的切实威胁。
"如果有人胆敢抵抗当局，当地官员往往会进一步施加压力，
这就使得政府与乡民之间的关系出现了恶性循环，"卡顿如此
写道。[20]

在土改问题上，吴庭艳拒不听从沃尔夫·拉德金斯基（Wolf Ladejinsky）等美国专家的建议，后者是一位生于乌克兰的经济学家，曾经在日本和台湾地区的土地再分配项目中有过成功经验，他鼓励西贡领导人的步子迈得更大点儿。然而，吴庭艳准许每位地主保留最高可达 100 公顷的稻田，另可有15 公顷土地用于墓园和祭祀。在一个土地如此肥沃的地区，这个面积委实惊人，它比在日本和台湾地区允许地主拥有的土地多了 10 倍，这就意味着能够再分配的土地十分有限。精明的地主们甚至通过将自己的一些土地转让给亲戚的方式绕过这些上限。而在其他很多时候，地方官员要么缺乏强制执行的意愿，要么因为繁文缛节，他们的努力迟迟无法落实。让问题雪上加霜的是，在抗击法国人的战争中越盟已经将一些土地免费发放给了农民，而现在按照吴庭艳的规定，这些农民又需要缴纳地租，这导致人们的仇恨之情日甚。[21]

吴庭艳倾向于疏远最需要团结的群体，这是他作为领导人最大的不利因素。他已经创建了一个相当稳定的南越，但为了达到目的，他采取了极为严苛的手段，这些手段虽然暂时挫败了当地共产主义活动人士的野心，但最终因为煽动了民众对政府的仇恨而促成他们实现自己的目标。警方肆意甚至是反复无常地进行抓捕活动，这激怒了很多城市的精英人群，他们发现很多原本可以自由发表意见的渠道已经被当局蛮横地关闭了。编辑方针或报道内容无法取悦吴庭艳及其兄弟的报纸遭到打压成了常有的事情，而吴廷瑈领导的越南调查局（Vietnam Bureau of Investigation）所采取的反颠覆手段之冷酷无情，恐怕会让联邦调查局局长 J. 埃德加·胡佛（J. Edgar Hoover）都望而生畏。很多知识分子对秘密的人民劳动革命党无所不在

且与日俱增的影响力大感悲愤，该党绝大多数成员是天主教
684　徒，触角已经伸向了南越政治生活的方方面面。他们把持着行
政机构、军队、国民议会、司法、警察和工会的所有关键职
位，并往往通过政治和经济勒索的方式暗中施加影响。

出现反扑的条件已经成熟，不出所料，它确实发生了。
1957 年下半年，不屈不挠的共产党干部和其他受政府压制的
受害者所采取的反政府行动数量显著增长。比方说 7 月 17 日，
一支全副武装的队伍在朱笃市（Chau Doc）的一间酒吧里枪
击了 17 名客人。9 月 14 日，光天化日之下，美获市市长及其
家人在公路上被人阻截并遭到残忍的杀害。10 月 10 日，西贡
一家咖啡馆被人掷入炸弹，导致包括两名便衣警察在内的 13
人受伤。10 月 22 日，13 名美国军事人员在三起袭击事件中受
伤，事件本身并无联系，但目标针对的都是西贡的美方军事设
施。[22]

一场全新的叛乱开始了，这导致吴庭艳的镇压手段进一步
升级，不过在当时并没有几个外国人意识到了这种变化。[23]其
中一个确实意识到这一点的是伯纳德·福尔，自从 1954 年法
国战败后，他进一步巩固了自己印度支那事务美国权威专家的
地位。随着时间进入 1957 年，福尔在美国的家中越发坐立不
安。他渴望回到令他神魂颠倒、魂牵梦绕的越南，他的妻子桃
乐茜（Dorothy）形容越南是他的"情人"，而他则称这个地方
给了他"一场糟糕的恋情"。这年春天，尽管桃乐茜正怀着他
们的第一个孩子，但福尔还是想办法找南越驻华盛顿大使馆发
了份邀请函，使他得以在这个国家度过了三个月，以进一步观
察自 1954 年分割以来这里出现的动向。[24]

他在 1957 年 6 月到达南越。"我一直看着路边，战时这里

常常要警惕地进行大面积的排查工作，"在较早给桃乐茜的信中他写道，"但现在目力所及之处，除了一头冷不丁从灌木丛中冒出来的水牛，再也没有什么危险了。〔法军的〕瞭望塔如今空空如也，显现出历经战争磨难的沧桑之色，周围的拾荒人想用拆下来的砖块盖房子。这个国家终于获得了和平……可是，能维持多久呢？"

随着福尔的访问深入进行，这个问题显得更加紧迫。在拿美国跟法国相比时，他更看好美国（"他们想尽快回家，"他这样描述美国人，"他们不是殖民主义者"），然而当他前往乡间与来自各个阶层的人交流时，心情也越来越低落。在与弗朗索瓦·苏利（François Sully）交流后，他的心中更是警铃大作，后者是二战时期法国抵抗运动中的一员老将，曾先后为《时代周刊》和《新闻周刊》撰稿，后来因为对吴庭艳政权所做的报道过于负面而被驱逐出境。尽管政府官员向福尔打保票说，南越很稳定，安保局势尽在掌握中，但他的发现恰恰相反。他惊异地发现在南越报纸刊登的讣闻中，村长的死亡率高得离谱（由于村长是政府与 90% 的民众之间的桥梁，因此在越南是至关重要的角色）。进一步挖下去，他确认在一年里死了 452 名村干部，换句话说，一天死不止一个。随后他绘制了两幅地图，一幅显示的是村干部的死亡地点，另一幅显示了同一时期游击队的活动方位。结果呈现出明显的相关系。福尔观察发现，西贡周边的乡村里，村干部纷纷遭到暗杀，取而代之的是共产党的人。

在福尔看来，这个发现极其有意义。暗杀事件并非随机，而是遵照一定的模式。被害人都是村长，他们原本就是地主，也不怎么受村民喜爱。刺杀能产生双重效果，一方面暗杀者能成为当地百姓眼中的罗宾汉，另一方面也能向村中其他显贵起到杀一儆百的作用。如果西贡方面指定一位新的代理村长，很有可能没过多久他的后背也会被弯刀砍中，或者脑袋里嵌了一颗子弹。那么，在村长人选中排在第三位的人该做何反应呢？福尔总结说：很简单，除非这位老兄想壮烈牺牲，否则他肯定会偷偷地表示效忠越盟的革命。于是，这座小村庄投奔共产党而去。外人看不出一丝一毫变化，村子的日常生活一切照旧。南越共和国军部队经过村子时仍会受到热情欢迎，但叛乱分子将得到情报、大米，并可使用美国提供的无线电设备。南越共和国军在事实上并未被击败，但已经在管理上被对手压过一筹，而后者的意义更为重大。[25]

　　福尔找到南越内政部部长，对他说："阁下，您在越南有麻烦了，您知道吗？"

　　"是的，我知道。"部长回答说。

　　"那么您告诉吴总统了吗？"

　　"没人能告诉吴总统我们有麻烦了。他相信一切都好着呢。"

686　　"那么美国人知道吗？"

　　部长摇摇头。他认为美国人并不知情。[26]

　　事实上，一些美国人确实知情。在福尔离开越南不久后，德布罗大使撰写了一份 1957 年年终报告，表明吴庭艳"奇迹"越来越接近"奇谈"。南越总统专制的作风和多疑的天性，加上他缺乏远见，全然不在乎扩大自己的支持基础，以及他貌似无法授权于他人，或者分清主次，这一切都昭示着一个不祥的未来。在德布罗分析看来，该政权将全部的精力放在安保上，而不顾南越广大民众的经济与社会需求，这种做法充满风险，同时它轻易通过镇压与威胁来压制反对派，这无异于将社会核心群体越推越远，正中共产党人下怀。德布罗在结论中暗示美国缺乏制衡手段，他这样写道：美国始终没有找到更多办法来更有效地施加影响，这令人扼腕。[27]

德布罗的警告也获得了中央情报局和大使馆陆海空三军武官的应和，但这些言论遭到了军事援助顾问团负责人塞缪尔·威廉姆斯将军的坚决否认。威廉姆斯认为德布罗对西贡政权的态度过于挑剔，而且他不喜欢德布罗这个人。他曾告诉一位副手："相比在一个亚洲国家代表堂堂美国，大使更适合在一家高档女鞋店里当高级销售员。"[28] 德布罗在级别上高于威廉姆斯，但将军不喜欢这一点，并且利用一切可能的时机自己做决定。两人间的会面往往演变成大吵大闹。威廉姆斯完全不支持德布罗关于吴庭艳眼看将要麻烦缠身的说法，他坚称人民支持这位西贡领导人，而且坚定地相信所有威胁都将迎刃而解。

在 1958 年年初，华盛顿很欢迎威廉姆斯的说法，此时艾森豪威尔要面对的是更加迫切的外交政策问题——关于柏林现状显而易见的争端，以及 1957 年 10 月苏联成功发射斯普特尼克人造地球卫星带来的负面影响。此外，1957 年 11 月，毛泽东出访莫斯科看来大获成功，他向学生们夸口说"东风压倒西风"。[29] 相比之下，南越的问题显得没有那么重要了。1958 年 5 月，在吴庭艳访美一周年后，艾森豪威尔向他发来了一份亲切的私人信件，赞美他是"在本地区我方利益的首要拥护者"，并赞颂越南共和国是全球各个自由国家的榜样。[30]

然而，就在总统写下这些话时，从北部的广南省（Quang Nam）和顺化省到极南的金瓯半岛又出现了局势恶化的新迹象。在位于橡胶种植园核心、与柬埔寨毗邻的西宁省，革命领

687

袖开始将当地军队整合为混编部队,以抗击政府军的扫荡。8
月,就在美国大使馆汇报称"中央政府在大量边陲地区已丧
失实际控制"后不久,游击队对西宁省省会发动进攻,并暂
时占领该市。[31]

南越政府对美国势力仍然如此依赖,这对于吴庭艳的声望
也没有什么帮助,事实上反倒加剧了反美情绪。"在众多越南
农民眼中,抵抗法国－保大联合统治的战争永远没有停止;法
国无非是换成了美国,而保大的衣钵则转交给了吴庭艳,"五
角大楼的一份编年史这样形容该时期道。结果就是,当20世
纪50年代晚些时候反抗吴庭艳的运动升级后,"经历了第一
次印度支那战争的民族主义者开始传播听起来不雅的'美－
艳'说法"。而罗伯特·希利亚诺(Robert Scigliano)是这样
描述此时期的:"美－艳关系在农民心目中根深蒂固,连带着
越南政府官员也开始敬畏地谈起了'美－艳'。"[32]

四

南越乡村日渐滋生的不满情绪,以及暴动的相应增多,都
表明河内的党领导有必要做出抉择:是否应该放弃通过和平手
段寻求国家统一的政策?到了这种时候,他们居然还在纠结,
这一点具有极其重大的历史意义——与一系列美国政府和少数
学者后来所称的不同,越南民主共和国的领导层非但没有在
南越发动暴乱,反倒对是否支持这种行为进行了长期而痛苦
的辩论。一些政治局委员强调应该将精力集中于在北越建设
社会主义国家,此外他们也怀疑,考虑到吴庭艳成功镇压了
所有对其统治构成的挑战,一场反抗西贡政府的暴动是否能
取得成功。

688

中国和苏联这两个河内政府的主要盟友对于河内的谨慎态度也起到了一定的作用。中方始终提醒河内政府不要发动直至1954年都从未消停过的大规模战争。1958年夏天，当胡志明前往北戴河拜访毛泽东时，后者警告他说，斗争升级的条件尚未成熟，而且在相当长的时期内都不可行——这可能是10年，甚至也可能是100年。苏联领导层的态度则更加坚定，他们指出千万不要在南越点燃革命的火焰，现在不可以，而且恐怕永远不行。克里姆林宫方面急于避免就越南事务引发新一轮的国际紧张局势，甚至放出风来，表示愿意同时接受北越和南越进入联合国，越南民主共和国的领导人听闻此消息后大发雷霆，但又无计可施。（西方列强担心此举对德国造成的暗示，因此悄无声息地驳回了该提议。）[33]

北越方面也无法回避他们在南部的同志们那日益绝望的恳求，开始渐渐采取更加激进的政策。[34]在这种转变中出现了一个关键人物——黎笋（Le Duan）。黎笋曾是越盟在南部的高层领导，作为政治犯遭到过法方的关押，后被任命为党在河内的代理总书记。身为木匠的儿子，来自广治省的黎笋身材矮小，说话直率，不像很多党领导那样拥有良好的教育背景和精英阶层出身，一些人甚至笑话他的乡下口音和其早年当过列车员的经历。但他悟性极高，而且完全没有自卑感。在1956年中期，他撰写了一篇题为《通向南部革命之路》的短文，鼓动同志们继续把在北部建立社会主义制度作为第一要务的同时，做出更大的努力支持北纬17度以南的革命运动。[35]

1958年晚些时候，黎笋对南部进行了一次秘密巡视。回来后政治局召开了一次特别会议评估局势，并对今后的行动做出决策。黎笋警告说，南部的形势非常可悲。吴庭艳政府

689

的残酷镇压导致革命运动遭到显著削弱。人们处境凄惨。而眼下对西贡政府民情沸反，这意味着推动国家统一的进程中出现了一个绝佳的机会。如果河内没有做出相应的努力，南越人民将自己行动，这样一来越南民主共和国就将被排除在外了。黎笋总结称，解放南部与巩固北部应该处在同等重要的位置上。

黎笋的观点在这次会议上占据上风，不过需要指出的是，1959 年 1 月举行的中央委员会第十五次全体大会在此事上出现了激烈的交锋。年近七旬的胡志明已经不再参与越南民主共和国的日常决策，在大会上他呼吁继续保持克制态度，并强调说，重新回到大规模武力冲突的老路上，会送给美国干预越南事务一个现成的借口，因此南部革命者应当满足于小规模的胜利。全体会议尽管批准了黎笋回归革命斗争、争取在南部取得胜利的呼吁，但最终决议也反映了胡志明的警告。换言之，决议没有明确探讨施加政治和军事压力的相对程度：

> 南越革命发展的基本路线是暴力斗争。在建立了切实的条件，加上现有革命必备条件的基础上，暴力革命的道路是：运用群众的力量，将政治力量作为主导因素，并结合军事力量（所使用的程度取决于形势），致力于推翻帝国主义和封建主义势力的统治，积累人民群众的革命力量。[36]

决议强调，吴庭艳的政策是导致北越政策出现决定性转向的原因："由于敌人矢志血洗革命力量，同时考虑到……南部的革命情绪，有必要在一定程度上通过自卫和武装宣传的方式支持政治斗争。"之后是一段继续承诺克制立场的表态："但是在使用自卫和武装宣传队的过程中，必须充分领会强调政治力量的原则。"[37] 690

这个关键决策被称为河内政府在第二次印度支那战争中开的第一枪，此后，北越政策规划人员采取了一系列步骤扩大在南部的活动。1959 年 3 月，他们要求南部的党领导开始在中央高地设立革命指挥区，这是个少数民族聚居区，在战略上至关重要。几周后，559 大队和 759 大队（之所以这样编号，是因为它们组建的时间分别为 1959 年 5 月和 7 月）宣告成立，目的是增强北越通过老挝以及海路将物资和人员一点点儿地渗透到南部去的能力。他们所选取的陆路是在对法战争期间从丛林中一点一点儿砍出来的，世人称其为"胡志明小道"。第一批干部和物资很快开始被有组织地安排好转运，起初靠骑自行车和步行，在小径拓宽后改用卡车。早期的大部分人员都是"再集结人员"，他们是南部的越盟支持者，日内瓦会议后前往北部接受了训练和教育。现在他们的任务是重返故土，为起义提供一批有经验且忠贞不贰的核心干部。[38]

当时在河内任初级军官的陈文茶（Tran Van Tra）这样解释派出第一批再集结人员的原因。1959 年夏天的一个夜晚，陈文茶惬意地坐在家中，白天的溽热总算退去了一点儿，微风带着些许凉意。他调着收音机，想听听轻音乐，这时他突然听到了一则 BBC 报道，说是湄公河三角洲北部的里兹平原爆发了一个团规模的交火。陈文茶目瞪口呆：难道这场仗真的已经打起来了吗？他立刻确认了一点，想要起义军取胜，就必须予以军事指导，这就意味着应该向南方派出训练团。陈文茶向黎笋说了自己的想法，提议派出 100 人的再集结南方干部。黎笋喜欢这个想法，但表示派出这种规模的军队需要得到政治局批准。"能减少点儿人吗？"他问。"那么 50 人大概也能行。"陈文茶回答。黎笋沉吟片刻。这个人数可能还是多了点。"如果只是一小队人，我可以做主，我个人承担责任，事后再向政治局上报。好了，就 25 人吧，咱们就这么定了。"[39]

往南的小径往往极其艰难。"我们越往南走，情况就越糟糕。最后我们每个人只随身背了几公斤的米，那是留着到最后走投无路时吃的。两周来，在林子里能找到什么我们就吃什么——树木、草根、动物、小鸟，"一位干部回忆道。原本的安排是沿路设置"中继站"，好存放大米、蔬菜和水，可是供应并不充足。"所以每个人都学会了先护住自己的口粮和水，"另一位再集结干部后来说，"我们走得越远，就越是饿得前胸贴后背。吃的都没了，同志情谊也就跟着破灭了。大家都只顾着保住自己的性命。"[40]

不过渗透仍然在持续，而且速度逐步加快。与此同时，河内政府的组织架构开始根据全新的政治军事斗争进行调整，这个过程的巅峰是在 1960 年晚些时候越南南方民族解放阵线（National Front for the Liberation of South Vietnam，简称"全国解放阵线"）宣告成立。以越盟为模本的全国解放阵线寻求成为一个由共产党领导、有广泛基础的组织，目的在于通过承诺彻底改革和建立真正的独立政权，团结所有对吴庭艳不满的人士。[41]在军事上，在南部散落的各支部队被集合起来，整编为新的人民解放军（People's Liberation Armed Forces，PLAF，也译作人民军）。和参加对法战争的越盟军队一样，这支解放军同样按层级划分，地区自卫队在乡村一级行动，游击队由地区指挥部统领，正规军则直接归南方总部管理。整体命令由越南共产党南方局（Center Office for South Vietnam，COSVN）制定，该办公室向河内的中央委员会汇报。政治机构则与吴庭艳政府十分相近，官员们分别为村、乡、地区和省级，同时建立大量组织，以期吸引尽可能多的人支持这项事业。[42]

五

692

在南部起义将领看来，河内政府深入参与南越斗争的决定为时已晚。因为与此同时吴庭艳政府通过了一项被称为 10/59 的严厉法令，将对革命运动的镇压行动进一步升级。这项法令在 1959 年 5 月获得通过，它恢复了法据时期的严苛刑法，并通过给各种政治异见人士统统扣上政治犯的帽子，赋予政府大到毫无边界的镇压权。在提起诉讼三天内，一个特别的流动法庭就可以对"任何旨在破坏和侵犯国家安全，实施或尝试实施犯罪的行为"，以及"任何加入了旨在帮助或扶持该类活动"的人判处死刑。被告没有上诉权。随着得到流动法庭支持的当地官员随意将各种政敌判处终身监禁或者死刑——或者利用罪名向恐慌的民众索取贿赂——被逮捕的人数出现猛增。[43]

10/59 法令作为恐吓战术是有效的，但跟吴庭艳的很多政策一样，它也起到了反面作用，对该政权在争取合法地位方面所取得的进展造成了严重打击。在南越的很多地区，该法令无异于为叛乱输送"弹药"。"就是因为 10/59 法令，"美荻省的一位贫农说，在这项法令颁发前他一直远离政治，"新生活猛然间成了政治运动，爱国主义者呼吁推翻吴先生的政府，因为这个政府滥杀无辜竟然到了如此地步。那么，就唯有再打一场仗，重新跟它开战！"[44]

在其他地区，南越政府挫败共产主义挑战的努力也都遇到了麻烦。1959 年，吴庭艳提出将住在低地的农户搬到被围起来的"农业社区"，这样一来，他们就不会跟"越共"搭上线。理论上这些集中聚居区可以实现自给自足，并向居民提供

693　一系列社会服务，但事实上它承诺的服务设施压根儿就是海市蜃楼。更糟糕的是，这项措施强制农民背井离乡，离开自家的祖屋、祖坟、园地和果林，搬去一个人生地不熟、土壤贫瘠的地方。政府提供的经济补助十分有限——5 美元左右，外加一笔小额贷款，用于购买分配到每个人名下的 1.5 公顷土地。政府原本打算让约 50 万农民加入这个项目，尽管最终只有一小批农户参社，但"农业社区"在很多农民心目中成了他们所仇恨的南越政权的象征。或者如五角大楼编年史后来所指出的那样，移居计划"催化了最广泛且最危险的反越南共和国的情绪"。[45]

　　不少村民对冲突双方都无甚好感，只想远离纷争，不过这并不意味着在村民心目中政府与革命分子的地位是等同的。政治学家戴维·埃利奥特（David Elliott）这样描写该时期的美获省道，"很有可能大多数村民对越南共和国和地方官员感到愤慨，"尽管他们不敢在这个事态瞬息万变的时刻表达自己的愤怒。埃利奥特引述了一位农民的话："当时，人民表面上对政府摆出恭恭敬敬的样子，但打心底里不尊重它。他们外表顺从，只是因为害怕被关起来或被枪毙。他们真的很害怕，但他们还是在尽量保护着地下干部。"[46]

　　位于湄公河三角洲南部的槟椥省在对外战争时期是越盟的一个根据地，吴庭艳捣毁共产党行动的努力从一个衡量角度来看大获成功：1954～1959 年，槟椥省约 90% 的共产党干部要么被杀，要么入狱。但该省的革命力量并未完全消失，在

1959 年，由阮氏定（Nguyen Thi Dinh）领导的革命军迅速赢得了广泛支持。[47] 阮氏定的丈夫 1938 年死在法国恶名远扬的昆仑岛监狱，她组织示威，教育女性如何抗击政府军，教她们学会打暗号，互相通气何时应该疏散、何时在村广场坚守阵地。她要求给予武器支援，在听党干部说这点无法实现时，她还是毅然决然地开始行动，计划在该省发动起义。这场在 1960 年 1 月开始的起义得到了周密的协调，发动的一系列暴动取得了可观成效——起义军占领了一些分散的岗哨，俘虏了部分当地领导。其中一些官员被处以死刑，也有一些听了一通警告后就被放走了。共产党干部还渗透进了清化省的农业社区，在曾被安排移居到那里的村民的协助下毁掉了社区。在几个地区，起义军占领了被"反动地主"持有的土地，将这些土地重新分配给贫农。吴庭艳出动南越共和国军的大批部队进行镇压，成功夺回了控制权，但也为此付出了沉重的人力和财力代价。[48]

694

"守卫岗哨的军队接到命令，一旦被俘就要把岗哨烧毁，"后来阮氏定这样谈起了袭击政府所把守的一座村庄的经历，"人们立刻撕碎旗帜，烧掉了印有自家门牌号的牌匾和家庭人口登记表。在路上，村民们砍倒树木支起路障，以挡住敌人的去路。……每个岗哨旁都围满了用扩音器向士兵发出吁请的人。……这个晚上，敌人们胆战心惊，头上是骇人的电闪雷鸣。在突然遭到进攻时，他们已经被吓得六神无主，只能在岗哨里待着不动。"[49]

一些美国观察人士漫不经心地认为不断升级的暴乱无关紧要，放在南越稳定和发展的大背景下显得并不那么重要。比方说，在 1959 年早些时候，刚刚退休的美国西贡援助项目主管就对 1954 年以来的南越发展撰写了一篇热情洋溢的报告，形容目前局势很"光明"。7月7日，即吴庭艳上任的五周年纪念日，《纽约时报》赞美道："目前实现的不是'五年计划'，而是一个'五年奇迹'。越南获得自由，而且在捍卫他们的自身和我们的自由时，已经日益强大。因此在今天，我们有理由向吴庭艳总统致敬。"[50]

在美国军事援助顾问团总部，高级官员同样坚持认为眼前一片光明。法国人在1953年时固执地坚称自己的军队"控制"了德·拉特尔防线内的红河三角洲地区，与此不谋而合的是，美国的指挥官们也认为既然在南方多个地区没有出现对南越共和国军主力部队的直接进攻，这证明这些军队"控制了大局"。伯纳德·福尔指出，和此前的法国人一样，这些美国将领同样"在技术上或者心理上，不适合对革命战争呈现的细微的挑战做出评估"。[51]在美国的充分认可和支持下，南越共和国军在1959年下半年加大了扫荡力度，给当地农民的生命财产造成了巨大损失，因此农民们对政府的敌意日甚。

六

不过，一些美国分析人士已经感知到了威胁的严重性。他们都不喜欢南越的动向。沃尔夫·拉德金斯基仍然相信南越实验，相信维持一个强有力的美国援助项目的重要性，但在西贡的高级官员告诉他，吴庭艳过于依赖军事手段以对付越共时，他日益心灰意冷。这些人想让吴庭艳认识到赢得农民阶级积极支持的重要性，可吴庭艳的回答还是老一套：应该把军事安全放在首位。

德布罗大使在听到拉德金斯基复述了谈话内容后，也对共产党可能利用乡村地区高涨的不满情绪加大对政府反抗的规模表达了顾虑。但问题远不只出在乡村。德布罗相信，城市知识分子以及行政管理和商界的领袖都已经渐渐对吴庭艳丧失信心，这一点已经愈发明朗。即便是那些靠南越政权取得了现有地位，而且对吴庭艳本人忠心耿耿的人，也对政府严行报禁、低效无能、任人唯亲、腐败盛行极为不满。

不过，德布罗觉得眼下主张美国改变政策也毫无意义。在艾森豪威尔任期之初成立的行动协调委员会（Operations Coordinating Board，OCB）旨在通过跨部门合作来集中国家安全方面的意见，因此可以被看成中层官员态度的晴雨表。这个委员会在1959年早些时候宣布，针对吴庭艳，共产党开始实施"一个经过精心策划的暴力行动"，其所采取的战术之前在法国身上已经奏效。行动协调委员会进一步报告称，对于吴庭艳镇压式的领导手段及其家族令人窒息的权力，南越军队和政府内部的不满之声日甚。美国能做什么呢？少之又少，行动协调委员会总结称。由于吴庭艳"极度敏感"，华盛顿可施加的影响力"受到了很大的限制"。[52]

这个归纳很恰当。随着20世纪50年代进入尾声，美国可以向吴庭艳施加的压力——一开始就很有限——现在更是少得可怜。尽管美国官员或许想让他更广泛地拓宽自己的政府，更敏锐地意识到人民的需要，更宽容地让政治对手自由地表达意见，但这些希望都落空了。相反，吴庭艳仍然充分相信自己的政治直觉，他变得越来越封闭，几乎完全依赖一个规模不断缩小、以弟弟吴廷瑈为首的亲信小圈子。比起过去，提拔和奖赏的标准更加看重个人忠诚度，而非能力和效率。比起过去，天主教受到了更大优待。比起过去，吴庭艳和吴廷瑈越发视西方

696

民主的正式机制（比如赋权于国民议会，允许其成为意见充分交锋的讨论会）如洪水猛兽，认为民主除了赋予城市精英阶层中危险的政治对手发声的机会，没有其他用处。[53]

吴家兄弟认为美国人压根儿不明白南越政府面临的危险，而且他们又天真、心肠又软，在国际事务上不够成熟，也没有充分了解越南的现实。吴廷琰尤其坚持这种说法。与很多在法国受教育的越南知识分子一样，他对鲁莽的盎格鲁－撒克逊人十分不屑，曾轻慢地告诉一位南越共和国军的军官，法国人或许曾是殖民主，但至少他们了解越南，而美国"拿了大把钱帮我们，却根本不了解越南事务"。[54]

吴家的兄弟们为自己被打上了美－艳"傀儡"的标签而烦恼。他们憎恨自己要如此倚重美国的支援，痛恨这种依赖对自己民族主义者的光环、对他们执政自由度所造成的伤害。但尽管他们始终想要保持最大限度的自治，他们也深知现在不可能割裂这种联系。"如果你领进了美国狗，就只能接受美国跳蚤，"吴庭艳如此对一位记者说道。[55]

中情局官员和驻西贡大使馆的工作人员非常清楚吴庭艳家族令人毛骨悚然的反美情绪，这让他们非常不安。关起门来，他们还是对吴庭艳一家继续说几句好话，尤其是对虚荣又自大的吴廷琰，尽管他对华盛顿的态度相当桀骜不驯，但又始终要求美国给的援助不能减少。不过，美国官员能做的只是私下里抱怨几句。他们知道吴庭艳也已经了然于心的事实：美国决心在南越维持一个非共产主义的堡垒，而且在当下找不到任何可替代的领导人选，因为他们对吴庭艳的需要程度并不亚于他需要美国。在这场意志的永恒较量中，在停止美国援助和实施全面改革之间，吴庭艳一如既往地轻易占了上风（他的地位只是在 1955 年宗派危机的高潮期间被短暂地动摇过）。

　　美国的越南政策规划人员于是再次选择了一条熟悉、简单而且曾多次走过的老路：尽可能避免直接对抗的路线。他们选择了继续前进、寄希望于未来，而不是承担将政策推倒重来的令人讨厌的差事。这曾是哈里·杜鲁门治下的模式，也继续成为德怀特·艾森豪威尔两届任期的主旋律。在 20 世纪 50 年代的这 10 年里，美国决策者清楚地看到了眼前的障碍，但始终坚定不移地阻挠胡志明的革命雄心。尽管成功的可能性很小，但无论是从国内政治还是地缘政治的角度上来看，将错就错、继续前进永远更加安全也更加容易，尤其是考虑到在美国这个巨无霸看来，西贡的物资和人力基础仍十分薄弱。尽管吴庭艳身上存在着这样或那样的缺陷，但他毕竟曾经侥幸获得过胜利；也许他还能再创造一次奇迹。

　　艾森豪威尔曾因其审慎地避免美国深陷印度支那泥沼受到了一些历史学家的赞许。但这种分析大体上将他在外交政策上的整体克制立场——包括在更广泛的冷战上——和他在包括越南在内的第三世界危机中更为激进的做法混为一谈。在 1954 年，他和杜勒斯做好了挽救法国在印度支那战争中的形势的准备，而且离真正这么做只有一线之隔；在之后的几年里，他们将赌注押在通过一位喜怒无常、能力未经过证明的领导人在南越建立一个新国家上。20 世纪 50 年代末，当西贡政权在险象环生的道路上不断打滑、走得歪歪斜斜时，将大部分精力放在其他外交政策上，而且最信任的杜勒斯在 1959 年年初已经不在自己身旁的艾森豪威尔始终未下令重新评估南越政策，尽管南越已经发生了起义，而吴庭艳也一如既往拒绝了所有实施深远改革的呼声，坚称问题的实质主要是军事。

698　　　　当越共加大了进攻的频率和强度后，艾森豪威尔事实上也相应地强化了美国的军事参与力度，在某种程度上，这对于未来具有极其重要的意味。在 1959 年年中，白宫授权美方顾问陪同南越军队，在军事行动中提供战斗指导。尽管这些官员仍然不得参与"实际交火"，但这个变动极为重要——在此之前，他们的活动范围始终被限制在军团一级以及师部的司令部、训练指挥所以及后勤机构里，在所属部队巡逻时他们必须留守在后方。而现在他们将走上战场面对真刀真枪，他们的"顾问"职责被显著加大了。

　　然而，挑战仍在持续累积。1959 年 4 月，也就是早在北越开始渗透前，中情局已经报告称越共对南部金瓯半岛的大部分地区取得了事实上的控制权。到了这年年底，南越面积可观的区域——其中一些距离西贡相当近——已经被共产党控制。当时的一位情报官员这样对参议员曼斯菲尔德说："如果你用一支画笔在南部划过，那么这只笔的每根刷毛都会碰到一位起义者。"[56] 1960 年，越共针对乡村首领和其他显要人物发起的刺杀活动升级，仅在 2 ~ 4 月，每个月就有超过 200 人被杀，当年遭到暗杀的总人数更是超过 1600 人。此前牢牢被政府把控的中央高地越来越脆弱。11 月，南越共和国军的一批将领再也无法容忍吴庭艳任人唯亲的作风以及他对战争的操纵手段，揭竿而起，吴庭艳险些未能镇压此次叛乱。

　　参谋长联席会议迟迟才幡然醒悟，认识到最主要、最直接的安全威胁并不是来自北越军队，而是来自南方暴动，于是着手议定一个南部的反游击队或反暴动计划。1960 年晚些时候成形的策略建立在几个核心假设的基础上，可是没有哪个假设有新意：吴庭艳政府目前是抵御越共方面"最大的希望"；在

"实施必要的矫正手段"的前提下，吴庭艳事实上可以应对共产党的威胁；美国在帮助平定叛乱方面利益攸关。该计划提出扩大南越军队和公民警卫队的规模，资金主要由华盛顿方面提供。作为对这类援助的回报，西贡政权应实施一系列举措，以实现并维持经济和政治稳定，同时借此赢得广大民众的真心拥护。情报和反情报工作应得到更好的协调，并应在心理战和民间行动方案中部署更多资源。总体来说，得到白宫支持的该计划继续将当务之急放在军事层面上，而这得到了美国军事援助顾问团和吴氏家族的一致好评。[57]

699

七

在1959年这个决定命运的年份，还发生了一起事件，但凡知道此后形势走向的人都知道，它可能是所有事件中最为重大的。

7月8日傍晚时分，在西贡以北约32公里、邻近边和的南越第7步兵师，八位驻扎在营地的美国顾问跟往常一样集合准备吃晚饭。这天下午早些时候，44岁的军士长切斯特·奥夫南（Chester Ovnand）给住在得克萨斯州科珀勒斯科夫的妻子写了封信，投进食堂的邮筒里。奥夫南刚刚结束了服役，即将启程回家。38岁的戴尔·比伊斯（Dale Buis）少校来自加利福尼亚州因皮里尔滩，两天前他刚抵达边和，下午给新同伴们看过他三个幼子的照片。比伊斯身材高大健硕，在高中时是打橄榄球的，在营地里，谁都知道他脾气好、爱开玩笑。

营地距离一条小河约莫100米，建在一片草地上，只用两条带刺铁丝栅栏简单围了下。在营房前值守的是两位南越陆军哨兵，两人正对着远离小河的一条马路。吃完饭后，其中两位美国军官去打网球，其他人则坐下来观看由珍妮·克雷恩（Jeanne Crain）主演的电影《褴褛衣衫》（*The Tattered Dress*）。以前放电影的时候，大家都知道哨兵会离开岗位，他们透过涂了层灰泥的食堂窗户看电影，这个情况肯定已经被邻镇的两个越南女人发现了，这两人通常也会来看电影，但这次不在（后来有人说她们是越共的暗探）。

在电影开始放映后的某个时刻，六名越共游击队员蹚过小河，悄无声息地翻过了栅栏。他们中的两个人到营房前门负责干掉哨兵，两个人端着法制冲锋枪趴在食堂后窗，另外两个人的枪口对准银幕。在奥夫南开灯换胶片卷盘时，游击队员开火了。奥夫南和比伊斯中枪，前者爬了一层楼梯后咽了气，后者也很快就死了。来自艾奥瓦州布莱尔斯堡的霍华德·波斯顿（Howard Boston）虽身受重伤但活了下来。其中一名哨兵被杀，同时遇害的还有一名越南炊事员和他 8 岁的儿子。如果不是来自路易斯安那州巴吞鲁日的杰克·赫勒特（Jack Hellet）冲到屋子另一头关上了灯，且其中一名游击队员又在慌乱中拉开自制炸弹（由两个填入火药的牛奶罐焊接在一起而制成）炸到自己，屋子里的其他人恐怕也会是同样的命运。几分钟内南越部队赶到，但其他游击队员已经逃走了。[58]

奥夫南的妻子米尔德里德在得克萨斯家中的小砖房里，一边啜着咖啡一边看 NBC 电视台的《今日秀》节目，隐约对丈夫的情况产生了一些不祥的预感。当时，节目记者报告说有两名美国军人在西贡以外的区域遇难。没过一会儿电话铃响了起来。"我听到对方说，'我是美联社达拉斯分社的，您最初听到丈夫的死讯是什么时候的事情？'"多年后她如此回忆道。[59]

在因皮里尔滩，8 岁的库尔特·比伊斯正在跟分别是 6 岁和 4 岁大的两个弟弟在房子里奔跑时，噩耗不期而至。"我当时只知道发生了什么不好的事情，"后来他说，"一位医生来了，给我妈妈用了镇静剂。"之后，他的一个姨妈也过来了，开车带孩子们四处转悠，在车上告诉了他们这个消息。[60]

奥夫南和比伊斯并非首批在越南被敌军杀害的美国人。此前的篇章曾经介绍过，1945 年 9 月战略情报局的彼得·杜威被越盟杀害，而在 1954 年 5 月，飞行员詹姆斯·麦戈文和华莱士·布福德在向被围困的奠边府法军要塞运送物资时遭到高射炮袭击，机毁人亡。不过，奥夫南和比伊斯是首批在第二次印度支那战争（用美国官方对此次不宣而战的战争的术语来说，是"越南时代"）中被杀的美国人。在华盛顿越战老兵纪念碑上，他俩的名字被刻在第一排 1E 碑匾的最上方，顶上刻着大大的"1959"。[61]

701

美国驻西贡的军官和情报分析人士立刻猜测，边和袭击事件标志着冲突出现了重大转变：从此前两年来威力不小，但并不常规、零敲碎打的越共行动开始向持续并经过了精心协调的恐怖主义和军事行动转移，而且行动的强度和规模将在此后数月到数年间不断升级。事实确实如他们所料。越南斗争翻开了新篇章。[62]

但是在美国本土，这起事件被看成在某个遥远国度发生的一桩微不足道的小插曲，几乎是被一笔带过。《时代周刊》发表了一篇只有三段的短稿，作者是刚到越南的菜鸟记者斯坦利·卡诺（Stanley Karnow）；此外还有几份报纸和《今日秀》稍微提了一下。仅此而已了。白宫保持沉默，国会山也几乎无人问及此事。[63]

在 1959 年夏天，不会有人知道，几年后边和将发展成一个庞大的美军基地，到处充斥着妓院和酒吧。也不会有人知道，在超过 5.8 万名越战阵亡将士中，切斯特·奥夫南和戴尔·比伊斯仅仅是开头的两个。这些人的名字将被镌刻在位于美国首都的那座庄严而感人的纪念碑上，走下一个平缓的斜坡，下沉的黑色花岗岩砌成的碑体赫然竖立在眼前，与林肯纪念堂遥相呼应。

注释

1. *Journal d'Extrême-Orient*，引自《纽约时报》，1957 年 5 月 5 日。枪手夏明池（Ha Minh Tri，化名潘文艳）后来承认自己是高台教成员，但一份越南民主共和国的文件显示他是奉黎笋领导的南越共产党之命行事。该文件同时表示，他的一位女性共犯逃脱了追捕。*Lich Su Bien Nien Xu Uy Nam Bo va Trung Uong Cuc Mien Nam*（*1954 – 1975*）［Historical Chronicle of the Cochin China Party Committee and theCentral Office for South Vietnam，1954 – 1975］（Hanoi：National Political Publishing House，2002），134. 由 Merle Pribbenow 翻译。
2. 《纽约时报》，1957 年 5 月 9 日。
3. 引自 Seth Jacobs，*America's Miracle Man in Vietnam：Ngo Dinh Diem，Religion，Race，and U. S. Intervention in Southeast Asia，1950 – 1957*（Durham，N. C.：Duke University Press，2005），254。
4. 《纽约时报》，1957 年 5 月 7 日；《圣彼得斯堡时报》，1957 年 5 月 9 日；《华盛顿晚星报》，1957 年 5 月 9 日；《波士顿环球报》，1957 年 5 月 6 日，引自 Seth Jacobs，*Cold War Mandarin：Ngo Dinh Diem and the Origins of America's War in Vietnam，1950 – 1963*（Lanham：Md.：Rowman & Littlefi eld，2006），103；《华盛顿邮报》，1957 年 5 月 8 日。"鲨鱼皮衣服"的表述引自 James R. Arnold，*The First Domino：Eisenhower，the Military，and America's Intervention in Vietnam*（New York：William Morrow，1991），328。

5. 引自 "Diem's Success Story," *New Republic*, May 6, 1957。

6. "President's Toast to Diem," May 9, 1957, Box 2, International Meeting Series: Diem Visit, Ann Whitman File, Eisenhower Library.

7. 《纽约时报》，1957 年 5 月 14 日。

8. 吴庭艳在晚宴中的讲话引自 Seth Jacobs, *Cold War Mandarin*, 103。

9. Joseph G. Morgan, *The Vietnam Lobby: The American Friends of Vietnam, 1955－1975* (Chapel Hill: University of North Carolina Press, 1997), 51; Jacobs, *America's Miracle Man in Vietnam*, 259－60.

10. Arnold, *First Domino*, 324.

11. John Osborne, "The Tough Miracle Man of Vietnam," *Life*, May 13, 1957.

12. Durbrow to State, May 2, 1957, *FRUS*, *1955－1957*, *Vietnam*, I: 787－88; Thomas L. Ahearn, Jr., *CIA and the House of Ngo: Covert Action in South Vietnam, 1954－63* (Washington, D. C.: Center for the Study of Intelligence, Central Intelligence Agency, 2000), chap. 8.

13. Gregory A. Olson, *Mansfield and Vietnam: A Study in Rhetorical Adaptation* (East Lansing: Michigan State University Press, 1995), 76; Chester L. Cooper, *The Lost Crusade: America in Vietnam* (New York: Dodd, Mead, 1970), 153.

14. John Ernst, *Forging a Fateful Alliance: Michigan State University and the Vietnam War* (East Lansing: Michigan State University Press, 1998); James M. Carter, *Inventing Vietnam: The United States and State Building, 1954－1968* (New York: Cambridge University Press, 2008), chap. 3.

15. Graham Greene, *Ways of Escape* (New York: Simon & Schuster, 1980), 17; Graham Greene, *Yours, Etc.: Letters to the Press*, ed. Christopher Hawtree (New York: Viking, 1989), 引自 Graham Greene, *The Quiet American*, Viking Critical Edition, ed. John Clark Pratt (New York: Penguin, 1996), 310－12.

16. 兰斯代尔给吴庭艳的信，1957 年 10 月 27 日，以及给约翰·奥丹尼尔将军的信，1957 年 10 月 28 日，引自 Pratt, ed., *Quiet*

American, 307 – 9。

17. "Statement of General John W. O'Daniel, Chairman of the American Friends of Vietnam, in Regard to the World Premiere of the Motion Picture 'The Quiet American,'" (n. d.), Douglas Pike Collection, Virtual Vietnam Archive, Texas Tech University, Lubbock. 另见 Morgan, *Vietnam Lobby*, 52。

18. Bernard B. Fall, "Danger Signs," *Nation*, May 31, 1958.

19. Robert Scheer, *How the United States Got Involved in Vietnam* (Santa Barbara, Calif. : Center for the Study of Democratic Institutions, 1965), 53.

20. Philip E. Catton, *Diem's Final Failure : Prelude to America's War in Vietnam* (Lawrence : University Press of Kansas, 2002), 65.

21. Robert L. Sansom, *The Economics of Insurgency in the Mekong Delta of Vietnam* (Cambridge, Mass. : MIT Press, 1970), 58; Robert Scigliano, *South Vietnam : Nation Under Stress* (Boston : Houghton Mifflin, 1963), 121 – 22. 下书提供了湄公河流域一个省份的土改经验: Jeffrey Race, *War Comes to Long An : Revolutionary Conflict in a Vietnamese Province* (Berkeley : University of California Press, 1972)。关于拉德金斯基其人，参见 David A. Biggs, *Quagmire : Nation-Building and Nature in the Mekong Delta* (Seattle : University of Washington Press, 2010), 158 – 61。

22. 其中数起事件在以下文献中有所描述: *Mien Dong Nam Bo Khang Chien* (1945 – 1975), *Tap II* [The Resistance War in Eastern Cochin China (1945 – 1975), Volume 2] (Hanoi : People's Army Publishing House, 1993), 60 – 63, 由 Merle Pribbenow 翻译。

23. 下面这本书对叛乱的起源做了绝佳的梳理，并聚焦在美萩市: David W. P. Elliott, *The Vietnamese War : Revolution and Social Change in the Mekong Delta, 1930 – 1975* (Armonk, N. Y. : M. E. Sharpe, 2007), chap. 6。另见 Ta Xuan Linh, "How Armed Struggle Began in South Vietnam," *Vietnam Courier*, no. 22 (March 1974)。关于南部革命领导层的讨论，见 *Lich Su Bien Nien Xu Uy Nam Bo va Trung Uong Cuc Mien Nam* (1954 – 1975) [Historical Chronicle of the Cochin China Party Committee and the Central Office for South Vietnam (1954 – 1975)] (Hanoi :

National Political Publishing House, 2002), 129 – 39, 由 Merle Pribbenow 翻译。

24. Dorothy Fall, *Bernard Fall*: *Memories of a Soldier-Scholar* (Washington, D. C.: Potomac, 2006), 109.

25. 对于福尔 1957 年的这次访越, 以及他对于村长被刺事件更广泛的结论, 见这篇未发表的论文: "The Anatomy of Insurgency in Indochina, 1946 – 64," delivered on March 20, 1964, at the Industrial College of the Armed Forces in Washington, D. C. A copy is in Box P – 1, Series 1. 5, "Papers and Reports by Dr. Fall," Bernard Fall Collection, JFKL。

26. Fall, *Bernard Fall*, 122.

27. Durbrow to State, December 5, 1957, *FRUS, 1955 – 1957, Vietnam*, I: 869 – 84.

28. 引自 David L. Anderson, *Trapped by Success*: *The Eisenhower Administration and Vietnam, 1953 – 1961* (New York: Columbia University Press, 1991), 185 – 86. 关于中情局的担心, 见 Thomas L. Ahearn, Jr., *CIA and Rural Pacification in South Vietnam* (Washington, D. C.: Center for the Study of Intelligence, Central Intelligence Agency, 2001), 21 – 22, 27。

29. 毛泽东的话引自 Odd Arne Westad, *Brothers in Arms*: *The Rise and Fall of the Sino-Soviet Alliance, 1945 – 1963* (Stanford, Calif.: Stanford University Press, 1998), 20。

30. Eisenhower to Diem, May 23, 1958, *FRUS, 1958 – 1960, Vietnam*, I: 39 – 40.

31. 引自 Ronald H. Spector, *Advice and Support*: *The Early Years of the U. S. Army in Vietnam, 1941 – 1960* (Washington, D. C.: Center for Military History, 1985), 325。

32. George McTurnan Kahin, *Intervention*: *How America Became Involved in Vietnam* (New York: Alfred A. Knopf, 1986), 101; Scigliano, *South Vietnam*, 158.

33. Mari Olsen, *Soviet-Vietnam Relations and the Role of China, 1949 – 1964*: *Changing Alliances* (London: Routledge, 2006), chap. 5; *Cuoc Khang Chien Chong My Cuu Nuoc 1954 – 1975* [The Anti-U. S. War of National Salvation, 1954 – 1975] (Hanoi: Quan doi Nhan den, 1980), 35; 保罗·卡滕伯格采访, 1981 年,

WGBH Vietnam Collection, http://openvault. wgbh. org/catalog/ org. wgbh. mla：Vietnam（最后访问日期：2010 年 11 月 18 日）。

34. *Mien Dong Nam Bo Khang Chien*, 30 – 68.

35. Carlyle A. Thayer, *War by Other Means：National Liberation and Revolution in Viet-Nam, 1954 – 1960*（Sydney：Allen & Unwin, 1989）, 92; A. J. Langguth, *Our Vietnam：The War, 1954 – 1975*（New York：Simon & Schuster, 2000）, 100. 另见 Christopher E. Goscha and Stein Tønnesson, "Le Duan and the Break with China," in Priscilla Roberts, ed. , *Behind the Bamboo Curtain：China, Vietnam, and the World Beyond Asia*（Stanford, Calif. ：Stanford University Press, 2006）, 455 – 57。

36. *Van Kien Dang, Toan Tap, 20, 1959* [Collected Party Documents, Volume 20, 1959]（Hanoi：National Political Publishing House, 2002）, 2 – 55, 由 Merle Pribbenow 翻译; Military History Institute of Vietnam, *Victory in Vietnam：The Official History of the People's Army of Vietnam, 1954 – 1975*, trans. Merle Pribbenow（Lawrence：University Press of Kansas, 2002）, 49 – 50。

37. William J. Duiker, *Sacred War：Nationalism and Revolution in a Divided Vietnam*（New York：McGraw-Hill, 1995）, 120 – 21; *Cuoc Khang Chien Chong My Cuu Nuoc 1954 – 1975*, 49 – 50; *Lich Su Bien Nien Xu Uy Nam Bo va Trung Uong Cuc Mien Nam*, 179 – 84. 对于第十五次全体会议的决议是在 1959 年 1 月，还是在 5 月的另一次会议（相关文件使用的是与之类似的"第 15 号决议"名称）中成形，各种文件说法不一，最有可能的应该是后者，这次会议在胡志明出访苏联和中国后进行，对较早的决定做出了修正。Thayer, *War by Other Means*, 185.

38. Military History Institute of Vietnam, *Victory in Vietnam*, 51 – 53.

39. Elliott, *Vietnamese War*, 119.

40. 引自 David Chanoff and Doan Van Toai, *Vietnam：A Portrait of Its People at War*（London：I. B. Tauris, 1996）, 151 – 53。另见 William J. Duiker, *Ho Chi Minh：A Life*（New York：Hyperion, 2000）, 517 – 18。

41. *Cuoc Khang Chien Chong My Cuu Nuoc 1954 – 1975*, 81; Mark Moyar, *Triumph Forsaken：The Vietnam War, 1954 – 1965*（New

York：Cambridge University Press，2006），81-91. 关于全国解放阵线的成立，下面这本书提供了十分经典的介绍：Frances FitzGerald，*Fire in the Lake：The Vietnamese and the Americans in Vietnam*（Boston：Little，Brown，1972），chap. 4。另见 Robert K. Brigham，*Guerrilla Diplomacy：The NLF's Foreign Relations and the Viet Nam War*（Ithaca，N. Y.：Cornell University Press，1999），chap. 1；Douglas Pike，*Viet Cong：The Organization and Techniques of the National Liberation Front of South Vietnam*（Cambridge，Mass.：MIT Press，1966）；Joseph J. Zasloff，*Political Motivation of the Viet Cong：The Vietminh Regroupees*（Santa Monica，Calif.：Rand Corporation，1975）。

42. John Prados，*Vietnam：The History of an Unwinnable War，1945-1975*（Lawrence：University Press of Kansas，2009），71；William S. Turley，*The Second Indochina War：A Short Political and Military History，1954-1975*（Boulder：Westview Press，1986），44.

43. Elliott，*Vietnamese War*，102-3；Kahin，*Intervention*，97-98；*The Pentagon Papers：The Defense Department History of Decision making on Vietnam*，Senator Gravel edition（Boston：Beacon Press，1971），1：252；Pham Thanh Gion interview，1981，WGBH Vietnam Collection，http：//openvault. wgbh. org/catalog/org. wgbh. mla：Vietnam（最后访问日期：2010 年 11 月 2 日）。

44. 引自 Elliott，*Vietnamese War*，103。

45. *Pentagon Papers*（Gravel）1：312. 关于农业社区及其发展，例如参见 Catton，*Diem's Final Failure*，chap. 3；Biggs，*Quagmire*，188-93。以下记载则或多或少是在当时完成的，Joseph J. Zasloff，"Rural Resettlement in Vietnam：The Agroville Program，" *Pacific Affairs* 35（1962-63）。

46. Elliott，*Vietnamese War*，127，103. See also FitzGerald，*Fire in the Lake*，194-95；David Hunt，*Vietnam's Southern Revolution：From Peasant Insurrection to Total War*（Amherst：University of Massachusetts Press，2008），chap. 3.

47. 对阮氏定采访，1981 年，WGBH Vietnam Collection，http：//openvault. wgbh. org/catalog/org. wgbh. mla：Vietnam（最后访问日期：2010 年 11 月 22 日）。

48. Mrs. Nguyen Thi Dinh, *No Other Road to Take*, translated by Mai V. Elliott（Ithaca, N. Y.：Cornell Southeast Asia Program Publications, 1976）；Nguyen Thi Dinh interview, 1981, WGBH Vietnam Collection, http：//openvault. wgbh. org/catalog/org. wgbh. mla：Vietnam（最后访问日期：2010 年 11 月 22 日）。

49. Dinh, *No Other Road*, 69 – 70.

50. Arnold, *First Domino*, 342；《纽约时报》, 1959 年 7 月 7 日, 引自 Moyar, *Triumph Forsaken*, 81。

51. Bernard B. Fall, *The Two Viet-Nams：A Political and Military Analysis*（New York：Praeger, 1964）, 327 – 28.

52. 行动协调委员会报告, 1959 年 1 月 7 日, Box 25, NSC 5809 Policy Paper Subseries, Eisenhower Library。

53. Catton, *Diem's Final Failure*, 48 – 50. 关于吴庭艳对民主的看法, 另见 FitzGerald, *Fire in the Lake*, 109 – 11。

54. 吴廷琰的话引自 Catton, *Diem's Final Failure*, 29。

55. 吴庭艳的话引自 James Fisher, " ' A World Made Safe for Diversity'：The Vietnam Lobby and the Politics of Pluralism, 1945 – 1963," in Christian Appy, ed. , *Cold War Constructions：The Political Culture of United States Imperialism, 1945 – 1966*（Amherst：University of Massachusetts Press, 2000）, 229。

56. Ahearn, *CIA and Rural Pacification in South Vietnam*, 31. 这位情报官员的话引自 Barbara W. Tuchman, *The March of Folly：From Troy to Vietnam*（New York：Alfred A. Knopf, 1984）, 280。

57. Spector, *Advice and Support*, 371；William J. Duiker, *U. S. Containment Policy andthe Conflict in Indochina*（Stanford, Calif. ：Stanford University Press, 1994）, 241. 关于吴庭艳始终从军事角度拟定问题, 甚至在威廉姆斯最终看来也承认政治角度同样重要时依然如此, 可参见 Ahearn, *CIA and the House of Ngo*, 136。

58. 《时代周刊》, 1959 年 7 月 20 日；Spector, *Advice and Support*, 329；*Mien Dong Nam Bo Khang Chien*, 70 – 71。另见《休斯敦邮报》, 1984 年 7 月 8 日；《今日美国报》, 2009 年 7 月 8 日。

58. 《人物》杂志, 1984 年 7 月 9 日。

60. Ibid.

61. Stanley Karnow, *Vietnam: A History* (New York: Viking, 1983), 10 - 11. 由于最开始的名字拼写有误，写成了"Ovnard"，奥夫兰的名字后来再次被加上纪念墙，位于第 46 排 7E。关于南越首个被杀的美国人并未有定论，有人认为是 1957 年 10 月在芽庄死于一场爆炸的小哈里·格里菲斯·克莱默（Harry Griffith Cramer, Jr.）上尉，但爆炸起因不明。他的名字在 1983 年被加到纪念墙上，位于第 78 排 01E。另一个可能的人是在 1956 年 6 月 8 日去世的空军技术上士小理查德·B. 菲茨吉本（Richard B. Fitzgibbon, Jr.），他的名字在 1999 年被加到了纪念墙上，位于第 21 排 52E。

62. Spector, *Advice and Support*, 329.

63. 《时代周刊》，1959 年 7 月 20 日；Karnow, *Vietnam*, 10 - 11.

尾声　不同的梦想，同样的脚步

702　　　1961 年 1 月 20 日，43 岁的约翰·F. 肯尼迪宣誓就职，成为美国第 35 任，也是有史以来最年轻的一任总统。① 在选战中，肯尼迪曾批评艾森豪威尔的外交政策缺乏想象力、因循守旧，而在上任后他立刻物色了一批同样年轻的顾问，这些充满智识热情和耀眼履历的顾问声称，他们有不少振兴国家的新点子。不过在最初几个月，与大部分政策议题一样，越南的关键词是"连续性"。肯尼迪团队无疑铭记着一个事实，那就是他们所取得的是 20 世纪以来最微弱的大选优势，因此在面对遗留的东南亚事务时，并未广泛讨论参与程度、全面审视手中的选项，也未着重分析斗争对美国国家安全的重要性。多年后，当时的一位白宫幕僚在被问及 1961 年美国对越南的兴趣时，他回答说："简单地说，这就是我们继承的东西，理所当然，无可争议。"他们所继承的政策立场是相信不能允许胡志明在越南占上风，西贡政府应当存活下去，以及若是在这里败给了共产党，将会使得接下来的任务更加棘手。[1]

当然，保持延续性是意料之中的事，毕竟这就是华盛顿的风格，在外交和管理国家方面尤其如此。一个新政权上台后，有那么多要学、要做、要去适应的强大选区。这样一来，走前人的老路显得更审慎理智，那些没有占据民众关注核心的次要
703　政策问题尤其如此。至少目前是这样。等到过了些时日，尘埃

---

① 原文如此，但一般认为西奥多·罗斯福才是最年轻的。

落定，每个人都可以静下心来阅读和消化简报内容时，再开始重新评估选项也不迟。

然而，肯尼迪和同时期大多数国内政治人物不同，他原本可以打破常规，下令对越南政策做出全面回顾。十年来，他一直对那里的斗争持有特殊兴趣，而且相比华盛顿其他所有资深民主党人，事实上他对当地的议题要更加了解。更有意思的一点是，肯尼迪长期以来对国际事务拥有细致而独立的思考，在印度支那冲突上尤其如此。在1951年秋天访问越南时，他就已经看穿了法国人乐观和虚张声势的外表，对巴黎——或者引申开来，对任何外部势力——战胜胡志明民族主义事业的能力提出了尖锐的质疑。在结束行程回国几天后，肯尼迪对一位波士顿的听众说："脱离并无视国内民族主义人士的目标，注定将会失败。"他还补充说，一场自由的大选十有八九将产生对胡志明和共产党有利的结果。[2]

在20世纪50年代末，正如我们所看见的那样，肯尼迪更加靠近冷战正统说法。现在他越来越少提及"民族主义目标"和法国的先例，而是越来越多地支持起多米诺理论，认为当务之急是挫败共产主义"侵略"。但是，他的质疑精神并没有完全消失；它一直在这里，只不过是被他小心地包裹起来了。有时他会公开表达这一点，比方说在1957年时，他表示支持阿尔及利亚发起对法国的独立战争，这一点远远超越了美国的官方政策。"在今日世界，最强大的单一力量并不是共产主义或资本主义，也不是氢弹或导弹——而是人类向往自由独立的永恒渴望，"这年夏天，肯尼迪在参议院一次关于北非危机的演讲中如此宣称道。他进一步说，华盛顿必须切实有效地回应这种渴望，这就意味着应敦促巴黎政府通过和谈手段实现阿尔及利亚独立。[3] 在就任总统前后，肯尼迪都表现出了对历史变迁和对美国势力限度的清醒认识——随着时间推移，他对后者的看法显得更加冷静。他多次对西方使用军事手段解决亚洲问题的效果表示质疑，指出这些问题在根本上属于政治问题；他还多次抵挡住了幕僚提出的向越南派出地面部队的要求，其中最值得注意的是 1961 年秋天的事例。在艾森豪威尔催促他军事

704 干预老挝时（"老挝是整个东南亚地区的命门，"艾森豪威尔坚称），肯尼迪搪塞了过去，因为他已经看到老挝的反共势头在过去两年间显著减弱，越南民主共和国支持的巴特寮而今看来即将获胜。同时，法国的前车之鉴始终在噬咬着他，他在上任之初曾这样对一位幕僚吐露心声："如果［越南］转变成一场白人战争，我们将跟 10 年前的法国人一样，在那里一败涂地。"[4]

可无论如何，美国已经做出了承诺，肯尼迪坚守了该政策，可以设想如果在 1960 年是理查德·尼克松在大选中获胜，他也会做出同样的选择。在公开场合，肯尼迪及其幕僚对西贡政权表示全力支持，并处处表明在越南获胜对美国利益至关重要。不仅如此，在上任的第一年，随着西贡政府的问题逐步加深，暴动愈演愈烈，尽管肯尼迪没有选择升级参与力度，但美国在越南的军事义务确实出现了显著上升。1961 年 5 月，肯尼迪向国会表示，在此前一年间南越有 4000 名本地官员被杀害。1962 年，大量美国最好的武器、喷气式战斗机、直升机和装甲运兵车到达南越，同时还派驻了数以千计新增的军事顾问。在这一年，一个简称为 MACV（Military Assistance Command Vietnam，即美国驻南越军援司令部）的战地指挥部取代了MAAC（美国军事援助顾问团），其指挥官为三星将军保罗·

D. 哈金斯（Paul D. Harkins）。

一场秘密的美国战争已经展开。表面上美国人纯粹只担任顾问，除非出于自卫目的，否则绝不与越共交火；但事实上，他们的参与度大为延伸——在空中和地面都是如此。"我听说美国飞行员事实上负责扔炸弹，"美联社西贡分社社长马尔科姆·布朗（Malcolm Browne）在 1961 年秋天来到南越，后来他这样回忆道，"于是我去了边和这个南越最大的军用机场一探究竟。我没能进入里面，但透过围栏看到了双座 T-28 战斗机起飞，挂弹架装满了炸弹。等到飞机返航时，可以看到挂弹架已经空了，炮架后面还有浓烟留下的痕迹。而且我往往会看到越南人坐在机舱后面，而真正的飞行员金发碧眼，显然不是越南人。在报道此事后，有人威胁说要把我驱逐出境。美国官方的说法是，美国在越南唱的是配角，从属于我们的越南盟友。"[5]

事实显而易见。《纽约时报》出色的军事记者霍默·比加特（Homer Bigart）在 1962 年 2 月的一篇头版报道中直言不讳。"美国正被卷入越南的一场战争，"这篇文章开头就这样写道，"美军将留在那里直到获胜。"比加特指出，美国对南越总统吴庭艳给予了"热情而坚决"的支持，他推测美国"将不可避免地投入一场漫长而又无结果的战争"。他引用了当月出访西贡的司法部部长罗伯特·F. 肯尼迪的话，后者曾郑重地声明美国将支持吴庭艳"直到我们获胜"。[6]

此时，亚洲遏制政策的一个首要的基本准则，即制衡由莫斯科所指引的全球共产主义扩张阴谋，显然已经不复存在——如果这个阴谋原本果真存在的话。数年来，有关中苏分裂的证据在不断累积；到 1960 年时，苏联已经中止了对华经

705

济和军事援助，撤出了技术顾问，莫斯科与北京之间的意识形态辩论愈演愈烈，而国际共产主义也开始分裂。美国的情报分析人员对这些动向了如指掌，不过最高层的官员尚未对此做出评判。1962 年 1 月，参谋长联席会议警告国防部部长罗伯特·麦克纳马拉（Robert McNamara）称，如果美国不进一步加强在印度支那的参与力度，战略优势将归于"中苏集团"。[7]

到 1962 年年中时，美国派驻越南的军事顾问达到 8000 人，到当年年底超过 1.1 万人，而在 1963 年 11 月约翰·肯尼迪在达拉斯被刺时，已经将近 1.6 万人。就在达拉斯惨剧发生三周前，吴庭艳和弟弟吴廷瑈同样被刺杀——这次由持不同政见的军事将领们发动的政变得到了美方批准。在政变之前的几个月间，反政府暴乱已经在城市和乡村遍地开花。其中最引人注目的事件是佛教僧侣为了抗议信奉罗马天主教的吴庭艳实施的宗教迫害，在自己的僧袍上淋上汽油，随后在西贡街头自焚。知识分子奋起表达长期以来对政府贪污和吴庭艳将权力集中在家庭小圈子手中的不满，谴责他为了让批评者噤声，干脆把人们都关入大牢。肯尼迪及其幕僚犹豫了一阵子，但最终做出决定：必须除掉吴庭艳和吴廷瑈。

1964 年，在总统林登·B. 约翰逊治下，派驻越南的军事顾问增至 2.3 万人，国会投票批准总统在恰当的时候于东南亚使用军事力量。在进行此次投票前，部署在越南北部湾的美国驱逐舰驶离了北越海岸，据报道在三天内它们两次遭到北越巡逻船的攻击。很多资深民主党人——包括整个参议院外交政策领导层——都对美国在战争中越卷越深感到忧虑，但在大选年他们不愿意公然挑战总统，更何况此时美国军队正处在被动局面。尽管第二次遭到袭击的证据不足，约翰逊还是下令对北越部分巡逻船基地和一处油库实施报复性空中打击。[8]

　　援助和美国顾问起到了一些作用，但还不足以实现美国的目标。政治动乱在西贡仍然泛滥，程度并不比吴庭艳遇刺前有所减弱。南越政府此后的管理仍然内讧不断，缺乏广泛支持。军事上也是如此，越共尽管在武器和训练上都处于劣势，但持续攻城略地。剧情听来似曾相识。和前身越盟一样，越共喜欢在夜间、在树丛的遮掩下行动；而南越共和国军虽有美国强大的武器作后盾，但跟此前法兰西联邦的军队一样畏惧黑夜和丛林。到了日出时分，敌军获胜。事实上没有哪个南越共和国军的军官曾在早期的战争中为越盟效过力；他们大部分隶属于法军，其中有不少人来自特权阶层的城市富裕家庭，对仍占越南人口比例绝大多数的农民不屑一顾。

　　记者白修德在给朋友约翰·F. 肯尼迪的信中提供了令人警醒的形势评估，他描述的场景跟肯尼迪10年前到访时离奇的相似："形势稳步逐周地恶化。……游击队现在控制了几乎整个南部三角洲——他们占领的地方实在太多了，现在已经没有哪个美国人肯开车送我去西贡以外的地方，哪怕是在白天有军车护送的情况下。……让我觉得不可思议的是，共产党人看起来总能找到愿意为他们的事业献身的人。"[9]

　　对于真心实意相信美国事业的人来说，这些问题都可以解决，而且到了此时已是开弓没有回头箭。在20世纪50年代后期，爱德华·兰斯代尔在美国越南政策中的角色开始减弱，到了肯尼迪时代重新登上核心位置，他呼吁要强有力地推动战争，并表示有必要注意越南人民的需要和其他呼声。他对于镇压叛乱的信念不减当年，而且异常简单化，丝毫没有意识到在类似的战争中所做的尝试——包括法国对越南战争——都没有产生过重大成果。"你们要谨记这一点，"1962 年他对一群美国军官简明扼要地说，"共产党游击队藏在人民中间。只要你们将人民拉到你们这一边，共产党游击队就无所遁形，一下子就能被你们发现。接着，身为军人，你们要做的就是搞定他们……干掉他们！"[10]

对于兰斯代尔和其他相关的官员来说，法国的先例跟美国要担心的问题并不怎么相干。毕竟法国从事的是一场殖民战争，而美国的对手是共产主义。美国将代表的是既非共产党又非殖民者的"第三势力"。此外，法国缺乏军事力量和经验，受制于 1940 年的屈辱惨败以及对非洲殖民军团和以德国人为主的外籍军团的依赖，军队本身就不够光明正大，而且视野狭窄。相反，美国诚实、无私而又极其强大，在政治方面尤其如此。它未受到殖民主义的玷污，同时拥有前所未见的强大军力，是自由的倡导者，是全球阻击共产党扩张野心的动力源。从人性来说，兰斯代尔说服自己相信（从 20 世纪 50 年代末期以来出现的证据或许本应让他对此有所怀疑），法国在越南合作者那里遭遇的贪婪与骑墙态度不可能再重复，因为这一次越南人确实有了为之奋斗的目标。

此外，英国在马来亚的例证不是已经证明共产主义暴乱是可以被挫败的吗？马来亚所谓的紧急状态从 1948 年开始，直至 1960 年结束，在此期间英国击败了共产主义的马来亚民族解放军（Malayan National Liberation Army，MNLA），它的经验可供挫败越南革命借鉴。或者貌似如此——在面对追问时，兰斯代尔只得承认英国在马来亚拥有得天独厚的优势。首先，游击队几乎完全由华人组成，与马来亚的主要人口是隔绝的，几乎没有马来人加入这场运动。其次，跟越盟和现在的越共不同，他们长期面对食物严重短缺，得不到周边民众接济和强大的外部援助。最后，马来亚民族解放军还需要应对巨大的人数悬殊——最高可达 35∶1（30 万政府军对阵 8000 名解放军），相比之下，法国－越盟战争的人数比为 1.5∶1。[11]

其他观察人士看到了法国战争和这场全新的美国战争之间的相似之处，察觉到美国在面对越南这样一个艰难而又复杂的社会时过于天真，简直到了危险的程度，他们不由自主地联想到了小说中的虚构人物奥尔登·派尔。"我们常常坐在［西贡］小小的法式咖啡馆里，谈起格林的这本书，"记者大卫·哈伯斯塔姆所撰写的迷人的、视角广泛的《出类拔萃之辈》（*The Best and the Brightest*）至今仍是关于美国战争的必读文献，他在多年后回想起 20 世纪 60 年代初自己和其他报道美国战争的记者的看法时道，"看起来，这在当时是关于越南最好的一本小说。对于他对热带地区敏锐的感受，他对战争的了解，他对越南人，尤其是农民和敌军异常坚韧的直觉判断，我们都一致认同。"哈伯斯塔姆进一步说，记者们只对一点持保留态度："他对美国人不祥的天真所做出的描摹，这一点让人有点疑虑，也令我们有点儿不安。"哈伯斯塔姆补充说，美国大使馆的公共事务官员对格林的小说尤其反感："他声称这是一本邪恶的书，还说，正因为它给人留下了深刻的印象、笔法老练，因此产生的效果更加糟糕。"[12]

不应夸大"天真"这个说法。因为到了 1963 年年初，美国官方在对战争前景的分析中已经弥漫着清醒的现实主义论调，至少关起门来如此。在情报部门，悲观主义成了主旋律，而国会对现实的理解也越来越深入，就连那些此前力挺吴庭艳的官员，比如参议院多数党领袖迈克·曼斯菲尔德也不例外。

肯尼迪对事态同样越来越警惕，在他生命中的最后几个月里，他曾暗示幕僚希望在 1964 年获得连任后从越南撤离。[13]至于约翰逊总统，尽管他进一步升级了美军的参与度，但从 1964 年起，他开始质疑战争的长远前景，同时对战争之于美国国家安全的终极意义产生了疑问。比方说，在 9 月他曾这样谈到倒霉的西贡领导人：“如果他们自己都保护不了自己，如果你的政府连街头的孩子都防不了，那么在面对侵略军时该怎么办？”几个月后，约翰逊灰心地指出：“只要你能看到道路尽头的一点亮光，都可以为之战斗到底。可是越南没有亮光，连一丝都看不到。”[14]

　　但和他的前任一样，约翰逊只是在私下里谨慎地表达这些感想，而且对象是经过筛选的极少数人。在公开场合，他和他的高级顾问们——所有人都是从肯尼迪政府沿袭下来的——坚持通常的认知，强调东南亚的成果对美国的利益至关重要，誓言要捍卫西贡盟友免遭“外部强加的”侵略。不管有任何事物阻碍了战争走向，都将在适当的时候得以克服。不管为了胜利将付出什么样的代价，失败的损失都要远远更惨重。这些时而听来华而不实的说法跟 10 年前法国人曾经念叨的那一套如出一辙。美国领导人意识到，已经在公开场合放出如此明确的话语，今后想要推翻就太难了——这一点同样跟此前法国的情况相同。他们知道，只要他们做出丝毫改变路线的暗示，鹰派都会立刻将他们此前坚定的表态翻出来拍在桌子上。换句话说，通过毫不含糊的公开表态和战争升级行动，两任美国总统都将自己逼进了墙角。

　　然而需要指出的是，肯尼迪和约翰逊手中的自主权受到了前任总统决策的限制——通过杜鲁门 1945～1946 年默许法国

709

收复印度支那；通过他的政府在 1950 年决定积极援助法国战
争；通过艾森豪威尔团队在 1954 年直接干预南越，取代法国
成为这里最主要的力量。约翰逊身上还背负着额外的负担，因
为肯尼迪在 1961～1963 年进一步加大了美国在南越的参与度。
十余年来，美国一直致力于在越南保留一个非共产主义的立足
点，而且两位总统都担心一旦现在改变了进程，哪怕是拿着和
谈的遮羞布作为幌子，都将伤及国家、政党和他们本人的
"信誉"。他们冒不起这个险。如果说这种立场证明他们欠缺
政治勇气，那么这背后是有其政治逻辑的。可是怀疑论者恐怕
会进一步指出：如果美国陷入了一场血腥而又旷日持久的战
争——其距离加利福尼亚州海岸有 1.1 万公里之遥，战略意义
微不足道——他们的"信誉"遭到的伤害显然要更大。

710

　　早在法越交火前，美国就不乏怀疑论者。在二战期间，富
兰克林·罗斯福是他们中的佼佼者，假设他能多活几年，本可
以阻止法国强制收回对印度支那的控制权，而且很有可能会力
挽狂澜改写历史，这样的推想并不是没有依据。然而罗斯福毕
竟在 1945 年就去世了，之后不久制定的思维框架成了美国后
来 20 年的政策驱动力。在那个年代，美国领导人对于在反胡
志明斗争中该走哪条路线始终有着真切的选择权，这些选项不
仅回过头来看非常明显，在当时亦是如此，只是美国的政策总
是朝进一步被卷入战争迈进。一连串的行政班子本可以改变方
向，但始终没有。这便是专注于偶然事件的危险：它会令我们
无视美国在越南事务中的连续性，以及早期政策在我们理解这
场美国战争时的至关重要性。[15]

　　肯尼迪和约翰逊最终发现了他们在白宫的前任以及法兰西
第四共和国的一长串领导人发现的事实：在越南事务上，最不

容易遇到直接阻力的路线是坚定立场（在国内政治上尤其如此），坚持此前的承诺并勉力前进，以期事情出现转机（或者至少转嫁给继任者）。身为民主党人的肯尼迪和约翰逊自觉有必要与麦卡锡的幽灵和"对共产主义软弱无力"的指控抗争。杜鲁门在做出决策时同样部分受到了这种顾虑的驱使，艾森豪威尔亦然——在衡量他于 1953～1954 年做出的极其重大的决策时，不应脱离当时紧张的国内政治气氛。到了 20 世纪 60 年代初，这种可感知的政治必要性甚至更加显著，两任总统和当时所有的民主党人都意识到自己腹背受敌，不想再次遭到"弄丢了中国"的指控，只不过这次"中国"换成了"越南"。主流刊物和报纸在审视关于越南的决策时几乎从未涉及

711　这个角度，在浩瀚的文献记录中同样如此。它是如此不言自明，根本没必要明确地说出来。[16]

　　北越的政策制定者同样清晰地表明了获得斗争胜利，以及在必要时升级战争的坚定决心。早在 1963 年 12 月，也就是吴庭艳被刺后，河内领导人就决定在南部加大斗争力度，期望局势恶化后要么促使美国人放弃斗争、卷铺盖回家，要么打他们一个措手不及，即使想要扩大战争规模也没有时间准备。近些年来不再参与日常决策，而是作为政坛元老的胡志明勉励同志们抓住南越"混乱无序"的机会，进一步对南越政权施加军事和政治压力。胡志明强调，就算美国将自己在南越的作用增大十倍，"我们也依然将会夺取胜利"。[17]

　　然而即便在做出了这个决定后，北越领导人的行动仍非常谨慎。身为对法战争的功臣、在党内享有崇高威望的武元甲将军警告同僚们，美国发起的军事考验将远高于法国，并敦促大家，在越南人民军得到了适当训练、装备了现代武器前不能贸

然行事。政治局里并非所有官员都支持这种说法，但他们还需要跟莫斯科和北京方面要求其克制的劝告相抗衡，其中又以苏联更为坚决。这两个共产主义支持者都不希望越南战争美国化，因为这将使得它们自身需要做出艰难的选择，而且将有可能导致它们与美国第七舰队正面接触。苏中两国的双边矛盾已经极其尖锐，两国都在避免让对方对河内政府施加过多的影响。苏联对北越施加了尤其显著的压力，要求其放慢脚步，尽量避免激怒华盛顿。北越政府顺从了，尽管在另一方面，他们也利用 1964 年的最后几周加大了对南部的人员和物资渗透力度。范文同总理在 1964 年 10 月与毛泽东的一次会议中表示："如果美国胆敢开始一场［更大规模的］战争，我们将会反击，也终将获胜。但最好不要发展到这番田地。"[18]

　　形势就是发展到了这番田地。12 月早些时候，约翰逊在选战中大获成功，成为真正意义上的民选总统（他在大选中反复表示自己不想扩大战争，不会派美国年轻人去打仗，这场战争该让亚洲年轻人自己打），此后他与幕僚们定下了通过两个阶段升级战争的计划。第一个阶段是对胡志明小道在老挝的渗透路线进行"武装侦察"，同时在面临越共大规模进攻时实施报复性空中打击。第二阶段是"逐步对北越加大军事压力"，采取的形式既包括空中轰炸，也势必将涉及派美国地面部队进入南越。第一阶段要尽快开始；第二阶段可在 30 天或更长时间后展开。

　　1965 年 2 月，在越共进攻南越的美军设施导致 32 名美国人死亡后，约翰逊下令展开"滚雷行动"（Operation Rolling Thunder）——这个轰炸行动自前一年秋天开始规划，之后在几乎不间断的情况下持续至 1968 年 10 月。此后，在 3 月 8

712

日，美国首批作战部队登陆岘港附近。北越积极应战。他们钻
进了防空洞，凭借着一种让美国军官既是沮丧又是敬畏的坚韧
毅力重建道路和桥梁。与此同时，他们继续向南方渗透。胡志
明相信华盛顿的威望维系在越南战争上，因此绝无退缩的可能，
并大胆预言林登·约翰逊将进一步加大战争力度，但这仍然远
远不够。跟法国人一样，美国人到头来也会尝到失败的滋味。[19]

　　对胡志明来说，也许这就是必然的结果。毕竟早在 1919
年 6 月，当他穿着租来的晨礼服出现在凡尔赛会议的会场，徒
劳无益地想要说服伍德罗·威尔逊时，就已经将美国视为越南
这场戏剧的主要角色了。后来，在 1945 年那个令人头晕目眩
的夏天，胡志明再次请美国伸出援手，又一次无功而返，同样
的模式在 1946 年和 1947 年法越出现重大交火后也多次重复
过。最终，他的越南民主共和国虽然战胜了法国，但是由于华
盛顿大力向敌军支持战争机器，显著提高了战争的破坏力
（中国对越南民主共和国也提供了大量援助，但程度逊于美
国），越南付出了惨重的代价。到了 1954 年这个辉煌的成功时
刻，一心想要在南越维持一个非共产主义堡垒的美国决意创造
并建设［南部］越南共和国，这在一定程度上使得越盟无法
摘取胜利的全面成果。

713　　　"这将是一场大象与老虎的角逐，"早在 1946 年，当战争
尚未开始时胡志明就这样表示，"如果老虎按兵不动，大象会
用尖利的獠牙将它刺死。但老虎不会原地站着。白天它将潜入
丛林，只在夜晚现身。它将猛地跳上大象的后背将它撕碎，接
着重新跃入深林。而这只大象会慢慢流血而死。"[20]

　　这次，大象的身形将更加庞大。但是胡志明发誓说，结局
终将一样。

　　巴黎的领导人在得知事态进展后生出一种似曾相识的感觉，而且为之战栗不安。对于剧情走向，他们再清楚不过了。1965 年 3 月 18 日，戴高乐总统告诉其行政班子，一场大型战争已经势不可当——正是因为他在二战尾声坚定不移地要求收复印度支那，才在很大程度上推动了这场杀戮，到了 1958 年，当法国面对又一场起义（这次是阿尔及利亚）而束手无策时，人民呼唤他重掌大权。他说，美国人终究没能从法国这里吸取教训，这场战争"将持续很长、很长、很长时间"。次月，戴高乐给出了一个更加精确的预估：除非约翰逊政府立即着手叫停战争，否则它将持续 10 年，并将让美国彻底蒙羞。5 月初美国大使查尔斯·波伦（Charles Bohlen）在拜访戴高乐时，发现这位法国领导人陷入深沉的哲思中，以"东方式的宿命论"接受了战争全面升级的局势。[21]

　　在 1965 年，还有一位早已移居美国的法国人随着时间推移产生了强烈的不祥之感。过去 10 年来，伯纳德·福尔撰写了大量细节翔实、分析客观的著作和文章，成为美国关于第一次印度支那战争（现在这成了此场战争的官方名称）最受推崇的专家，很多美国官员对越南战争的复杂性第一次产生了真切的认识，就是通过他的那本出版于 1961 年的著作《没有欢乐的街道：印度支那战争（1946～1954 年）》（*Street Without Joy: Indochina at War 1946–1954*）。对于美国在越南的前景，福尔倒是没有戴高乐那么绝对，同时他认为一些批评人士随随便便将美国跟法国类比，未免过于"轻巧"（他很喜欢用这个形容词）。毕竟美国在 1965 年的实力远超法国当年，在空中力量上更是如此。"在奠边府战役前，法国空军在整个印度支那（即柬埔寨、老挝和南北越南）总共只有 112 架战斗机和 68

架轰炸机。而在 1965 年 9 月 24 日这一天，美国就有 167 架次轰炸机进攻北越目标，投掷了 235 吨炸药，与此同时在〔南越〕乡间执飞的轰炸机有 317 架次，投下了 270 吨炸药，"在 1965 年晚些时候福尔如此写道。[22]

不过，尽管福尔进行了这种比较，但他仍然怀疑这是否能在最终带来决定性的差别。这年秋天他在其他刊物上写道，美国大规模武装干涉或许可以在短期内使得战争"在军事上处于不败之地"，但要付出夷平越南的惨烈代价。他引用罗马帝国历史学家塔西佗（Tacitus）的话说："他们制造了一片荒漠，管这叫和平。"但即使如此也不能将胡志明的共产党斩尽杀绝，因为在这场斗争中，军事力量的影响力仅限于此——如果想最终获胜，就必须在政治上取得胜利。福尔相信，这正是与法国类比的关键点，也是必须从法国的先例中吸取的教训。然而，华盛顿政府似乎没人做好了政治斗争的准备。没有人意欲承认法国辛辛苦苦从反叛乱战争中换回的严峻的事实：要衡量的是多年的长期结果；成功需要一个有效的当地政府，它最终需要自己扛起所有的负累；此外，尽管反叛乱理论的重点是非军事手段，但在斗争中将不可避免地需要诉诸残酷的大规模武力，而这将导致大量平民无辜惨死，平添当地人的怨恨。几十年后，在步入一个新的世纪时，美国人仍然在疲于应付这些事实。[23]

1967 年，在陪同美国一支海军陆战队分队在顺化附近进行军事行动时，福尔不幸身亡。人们不禁猜测，如果福尔活着，会怎样评论美国后期的军事干预和相关的争论。有一点可以确信，如果他还活着的话，这位极其多产的作家一定可以就越南战争写出更重要的著作和文章，这些作品将受到广泛关注，并在极大程度上扩充美国人的集体认知。不仅如此，我猜想福尔还可能会在很早的时候就不断提醒我们，想要认真了解美国在越南遇到的灾难，绝不能拘泥于美国参战的那些年，而要将关注点前移到此前的年代。正如福尔说过的那样，美国人"做着跟法国人完全不同的梦，走的却是同样的路"。[24]

截至 1965 年年底，18 万名美国军人身处南越战场。更多人在路上。

注释

1. 引自 Barbara W. Tuchman, *The March of Folly：From Troy to Vietnam*（New York：Alfred A. Knopf, 1984），283。保罗·卡滕伯格在 1961 年时任国务院越南事务专家，后来他这样描述该时期："政策制定行动从没有明确关系的切身利益，而总是沿袭过去。" Paul Kattenburg, *The Vietnam Trauma in American Foreign Policy, 1945 – 75*（New Brunswick, N. J.：Transaction, 1980），101 – 2.

2. Robert Dallek, *An Unfinished Life：John F. Kennedy, 1917 – 1963*（Boston：Little, Brown, 2003），166 – 67；*The Pentagon Papers：The Defense Department History of Decisionmaking on Vietnam*, Senator Gravel edition（Boston：Beacon Press, 1971），1：72.

3. 引自 Christopher Matthews, *Kennedy and Nixon：The Rivalry That Shaped Postwar America*（New York：Simon & Schuster, 1996），118。

4. Arthur M. Schlesinger, Jr., *A Thousand Days*（Boston：Little, Brown, 1965），505, 547.

5. Christian G. Appy, *Patriots：The Vietnam War Remembered from All Sides*（New York：Viking, 2003），66 – 67.

6. 《纽约时报》，1962 年 2 月 25 日，转载于 *Reporting Vietnam, Part 1：American Journalism 1959 – 1975*（New York：Library of

America, 1998), 11 – 17。

7. Lorenz M. Lüthi, *The Sino-Soviet Split: Cold War in the Communist World* (Princeton, N. J. : Princeton University Press, 2008); Sergey Radchenko, *Two Suns in theHeavens: The Sino-Soviet Struggle for Supremacy, 1962 – 67* (Washington, D. C. : Woodrow Wilson Center Press, 2009). 这份参谋长联席会议备忘录引自 Seymour Topping, *Journey Between Two Chinas* (New York: Harper & Row, 1972), 178。

8. 1961 ~ 1965 年的文献数量非常庞大。例如参见 David Halberstam, *The Best and the Brightest* (New York: Random House, 1972); Fredrik Logevall, *Choosing War: The Lost Chance for Peace and the Escalation of War in Vietnam* (Berkeley: University of California Press, 1999); David Kaiser, *American Tragedy: Kennedy, Johnson, and the Origins of the Vietnam War* (Cambridge, Mass. : Harvard University Press, 2000); Gordon Goldstein, *Lessons in Disaster: McGeorge Bundy and the Path to War in Vietnam* (New York: Times Books, 2008); Andrew Preston, *The War Council: McGeorge Bundy, the NSC, and Vietnam* (Cambridge, Mass. : Harvard University Press, 2006)。

9. 白修德的信引自 Michael E. Latham, *The Right Kind of Revolution: Modernization, Development, and U. S. Foreign Policy from the Cold War to the Present* (Ithaca, N. Y. : Cornell University Press, 2011), 136。

10. 兰斯代尔演讲, "Soldiers and the People," August 30, 1962, Box 7, # 239, Lansdale Papers, Hoover Institution on War, Revolution, and Peace。在另一个场合, 兰斯代尔指出在这个特殊区域除掉越共的方法是在硬木林里运用 "人工除叶法", 即军官们不应使用化学农药, 而应给一家台湾公司颁发伐木权, 而这家公司将给工人们配备武器。"他们为了砍下大树, 同时得负责干掉一路上的越共," 兰斯代尔推测说。但这个计划悄无声息地被搁置了。Jonathan Nashel, *Edward Lansdale's Cold War* (Amherst: University of Massachusetts Press, 2005), 66.

11. Richard Stubbs, *Hearts and Minds in Guerrilla Warfare: The Malayan Emergency, 1948 – 1960* (Singapore: Oxford University Press, 1989); Susan L. Carruthers, *Winning Hearts and Minds:*

British Governments, *the Media*, *and Colonial Counter-Insurgency*, *1944 – 1960* (Leicester, U. K.：Leicester University Press, 1998)；Michael Osborne, *Strategic Hamlets in Vietnam* (Ithaca, N. Y.：Cornell University Press, 1965).

12. David Halberstam, "The Americanization of Vietnam," *Playboy*, January 1970，引自 Nashel, *Edward Lansdale's Cold War*, 151。

13. 以下著作提供了反事实的描述，设想如果肯尼迪在社会如何处理越南问题，例如参见 Logevall, *Choosing War*, 395 – 400；James G. Blight, Janet M. Lang, and David A. Welch, *Vietnam If Kennedy Had Lived*：*Virtual JFK* (Lanham, Md.：Rowman & Littlefield, 2009)。关于肯尼迪在临死前已经启动了撤军方面的说法（对此我不敢苟同），可参见 James Galbraith, "Exit Strategy," *Boston Review*, January-February 2004, 29 – 34；Gareth Porter, *Perils of Dominance*：*Imbalance of Power and the Road to War in Vietnam* (Berkeley：University of California Press, 2005), 165 – 79。

14. LBJ-Bundy telcon, September 8, 1964, in Michael Beschloss, ed., *Reaching for Glory*：*Lyndon Johnson's Secret White House Tapes*, *1964 – 1965* (New York：Simon & Schuster, 2001), 35 – 36；LBJ-Russell telcon, March 6, 1965, ibid., 210 – 13.

15. 关于肯尼迪和约翰逊 1963 ~ 1965 年的选项，见 Logevall, *Choosing War.*

16. 关于这种脆弱性和它在冷战外交政策中的整体影响，见 Campbell Craig and Fredrik Logevall, *America's Cold War*：*The Politics of Insecurity* (Cambridge, Mass.：Belknap Press/Harvard University Press, 2009)。

17. 胡志明的话引自 William J. Duiker, *Ho Chi Minh*：*A Life* (New York：Hyperion, 2000), 535。

18. O. A. Westad, Chen Jian, Stein Tønnesson, Nguyen Vu Tung, and James G. Hershberg, eds., "77 Conversations Between Chinese and Foreign Leaders on the Wars in Vietnam," Cold War International History Project Working Paper, 1998, pp. 83 – 84.

19. Duiker,*Ho Chi Minh*, 548.

20. David Schoenbrun, *As France Goes* (New York：Atheneum, 1968), 232 – 35.

21. Alain Peyrefitte, *C'était de Gaulle*：*La France reprend sa place dans la monde*（Paris：Fayard, 1997）, 501；Paris to State, May 5, 1965, Box 171, National Security File, Country File, France, Lyndon Baines Johnson Library. 关于这个时期的法国政策，见 Pierre Journoud, *De Gaulle et le Vietnam*, *1945 – 1969*（Paris：Éditions Tallandier, 2011）, chap. 4。

22. Bernard B. Fall, "The War in Vietnam," *Current*（December 1965）, 9 – 10. Emphasis in original. 另见 Christopher E. Goscha, " 'Sorry About That . . . '：Bernard Fall, the Vietnam War, and the Impact of a French Intellectual in the U. S. ," in Christopher E. Goscha and Maurice Vaïsse, eds. , *La Guerre du Vietnam et l'Europe*（*1963 – 1973*）（Paris：LGDJ, 2003）, 363 – 82。

23. 自 "9·11" 事件和美国干预阿富汗与伊拉克以来，出现了大量关于反叛乱的文献，例如参见 David Kilcullen, *The Accidental Guerrilla*：*Fighting Small Wars in the Midst of a Big One*（New York：Oxford University Press, 2009）；John A. Nagl, *Counterinsurgency Lessons from Malaya and Vietnam*：*Learning to Eat Soup with a Knife*（New York：Praeger, 2002）；Gian P. Gentile, " A （Slightly）Better War：A Narrative and Its Defects," *World Affairs*（Summer 2008）；Edward Luttwak, "Dead End：Counterinsurgency Warfare as Military Malpractice," *Harper's*（February 2007）；*The U. S. Army/Marine Corps Counterinsurgency Field Manual*（Chicago：University of Chicago Press, 2005）。另见 Jeffrey Record, *Beating Goliath*：*Why Insurgencies Win*（Washington, D. C. ：Potomac Books, 2007）；and Andrew J. Bacevich, *Washington Rules*：*America's Path to Permanent War*（New York：Metropolitan, 2010）, chap. 5。

24. 引自 David Halberstam, *Ho*（New York：McGraw-Hill, 1987）, 106。关于福尔和他的经历，见 Dorothy Fall, *Bernard Fall*：*Memories of a Soldier-Scholar*（Washington, D. C. ：Potomac, 2006）。1966 年早些时候，哈佛历史学家费正清（John K. Fairbank）做出的判断略有不同："在越南的狭长海岸线，我们与法国同床而异梦。"《纽约书评》，1966 年 2 月 17 日。

鸣　谢

这本书的封面上虽印着我的名字，但它更接近集体作品。我要特别感谢在过去 10 年间我反复阅读的那些著作和文章的作者们，我是站在他们的肩上。同样，我十分感谢几个国家中管理着知识宝库的档案管理员，他们耐心地教会我如何检索馆藏文献，每当我发电邮、打电话或者做后续查询时，他们总是欣然提供帮助。我也将永远铭记三位好友的帮助，他们读完了我的全部手稿，在事实和解读方面帮我校准方向，在需要敦促时予我鞭策，在最适合的时机雪中送炭，他们是克里斯托弗·戈斯查（Chris Goscha）、吉姆·赫什伯格（Jim Hershberg）和肯·莫雷（Ken Moure）。

很多朋友慷慨地分享了自己的资料，并指引我研读相关文献。在这里我要特别感谢陈兼、克里斯托弗·戈斯查、马修·琼斯（Matthew Jones）、默尔·普里本诺（Merle Pribbenow）、普丽西拉·罗伯茨（Priscilla Roberts）和凯文·鲁安（Kevin Ruane）。默尔·普里本诺做出了尤其不可磨灭的贡献，为我翻译了大量越南军事文献，而且速度奇快。在一段值得铭记于心的两周研究中，几乎每次我一打开邮箱，就会看到默尔基于我们此前讨论过的某场军事运动而传来了一份新的翻译文件。

乔治·赫林（George Herring）和本·韦伯（Ben Weber）陪同我一起走访了奠边府，他们是愉快的旅伴，感谢他们纵容我，任由我在德·卡斯特里上校的战场总部和附近的要塞间反复走动研究。我当然不会忘记和我坐在河内的大都市饭店游泳池边，听我讲起这本当时尚在酝酿阶段的书时，乔治所给予我的热切兴趣和绝佳想法；或者在我们前往发艳的那场辛苦的行程中，我们的司机貌似一心一意要在两点间创造一个新的车速纪录，而且丝毫没打算走正经马路。

我要感谢我在加利福尼亚大学圣巴巴拉分校和康奈尔大学的很多杰出的学生，尤其感谢在这两所学府中的两个成绩斐然的研究助理团队：乔治·藤井（George Fujii）、贾斯汀·格朗斯坦（Justin Granstein）、迈克尔·马扎（Michael Mazza）和金·奎尼（Kim Quinney）。当时在布朗大学读大三的塞缪尔·霍奇斯（Samuel Hodges）在回家乡圣巴巴拉期间，也提供了极好的帮助。

很多人以不同方式为我提供了或大或小的帮助，我要为此感谢乔安娜·艾因（Joanna Ain）、理查德·奥德里奇（Richard Aldrich）、亚瑟·伯杰龙（Arthur Bergeron）、詹姆斯·布莱特（James Blight）、罗伯特·布里格姆（Robert Brigham）、杰茜卡·查普曼（Jessica Chapman）、杰西·基奥里诺（Jessy Chiorino）、坎贝尔·克雷格（Campbell Craig）、克雷格·戴格尔（Craig Daigle）、菲利普·德维莱尔、威廉·杜伊克（William Duiker）、丹尼尔·艾尔斯伯格（Daniel Ellsberg）、桃乐茜·福尔（Dorothy Fall）、苏珊·费伯（Susan Ferber）、多米尼克·弗朗什（Dominique Franche）、沃伦·弗雷泽（Warren Frazier）、马克·吉尔伯特（Marc Gilbert）、皮埃尔·格罗瑟（Pierre Grosser）、罗伯特·汉约克（Robert Hanyok）、长谷川毅（Tsuyoshi Hasegawa）、彭布罗克·赫伯特（Pembroke Herbert）、威尔·希契科克（Will Hitchcock）、皮埃尔·茹尔努（Pierre Journoud）、奥德丽·卡欣（Audrey

Kahin)、沃尔特·拉菲伯（Walter LaFeber）、珍妮特·朗（Janet Lang）、约翰·李（John Lee）、威廉·卢米斯（William Loomis）、埃雷兹·曼尼拉（Erez Manela）、扎卡里·马图舍斯基（Zachary Matusheski）、格伦·梅（Glenn May）、安妮·曼索瓦（Anne Mensior）、爱德温·莫伊兹（Edwin Moïse）、阮连项（Lien-Hang Nguyen）、安德鲁·普雷斯顿（Andrew Preston）、普丽西拉·罗伯茨（Priscilla Roberts）、凯文·鲁安（Kevin Ruane）、詹妮弗·西伊（Jennifer See）、杰克·塔尔博特（Jack Talbott）、基思·泰勒（Keith Taylor）、马丁·托马斯（Martin Thomas）、斯泰因·滕内松（Stein Tønnesson）、郑光成（Trinh Quang Thanh）、瑞·特兰维埃特（Thuy Tranviet）、汉娜·施塔姆勒（Hannah Stamler）、凯瑟琳·斯塔特勒（Kathryn Statler）、武祥（Vu Tuong）、詹姆斯·韦特（James Waite）、杰弗里·沃纳（Geoffrey Warner）、肯尼思·威斯布鲁德（Kenneth Weisbrode）、奥德·阿恩·韦斯塔德（Odd Arne Westad）、乔治·威克斯（George Wickes）、马克·威尔逊（Mark Wilson）、埃默雷塔·杨（Emoretta Yang）、约翰·扬（John Young），以及已故的刘段黄与乔恩·珀索夫（Jon Persoff）。我还要感谢唐·拉尔森（Don Larson）和他的"Mapping Specialists"团队在制图方面的专业工作。

在项目关键的早期，马克·劳伦斯（Mark Lawrence）和我一起组织了一个关于法国－越盟战争的国际研讨会，并将会议论文结集成书。马克在这两项事业获得成功方面都发挥了巨大的作用，同时，我也非常感谢林登·贝恩斯·约翰逊图书馆 717
和博物馆的主管贝蒂·休·弗劳尔斯（Betty Sue Flowers），谢谢她同意主办这次研讨会，同时对我们的工作给予了热情的支持。

　　本书的大部分内容是我在英国的休假年时写成的，这是不可思议的一年。我要感谢利弗休姆基金会（Leverhulme Trust）为我提供了慷慨的研究员职位，感谢诺丁汉大学提供了一处完美的住所，马修·琼斯（Matthew Jones）为我获得利弗休姆提名牵桥搭线。我还要感谢剑桥大学克莱尔学院的托尼·巴杰（Tony Badger）为我争取了那年的第二份研究工作，在剑桥任梅隆高级研究员。

　　在兰登书屋，我要感谢我的编辑大卫·埃贝尔舍夫（David Ebershoff）坚定的支持与非凡的编辑工作，也要谢谢克莱尔·斯旺森（Clare Swanson）和洛伦·诺维克（Loren Noveck）卓越的付出。我特别要感谢杰森·爱泼斯坦（Jason Epstein），是他想到要写一本关于早期越南的著作，并鼓励我密切关注二战。同时还要谢谢我最开始的编辑斯科特·莫耶斯（Scott Moyers），他自始至终都热心又毫无保留地支持着我。我的文学代理人约翰·霍金斯（John Hawkins）先生虽然没能活着看到本书出版，但我永远感激他，谢谢他从一开始就相信我，而且一直给予我有益的建议。

　　很幸运，在康奈尔大学我拥有一群杰出的同事：无论是在历史系，在东南亚项目，还是在马里奥·埃诺迪国际研究中心。我有必要对埃诺迪中心的三位同事单独致以谢意，他们对本书后期的研究给予了高明而又积极的支持，她们分别是妮什·德鲁帕（Nishi Dhupa）、伊丽莎白·埃德蒙森（Elizabeth Edmondson）和海克·米切尔森（Heike Michelsen）。在康奈尔，我还从历史系的比较史讨论会及朱迪思·莱皮学会"和平与冲突研究"午餐讨论会中获益良多。在其他学术单位，在剑桥大学、哈佛大学、诺丁汉大学和魁北克大学蒙特利尔分校国际研究所阐述我的想法时，我也得到了听众们的有益反馈。

　　最后，也是最应该感谢的是我的家人。早在我记事前，我深爱的父母就给予了我无穷的支持与鼓励。我还要感谢我的弟弟和妹妹，他们知道何时可以开口问我此书的进展，何时最好闭口不问。对于妻子丹耶尔（Danyel），语言无法穷尽我对她的感激之情。我只能说，她为这本书所做出的贡献远大于谦逊的她可以接受的赞美之词。她永远是如此耐心、如此明智，永远能在最恰当的时候助我平静，使我不被狂躁淹没，她的身上有一种魔力。我要将本书献给她和我们的两个孩子——艾玛和约瑟夫，他俩随着这本书成长，用他们天生的好兴致忍受着这本书带来的混乱。他们三人恐怕不会知道自己给予了我如此巨大的力量。

718

参考文献

Although the literature on the period covered in this book pales in size next to that detailing the years of heavy U.S. military involvement (1961–73), interested readers can find numerous studies that shed light on key parts of the story—and that were exceptionally helpful to me. Here follows a selected list of English-language works I utilized. For additional published sources, please see the endnotes.

Ahearn, Thomas L., Jr. *CIA and the House of Ngo: Covert Action in South Vietnam, 1954–63.* Washington, D.C.: Center for the Study of Intelligence, Central Intelligence Agency, 2000.

Allen, George W. *None So Blind: A Personal Account of the Intelligence Failure in Vietnam.* Chicago: Ivan R. Dee, 2001.

Anderson, David L. *Trapped by Success: The Eisenhower Administration and Vietnam, 1953–1961.* New York: Columbia University Press, 1991.

Appy, Christian G. *Patriots: The Vietnam War Remembered from All Sides.* New York: Viking, 2003.

Arnold, James R. *The First Domino: Eisenhower, the Military, and America's Intervention in Vietnam.* New York: William Morrow, 1991.

Asselin, Pierre. "The Democratic Republic of Vietnam and the 1954 Geneva Conference: A Revisionist Critique." *Cold War History* 11:2 (May 2011).

Bartholomew-Feis, Dixee R. *The OSS and Ho Chi Minh: Unexpected Allies in the War Against Japan.* Lawrence: University Press of Kansas, 2006.

Berman, Larry. *Perfect Spy: The Incredible Double Life of Pham Xuan An.* New York: Smithsonian Books, 2007.

Bidault, Georges. *Resistance: The Political Autobiography of Georges Bidault.* Translated by Marianne Sinclair. New York: Praeger, 1968.

Billings-Yun, Melanie. *Decision Against War: Eisenhower and Dienbienphu, 1954.* New York: Columbia University Press, 1988.

Bodard, Lucien. *The Quicksand War: Prelude to Vietnam.* Boston: Little, Brown, 1967.

Bradley, Mark Philip. *Imagining Vietnam and America: The Making of Postcolonial Vietnam, 1919–1950.* Chapel Hill: University of North Carolina Press, 2000.

Brocheux, Pierre. *Ho Chi Minh: A Biography.* New York: Cambridge University Press, 2007.

———— and Daniel Hémery. *Indochina: An Ambiguous Colonization, 1858–1954.* Translated by Ly Lan Dill-Klein et al. Berkeley: University of California Press, 2009.

Bui Diem with David Chanoff. *In the Jaws of History.* Boston: Houghton Mifflin, 1987.

Bui Tin. *Following Ho Chi Minh: The Memoirs of a North Vietnamese Colonel*. Honolulu: University of Hawaii Press, 1995.

Buttinger, Joseph. *Vietnam: A Dragon Embattled*. 2 vols. New York: Praeger, 1967.

Cable, James. *The Geneva Conference of 1954 on Indochina*. London: Macmillan, 1986.

Catton, Philip E. *Diem's Final Failure: Prelude to America's War in Vietnam*. Lawrence: University Press of Kansas, 2002.

Chen Jian. *Mao's China and the Cold War*. Chapel Hill: University of North Carolina Press, 2001.

Cooper, Chester L. *In the Shadows of History: Fifty Years Behind the Scenes of Cold War Diplomacy*. Amherst, N.Y.: Prometheus, 2005.

_____. *The Lost Crusade: America in Vietnam*. New York: Dodd, Mead, 1970.

Currey, Cecil B. *Victory at Any Cost: The Genius of Viet Nam's Gen. Vo Nguyen Giap*. Dulles, Va.: Potomac, 2005.

Dalloz, Jacques. *The War in Indo-China, 1945-1954*. New York: Barnes & Noble, 1990.

Davidson, Phillip B. *Vietnam at War: The History, 1946-1975*. New York: Oxford University Press, 1991.

Devillers, Philippe and Jean Lacouture. *End of a War: Indochina, 1954*. New York: Praeger, 1969.

Dreifort, John E. *Myopic Grandeur: The Ambivalence of French Foreign Policy toward the Far East, 1919-1945*. Kent, Oh.: Kent State University Press, 1991.

Duiker, William J. *Ho Chi Minh: A Life*. New York: Hyperion, 2000.

_____. *U.S. Containment Policy and the Conflict in Indochina*. Stanford, Calif.: Stanford University Press, 1994.

Eden, Anthony. *Full Circle: The Memoirs of Anthony Eden*. Boston: Houghton Mifflin, 1960.

Elliott, David W. P. *The Vietnamese War: Revolution and Social Change in the Mekong Delta, 1930-1975*. Armonk, N.Y.: M.E. Sharpe, 2007.

Elliott, Duong Van Mai. *The Sacred Willow: Four Generations in the Life of a Vietnamese Family*. New York: Oxford University Press, 2000.

Fall, Bernard B. *Hell in a Very Small Place: The Siege of Dien Bien Phu*. Philadelphia: Lippincott, 1966.

_____, ed. *Ho Chi Minh on Revolution: Selected Writings 1920-1966*. New York: Praeger, 1967.

_____. *Street Without Joy: Indochina at War 1946-1954*. Harrisburg, Pa.: Stackpole Books, 1961.

_____. *The Two Viet-Nams: A Political and Military Analysis*. New York: Praeger, 1964.

Fall, Dorothy. *Bernard Fall: Memories of a Soldier-Scholar*. Washington, D.C.: Potomac, 2006.

FitzGerald, Frances. *Fire in the Lake: The Vietnamese and the Americans in Vietnam*. Boston: Little, Brown, 1972.

Gaiduk, Ilya V. *Confronting Vietnam: Soviet Policy Toward the Indochina Conflict, 1954-1963*. Stanford, Calif.: Stanford University Press, 2003.

Gardner, Lloyd C. *Approaching Vietnam: From World War II Through Dienbienphu*. New York: W.W. Norton, 1989.

Goscha, Christopher E. "Courting Diplomatic Disaster? The Difficult Integration of Vietnam into the Internationalist Communist Movement (1945-1950)." *Journal of Vietnamese Studies* 1 (February 2006).

Goscha, Christopher E. and Christian F. Ostermann, eds. *Connecting Histories: Decolonization and the Cold War in Southeast Asia, 1945-1962*. Washington, D.C.: Woodrow Wilson Center Press, 2009.

Greene, Graham. *The Quiet American*. New York: Viking, 1956.

_____. *Ways of Escape*. New York: Simon & Schuster, 1980.

Halberstam, David. *The Best and the Brightest*. New York: Random House, 1972.

Hammer, Ellen J. *The Struggle for Indochina, 1940–1955*. Stanford, Calif.: Stanford University Press, 1955.

Herring, George C. *America's Longest War: The United States and Vietnam, 1950–1975*, 4th ed. New York: McGraw-Hill, 2002.

_____ and Richard H. Immerman. "Eisenhower, Dulles, and Dienbienphu: 'The Day We Didn't Go to War' Revisited." *Journal of American History* 71 (September 1984).

Herzstein, Robert E. *Henry R. Luce, Time, and the American Crusade in Asia*. New York: Cambridge University Press, 2005.

Hess, Gary. *The United States' Emergence as a Southeast Asian Power, 1940–1950*. New York: Columbia University Press, 1987.

Immerman, Richard. "Between the Unattainable and the Unacceptable: Eisenhower and Dienbienphu." In *Reevaluating Eisenhower: American Foreign Policy in the 1950s*, edited by Richard A. Melanson and David Mayers. Urbana: University of Illinois Press, 1987.

Jackson, Julian. *France: The Dark Years, 1940–1944*. Oxford, U.K.: Oxford University Press, 2001.

Jacobs, Seth. *America's Miracle Man in Vietnam: Ngo Dinh Diem, Religion, Race, and U.S. Intervention in Southeast Asia, 1950–1957*. Durham, N.C.: Duke University Press, 2005.

Jennings, Eric. *Vichy in the Tropics: Pétain's National Revolution in Madagascar, Guadeloupe, and Indochina, 1940–1944*. Stanford, Calif.: Stanford University Press, 2004.

Kahin, George McTurnan. *Intervention: How America Became Involved in Vietnam*. New York: Alfred A. Knopf, 1986.

Kaplan, Lawrence S., Denise Artaud, and Mark Rubin, eds. *Dien Bien Phu and the Crisis of Franco-American Relations, 1954–1955*. Wilmington, Del.: Scholarly Resources, 1990.

Karnow, Stanley. *Vietnam: A History*, 2nd ed. New York: Penguin, 1997.

Kattenburg, Paul. *The Vietnam Trauma in American Foreign Policy, 1945–75*. New Brunswick, N.J.: Transaction, 1980.

Kimball, Warren F. *The Juggler: Franklin Roosevelt as Wartime Statesman*. Princeton, N.J.: Princeton University Press, 1991.

Lacouture, Jean. *Pierre Mendès France*. Translated by George Holock. New York: Holmes & Meier, 1984.

LaFeber, Walter. "Roosevelt, Churchill, and Indochina: 1942–1945." *American Historical Review* 80 (December 1975).

Langguth, A.J. *Our Vietnam: The War, 1954–1975*. New York: Simon & Schuster, 2000.

Lawrence, Mark Atwood. *Assuming the Burden: Europe and the American Commitment to War in Vietnam*. Berkeley: University of California Press, 2005.

_____ and Fredrik Logevall, eds. *The First Vietnam War: Colonial Conflict and Cold War Crisis*. Cambridge, Mass.: Harvard University Press, 2007.

Logevall, Fredrik. *Choosing War: The Lost Chance for Peace and the Escalation of War in Vietnam*. Berkeley: University of California Press, 1999.

Mann, Robert. *A Grand Delusion: America's Descent into Vietnam*. New York: Basic, 2001.

Marr, David G. *Vietnam 1945: The Quest for Power*. Berkeley: University of California Press, 1995.

_____. *Vietnamese Anticolonialism, 1885–1925*. Berkeley: University of California Press, 1971.

McAlister, John T., Jr., and Paul Mus. *The Vietnamese and Their Revolution*. New York: Harper & Row, 1970.

Miller, Edward. "Vision, Power and Agency: The Ascent of Ngô Dình Diêm, 1945-54." *Journal of Southeast Asian Studies* 35 (October 2004).

Morgan, Ted. *Valley of Death: The Tragedy at Dien Bien Phu That Led America into the Vietnam War*. New York: Random House, 2010.

Moyar, Mark. *Triumph Forsaken: The Vietnam War, 1954-1965*. New York: Cambridge University Press, 2006.

Nashel, Jonathan. *Edward Lansdale's Cold War*. Amherst: University of Massachusetts Press, 2005.

O'Ballance, Edgar. *The Indo-China War, 1945-1954*. London: Faber & Faber, 1964.

Oberdorfer, Don. *Senator Mansfield: The Extraordinary Life of a Great American Statesman and Diplomat*. Washington, D.C.: Smithsonian, 2003.

Patti, Archimedes L. A. *Why Viet Nam? Prelude to America's Albatross*. Berkeley: University of California Press, 1981.

Porch, Douglas. *The French Foreign Legion: A Complete History of the Legendary Fighting Force*. New York: HarperCollins, 1991.

Prados, John. *Operation Vulture*. New York: ibooks, 2002.

Quinn-Judge, Sophie. *Ho Chi Minh: The Missing Years 1919-1941*. Berkeley: University of California Press, 2003.

Rotter, Andrew J. *The Path to Vietnam: Origins of the American Commitment to Southeast Asia*. Ithaca, N.Y.: Cornell University Press, 1987.

Roy, Jules. *The Battle of Dienbienphu*. Translated by Robert Baldick. New York: Harper & Row, 1965.

Ruane, Kevin. "Anthony Eden, British Diplomacy, and the Origins of the Geneva Conference of 1954." *Historical Journal* 37 (1994).

Sainteny, Jean. *Ho Chi Minh and His Vietnam: A Personal Memoir*. Chicago: Cowles, 1972.

Schoenbrun, David. *As France Goes*. New York: Atheneum, 1968.

Shaplen, Robert. *The Lost Revolution: The U.S. in Vietnam, 1946-1966*. New York: Harper & Row, 1966.

Sheehan, Neil. *A Bright Shining Lie: John Paul Vann and America in Vietnam*. New York: Random House, 1988.

Sherry, Norman. *The Life of Graham Greene*, vol. 2: *1939-1955*. New York: Viking, 1995.

Shipway, Martin. *The Road to War: France and Vietnam, 1944-1947*. Providence, R.I.: Berghahn, 1996.

Shuckburgh, Evelyn. *Descent to Suez: Diaries, 1951-1956*. New York: W.W. Norton, 1987.

Simpson, Howard R. *Dien Bien Phu: The Epic Battle America Forgot*. Washington, D.C.: Brassey's, 1994.

_____. *Tiger in the Barbed Wire: An American in Vietnam, 1952-1991*. Washington, D.C.: Brassey's,1992.

Spector, Ronald H. *Advice and Support: The Early Years of the U.S. Army in Vietnam, 1941-1960*. Washington, D.C.: Center for Military History, 1985.

_____. *In the Ruins of Empire: The Japanese Surrender and the Battle for Postwar Asia*. New York: Random House, 2007.

Statler, Kathryn C. *Replacing France: The Origins of American Intervention in Vietnam*. Lexington: University Press of Kentucky, 2007.

Thayer, Carlyle. *War by Other Means: National Liberation and Revolution in Viet Nam, 1954-1960*. Sydney: Allen & Unwin, 1989.

Thomas, Martin. *The French Empire at War, 1940-1945*. Manchester, U.K.: Manchester University Press, 2007.

Thorne, Christopher G. *Allies of a Kind: The United States, Britain, and the War Against Japan*. London: Hamish Hamilton, 1978.

Tønnesson, Stein. *The Vietnamese Revolution of 1945: Roosevelt, Ho Chi Minh and de Gaulle in a World at War.* London: Sage, 1991.

_____. *Vietnam 1946: How the War Began.* Berkeley: University of California Press, 2009.

Vo Nguyen Giap. *Dien Bien Phu: Rendezvous with History.* Hanoi: Gioi, 2004.

_____. *Memoirs of War: The Road to Dien Bien Phu.* Hanoi: Gioi, 2004.

_____. *Unforgettable Days.* Hanoi: Foreign Languages Publishing House, 1975.

Windrow, Martin. *The Last Valley: Dien Bien Phu and the French Defeat in Vietnam.* Cambridge, Mass.: Da Capo, 2004.

Young, Marilyn B. *The Vietnam Wars, 1945-1990.* New York: HarperCollins, 1991.

Zinoman, Peter. *The Colonial Bastille: A History of Imprisonment in Vietnam, 1862-1940.* Berkeley: University of California Press, 2001.

索　引

图书在版编目（CIP）数据

战争的余烬：法兰西殖民帝国的灭亡及美国对越南的干预：全2册 /（美）弗雷德里克·罗格瓦尔（Fredrik Logevall）著；詹涓译. -- 北京：社会科学文献出版社，2017.10（2020.12重印）

书名原文：Embers of War：The Fall of an Empire and the Making of America's Vietnam

ISBN 978 - 7 - 5201 - 0312 - 1

Ⅰ.①战… Ⅱ.①弗… ②詹… Ⅲ.①抗法战争（越南）- 研究 Ⅳ.①K333.51

中国版本图书馆 CIP 数据核字（2017）第 018618 号

战争的余烬
—— 法兰西殖民帝国的灭亡及美国对越南的干预

著　　者 /〔美〕弗雷德里克·罗格瓦尔（Fredrik Logevall）
译　　者 / 詹　涓

出 版 人 / 王利民
项目统筹 / 董风云　段其刚
责任编辑 / 李　洋　张金勇

出　　版 / 社会科学文献出版社·甲骨文工作室（分社）（010）59366527
　　　　　地址：北京市北三环中路甲29号院华龙大厦　邮编：100029
　　　　　网址：www.ssap.com.cn
发　　行 / 市场营销中心（010）59367081　59367083
印　　装 / 北京盛通印刷股份有限公司

规　　格 / 开 本：889mm × 1194mm　1/32
　　　　　印 张：32.5　字 数：750千字
版　　次 / 2017年10月第1版　2020年12月第3次印刷
书　　号 / ISBN 978 - 7 - 5201 - 0312 - 1
著作权合同
登 记 号 / 图字01 - 2014 - 2222号
定　　价 / 158.00元（上、下）

本书如有印装质量问题，请与读者服务中心（010 - 59367028）联系